东北地区
振兴与可持续发展战略研究

金凤君　张平宇　樊　杰
刘卫东　郝占庆　陆大道　等著

商务印书馆
2006年·北京

图书在版编目(CIP)数据

东北地区振兴与可持续发展战略研究/金凤君等著. 北京：商务印书馆,2006
ISBN 7-100-05086-3

Ⅰ.东… Ⅱ.金… Ⅲ.①地区经济—经济发展—研究—东北地区②地区经济—可持续发展—东北地区 Ⅳ.F127.3

中国版本图书馆 CIP 数据核字(2006)第 067767 号

所有权利保留。
未经许可,不得以任何方式使用。

东北地区振兴与可持续发展战略研究
金凤君 张平宇 樊 杰
刘卫东 郝占庆 陆大道 等著

商 务 印 书 馆 出 版
(北京王府井大街36号 邮政编码 100710)
商 务 印 书 馆 发 行
北京瑞古冠中印刷厂印刷
ISBN 7-100-05086-3/K·946

2006年8月第1版　　开本 787×1092 1/16
2006年8月北京第1次印刷　　印张 27¾
定价：58.00元

目 录

序 ··· 1
关于东北地区振兴与可持续发展的若干建议 ······································· 1
前 言 ·· 1
第一章　东北地区振兴的战略意义与目标 ·· 1
　　第一节　国家安全战略与东北地区振兴 ·· 1
　　第二节　地区经济协调发展与东北地区振兴 ·································· 6
　　第三节　东北亚区域经济合作与东北地区振兴 ······························ 10
　　第四节　东北老工业基地振兴的战略目标 ···································· 16
　　第五节　结论与建议 ··· 18
第二章　区域发展历程与可持续发展态势 ·· 20
　　第一节　自然基础与区域发展 ·· 20
　　第二节　区域开发的历史与特点 ··· 23
　　第三节　区域发展面临的形势与挑战 ··· 33
　　第四节　区域可持续发展态势评价 ·· 38
　　第五节　结论与建议 ··· 42
第三章　区域振兴与可持续发展策略 ··· 44
　　第一节　拓展与延伸自然资源的利用 ··· 44
　　第二节　构建可持续发展的产业体系 ··· 50
　　第三节　空间结构调整与产业集聚带建设 ···································· 59
　　第四节　区域生态建设与环境保护 ·· 65
　　第五节　结论与建议 ··· 72
第四章　工业结构升级与工业布局优化 ··· 74
　　第一节　工业发展的现状与结构调整的条件 ································· 74
　　第二节　工业结构升级的目标和工业结构转型的时序 ···················· 83
　　第三节　工业的空间布局 ··· 88
　　第四节　结论与建议 ··· 92

第五章 能源和主要原材料产业的发展与基地建设 … 94
- 第一节 钢铁工业的发展与基地建设 … 95
- 第二节 石油化学工业的发展与基地建设 … 100
- 第三节 能源工业的发展与基地建设 … 106
- 第四节 结论与建议 … 111

第六章 装备制造业发展与基地建设 … 113
- 第一节 东北三省装备制造业地位及其竞争力分析 … 113
- 第二节 东北三省发展装备制造业的有利条件与面临的问题 … 124
- 第三节 东北三省装备制造业发展总体战略构想 … 130
- 第四节 结论与建议 … 139

第七章 民营经济发展战略 … 141
- 第一节 民营经济发展的现状和趋势 … 141
- 第二节 发展民营经济的思路 … 147
- 第三节 民营经济发展模式选择 … 153
- 第四节 结论与建议 … 162

第八章 现代农业发展的方向与途径 … 164
- 第一节 现代农业发展的背景及意义 … 164
- 第二节 现代农业发展的现状评价与分析 … 167
- 第三节 现代农业发展的方向与模式 … 174
- 第四节 现代农业发展的途径与对策 … 182

第九章 国家粮食安全基地的建设与空间布局 … 189
- 第一节 粮食生产与国家粮食安全 … 190
- 第二节 粮食生产结构变动及其比较优势 … 197
- 第三节 国家粮食安全基地建设布局 … 203
- 第四节 结论与建议 … 217

第十章 城市空间体系及其特征分析 … 221
- 第一节 城市空间体系的形成过程及特征 … 221
- 第二节 近年来城市化的发展及空间差异 … 228
- 第三节 主要城市之间的空间联系 … 234
- 第四节 结论与建议 … 242

第十一章 空间重组战略与都市经济区建设 … 244
- 第一节 空间重组的战略方向与目标 … 244
- 第二节 城市中心性分析与门户城市选择 … 246

第三节　空间单元划分与城市区域的识别 ················· 249
　　第四节　主要集聚区的发展方向与主要城市的职能定位 ········· 256
　　第五节　结论与建议 ······························· 260

第十二章　资源型城市的转型与可持续发展 ···················· 262
　　第一节　资源型城市概况与问题 ······················· 262
　　第二节　资源型城市的发展条件 ······················· 270
　　第三节　资源型城市的发展战略 ······················· 276
　　第四节　结论与建议 ······························· 282

第十三章　城市老工业区改造 ···························· 285
　　第一节　城市老工业区形成过程与发展现状 ··············· 285
　　第二节　城市老工业区改造的主要途径 ·················· 291
　　第三节　城市老工业区改造与可持续发展战略措施 ·········· 297
　　第四节　结论与建议 ······························· 301

第十四章　城市社会保障体系建设 ························ 304
　　第一节　城市社会保障与老工业基地振兴 ················ 304
　　第二节　城市社会保障体系建设的现状与问题 ············· 307
　　第三节　东北老工业基地社会保障制度改革 ··············· 317
　　第四节　结论与建议 ······························· 323

第十五章　矿产资源基地建设与矿产资源可持续开发途径 ········· 325
　　第一节　矿产资源现状与特点 ························· 325
　　第二节　矿产资源保障程度评价 ······················· 331
　　第三节　矿产资源的保障供给和可持续开发 ··············· 351
　　第四节　结论与建议 ······························· 360

第十六章　森林资源可持续利用与生态环境建设 ················ 364
　　第一节　森林资源现状及变迁 ························· 364
　　第二节　生态环境存在的问题及建设重点 ················ 370
　　第三节　东北老工业基地振兴与生态环境建设 ············· 375
　　第四节　结论与建议 ······························· 378

第十七章　城市化地区环境治理与生态保护 ··················· 381
　　第一节　城市化地区生态环境现状与发展趋势 ············· 381
　　第二节　城市化地区污染控制与生态建设途径 ············· 389
　　第三节　重点地区污染控制与生态建设 ·················· 391
　　第四节　结论与建议 ······························· 396

第十八章　草地资源的可持续利用与保护 …………………………………………… 398
　第一节　草地资源与作用 ………………………………………………………… 398
　第二节　草地退化现状和原因 …………………………………………………… 401
　第三节　退化草地改良的技术措施 ……………………………………………… 410
　第四节　草地可持续管理对策与措施 …………………………………………… 412

序

  2003 年中央确定实施东北等老工业基地振兴的战略,一系列政策陆续出台。是年秋天,国务院政策研究室邀请中国科学院政策局和地理科学与资源研究所有关领导和学者,谈到中央关于"东北振兴"的战略方针如何实施的问题,提出需要对东北地区可持续发展的态势和未来的政策措施进行系统研究。该项建议得到中国科学院院领导、政策局、资源环境科学与技术局、地理科学与资源研究所领导的支持,我们立即组织由经济地理、城市地理、自然地理及地质矿产、宏观生态、地理信息系统等专业的学者组成的研究队伍,赴东北和内蒙古东部地区进行了多次考察调研。2004 年 11 月在北京召开了研究成果汇报讨论会。之后,向国家有关部门报送了简要报告,并得到了国务院领导的重视。

  东北地区的问题,早就得到国家、地方政府和学术界的重视,对问题的关键及其形成的原因和环境有相当深刻的认识,发表了大量的研究报告和论文。但我认为,以往的研究并没有将东北地区当作一个大范围的"问题区域"看待,没有置于一个中长期可持续发展的平台上进行系统的考察。从社会经济可持续发展的角度衡量,一些深层次的矛盾既是困扰目前东北地区经济发展的主要因素,也是东北地区可持续发展中需要付出长期努力重点解决的问题。一是依据资源基础所形成的传统产业优势与本地资源保障间的矛盾日益突出,建设"重要原材料基地"的战略受到资源不足的严重制约;资源型城市的可持续发展问题突出,资源枯竭、接续产业基础薄弱、就业问题交织体现在资源型城市以及某些工业城市之中。二是产业结构调整的任务艰巨,目前已经形成的偏重型的产业体系在结构转型、规模扩张、技术升级等方面面临诸多困难,企业发展的社会负担和体制障碍突出;新兴产业发展的能力不强。近 20 年来,东北地区主导行业发生了一定程度的变化,但仍未摆脱对以原材料为主的传统产业的依赖;装备工业有一定优势,但并不突出。与全国各省区市比较,东北三省主导产业竞争力的排名多在 10 位以后,国际竞争力则更弱。三是计划经济时期在大城市周围地区形成的据点式"孤岛经济",使这些区域的创新能力和经济竞争能力不强,面临经济国际化和国内主要城市的挑战。与全国比较,虽然东北地区的城市化水平比较高,但城市经济的竞争力并不高。四是虽然农业在全国的地位越来越强,但基础不稳,产业化发展缓慢,现代农业体系还没有形成,农业与工业发展的相互支撑关系还不强。五是局部地区生态环境问题突出,恢复与治理的任务较重。这些深层次的问题如何解决,直接关系到东北振兴战略和政策的实施及其未来的发展。

  根据上述认识,我们课题组的工作重点是从中长期角度,针对东北地区在振兴过程中已经和将会出现的重大问题,以社会、经济可持续发展为主线,就产业结构调整和阶段目标、资源保障体系建设、大都市经济区和产业集聚带建设、现代农业发展主体功能建设、区域生态与环境建设等七个方面进行调查和研究,从相互联系中进行了分析判断,提出了方向性和政策性建议。与此同时,我们编著了本书,以可持续发展理论为指导,阐述了影响东北地区可持续发展的主要因素,诊断了现阶段发展的态势及问题,揭示了未来发展的方向、阶段、特征和应该采取的政策措施。

几十年来,我国的地理学家和地理学工作者非常重视大区域性问题的研究。早在20世纪50～60年代,国家就组织了黑龙江流域的大规模综合考察,70年代组织了东北地区的荒地考察,以及多个领域的研究任务,为东北地区的发展提供了科技支撑。此后,地理学者在东北地区的工作大都是比较专业性的研究工作。近年来,中国科学院的研究机构过分强调了发表论文以及与"国际接轨",并使研究队伍的组织小型化和个体化。即使在这种情况下,我们仍然组织了多学科的综合研究工作,通过几个单位研究人员的通力合作,顺利完成了预期任务。

在"十一五"开局之年,国家将组织开展东北地区的发展规划。相信本书的出版,能提供若干有益的参考。

陆 大 道

2006年2月6日

关于东北地区振兴与可持续发展的若干建议*

近年来,特别是2003年中央确定实施东北等老工业基地振兴的战略及一系列政策陆续出台以来,促进了东北地区社会经济的快速发展。在振兴东北方针取得明显成效的情况下,目前和今后较长时期内还面临着严峻的挑战。本报告重点从中长期角度,针对东北振兴过程中已经和将会出现的重大问题,以社会、经济可持续发展为主线,就产业结构调整、资源保障体系建设、大都市经济区和产业集聚带建设、现代农业发展主体功能建设、区域生态与环境建设等七方面进行了分析并提出相关建议。

一、对近年来东北地区发展态势的基本认识

近年来,特别是2003年国家振兴东北战略出台以来,振兴东北老工业基地的第一批100个项目开始实施,2004年又安排了197个项目,国有经济布局和结构调整(包括企业间的兼并、联合、重组)的步伐加快。通过各地政府对中央战略的积极响应,市场力量作为经济增长的原动力正在发挥越来越重要的作用。国际资本、国内资本出现向东北转移的明显趋势,一系列重要产业及其管理机构正在向都市和有利地区集聚。以沈阳、大连为核心的全国第四大都市经济区和哈大产业集聚带正在形成。一些重要的工业部门如机械、石油、冶金、食品的优势地位得到了巩固,特别是冶金工业的技术升级达到了预期效果。固定资产投资稳定增长,基础设施建设步伐明显加快。国有企业改革也在稳步推进之中。总之,振兴战略的开局势头良好,各类政策措施形成的"集合"效应正在逐步释放,20世纪80~90年代基本处于"边缘化"倾向的东北经济,现在已经开始发生变化。2004年东北三省的GDP增长率、规模以上工业企业增加值增长率分别达12%和22%以上,利用外资增长率在80%以上,均远高于全国平均水平。

但是,从社会经济可持续发展角度衡量,东北经济仍面临比较严峻的挑战,一些深层次的矛盾还没有得到解决,这些矛盾既是困扰目前东北地区经济发展的主要因素,也是东北地区可持续发展过程中需要付出长期努力重点解决的问题。一是依据资源基础所形成的传统产业优势与本地资源保障间的矛盾日益突出,建设"重要原材料基地"的战略受到资源不足的严重制约;资源型城市的可持续发展问题突出,资源枯竭、接续产业基础薄弱、就业问题交织体现在资源型城市以及某些工业城市之中,形成了可持续发展的"问题区域"。二是产业结构调整的任务艰巨,目前已经形成的偏重型的产业体系在结构转型、规模扩张、技术升级等方面面临诸多困难,企业发展的社会负担和体制障碍突出;新兴产业发展的能力不强。近20年来,东北三省

---

* 本建议为中国科学院于2005年4月上报给国务院的咨询报告。

主导行业发生了一定程度的变化,但仍未摆脱对以原材料为主的传统产业的依赖;装备工业有一定优势,但并不突出。与全国各省区市比较,东三省的主导产业竞争力排名多在10位以后,国际竞争力则更弱。三是依据都市经济区形成的区域创新能力和经济竞争能力不强,面临经济国际化和国内主要城市的挑战。与全国比较,虽然东北地区的城市化水平比较高,但城市经济的竞争力并不高,即使是辽中南地区,其经济实力、国际化等方面与珠江三角洲和长江三角洲地区存在明显的差距。四是虽然农业在全国的地位越来越强,但基础不稳,产业化发展缓慢,现代农业体系还没有形成,农业与工业发展的相互支撑关系还不强。五是局部地区生态环境问题突出,恢复与治理的任务较重。这些深层次的问题如何解决,直接关系到东北振兴战略政策的制定及其未来的发展。

二、利用国内国际两种资源解决东北振兴的长期资源保障问题

1. 资源需求与本地资源保障间的矛盾将进一步突出

随着"中国现代装备制造业基地和重要的原材料基地"的建设以及整个经济总量的增长和城市化的大规模发展,东北地区对能源、铁矿石、有色金属、建筑材料等资源和资源型产品的需求正在迅速增加,但是这些资源的保障程度却已经或正在大幅度降低。例如,东北三省煤炭的保有储量仅占全国的0.5%左右,而能源消耗却占全国的10%以上。本地新增火电装机面临煤炭资源不足的限制,且水电等资源非常有限。2003年东北三省的电力生产与消费分别为1670亿千瓦时和1740亿千瓦时,预计2015~2020年电力需求将达到3000亿千瓦时以上,比目前增长一倍左右,本地的保证率将逐步降低。东北地区的石油产量正在逐步下降,2010年后大庆油田的原油产量只能维持在每年3500万吨的水平,区内其他含油区域的增产潜力也非常有限。作为装备制造业基础的钢铁、冶金等高耗能产业急需新的能源和原料接续基地,以保障振兴目标的实现和地区经济的健康、快速、可持续发展。目前分布在哈尔滨—大连经济带上的8个有色金属矿山已有7个关坑停采,有色金属冶炼面临原料危机。为了解决这些问题,应尽早筹划、构建完善的资源保障体系。

2. 加快内蒙古东部资源接续基地建设

内蒙古东部包括赤峰市、通辽市、呼伦贝尔市、兴安盟,在自然和经济区划上是东北区的组成部分。自然资源丰富,拥有丰富的煤炭、有色金属和非金属矿产资源,以及丰富的森林、土地、草原、药用植物等资源,与东北三省互补性强且区位上接壤,是东北经济发展的资源保障基地和资源获取最便捷的区域。目前内蒙古东部地区煤炭保有储量447.2亿吨,占整个东北经济区煤炭保有储量(660亿吨)的近70%,储量在10亿吨以上的大型煤田就有8处。因此,从统筹区域发展出发,将内蒙古东部的资源开发纳入东北老工业基地振兴的方案是非常必要的,有利于东北地区产业的结构调整和升级。

建议在以下两个方面重点统筹内蒙古东部与东北三省之间的关系:第一,统筹能源供应体

系,加强一体化的能源体系建设与网络改造,提高能源保障能力。近期应利用内蒙古东部煤田储量大、埋藏浅、宜开采、近水源、近铁路和近市场的有利条件,根据东北老工业基地振兴过程中能源需求的趋势,积极建设内蒙古东部能源基地,力争到2010年装机容量达到2000万千瓦以上,基本满足整个东北经济区新增加的电力需求。同时,加大海拉尔盆地石油的勘探力度,作为大庆油田重要的原油补给基地。第二,加强大兴安岭矿产资源的勘探力度,成为东北有色金属工业的接续基地。根据目前的初步工作,位于内蒙古东部的大兴安岭中南段聚集了铜、铅、锌、锡、铀等战略性矿种,其丰富的有色金属资源有可能建设成为国家级的有色金属基地。

3. 实施积极的"走出去"战略,推动以资源勘探、开发为重点的中俄蒙合作

在积极开展与东北亚各国的全面经济合作和贸易的同时,要创造条件,使我国地勘队伍和矿山冶炼企业在俄罗斯远东和蒙古国开展探矿和采矿活动。首先加强与俄、蒙在地球科学和资源环境领域的科研合作,通过系统的科学考察,摸清俄蒙的资源情况、成矿规律和勘探开发条件,降低"走出去"的风险,为企业投资探路。其次增加在俄、蒙两国资源勘探、开发领域的投资,鼓励我国企业参与俄蒙的资源开发。合作的重点除油气勘探、开发外,还应推动有色金属资源勘探与开发领域的合作。第三,选择有条件的边境城市,结合双边贸易和城市经济的发展,加强对俄罗斯电力资源的利用。

三、采取"三步走"的引导战略,推进产业结构转型

经过100多年的发展,东北地区形成了以资源开发和基础原材料为优势的传统工业体系。虽然这些工业仍具有一定的优势并在未来发展中发挥重要作用,但需要在经济全球化背景下重新审视这些产业与资源、市场的关系,引导其合理发展,更重要的是要促进新兴产业的发展,构建有竞争力的产业体系,关键是推进工业结构的转型。从发达国家的经验来看,传统产业的升级改造只是实现区域振兴的部分内容,而绝非全部内容。因此,东北振兴的关键在于作为替代的新兴产业的培育程度与发展规模,要实现这一目标,必须确定工业结构转型的长期引导战略。

1. 实施"三步走"战略,不同阶段的重点与方向应有所侧重

紧紧把握振兴东北老工业基地的契机,将产业结构转型作为长期的工作重点。近期提升既有产业的竞争力,中期培植新兴产业和构建优势产业集群,远期实现装备制造业—轻工业—原材料工业全面发展。按照这个"三步走"战略,重塑一个在我国具有重要战略地位的工业基地。

近期,从扶持重点行业和重点工业城市(区域)入手,以提升既有产业竞争力和延长产业链为主导引领经济增长。应本着"优化存量、深化加工、集聚发展"的思路,调整基础原材料企业的规模结构与布局结构,重点培育深加工产业和市场需求的产品,形成有竞争力的产业集群。通过钢铁工业产品结构调整,鼓励机电一体化、高新技术产业发展等措施,提高装备制造业的

配套条件,在辽中南、长(春)吉(林)和哈(尔滨)大(庆)齐(齐哈尔)地区形成区域最佳组合,建设东北装备制造业集聚发展的轴线,加强交通运输设备和重型成套设备等装备制造业生产的区域优势。以解决就业、城市贫困、社会治安和社区发展为核心,促进资源型城市接续产业的发展和大城市工业区的产业转型。与此同时,制定必要的政策,引导煤炭、造纸、森工、纺织等一些已不具有比较优势部门的技术升级,或退出市场。建立重大机械装备产品研制生产的风险基金,支持建设具有国际先进水平的交通设备和重型成套设备研发体系,使东北成为我国在该领域创新能力最强的地区。用国债贴息的方式重点扶持骨干企业的技术改造,提高参与国际竞争的能力。积极吸引韩、日、美、欧盟和东部沿海地区的资本与技术。

中期,以都市经济区为主要载体,培植新兴产业和构建优势产业集群。继续巩固冶金、石油、机械等优势产业的地位,加强食品、医药、电子及通讯设备、轻工业、高新技术产业、现代服务业等的发展。在交通运输设备和重型成套装备制造方面,重点发展汽车、船舶等交通运输设备和矿山、冶金、石化、输变电、数控机床等重型成套设备,逐步形成我国和亚洲最大的重型机械装备制造业基地,实现重工业结构从基础工业型向基础与加工并重型转变。

远期,以装备工业、轻工业、原材料工业全面协调发展为目标,建设成为我国强大的综合性工业基地。通过引进技术、资金以及体制创新等方式,发展医药、农产品加工、电子通讯等在全国具有较强竞争力的新兴产业以及现代服务业。利用东北地区丰富的"北药"资源和未来石油化学工业等提供的工业原料,鼓励医药产业的发展并成为支柱,地区布局上以吉林和黑龙江两省为主。结合农业产业化进程,加快建设水稻、薯类深加工、肉制品和啤酒饮料加工基地,建设全国最大的乳制品和玉米、大豆深加工绿色食品工业基地。电子信息制造业应当充分利用装备制造业技术改造、产品升级提供的良好机遇,在软件产业和机电一体化领域有所突破,力争使面向工业自动化和信息化的软件行业和相关的硬件设备制造业成为东北经济的重要增长点。

2. 采取严格措施,控制石油加工和钢铁等原材料工业的规模

目前,地方政府和企业仍将扩大现有企业生产规模作为重点,发展规划过大,带有明显的盲目性。针对东北地区能源原材料工业普遍存在的生产与资源环境不协调、企业规模结构和技术结构不合理等问题,应着重调整能源原材料工业的生产结构和布局结构。

控制石油加工能力的扩张,提升石油化学工业的地位,优化产业集群。目前,抚顺石化、大连石化、吉林石化、大庆炼化等13家250万吨/年以上规模的炼油厂,原油一次加工能力已达到7640万吨/年,超过东北地区的原油产量和成品油消费量。但是,东北三省在各自的振兴规划中,都将原油加工能力的扩张作为石油工业的主要发展方向,如黑龙江、吉林、辽宁三省规划2010年原油加工能力分别达到2000万吨、1000万吨和8620万吨,总规模达到11620万吨,比目前的加工能力增长52%。依据可能的油源供应和油品消费的市场潜力分析,未来15年内东北地区油源的年获取量只能达到8000万吨左右。扣除输出部分,本地能够加工的原油量将不会超过7000万吨,本地的消费量将低于这一水平。因此,如果上述规划付诸实施,会出现原油加工能力过剩、加工区位与消费市场空间分离、部分加工能力浪费的结果,应采取有效措施加以调控。

未来石油化学工业的发展应以精细化工为方向、以基地建设为核心,构建优势化工集群,提升原材料基地的地位。第一,利用国内外两种石油资源,协调好原油供给量与加工能力间的关系,调整石油化工产品结构,加快石油工业布局向沿海推进。第二,严格控制原油加工能力的扩张,但可以通过炼厂的规模结构和布局结构调整,实现加工能力在企业间的重新优化配置。第三,对石油化工进行战略性调整,主要是做大乙烯产业,扩大石油化工产品的份额,发展后加工产品和适销对路的精细化工产品,为发展轻工业、实现工业结构转型创造条件。第四,重点扶持大连、吉林、大庆、抚顺石化基地的建设,利用锦州、葫芦岛的港口和石油加工基础,吸引民间资本和外资,发展临港型石化产业。积极发展精细化工,扶持新产品与新材料的开发。

通过组建大型企业集团统筹规划和调控钢铁工业的发展。应尽快实现辽宁三大主力钢铁企业的协调发展,组建大型企业集团,统筹规划和调控钢铁生产规模、产品方向、技术开发、市场营销、矿产资源配置。企业集团的发展应以鞍钢的改扩建为重点,控制本溪和北台钢铁厂的规模。瞄准东北需求调整产品结构,重点发展冷轧薄板、镀锌板以及汽车、机械、军工所需的高质量特殊钢材品种。通过市场的力量,逐步淘汰和优选现有的中小型原材料企业,并通过行政手段,严格控制落后的钢铁企业等基础原材料项目盲目上马。

3. 多途径扶持大城市老工业区的产业改造

东北有众多的老工业区,如沈阳铁西、鞍山铁西、本溪本钢、抚顺望花、大连甘井子、长春铁北、吉林龙潭、哈尔滨动力区和齐齐哈尔富拉尔基工业区等。这些老工业区小则几平方公里,大则几十平方公里,以冶金、机械、化工等重化工业为主,工作和居住在其中的人口从几万人至几十万人不等。改革开放前它们都是社会主义工业化的样板,时至今日都有不同程度的衰败,许多企业破产倒闭或即将关闭,形成了典型的老工业基地的"烟囱工业区",技术改造落后,环保投入不足,环境污染严重。工业区内部穿插建设了规模不等的居住区,下岗失业人员集聚,城市贫困严重,社会治安和社区发展问题突出,已经构成了城市可持续发展的"问题地区"。

经济振兴是大城市老工业区改造的中心任务,国家需要加大传统优势产业的技术改造力度,鼓励民营经济和中小企业发展,加强与区内外企业的合作。扶持社区发展,加强职业技术培训,扩大就业渠道,建立健全社会保障机制,营建艰苦创业的社会氛围,保障社会安定。把老工业区城市基础设施建设作为扶持的重点,改造交通、通讯、供水、环保等市政设施,增加文化、体育和娱乐服务设施。将城市基础设施管理纳入市政管理范畴,引入市场机制,开发利用工业废弃地,建设环保设施,美化绿化老工业区环境。老工业区改造需要在城市发展战略规划的总体框架下,进行产业调整、土地开发、社区发展和生态环境建设规划,实现方向和功能的转换,从市区内各功能组团的协调发展角度,实施要素转移与置换。

4. 从加强城市的综合功能着手推进资源型城市的经济转型

东北地区是资源型城市最为集中的区域,有30多个,占全国的1/6。这些城市面临的突出问题是:产业结构单一,没有形成维持城市持续发展的产业集群。长期依赖资源型产业,工业体系不完善。长期积累形成的生态与环境破坏严重。就业压力大。与城市所在区域的经济联系弱,对辖区内非主体资源的利用不充分,对区域经济的带动作用差。

必须实施多元化的产业发展战略,因地制宜地选择接续产业,促进这类城市的健康发展。一是发展有其他资源支撑的接续产业,如农产品加工、建材工业等,促进城市与区域的融合。二是以促进就业为目标,实施税收、资本配套等措施,吸引沿海发达地区的企业投资办厂,带动地方经济的发展和产业转型。三是本着精干主体、分离辅助、剥离社会职能、扩展发展空间的原则,鼓励有实力的资源开发企业实施异地开发,在国际上和国内其他资源富集地区寻求发展机会,转移部分过剩的生产能力,减轻企业对本地资源的依赖。四是鼓励本地资源型企业,按照市场经济的原则,发展非资源型产业。五是促进产业间和企业间的联合发展,延长资源开发、加工的产业链。

四、建设大都市经济区和产业集聚带是振兴战略的重要组成部分

1. 科学的社会经济空间组织可以促进区域和产业竞争力的增强

在经济全球化的趋势下,由核心城市及其腹地组成的、具有有机联系的"城市区域"正在成为全球经济竞争的基本单元。以国际性门户城市为核心的城市区域(大都市经济区)是目前全球最有竞争力的地区,如大伦敦地区、东京都市圈等。在国内,以香港和广州为核心的珠江三角洲和以上海为核心的长江三角洲,正在成为这样具有国际竞争力的大都市经济区。因此,进一步加强大城市的集聚功能,建设具有国际竞争力的都市经济区,是振兴东北过程中深层次的和具有深远意义的工作。这在当前振兴东北的工作中在一定程度上被忽视了。

目前东北地区的空间组织特征是:国有大企业往往是城市经济和空间的主体,大企业与地方经济发展的关联性不高,城市之间缺乏有机的经济联系,中等城市发育程度差,没有形成具有竞争力的城市区域。东北地区不少城市是依托国家投资的大企业形成的,一个企业往往是城市的主体。同时,在过去计划经济时期,由于"统配统分",国有大中型企业往往与本地的经济联系不多,形成了不少经济"孤岛",城市间的产业联系不是很密切。长期依赖国有投资也使东北地区缺少"自下而上"形成的中小城市,城市等级结构有缺陷。这些空间组织形态是计划经济体制深层次的反映和根深蒂固的遗留,与目前的发展趋势不适应,制约着东北地区产业竞争优势的充分发挥。

因此,从长远看,有些行业结构的调整,必须与产业的空间结构调整有机地结合起来。根据东北地区的实际情况,围绕门户城市促进产业结构调整是非常必要的。

2. 产业和就业已经出现向特大城市及其周围地区集聚的趋势

2000年以来,东北地区非农就业整体下降趋势得到减缓,而且一些大中城市出现了增长趋势。这可以通过非农业人口增长的空间分布得到一定的体现。2000~2002年,东北地区非农业人口增加了109万人,其中哈尔滨、大连、长春、沈阳、营口、四平、大庆、绥化等8个城市,合计增加了75.6万人,占总增长量的近70%。这些城市主要分布在哈大铁路沿线。外资和民间资本开始涌入东北,特别是特大城市及其周边地区。例如,2003年,沈阳市利用外资额达到22亿美元,是2000年的5.5倍;另有1000多家来自南方的规模以上的民营企业投资项目。同年,大连完成全社会固定资产投资总额506.9亿元,比上年增长37.8%。在吉林,越来越多的汽车零部件企业开始落户长春市及其周边地区。在黑龙江,一些资源城市中的大学、农场总部、大企业开始向哈尔滨和大庆转移,而外部资本也有进军这两地的趋势。例如,雀巢、伊利、蒙牛、光明等大型乳业公司纷纷在此布局乳业加工厂,国内多家一流肉类加工企业在此建立大型屠宰加工厂,温州的皮革业开始在哈大地区布局设厂。

这表明,东北地区人口向大城市的集聚态势已出现,市场机制下的城市间的有机联系正在形成。正确引导和促进这种态势,进一步发挥大城市的集聚功能,可更加卓有成效地实现振兴东北的战略任务。

3. 明确与强化沈阳和大连的门户城市的地位和功能

积极培育充满活力的门户城市,并以此为核心构造具有国际竞争力的大都市经济区,改变围绕大企业进行空间组织的惯性,适应市场经济规律和经济全球化的趋势。门户城市的选择应考虑如下原则:①发展水平高、经济实力强、人口规模足够大;②中心性强,即为腹地服务功能强;③有广泛的国际、国内联系;④是跨国公司青睐的投资地;⑤有广大而且基础较好的腹地。按照这些原则,东北地区应整合沈阳和大连两者的优势,实现优势互补,共同带动东北地区的发展。其中,沈阳应侧重发挥东北地区物流中心、金融中心、交通枢纽、装备制造业研发和生产基地等功能;大连应侧重发挥国际贸易窗口、东北亚国际航运及物流中心、涉外金融中心、临港型先进制造业基地等功能。

4. 积极建设辽中南大都市经济区和东北中部集聚带

围绕沈阳—大连"双核"门户城市,积极建设辽中南大都市经济区,使其成为像珠江三角洲和长江三角洲那样的、参与全球经济竞争的基地。空间范围包括沈阳、大连、鞍山、抚顺、本溪、辽阳、营口、盘锦和铁岭9个城市。它的基本定位是:我国东北地区参与全球经济竞争的主体和基地,东北亚经济圈的重要组成部分,我国最重要的原材料加工、装备制造、船舶、石油精细化工、高端钢材以及高新技术产业发展的基地。应扩大与日、韩的经济合作,提高其在东北亚地区经济合作中的战略地位。基础设施发展的重点是建设区域性的一体化网络,特别应尽快建设沈大高速铁路,整合沈阳和大连的优势功能。

与此同时,要积极建设由黑龙江人口—产业集聚区(包括哈尔滨、大庆和齐齐哈尔)和吉林中部人口—产业集聚区(包括长春、吉林、松原、四平和辽源)组成的东北中部集聚带。前者的发展定位是:我国最重要的以电站成套设备、重型机械装备、重型数控机床为特色的装备制造业基地和石油化工基地,北方最大的绿色和特色农副产品加工基地。后者的定位是:我国最大的汽车、轨道车辆制造及配件产业集聚区之一,北方地区重要的综合性石油化工产业基地,全国重要的生态型绿色农产品加工基地。

此外,要在大城市周围积极发展具有市场活力的中小城市,通过合理的城市等级体系促进区域的发展活力。最终形成包含三个层次的空间组织形态,即大都市经济区(作为区域的龙头)、一般城市密集区域(人口和产业聚集区)、边缘地区的中心城市(作为促进区域一体化发展的据点)。

五、推进以三大功能为主体的现代化农业建设

在东北振兴战略中,对农业的发展,尤其是粮食生产给予了高度的重视。但根据东北的自然环境与资源条件,农业在多方面的功能和优势需要充分地发挥。应重视运用现代科技和现代工业装备农业,用现代管理手段经营农业,进一步加强东北农业在国家发展中的三个主体功能,即建成我国最大的粮食安全保障基地、最大的粮草结合型精品畜牧基地和现代高效生态农业科技示范推广与安全生产基地。为实现这个目标,要不断强化"国家粮食安全生产基地"的主体地位,同时突出东北生态绿色农产品生产基地和精品畜牧业基地的区域特色,促进东北大农业结构的战略性调整。

1. 以地级市为基本单元构建国家粮食安全生产基地

随着我国宏观经济格局的调整,沿海和中西部的缺粮区将会扩大,全国粮食生产的重心正呈现出"北进东移"之势。东北地区凭借耕地资源潜力和生态环境优势,在稳定全国粮食市场供应和保障国家粮食安全方面的战略地位日益突出。据预测分析,按人均需求 400 公斤计算,到 2010 年东北地区外调粮食可以满足 1.34~1.38 亿人的需求,到 2030 年可以满足 1.67~1.85 亿人的需求。东北地区商品粮基地建设是国家粮食安全的重要依托。

东北现有大型商品粮基地县 110 个,形成了稳定的粮食生产能力。但目前以县为单元的布局有一定局限性。应将目前的以县为基本单元的商品粮基地管理模式转变为以地级市为基本单元,实现区域农业联合开发与整体规划布局,以提高扶持资金的利用效率和基础设施的统筹建设。另外,还要在资金、技术上重点扶持国有农场(垦区)的农业综合生产能力建设。

2. 把绿色农业产业化纳入老工业基地振兴的实施方案

东北地区具有发展我国大型绿色农产品生产与加工业的生态和环境优势。应当统筹安排工业和农业的关系,把农业产业化项目纳入到老工业基地振兴项目的实施方案中。强化东北农产品的品质与安全优势,促使农业自然生态优势转化为农业经济效益优势。把东北地区塑

造成我国及东北亚地区的绿色生态产业基地。发展的重点是：依托三江平原大面积的湿地生态资源，建设大型的优质安全水稻生产基地；利用中部平原充裕的粮食资源，发展以淀粉和豆类制品为主导产品的粮食规模化加工业；依托丰富的山地森林生态优势，开发利用林特产品资源，加大食用菌、人参、林蛙等林特名牌产品的培育与开发。绿色农产品生产基地建设要以国际食品安全要求为前提。

重点建立一批国家和省级绿色农业基地。创东北绿色农产品品牌，据此打破国际农业贸易的"绿色"壁垒，增强东北农产品的国际竞争力。农业产业化项目的布局，以中小城市为主，从政策上鼓励民营经济参与农业产业化的投资建设。

3. 借鉴商品粮基地建设的经验和政策，强化优质畜牧产品加工基地建设

东北地区发展畜牧业的资源组合优势突出，是建立全国优质畜牧业基地的理想区域。中部农区的秸秆资源和玉米、大豆等饲料粮的生产优势，是规模化畜牧业发展的重要保障。农区种草也具有较高的比较效益，通过优化农业种植结构发展草业畜牧有足够空间，重点建设"舍饲养殖"小区或基地。东北西部天然草地以草甸草原为主体，自然条件优于国内其他地区，利用草场改良和发展人工草地的契机，重点建设家庭牧场，发展草地畜牧业。

建议借鉴商品粮基地建设的经验和政策，强化优质畜牧产品加工基地建设。以松嫩平原、三江平原畜牧产业链和生态畜产品精深加工基地为重点，加大畜牧产品安全体系建设力度，以肉牛、肉羊、生猪、乳制品深加工的集约化、标准化、规模化为突破口，鼓励"以农促牧、以牧带农、农牧结合"的区域生态农业模式的发展，形成东北地区优质畜牧产品生产、加工一体化的综合产业体系。

4. 建立保障国家粮食安全与促进农民增收的长效协调机制

建设东北地区国家粮食安全生产基地，稳定提高粮食综合生产能力，急需建立起国家粮食安全与农民增收的长效协调机制。粮食安全体现了国家公益目标，同时要求使主产区的社会价值特别是农民的利益得以保障。近年来，黑龙江、吉林两个农业大省农民收入的60%左右来自粮食种植业，造成农民收入增长缓慢甚至出现负增长的现象，在全国的位次逐渐下滑，辽、吉、黑三省农民收入分别由1978年的第8、5、7位降为2004年的第9、12、11位。农民生产粮食的积极性下降，加之自然灾害等的影响，东北地区粮食产量年均减产幅度达44.8亿公斤。出现这些问题的主要原因是没有协调好粮食增产与农民增收之间的关系。近年实施"一免两补"政策使农民得到一些实惠，但农业生产资料、农业投入的费用也在上涨，种粮成本增大，实际上农民应得到的政策利益大部分转移到其他行业去了。农民收入增长仍缺乏有效的风险机制和保障措施。

国家应针对东北粮食主产区的实际情况，兼顾国家和地方利益，确立粮食增产和农民增收的"双增"目标，完善相关的支农政策。首先，继续深化粮食流通体制改革，建立长期稳定的粮食供销关系。第二，保障"一免两补"政策的制度化和长期性，国家还需要尽快完善与此相关的配套政策,调控生产资料的价格。2004年初中央出台的"一免两补"政策极大地调动了东北农民种粮的积极性,仅吉林、黑龙江两省对农民的直接补贴金额近40亿元,激发了农民种粮的积极性,闲置多年的耕地重新得到了开发利用,粮食播种面积扩大。但是一些新的问题也由此暴露出来,即也造成"一增两减"(粮食种植增加,经济、饲料作物减少),影响到农业结构战略性调整的推进。第三,要鼓励发展农民合作组织,稳定粮食基地规模。东北地区户均耕地面积1.5公顷左右,虽高于全国平均0.5公顷,但远低于欧美户均耕地规模,农户小生产和大市场存在极大的矛盾。发展农民合作组织有利于促进农业区域化布局、产业化经营和社会化管理。建立起联结农户、龙头企业和农产品大市场的桥梁,降低农产品市场风险,使农民在农业产业化进程中受益。

六、按照三个生态地理区域进行生态建设与环境保护

建设实力强大的东北经济区并实现可持续发展,需要良好的生态与环境支撑。东北地区的生态建设和环境治理要按科学规律进行。根据一系列自然、生态指标判断,东北地区存在东部—北部、中部、西部三大生态地理区域,其自然基础和环境承载能力有显著的差异。由大兴安岭北段、小兴安岭、三江平原、长白山地构成的东北东部与北部区域,是湿润的山地森林和平原沼泽生态区,具有重要的生态屏障作用。松辽平原构成的东北中部区域,属于中温带湿润和半湿润地区,生态基础好,环境承载力较强。东北的西部即大兴安岭中南部属于温带半湿润、半干旱草原生态区域,是东北主要河流的发源地,生态环境比较脆弱。三大生态地理区域存在不同的问题,局部地区内人类活动与自然环境间的矛盾已经比较尖锐。东北的振兴应按照上述三个生态地理区域的生态特点、问题和基础,采取"集中发展中部、保护性发展两翼"的战略,实施不同的生态与环境建设及保护措施。

1. 中部区域:城市化地区环境的综合治理和松辽平原农业的面源污染治理与土地退化防治

辽宁中部城市群地区是环境问题最集中的区域,水体污染、城市大气污染、城市垃圾污染问题突出,资源开采造成的地面沉降、土地占用和破坏、废弃物污染等问题也很严峻。在沈阳—大连大都市经济区和中部集聚带建设和发展过程中,需要将环境治理置于突出的地位。在规划上限制高污染产业的发展,实施统一的水污染和排放控制标准。在协调规划和实施松、辽流域污染综合治理的同时,继续加强城市内河水域的污染治理;控制煤烟型污染,增加废气治理设施,提高城市清洁能源比例;加快城市环保基础设施建设,提高大城市固体废物处理与资源化程度。对矿区生态环境进行综合治理,加大土地复垦与环境修复、固体废弃物的综合利用与治理力度。

为了配合我国最大的现代化农业和粮食安全生产基地的建设,在中部区域逐步实行农业清洁生产、加强农业污染控制和重点区域治理非常重要。鼓励畜禽生态养殖,减少末端污染物处理量。重点城市、重点流域和污染严重河网地区的集约化畜禽养殖场和养殖区,要严格执行《畜禽养殖业污染物排放标准》,以减缓农业面源污染加重的趋势。松辽平原的西部属于半湿

润地区,生态环境相对脆弱,应通过技术改造、治水、土壤培肥、加强农业基础设施建设、继续实施三北防护林工程等措施,防止土地的退化。松辽平原东部应加强水利枢纽工程建设,缓解水资源区域不平衡和供需矛盾,改善农业生态环境,提高农业的生产和防灾减灾能力。

2. 东部及北部区域:森林生态的保护、资源型城市的生态治理和三江平原湿地的保护

东部湿润地区是我国重要的森林分布地区。目前已经实施6年的"天保工程"对遏制资源枯竭和生态环境继续恶化取得了一定成效。根据东北林区林龄段的具体情况,20~30年是这一工程发挥资源、生态、经济和社会三方面效果的最佳时期。因此,需要在最初规划期为10年的基础上,延长保护期至20到30年。

这个区域的生态建设应围绕林业和森林生态系统进行。大兴安岭地区北段、小兴安岭地区防治水土流失、保护物种资源、抚育森林资源是今后生态系统资源开发和利用工作的重点;长白山地、老爷岭、张广才岭、吉林哈达岭及牡丹岭地区,需把低山、丘陵、平地当作一个整体自然系统来考虑,采取互相促进和利用的措施,防治水土流失,保护森林生态环境,解决林区社会可持续发展和农村的能源问题。三江平原属于沼泽类湿地,在持续提供食物、原料和水资源、蓄洪防洪、抗旱、调节局地气候、控制土壤侵蚀、保护生物多样性以及发展农牧业等方面都有重要作用,该地区的生态建设,应首先考虑湿地的保护。建议国家调整区域开发政策,扩大保护区范围,加大保护力度,切实改善湿地环境。其次,低山丘陵和岗坡地,应以森林抚育更新为主,加强天然植被的保护,禁止农垦;岗坡平缓地和平地可以农垦并相应发展畜牧业,营造农田防护林,促进绿色农业与生态环境良性发展。

东北东部—北部区域有20多个资源型城市,多数城市的生态与环境问题突出,对可持续发展形成了严重影响。未来的重点应是加强矿区土地的复垦与综合治理,本着因地制宜、分类利用的原则,实施相应的治理措施。加大对矿山废渣、煤矸石等固体废弃物的综合处理与利用,发展循环经济;对城市环境进行综合治理。借鉴国内外资源型城市生态建设的成功案例,在有条件的矿区进行农业生态园、生态养殖业、旅游基地等工程的建设,发挥生态环境治理与发展经济的功效,完善城市的生态与经济社会功能。

3. 西部区域:遏制草地退化

东北西部和内蒙古东部草地位于我国农牧交错带的东段,水分条件差,自然生态系统以草原生态系统为主,草地面积约25.1万平方公里。由于人为活动和不利自然因素所引起的草地(包括植物及土壤)质量衰退而使生产力、经济潜力和服务功能降低,退化面积在40%~80%,退化趋势还在发展。主要原因是"重治轻管"。为了防止草原的进一步沙化,在重点完善防护林、适当退耕还草等生态建设的同时,要改变靠天养畜的习惯,调整畜草关系,强调人工草场和饲料基地的建设。应尽快进行草地资源清查,为草地资源的长期监测奠定基础,按不同区域、不同类型研究草地资源的合理利用方式、退化草地生产力的恢复途径,以此制定合理的草原与沙漠化防治措施,促进草原的可持续发展。

七、组织编制沈阳—大连大都市经济区和中部集聚带的区域规划

目前国家已经启动了"长江三角洲地区"和"京津冀都市圈地区"的区域规划。振兴东北老工业基地是一项长期的战略任务,是一项涉及诸多方面的宏大工程,需要有科学的规划予以指导。为配合东北振兴战略的实施和进一步深化,建议国家组织力量编制东北核心区域即哈大发展轴的区域规划,为长久的可持续发展提供纲要性的指导。

近年来东北三省相继制定了沈阳经济区、吉长都市圈等规划以及结合振兴东北老工业基地战略的实施而制定的行业和地区规划。虽然这些规划具有积极的指导作用,但都带有时间和地域的局限性,缺乏区域间的协调。进行东北核心地区的综合发展规划,有利于打破行政界限,统筹区域之间和大中城市之间的发展,推动企业间、城市间的合作,预防各地区过度关注自我发展而导致区域间的恶性竞争、资源浪费和项目的盲目建设,避免东南沿海地区高速发展中产生的环境恶化、重复建设、土地资源利用低下、城市盲目扩展等现象,提高政府的调控力度,协调人口增长、资源开发、环境保护与经济社会发展之间的关系,促进区域可持续发展。

(本建议主要撰写人员:陆大道、金凤君、张平宇、樊杰、刘卫东、刘彦随、张文忠)

前 言

一

继西部大开发之后，中央于2003年又提出振兴东北老工业基地的战略部署，这是在我国沿海地区经济快速发展的基础上，实行东西互动、实现区域经济协调发展的重大举措。温家宝总理2003年8月初考察东北地区时发表了"适应改革开放新形势，走出加快振兴新路子"的重要讲话。至此，东北地区再次成为我国社会经济发展的"热点地区"，但如何实施这一战略则需要以一系列的科学判断和设计为支撑。为此，国务院研究室曾以"国研密函[2003]89号"商榷函的形式，发文到中国科学院，商榷邀请中国科学院地理科学与资源研究所就东北老工业基地的可持续发展状态、面临的问题、未来的发展趋势、实施振兴的地域单元选择、全球化背景下与我国小康社会建设进程中东北地区社会经济发展的途径及战略等进行科学咨询，提供客观、科学的评价与研究结论。中国科学院根据国家这一重大需求，在知识创新工程体系中特设了"东北地区振兴与可持续发展战略研究"重要方向性项目(KZCX3-SW-340)，并组织中国科学院所属的地理科学与资源研究所、中国科学院东北地理与农业生态研究所、中国科学院沈阳应用生态研究所、中国科学院地质与地球物理研究所等单位对东北的资源环境、可持续发展问题进行了为期一年半的研究，形成了"关于东北振兴与可持续发展的若干建议"及其"摘要"两份综合性咨询报告、21份专题研究简报和50万字的研究报告。《东北地区振兴与可持续发展战略研究》专著是在上述研究基础上集成的针对东北地区可持续发展战略方面的研究成果。

二

东北地区包括辽宁、吉林、黑龙江和内蒙古东部地区（赤峰市、通辽市、呼伦贝尔市和兴安盟），土地面积126万平方公里，占全国的13%，GDP总量1.16万亿元，占全国的12%，人口1.2亿人，占全国的9.2%，是我国东北边疆地区自然地理单元完整、自然资源丰富、多民族深度融合、开发历史近似、经济联系密切、经济实力雄厚的大经济区域，在全国经济发展中占有重要地位。建国初期，东北是社会主义工业建设的摇篮，为国家重要战略物资储备和工业化建设奠定了扎实基础，"一五"和"二五"时期建设的156项重点工程中有56项分布在东北，后来又经过不断完善和发展，形成了以钢铁、机械、石油、化工为主导的工业体系，尤其在装备制造业方面形成了强大的基础，是"共和国的总装备部"。目前汽车产量占全国的1/4，其中重型卡车产量占全国的1/2,船舶产量占全国的1/3。同时,东北地区还是我国重要的农业基地。

改革开放以来,东北老工业基地和大量的国有企业通过改制和结构调整,取得了许多丰富的经验,为改革和发展作出了新的贡献。但是,在计划经济向市场经济转轨过程中,东北地区经济的发展速度明显滞后,促进经济进一步发展的技术基础和制度环境明显不适应市场经济发展的形势,与沿海发达地区的差距不断扩大,出现了所谓的"东北现象"。同时,经济发展与资源、环境间的矛盾也不断出现,并在局部地区形成比较尖锐的态势。这一过程的出现,既有制度变迁的原因,也有经济和技术的原因,更有资源环境的问题。

目前东北面临的主要问题是:第一,局部地区的生态环境面临严峻的可持续发展问题。主要体现在:①森林过度采伐引起森林生态退化。20世纪东北原始森林持续的大量采伐,使得大小兴安岭的原始森林锐减,森林生态发生了巨大变化。同时,几十年中人口的不断迁入,已经形成人口规模庞大的林区社会,林业的生产是其健康发展的生命线;而目前的森林资源保护也使林区社会的可持续发展面临挑战。因此,东北林区面临生态与社会可持续发展的双重压力。②大规模单一种植业的开发导致湿地生态环境退化。③主要河流水体污染严重、海洋环境质量下降。根据观测,目前辽河、松花江干流只有4%和11.3%达到或优于3级水质标准。④都市化地区的生态环境问题突出。主要是辽中城市群地区的水资源短缺与水环境污染、大气环境污染问题突出。⑤草原生态环境退化。第二,工业企业技术落后、设备陈旧老化,偏重的资源型产业结构转型困难,市场竞争力下降,企业的历史包袱沉重。目前东北地区的工业存在"技术老、产品老、设备老、结构老"的问题,根据20世纪90年代末的调查,工业行业中只有18%的装备技术达到先进水平;主要产品在性能上只有35%具有较强的竞争力,45%处于一般水平,20%不具有竞争力。除上述问题外,由于东北地区的企业多为老企业,计划经济时期企业办社会的发展模式使得企业的历史包袱非常沉重,一定程度上加重了企业发展的难度。第三,资源枯竭引起的资源型城市的可持续发展和资源型产业转型形势严峻。东北地区许多城市的形成与发展和本地资源的开发密切相关,后者与前者形成了"一兴俱兴、一衰俱衰"的因果关系,即一业兴则城市兴,一业衰则城市衰的发展特征。由于开发历史较长,许多矿山的资源已经枯竭或接近枯竭,加之长期只重视资源的采掘、忽视社会可持续发展的不合理开发模式,使得产业结构单一,城市或区域经济发展的基础比较脆弱,一旦资源枯竭就导致可持续发展面临严峻的挑战。第四,体制制约突出。体制对东北地区经济发展的影响比较大,而且不仅仅是国有经济比重大或计划经济体制影响等问题,其深层次问题可以用"纵横交错,纷繁复杂"来形容体制对经济发展的影响。从管理层次看,存在多层次相互交错,相互制约;从企业发展看,存在中央、地方和集团利益相互交叠,企业发展的市场环境还没有形成。另一方面,由于历史传统和企业集团的影响,地方政府协调区域发展的能力比较弱。第五,社会保障压力大,社会可持续发展问题突出。主要体现在:①资源枯竭型城市的社会可持续发展问题非常突出,许多资源型城市缺乏接续产业,一些社会问题已经严重威胁了社会的正常发展。②下岗再就业的压力比较大。③许多中小城市的社会可持续发展能力比较弱。与东部沿海尤其是珠江三角洲和长江三角洲地区的中小城市相比,东北地区许多中小城市的产业结构单一,竞争力不强,城市的社会可持续发展能力比较弱,社会保障水平比较低。

上述问题既涉及社会经济领域也涉及自然环境领域,需要人文与自然学科交叉综合集成研究才能确定科学的解决途径。而且,这些问题既是当前急需解决的问题,也是涉及东北地区长期可持续发展的重大问题。

三

东北地区是在依托丰富的自然资源基础上发展起来的,这种资源支撑型的区域发展历程,在全球化和信息化时代面临新的挑战:区域范围未变,但发展环境在变;自然区位未变,但经济区位和市场在变;区域内部的要素内容未变,但要素间的相互关系和作用机制在变。这些变化与传统经济发展模式存在一定的冲突,需要用科学集成的方法综合判断,寻求"识时"的解决途径,而不是在原有基础上的"修补"或扩张。就东北地区而言,存在如下值得深入研究的问题。第一,需要从综合集成的角度重新科学审视东北地区的资源、环境在区域发展中的作用。再沿用资源开发、扩大第二产业、立足改造传统产业和本地市场的振兴战略不一定适应目前和未来东北地区面临的内外发展环境。而且,更值得注意的是,仅仅认为制度变革就能振兴东北的观点是偏颇的。东北问题的解决,需要从可持续发展观念、人居环境观念、区域与全球观念和社会制度变革等方面重新综合审视东北地区发展的自然基础、经济基础与社会制度变革的作用,如此才能走出振兴的新路子,避免以往战略上的失误或收效微弱的老路。第二,重新审视城市在东北振兴中的作用,以及城市经济区、核心城市的引领作用。这种审视与判断除依据自身的自然基础外,更主要的是需要从全球网络、宏观角度深入研究。第三,传统产业与新兴产业的关系。这是非常重要的。以往的思路都是在既有基础上修补、完善、提高,虽然是现实而可行的策略,但从发展的趋势和国外经验看,不一定是解决根本问题的方法。但还应采取什么战略,则需要审时度势、科学论证。第四,东北地区的资源基础与基础产业发展。目前对东北地区的资源家底和潜力不是十分清楚,需要进一步摸清家底。

四

本书共五篇十八章,就东北地区振兴的一系列重大问题和应实施的战略进行了阐述。

第一至三章对老工业基地振兴的战略意义与目标、区域发展历程与可持续发展态势、区域振兴与可持续发展的总体战略进行了阐述。①振兴东北等老工业基地是党在新时期提出的重大战略举措,其意义不仅仅局限于缓解东北老工业基地长期低迷的经济发展状况,还在于通过推动东北振兴,促进我国区域经济实现全面可持续发展。实施振兴东北战略,既有利于从国家安全的高度,推动东北地区工业潜能的发挥,构建我国原材料工业及装备制造业基地,也有利于同正在实施中的"西部大开发"战略相得益彰,形成"东西互动,带动中部"的发展格局,也会对强化南北方之间的经济联系发挥指导作用。但是,东北老工业基地当前的困境由来已久,单靠大规模的技术改造并不能解决问题,必须从更广阔视野设计区域振兴的战略目标,才能促进东北老工业实现真正振兴。②资源禀赋是历史上东北地区开发的重要条件,在中长期时间尺度内,能矿资源仍然是区域经济发展的重要基础,特别是石油、铁矿石、土地等资源基础,对未来区域发展及国家资源安全、经济安全具有重要战略意义。东北地区的区域开发背景经历了五次转换,总体上看,外在因素主导着区域开发的进程,区域经济发展的自主增长机制尚未形成。随着区域开发背景的转换,区域产业结构将有所变化,但总体趋势是资源依赖的路径在不断强化。③第三章以合理的目标期(10～15年,即到2020年)为时间尺度,在分析国家和地方发展能力与条件的基础上,从系统关联的角度出发,阐释东北地区在迈向现代化过程中应遵循的基本战略。重点从资源延伸利用、产业结构分步调整、空间重组、制度改革、市场环境培育、分区生态保育、区域合作方面阐述了东北地区中长期可持续发展的步骤与策略。

第四至九章阐述了东北地区产业的发展基础、优势和未来的发展战略、途径,包括工业结构升级与工业布局优化战略、能源和主要原材料行业的发展与基地建设、装备制造业发展与基地建设、民营经济发展战略、现代农业发展方向与途径、国家粮食安全基地建设与空间布局六个主题。①东北老工业基地振兴的核心问题是工业的可持续发展问题,工业结构与布局的调整直接关系到东北地区社会经济的现代化进程和环境保护以及资源的合理开发利用。建设在全国具有重要战略地位、结构相对完整的现代工业体系是东北地区工业结构调整的总体方向;在近期要增强钢铁、冶金和石油化工等原材料工业的持续竞争能力,巩固钢铁和石油化工的优势地位;未来10年应着力发展成套设备、船舶、汽车、数控机床等支撑国民经济技术升级的装备制造业及零部件工业,建成我国以交通运输设备和重型成套设备为主导的装备制造业生产基地,形成以原材料与重型装备制造业并重的工业结构形态,确立东北在全国工业布局中的战略地位;此后,应实现工业结构向原材料、重型装备制造业和轻工业全面发展的结构转型。大力发展具有资源优势的食品加工、医药工业、家具制造等轻工业,以及为原材料工业和装备制造业配套的电子、智能化仪器仪表等高新技术产业,构筑轻重工业协调发展、生产链条相对完整的工业体系。以辽中南工业经济区和长(春)吉(林)、哈(尔滨)大(庆)齐(齐哈尔)工业集聚区为载体的产业空间,是我国经济发展的重点区域,也是东北地区产业集聚的核心区域。②第五章对东北能源、原材料工业的发展基础、现状问题、市场前景进行了分析,提出未来发展应本着"优化存量、深化加工、集聚发展"的思路,调整基础原材料产业的规模结构与布局结构,形成具有国际竞争力的亚洲主要原材料生产基地。首先,要加快能源原材料产业的组织结构调整。在国家产业政策的指导下,发挥鞍(山)本(溪)集团的核心作用,通过强强联合、兼并重组、互相持股等方式进行战略重组,实现辽宁乃至东北地区钢铁工业组织结构调整、优化和产业升级。其次,加快所有制结构和产品结构调整。加快国有大型企业的股份制改造,积极推进投资主体的多元化,以增强能源原材料产业的发展活力;钢铁工业重点发展市场短缺和替代进口的热轧板、冷轧板、镀锌板、彩涂板、冷轧硅钢片、100米重轨等产品,石化工业要做大乙烯装置,压缩燃料型炼油厂的比例,扩大石油化工产品的份额,发展适销对路的精细化工产品。最后,优化能源原材料产业的空间布局。辽宁的钢铁工业要在持续不断地依靠科技进步淘汰落后产能的同时,逐步向沿海地区拓展,以充分利用国际国内两个市场、两种资源,实现可持续发展;能源工业必须在东北地区进行统一规划,近期和中期内将黑龙江和内蒙古东部打造成为东北地区的能源基地,远期在辽宁省沿海地区大力发展核电,保障东北地区的能源供给。③第六章在分析东北三省发展装备制造业的有利条件和面临主要问题的基础上,提出东北三省装备制造业未来发展的战略构想。首先,培育东北地区装备制造业竞争力的关键在于合理定位。根据历史基础、现有优势和国家政策,东北装备制造业应定位为以重大成套装备生产为特色的我国重大装备制造业生产和研发基地。重点支持重大成套设备制造、交通运输设备制造、基础产品制造和关键性装备制造及光电子等高新技术装备制造业。在空间上按照市场化方式重建企业之间的联系,建立市场经济条件下的企业网络体系,实现企业集聚。重点打造沈(阳)—大(连)、长(春)—吉(林)和哈(尔滨)—大(庆)—齐(齐哈尔)三大装备制造业产业集聚区。其次,东北地区装备制造业的发展需要经济体制的改革来支撑。大力发展民营企业和中小企业,拓宽非公有制经济的经营领域,引导民营企业和外资企业在装备制造业领域投资创业,打破计划经济体制造成的不合理的产业联系,按照市场化的方式重新塑造装备制造业的优势。再次,装备制造业的发展需要在东北地区统筹规划,统一协调,打破行政界限,围绕优势和特色产业,实行企业协作与产业联动,以利于整体优势的发挥。④积极发展民营企业是推动东北地区企业改制和产业结构调整的重要动力,也是增强地区经济发展活力和形成自下而上发展内力的源泉。第七章在分析东北民营企业发展现状、存在问题和近年来表现出的一些新特点的基础上,根据东北地区发展民营经济的优势和特色,提出民营经济发展的基本思路和基本模式。⑤东北老工业基地振兴是东北整个区域的振兴,不仅包括"老工业"基地,也包括"老农业"基地,这是由工农业之间所固有的内在关联性所决定的。第八章立足于全球化背景和资源基础,通过建立指标体系评判了东北农业的现状水平,分析了优势与存在的主要问题,阐释了发展现代农业的重要性,进而对东北现代农业发展进行科学定位,提出重点发展方向、途径和对策;从可持续发展战略出发,提出了率先实现农业现代化,把东北建设成为我国最大的现代化农业基地,也是保障国家粮食安全、增强国际贸易竞争、增加农民收入等多重目标的必然选择。⑥我国粮食生产近年来呈持续减少趋势,粮食安全形势严峻。东北地区是我国农业生态环境和水土资源配置最好的地区之一,也是我国21世纪粮食增产和粮食供给潜力最大的地区,具有持续保障国家粮食安全的能力。第九章提出了东北地区国家粮食安全基地建设布局应着眼于保障国家粮食安全的主体目标,以提高粮食综合生产能力和优化粮食生产结构为前提,兼顾农村经济的发展和农民收入的持续增长。在保障粮食综合生产能力提高的基础上,大力发展绿色农业、畜牧业和农副产品加工业,促进地区粮食生产的良性循环和国家粮食安全基地农业与农村经济的可持续发展。

第十至十三章重点阐述了空间组织和空间结构调整的战略,包括城市空间体系及其特征分析、空间重组战略与都市经济区建设、资源型城市的转型与可持续发展、大城市老工业区改造。①东北地区是我国城市化率最高的地区之一。按"五普"口径,2000年东北三省的城市化率为52%,比全国平均水平高出16个百分点。这主要是计划经济时期大量国家重点建设项目带动的,并不代表着较高的城市化水平和质量,其空间组织形态是计划经济体制深层次的反映和根深蒂固的遗留,与市场经济机制和经济全球化趋势不适应,制约着东北地区经济竞争优势的充分发挥。②在经济全球化趋势下,由核心城市及其腹地组成的、具有有机联系的"城市区域"正在成为全球经济竞争的基本单元。大量国内外研究表明,以国际性"门户城市"为核心的城市区域(大都市经济区)是目前全球最具竞争力的地区。进一步加强大城市的集聚功能,建设具有国际竞争力的都市经济区,对振兴东北具有深远意义。改变围绕大企业进行空间组织的惯性,实施空间组织重整战略,就要调整东北地区的城市化道路。要适应市场经济规律和经济全球化的趋势,积极培育充满活力的国际性门户城市,并以此为核心建设具有国际竞争力的大都市经济区。经过10~20年的努力,应该在东北地区形成包含三个层次的空间组织形态,即大都市经济区(作为区域的龙头)、一般城市密集区域(人口和产业集聚区)和边缘地区的中心城市(作为促进区域一体化发展的据点),其中的关键是促进具有一定全球竞争力的门户城市的形成与发展。为此,应整合沈阳和大连两者的优势,实现优势互补,构造一个"双核"门户城市。③东北是我国资源型城市最为集中的地区,也是可持续发展问题最为集中的一类地区。应从完善城市的综合功能入手规划资源型城市的发展途径,实施多元发展战略,重点在就业、生态环境治理、接续产业扶持等方面加大支持力度。④由于历史原因,东北大多数的大城市中都建设布局了职能单一、地段相对独立的老工业区,改革开放前它们都是社会主义工业化的样板,时至今日都有不同程度的衰败,是当前东北老工业基地问题和矛盾最为集中的地域,也是改造的重点。第十三章系统回顾了城市老工业区开发和建设的历史背景、动因以及现状问题,论述了当前城市老工业区改造中的产业结构调整与空间重组、土地开发与治理、城市就业与社区发展等问题,探讨了城市老工业区可持续发展的战略,提出政策建议。

体制和社会保障等社会发展问题也是东北可持续发展的重要方面,由于条件所限,本书仅设第十四章这一章来探讨这一问题,就城市社会保障体系建设进行了专门阐释。东北老工业基地在计划经济时代取得过辉煌的成绩,但在改革开放以后,东北三省在全国的经济地位逐渐下降。不可否认,所有制结构中国有经济比例过高、产业结构中重工业比重过大、市场机制发育相对滞后等因素影响了该地区的发展。特别是老工业基地在长期发展过程中逐步积累起来的社会性负担问题,包括企业养老保险、企业冗员及企业办社会等,已成为制约老工业基地改革和发展的又一大障碍。因此,完善社会保障体系是东北老工业基地振兴不可或缺的基本保障,并对维护老工业基地的社会稳定、促进经济发展、为企业创造公平竞争环境、加快劳动力市场发育等具有重要意义。尽管国家从2001年就开始了老工业基地社会保障制度的改革试点,并取得了显著成绩,但目前东北地区的社会保障工作仍面临不少困难,主要表现为"四多一大",即失业人数多,国企从业人员和下岗人员多,退休人员多,低保人数多,资金缺口大。对东北老工业基地社会保障体系建设过程中存在的这些问题,必须尽快采取有效措施予以解决。

第十五至十八章论述了东北地区的资源环境问题,包括矿产资源基地建设与可持续开发途径、森林资源可持续利用与生态环境建设、城市化地区环境治理与生态保护、草地资源的可持续利用与保护。①矿产资源是人类社会发展的重要物质基础,是国家安全和经济发展的重要保证,是一个国家综合国力的重要组成部分。"得资源者得天下",资源争夺是国际冲突的根本动因之一。国家振兴东北老工业基地的重要目标之一是要把东北建成我国乃至世界的装备制造业和重要原材料工业基地,这两个基地的建设必须以矿产资源的充足保障为前提。东北地区振兴过程将是国民经济对矿产资源保持持续旺盛需求的阶段,预计矿产品需求量在未来10～15年将达到高峰,也是需求增长最快的时期。因此,资源的开发与利用以及资源型城市的可持续发展是振兴东北老工业基地的重要内容。第十五章立足于全球化背景和既有的资源与产业关系基础,全面分析了东北地区的矿产资源特点和供需现状,结合国家振兴东北战略评价了矿产资源的保障程度,并在此基础上从东北三省自身、周边地区以及国内国外两种资源等三个层面探讨了东北可持续发展的矿产资源战略,提出矿产资源可持续开发的途径和方略。

② 东北林区具有重要的生态地位,是松辽平原和呼伦贝尔草原农牧业发展的天然屏障,对松花江、黑龙江、乌苏里江、牡丹江、鸭绿江及辽河等流域具有重要的水源涵养和调节作用,对维持区域生态平衡和国家生态安全有着不可估量的作用。由于半个多世纪来的过度采伐使得成熟林蓄积量大幅度下降,林龄结构趋于低龄化,可采森林资源几近枯竭,森林生态功能严重下降,东北林区的生态环境正在发生明显变化,如土地沙化速度加快、水土流失日趋严重、生物多样性锐减、湿地面积萎缩、大量珍贵树种及遗传基因丧失等。这一系列潜在的生态危机,给东北地区的可持续发展构成严重制约。第十六章阐述了东北森林资源变迁和对生态环境的影响,探讨了老工业基地振兴与生态环境之间的关系,以及推进林业重点工程建设的措施与途径。

③ 东北城市化地区环境污染问题非常突出,尤其是城市河段水质污染程度最重,辽河水系流经的城市群地区河段的水质均为劣Ⅴ类。影响城市空气质量的主要污染物是悬浮颗粒物,其次是二氧化硫和氮氧化物,属于典型的煤烟型和产业结构型污染。垃圾围城及噪声污染现象也普遍存在。水资源时空分布不平衡及污染造成的区域性缺水形势严峻。城市地质环境灾害表现最突出的是地面沉陷。在城市化地区,首先进行环境综合治理,从全局出发,综合进行松、辽流域污染治理,重点加强城市内部河水污染治理力度;其次实行清洁生产与循环经济,控制煤烟型及结构型污染,恢复城市功能区;第三是加大城市固体废物处理与资源化力度。以辽宁创建循环经济试点省,吉林、黑龙江建设生态省为契机,建设生态城市。尤其是在辽宁中部城市群地区,在合理控制城市化规模与建设的同时,更要搞好生态城市的规划与建设。以阜新作为资源枯竭型城市的生态建设典型,将矿山建设为生态环境重建旅游基地或生态园区。第十七章对上述区域的生态环境战略进行了重点阐释。

④ 草地是东北绿色生态屏障的重要组成部分,对保证东北平原产粮区和工业城市群的生态安全、防止风沙侵袭具有重要作用,但近些年来草地退化、沙化、盐渍化现象加重,对生态环境影响深刻。包括内蒙古东部在内的东北地区退化草地面积占草地总面积的40%～80%,其中辽宁的退化面积在80%以上,内蒙古东四盟和吉林的退化面积在40%以上。目前,全区草地仍以每年1%～2%的速率退化。草地退化的主要原因是:传统草地价值观不利于草地保护,草地畜牧业发展和草地资源有限性的矛盾突出,草地面积减少和牲畜数量增加的矛盾明显等。实施草地可持续管理和保护已成为当务之急,要进行科学规划,制定保护、建设、利用的实施办法;加快观念转变和机制改革;严格实施

《草原法》；综合运用林草协调、生态移民和劳务输出、矿产开发支援草原建设、进行分区草地管理规划等办法，实现草地资源的可持续管理和保护。

五

本研究成果在形成过程中，得到了东北地区各地有关部门的大力支持和热情接待，在此表示衷心感谢。同时，还得到了国务院研究室、中国科学院等领导的关心和支持，中国科学院资源环境与技术局、中国科学院政策局、中国科学院地理科学与资源研究所、中国科学院东北地理与农业生态研究所、中国科学院沈阳应用生态研究所、中国科学院地质与地球物理研究所等单位在研究经费上给予了大力支持，使得本研究得以顺利进行，特表感谢。

本书的大纲由金凤君、陆大道和张平宇设计，金凤君、张平宇、刘洋、陆大道在初稿的修改、审定过程中做了大量工作，最终定稿由金凤君完成。王志辉在排版和图件处理上做了大量工作。各章的具体分工如下：第一章，金凤君、刘洋；第二章，刘洋、金凤君、贾若祥；第三章，金凤君、陆大道、樊杰、刘卫东、张平宇、刘彦随、张文忠等；第四章，樊杰；第五章，盛科荣；第六章，千庆兰；第七章，张文忠、余建辉；第八章，刘彦随、甘红、王大伟；第九章，张平宇、程叶青、何秀丽；第十章，刘卫东、刘盛和、马丽、张晓平；第十一章，刘卫东、马丽、张玉斌、马延吉；第十二章，沈镭、宋玉祥、金凤君、万会、刘刚；第十三章，张平宇、程叶青、马延吉；第十四章，刘慧；第十五章，刘建明、陈建平、吕鹏、卢大伟、于海生、刘小霞；第十六章，郝占庆、闫海冰；第十七章，周秀艳、李培军；第十八章，刘志民。

本书肯定有许多疏漏和值得商榷的观点，欢迎读者批评指正。

中国科学院
"东北老工业基地振兴与可持续发展研究"项目组
2005年12月

第一章 东北地区振兴的战略意义与目标

东北地区包括辽宁、吉林、黑龙江和内蒙古东部地区(赤峰市、通辽市、呼伦贝尔市和兴安盟),土地面积为126万平方公里,占全国国土面积的13%,2004年GDP总量1.6万亿元,占全国的11.76%,人口1.2亿人,占全国总人口的9.18%,是我国东北边疆地区自然地理单元完整、自然资源丰富、多民族深度融合、开发历史近似、经济联系密切、经济实力雄厚的大经济区域,在全国经济发展中占有重要地位。

振兴东北老工业基地是党在新时期提出的重大战略举措,其意义不仅仅局限于缓解东北老工业基地长期低迷的经济发展状况,还在于通过推动东北振兴,促进我国区域经济实现全面的可持续发展。实施振兴东北战略,既有利于促进构建我国原材料工业及装备制造业保障基地,也有利于强化"西部大开发"战略的实施效果,形成"东西互动,带动中部"的发展格局,也会对强化南北方之间的经济联系发挥指导作用。但是,东北老工业基地当前的困境由来已久,单靠大规模的技术改造并不能解决问题,必须从更宽的视野设计区域振兴的战略目标,才能促进东北老工业基地实现真正振兴。

第一节 国家安全战略与东北地区振兴

传统的国家安全战略以防止军事入侵和政治颠覆为主要目标。但是,随着经济全球化的加速发展,特别是冷战结束以来,国家安全的内容更为丰富,重点也发生明显变化。当今时代的国家安全已不局限于国防安全,还包括经济、信息、生态、能源等多方面的安全。经济安全不仅是整个国家安全的重要组成部分,而且还是它的基础。国家安全的方方面面都与经济密切相关,都离不开经济这个基础。因此,经济安全问题越来越成为世界各国备加关注的热点,在某种程度上可以说,在经济全球化的时代,国家经济安全是国家安全的基石。

为了维护国家经济安全,就应该建立一个运行良好的经济体系和富有效率的宏观调控体系。对于我国这样一个世界性大国,保证重要战略性资源的有效获取、保证某些关键性核心产业和重要基础性产业的市场控制力、保证国内需求与供给的基本协调,是经济全球化背景下构建国家安全战略必须着重考虑的问题。目前我国经济的对外依存度已经达到70%,华东和华南的沿海地区的经济对外依存度已经超过100%,这种经济发展模式极易受到国际政治、经济环境变化的影响,导致经济发展的不稳定。因此,未雨绸缪,从区域统筹的高度建立完善的经济体系,是确保我国经济健康持续发展的重要任务之一。

一、国家资源安全的重要保障基地

1. 拥有重要的战略性资源

东北地区资源总量丰富、种类齐全、配置合理,各类资源在质与量两个方面居于各大经济区前列,有40多种资源居全国前三位,资源总量和开发规模是全国其他地区无法比拟的。优越的资源禀赋条件不仅构成了东北区域经济发展的重要支柱,也为东北地区在全国资源格局中占据重要地位奠定了基础,而且也将是东北区域经济振兴的重要依托。尽管建国以来高强度开发使某些资源出现枯竭的迹象,但东北地区一些重要的资源在全国的优势地位依然存在。仅从几种战略性资源来看,东北地区石油资源储量占全国的1/2,铁矿石储量占全国的1/4,森林蓄积量占全国的1/3,潜在能源资源油页岩储量占全国近70%,人均耕地是全国平均水平的2倍(农业普查数据),大兴安岭潜在的有色金属储量非常丰富。

战略性资源的丰富储量不仅是区域经济发展的基础,也是国家资源安全的重要保障。目前,我国的石油和铁矿石资源已经对国际市场形成了较高的依存度,国内消费量的30%以上需要进口,已成为世界上主要的石油和铁矿石进口大国。在我国经济发展对境外资源依存度不断提高的背景下,东北地区的资源基础对于保障我国能源工业、钢铁工业、石化工业及其下游关联产业的产业链安全,具有极为重要的战略意义。

2. 资源开发潜力大

经过上百年的开发,东北地区的资源保障程度虽然有所下降,但人均耕地、人均自然资源、人均生物资源等人均自然资本仍大大高于全国平均水平,具有比较大的开发潜力。首先是土地资源深度利用与高效利用潜力巨大,松嫩平原、三江平原和辽河平原约占全国平原面积的1/3,自然条件优越,集中连片,是我国发展集约高效农业、生态农业和精品畜牧业最具潜力的地区,也是建立我国食物安全保障的重要区域。其次,石油等重要能源资源的储量尚有增长的潜力。以大庆为例,每年都会新增2000多万吨的可采储量。第三,大兴安岭中南段的有色金属资源具有重要的开发潜力。近几年的勘探与研究表明,在大兴安岭中南段可划分出三个各具特色、北东向延展数百公里的有色金属成矿亚带,即大兴安岭西坡富银—富铅锌成矿带、大兴安岭主峰锡—富铅锌—铜成矿带、大兴安岭东坡以铜为主的多金属成矿带。同时,大兴安岭北段在原有十几个大、中型矿床的基础上,近年又有新的发现,尤其是铜、钼矿床显示了良好的开发前景。仅从这一地区已探明矿床的开采情况看,有色金属资源的开发潜力也很大。其中,已探明的9处大型矿床只开采4处、25处中型矿床只开采13处、57处小型矿床只开采16处。这些资源,可为我国经济的发展提供战略保障。

3. 战略性资源的地域组合优越

从国家安全角度看,东北地区资源的重要性还在于其优越的地域组合条件,能够支撑相对完善的、具有战略意义的经济体系的建设与正常运转。其包括铁矿、石油、煤炭等在内的矿产资源、土地、水以及森林等国民经济发展所需要的主要资源,都能得到保障;水土资源、能源与矿产资源、可再生资源和不可再生资源的空间组合明显优越于全国其他区域。比如,东北地区铁矿及石油资源要比华东地区分别高出33.6和21.5个百分点,比西北地区分别高出29.3和20.1个百分点;与中南和西南地区相比,优势更大一些。另外,与我国目前发展态势最为活跃的长江三角洲、珠江三角洲、京津地区相比,东北地区在土地、主要矿产方面的优势更为明显。这些地区在经历了改革开放以来的高速增长之后,人地关系的矛盾越来越突出,土地、水资源等方面约束的不断强化加大了未来发展的成本。相对而言,东北地区虽然有些资源已有枯竭之虞,但其良好的组合条件并没有遭到根本性破坏,仍然是我国资源组合条件最好的地区。

二、国家经济安全的重要保障基地

1. 装备制造业是国家经济安全的重要基础

东北地区作为建国初期国家建设的重点区域,装备制造业基础雄厚,拥有产业技术工人的储备优势和科研优势,素有"共和国总装备部"之称,曾经为中国工业化的发展作出了重要贡献,也是我国当前重要的装备制造业基地。东北地区的船舶制造、机床、重型设备、大型电站设备等行业,对国民经济发展具有不可或缺的支撑作用。根据2003年的统计资料,东北地区装备制造业资产总额达3576.59亿元,存量规模居全国之首。一些重要行业,如金属制品、普通机械、专用设备、交通运输设备等,具有很大的产量和生产能力。一些主导产品的技术水平和市场份额在全国占有重要地位。如辽宁省的机床占全国市场份额的11%,吉林省的汽车产量占全国市场份额的11.5%,黑龙江省的大型火电设备和水电设备分别占全国市场份额的33%和50%。

从全国层次来看,东北是以生产重型装备为主的地区。这一特征是东北地区在装备制造业领域参与全国分工的基础,赋予了东北地区在全国地域分工格局中难以替代的地位。我国目前正处于工业化中期的发展阶段,经济总量将进一步快速扩张,传统产业升级改造急需装备制造业提供支撑。但从目前装备制造业的发展水平看,还远远不能满足其他加工制造业的发展需要。譬如,我国目前80%的石化设备、70%的机床、60%的轿车工业装备及纺织机械需要进口,主要工业装备的大部分市场份额为国外企业所占据,壮大民族装备制造业已是燃眉之急,也是东北承担国家经济安全的重要任务之一。

2. 原材料工业是国家制造业的重要保障

东北地区作为全国重要的重化工基地,以冶金、石油化工为主体的原材料工业是其重要的产业部门,与装备制造业共同构成了东北老工业基地的产业特色,对我国工业化作出了重要贡献,在全国的地位十分突出。东北地区的冶金工业以钢铁工业为代表,在全国的相对地位虽然不如建国之初那样显赫,但仍具有十分重要的战略意义。经过建国以来几十年的建设,形成了由矿山、烧结、焦化、炼铁、炼钢、轧钢以及众多相关配套行业组成的、相对完整的工业体系。就生产能力而言，其生铁产量占全国的比重为12.45%，钢产量占全国的比重为12.49%，钢材产量占全国的比重为11.9%，但生产能力主要集中在辽宁省（表1—1）。其中，热轧板、冷轧薄板、镀锌板的产能居于全国第二位，特钢生产能力居全国第三位。可见，东北地区的钢铁工业在全国仍占据着十分重要的地位，对于保障我国工业体系的独立与完整有重大意义。

表1—1　2003年东北地区钢铁工业在全国的地位（万吨）

	辽宁省		吉林省		黑龙江省		三省总计	
	产量	比重	产量	比重	产量	比重	产量	比重
生铁	2060.6	10.19%	318.7	1.58%	136.7	0.68%	2516	12.45%
钢	2227.8	10.02%	381.6	1.72%	165.7	0.75%	2775.1	12.49%
钢材	2359.4	9.78%	369.1	1.53%	141.4	0.59%	2869.9	11.90%

资料来源：陈才等：《东北老工业基地新型工业化之路》，东北师范大学出版社，2005年，第207页。

石化工业是东北地区原材料工业的重要组成部分，生产能力占全国1/4强，在全国的地位极其重要，也是东北地区立足于石油资源基础之上发展起来的特色产业和优势产业。东北地区的炼油能力居全国之首，原油一次加工能力每年为7640万吨，占全国炼油一次加工能力的26.38%；乙烯生产能力和实际产量在全国的地位与炼油行业大致匹配，生产能力和产量分别为144万吨和156.2万吨，分别占全国生产能力和产量的25.6%和25.5%。根据炼油和乙烯行业的现状规模，可以充分显示出东北地区石化行业的基础条件及其在全国的相对优势地位。对于未来的经济发展，石化工业作为其主导行业的地位难以动摇，在全国的地位将更加巩固。

表1—2　2003年东北地区炼油、乙烯行业在全国的地位（万吨）

		辽宁省		吉林省		黑龙江省		三省总计及占全国比重			
炼油		加工能力	加工量	加工能力	加工量	加工能力	加工量	加工能力	比重	加工量	比重
		5080	3794.1	860	638.2	1730	1410.1	7670	26.4%	5883.4	
乙烯	产能	产量	产能	产量	产能	产量	产能	比重	产量	比重	
	43	47.9	53	57.48	48	50.8	144	25.6%	156.2	25.5%	

资源来源：陈才等：《东北老工业基地新型工业化之路》，东北师范大学出版社，2005年。根据第208及209页整理而成。

东北地区的原材料工业不仅存量上在全国占据比较突出的地位，而且进一步发展壮大的资源基础和环境条件也优于其他地区，而后者正是决定东北地区原材料工业重要性的关键所在。在新的发展阶段，尽管东北地区原材料工业所依托的资源条件发生了一些变化，但从全国来看，现有的资源禀赋、环境条件及产业基础决定了该区仍是全国发展冶金、石油化工等原材料工业的理想区域。从资源禀赋来看，虽然东北地区重要能矿资源呈现出萎缩的态势，但铁矿石、石油等重要战略性资源的保有储量仍居全国之首。因此,就国内资源而言,东北地区是我国发展原材料工业资源保障条件最好的区域。从环境条件来看,东北地区人地关系状况要明显好于全国其他地区,原材料工业进一步发展的环境约束相对较弱。近几年东南沿海地区重化工发展步伐呈现出加快趋势,但经过改革开放以来二十多年的高速发展,东南沿海地区的人地关系已相当紧张,环境修复压力较大,其环境容量难以承载高物耗、高污染的原材料工业的进一步发展。虽然我国西部地区具有发展原材料工业的资源基础,但其生态环境相对脆弱,应以生态保护为主,不适合大规模地发展原材料工业。相比之下,东北地区在资源禀赋、环境条件两个方面要比东南沿海地区和西部地区宽松一些,更适合承载原材料工业的大规模发展。

3. 巨大的市场需求潜力是确保宏观经济平稳运行的重要支撑

需求是拉动经济增长的根本动力。就一国而言,需求包括内需和外需两个部分,而内需对国家的经济增长起主导作用。在经济全球化时代,内需的兴与衰决定着国家经济体系抵御外在风险能力的强与弱。随着改革开放的深入,我国的经济结构和增长方式发生了巨大的变化,对外的经济联系也日益增强,尤其是从1994年以来,我国经济对外开放程度进一步加深,出口对经济增长的贡献率都保持在20%左右,而占出口总额85%的工业品的出口依存度一直保持在25%左右,国民经济的外部风险增加。在这种背景下,积极扩大国内需求,则是保持宏观经济平稳运行的长久之计。

从扩大内需看,东北地区的消费潜力是不容忽视的力量,其经济相对发达,人口规模大,区域城市化水平高,是一个潜力巨大的市场。从消费需求看,东北地区的城镇人口有5000多万,相当于韩国总的人口规模,即使在世界范围内也是一个规模巨大的消费市场。如果区域经济恢复活力,就业与收入状况进一步好转,区域消费市场的潜力将被激活,成为牵动全国经济增长的重要力量。

从投资需求看,自从国家"振兴东北"政策出台以来,国际与国内资本已呈现出向东北地区聚集的趋势,促进了区域投资需求的快速增长。2004年辽宁省实际利用外资增幅高达91.5%;吉林外商直接投资增长42.3%,吸引省外资金增长30.9%;黑龙江省民间投资增长44.5%。资金涌入使区域投资增势强劲。2004年辽宁省固定资产投资实现了43.1%的高速增长,吉林、黑龙江两省固定资产投资也分别实现了20.9%和22.1%的高增长率,为1997年以来最高的增长速度。

与落后地区开发市场需求启动相对滞缓的消费情况不同,东北地区作为一个发育相对成熟的经济区,对其进行升级改造会使该地区的市场需求迅速回升,要比通过对落后地区的开发来培育新市场的做法更易于取得成效。最为重要的一点是,实施振兴东北战略不仅将进一步扩大东北地区的市场需求,而且将通过乘数效应对国内总需求扩张产生巨大的影响,为国民经济健康、安全运行奠定基础。

第二节　地区经济协调发展与东北地区振兴

改革开放以来,地区发展差距不断扩大是中国区域经济发展格局中引人关注的现象。特别是进入上个世纪90年代以来,由于东北区域经济的逐步下滑,导致"南北差距"日益凸现,使我国的地区发展差距呈现出"东西差距"与"南北差距"并存的日益复杂化的倾向。地区差距过大既不利于宏观经济的持续增长,也不利于社会稳定,更不利于国民经济的可持续发展。为此,国家出台了一系列旨在缩小地区发展差距的政策措施。总体上看,振兴东北战略作为阻止东北进一步衰退、重振区域经济的重要举措,其意义并非仅局限于东北地区,对于缓解地区发展差距而言,将会日益体现出全局性的效果。

一、影响我国区域经济协调发展的突出矛盾

改革开放以前,我国区域经济协调发展主要受两类矛盾的困扰,即总量失衡和结构失衡。改革开放之后,在以效率为导向的经济政策导引下,总量失衡与结构失衡迅速得到缓解,具体表现是供给能力得到提高,轻、重关系趋于协调。进入市场经济时期以来,影响我国区域经济协调发展的矛盾又有了新动向,在总量上表现为有效需求不足,在结构上表现为产业层次不高,在空间上表现为地区之间发展差距扩大。其中,地区发展差距的扩大关系到社会公平层面的问题。如果地区之间发展差距过大的趋势长期得不到有效控制,就会对社会公平造成严重的损害,进而影响社会稳定。因此,地区发展差距过大是新时期影响我国区域经济协调发展的主要矛盾。新时期我国地区之间的发展差距不仅表现为东西差距,南北差距也愈来愈引人注目。

1. 东西差距扩大

改革开放以来,东部沿海地区原有的经济发展潜能和对外联系的区位优势得到了发挥,在吸引外资、引进技术、对外贸易方面占有得天独厚的条件,使之获得了中西部地区难以取得的附加利益。同时国家为了从整体上提高投资效益,增加了东部地区的投资比例,而且在体制和政策上给予优惠,使本来基础较好,经济实力比较雄厚,固定资产规模较大,投资收益率较高的东部地区加速发展,东部与中西部地区经济发展水平的绝对差距和相对差距加速扩大。从GDP总量占全国的比重看,东升西降的持续演化过程导致了宏观区域差距的扩大。1978年东部地区GDP总量占全国的比重为49.8%,1990年为52.6%,12年提高了2.8个百分点;而到2000年,东部地区GDP的比重上升到59.4%,22年提高了9.6个百分点;2002年,东部地区GDP比重进一步上升到59.9%,24年提高了10.1个百分点。这说明我国的经济要素向东部地区集聚,区域的不平衡发展加剧。从增长速度来看,"八五"、"九五"和2001年,东西部地区GDP增速差距分别为6、1.7和1.2个百分点,2002年该差距扩大为1.4个百分点,2003年进一步扩大为1.8个百分点,东西差距拉大的态势也相对明显。

2. 南北差距凸现

近年来各界学者对我国经济发展的区域格局进行了广泛的研究,但关注的视角普遍集中于东西差距。事实上,根据有关学者的研究,改革开放以来,我国南北方之间的发展差距也不容忽视。中国社会科学院的研究结果表明,改革开放以来,我国经济重心主要在南北方向上变动。这从一个侧面说明,南北差距的扩大也是影响我国区域经济协调发展的主要矛盾之一。如果以秦岭—淮河作为划分南北方的界线,那么我国南北方的省份大概各占一半。根据1978～1996年相对发展速度的计算结果,南方有60%的省份的相对发展速度高于全国平均水平,而北方仅有20%省份的相对发展速度高于全国平均水平。南北经济差距的扩大在辽宁和广东两个省的表现最为明显。1978年,辽宁省的国内生产总值占全国的比重为6.49%,在全国的位置排在上海、江苏、四川、山东之后,居第5位,广东虽紧排辽宁之后,但国内生产总值却只占全国的5.37%,与辽宁省有较大的差距。到1996年,广东省的国内生产总值占全国的比重已达到9.51%,上升至全国第一,而辽宁省的国内生产总值占全国的比重却下降到只有4.6%,位居广东、江苏、山东、浙江、四川、河南、河北之后,降到全国第8位。可见,我国区域经济发展的南北差距也是一个应该给予适当关注的问题。

二、东北地区与全国其他地区经济发展对比

1. 东北地区与长江三角洲、珠江三角洲地区发展状况的对比

改革开放以来,东北地区与东南沿海地区相比,无论是在经济总量还是发展速度方面,都存在着较大差距,并有进一步扩大的态势。根据1995～2001年GDP增长速度的省区分布格局,可以很直观地看出,东北地区近十年来经济发展速度一直低于长江三角洲和珠江三角洲地区。

从经济总量来看,东北三省与东南沿海三省区之间差距扩大的趋势更为明显。1995年,东北三省GDP合计为5937.1亿元,比长江三角洲三省区少5205.51亿元;2001年,东北三省GDP合计为10594.34亿元,比长江三角洲三省区少10626.56亿元,差距扩大了近一倍(图

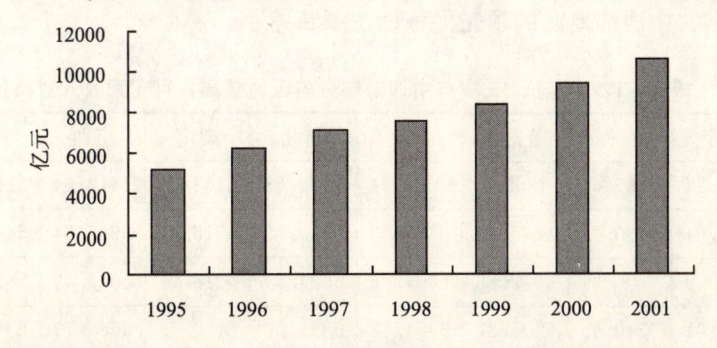

图1—1 1995～2000年东北三省与长江三角洲地区GDP绝对差距变化(亿元)

1—1)。2004年,东北三省的GDP总量为15134亿元,比长江三角洲三省区少18962亿元,差距进一步扩大。

2. 东北三省与中西部有关省区发展状况的对比

近十年来,东北地区不仅与长江三角洲地区存在着巨大的发展落差,而且与中西部地区的主要省区相比,一些重要的经济指标也不占优势,甚至落后于一些中西部省区。根据表1—3可以看出,在1998年以前,东北三省的经济发展速度比表中所列的大部分中西部地区的发展速度低;1999年以后虽有改观,但也只是与中西部省的发展速度大体相当。

表1—3 1995~2001年东北三省与中西部有关省区经济增长速度对比(%)

地区	1995	1996	1997	1998	1999	2000	2001
辽宁	7.1	8.6	8.9	8.3	8.2	8.9	9
吉林	9.7	13.7	9.2	9	8.1	9.2	9.3
黑龙江	9.6	10.5	10	8.3	7.5	8.2	9.3
河北	13.9	13.5	12.5	10.7	9.1	9.5	8.7
内蒙古	9.1	12.7	9.7	9.6	7.8	9.7	9.6
河南	14.8	13.9	10.4	8.7	8	9.4	9.1
湖北	14.6	13.2	13	10.3	8.3	9.3	9.1
湖南	10.9	12.2	10.8	9.1	8.3	9	9
四川	10	10.1	10.2	9.1	5.6	9	9.2
陕西	9	10.2	10	9.1	8.4	9	9.1
甘肃	9.9	11.5	8.5	9.2	8.3	8.7	9.4

城镇居民人均可支配收入是衡量区域经济发展状况的重要指标之一。根据1998~2001年的统计数据,东北地区的城镇居民可支配收入低于全国平均水平,在全国居于19位之后,与中西部那些相对落后的省区相比,领先的差距很小,并且落后于中西部发展相对较快的地区,在全国处于中等偏下的位置(表1—4)。这种情况表明,东北地区不仅与东南沿海地区存在着巨大的发展差距,对中西部地区的领先优势也在不断缩小。

表1—4 1998~1999年东北三省与中西部部分省区城镇居民可支配收入对比(元/人)

	辽宁	吉林	黑龙江	河北	湖北	湖南	广西	四川	云南
1998	4617.24	4206.64	4268.5	5084.64	4826.36	5434.26	5412.24	5127.08	6042.78
1999	4898.61	4480.01	4595.14	5365.03	5212.82	5815.37	5619.54	5477.89	6178.48
2000	5357.79	4810	4912.88	5661.16	5524.54	6218.73	5834.43	5894.27	6324.64
2001	5797.01	5340.46	5425.87	5984.82	5855.98	6780.56	6665.73	6360.47	6797.71

三、振兴东北是促进区域经济协调的重要举措

1."振兴东北"将推动东北地区走出衰退困境,打造带动我国经济增长的"第四增长极"

目前,长江三角洲、珠江三角洲和京津地区是支撑我国经济增长的三个主要增长极。它们已经进入良性发展的轨道,也进入了全球价值链。其中,珠江三角洲、长江三角洲分别是上个世纪80年代、90年代带动全国经济发展的主要动力源。比较而言,东北地区在改革开放以来,特别是进入20世纪90年代以后,一直在衰退的阴影中徘徊,在全国的地位大幅度下降。改革开放之初,东北三省的GDP占全国的13.5%,2002年则下降到11.3%,其中1992年曾下降到10.9%;辽宁、吉林、黑龙江三省1978年人均GDP在全国的排位仅次于当时的三大直辖市,到2001年分别下降至第8、14和第10位;东北地区工业生产规模在全国的位序也后移,辽宁省由改革开放初期的第2位下降到2001年的第5位,吉林省从第15位下降到第18位,黑龙江省从第7位下降到第14位。总之,东北地区的区域经济明显步入衰退路径。

虽然改革开放以来东北区域经济长期处于低迷状态,但在全国经济的总体格局中一直占据重要地位,仍然是我国整体经济发展的重要支撑点,其地位和作用无可替代。如果东北区域经济当前不景气的状况演变成为难以逆转的长期趋势,将会对国家经济社会的可持续发展带来难以估量的负面影响。另外,根据近期、中长期东北区域经济发展的基本趋势及人口规模等支撑条件判断,东北地区实现经济振兴的条件已经初步具备。经过"六五"时期以来的技术改造,特别是"九五"以来的大规模改造,大中型骨干企业技术设备水平得到明显提高。这些情况可以初步说明,东北地区已经具备了实现进一步振兴的条件。

在新世纪之初,我国经济发展需要新的引领区域。根据东北地区当前的条件和发展态势,只要给予适当的政策支持,经过进一步的改造升级后,东北地区完全可以摆脱衰退的路径而步入快速增长的轨道,成为拉动我国经济发展的"第四增长极"。

2."振兴东北"能够与"西部大开发"形成良性互动,产生"东西互动、带动中部"的效应

"西部大开发"实施以来,取得了良好的效果,现已进入提速阶段。在这种背景下,东北地区老工业基地改造工作的启动将为我国经济发展注入新的活力,从而形成"东西互动、带动中部"的"双轮驱动"的发展格局。从市场供求关系来看,"西部大开发"与"振兴东北"能够形成相互促进的良性互动。广大的西部地区蕴藏着丰富的自然资源,其中油气、有色金属等在东北地区正日益面临资源枯竭的困境。西部资源的开发可以为东北地区的原材料工业提供资源保障,东北地区的重新振兴也会为西部地区的资源类产业创造更大的市场需求。东北地区装备制造业,特别是重型装备制造业相对发达。西部地区经济的大发展必然会对装备制造业等投资类产品产生巨大需求,进一步拉动东北地区装备制造业的发展。

"西部大开发"和"振兴东北"战略的实施不仅会使东北地区和西部地区之间在市场供求方面形成互相保障、互相支撑的良性互动关系,这种互动所创造的市场空间还将为东部和中部地

区加快发展的目标提供重大机遇。东部地区,特别是东南沿海地区的产业体系以生产消费类产品为主,市场需求的大小对其发展具有决定性影响。东北地区生产消费品的轻工产业不发达,长期以来一直是东南沿海地区消费类产品的消费地。"振兴东北"及"西部大开发"战略的实施将会对地区的就业增长和收入增长产生积极影响,从而能够诱导出巨大的消费需求,这对于促进东南沿海地区的发展大有裨益。另外,东北振兴、西部开发、东部发展所形成的良性互动将对中部地区的发展产生示范效应和拉动作用,促进中部地区融入全国经济发展的大格局之中,实现中部发展的目标。

3. "振兴东北"将进一步强化我国南北方之间的经济联系,构造南北经济纽带,缓解"南北差距"

长江三角洲、珠江三角洲与东北地区在经济结构上有很强的互补性。东北地区是我国重要的重工业基地,装备制造业具备较大的优势,有"共和国总装备部"之称。而长江三角洲、珠江三角洲地区轻工业发达,当前面临着产业升级的迫切要求,但装备工业、原材料工业基础比较薄弱。这种经济结构的互补性完全有条件在南北方之间按照扬长避短、各得其所的原则构建良性互动、协调发展的经济纽带。

但是,通过相关数据的初步分析,我国南北方之间发展联动、互为支撑的效应远未得到发挥。譬如,我国当前每年大约要花 1000 亿美元进口设备,花 1000 亿美元进口零部件,这些进口设备大多流向长江三角洲、珠江三角洲、京津唐等沿海地区,每年进口设备的花费远远超过外商对华直接投资。这种情况从一个侧面表明,以装备制造业见长的东北地区并未对长江三角洲、珠江三角洲地区的产业升级提供重要支撑,我国南北方之间的经济联系并不密切,没有形成本应具备的结构互补与发展联动。

长江三角洲、珠江三角洲作为我国目前比较活跃的增长极,原材料的短缺、高级技术人才的缺乏以及所需设备对国外市场较高的依赖度已经成为制约其进一步发展的"瓶颈"。而东北地区各类人才众多,重化工业具有比较优势。如果对东北地区的原材料工业及装备制造工业进行升级改造,不仅会促进自身发展,实现一定份额的进口替代,而且将会对长江三角洲、珠江三角洲地区的产业升级提供强有力的支撑,形成南北方区域经济的互动与协作,促进国家整体经济竞争能力的增强。

总之,在长江三角洲地区产业升级压力日益严峻的情况下,"振兴东北"战略的启动将极大地推动两个地区间的要素流动,形成产业结构互补、发展互助的南北经济纽带。

第三节 东北亚区域经济合作与东北地区振兴

20 世纪 80 年代以来,随着全球化步伐的不断加快,国际间的经济竞争也日益激烈。在这种背景下,国际经济合作出现了与以往不同的方式和组织,各个层次的区域性经济集团组织不断涌现,区域性经济集团化在世界经济中已成为一种全球性的趋势。当前,欧洲、北美洲各自相继形成了联系紧密的区域经济集团化组织,亚洲虽然有"东盟",但它的组织成员基本上都是经济实力相对弱小的国家,其地位不可能与"欧盟"和北美自由贸易区等区域组织相提并论。在东北亚地区的六个相关国家中,就经济总量而论,中、俄、日、韩四国在世界上都是有重要影响的国家。因此,东北亚区域经济合作备受瞩目。不过,由于历史遗留因素的影响,东北亚地区当前的地缘政治关系非常复杂,建立区域"多边"合作机制困难重重,进展滞缓。当前,东北亚地区各国间的经贸合作仍然停留在"双边"关系的层面上。东北地区作为我国参与东北亚合作的主要区域,具有整合东北亚地区经贸合作关系的优越条件,这一点是其他国家和地区无法比拟的。可以说,东北振兴战略的实施,对于推动东北亚区域经济合作进程,是一个重要的契机。

一、东北亚区域经济合作与我国经济发展

东北亚地区幅员广阔、人口众多、自然资源丰富,区内日、韩两个经济强国又拥有大量的资金及先进的技术,且改革开放的中国经济发展持续活跃,因此该区一直被看作是区域经济合作的有利场所,也是当今世界关注的焦点。对于中国这样一个发展中大国,保持经济快速增长是一项长期的任务。因此,通过加强与东北亚国家的经济合作,以获取我国相对稀缺的生产要素和先进技术,对于我国未来经济发展至关重要。

1. 东北亚地区自然资源丰富,我国与主要资源富有国家开展资源贸易前景广阔

东北亚地区自然资源极为丰富。在世界各国的资源排序中,位居前两位的都是东北亚国家。东北亚地区的煤炭、天然气、石油、木材、金属矿石等资源的可供储量,都非常丰富。在东北亚的地域范围内,俄罗斯的西伯利亚和远东地区堪称本区的资源"大户"。西伯利亚和远东地区的煤炭储量占世界总储量的近50%,是世界其他任何地区无法比拟的;远东地区已探明的铁矿石储量为44亿吨,约占全俄储量的10%左右;俄罗斯的西伯利亚和远东地区石油储量预计将超过150亿吨,远远超过我国的大庆油田,是世界上为数不多的储油区。由于"冷战"等因素,俄罗斯西伯利亚和远东地区的油气资源尚未得到大规模开发。目前由于世界石油价格的持续攀升及开采技术的改进,俄罗斯远东地区的石油开发备受瞩目。近几年大国之间围绕俄罗斯远东地区石油开发进行的"博弈",也呈现出风起云涌之势。我国与俄罗斯的石油贸易已有一定基础,俄罗斯每年通过铁路向中国输送1000万吨左右的石油,输油管线建设的前景也日渐明朗。在大庆石油资源面临枯竭的背景下,积极参与俄罗斯远东地区的石油开发,通过资源贸易强化两国的政治与经济关系,有利于我国实现可持续发展的战略选择。另外,蒙古国有色金属的储量很丰富,年产铜精矿粉达51万吨,其中95%出口中国。当前,蒙古国的工业体系尚未形成,采矿业是其重要部门,今后也将是经济发展的重要支撑。我国目前与蒙古国已建立了良好的互惠合作关系,积极参与其矿产资源开发,对于建立有色金属矿产资源的供给渠道大有裨益。

2. 东北亚地区消费市场规模庞大，市场开拓潜力巨大

根据有关测算，到 2010 年前后，东北亚地区的总人口将达到 6 亿，其中中产阶级将达到 2.6 亿。扣除我国东北亚地区的人口，到 2010 年前后，东北亚其他地区的中产阶段人口也将保持在 2 亿左右。这个规模接近于欧洲德国、法国、意大利和英国四国现有的人口总量，相当于美国现有人口总量的 80%，规模相当庞大。中产阶级是消费市场的主宰力量。2 亿左右中产阶级的人口规模将产生数万亿美元的消费需求，每年新增加消费需求在千亿美元以上。因此，按照上述估算，东北亚地区未来消费市场开拓潜力相当大。虽然当前我国与日本、韩国等主要东北亚国家彼此互为重要的贸易伙伴，但双边关系所带来的市场份额要远远低于一体化的经济组织内部市场共享所产生的市场容量。因此，大力推动东北区域经济的合作进程，促进东北亚地区区域经济一体化，对于我国未来的市场开拓有着巨大的潜在价值。

3. 日、韩两国资金充裕，是我国利用外资的重要来源地

本地区的日本和韩国资金充裕，两国合计每年都有近千亿美元的剩余资金可供对外投资，都是世界上重要的资本输出国。日本的资金优势尤为突出，已成为世界上主要的资金供应者和新兴的国际金融中心，其国际金融实力已超过美国，跃升为世界第一金融大国。20 世纪 80 年代以来，日本海外直接投资的重点是欧美地区。但进入 90 年代以来，日本对亚洲的直接投资呈现出逐渐增加的趋势。随着日本产业结构升级进程的进一步深化，其巨额资金将继续向海外扩张。韩国的资金也有大量盈余。自从 20 世纪 80 年代以来，随着国内资金出现剩余，韩国开始对海外进行直接投资。韩国海外投资规模虽然远不及日本，但对于东北亚地区其他国家，也可以担当起资金供应者的角色。相对于东北亚地区其他国家而言，我国经济社会发展的总体水平与日、韩差距相对较小，技术层次与日、韩存在一定梯度差，且政治与经济环境比较稳定，与我国进行经贸合作的风险相对较低。如果我国在推进东北亚地区经济合作过程中采取适当的政策和务实的态度，无疑将成为日、韩两国资金在亚洲地区的主要输出地。

4. 日、韩、俄科学技术发达，与其开展技术合作是提升我国科技水平的现实途径

从世界范围来看，东北亚地区总体科技水平比较发达。在世界主要国家科技能力排序中，俄罗斯、日本、韩国分别居于第 2 位、第 3 位和第 9 位，我国则处于第 11 位，与上述三个国家特别是与日、俄存在较大差距。总体上看，日本和韩国的应用技术相对发达，属于世界一流水平；俄罗斯在基础科学、核动力技术、航天航空技术领域处于世界领先水平。当前，日本和韩国大量的先进技术和设备有待输出。在日本的技术贸易中，以对亚洲的技术出口为主，而对中国的技术出口占日本对亚洲技术出口的 1/3，远远高于欧美国家对华技术出口的份额，日本已成为我国技术引进的重要对象国。日本目前的技术贸易基本上以电气机械、运输机械、化学工业等传统行业的技术出口为主，这些传统工业技术在日本已发展到了极限，但对于我国来说，应该说还是先进适用的技术。目前日本在微电子、汽车、船舶、机械等行业中的产业技术已达到相当高的水平,随着其产业升级进程的不断推进,也将以技术贸易的形式对外进行技术输出。我国现有的产业结构层次与日本和韩国存在较大落差,承接其相对成熟的传统工业技术转移,对于提升我国传统工业部门的技术层次是明智之举。

二、东北地区与东北亚地区开展合作的有利因素

我国的东北地区、华北地区和华东地区的山东省都在东北亚的区域范围之内,都是我国东北亚区域经济合作的重要参与者。但从区位关系、产业对接和基础设施网络通达性的角度来看,东北地区拥有国内其他地区无可比拟的优越条件。

1. 地理区域邻近

东北地区处于东北亚区域的中心地带,北部及西部与俄罗斯的远东地区和蒙古国接壤,南面与朝鲜半岛相连,东部与日本隔海相望,具有其他国家和国内其他地区无法比拟的得天独厚的区位条件。在国际经济中,比较利益优势和比较成本优势是决定国际分工的重要条件。在信息化时代,优越的地理区域仍然是减少出口成本、扩大比较利益、增强比较优势的重要因素。东北地区在东北亚地区所具有的区位优势,将在未来的区域合作中转化为巨大的经济优势,也将会对各类生产要素的流动形成"磁吸"效应。

2. 交通网络相连

发达的交通网络是区域合作的重要前提。东北地区拥有12条公路同朝鲜、俄罗斯、蒙古相连;有5条铁路分别与俄罗斯和朝鲜接轨,其中以大连为桥头堡、以哈大线和滨洲线为通道的第一欧亚大陆桥是重要的国际大通道;有20多个大小海港,是全国港口最密集的地区之一。可见,东北地区具有与东北亚其他国家进行经济技术合作和贸易往来的相对完善的交通网络。这也是东北亚其他国家和国内其他地区所不具备的另一个优势条件。

3. 要素资源互补

各类要素资源存在明显梯度是东北亚地区要素资源空间分异的突出特征,这一特征也构成了东北亚各国开展区域经济合作的基础。我国东北在东北亚地区一些重要要素资源梯度分级的格局中大致居于中间层次,与其他相对处于较高和较低梯度层次的国家都有较强的互补性(表1—5)。譬如,与日本和韩国相比,东北地区农业资源、各类自然资源、劳动力资源相对丰富,但资金相对缺乏,且技术层次较低;而日本和韩国则是资金过剩,且有许多先进技术和设备需要输出,但农业资源及能源、工业原料资源匮乏。与东北地区相比,俄罗斯远东地区要素积聚薄弱,劳动力和资金缺乏,工业技术落后,但能矿资源极为丰富;而东北地区民用工业技术相对发达,劳动力过剩,但主要能矿资源枯竭的压力已有所显现。东北地区与朝鲜、蒙古相比,也存在类似的情形。

表1—5　东北亚各国或地区的互补情况

国家或地区	优　势	劣　势
日本	资金充足,科技先进,大量先进设备待输出	能矿资源严重短缺,农业资源不足,劳动力短缺
韩国	资金过剩,工业技术先进,大量先进设备待输出	缺少能源资源,农业资源、劳动力相对不足
俄罗斯远东	能源资源极为丰富	劳动力和资金缺乏,工业技术和设备落后
中国东北	农业资源丰富,劳动力充足,矿产资源相对丰富	资金相对短缺,缺乏先进技术和设备,某些矿产日渐枯竭
朝鲜	矿产资源丰富,劳动力充足	资金匮乏,农业资源不足,技术和设备落后
蒙古	矿产资源丰富	缺乏资金、技术、设备、劳动力

4. 产业易于对接

随着产业结构调整进程的不断展开,日本和韩国的劳动密集型产业、资源密集型产业,以及部分技术密集型产业将继续向外转移,而俄罗斯远东地区、蒙古国的经济基础薄弱,朝鲜的地缘政治环境短时期还难以得到改善,因此这三个国家和地区都不具备承接日、韩产业转移的必要条件。相反,东北地区产业基础相对雄厚,各类要素资源相对充裕,易于与日、韩转移出来的产业实现对接。另外,东北地区农业资源丰富,以此为基础的农副产业加工业相对发达,而日本、韩国和俄罗斯远东地区对农副产品及加工产品需求量很大,因此,东北地区的农副产品加工业与日本、韩国和俄罗斯远东地区进行对接具有明朗的前景。东北地区的轻纺工业发展水平虽然不及东南沿海地区,但经过建国以来的积累,其生产规模和技术水平远远高于俄罗斯的远东地区、朝鲜和蒙古国,具有一定的比较优势。在国内市场已不具有比较优势的背景下,东北地区轻纺工业可以以这些国家和地区的市场培育为目标,以产业转移的方式与上述三个国家和地区的轻纺工业进行对接,帮助这些落后的国家和地区启动工业化进程。

三、东北地区振兴在推进东北亚经济合作中的地位和作用

1. 东北地区振兴将使我国在东北亚区域经济合作中发挥主导性作用

东北亚区域经济合作在理论上的酝酿已经成熟,并且双边合作取得较大进展,但区域多边合作同世界其他地区相比明显落后,主要原因在于中国、俄罗斯、韩国、日本四个经济强国当前对外贸易的重心都不在本区域。从双边合作的情况来看,中国已呈现出成为区域合作引力中心的征兆。如2004年,中韩贸易额已超过900亿美元;2004年中日贸易额已达1678亿美元,日本连续10年成为我国最大的贸易伙伴,中国已取代美国成为日本最大的进口对象国,而且日本对中国的出口增长迅猛,预计几年后将超过对美国的出口而使中国成为日本第一大贸易伙伴;2004年中俄贸易额达212亿美元,随着战略伙伴关系的不断增强,将为中俄经贸合作创造巨大的发展空间;2004年日韩贸易额为400多亿美元。中国已成为日、韩第一大贸易伙伴,是日韩对外贸易优先考虑的战略重点。对于俄罗斯,正如著名科学家罗蒙诺索夫(Lomonosov)"俄罗斯将靠西伯利亚致富"的预言所揭示的那样,其振兴离不开远东的资源基础。中国"振兴东北"战略的实施对俄罗斯远东开发可能是千载难逢的良机。目前俄罗斯人已经针对东北三省的振兴计划提出了能源合作的要求,并计划在中国发展东北的同时,让俄罗斯贫穷的远东地区的经济也开始腾飞。

从地缘角度来看,我国东北地处东北亚各合作方的中心位置。如果东北地区经济全盘活跃,并考虑到与东北亚各国现有的双边合作基础,我国东北地区成为东北亚区域经济中枢的前景比较乐观。这无疑有利于增加我国在东北亚合作中的影响力,为我国在未来东北亚区域经济合作中发挥主导作用奠定基础。可见,通过进一步地调整改造,将东北地区打造成东北亚区域合作经济中枢应该成为我国经济发展的长远战略。

2. 东北地区振兴将推动东北亚地区资源开发进程和我国资源获取战略通道的构建

东北亚是世界上各类资源富集程度比较高的地区,天然气储量占世界的30%,石油储量占世界的20%,煤炭储量占世界近60%。从地缘的角度来看,主要资源富集国,如蒙古、俄罗斯等,与我国具有良好的地缘政治关系,具备构建资源供给战略通道的潜力。

但是,东北亚地区大部分资源,特别是俄罗斯远东地区的油气资源,尚处于开发的初期,主要原因在于资源富集区偏离本国的经济中心,经济水平落后,无力进行大规模的独立开发。我国目前实施的"振兴东北"的战略将会给俄罗斯融入亚太地区经济提供机遇,有利于推动其远东地区的资源开发,这一点已经引起俄当局的关注,并已针对东北地区的振兴计划提出了能源合作的要求和建议。

当前国际上围绕主要能矿资源进行争夺与控制的竞争异常激烈,我国基本上处于劣势地位,对国际主要能矿资源的生产与供应缺乏影响力和控制力。因此,以东北振兴为契机,利用有利的地缘政治关系及双边合作关系,通过合作开发的方式谋求对蒙古有色金属矿产资源开发、俄远东地区能源资源开发的影响与控制,对确保我国的资源安全具有重要意义。

3. 东北地区振兴战略有利于促进东北亚地区的要素流动与整合

从世界范围来看,东北亚地区是人力资源、资金、技术、自然资源相对富集的地区。但是,这四种基本生产要素在主要国家之间的赋存特征、供求状态存在明显的差异性和互补性。因此,东北亚地区具有进行区域经济合作的客观要求和物质基础。

区内日本和韩国拥有巨大的资金、技术储备和发达的工业体系,两国每年都有近千亿美元的资金输出,但能源及主要矿产资源严重不足,人力资源短缺的压力也较大,农副产品供应难以自给;俄罗斯远东地区能源资源丰富,但工业基础相当薄弱,资金与人力资源相对匮乏;中国东北地区产业体系相对完整,农业相对发达,土地及劳动力资源丰富,主要能源资源本底尚存,但资源枯竭的局面日益严峻,资金、技术及先进设备缺乏。

东北地区地处东北亚地区中心,有良好的区位优势,并且区域开发已经历了100多年的历史,交通网络等基础设施条件相对完善,经济发展的总体水平仅次于日本和韩国两个主要经济体,发展条件明显好于东北亚其他欠发达地区。同时,当前国家政策支持的重点已转到东北地区,相继出台了一系列旨在振兴东北老工业基地的优惠政策和措施。根据东北地区经济社会发展的实际状况,东北地区产业结构层次低、体制约束突出是导致区域衰退诸多矛盾的主要方面,结构升级和体制转轨也因此将是"振兴东北"战略要达到的两个重要目标。体制转轨的实质是解决国有经济比重过大的问题,引导国有经济从某些竞争性领域中有序退出是体制转轨的重要途径;结构升级则是解决传统产业技术层次低的问题,利用先进技术和先进设备对传统产业进行改造和重新装备,是实现区域产业结构升级的主要手段。而日、韩每年都有大量的剩余资金,其国内的产业升级也要求将一些产业向国外转移。随着东北地区国有经济在竞争性领域的逐步退出,以及传统产业技术升级进程的不断推进,将为日、韩资金及产业转移进入东北地区创造巨大的空间。这样,东北地区借助日、韩资金流入、技术扩散和产业转移,不仅可以推动其产业结构调整进程,而且能够促进中日韩紧密经济合作体的形成,成为东北亚区域经济合作的先导区域。

第四节 东北老工业基地振兴的战略目标

东北老工业基地衰退表面上体现的产业方面问题,其深层次原因是体制、机制方面的问题。区域振兴绝非仅仅局限于产业层面的升级改造,更为重要的是要清除制约东北区域经济发展的体制性障碍。针对当前东北地区经济与社会发展的矛盾和症结,以及区域未来发展在国家层面的定位,应该将结构升级、体制转轨、就业增长、区域经济一体化、构建东北亚区域经济合作的先导区作为老工业基地振兴的战略目标。

一、结构升级

尽管经过"六五"时期以来的技术改造,特别是"九五"以来的大规模改造,东北地区大中型骨干企业技术设备水平明显提高,但工业技术装备老化问题仍不同程度地存在。比如,目前吉林省工业企业工艺装备属于20世纪90年代初水平的只有15%左右,60%以上的还处于70～80年代水平,另外还有15%的工艺装备仍停留在50～60年代。由于技术装备水平上不去,直接导致了产品档次低、产业升级慢,产品消耗大、成本高、效益差,环境污染严重,企业缺乏市场竞争力。因而,对那些产品确有市场且对国家经济安全有重要意义的原材料工业及装备制造业继续加强技术改造,是振兴老工业基地不可缺少的一个环节,也是结构升级的重要内容之一。另外,形成于计划经济时期的东北老工业基地,不仅存在技术水平落后的问题,而且经济结构也不符合市场经济的要求。如三次产业之间、第二产业的轻重部门之间,以及传统产业与高新技术产业之间的结构失衡,都是对区域经济产生不利影响的深层次矛盾。不对经济结构进行根本的调整,就难以实现东北老工业基地的振兴目标。因此,国家应通过必要的政策支持引导东北地区对经济结构进行战略性调整,以打破东北老工业基地目前的经济运行路径依赖,推动东北老工业基地真正实现振兴。

二、体制转轨

改革开放以来,东部沿海地区率先实现了快速发展,东北地区经济则长期低迷,与沿海地区的差距不断加大。导致区域经济衰退的原因是多方面的,但其根本原因在于体制约束,在于缺乏一种能够将资源、人才优势进一步转变为市场优势和经济优势的机制和环境。传统计划体制的缓慢退出和市场体制与机制发育的相对滞后是导致东北老工业基地经济增长陷入衰退路径的根本原因。所以,突破传统体制的束缚,建立起真正的市场机制与体制,既是促进东北老工业基地振兴的重要手段,也是必须达到的战略目标之一。就体制转轨的具体途径而言,主要包括四个方面:一是转变政府职能,推进管理体制创新;二是深化产权制度改革,推进国有经济的战略调整;三是完善社会保障制度,切实解除国有企业的负担;四是培育新的市场载体,放手发展非公有制经济。

三、就业增长

东北地区作为我国产业工人的密集区,职工下岗人数最为庞大,就业与再就业压力最为沉重,能否实现就业的有效增长已经直接关系到改革、稳定、发展的大局。据统计,辽宁省仅2002年国有企业下岗职工就达76.5万人,目前城镇登记失业人员83万人,城镇有就业需求的人员达160万人;吉林省的失业人员已达到80万,预计未来5年城镇约有230万下岗失业人员和新生劳动力需要就业;黑龙江省的下岗职工总数已达60余万人,据保守估计,企业还有60多万富余人员,目前城镇登记失业率已达5%。因此,就业问题是今后较长一个时期内东北老工业基地既最迫切需要解决而又最难解决的问题,因此实现就业的有效增长应该是振兴东北老工业基地的重要目标之一。

四、区域一体化

东北三省当前的主导产业框架形成于计划经济时期,产业体系的构建以国内分工配套为导向,产业格局同构现象较为严重;产业同构与部门分割的交互作用,导致东北地区的行政区域壁垒现象较为突出,严重阻碍了三省之间跨地区的产业合作。在对外开放层面,东北三省在参与东北亚区域合作时也是各自为政,三省之间缺乏协调一致的立场,在许多方面出现相互竞争和冲突,影响了对外交流与合作向深层次发展。国家振兴东北战略实施以来,东北三省在争取国家支持方面展开了新一轮的角逐,已经出现了新一轮重复建设的苗头。如果按照过去的方式,三省在产业政策方面缺乏协调,不仅会削弱东北地区内部并不紧密的产业关联,而且会形成恶性竞争。事实上,三省之间产业结构虽然呈现出同构化的特征,但主导产业各有侧重,具备形成紧密的分工与协作关系的条件。因此,国家应该着手制定东北三省统一的振兴规划,通过建立区域统一的资本市场、统一的商品市场、统一的基础设施网络,打破省际和部门界限,整合东北三省资源,提高东北区域经济的整体实力。

五、东北亚区域经济合作的先导区

东北亚地区发展经济的各类要素资源极为丰富,且各国间存在互补性,预示着未来的区域经济合作具有巨大潜力。但是,该地区地缘政治关系错综复杂,并且缺少活跃的要素集聚中心,这些导致东北亚区域合作迟迟打不开局面。伴随着经济全球化进程的持续推进,世界上主要地区为构建新的比较优势而发起的区域经济一体化的程度也在不断加深。在比较利益和比较成本的驱动下,东北亚各国对区域经济合作的关注日益加强,通过推动经济合作逐步建立起互信互利关系,将是东北亚主要国家谋求以更具有竞争力的比较优势融入世界经济的必然选择。我国东北地区与东北亚地区毗邻,地处东北亚的中心地带,经济相对发达,交通网络完善,具备同东北亚其他国家进行经济技术合作的基础和便利条件,完全可以成为中国参与东北亚经济合作的前沿阵地。因此,在实施振兴战略的过程中,应该将推动东北亚合作作为对外经济合作重要的突破口之一,通过与东北亚主要国家进行有针对性的产业和要素对接,推动东北亚区域合作进程,建立以我为主的区域经济技术合作的格局。

第五节 结论与建议

(1) 根据东北地区当前的条件和发展态势,只要给予适当的政策支持,经过进一步的改造升级后,东北地区完全可以摆脱衰退的路径而步入快速增长的轨道,成为拉动我国经济发展的"第四增长极"。

(2) 振兴东北战略作为阻止东北进一步衰退、重振区域经济的重要举措,其意义并非仅局限于东北地区,对于缓解地区发展差距而言,将会日益体现出全局性的效果。

(3) 东北地区资源总量丰富、种类齐全、配置合理,各类资源在质与量两个方面居于各大区之首。优越的资源禀赋条件不仅构成了东北区域经济发展的重要支柱,也为东北地区在全国资源格局占据重要地位奠定了基础,而且也将是东北区域经济振兴的重要依托。

(4) 东北地区在装备制造业的关键领域,特别是重型装备制造业领域的绝对优势地位没有改变,大多数重型装备制造业的重点产品在国内市场处于垄断地位。因此,东北地区的装备制造业具备继续做大做强,引领中国装备制造业发展的潜力。

(5) 在实施振兴战略的过程中,应该将推动东北亚合作作为对外经济合作重要的突破口之一,通过与东北亚主要国家进行有针对性的产业和要素对接,推动东北亚区域合作进程,建立以我为主的区域经济技术合作的格局。

参 考 文 献

1. 程琳:"确保我国经济安全的现实选择",《学习与实践》,2003年第6期。
2. 欧永生:"'西部开发'与'振兴东北'的互补性",《经济师》,2004年第3期。

3. 隋舵主编:《中国区域经济发展报告》,上海财经大学出版社,2004年。
4. 王金亮:"经济全球化背景下维护我国国家经济安全的战略选择",《商业研究》,2004年第12期。
5. 王洛林、魏后凯:"我国西部大开发的进展及效果评价",《财贸经济》,2003年第10期。
6. 于学政:"21世纪初东北亚经济合作发展趋势",《当代亚太》,2002年第8期。

第二章 区域发展历程与可持续发展态势

东北地区区域开发的历史相对较短,具有现代意义的开发活动始于清朝末年。清末移民的大量涌入形成了区域开发的先导性力量,而日俄对区域资源的掠夺开发是促进东北地区向现代工业转型的外部强制性因素。建国以后,经过近30年的重点建设,东北地区区域开发的规模不断扩大,程度也不断加深,在我国国民经济发展的总体格局中一直占据着重要地位。上个世纪80年代以来,随着我国市场化改革的不断深入,东北区域经济结构性矛盾、体制性弊端逐渐显露,区域经济开始步入缓慢增长的轨道,在全国的地位也逐年下降,于1995年达到建国以来的历史最低点。根据历史资料的分析,东北地区衰退与历史时期不当的开发方式,包括殖民地经济的掠夺式开发及计划经济时期的高强度粗放式开发有着深厚的渊源。正是这种不当的开发方式,使东北地区可持续发展的基础受到严重削弱。从某种程度上讲,东北地区面临的困境实际上是由于可持续发展能力不足所致。通过追踪区域开发的历史过程,可以深入理解不同驱动因子在区域产业及发展模式选择中的作用,也可以对区域可持续态势做出评估。

第一节 自然基础与区域发展

一、东北地区的自然基础

1. 自然条件特征

东北全境位于东经115°32′~135°10′和北纬38°43′~53°35′之间,呈三面环山、中部敞开的地表结构。其南北跨越17个纬度,分布着寒温带、中温带和暖温带三个温度带,东西横贯20个经度,分为湿润、半湿润和半干旱三个干湿地区,自东而西排列着山地丘陵、平原、高原山地三个地貌类型。气温、水分、地貌三大自然要素经过不同地质年代的交互作用,使东北内部形成了不同的生态地理系统,各自发挥着相应的功能和作用。东北地区是我国森林面积最大的区域,自然景观以森林和草甸草原为主;土壤类型复杂,黑土为其代表性土壤,是世界著名的三大黑土地分布区域之一。

2. 自然资源禀赋

东北地区是全国重点林区,现有林地面积4393万公顷,森林总蓄积量为37亿立方米。东北林区木材品种齐全,林质优良,树的种类有100多种。全区有野生动物1100余种。除飞龙、雕、天鹅、东北虎、鹿、紫貂等30余种珍稀动物外，经济价值较高的还有林蛙、花尾榛鸡、斑翅沙鹑、柞蚕等。森林野生植物资源极为丰富，据不完全统计共有2400多种，其中药用植物800多种，可食用植物1000多种；东北地区天然草原野生植物也比较丰富，已查明的野生经济植物就有800余种。这些野生植物的潜在价值在数百亿以上，堪称我国的"生物资源宝库"。

东北三省土地总面积约占全国的8.3%，2002年全区耕地面积为21.5万平方千米，占全国耕地总面积的16.68%；人均耕地面积0.309公顷，是全国人均耕地面积0.102公顷的3倍。耕地资源质量也好于全国其他地区，一等耕地比重为65.20%，有机质含量一般在3%以上，高于全国其他地区。从耕地坡度来看，70.24%耕地的坡度在2°以下，远高于全国54.44%的水平，坡度2°~6°的耕地比重为20.59%，高于全国17.21%的水平，坡度6°以上的耕地比重为9.17%，远低于全国28.35%的水平。耕地后备资源丰富，全国后备耕地资源大约1250万公顷中，东北占23.1%，仅次于西北地区和内蒙古自治区。

东北三省矿产资源分布广，种类繁多，现已探明储量的矿种有84种，占全国已探明矿种的64%，其中有近60种为大中型矿床。累计探明储量占全国首位的有石油、铁、金、镍、锰、钼、菱镁、滑石、金刚石、火山渣、浮石、硅藻土、膨润土、硅灰石、石墨等；居全国前5位的有铜、镁、铅、锡、石膏、天然碱、白云岩、硅砂、陶瓷黏土、方解石、大理石等。其中，铁矿保有储量为1241.6亿吨，占全国储量的1/4；石油储量占全国1/2以上；煤炭669.1亿吨，占全国9%；油页岩储量211.4亿吨，占全国68%；此外，菱镁矿储量占全国80%；滑石储量占全国50%；石墨储量占全国60%。

3. 资源禀赋的区内分异

辽宁矿产资源丰富，矿产资源丰度居全国首位。据有关统计，辽宁各种有用矿产达110多种。其中铁矿储量约占全国的1/4，菱镁矿约占80%，溶剂灰岩占14%，高铝原料红柱石约占84%。丰富的矿产资源不仅构成了辽宁发展钢铁工业的优势条件，也对全国经济发展提供了有力支撑。

丰富的林地、草地资源是吉林省资源禀赋条件的主要特征。吉林省林地面积1.3亿亩，占全省土地面积的46.4%，林木资源4105万立方米，具备发展森林工业的资源基础。吉林省草地资源丰富，草场面积占全省土地面积的30%，为畜牧业的发展提供了得天独厚的条件。长白山丰富的野生植物资源十分丰富，其中药用植物多达870余种，是吉林省生物制药工业的重要依托。

黑龙江省耕地、林地、石油资源在全国占有极其重要的地位。耕地面积、林地面积居全国第一位，木材蓄积量、森林覆盖率也居全国第一位，具备发展现代农业和森林工业的基础，其粮食作物的种植规模对我国粮食安全具有重要意义。大庆油田是我国目前产量最大的油田，是我国石油工业发展的重要支撑。黑龙江省煤炭保有储量达226.6亿吨，是东北三省中煤炭最为丰富的省份，是东北三省能源工业的重要基础。

二、自然基础与区域开发

1. 森林、草原资源与以游牧渔猎发展为标志的区域原始开发

历史时期的东北地区植被茂密，河流、湖泊、湿地密布，各类动物及水生鱼类极为丰富，是我国北方少数民族的栖息地。清末以前，区域的生产活动基本上以少数民族的游牧渔猎活动为主，区域开发处于以对草地、林地等自然资源的简单利用为特征的原始状态。

2. 土地资源开发与农业发展为标志的近代区域开发

东北地区土地资源丰富，土质肥沃，且水热土条件组合十分理想，具备发展现代农业的天然基础。但是，在清末以前，由于实行封禁政策，土地资源基本上处于未开放状态。鸦片战争后，清政府逐渐解除封禁政策，移民开始大量涌入。移民的涌入促进了东北的土地开发及农业生产的迅速发展，并开始向市场提供粮食，粮食的商品率迅速提高，清末达到30%~40%左右。东北粮食生产商品化导致农业生产的区域化和专业化，形成了南豆北麦的专业化生产格局。至此，东北作为中国以大豆和小麦为主导产品的商品粮基地的地位得以确立。

3. 能矿资源和现代工矿业发展为标志的现代区域开发

依据资源禀赋条件，东北是全国矿产资源丰度及地域组合比较好的地区。侏罗纪、二叠纪时期燕山运动所形成的能矿资源，奠定了以现代工矿业发展为标志的现代区域开发的基础。19世纪后半叶的"洋务运动"揭开了东北地区现代工矿业发展的序幕，也是东北地区现代区域开发的起点。这一时期的工矿业发展以采矿业为重点，辅以处于萌芽状态的机械工业。"中东铁路"建成后，日俄加快了对东北资源的掠夺步伐，纷纷在铁路沿线开矿布点，国内资本在东北矿业方面的投资也大幅度增加，促进了区域开发规模的进一步扩大。日伪时期东北地区的煤炭、铁、钢是日本掠夺的重点，重工业的畸形膨胀构成了东北地区殖民地经济的主要特征。到伪满后期，东北已经成为一个重工业基地，许多产品的份额在全国占有绝对优势。建国以后，东北地区成为国家重点开发的区域，国家投入巨资支持东北地区能矿资源为基础的产业部门，使东北地区成为全国重要的原材料工业基地，区域开发规模得到空前扩展。

三、资源基础与未来趋势

东北地区许多产业因资源而兴，许多城市因资源而立。由于殖民地时期及计划经济时期高强度的开发，一些重要资源出现了枯竭现象，导致一批结构单一的资源型城市陷入发展困境。但是，东北目前仍然是全国自然资源禀赋条件组合最佳的地区，在未来20到30年的时间尺度内，资源依赖型产业仍将是东北地区产业体系的重要组成部分。当前除了淡水资源外，森林、矿产、能源和土地等4大类资源均有相当基础。要素综合评价的结果也表明，东北区的资源环境基础整体水平高出全国均值的60%以上。因此，尽管大规模的开发已有百年历史，但

未来资源潜力仍有一定的开发空间,可以支撑未来区域经济的发展。

东北地区淡水资源相对不足可能是未来区域发展的一个约束因素。目前东北地区人均淡水资源为1041立方米,不及全国平均水平的一半,其中以辽宁省的水资源短缺最为突出,人均不足300立方米。目前全区供水能力大体在520多亿立方米/年,基本上可以保障当地经济和社会发展的用水需求。但是,随着区域经济的进一步发展,水资源的供求平衡压力将会有所增大。

土地资源是目前东北地区的主要优势资源。由于大规模的开发较晚,东北地区土地资源的开发仍有一定潜力。从"十五"期间我国耕地资源变化的动态来看,我国耕地资源总量不断萎缩。在这种背景下,东北地区丰富的土地资源对于保障国家的粮食安全意义更为重大,东北地区现代农业发展在我国经济发展总体格局中的地位和作用也将更加突出。

东北地区主要能矿资源现状禀赋条件是实现区域振兴的重要基础。虽然一些主要的能矿资源已进入了稳产、减产期,但是,石油与铁矿资源的现有储量在全国的地位仍无可替代,大庆油田在未来50年内仍可能是全国产量最大的油田。从国家振兴战略对东北地区的产业定位来看,国家对东北地区的原材料工业及重大装备制造业格外倚重,因此,以能矿资源开发为基础的资源型产业发展路径短期内不但不会改变,甚至有可能进一步强化。

东北地区森林资源在全国仍占据重要地位。目前东北地区林地面积和活立木蓄积量分别占全国的13%和21%,如果对曾经被过度采伐的森林资源进行有效保护,区域森林工业的资源基础能够得到适当恢复。

总体而言,尽管东北地区一些矿产资源已严重枯竭,但石油、铁矿等战略性资源仍具有一定的优势,可以支撑区域以钢铁、石油加工为主体的原材料工业的发展。如果未来充分挖掘内蒙古"三市一盟"的资源潜力,区域资源供求关系可以实现平衡。因此,按照目前的资源形势判断,东北地区的资源基础对于未来的区域发展能够起到有力的支撑作用,但资源平衡的压力也将逐渐加大。

第二节 区域开发的历史与特点

一、区域开发过程及产业结构演变的历史路径

1. 区域开发的背景变化

(1) 清末与民国时期区域开发及资源型产业体系初步形成。东北是清王朝的发源地。在清兵入关并建立政权后,大量人口移入关内并实行"封禁"政策,东北大片地区变为荒原。为维护其统治,鸦片战争后清政府逐渐解除封禁政策,移民开始大量涌入,从而启动了区域开发进程;20世纪20年代东北地区再次出现了移民浪潮,移民的涌入加速了东北的土地开发,促进了东北农业的发展,使得当时的东北地区已经成为有世界意义的商品粮生产基地,一定程度上

也为近代工业化的形成奠定了物质基础,一批具有资本主义性质的近代产业逐渐发展起来。至清末,逐渐形成了具有区域特色的产业结构,即以农产品加工为中心,形成了榨油、面粉和酿酒三大支柱产业。同时,随着以兴办近代工业为内容的洋务运动的展开,采矿业、机械制造业也开始形成,但基本上仍处于萌芽状态。从布局来看,在清末时期大连是当时的榨油业中心,哈尔滨为面粉中心,齐齐哈尔为酿酒中心;到了民国时期,随着大豆生产布局的北移,榨油业布局也逐步向北拓展,哈尔滨又成为北部的榨油中心。至此,资源依赖型的区域产业结构特征初见端倪。

(2) 日伪时期掠夺式开发与重工业的畸形发展。民国后期,为了给未来的军事扩张做准备,日本重点开发东北的矿产资源及原材料工业,东北区域经济的殖民化进程不断加速。1906年日本设立南满洲铁道株式会社,并乘西方列强忙于欧洲战场、无暇东顾之机,急骤扩张其在东北的经济势力。在民国中后期,日本经济侵略势力已广泛渗到交通、金融、商贸及重要产业领域,基本上实现了全面控制东北经济的战略目标。这个时期充分体现了区域利益不断流失、区域发展由外部性因素所主导的殖民地经济的发展路径。

伪满时期,为了满足侵略战争的需要,日伪一直把重工业作为东北的主导产业,倾全力扩大生产,使重工业急剧膨胀,农业与轻工业所占比重日益缩小,区域产业结构严重扭曲(图2—1、图2—2)。

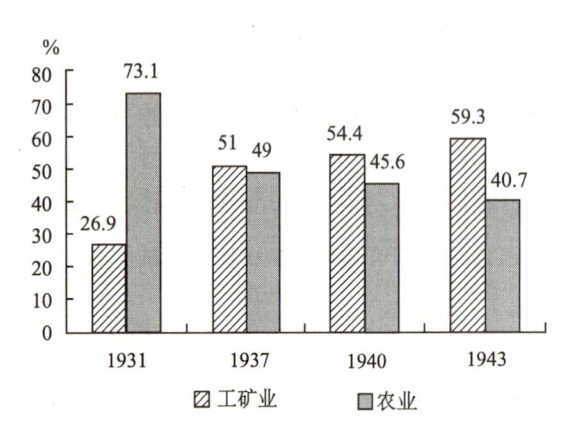

图2—1 东北1931~1943年农业及工矿业产值对比(%)

资料来源:孔经纬:《东北经济史》,四川人民出版社,1986年。

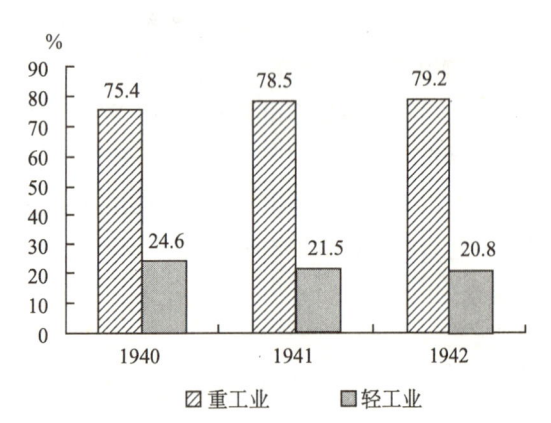

图2—2 东北地区1940~1942年轻、重工业资本额对比(%)

资料来源:孔经纬:《东北经济史》,四川人民出版社,1986年。

(3) 计划经济时期作为国家投资重点区域与重化工路径的强化。建国初期,由于当时东北三省的原材料、能源及机械工业基础较好,因此成为国家"一五"期间的建设重点,并将原苏联援建的156个项目之中的57项安排在东北进行建设。这些项目的建成,强化了东北地区作为重工业基地的地位,使东北地区的产业结构和生产力布局发生了显著变化。"二五"及以后的几个计划期,国家继续对东北地区实行优先发展重工业的政策,区域经济产业选择重化工的

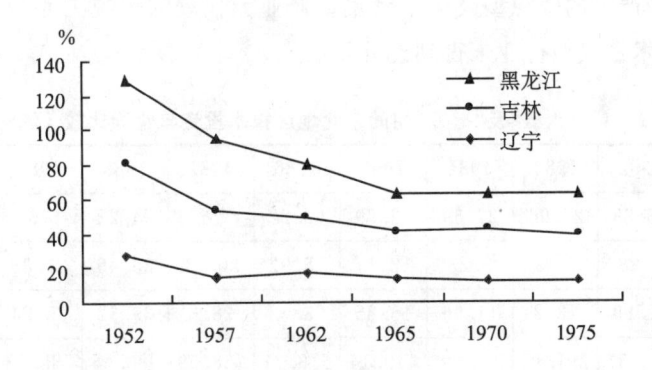

图 2—3 东北三省 1952～1975 年农业总产值占工农业总产值比重(%)
资料来源:《新中国 50 年统计资料汇编》,中国统计出版社,1999 年。

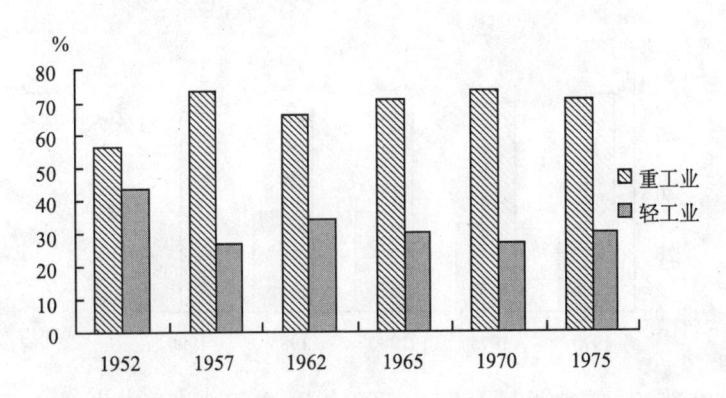

图 2—4 东北地区 1952～1975 年轻、重工业比重对比(%)
资料来源:同图 2-1。

路径不断得到强化。但是,国家对东北地区重化工过度倾斜的发展政策压制了农业及轻工业的发展进程,区域农业、轻工业发展严重滞后,造成了全区产业结构的严重失衡(图 2—4)。对重工业的过分倚重使区域经济呈现出二元化格局,即一端是有机构成很低的农业,另一端是有机构成相当高的工业,二者比例极不协调。

(4) 过渡时期国家投资重点的转移与产业结构的适应性调整。进入上个世纪 80 年代,东南沿海地区成为国家投资和政策供给的重点区域;同时,经济运行机制的市场取向也逐渐成为政策设计的主流倾向。区域发展背景的转换使东北"过重"的产业结构对市场机制一时难以适从,东北区域经济发展遇到了前所未有的困难。为了与新的经济体制相适应,东北三省于 20 世纪 80 年代启动了以发展轻工业、改造传统工业的适应性调整进程。整个 80 年代区域改造资金的投入力度居全国之首,此时段仅辽宁省的改造投资即占全国总值的 1/10 左右(表 2—1)。

同时,"六优先"政策的实施使区域工业轻重比例关系失调的状况得到缓解(图 2—5)。但是,东北地区这一期间结构调整效果并不理想。由于新兴部门成长缓慢,导致工业部门结构没有发生实质性变化,区域竞争力也没有得到实质性提升,区域工业体系依然维持着以物资消耗高、运输量大和污染严重的资源型及资金密集型产业为代表的传统工业为主导的格局,而附加值高的知识及技术密集型行业未得到充分发展。

表2—1 "六五"及"七五"期间东北地区技术投资与全国比较(亿元)

	1981	1982	1983	1984	1985	1986	1987	1988	1989	1990	10年累计
辽宁	19.46	25.28	25.96	27.59	42.99	63.22	76	94.22	76	68.38	660.38
吉林	6.48	8.28	7.82	8.23	12.14	15.92	20.61	25.46	21.38	22.57	191.85
黑龙江	10.5	12.89	13.2	11.96	15.85	23.02	28.6	39.32	35.24	35.18	290.16
全国	195.3	250.37	291.13	309.28	449.14	619.21	758.59	980.55	788.78	830.19	5721.17

资料来源:根据相关年份的《中国统计年鉴》整理。

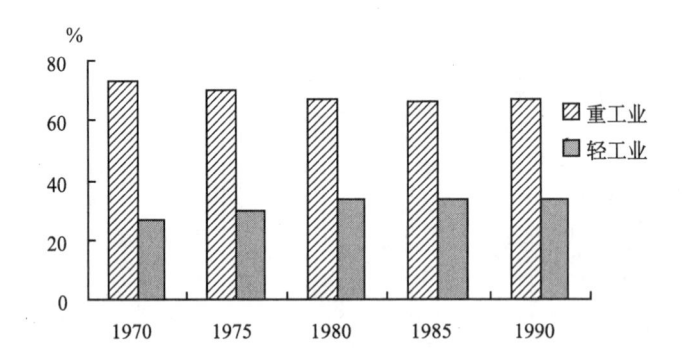

图2—5 东北地区1970~1990年轻、重工业比重对比(%)

资料来源:同图2-1。

(5)市场经济条件下区域封闭的逐步打破与产业结构的升级。计划经济时期国家在东北地区投入了大量的资源,东北相应地成为功能相对完整的经济区。功能的相对完整使得东北地区呈现出立足于区域循环的封闭性特征,也为开放背景下区域的市场开拓造成了一定的限制。20世纪90年代后,随着东北亚区域经济合作的展开,东北地区的开放力度加大,外向型经济有了一定程度的发展,区域封闭发展的格局逐步打破。到2002年,辽宁进出口总额占GDP的比重为35.5%,吉林为15.0%,黑龙江为10.0%(表2—2)。可见,进入90年代,外资外贸已经成为拉动东北地区区域经济增长的重要因素。外向型经济的发展也为东北地区产业结构优化升级提供了压力和动力,一些市场前景广阔的高新技术产业成长迅速。因此,整个90年代东北地区产业结构调整的效果明显好于80年代。

2. 区域产业结构演变的历史路径及主要部门转换的时序特征

(1)演变路径。东北地区产业结构的演变路径大致可分为四个阶段:1861~1930年为资源型产业生成期;1931~1975年为异常重型化时期;1981~1990年为结构调整期;1991~2003年为优化升级期(图2—6)。不同阶段东北地区的产业发展有着不同的功能定位,清末至民国

表2—2　1994～2002年东北地区对外经贸发展状况（占GDP的比重，%）

		1994	1995	1996	1997	1998	1999	2000	2001	2002
外资	辽宁	6.94	5.7	6.26	7.07	6.70	6.03	5.35	5.90	6.50
	吉林	7.12	6.67	6.23	5.73	3.07	2.09	2.19	2.17	2.03
	黑龙江	2.63	3.13	2.75	3.19	2.57	3.18	2.81	2.68	2.64
进出口	辽宁	34.29	32.86	29.60	29.99	27.18	27.25	35.59	34.58	35.54
	吉林	22.65	19.27	13.06	10.62	8.79	10.99	13.25	14.27	15.02
	黑龙江	16.59	14.34	12.28	11.06	11.28		10.16	9.53	10.0

资料来源：辽宁、吉林、黑龙江1995～2003年的统计年鉴。

期间为全国重要的农产品加工基地；日伪时期为殖民地兵站式生产基地；建国初期东北为具有举足轻重意义的全国重工业基地；上个世纪70年代为在全国有重要意义的重化工基地，并持续到20世纪80年代，但地位已有所下降；20世纪90年代至今为全国重化工基地的地位有所强化，并且其高新技术产业的地位有所上升。总体上看，在百年尺度的发展过程中，区域产业结构基本上遵循依赖型及重型化不断强化的路径进行扩展延伸。

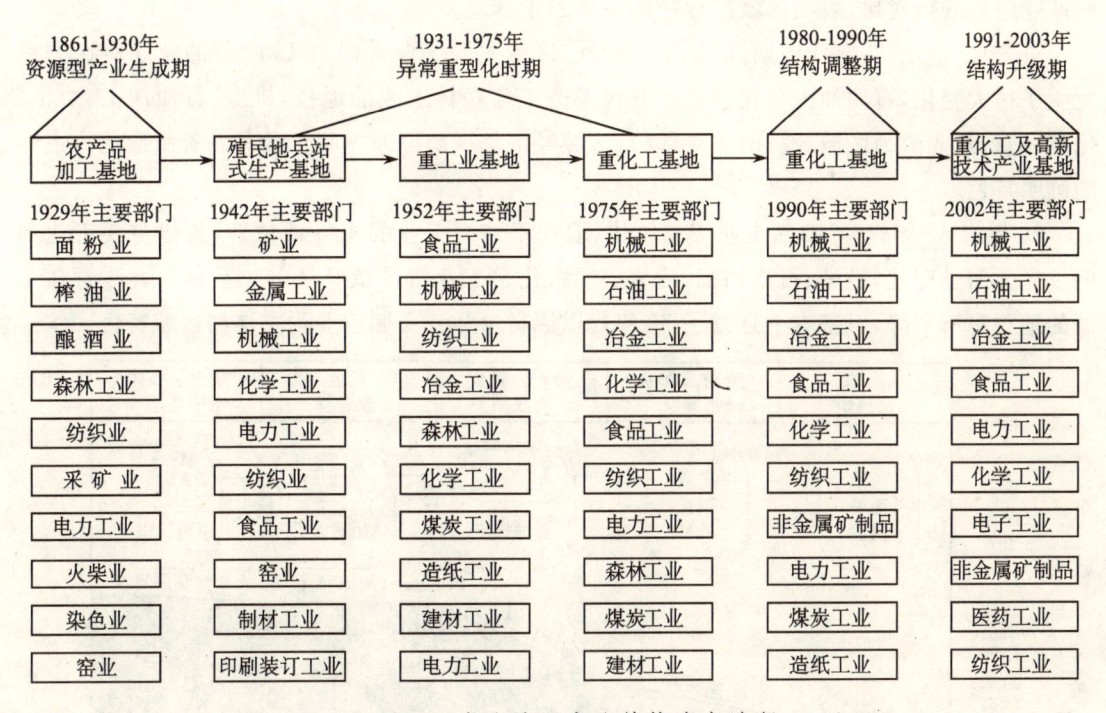

图2—6　东北地区产业结构演变路径

（2）不同历史背景下主导部门转换的时序特征。东北地区区域经济发展背景经历了五次大的转折，区域产业结构也随之发生转换，表现出明显的时序性特征。

在清末至民国时期,以面粉、榨油和酿酒为代表的农产品加工业是区域产业的主导部门,高度发达的农产品加工业成为当时东北地区的区域特色。据20年代的统计资料显示,哈尔滨制粉和榨油两个部门就占该市民族工业总产值的80%。长春的民族工业以制粉业最为重要,约占生产总值的75%。其他行业规模一般还比较弱小,采矿、能源等重工业部门仍处于萌芽状态。

随着日本经济势力的不断渗透扩张,特别是进入日伪时期以后,为满足支持其侵略战争的需要,日本实施了"工业日本、原料满洲"的政策,矿业、金属工业、机械工业、化学工业、窑业行业成为东北区域经济的主导部门(前5位),区域产业结构开始向重型化方向急剧倾斜。到1942年,以矿业、金属工业、机械工业、化学工业、窑业为代表的重工业资本额比重达79.2%,轻工业比重仅占有20.8%。根据对1929年和1942年主导部门的对比,结果表明,经过短短10多年的时间,区域产业结构完成了由以农产业加工为主导向重工业为主的转换,产业结构演变实现了大幅度的"跳跃"。

建国初期,东北作为第一个全境解放的经济区,在全国首先获得恢复生产的条件。经过3年的恢复调整,到1952年已初步建立起相对完整的工业体系,机械、纺织、冶金、造纸、森林工业成为区域的主导部门。虽然这一时期重工业是区域经济的主体,但是,将1942年和1952年的产业序列进行对比,表明区域产业结构明显趋于合理。

进入20世纪70年代中期,除机械工业外,区域主要工业部门与1952年的位序对比关系发生了很大变化,石油加工与化学工业取代了造纸与森林工业的地位,机械、石油加工、冶金、化学、纺织工业成为区域经济的主导部门,区域经济呈现出以原材料工业和装备制造业为主体的鲜明特色。

20世纪80年代,除食品工业成长较快,取代了纺织工业的主导地位外,其他主要工业部门位序无明显变化,机械、石油加工、冶金、食品、化学工业为区域经济的主导部门。尽管在全国的地位有所下降,但基本上延续了70年代以原材料和装备制造业为主体的区域特色。

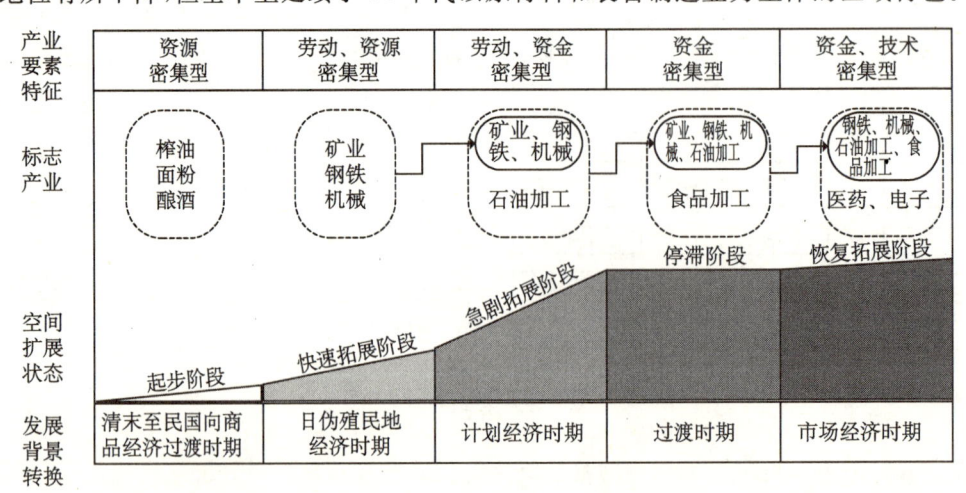

图 2—7 不同历史时期东北经济的发展变化与特征

进入90年代,区域主要工业部门出现了一些新变化,其主要标志有两个方面:一是以电子工业和医药工业为代表的高新技术产业成长较快;二是煤炭、造纸、纺织工业快速下滑。与80年代相比,主导部门转换主要表现为电力工业与化学工业的此升彼降。

二、区域开发特征

1. 背景转换剧烈

近代以来,在100多年的时间里,东北地区区域开发背景经历了五次转换。第一次转换发生在清末,以移民农业的兴起和迅速发展为标志,区域开发告别了以渔猎为主的原始开发状态,进入自然经济发展状态。第二次转换始于民国后期,以重工业的异常扩张为标志,区域开发进入了殖民地经济时期。第三次转换发生于建国之后,以重化工的急剧扩张为标志,区域发展进入了计划经济时期。第四次转换发生于上个世纪80年代,以技术改造的启动为标志,区域经济发展进入以适应性调整为主的过渡时期。第五次转换始于上个世纪90年代,以市场经济条件下传统产业的技术改造和高新技术产业的成长为标志,区域经济发展进入了结构升级时期。在100多年的时间内,区域开发背景发生了如此剧烈的变化,在世界经济发展史上非常少见。

2. 资源依赖型产业结构逐步强化

东北地区开发伊始,区域产业的生成与演化就与区域自身的资源禀赋条件紧紧结合在一起。清末到民国时期,在农业专业化、商品化得到大力发展的基础上,形成了以面粉、榨油、酿酒为主体的农产品加工业体系,辅以处于萌芽状态的工矿业,资源依赖型产业结构已具雏型。日伪时期煤炭、钢铁、电力等能源及原材料工业部门迅速扩张,资源依赖型的产业特征得到强化。建国以后,东北地区能源及原材料工业成为国家优先发展的产业而急剧扩张。至"一五"期末,东北地区钢、铁产量分别占全国的70%和60%;进入上世纪60年代,大庆油田的发现使东北地区石油加工业迅速发展壮大,区域产业结构呈现资源依赖型的特色更为浓重。

3. 外在因素基本上主导了区域开发的整个过程

从区域开发的整个过程考察,可以发现,东北区域开发受外在因素影响和干扰程度相当大,市场机制几乎没有发生过作用。外在因素的影响和干扰在日伪时期、计划经济时期表现得最为突出,其作用的后果至今仍影响着东北地区的区域经济发展。东北区域经济发展当前所面临的种种矛盾和问题,都与那两个时期外力影响下所选择的开发方式有着深厚的渊源,所形成的产业格局至今仍得维持和延续。

4. 区域工业化进程超前性与滞后性并存

与国外一些发达国家工业相比较,东北推进工业进程具有明显的超前性。美国工业化进程中以轻工业为主的阶段持续了110多年;日本从1868年明治维新开始工业化,但直到1955年轻工业在其工业体系中的比重仍占到55.4%。东北工业在1860年处于萌芽状态,但在日伪时期重工业已经成为主导部门,建国初期经过短暂的恢复,在50年代中期成为在全国具有重要意义的重工业基地,进入重化工阶段的进程明显早于全国其他地区。

滞后性是指进入重化工阶段后,产业链延伸及产业升级进程缓慢。以相对发达的石油加工业为例,东北炼油能力居全国之首,但大部分炼厂为纯燃料型炼厂,产业链没有得到应有的扩展与延伸,下游的乙烯、合成树脂缺口极大。

三、不同历史时期区域开发的主导因素及产业生成与转换的机理

1. 内生性因素和外部因素共同支配着清末至民国时期区域开发及农产品加工的生成与扩展

(1) 内生性因素。第一,移民的涌入。鸦片战争后以及19世纪20年代前后,东北地区先后发生了两次规模庞大的移民潮。据统计,从1850年到1910年,东北净增人口达1868.4万人。20世纪20年代东北地区移民浪潮呈现出扩大的趋势,1923年进入东北的移民有30余万,以后逐年递增,1927年以后每年移民已增至100余万。移民的大量涌入为地广人稀的东北地区提供了最具活力的要素资源,为区域开发奠定了人力资源基础。第二,自然资源基础。东北地区拥有丰富的自然资源。东北地区地处温带,是世界上著名的三大黑土地分布区之一,肥沃的黑土地与水热资源的良好配置为现代农业的兴起提供了得天独厚的自然条件。东北地区矿产资源丰富,许多金属类和非金属类矿产资源在全国占有重要地位,为现代工业的发展提供了优越的资源支撑。第三,社会结构因素。东北历来是游牧渔猎民族激烈角逐的地域,社会结构经常遭到毁灭性破坏,传统农耕经济在鸦片战争前没有得到充分发育,也没有形成中原地区以耕织结合为特征的小农经济社会结构。鸦片战争后大量的人口迁入,赋予了东北地区移民社会的某些特征。因而,在接受新的生产方式方面阻力较小,易于产业的生成与扩展。

(2) 外部因素。东北地区地处东北亚中心,邻近日、俄列强,成为国际资本主义势力角逐的主要舞台。1904年爆发日俄战争后,形成了日俄瓜分东北势力范围的局面。其他资本主义列强也争先恐后地加强对东北地区的投资和贸易,使东北区域经济被深深地卷入世界资本主义经济体系,东北原有的自然经济结构迅速瓦解,客观上对现代产业的形成与扩展起到了一定的促进作用。

(3) 内生性因素与外部因素相互影响与资源依赖型产业形成。第一,由移民开发而迅速发展起来的农业经济是东北地区产业生成与扩展的先导。对于这一时期的区域开发,土地资源与人力资源所起的作用是决定性的,两种要素的有机结合是形成"南豆北麦"农业专业化生产格局原始的、自发的内生性因素。第二,农业的高度发达是东北地区启动工业化进程的催化剂。农业经济的高度繁荣直接带动了农产品加工业的形成与发展,"南豆北麦"的农业专业化生产格局客观上决定了南部榨油业为主、北部面粉业为主的农产品加工业空间布局特征,这一过程也是内生性力量的延续。第三,列强资本的渗透与控制对东北地区农产品加工业的发展

及地域分工的形成发挥了重要影响。日俄战争后,东北商品市场分别为俄、日两国瓜分。北部靠近俄国远东地区,以面粉、酒类和糖为大宗消费品,因而沙俄在东北大力投资于面粉加工业、酿酒业和制糖业,促进了东北北部以面粉加工业为主体的产业体系的形成;南部是日、英、美市场的辐射范围,日本是东北豆饼最大的消费市场,英美则是东北豆油的主要买主,这些产品都由大连、营口、安东等港口向外输出,销路极好,因而直接促成了这三大港口地区以榨油业主体的农产业加工业的发展。第四,东北地区某些"移民社会"特征也对区域产业的形成与发展起到一定的推动作用。东北地区是个移民社会,有着强烈的创业冲动,对外来影响也表现出较强的接纳力。因此,实现社会结构转型的阻力较小,易于近代产业的形成与发展。

2. 日本帝国主义的掠夺式战略

日本帝国主义的国家需求作为支配区域发展的外部因素,推动东北地区产业结构从以农产品加工业为主向以原材料工业等重工业部门为主的急剧转型。日伪时期日本对中国东北的掠夺性开发是东北地区重化工化产业结构特征形成的最直接的影响因素。在短短十几年时间,区域产业体系完成了由农产业加工业为主体向以重工业为主体的转型过程。

(1)"工业日本,原料满洲"的殖民地经济政策与原材料工业的快速发展。在"工业日本,原料满洲"的殖民地经济政策的驱动下,日本将矿业、金属工业、化学工业等原材料工业部门作为掠夺的主要对象。随着投资的不断加大,矿业、金属工业、化学工业的数量急剧增加,成为东北地区的主导产业。1931年前拥有20万元以上资本的矿业企业数量为5家,而1937～1941年新增企业数即达到47家;1931年前拥有20万元以上资本的金属工业企业数量为3家,而1937～1941年新增企业数即达到31家;1931年前拥有20万元以上资本的化学工业企业数量为2家,而1937～1941年新增企业数达到82家。到1942年,矿业、金属工业、化学工业三个部门投资额已占伪满工业总投资额的65%。

(2)二战后期战局变化与东北地区近代机械工业的发展。"九•一八"事变后,日本"满铁"势力迅速扩张。为了减少运输,工业布局开始向北延伸,并集中在辽宁中、南部布局一些简单的机械修配工业。二战后期,日本本土遭到猛烈轰炸。应战局的变化,日本开始将本土的一些重要机械工业部门迁往东北,并在大连、沈阳建设造船、汽车以及飞机的装配厂,使机械工业成为日伪后期东北地区重要的工业部门。尽管日本这一时期的工业布局调整完全取决于侵略战争的需要,但也为后来东北地区机械工业发展打下了一定的基础。

3. 计划经济时期国家的需求

计划经济时期国家的需求成为左右区域发展的主导因素,新的资源条件的形成促进东北区域产业实现了由重工业基地向重化工基地过渡的结构转换。建国之初,我国经济运行面临诸多矛盾,其中重工业基础薄弱、重工业内部采掘业及原材料工业规模弱小是制约经济发展的主要矛盾。因此,大力发展原材料和能源工业成为具有战略意义的国家需求,这种需求构成了东北地区以重化工快速发展为特征的工业化进程的驱动力。

(1) 国家重型化道路的选择与东北地区原材料、重型装备制造业基础的形成。在国家需求的驱动下,原材料、能源及机械工业拥有一定基础的东北地区成为国家"一五"期间的重点建设区域,并将原苏联援建的156个项目之中的57项布置在东北。这些项目的建成使东北地区摆脱了日伪时期殖民地经济的产业结构模式,于20世纪50年代成为我国重要的以原材料工业和重型设备制造为主的重工业基地。

(2) 区域资源条件更新与石油工业的形成与发展。20世纪60年代以后,大庆油田的发现使东北地区工业发展的支撑条件发生了很大变化,以此为契机,引起东北产业结构的进一步演变。在石油开采的基础上,国家在东北三省布局兴建了一批石油化工厂,新建了让通铁路和输出原油专用的大连新港,并在油井、石化工厂和输出港之间构建了较完备的输油管道网,从而改变了东北地区的能源结构、原料结构、产品结构及出口贸易结构。至此,东北地区又成为我国重要的石油工业基地。

4. 过渡时期区域发展外部环境的变化与区域产业结构适应性调整

80年代开始,区域发展外部环境发生了明显的变化。这种变化表现为三个方面:国家投资重点区域的投资政策及工业化战略的调整;国内市场化改革取向的确定;产业政策的调整。区域投资政策的调整主要表现为国家投资向东南沿海集中,使东南沿海地区成为我国重点建设的区域。但同时,国家也投入一定资金启动了东北地区技术改造进程,使东北地区成为我国率先启动技术改造进程的区域。外部发展环境的变化是这一阶段影响区域发展及区域产业结构转换的重要因素,既为区域产业结构适应性调整增加了压力,也提供了动力。适应性调整使区域工业体系中轻、重比例失调状况得到缓解,促进了区域产业结构的转换进程。

(1) 适应性调整的压力。第一,国内市场化改革带来的压力。市场化改革的逐步深入使资源配置方式发生了根本性变化。东南沿海地区在市场化改革进程中赢得先机,率先进行了产业结构升级,形成"先发优势",成为我国经济活跃的地区。这种率先改革所形成的"先发优势"给市场化进程推进滞后的东北地区带来了巨大冲击,成为东北区域产业结构调整的又一压力源。第二,国家投资重点及工业化战略调整带来的压力。20世纪80年代以后,国家的投资重点转移到东南沿海地区,东南沿海地区成为我国经济发展最为活跃的区域。而东北地区经济发展步伐滞缓,地位逐渐下降,区域经济发展面临着巨大压力。同时,由于国家工业化战略向轻型化方向的调整,导致需求结构发生变化,用于发展重工业的投资类产品的需求减少。东北地区产业体系以投资类产品为主,自然成为遭受不利影响最为严重的区域。为应对国家战略调整的压力,对区域产业结构进行适应性调整与升级就成为必然选择。

(2) 适应性调整的动力。国家的政策供给是区域产业结构适应性调整的动力源。国家的政策供给包括两个方面:一是鼓励轻工业发展的"六优先政策";二是在全国率先启动技术改造进程。第一,"六优先政策"与轻工业的发展。"六优先政策"虽然是针对全国的政策供给,但东北作为全国重型化程度最高的区域,自然要受到该政策的惠及。到80年代末,重工业比重比70年代中期下降近4个百分点,食品工业产值上升到第4位,成为区域的主导产业之一。

区域轻工业部门的较快发展正是"六优先政策"作用的结果。第二,技术改造进程率先启动与产业升级。技术改造进程的启动则明显带有区域指向性。从1980～1989年,东北地区技术改造投资占全国总量的1/10左右,位居全国之首。而机械、冶金、石油加工等区域产业主导部门在体制转型的激烈碰撞中能够得以生存,则与国家适时的技改支持密切相关。

5. 市场经济条件下现代企业制度改革的深入

90年代中期以后,随着企业制度改革的不断深入和我国参与全球化进程的逐渐加速,市场机制在资源配置方面的基础性作用有所增强。股份制企业和外商投资企业的不断增长使东北地区投资主体出现了多元化的趋势,东北地区产业升级的自主性力量开始形成。在股份制经济和外商投资经济的带动下,电子工业及医药工业成为区域增长较快的行业。目前这两个行业的产值已进入东北各行业的前10位,表明区域高新技术产业在区域产业体系中已经有了一席之地,标志着区域产业结构的升级进程已经启动。

(1)股份制经济是推动东北地区医药工业快速增长的最主要载体。医药工业快速发展主要得益于股份制经济在该领域投资的快速增长。从1996～2002年,东北地区股份制经济在医药工业的投资额增长了近77倍,占国有经济、外商投资经济、股份制经济总投资额的相对比重从1996年的6.1%上升到2002年的81.4%,成为推动区域医药工业快速发展最主要的载体。

(2)股份制经济与外商投资经济共同构成促进区域电子工业增长的推动力量。90年代中期,股份制经济在电子工业领域还比较薄弱,外商投资占区域电子工业固定投资的份额最大,是拉动电子工业增长的主导力量。但是,到2002年,股份制经济的固定资产投资额占据首位,外商投资居于第二位,二者投资总额占国有经济、外商投资经济、股份制经济投资总额的86.2%,共同促进了区域电子工业的增长。

第三节 区域发展面临的形势与挑战

一、东北地区发展面临的新形势

东北老工业基地衰退现象出现于上个世纪80年代中期。在此后十多年时间,中央政府相继提供了一定的政策支持,东北地区也相应地对区域产业结构进行了适应性及战略性调整,区域经济基本上摆脱了衰退的阴影。总体上看,促进区域经济振兴的内部条件和外部环境已经具备。

1. 90年代以来的调整改造推动区域经济走上恢复性增长的轨道

东北三省GDP占全国的比重在1978年为13.5%,1995年降至10.15%,之后开始缓慢回升,2003年占全国GDP的比重上升到11.05%。同时,从近几年来看,东北三省经济增长率高于全国平均增长率,这表明区域经济已经走上了复兴之路。从体制改革、产业结构调整、就业保障、市场环境营造、对外开放等几方面看,对东北的发展都是有利的。因此,区域经济的复苏和快速增长将是未来的发展趋势。

2. 市场机制的日益完善有利于消除东北地区根深蒂固的体制性障碍

东北地区市场化改革进程起步虽然晚于东南沿海地区,但经过三年改革脱困后,老工业基地已经出现了新机制的萌芽:一是国有企业职工可流动机制初步建立;二是丧失竞争力企业退出市场的通道开始打通;三是社会保障体制逐步建立,转移企业办社会机制有了相当的进展,职工由"企业人"逐渐变成"社会人";四是国有企业的资本金由单一财政投资,转向通过市场引入新的投资者和到资本市场融资。这些新机制的萌芽具有重大的改革意义。当这些萌芽成长为不需政府干预而自动运行的新机制时,就会出现有前景的企业迅速发展,竞争失败的企业平稳退出市场的新局面,制约地区和国有企业的体制障碍将彻底消除。

3. 经济全球化进程的加快为产业结构调整升级带来了新机遇

世界范围内新一轮产业转移进程已经启动。我国作为 WTO 成员国,以更加积极的姿态参与以国际分工为背景的产业结构重组,已是大势所趋。东北老工业基地重化工部门基础坚实,具备承接发达国家相关产业转移的比较优势。在新一轮调整改造进程中,东北地区应以全球的视野培育和发挥比较优势,主动参与国际分工,接受发达国家的产业转移,优化产业结构和推进企业重组。这样,可以更多地利用全球的资本、技术、人才和市场等资源,加快自身的振兴和发展。

4. 以信息技术为标志的科技革命为东北地区提供了跨越式的机会

以信息技术为代表的科技革命方兴未艾,已经成为发达国家和地区经济增长的重要支撑。东北地区拥有丰富的科技创新资源及良好的产业基础,对于高新技术与先进适应技术具有比较强的引进、消化、吸收和转化能力。通过将高新技术、先进适用技术应用于传统产业的升级改造,可以使老工业基地超越传统工业化的某些阶段,实现跨越式发展。

5. 国家的政策扶持将为东北振兴提供新的支撑

党的十六大报告明确提出"支持东北地区等老工业基地加快调整和改造,支持以资源开采为主的城市和地区发展接续产业","加大对粮食主产区的扶持"等重大决策,为东北老工业基地的振兴提供了有力的政策支撑。从政策供给的设计构架来看,新的扶持政策是全方位的,既涉及到产业层面,也涵盖了社会保障、人事制度改革等领域。依据上个世纪80年代以来区域经济在全国地位的变化路径,东北区域经济衰退在1995年达到低点,之后便缓慢复苏,开始逐步摆脱困境。当前东北地区正处于自主增长机制形成的关键时期,国家新的政策供给恰逢其时,将成为促进东北区域复兴的重要因素。

二、东北区域经济未来发展将要面对的压力与挑战

1. 原材料工业的进一步扩张将使区域经济发展的资源与生态环境约束更加突出

东北作为我国传统经济增长方式典型的区域,经过建国以来50多年的开发建设,积累的生态环境问题已相当严重。有些专家断言,东北地区近50年的开发强度相当于中原地区近3000年开发强度的历史累积。这种短期高强度的粗放开发方式的后果之一是资源枯竭。辽宁省7个主要产煤区中除铁法区外都是萎缩矿区,煤炭产量逐年下降,目前已降到全国第7位;黑龙江省大庆油田的可采储量只剩下30%,仅为7.45亿吨,到2020年年产量只能维持在2000万吨左右,开采成本也将在目前已经很高的基础上大大提高。鹤岗、鸡西、双鸭山、七台河四大煤炭生产基地已经面临煤炭资源枯竭或大量关井的局面。我国最大的森林工业基地伊春,16个林业局当中已经有12个无木可采,可采的成熟林只剩下1.7%,可采木材不足500万立方米;吉林省已有营城、蛟河煤矿等12个资源枯竭、扭亏无望的煤炭企业实行了矿井关闭和企业破产。由于长期过度消耗森林资源,长白山林区可供开发利用的森林资源砍伐殆尽。

短期高强度的粗放式开发方式的另一后果是区域环境恶化和生态退化。根据国家环保局对全国实行重点调查的工业企业污染排放及治理的统计情况表明,2001年,辽宁、吉林和黑龙江三省的面积虽然只占到全国国土总面积的8.22%,但工业企业废水排放量占全国的9.11%,工业废气排放占全国总量的11.12%;2000年东北地区空气质量符合国家二级以上标准的城镇比例仅为29.9%,水质达到1~3级监测断面比例的只有30.5%。而过去的重开采、轻保护的资源开发方式也带来了严重的生态环境问题。黑龙江四个煤城总沉陷面积为423平方公里,煤矸石已达2亿多吨,每年向大气排放的甲烷量约为2.96亿立方米。矿山开采造成的生态环境破坏长期得不到恢复,全省矿山开采复垦率仅为11.3%。大小兴安岭森林过量采伐,蓄水固土抗风沙能力明显减弱。大庆油田草原"三化"(沙化、退化、碱化)比重已占总面积的84%。

强化东北原材料工业的地位是国家目前实施"振兴东北"战略的重要目标之一。在这种政策背景下,东北地区以钢铁、石油加工为主体的高消耗、高污染工业部门将得到进一步的发展。原材料工业的发展必将对其上游的采掘业产生影响,可能会引发不顾忌资源基础的盲目扩张现象。但是,根据目前的形势判断,东北地区主要能矿资源已经进入减产期,正常情况下形成新增量的可能性很小。如果在下游原材料工业发展的拉动下使采掘业形成新的产能扩张,不仅会破坏区域资源可持续利用的现有基础,也会对区域生态环境造成新的破坏。据调查,辽宁省东部山区铁矿资源开采已经出现了不利于资源合理利用和生态保护的迹象,一些新形成的选矿点对农田、小流域环境已经造成了严重的危害。另外,通过技术手段缓解高污染行业对生态环境造成的压力在短期内也具有很大的不确定性。因此,伴随着东北地区原材料工业的进一步发展,区域资源与生态环境压力将继续增大,可能会成为不利于东北振兴的约束因素。

2. 装备制造业的调整与升级进程将面临东南沿海地区的强势竞争

20世纪80年代初期，东南沿海地区作为我国对外开放的先导区域，抓住了世界产业结构调整的契机，承接了发达国家及新兴工业国家和地区转移出来的劳动密集型产业。经过20多年的高速发展，已经完成了资本积累，经济结构已呈现出向重型化调整的趋势，具备承接发达国家以装备制造业为代表的产业转移的基础和条件。值得注意的一点是，东南沿海地区由于对外开放起步早，同发达国家和地区经贸联系往来频繁，经济发展的政策体制环境基本上实现了与世界通行惯例的对接。东北地区近十多年尽管在对外开放领域取得很大进展，但与东南沿海地区相比，其政策体制环境仍然不宽松，在未来竞争中仍将处于下风。国际产业转移往往优先选择政策体制环境更为适宜的区域，东北地区与东南沿海地区政策体制环境的落差将对吸引国际间的要素流入产生不利的影响。另外，根据本项目的研究，长三角地区的装备制造业现有基础相当雄厚，整体实力要强于东北地区。在装备制造业的几个重要领域，除了吉林省交通运输设备制造业具有较强的竞争力外，其他部门的竞争力水平基本上处于劣势地位。因此，面对新一轮世界范围内的产业重组，东北地区在承接世界装备制造业转移方面的优势并不突出，未必会成为世界装备制造业转移的首选区域，通过承接装备制造业的转移来推进结构调整和升级将面临东南沿海地区强大的竞争压力。

3. 新经济因素发育不足将制约区域振兴

从20世纪80年代开始，以信息技术为代表的科技革命使经济增长方式、管理思想与方法发生了根本性的变化。世界性的关税减让和放宽限制使商品、资金、人才、信息流动的快捷和便利达到了前所未有的程度，商品、资金和信息等主要经济资源可以自由地跨国流动。在这种背景下，资源、区位等决定经济增长的传统因素的作用在弱化，而一些新经济因素的发育态势，诸如国际化程度、信息化水平、科技进步和技术创新能力、制度创新能力等，已成为衡量区域经济发展水平的重要标尺。经过建国以后近30年的重点建设，东北地区虽然已经拥有了雄厚的产业基础和人力资源基础，但作为我国实施计划经济体制进入最早、退出最晚的区域，其体制性障碍根深蒂固，严重影响了新经济因素的成长发育。

随着全球经济一体化及国际地区分工格局的形成，一个地区的经济国际化程度已经成为影响地区经济增长的主导因素。东南沿海地区的经济发展之所以能够经久不衰，与其高度的国际化密切相关。根据2002年的统计数据，深圳、珠海、厦门、上海的外贸依存度分别为290.6%、221.42%、164.3%和101.8%，而同期东北地区的重要城市大连、沈阳、长春、哈尔滨的外贸依存度分别为75.3%、18.7%、18.9%和53.4%。可见，与东南沿海发达地区相比，东北地区经济国际化程度相当低。

随着信息技术的迅猛发展及其影响的不断扩大，生产要素呈现出向信息化程度高的区域流动、集聚的趋势，因此信息化水平已成为区域综合竞争力的重要因子。根据国家统计局国际统计信息中心的测算结果，东北三省的信息化发育程度在全国处于中等到较高的水平。但是，与"长三角"和"珠三角"相比,指数得分相差20多分,差距比较明显。在信息产业基础方面的差距更大,如广东计算机相关产品的生产量在全国的比重高达80%。

随着知识经济的兴起,科技进步和创新能力对经济发展的推动作用日益加强,已经成为区域竞争力的重要内容。东北三省的4个核心城市的科技竞争力在15个副省级城市中居中下游水平,这在一定程度上表明东北地区科技创新能力发育不充分。从高新技术产业发展的现状来看,东北地区高新技术产业产值占工业总产值的比重一直低于全国平均水平(图2—8)。如果同"长三角"、"珠三角"相比,差距更大。

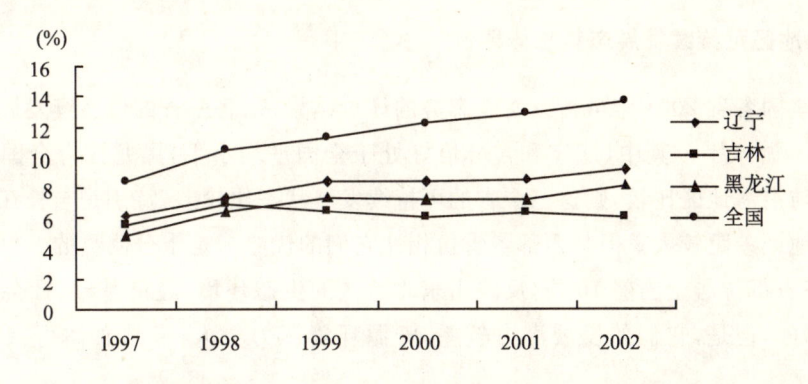

图2—8 全国及东北三省高新技术产业产值占工业总产值的比重

体制创新是激发区域经济活力最为关键的因素。长期以来,东北地区以国有经济为主体的格局没有发生实质性的变化,国有及国有控股企业总产值占工业总产值的70%以上,远远高于全国44%的平均水平。相比较而言,外商投资经济和民营经济总量偏低。这种较为单一的经济结构活力不足,已经不适应新时期更加开放的经济环境。

东北地区新经济因素发育不足的状况在短期内难以得到根本扭转。即使国家给予适当的政策支持,也不应对其效应产生过于乐观的预期。根据本项目的分析预测,如果东北地区在新经济因素培育方面缺乏必要的政策和投入,推动区域经济发展的内生性机制就难以形成,从而延迟老工业基地振兴的进程。

4. 周边地缘政治环境的复杂性不利于营造区域振兴的外部环境

区域发展既需要一定的内部条件积累,也需要一定的外部环境支撑。经过20多年的改革开放,我国东南沿海地区自主增长的机制已经形成,西部大开发也进入了全面提速阶段,并且国家对东北地区老工业基地改造提供了新政策供给,实现区域振兴的内部条件已初步具备。但是,东北地区经济发展的外部环境差强人意,不具备东南沿海地区改革开放之初所拥有的有利地缘政治经济环境。东北亚地区主要国家之间在历史时期积怨甚深,彼此间在政治上的不信任使东北亚区域合作进展滞缓。抛开政治因素,单从经济合作的视角来看,短期内与东北亚主要国家间经贸合作取得新突破的可能性也不大。俄罗斯虽然同我国政治合作的趋势有所加强,但其经济重点在其欧洲部分,与亚洲的经贸合作基本上以日韩为主,与中国特别是东北地区的经贸合作不是其总体经贸战略的重点;日本、韩国的经贸重点是欧美、东南亚及我国的环渤海地区。因此,东北振兴在短期内难以寻求强有力的"外力"拉动。

第四节 区域可持续发展态势评价

一、基于全国背景的可持续发展态势

1. 东北地区可持续发展态势总体评价

根据对全国各省 2001 年可持续发展态势的评价结果,东北三省的可持续发展状态处于全国中等和中下游水平。其中,辽宁和吉林恰好处于全国平均水平,黑龙江为全国平均水平的 76%。如果与沿海地区比较,则这三个省的可持续发展状态比较差,特别是与长江三角洲地区和东南沿海地区差距较大。但与西部各省份相比它们的优势却是十分明显的。单从发展的基础看,东北三省都位居全国前 10 位,反映出东北地区的生态环境、经济基础、社会发展和基础设施都比较好。但是,它们的发展潜力较差,资源环境压力较大,导致总体可持续发展状态一般。

因此,东北三省可持续发展状态的问题主要是相对问题,是相对于沿海地区的问题、是相对于自身发展基础的问题。而问题的核心在于其产业结构特点(以资源型产业为主)和增长方式转变缓慢,对自然和生态支撑系统造成了较大的压力。增长方式转变主要受技术进步和结构变化的影响。分析表明,1998~2000 年东北三省技术进步对经济增长的贡献率居全国前 8 位之内。可见,它们增长方式转变较慢的原因主要是产业结构升级缓慢。2003 年,东北三省资源型产业在工业结构中占据主导地位;其中黑龙江和辽宁的资源型产业占工业增加值的比重分别高达 85.6% 和 57.5%(2000 年分别为 83% 和 55%),并且都比 1997 年有明显上升。这种状况的形成与东北地区丰厚的自然资源是分不开的,反映出发展对历史路径的依赖。

2. 各省的可持续发展状态

(1) 辽宁可持续发展的状态及主要问题。辽宁的可持续发展基础很好,是全国平均值的 1.4 倍,仅次于京津沪三个直辖市,与广东和浙江相当。其中,水土资源和生态环境基础为全国平均水平,经济基础和社会发展基础分别是全国平均的 1.2 倍和 1.56 倍,基础设施更高达全国平均水平的 1.83 倍。当然,也应该看到,90 年代辽宁经济增长速度大幅度落后于全国平均水平,只有后者的 88%。

辽宁可持续发展面临的环境压力较大。目前辽宁经济产出的环境排放和资源消耗水平与全国平均水平大体相当,但近年来(以 1997~2000 年为例,下同)环境排放和资源消耗的下降速度大大低于全国平均速度,即经济增长方式转变比较缓慢。其中的主要原因是它的资源型产业的比例仍在上升。另外,辽宁发展潜力也只是与全国平均水平相当,反映出其产业升级能

力一般。其中,研究与开发投入在GDP中的比重比较低,仅为全国平均值的88%;而人口受教育水平很高,仅次于京津沪三个直辖市。因此,综合起来,辽宁可持续发展状态处在全国平均水平。资源型产业规模大,曾经使辽宁的水体、大气和粉尘污染非常严重,近年来的技术改造措施使这种状况有所好转。进一步改善可持续发展状态的主要出路在于非资源型产业(特别是装备制造业)比重的提高和研究与开发投入的加大。

(2) 吉林可持续发展的状态及主要问题。吉林的可持续发展基础比较好,是全国平均水平的1.2倍,与江苏和福建大致相当。其中,水土资源和生态环境基础很好,居全国第五位;经济基础略低于全国平均水平;社会发展基础和基础设施水平分别为全国平均水平的1.44倍和1.45倍。吉林的教育、医疗、交通、通信等条件与沿海多数省份不相上下,但经济发展水平仍比较低,处于全国平均水平。

吉林所面临的环境压力相对较小,是东北三省最低的,也低于全国大多数省份。目前吉林经济产出的环境排放和资源消耗水平优于全国平均水平,近年来环境排放和资源消耗下降速

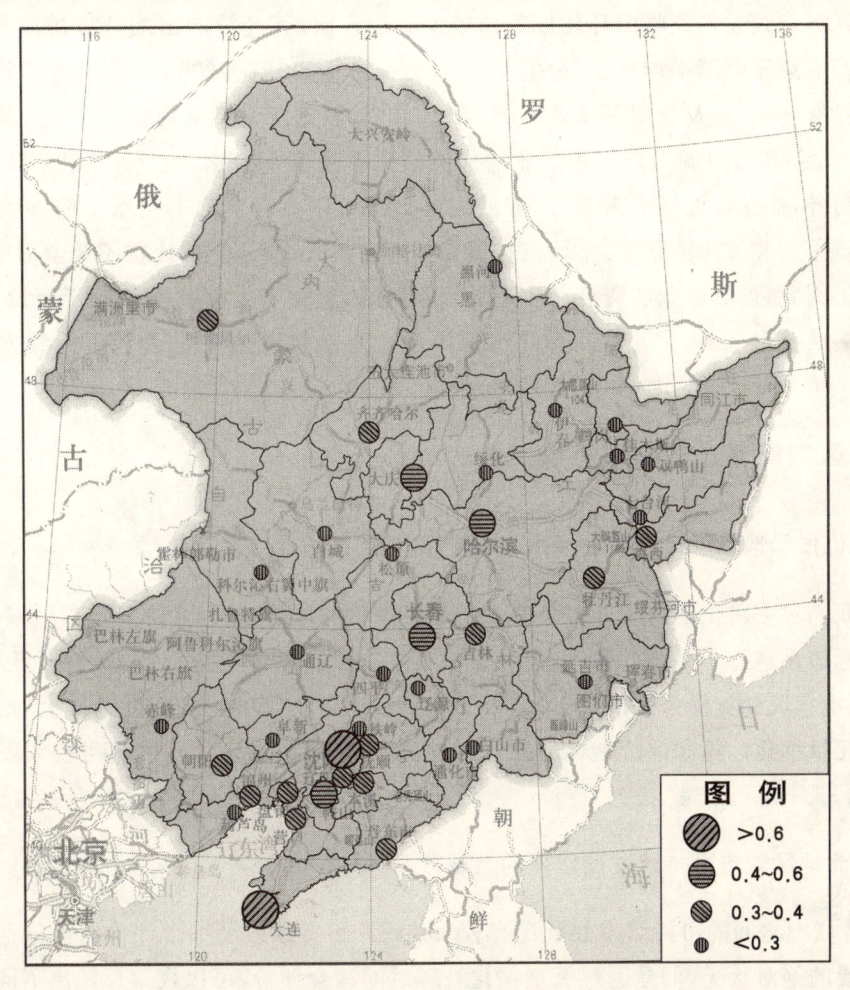

图2—9 东北地区地级市可持续发展综合评价

度也基本与全国同步,这得益于近年来产业结构的升级。2003年,吉林机电工业占工业增加值的比重为44.1%,位居全国前列,大幅度高于辽宁和黑龙江,而且比1997年上升了16.1个百分点;资源型产业比重为24.9%,大幅度低于辽宁和黑龙江,而且比1997年下降了7.7个百分点。这种结构特征的形成主要是吉林汽车工业的发展所带动的。应该说,吉林的发展正在逐渐降低对资源型产业的依赖。虽然吉林的研究和开发投入占GDP的比重和人均教育水平都比较高,技术创新能力居东北三省之首,但是吉林的发展潜力还不高,主要原因是全球竞争力差。总的来看,吉林的可持续发展状态处于全国平均水平。

(3) 黑龙江可持续发展的状态及主要问题。黑龙江的可持续发展基础较好,是全国平均水平的1.32倍,低于广东和浙江,而优于江苏和福建。其中,水土资源和生态环境基础非常好,居全国第二位;经济基础略低于全国平均值;社会发展基础和基础设施水平分别为全国平均水平的1.36倍和1.24倍。虽然高于全国平均水平,但黑龙江的教育、医疗、交通、通信等的水平在东北三省中都是最低的。

黑龙江可持续发展面临的环境压力比较大。一方面,其经济产出的环境排放和资源消耗水平仍大幅度高于全国平均水平(分值1.55);另一方面,1997~2000年它的环境排放和资源消耗几乎没有变化,不及全国下降速率的10%。这与黑龙江近年来资源型产业比重大幅度上升有关;2003年该省资源型产业占工业增加值的比重高达85.6%,比1997年上升了13.2个百分点。另外,黑龙江发展的潜力(产业升级能力)不高,只有全国平均水平的60%。主要原因是全球竞争力和技术创新能力低;该省研究和开发投入占GDP的比重不及全国平均值的一半(46%)。因此,虽然黑龙江资源和生态环境基础好,但由于发展高度依赖于资源型产业,其可持续发展状态处于中下水平。降低对资源型产业的过度依赖是改善可持续发展状态的关键。

二、基于区域背景的城市可持续发展态势

1. 评价指标选取及可持续发展水平的定量解析

依据我们过去对全国各省区可持续发展态势评价的思路框架,考虑到城市区域的特点,对评价的指标体系进行了必要的修正,设计了城市可持续发展评价指标体系,包括经济发展、社会发展、环境状况和支撑条件四个方面(限于篇幅,具体指标从略)。在此基础上,通过对所选指标进行无量纲化计算和评价指标的综合集成,得到区域内每个城市度量可持续发展水平的分值(表2—3)。

2. 东北地区城市可持续发展水平的地域分异

(1) 各城市之间的可持续发展状况有较大差距。可持续发展综合评价的得分不能反映其可持续发展的绝对状况,但是通过无量纲化处理后的综合评价,可以大致反映出不同城市可持续发展状况之间的差异。在参与评价的38个城市中,它们的可持续发展状况差距较大。其

中,沈阳得分最高,为0.6536,松原得分最低,为0.2232,两者相差近3倍。在东北地区的这些城市中,省会城市以及油田型资源城市的可持续发展综合评价相对较好,煤炭型的资源城市可持续发展综合评价较差。

表2—3 东北地区地级市可持续发展能力评价

城 市	综合评价	经济发展	社会发展	环境状况	支撑条件
沈阳	0.6536	0.5996	0.7189	0.5810	0.7147
大连	0.6082	0.6369	0.5973	0.6213	0.5771
大庆	0.5089	0.4730	0.4309	0.4735	0.6584
鞍山	0.5076	0.3018	0.5137	0.7675	0.4473
哈尔滨	0.4938	0.3983	0.6286	0.3364	0.6119
长春	0.4866	0.4951	0.5400	0.4805	0.4311
辽阳	0.3722	0.2669	0.4216	0.4516	0.3486
牡丹江	0.3687	0.2586	0.3645	0.5523	0.2994
锦州	0.3670	0.2683	0.5011	0.3863	0.3122
盘锦	0.3545	0.2463	0.4378	0.3697	0.3640
营口	0.3499	0.3347	0.4045	0.3423	0.3179
抚顺	0.3413	0.2371	0.4883	0.2633	0.3766
丹东	0.3354	0.2513	0.4701	0.2922	0.3281
吉林	0.3354	0.2758	0.3852	0.3144	0.3664
齐齐哈尔	0.3322	0.2159	0.3710	0.3727	0.3693
本溪	0.3066	0.2294	0.3950	0.3068	0.2953
海拉尔	0.3064	0.2489	0.3788	0.2407	0.3572
朝阳	0.3044	0.2004	0.4008	0.3909	0.2255
鸡西	0.3002	0.2503	0.3125	0.4125	0.2253
四平	0.2978	0.2597	0.4382	0.1653	0.3281
通化	0.2932	0.1639	0.3480	0.4270	0.2340
通辽市	0.2923	0.2197	0.2721	0.4440	0.2335
白山	0.2845	0.1980	0.2933	0.3722	0.2746
辽源	0.2840	0.2241	0.4180	0.1829	0.3108
佳木斯	0.2839	0.3194	0.3395	0.2367	0.2400
阜新	0.2777	0.2404	0.4616	0.1675	0.2412
赤峰市	0.2747	0.2282	0.2856	0.2595	0.3255
双鸭山	0.2714	0.2104	0.2960	0.4055	0.1738
葫芦岛	0.2663	0.1984	0.3079	0.3942	0.1647
铁岭	0.2657	0.2383	0.3967	0.2051	0.2227
伊春	0.2622	0.2031	0.2761	0.3854	0.1842
白城	0.2601	0.2184	0.2836	0.2936	0.2449
七台河	0.2580	0.1960	0.2450	0.4202	0.1710
绥化	0.2564	0.1876	0.4342	0.2890	0.1148
黑河	0.2543	0.2243	0.3364	0.2174	0.2392
鹤岗	0.2299	0.1854	0.3109	0.1960	0.2274
松原	0.2232	0.1376	0.3057	0.2232	0.2261

资料来源:根据《中国城市统计年鉴》2003年有关数据整理计算。

(2) 可持续发展的各项指标之间存在较大差异。本研究通过对不同城市的经济发展状况、社会发展状况、环境状况和可持续发展的支撑条件进行综合评价,在评价中发现,不同城市之间各项分指标的差异较大。从各分项指标内部的差异来看,其差异程度要远远大于综合评价的内部差异程度,最大值与最小值之间的差异有的甚至高达6倍多。其次,不同的分项指标之间没有一定的一致性,如经济发展状况好并不一定意味着其他三项发展指标也都好,特别是经济发展状况与环境状况之间不具一致性。在可持续发展综合排名比较靠前的大庆和鞍山,其社会发展状况要明显低于其他指标的排序,这也在一定程度上说明在东北的资源型城市,企业办社会的现象对当地的可持续发展产生了一定的制约,尽管目前很多大型企业的社会职能已经剥离出来,但是这些资源的整合还需要一定的时间。

(3) 可持续发展综合评价较好的城市主要分布在哈(尔滨)大(连)线上。从空间分布上,东北地区可持续发展综合评价的城市主要分布在哈(尔滨)大(连)线上,形成了哈(尔滨)长(春)沈(阳)大(连)中部的可持续发展高地。从地形条件来看,这一地区大部分都是东北的平原盆地区,地势平坦,水资源也比较充沛,为当地的可持续发展提供了良好的基础。而东西两侧则主要是丘陵山脉,可持续发展的基础较差,两侧矿产资源丰富,矿产的开采对当地经济产生了一定的拉动作用,但是随着这些矿产资源的不断枯竭,所带来的社会、经济、环境问题严重影响了当地的可持续发展。这在一定程度上说明,良好的自然基础条件可以在很大程度上促进城市的可持续发展。

第五节　结论与建议

(1) 资源禀赋是历史时期东北区域开发的重要条件,在中长期时间尺度内,能矿资源仍然是区域经济发展的重要基础。特别是石油、铁矿石、土地等资源基础,对未来区域发展及国家资源安全、经济安全具有重要战略意义。

(2) 区域开发背景经历了五次转换,总体上看,外在因素主导着区域开发的进程,区域经济发展的自主增长机制尚未形成。随着区域开发背景的转换,区域产业结构有所变化,但总体趋势是资源依赖的路径在不断强化。

(3) 区域产业结构调整升级在90年代有所进展,但幅度不大,仍存在结构升级的迫切要求。特别是区域传统的原材料工业和装备制造业部门,由于技术改造的历史欠账多,在市场经济背景下其市场控制力明显不足。另外,区域高新技术产业虽然有较大发展,并且有些部门具有全国意义,但区域高新技术产业的总体水平还有待提升。

经过上个世纪80年代的适应性调整及90年代以来的结构升级,东北地区已经步入了恢复性增长的轨道,并且国家适时出台了对东北等老工业基地的支持政策。这种情况表明,东北区域经济实现复苏的内、外部条件已经具备。但是,东北区域经济的未来发展也不得不面对资源约束、生态环境约束、东南沿海地区的竞争压力等不利因素。

(4) 东北地区基于全国背景的可持续发展状态处于中等水平,城市间可持续发展态势存在较大差异。从区域分布看,哈大沿线城市的可持续发展的状态和潜力较好。因此,在实施东北振兴的近、中期战略中,必须充分重视这些城市的发展,形成经济发展、社会进步的核心区域,由此引导区域经济的健康发展。为了与全球化和都市经济区的发展趋势相适应,在功能结构和区域经济带动力培育方面,应把核心竞争力营造的重点放在沈阳、大连、哈尔滨、长春4座城市上,并在协调的基础上,合理引导其功能。

(5)区域的原材料工业原则上不应再扩大初级加工的规模,应积极引导向产业链中、下游延伸。东北地区装备制造业已不具备整体优势,特别在轻型装备制造业领域,已同东南沿海地区存在较大差距。因此,区域装备制造业的未来发展应以重型装备为主,与东南沿海地区"错位"发展。

参 考 文 献

1. 陈才:《东北老工业基地新型工业之路》,东北师范大学出版社,2004年。
2. 方甲:《产业结构问题研究》,中国人民大学出版社,1997年。
3. 孔经纬:《东北经济史》,四川人民出版社,1986年。
4. 李诚固:"东北老工业基地衰退机制与结构转换研究",《地理科学》,1996年第3期。
5. 刘继生、丁四保:《东北老工业基地的改造与振兴》,东北师范大学出版社,2003年。
6. 陆大道:"中国区域发展的新因素与新格局",《地理研究》,2003年第3期。
7. 赵德馨:《中华人民共和国经济史》,河南人民出版社,1983年。
8. 张平宇:"新型工业化与东北老工业基地改造对策",《经济地理》,2004年第6期。
9. 张文尝:《交通经济带》,科学出版社,2002年。

第三章 区域振兴与可持续发展策略

本章以合理的目标期(10~15年,即到2020年)为时间尺度,在分析国家和地方发展能力与条件的基础上,从系统关联的角度出发,阐释东北地区在迈向现代化过程中应遵循的基本战略,重点从资源延伸利用、产业结构分步调整、空间重组、制度改革、市场环境培育、分区生态保育、区域合作等方面阐述了东北地区中长期可持续发展的步骤与策略。

第一节 拓展与延伸自然资源的利用

一、自然资源与东北区域振兴

1. 资源依赖型产业仍是区域振兴的重要组成部分

东北地区许多产业因资源而兴,许多城市因资源而立,资源开发有力地推动了地方工业和城市的发展。从第二章的分析中可以发现,东北地区在上百年的开发历史中,自然资源的开发以及相关产业的发展始终主导着东北地区的发展和工业化进程。虽然经过长期的发展使得其产业结构有所变化,但总体趋势是资源依赖的路径在不断强化。20世纪中期的冶金、机械、煤炭、森工、造纸、化工等主导产业的发展与当时东北地区的资源优势密切关联;目前的主导产业如机械、石油、冶金、食品、化工、医药等产业的壮大,仍是建立在本地自然资源优势的基础之上的。2003年黑龙江和辽宁的资源型产业占工业增加值的比重分别高达86%和58%(2000年分别为83%和55%),并且都比1997年有明显上升。表明资源依赖有进一步加强的态势。

从发展优势和发展趋势看,资源型产业在未来东北经济发展中仍将具有举足轻重的地位,也是老工业基地振兴的核心内容之一,这符合区域经济发展的基本规律和产业结构逐步调整的客观规律。国家在东北振兴战略中,明确提出了将东北建成重要的原材料工业基地和装备制造业基地的决策,这些决策符合区域经济发展基础和东北的实际情况,尤其是前者的实现,离不开资源的开发与利用。因此,资源在东北经济的发展中仍将发挥重要的支撑作用,处理好资源开发及深度利用与主导产业培育间的关系,是东北地区产业振兴和区域可持续发展的关键。

从城市化的角度看,自然资源的开发和资源型产业的发展推动了东北地区城市化的发展,促进了城镇体系的形成、发展与完善,以及城镇功能的确立。以资源型城市为例,东北有资源型城市30多座,占全国资源型城市数量的1/6,以煤炭、石油和森工城市为主要类型,多数城市仍在发挥能源、原材料基地的作用。这些城市的发展和壮大,还必须依靠资源的深化利用和资源型产业体系的完善,以及产业集群竞争力的提高。

从就业与社会发展等方面看,资源型产业在历史发展中吸纳了大量的劳动力就业,促进了地方尤其是资源型城市的社会发展。资源型产业仍将在局部地区或某些城市承担吸纳就业、促进社会发展的任务。目前,东北地区面临的问题,也多集中在资源开发型产业中或资源型产业集聚的地区。由于长期实施劳动密集型的资源开发模式,加之城市功能不完善导致吸纳劳动力的能力有限,因而随着资源的枯竭和技术的进步,多数资源型地区或城市面临就业难的问题。但是,在未来相当长时期内,资源型产业在东北资源型城市或地区发展中还将发挥主要作用。因此,拓展资源的利用、提高利用效率、延长资源型产业的产业链,对东北地区仍具有极其重要的意义,尤其是对以资源开发为基础的城市来说,更是如此。

总之,促进资源的深化利用和资源型产业的健康发展,是东北区域振兴值得长期关注的重大任务之一。

2. 东北地区是我国资源组合优越的区域

从资源禀赋程度看,东北仍然是我国资源比较丰富的地区,具有自然条件优越、环境承载力强、自然资源丰富、各类资源匹配合理且空间组合优越等四大优势。人均耕地、人均自然资源、人均生物资源等人均自然资本均高于全国平均水平较大幅度;包括铁矿、石油、煤炭等在内的矿产资源、土地、水、森林等国民经济发展所需要的主要资源,都能得到保障;是我国水土资源、能源与矿产资源、可再生资源和不可再生资源空间组合最好的区域。

从大区发展的资源组合条件和区位分析,东北地区突出的资源组合优势集中在下列几方面。第一,支撑国民经济发展的主要资源非常丰富,组合优越。除了淡水资源外,森林、矿产、能源和土地4大类资源均有相当基础,构成了东北地区社会经济发展强有力的资源支撑基础,并且这些资源对全国的资源安全具有重要意义。第二,水土匹配、能矿组合优越。虽然东北地区的水资源相对缺乏,但水土资源的区域匹配仍然是比较好的。从农业发展的条件与资源基础判断,在我国耕地资源日趋紧张的趋势下,东北地区的耕地资源最具潜力,加上水资源匹配较好,其耕地资源对保障国家的粮食安全意义重大。由于良好的农业发展环境,使得东北地区的农副产品资源比较丰富,是其轻纺工业发展的重要资源基础。从能源与原材料工业的匹配关系看,无论是地域组合还是品种配套,均具有非常大的优势。石油与铁矿资源的现有储量在全国的地位仍无可替代,从国家振兴东北战略中对该区域产业的定位来看,以能源资源开发为基础的资源型产业发展路径短期内不会改变,甚至有可能进一步强化。此外,东北的牧业资源和医药资源也相对丰富,是新兴产业发展的资源支撑。第三,具有利用境外资源的独特优势。与东北毗邻的蒙古、俄罗斯远东地区拥有能源、矿产资源和森林资源,这些资源是目前东北主导产业进一步发展可以利用的潜在资源,与东北地方资源形成了互补与接续的关系,使得东北地区在资源保障程度降低的情况下,可以容易获得接续资源的支撑。第四,由于东北还具有较好的沿海港口条件,在经济全球化和运输技术不断发展的趋势下,可以从海上获得资源支撑。

因此，从可持续发展的角度衡量，东北地区在资源支撑方面有其突出的优势，虽然经过上百年的开发，在资源开发方面存在诸多问题，但综合衡量，它仍然是发展资源型产业最具优势的地区。未来发展，还需要将资源型产业的提升作为重要方向。

3. 强化资源的深度加工与利用

结合东北老工业基地的产业基础和国内外的发展环境，东北地区资源的开发利用以及资源型产业的发展，应坚持下列方向。

第一，适当控制本地资源的开发规模，重点加强产业链的建设，提高资源的加工深度。目前东北地区的煤、铁、油、有色金属等主要矿产资源的开发已经达到相当规模，在促进国民经济发展中发挥了重要作用。但从区域社会经济可持续发展和人与自然和谐发展的科学发展观出发，在资源开发利用方面，应坚持"适度控制开采规模、强化资源的利用深度"的可持续发展原则，在资源开发规模上，尤其是对铁矿石、有色金属、石油、森林等资源的开发中，应遵循循环经济和可持续发展的理念，逐步调控开发规模，使其稳定在一个相对合理的规模上。未来的资源利用重点应在资源的综合利用与加工方面。一方面，应围绕优势资源，加强产业链的建设，延伸以铁矿、石油、木材等资源为基础的产业链条，促进资源的深度利用，提高相关深加工产业的竞争能力，构建产业集群。另一方面，通过技术进步、产业结构调整以及布局结构调整，逐步降低经济发展对资源的依赖。目前东北地区单位经济活动消耗的资源比较高，所以，通过降低资源消耗实现社会经济的健康发展也是未来振兴战略应关注的重点。

第二，拓展潜在优势资源的利用。主要是农牧业资源的利用，尤其是农副产品资源和牧业资源，以及特色生物资源的利用。虽然东北地区在农业、牧业和某些生物资源上具有突出的优势，但资源优势转化为经济优势的基础和能力不强，经济优势转化为市场优势的能力则更弱。突出问题是加工深度不够，产业链短，产品的附加值低，缺乏品牌，市场占有率小。表3—1反映了东北部分具有资源优势的产业的发展动力，从中可以看出，虽然农业和食品加工等具有突

表3—1　2000年东北地区产业发展的增长动力分析（%）

项目	冶金	电气机械	化工	金属制品	普通机械	食品	农业
消费	5.1	10.1	10.9	6.6	4.5	20.2	25.2
城市消费	12.8	23.2	24.8	18.1	11.5	58	48.4
政府消费	9	6.9	7.2	8.7	6.8	2.5	3.7
投资	31.7	31.6	11.6	34.2	51.1	1.4	6.5
库存	0.1	2.7	4.3	3.7	2.5	3.3	3.1
小计	58.6	74.4	58.7	71.4	76.4	85.3	86.8
区外	21.6	11.5	14	11.3	13	7.4	5.3
出口	19.8	14.1	27.2	17.3	10.7	7.3	7.8

资料来源：根据日本亚洲经济研究所和国家信息中心的区域间投入产出资料整理。

出的资源优势,但从市场方面看则不具备突出的市场优势。因此,未来这方面资源的深度利用应向三个方面努力,一是构建优势的产业集群,二是树立品牌,三是大力开拓国内外市场。

第三,引导东北三省资源型产业的合理调整。结合老工业基地振兴战略的实施以及资源型城市的经济转型,应将资源型产业的调整作为主要方面。一是依据资源储量,按照可持续发展的原则,确定合理的资源开发量。二是提高资源的利用效率,发展相关产业,提高资源的加工深度,延长产业链;利用资源开发的副产品,发展建材等产业。三是对于主体资源枯竭的地区或城市,应实施"再开发"战略,既改造传统产业,又开辟新的产业,促进产业结构的多元化。四是对资源已经枯竭的产业或矿山,实施破产闭坑。

第四,实施内外支撑的资源保障战略。结合经济结构的调整和区域经济合作的发展,未来东北的资源可持续利用战略,还应走内外结合的途径。在提高本地资源利用效率的基础上,应积极利用境外的资源和内蒙古东部的资源,建立内外并重的资源保障体系,促进资源型产业的健康发展。

二、资源利用与资源型产业发展的重点方向

1. 强化以石油资源为基础的产业链及产业群建设

东北地区的石油加工及石化产业是随 20 世纪 60 年代初大庆油田的开发建设而逐步发展壮大起来的。现已形成了包括石油勘探、石油开采、石油化工、合成材料、有机化工、农用化工、精细化工、塑料加工等为主体的门类齐全、具有特色的石化产业链。在全国具有很强比较优势和市场占有率,竞争力强,技术基础雄厚。目前,抚顺石化、大连石化、吉林石化、大庆炼化等13 家 250 万吨/年以上规模的炼厂,原油一次加工能力已达到 7640 万吨/年,但相应的深加工产业发展不足。依据可能的油源供应和油品消费的市场潜力分析,未来资源的利用应在调整炼油能力及其布局的基础上,延伸与扩展以石油深加工为主的产业链,构建优势产业集群,提升石油化学工业的地位。

实施"以化补油"战略,不断致力于延长产业链。由于远离国家成品油消费主干市场,以及已经拥有了一定的加工基础,炼油行业发展应以提高质量、降低成本为主。应加速发展精细化工等部门,构建以大庆、大连等为龙头的石化基地体系。重点提高炼油企业的集中度,推行炼油化工的一体化,扩大乙烯及合成材料的生产规模;加快有机原料、化肥、精细化工产品、合成材料、轮胎及橡胶等的加工。

重点应是:第一,严格控制原油加工能力的扩张,但可以通过炼厂的规模结构和布局结构调整,实现加工能力在企业间的重新优化配置。重视原料来源结构的调整,利用俄罗斯和海上进口的原油弥补或替代地产石油减产造成的缺额。第二,对石油化工进行战略性调整。主要是做大乙烯装置,扩大石油化工产品的份额,发展后加工产品和适销对路的精细化工,为发展轻工业、实现工业结构升级创造条件。东北地区石油化工的发展一直低于全国平均水平,精细化工的比例很低,炼化一体化程度相对较弱,直接影响到石油工业整体的效益以及对东北工业

经济的带动能力。因此,应以精细化工为方向,基地建设为核心,构建优势化工集群,提升原材料基地的地位。

支持大连、吉林、大庆、抚顺石化基地的建设;利用锦州、葫芦岛的港口和石油加工基础,以及民间资本和外资,发展临港型石化产业。依托大连、吉林、大庆的化工基础与优势,积极发展精细化工;依托大型企业,培育其创新和研发能力,扶持新产品与新材料的开发。

精细化工是当今世界化学工业激烈竞争的焦点,其发展程度已经成为一个国家化学工业发展水平高低的重要标志之一。东北地区精细化工总体水平是规模较小,技术水平低,缺乏市场竞争力,无论是品种还是数量很难满足区内市场的需要。今后发展的重点是新型高效的低毒农药、油田化学品、医药中间体、食物添加剂、塑料助剂、合成胶粘剂和新型材料等。

对有机原料业进行技术升级。今后 5~10 年,我国主要原料的需求量仍保持年均 4.5%~6% 的增长速度,这是世界上其他国家少有的。东北地区拥有很好的资源条件和原料条件,很多宝贵的石化原料没有得到充分利用,很多竞争优势还没有体现出来。因此,产业应进一步发展,不断进行技术升级。

2. 拓展以农牧业资源为基础的产业链及产业群

围绕农牧业资源的深度加工和产业的发展,应强化"绿(特)色农业生产—农产品粗(精)加工—粮食、食品精(深)加工"三个主要环节。东北地区的绿(特)色农业生产环节相对于全国水平处于中上水平,但仍处于粗放经营阶段,资源利用还有很大的提高潜力。在农产品粗(精)加工环节,相对较弱,企业规模小,是进一步发展的重点。粮食、食品精(深)加工环节在全国具有很强的比较优势,具有竞争潜力及增长优势。但目前不论是在加工规模还是在加工深度上,都与东北地区的农业基础和资源优势不相称。

未来发展应侧重在:第一,要依靠资源和产业基础,整合资源,扩大规模。以依托黑龙江、吉林发达的农牧业,整合资源和扩大规模。第二,打造品牌。依托现有品牌,培育一批绿色、特色、有机、无公害的知名食品品牌。第三,"先创牌,后创汇",大力开拓欧、美、日市场。在对外贸易方面,初期要先培育市场,创出品牌和市场影响力,而后,逐步扩大市场份额,提高对外贸易总量。

3. 优化以矿产资源为基础的原材料产业

第一,用高新技术改造传统产业,大力提高钢铁、机械、化工等产业的技术含量和附加值,降低这些产业对能源和原料的消耗。第二,组建大型矿业企业集团和精深加工为主导产业群。加快国有企业的改制步伐,通过建立大型企业集团,发挥规模经济和集约化经营的优势,提高资源综合利用率和深加工水平,减少资源浪费和环境污染;通过前向、后向、旁向产业关联,发展与资源开发利用有关的产业,建立适应未来产业发展方向和市场需求的接续主导产业群,实现产业结构多元化。第三,发展资源型高新技术产业,拓展资源开发与利用的领域,实现多层次加工并获得高附加值。应在有条件的地区或资源型城市,通过技术进步等措施,适当延长产业链和资源开发期限。第四,为国有大中型企业和培育新产业创造最有利于市场竞争的外部环境,通过完善基础设施、调整企业组织结构、实行集约化经营等措施,有效地改造传统产业并实现产业结构的多样化。

三、区际资源合作与资源保障

1. 加快内蒙古东部资源接续基地建设

内蒙古自治区东部包括赤峰市、通辽市、呼伦贝尔市、兴安盟,在自然和经济区划上是东北区的组成部分。其自然资源丰富,拥有丰富的煤炭、有色金属和非金属矿产资源,以及丰富的森林、土地、草原、药用植物等资源,与东三省互补性强,是其经济发展的资源保障基地。区位上与东三省接壤,是最便捷的资源获取区域。因此,从区域统筹发展的角度出发,将内蒙古东部的资源开发纳入东北老工业基地振兴的方案是非常必要的,有利于东北地区产业的结构调整和升级。

在深化老工业基地振兴战略实施措施的过程中,应在下列几方面重点统筹内蒙古东部与东三省间的关系。第一,统筹能源供应体系的建设。加强一体化的能源体系建设与网络改造,提高能源保障能力。内蒙古东部地区煤炭保有储量为447.2亿吨,占整个东北经济区煤炭保有储量(660亿吨)的近70%;其中储量在10亿吨以上的大型煤田就有8处。这些煤田多数储量大、埋藏浅、剥采比低,宜于露天开采。而且近水、近铁路,可以就近建设坑口、路口电站。国家"八五"时期建设的全国五大露天煤矿有3个分布在这一地区。电力到2010年规划新增装机2000万千瓦以上,可基本满足整个东北经济区新增加的电力需求。海拉尔盆地初步探明石油储量8亿吨,可作为大庆油田重要的原油补给基地。第二,加强大兴安岭矿产资源勘探的力度,成为东北有色金属工业的接续基地。根据目前的初步工作,位于内蒙古东部的大兴安岭中南段聚集了铜、富铅锌、锡、可地浸砂岩型铀矿等战略性矿种,其丰富的有色金属资源有可能上升到国家层面,构成国家级的有色金属基地,为构建国家资源安全体系服务。第三,统筹内蒙古地区资源的开发与东北地区部分资源型产业布局的调整。由于东北三省有色金属等矿产资源经过长期的开发,已经面临资源枯竭等问题,未来发展应结合内蒙古东部资源的开发,逐步向这些区域转移冶炼、加工能力,在实现辽宁等产业结构升级的同时,促进相关地区资源型产业的发展和地区经济发展水平的提高。

2. 实施积极的"走出去"战略,推动以资源勘探、开发为重点的中俄蒙合作

东北地区与蒙古和俄罗斯远东地区交界,两国与我国东北的交界地区地处古生代古亚洲构造—成矿域与中生代环太平洋构造—成矿域强烈叠加的地段。多期成矿的复合叠加使其成矿期次多、成矿条件优越、成矿强度大,资源非常丰富。但勘查和开发程度极低。

俄罗斯远东地区面积达620多万平方公里,但人口不足1000万。区内能源、黑色金属、有色金属等资源非常丰富,被称为世界上仅存的、尚未开发的自然资源库。据预测,石油储量96

亿吨、天然气储量14万亿立方米,确认煤储量为181亿吨(约占全俄的60%)。此外,远东沿海大陆架蕴藏约290亿吨的碳氢化合物。面积156万平方公里、而人口仅250万的蒙古国有丰富的能源和铜矿资源,如加拿大艾芬豪公司近年在中蒙边境附近探明的奥云套勒盖铜金矿,初步控制的铜金属量已达2100万吨,大于我国目前全国可采铜金属储量的总和。

因此,需要创造条件,使我国地勘队伍和矿山冶炼企业在俄罗斯远东和蒙古国开展探矿和采矿活动,构建东北地区的原材料工业基地和装备制造业基地的资源-能源基地。应实施资源外交战略,推动上述目标逐步实现。近期应增加在俄、蒙资源勘探、开发领域的投资。为此,首先加强与俄、蒙在地球科学和资源环境领域的科研合作,通过系统的科学考察,摸清俄蒙的资源情况、成矿规律和勘探开发条件,降低"走出去"的风险,为企业投资探路。其次,鼓励我国企业参与俄蒙的资源开发。合作的重点除油气勘探、开发外,还应推动有色金属资源勘探与开发领域的合作。

第二节　构建可持续发展的产业体系

一、产业的发展方向与战略

1. 引导产业结构的逐步转型与升级

经济的可持续发展是任何地区社会经济可持续发展的核心,东北地区的振兴和可持续发展,必须将经济,尤其是主导产业的健康发展作为首要任务。需按照可持续发展的理念,遵循循环经济的基本原则和科学的发展观,逐步调整产业的生产结构、布局结构、组织结构和技术结构,构建现代产业体系,引导产业的逐步升级和创新能力的提高,促进社会经济的可持续发展。

经过过去一百多年的发展,东北地区形成了以资源开发和基础原材料为优势的传统工业体系。虽然这些工业仍具有一定的优势并在未来发展中发挥重要作用,但需要在全球化背景下重新审视这些产业与资源、市场的关系,引导其合理发展;更重要的是要促进新兴工业的发展,构建有竞争力的产业体系。其关键是推进工业结构的升级和转型。从发达国家的经验来看,传统产业的升级改造只是实现区域振兴的部分内容,而绝非全部内容。因此,东北振兴的关键在于作为替代的新兴产业的培育程度与发展规模,要实现这一目标必须确定工业体系发展的长期引导战略。

2. 实施"三步走"战略,引导产业结构调整

虽然经过近10多年持续的技术改造和结构调整,东北地区工业结构得到了一定程度的优化,但工业体系总体竞争力还不高。应紧紧把握振兴东北老工业基地的契机,将产业结构转型作为长期的工作重点,在未来15年左右的时间内,实施"近期提升既有产业竞争力、中期培植

新兴产业和构建优势产业集群、远期实现装备制造业－轻工业－原材料工业全面发展"为目标的"三步走"战略,重塑一个在我国具有重要战略地位的工业基地。

近期从扶持重点行业和重点工业城市(区域)入手,以提升既有产业的竞争力和延长产业链为主导引领经济增长。应本着"优化存量、深化加工、集聚发展"的思路,调整基础原材料企业的规模结构与布局结构,重点培育深加工产业和市场需求的产品,形成有竞争力的产业集群。通过钢铁工业产品结构调整、鼓励机电一体化、扶持高新技术产业发展等措施,提高装备制造业的配套条件,在辽中南、长(春)吉(林)和哈(尔滨)大(庆)齐(齐哈尔)地区形成区域最佳组合,建设东北装备制造业集聚发展的轴线,加强交通运输设备和重型成套设备等装备制造工业生产的区域优势。以解决就业、城市贫困、社会治安和社区发展为核心,促进资源型城市接续产业的发展和大城市工业区的产业转型。与此同时,制定必要的政策,引导煤炭、造纸、森工、纺织等一些已不具有比较优势的部门进行技术升级,或退出市场。建立重大机械装备产品研制生产的风险基金,支持建设具有国际先进水平的交通设备和重型成套设备研发体系,使东北成为我国该领域创新能力最强的地区。用国债贴息的方式重点扶持骨干企业的技术改造,提高参与国际竞争的能力。积极吸引韩、日、美、欧盟和东部沿海地区的资本与技术。

中期目标是以都市经济区为主要载体,培植新兴产业和构建优势产业集群。继续巩固冶金、石油、机械等优势工业的地位,重点培植食品、医药制造、电子及通讯设备、轻工业、高新技术产业、现代服务业等。交通运输设备和重型成套装备作为行业重点,发展汽车、船舶等交通运输设备和矿山、冶金、石化、输变电、数控机床等重型成套设备,逐步形成我国乃至亚洲最大的重型机械装备制造业基地,实现重工业结构从基础工业型向基础与加工并重型转变。利用目前的良好发展势头,继续培育轻工业作为新的经济增长点,使其逐步成为支柱产业。

着眼于未来15年,东北地区应以装备工业、轻工业、原材料工业全面协调发展为目标,建设成为我国具有重要战略地位的综合性工业基地。从发展条件和市场竞争力方面分析,东北地区围绕农业资源的深化利用、强化农业与工业发展的关系、促进都市经济区现代服务业发展等方面,还有巨大的潜力。应通过引进技术、资金以及体制创新等方式,发展医药产业、农产品加工业、电子通讯等在全国具有较强竞争力的新兴产业以及现代服务业。利用东北地区丰富的"北药"资源和未来石油化学工业等提供的工业原料,鼓励医药产业的发展并成为支柱,地区布局上以吉林和黑龙江两省为主。结合农业产业化进程,加快建设水稻、薯类深加工、肉制品和啤酒饮料及山特加工基地,以及建设全国最大的乳制品和玉米、大豆深加工绿色食品工业基地。电子信息制造业应当充分利用装备制造业技术改造、产品升级提供的良好机遇,在软件产业和机电一体化领域有所突破,力争使面向工业自动化和信息化的软件行业与相关的硬件设备制造业成为东北经济的重要增长点。

3. 建设结构相对完整的现代工业体系

立足现有的产业发展基础,最大限度地发挥和利用东北地区的各种比较优势,着眼于未来,将东北地区工业发展的基本框架建立在全球产业网络体系中,主动参与国际和国内产业分工,通过"建立一个体系,形成两大基地,培植三大增长点",构架一个综合竞争力强、区域特色鲜明、具有成长活力和全国意义的产业体系(图3—1)。

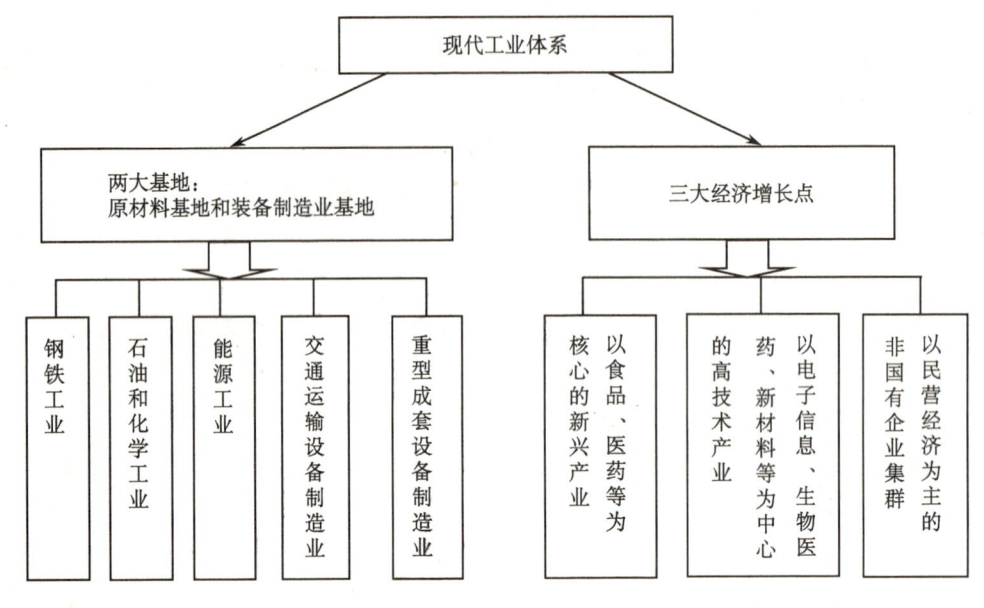

图3—1　东北地区老工业基地产业发展战略

4. 突出现代农业发展在全国的三个主要功能

充分利用东北农业资源的综合优势,运用现代科技和现代工业装备农业,用现代管理手段经营农业,进一步强化东北农业在国家发展中的三个主要功能,即把东北建成为我国最大的粮食安全保障基地、最大的粮草结合型精品畜牧基地和现代高效生态农业科技示范推广与安全生产基地。实现这个目标,应不断强化"国家粮食安全生产基地"的主体地位,同时突出东北生态绿色农产品生产、加工和农牧结合的精品畜牧业基地的区域特色,促进东北大农业结构的战略性调整与优化布局。

二、工业发展与调整对策

1. 以石化、钢铁为重点,建设原材料产业基地

充分发挥石化和钢铁工业的比较优势,以高新技术为基础,以节能降耗精深加工为主,发展高技术含量、高附加值产品的原材料工业,使之由资源加工型全面转变为技术加工型。

建设具有国际先进水平的石化生产基地。东北地区石油与石油加工工业占整个工业总产值的1/4强,其工业结构调整、石油化学工业地位提升,对东北地区工业整体发展状况将产生深刻的影响。近期,应在利用国内外两种石油资源、协调原油供给量与加工能力、调整石油化工产品结构、加快石油工业布局向沿海推进等方面,取得突破性进展。重点是调控炼油能力,通过炼厂的规模结构和布局结构的调整,实现加工能力在企业间的重新优化配置;应重视原料来源结构的调整,利用俄罗斯进口原油弥补或替代地产石油减产造成的缺额;通过战略性调整,扩大石油化工产品的份额,发展后加工产品和适销对路的精细化工。

建设具有国际先进水平的钢铁生产基地。一方面,实现辽宁3大主力钢铁企业的协调发展,组建大型企业集团,统筹规划和调控钢铁生产规模与产品方向、技术开发与市场营销、矿产资源配置。企业集团的发展应以鞍钢的改扩建为重点,控制本溪和北台钢铁厂的钢铁规模。瞄准市场需求调整产品结构,重点发展冷轧薄板、镀锌板,以及汽车、机械、军工发展所需的高质量特殊钢材品种。结合沿海地区新钢铁项目的布点,优化辽宁钢铁工业布局。另一方面,通过市场的力量,逐步淘汰和优选现有的中小型钢铁厂。并通过行政手段,严格控制落后的钢铁企业项目盲目上马。最终形成以沿海钢铁研发营销为中心和以具有世界先进水平的钢铁产品生产企业为前沿、以鞍山钢铁联合生产企业为主体、以本溪—北台专业化生产为后盾的中国北方最大的钢铁生产基地。

建设东北能源基地,确保地区经济的持续快速发展。东北地区煤电的供需目前基本保持平衡,但是缺口将很快增大。据预测,2010年东北三省能源消耗量将达到2.5亿吨标煤,其中煤炭消费量达到2.1亿吨,需从内蒙东部和关内调入9500万吨,另外,东北地区电力负荷集中在哈尔滨—大连经济带,而煤炭和电力基地主要分布在内蒙古东部和黑龙江。因此,为了确保东北地区经济的持续快速发展,解决能源资源和电力负荷的不均衡问题,必须在东北地区建立能源基地。主要途径是大力发展煤电一体化,将内蒙古东部和黑龙江建设成为东北的能源基地;另外从长远发展看,在辽宁省沿海地区发展核电是东北地区改善能源结构的战略措施(图3—2)。

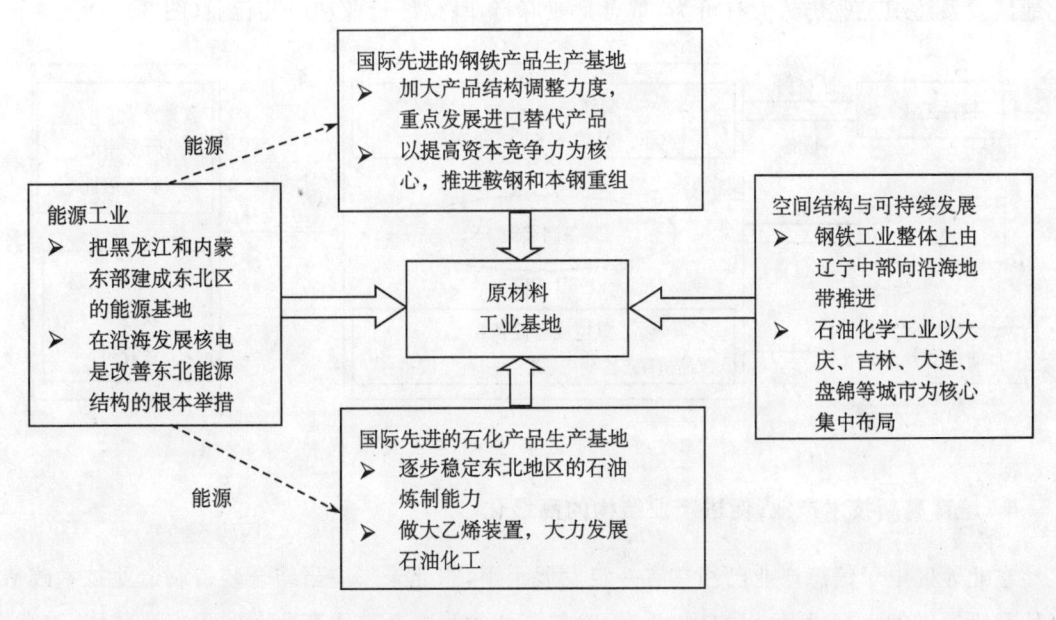

图3—2 东北地区老工业基地原材料产业发展战略

2. 以交通运输、重型成套设备为主体,建设装备制造业基地

东北地区大型装备的生产能力是我国其他地区所不可比拟的。大型装备制造业需要的原材料、能源等基础工业和相关机械制造业的配套,在辽中南都市经济区、长(春)吉(林)和哈(尔滨)大(庆)齐(齐哈尔)人口产业集聚带得到最佳组合,这是未来东北装备制造业集聚发展的主要轴线。

今后东北地区装备制造业之间,以及与其他基础工业之间互为市场,相互促进的模式对中小企业的发展具有更大的促进作用,这也是进一步提升东北地区装备制造业的关键。国家对于东北机械装备制造业的发展应当实行必要的扶持政策,包括建立重大机械装备产品研制生产的风险基金,用国债贴息支持大型企业技术改造,适当向东北老工业基地倾斜政府对重大装备的订货项目等。东北地区要积极吸引日、韩和东部沿海地区的资本技术,建设成为我国和亚洲最大的重型机械装备制造业基地。

3. 壮大医药、食品等新兴制造业,优化工业部门结构

医药、农产品加工、纺织和家具等在全国具有一定竞争力的新兴产业不断出现,已成为东北地区经济增长的亮点,这些新兴产业的发展对改变东北地区以矿产资源的开采和加工为主体的产业结构和发展中小城市具有重要意义。作为我国重要的农产品基地,发展粮食、肉类的深加工对于解决"三农"问题,具有不可替代的重要作用。应把东北建设成为全国重要的绿色食品工业基地;重点建设全国最大的乳制品和玉米、大豆深加工基地,保持竞争优势;加快建设位于全国前列的水稻、薯类深加工、肉制品和啤酒饮料及山特加工基地,培育新优势。另外,东北地区发展纺织工业仍然大有可为,重点是亚麻行业、化纤行业和服装行业(图3—3)。

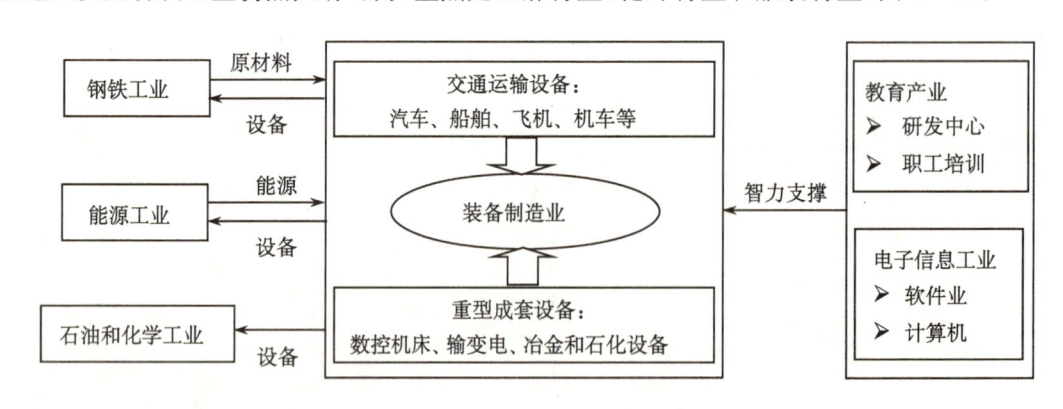

图3—3 东北地区装备制造业发展战略

4. 培育高新技术产业,促进产业结构的高级化

东北地区电子信息产业已经具有一定发展水平,东北未来应当结合装备制造业技术改造、产品升级提供的良好机遇,以沈阳、长春、哈尔滨和大连高新技术产业园区为主要载体,重点发展以软件产业、计算机及外部设备、光学仪器、通信及网络产品、数字化音视频产品及医学影像设备等为主体的电子信息产业。

东北地区具有发展生物工程和生物制药的资源优势和科技支撑力量。目前以哈尔滨、长春、大连、沈阳等城市的高新技术产业园为载体,形成了一大批具有市场竞争优势的生物工程和生物制药企业,今后需要进一步加大扶持力度,提升该产业的竞争力。依托沈阳、大连、长春和哈尔滨等特大城市,东北地区也形成了以新型合成材料、新型工程塑料、单晶硅和化合物半导体材料、高温超导材料、燃料电池等为主的新材料产业。另外一些大城市也具有发展新材料产业的优势,如大庆、吉林、抚顺、本溪、辽阳等在新型合成材料、耐高温合金材料、新型涂料、精细化工、高强度合金材料及新型复合材料、新型工程塑料及精细化工、芳烃及合成纤维材料延伸加工和深加工材料等领域也具有极大的发展潜力。

5. 发展民营经济,推动国有企业改制,增强经济发展活力

作为计划经济统治时间最长的地区,东北长期以来非公有制经济发展滞后,直接影响到区域竞争力的提升。需要尽快转变政府职能,营造非公有制经济发展的社会环境,加强对非公有经济的扶持力度。一方面拓宽非公有制经济的经营领域,引导民营企业和外资企业在装备制造业、新兴产业投资创造,另一方面支持中小企业的发展,鼓励有条件的企业做大做强。推动非国有企业围绕原材料和装备制造业建立配套、合作和承包等不同类型的企业集群。

东北地区目前企业改革的重点和难点在于中央直属大型国有企业。中央企业在东北地区经济体系中占有重要地位,例如辽宁省中央企业占国有企业数量的29%,利税的80%,GDP的70%。地方国有企业改制已经基本完成,其效果正在不断显现出来。中直大企业面临的最大困境是企业负担沉重,下岗再就业压力大。国家需要尽快解决企业职工的社会保障问题,减轻企业负担,尤其要确保国家重大装备、军工企业的生存和健康发展。企业需要与地方建立开放、合作的机制,在重大产业政策、城市发展、环境建设上,建立互相合作的机制,把地区经济和社会发展作为企业生存发展和提升竞争力的核心问题加以重视。地方要围绕中直大企业的上下游产品建立配套型企业集群或服务型企业集群,使中直企业的发展能够促进地区经济的发展。

三、现代化农业和粮食安全生产基地建设

1. 加速农业的战略性结构调整

以市场为导向,以效益为中心,按照发展现代农业的目标和原则,对区域农业结构进行系统的规划和调整。第一,优化种植业结构。在保障国家粮食安全目标的前提下,由单一粮食生产转变为粮食—经济作物—饲料作物协调发展的格局,加大优质、高效农产品的比重,发展绿色农业、特色农业,培育区域化、专业化绿色农产品基地。构建东部北部立体生态农业、中部粮—牧复合农业、西部牧—草—果—杂粮复合式生态农业、南部果—渔设施农业和城郊都市设施

农业等五大农业产业区和哈尔滨—长春—沈阳—大连、长春—吉林、沈阳—葫芦岛、牡丹江—延吉—通化—丹东—大连等绿色高效农业产业带。第二,优化农业内部结构。依托粮食资源组合优势,推进畜牧业跨越式发展,把畜牧业建设成为农区的支柱产业,培育新的增长点。积极发展名、优、特、新产品,实现产品结构的优化升级。第三,优化农村经济结构。由初级农业为主导向加工农业为主导转变,以资源密集型农业向劳动密集型和技术密集型农业转变。推进农业产业化经营,通过做大做强现有龙头企业,外引内联名牌企业,以及培育和发展带动能力强、科技含量高、有基础、有优势、有特色和前途的农产品加工企业三种途径壮大龙头企业。以粮食、畜产品、林产品、水产品、水果、蔬菜和特产品加工为重点,按照区域化布局、专业化生产、一体化经营、企业化管理的产业化经营模式,建设产销一体、农工贸一体相结合的企业或企业集团,形成扶龙头、建基地、带农户的产业化经营发展格局和多类型的农业产业化体系。

2. 优化商品粮基地建设布局

东北商品粮基地建设经历了重点布局到分散布局再到成片布局的过程,粮食生产呈区域化、专业化的发展趋势,大宗粮食作物向优势产区和大型商品粮基地集中,空间布局由中部平原向东部山区和西部农牧区扩展,已经形成一种均衡式的布局型式。这种分散式布局一方面加剧了因地方行政分割造成的商品粮基地县(市)之间产业结构和产品结构雷同、农业基础设施建设自成体系、资源浪费严重、规模效益低下等问题;另一方面,由于商品粮基地数量多,造成有限的农业资金在地域上的分散,投资效益不明显,具有增产潜力的大型商品粮基地县因资金缺乏,阻碍了地区优势的充分发挥。尽管地方政府在财政等方面给予商品粮基地建设政策上的倾斜,诱导生产要素向粮食领域集中,但在粮食生产利润低和农业经济发展缓慢的状况下,耕地、资金、技术等向其他产业转移,致使国家与地方政府按1:1的投资方式建设商品粮基地的模式也很难得到落实。农业基础设施建设和农田改造资金缺乏,粮食生产后劲不足。鉴于此,现有的商品粮基地建设布局应该予以调整。在建设布局模式上,国家和地方联合投资,重点建设和批次建设相结合,投资向商品粮大县(市)和增产潜力大的县(市)倾斜,优先建设一批示范性的商品粮基地县(市)和优势农产品布局区域,通过其示范和辐射作用带动周边商品粮基地县(市)的建设,形成以线串点、以点带面的空间格局,实现商品粮基地的优化布局和可持续发展。

东北地区商品粮基地空间布局,应以松辽河流域为主的中部平原区为重点,转变以县为基本单元的建设布局模式,实施以地级市为基本建设单元的布局模式。选择生产能力大、水土资源组合优越、社会经济基础和生产潜力大的市,建立以国家投资建设与管理为主体的粮食安全生产基地。发挥大型商品粮基地的粮食生产和商品粮供给能力,向专业化、区域化、规模化方向发展,形成稳定的粮食生产能力储备体系。同时加强商品粮基地农业联合开发与整体规划布局,从战略高度制定地区农业发展的长远规划。在农业生产布局、农产品开发、农产品共同市场建立、农业基础设施建设和水资源保护与治理等方面进行整体规划,发挥地区特色,避免无序竞争,实现地区合理分工和合作互补,从而形成共同的能够参与国际国内竞争的农业综合优势。

3. 加快建设绿色农产品生产加工基地

东北地区具有发展全国大型绿色农产品生产、加工的生态与环境优势。绿色食品产业在东北地区现代农业发展中具有重要作用,东北各省在农业发展规划中也均把绿色食品产业作为地区支柱产业加以规划。加大绿色食品产业的发展力度,强化东北农产品安全管理,促使农业自然生态优势转化为农业经济效益优势。黑龙江省已经成为全国最大的绿色食品生产基地,共建成绿色食品原料生产基地302个,养殖基地58个,绿色食品认证产品610个,绿色食品加工企业305家,全省18个县(市)财政增收的20%~30%来源于绿色食品产业。吉林省已有38个绿色食品基地县和50个绿色食品生产基地,绿色食品标识产品达155个。

把东北地区塑造成我国及东北亚地区的绿色生态产业基地。发展的重点是:依托三江平原大面积的湿地生态资源,建设大型优质安全水稻生产基地;利用中部平原区充裕的粮食资源,发展以淀粉和豆类制品为主导产品的规模化粮食加工业;依托丰富的山地森林生态优势,开发利用森林特产资源,加大对食用菌、人参、林蛙等林特名牌产品的培育与开发。面向大中城市的市场需求,在城市郊区开发无公害大宗蔬菜、新特菜。依托独特的生态环境条件,在辽东半岛和辽西及丘陵地区发展绿色水果生产基地。绿色农产品生产基地建设要以国际食品安全要求为前提,依托地区特色资源,在上述重点地区建立一批高标准的国家和省级绿色农业基地。

创东北绿色农产品品牌,增强东北农产品的国际竞争力。在东北地区发展中,应当统筹工业与农业关系,把农业产业化项目纳入到老工业基地振兴项目实施方案中,有必要安排更多的专项资金和项目,支持农产品加工业及其配套基地、设施、服务体系和法律法规建设。以中小城市为主,布局农业产业化项目,通过农业产业化带动农村工业化发展,促进农村城镇化,缓解城乡二元结构的矛盾。完善多元化投入机制,鼓励民营经济参与农业产业化的投资建设。

4. 培育精品畜牧业基地

东北地区发展畜牧业的资源组合优势突出,是建立全国优质畜牧业基地的理想区域。中部农区的秸秆资源和玉米、大豆等饲料粮生产优势,是规模化畜牧业发展的重要保障;以发展乳制品工业为龙头,促进玉米带—奶牛带的整合发展。优化农业种植结构,发挥农区种草的比较效益,建设"舍饲养殖"基地。西部天然草地以草甸草原为主体,自然条件优于国内其他地区,利用草场改良和发展人工草地的契机,重点建设家庭牧场,发展草地畜牧业。以优质肉制品企业为龙头,建成西部肉牛、细毛羊和肉羊生产基地。以松嫩平原、三江平原畜牧业产业链和生态畜产品精深加工业基地为重点,强化优质畜牧产品加工基地建设。加大畜牧产品安全体系建设力度,扩大畜牧基地区"无规定动物疫病示范区"的范围。以肉牛、肉羊、生猪、乳制品深加工的集约化、标准化、规模化为突破口,建立"以农促牧、以牧带农、农牧结合"的区域生态农业良性机制,形成东北地区优质畜牧产品生产、加工一体化的综合产业体系。

5. 加强农业水土资源可持续性建设,保障农业可持续发展

第一,优化农业水土资源配置。应加强农业水土资源高效利用技术与模式的研发与推广,摸清东北农业水土资源微观与宏观机理,全面提高农业水土利用效率。因地制宜开发农业水土综合利用模式。调整农业种植结构,控制辽中南等水资源短缺地区水稻和水浇地面积的盲目扩张。从长远来看,宜实施跨区域调水,主要从径流深度在 200 毫米以上、地表水资源相对富裕的地区向以哈大铁路为轴心的中部地带调水,同时建立公平的补偿机制。

第二,加大中低产田改造力度。改造中低产田,建设优质高产田,应作为东北地区未来农业综合开发的战略重点。通过技术改造把治水与土壤培肥,农田排水、保水和高效用水结合起来,挖掘潜力,能够大幅度提高东北地区中低产田的粮食综合生产能力。据有关研究测算,东北地区改造盐碱地、渍涝地和潜育型农田可增产粮食 1500~2025 千克/公顷,旱地改水田可增产粮食 2250~3000 千克/公顷,改造风沙地和瘠薄地可增产 750~1500 千克/公顷,通过中低产田改造,全区可增产粮食 100 亿千克。

第三,加强农田水利设施建设。目前东北地区财政支农资金主要用于承担国家的粮食政策性补贴,较少用于农业生产和农业基础设施建设。农田水利工程保证率低,水资源利用效率低,浪费严重。主要河流缺乏控制性工程,堤防工程标准偏低,抗洪能力差。现有的水库和堤防及水利灌溉系统大多是 20 世纪 50 年代修建的,年久失修,老化严重,蓄水、供水能力弱。农业基础设施建设滞后,导致农业生产抗御自然灾害能力弱,水土资源有效利用率低。全区常年缺水约 25 亿立方米,受灾面积年均波动幅度为 143.7~573.5 万公顷,且成灾面积占受灾面积的比重逐年呈上升的趋势,1996 年为 42.13%,1997 年上升到 57.81%,2001 年达到 70.8%。因此,在合理进行生态退耕、还林、还草和还湿的基础上,调控耕地非农化,以基本农田保护和改造为重点,加强土地整理;推广农业节水技术,发展节水农业,提高灌溉水利用率;加强水库、水渠及防洪坝的修复改造,以三江平原、松嫩平原和辽河平原为重点区域,加快水利枢纽工程建设,缓解水资源供需矛盾。在嫩江、松花江、乌苏里江修建水利控制性工程,加强流域水资源的调控能力及防灾减灾能力。

第四,保护农业生态环境。应重点加强黑土区和松辽流域中上游地区的水土资源的保护与治理,三江平原和松嫩平原湿地的保育和西部土地"三化"的防治。作为东北地区农业生产的核心地域,黑土区的生态环境恢复与治理对于东北地区农业发展将产生至关重要的影响。国家应抓紧实施"黑土保护工程",加强对黑土区水土流失现状评价、水土流失与退化机理的研究,并以小流域为单元进行综合规划和治理。尽快启动针对东北西部地区"荒漠化防治工程"和针对三江平原的"湿地保护工程",把松辽流域的综合规划与治理计划纳入老工业基地规划中。以辽河、松花江等流域中上游生态脆弱区水土涵养和水土保持为重点,切实改善流域农业生态环境的质量。

第三节　空间结构调整与产业集聚带建设

一、空间结构调整与可持续发展

1. 科学的社会经济空间组织有利于地区的可持续发展

科学的社会经济空间组织可以促进区域和产业竞争力的增强，提高区域的可持续发展能力。随着信息化时代的到来，社会经济发展的模式和因素发生了巨大变化，以往以一城、一地单独设计发展模式的方法已经不适应全球化的发展趋势，需要以开放、系统、网络的视角统筹自身的发展，按照共享、效益的理念确定自身的定位（图3—4），以便应对共同的市场，促进区域社会经济的可持续发展。因此，在有条件的区域，按照科学的模式进行空间规划并组织社会经济活动，有利于突破行政区域的限制，引导资源的合理配置、城镇的合理布局。

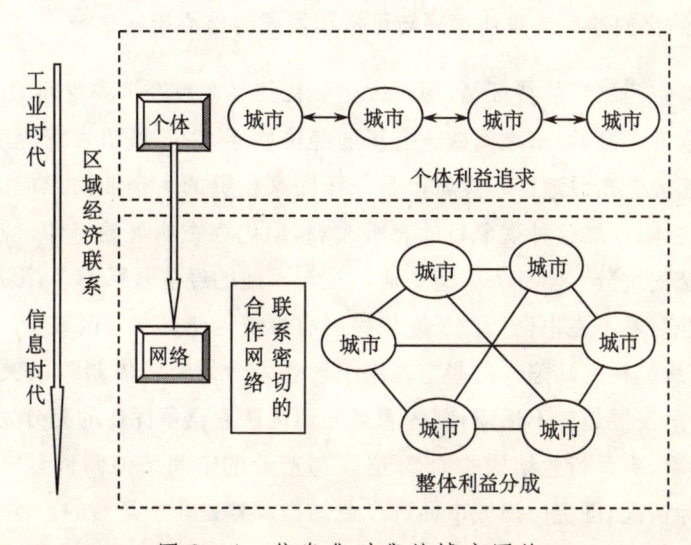

图3—4　信息化时代的城市网络

实现区域间、城市间、城乡间的统筹发展与协调，促进中心城市的成长和城市之间的相互联系与协作，实现多区域整体效益和实力的提高，并有利于实施有效的区域管理。

在经济全球化的趋势下，由核心城市及其腹地组成的、具有有机联系的"城市区域"正在成为全球经济竞争的基本单元（图3—5）。以国际性门户城市为核心的城市区域（即"大都市经济区"）是目前全球最有竞争力的地区，如大伦敦地区、东京都市圈等。在国内，以香港和广州为核心的珠江三角洲和以上海为核心的长江三角洲，正在成为这样具有国际竞争力的大都市经济区。因此，进一步加强大城市的集聚功能，建设具有国际竞争力的都市经济区，是振兴东北过程中深层次的和具有深远意义的工作。这在当前振兴东北的工作中一定程度上被忽

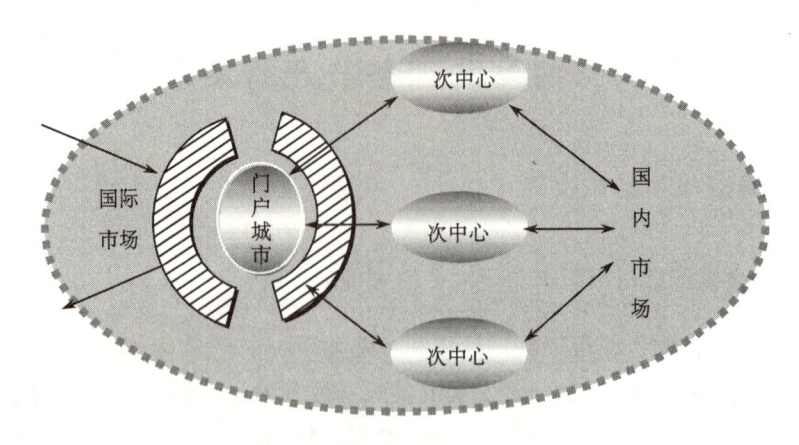

图 3—5　信息化时代的城市经济区组织模式

视了。

2. 调整产业的空间结构是东北振兴与可持续发展的核心措施之一

东北地区现有空间组织的特征是,国有大企业往往是城市经济和空间的主体,大企业与地方经济发展的关联性不高,城市之间缺乏有机的经济联系,中等城市发育程度差,没有形成具有竞争力的城市区域。东北地区不少城市是依托国家投资的大企业而形成的,一个企业往往就是一座城市的主体,虽然这种现象目前有所改观,但仍存在明显的烙印。同时,在过去计划经济时期,由于"统配统分",国有大中型企业往往与本地的经济联系不多,形成了不少经济"孤岛",城市间的产业联系不是很密切。长期依赖国有投资也使东北地区缺少"自下而上"形成的中小城市,城市等级结构有缺陷。这些空间组织形态是计划经济体制深层次的反映和根深蒂固的遗留,与目前的发展趋势不适应,制约着东北地区产业竞争优势的充分发挥。

因此,从长远看,有些行业结构的调整,必须与产业的空间结构调整有机地结合起来。根据东北地区的实际情况,围绕门户城市促进产业结构调整是非常必要的。

二、空间结构调整的战略方向与目标

1. 促进空间结构的战略性调整

调整东北地区的空间结构,要从建设"门户城市"入手,改变围绕大企业进行空间组织的惯性,强化围绕门户城市组织区域经济的措施,发挥好大城市的集聚功能。

一是适应市场经济规律和经济全球化的趋势,积极培育充满活力的"门户城市",并以此为核心构造具有国际竞争力的大都市经济区。"门户城市"要承担为东北地区经济发展服务的功能,成为吸引外资与参与国际竞争的基地;同时,鼓励大公司和大企业的总部向"门户城市"集中。

二是在大城市周围积极发展具有市场活力的中小城市,通过合理的城市等级体系促进区域的发展活力。

为更好地实现上述战略调整,应改善城市的综合投资环境。中央政府曾多次指出,振兴东北的首要任务是体制改革,其实质就是发挥市场机制、搞活东北地区的经济。这是实施东北地区空间组织调整战略最重要的基础。实现体制转型,一方面需要加快国有企业(特别是中直企业)的改革,另一方面要加强吸引外部资本的力度,加快体制多元化的进程。这两方面都要求东北城市积极改善综合投资环境。由于历史的原因,东北地区不少城市的基础设施欠账较多,综合服务环境落后,投资硬环境较差。目前,一些城市政府大幅借贷进行基础设施建设和旧城改造,存在一定的风险。因此,中央政府应关注东北地区的城市改造问题。一方面,在解决城市基础设施欠账上给予一定的支持;另一方面对地方政府各种变相借贷进行旧城改造的行为进行必要的监控。

2. 明确并强化沈阳和大连门户城市的地位及功能

积极培育充满活力的"门户城市",并以此为核心构造具有国际竞争力的大都市经济区,改变围绕大企业进行空间组织的惯性,适应市场经济规律和经济全球化的趋势。"门户城市"的选择应考虑如下原则:第一,发展水平高、经济实力强、人口规模足够大;第二,中心性强,即为腹地服务功能强;第三,有广泛的国际、国内联系;第四,是跨国公司青睐的投资地;第五,有广大而且基础较好的腹地。按照这些原则,东北地区应整合沈阳和大连两者的优势,实现优势互补,共同带动东北地区的发展。其中,沈阳应侧重发挥东北地区作为物流中心、金融中心、交通枢纽、装备制造业研发和生产基地等应具有的功能;大连应侧重发挥作为国际贸易窗口、东北亚国际航运及物流中心、涉外金融中心、临港型先进制造业基地等应具有的功能。

3. 重点建设辽中南大都市经济区

围绕沈—大"双核"门户城市,应积极建设辽中南大都市经济区,使辽中南地区成为像珠江三角洲和长江三角洲那样的参与全球经济竞争的基地。根据城市间相互作用以及城市的基础条件,辽中南大都市经济区的空间范围包括沈阳、大连、鞍山、抚顺、本溪、辽阳、营口、盘锦和铁岭等9个城市,具体空间范围应根据自然条件和用地条件按县级行政单位进行逐一剔除。

这个大都市经济区的基本定位是我国东北地区参与全球经济竞争的主体和基地、东北亚经济圈的重要组成部分。随着东北老工业基地振兴战略的实施,它将会成为我国最重要的原材料加工、装备制造、船舶、石油精细化工、高端钢材以及高新技术产业发展的基地。应加快体制改革、大力推进市场化进程,通过资产重组,显著提高产业技术装备水平和国际竞争力。加快海洋产业发展和滨海产业带的建设。积极发展金融贸易、生产性服务业、旅游业等现代第三产业,提升沈—大"门户城市"的功能,带动周边地区中小城市的发展。扩大与日、韩的经济合作,提高在东北亚地区经济合作中的战略地位。建设的重点是区域性基础设施的一体化,特别是应尽快建设沈大高速铁路,以及早整合沈阳和大连的优势功能。

4. 积极建设中北部产业集聚带和若干地区性中心城市

除辽中南大都市经济区外,东北地区还要积极建设哈(尔滨)大(庆)齐(齐哈尔)和吉林中部两个人口—产业集聚区(带),以及一批地区性中心城市。

"哈—大—齐"产业集聚带由哈尔滨、大庆和齐齐哈尔3个城市以及绥化市的部分地区组成。其基本定位是黑龙江人口和产业进一步集聚的区域、东北老工业基地振兴的核心之一。在充分发挥地区资源优势和产业基础上,通过体制改革和机制创新,优化区域投资环境,提升传统和新兴产业的国际竞争力,使其成为我国最重要的以电站成套设备、重型机械装备、重型数控机床为特色的装备制造业基地和石油化工基地;依托丰富的农产品资源和生态优势,打造北方最大的绿色和特色农副产品加工基地。积极发挥周围中小城市的产业配套和承接能力,重点培育以阿城、双城、呼兰、肇东、安达等中小城市,形成人口和产业发展的新增长点,协调城乡全面发展。加快滨洲线改造,建设沈哈高速铁路。加快建设哈尔滨与佳木斯、绥化和黑河的高速通道,提升哈尔滨作为交通主枢纽应具有的功能。

吉林中部人口—产业集聚区空间上包括长春、吉林、四平和辽源等4个城市。它的基本定位是吉林省经济发展的主要集聚区、东北老工业基地振兴的核心之一。未来将成为我国最大的汽车、轨道车辆制造及配件产业集聚区。在整车发展的基础上,以一汽集团为龙头,整合现有零部件企业资源,重点培育吉林、四平、白城、辽源等中小城市的汽车配套能力,形成汽车电子电气、发动机附件、底盘、转向及传动等产业集群,带动中小城市的发展。以吉化为核心,优化结构,积极发展精细化工、高性能合成材料和特种材料,使该区域成为我国重要的综合性石油化工产业基地。增强玉米、大豆精加工、畜禽乳的产业化能力,建设我国重要的生态型绿色农产品加工基地。

其他需要重点支持的地区中心城市包括:佳木斯、黑河、牡丹江、延吉、通化、丹东、锦州等。建设重点应是改善投资的硬环境和软环境,加大吸引外部投资的力度。通过投资多元化促进城市经济的活跃,从而带动周围地区的发展。

5. 促进乡村城镇化

东北地区城市规模结构以大中城市为主,小城市和建制镇发展不足,县域经济落后,严重地制约了农村人口的非农化进程,区域城市化呈现典型的"城乡二元结构"特征。不同于东南沿海地区,由于当前东北老工业基地城市面临着艰难的体制改革、产业转型和安置下岗人员就业等任务,在短期内大中城市吸纳农村剩余劳动力的空间十分有限,因此乡村城镇化在东北地区又有着特别的现实意义。乡村城镇化也有利于完善东北地区城市等级规模结构,统筹地区的协调发展。

东北建制城镇的突出问题是城镇规模小,基础设施落后,工业化基础薄弱,缺乏规模企业支撑,财政十分困难。一些专业性城镇如工矿镇、林业镇和农垦镇,存在着典型的城镇与企业兼备的两套管理体制,条块分割现象严重。因此,必须探索出符合区情的全新的乡村城镇化模式和途径,具体对策和措施包括:第一,乡村城镇化战略研究与规划。从区域经济发展整体上规划城镇空间布局结构,研究乡村城市化的模式和途径,探索城镇与大中城市的合作机制。第二,县域总体规划和建制镇规划研究。本着体现区域特色原则,规划建设若干精品城镇。第三,积极促进小城市和城镇的产业结构调整,完善城市各项功能。利用大中城市产业结构调整升级的机会,主动承接具有发展前途的工商业项目,引进骨干项目,培育支柱产业。第四,加强城镇户籍管理登记制度、土地管理和使用制度、投融资制度等的建设和改革,改善城镇基础设施,为城镇发展建设创造优良的软硬环境。

三、老工业区改造与资源型城市发展

1. 多途径扶持大城市老工业区的改造

东北有众多的老工业区迫切需要改造,如沈阳的铁西工业区、鞍山的铁西工业区、本溪的本钢工业区、抚顺的望花工业区、大连的甘井子工业区、长春的铁北工业区、吉林市的龙潭化工区、哈尔滨的动力区和齐齐哈尔的富拉尔基工业区等。这些老工业区小则几平方公里,大则几十平方公里,以冶金、机械、化工等重化工业为主,工作和居住在其中的人口从几万人至几十万人不等。改革开放前它们都是社会主义工业化的样板,时至今日都有不同程度的衰败,许多企业破产倒闭或即将关闭,形成了典型的老工业基地的"烟囱工业区",技术改造落后,环保投入不足,环境污染严重。工业区内部穿插建设了规模不等的居住区,下岗失业人员集聚,城市贫困严重,社会治安和社区发展问题突出,已经成为城市可持续发展的"问题地区",这些地区存在的问题是当地政府最棘手的问题。

在东北振兴战略中,从行业、项目布局等方面涉及了老工业区的有关方面,如社会保障、国有企业改革、企业技术改造等,但作为一类"问题区域",如何促进其复兴,还没有引起重视。

城市老工业区改造的核心是经济振兴、社区发展、城市基础设施改造与生态环境建设,这些都迫切需要国家的支持。重点应是:一是扶持其深化国有企业体制改革,加快调整产业结构,加大传统优势产业的技术改造力度。二是制定优惠政策,扩大融资渠道,鼓励民营经济和中小企业发展,加强与区内外企业的合作。要特别注意扶持传统优势产业和发展中小企业。三是扶持社区发展,加强职业技术培训,扩大就业渠道,建立健全社会保障机制,营建艰苦创业的社会氛围,保障社会安定。四是把老工业区城市基础设施建设作为扶持的重点,改造交通和通讯等市政设施,增加文化、体育和娱乐服务设施。将城市基础设施管理纳入市政管理范畴,引入市场机制,开发利用工业废弃地,建设环保设施,美化绿化老工业区环境。

为实现上述任务,大城市老工业区改造需要在城市发展战略规划的总体框架下制定老工业区未来发展方向和功能转换定位,从市区内各功能组团的协调发展角度,制定老工业区内的要素转移与置换的途径,制定产业调整、土地开发、社区发展和生态环境建设规划,提出可行的对策和措施。

2. 推进资源型城市经济转型和城市功能完善

第一,需从完善城市的综合功能入手规划资源型城市的发展途径。经济转型仅仅是解决资源型城市发展问题的一种措施,不能解决资源型城市面临的所有问题。因此,从长远的可持续看,必须从完善城市的综合功能入手,系统规划资源型城市的发展途径。首先是调整城市内部结构,完善其服务、生产、生态、商贸等功能,培育内部增长的活力,营造多元化发展的环境与空间;其次,从区域经济发展需求和经济联系角度,集聚区域优势,重新确定城市发展方向和功能定位,强化作为地区中心应具有的功能。第三,与辽中南都市经济区、长春—吉林人口经济集聚区、哈尔滨—大庆人口经济集聚区的发展有机结合,合理分工,确定资源型城市的区际功能和合作方向。

第二,把资源型城市的劳动就业、城市功能建设、生态环境恢复摆到更加突出的位置。振兴东北战略措施的实施要重点考虑资源型城市并与其转型紧密地联系在一起。结合阜新城市转型的经验,需将就业作为资源型城市可持续发展的首要任务,通过稳定优化资源产业体系、扩展新兴产业发展空间、完善城市功能、培育创新环境和能力等措施,创造充分就业的环境。积极培育综合功能,变单纯的"工矿城市"为功能健全的城市,大力发展城市服务业。将资源型城市的环境综合治理作为国家的重大工程给予稳定的支持。通过人才扶持等措施,培育资源型城市的创新能力。

第三,实施多元化产业发展战略,因地制宜地选择接续产业,改变产业结构单一的局面。一是促进城市与区域的融合,利用其辖区内的各种条件,发展有其他资源支撑的接续产业。东北地区的资源型城市中,有16个地级市,其辖区面积小的也有4000平方公里,大的达4万平方公里,其辖区内多有较好的农业基础和非主体资源,但以"嵌入"式发展起来的资源型城市,对辖区内非主体资源的利用不充分,中心城市的作用也不突出。因此应结合老工业基地振兴战略的实施,推动资源型城市与区域融合,有选择地发展地方特色的轻工业和有地方资源基础的重工业,如食品工业、建材工业等。二是以促进就业为目标,实施税收、资本配套等措施,吸引沿海发达地区的企业投资办厂,带动地方经济的发展和产业转型。三是本着精干主体、分离辅助、剥离社会职能、扩展发展空间的原则,鼓励资源枯竭型城市中有实力的资源开发企业实施异地开发战略,在国际上和国内其他资源富集地区寻求发展机会,转移部分过剩的生产能力,减轻企业对本地资源的依赖。四是鼓励本地资源型企业,按照市场经济的原则,发展非资源型产业。五是促进产业间和企业间的联合发展,延长资源开发、加工的产业链,为资源型城市提供综合发展能力。

第四,大力改善矿区和矿城的生态环境,加强土地复垦、废弃物处理、矿区环境恢复等工作,走生态化的可持续发展之路。东北地区经过长期的资源开采,形成了大面积的煤炭开采塌陷区、矿山废弃地以及大量的固体废弃物,对城市的可持续发展造成了严重影响。未来的重点是加强土地的复垦与综合治理,本着因地制宜、分类利用的原则,实施相应的治理措施。加大对矿山废渣、煤矸石等固体废弃物的综合处理与利用,发展循环经济。对城市的水环境和大环境进行综合治理。

第四节 区域生态建设与环境保护

一、生态地理基础与东北发展

1. 充分认识东北的生态地理基础是促进东北地区振兴与可持续发展的前提

"坚持人与自然协调发展"是振兴东北老工业基地的基本原则,核心内涵是依据区域生态基础合理安排经济社会活动,而前提是需要科学认识和把握东北地区的生态地理基础。

虽然东北地区是我国完整的地理单元,但其南北跨越寒温带、中温带和暖温带三个温度带,东西分为湿润、半湿润和半干旱三个干湿地区,自东而西排列着山地丘陵、平原、高原山地三个地貌类型,气温、水分、地貌三大自然要素经过不同地质年代的交互作用,使东北内部形成了不同的生态地理系统,各自发挥着相应的功能和作用,并存在各自的脆弱性。充分利用不同生态地理的特点和功能,合理调控人类的活动,才能实现人与自然的协调发展,否则将导致彼此的矛盾冲突。按照全国生态地理区域系统的划分,东北地区包含12个自然生态区(图3—6)。从人与自然协调发展角度衡量,基本上可以划分为东部-北部、中部、西部三大生态地理区域。由大兴安岭北段、小兴安岭、三江平原、长白山地构成的东北东部与北部区域,属于湿润区域,温度是区域环境变化的主要限制因素,自然生态系统以森林生态系统为主,部分为湿地生态系统,具有重要的生态屏障作用;由山前平原、松嫩平原、辽河平原及沿海平原构成的东北中部区域,属于中温带湿润和半湿润森林草原生态区域,生态基础好,环境承载力强,气温和水分条件比较适合农业生产,也是人类社会经济的主要分布区域;东北的西部即大兴安岭中南部属于温带半湿润、半干旱草原生态区域,是东北主要河流的发源地,生态环境比较脆弱。

东北的振兴和可持续发展战略的制定与实施,应以充分认识上述生态地理基础为前提,在促进社会经济快速发展的同时,实现自然环境的良性循环和人类社会经济活动的可持续发展。

2. 东北地区存在经济社会活动与自然不协调的矛盾

东北地区经过上百年的开发,所形成的社会经济活动基础与生态地理系统基本吻合,总体上保持了较好的生态与环境基础。但由于不合理的人类活动和认识上的误区,导致有些生态环境问题突出,局部区域的人类活动与自然环境间的矛盾已经比较尖锐,需要在振兴中作为重点给予关注。这些突出矛盾体现在:

一是天然林资源长期过度开采引起的生态环境恶化,林区资源、经济、人口、社会发展间不协调,面临生态与社会可持续发展的双重压力。原始森林持续的大量采伐,使得大小兴安岭的原始森林锐减,林业用地从20世纪70年代末的8111.1万公顷,减少到上世纪末的6710.4万公顷,20年净减少1400.7万公顷,平均每年减少70万公顷。同时,由于近50年来人口不断

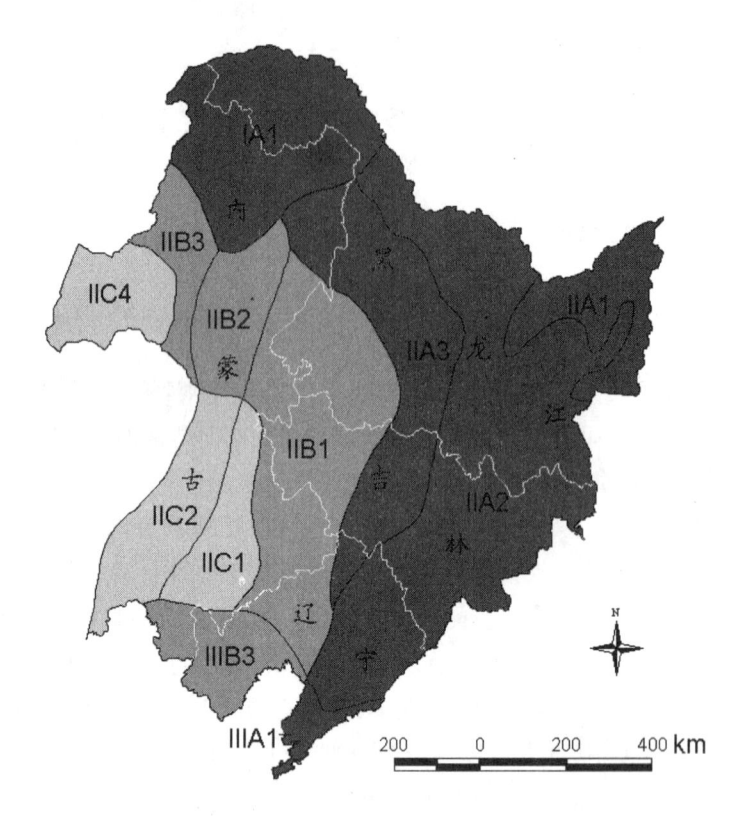

图 3—6　东北地区的自然生态区

注：I 寒温带，II 中温带，III 暖温带。

A 湿润地区，B 半湿润地区，C 半干旱地区。

ⅠA1—大兴安岭落叶针叶林生态区，ⅡA1—三江平原沼泽生态区，ⅡA2—东北东部山地针叶林、阔叶林生态区，ⅡA3—东北东部山前平原针阔叶混交林生态区，ⅢA1—辽东山地丘陵落叶阔叶林、耕种植被生态区。

ⅡB1—松辽平原中部森林草原生态区，ⅡB2—大兴安岭中部草原森林生态区，ⅡB3—三河山麓平原丘陵森林草原生态区，ⅢB3—华北山地丘陵落叶阔叶林生态区。

ⅡC1—松辽平原西南部草原生态区，ⅡC2—大兴安岭南部草原生态区，ⅡC4—呼伦贝尔平原草原生态区。

向林区迁入，已经形成人口规模庞大的林区社会，一定程度上超过了自然生态的容量。林业从业人员最高时达百万人以上，目前仍有近 80 万。长期的森林采伐导致区域生态与环境发生了巨大变化，生物多样性减少、水土流失日趋严重、湿地面积萎缩等，这些潜在的生态危机已经逐步显现，严重制约着区域的可持续发展。

二是矿产资源开采引起的局部区域生态环境问题突出，资源型城市的可持续发展面临严峻的挑战。东北资源的开发有力地推动了工业和城市的发展乃至国家的经济建设,促进了一批资源型城市的形成。据不完全统计,建国以来东北地区为国家经济建设累计提供50亿吨煤炭、20亿吨原油、10多亿立方米木材。形成了30多座资源型城市,以煤炭、石油和森工城市为主要类型,多数城市仍在发挥能源、原材料基地的作用。但东北资源的开发和资源型城市的发展,经历的是重生产轻生活、重产业轻城市、重经济轻生态的发展轨迹。生态经济和循环经济的理念没有贯穿于资源开发与利用之中,长期积累形成的环境问题比较突出。抚顺、阜新、本溪、铁法、北票、南票、沈北等城市的煤田开采地区,造成地面沉陷90余处,沉陷总面积258.95平方公里。仅阜新市就有13个沉陷区,总面积达101.4平方公里;鸡西矿区地下采空面积已达214平方公里,地面沉陷面积达156平方公里。资源开采产生大量的矸石、垃圾,其堆放造成土地的占用和地表生态的破坏也是非常突出的。

三是城市和城市化地区存在多种生态问题,如水环境污染、大气污染、固体废弃物污染、资源开发造成的生态破坏,以及郊区农业发展引起的点源与面源污染等。大中城市煤烟型大气污染和水污染问题突出。虽然经过近几年的治理,城市的水污染状况有所缓解,但多数城市河段的水污染状况仍然比较严重。辽宁中部城市群地区是生态环境问题集中体现的区域,区域内十个大中型铁矿区,占地总面积达119平方公里,破坏土地面积81.67平方公里,采场面积22.84平方公里,排土场、尾矿库占地面积58.83平方公里,资源开采过程中对植被、地表水、地下水都有不同程度的破坏;铁岭、沈阳、鞍山、本溪、抚顺、辽阳、营口和盘锦市等城市的河流水质污染严重;辽河水系全河段均为劣V类水质,属重度污染,失去任何利用价值。从目前的情况看,矿区土地复垦的比例低,需要引起重视。

四是农业的可持续发展与生态环境保护矛盾突出。20世纪以来大规模的农业开发,使土地退化严重,黑土流失加剧,土壤肥力下降。近40年来,松辽平原的荒漠化每年大约以1.4%的速度发展,形势不容乐观。松嫩平原黑土层厚度平均约30厘米左右,不及开发初期的1/3,荒漠化土地面积已达5960公顷,且正以每年100公顷的速度扩展;盐碱化土地面积已达320万公顷,占区域总面积的19%,占我国盐碱化土地的9.2%,成为我国五大盐碱化土地分布区之一。三江平原经过多次大规模开发,垦殖率已由7.2%增至2003年的39%,湿地面积减少72.3%。湿地减少引起生物多样性降低、土壤肥力下降、旱涝灾害频繁发生。东北西部的水土流失问题也比较严重。

五是草原生态退化严重。东北西部和内蒙古东部草地位于我国农牧交错带的东段,草地面积约25.1万平方公里,包括科尔沁草原、松嫩草原和呼伦贝尔草原,草地类型包括温性草甸草原、温性干草原、山地草甸、低地草甸和沼泽。物质与能量流程及收支平衡失调,打破了系统自我调控的相对稳态,下降到低一级能量效率的系统状态,是草原退化的生态学实质。由于人为活动或不利自然因素所引起的草地(包括植物及土壤)质量衰退,生产力、经济潜力及服务功能力降低,环境变异以及生物多样性或复杂程度降低,恢复功能减弱或丧失恢复功能。东北西部和内蒙东部的草地退化面积在40%~80%之间,近年来退化趋势不但未能得到遏制,而且还在迅速恶化。"重治轻管"是草地退化无法得到遏制的原因之一。

二、分区生态环境建设重点

1. 按三大生态地理区域调控经济社会与自然系统的关系

东北存在的生态环境问题在三大生态地理区域上体现的程度不同,作用机制也有所差异。中部区域突出的生态与环境问题是城市发展引起的水环境污染、大气污染、固体废弃物污染、资源开发造成的生态破坏,以及农业发展引起的面源污染和土地退化;东部—北部区域主要是天然林资源长期过度开采引起的生态环境恶化,林区资源、经济、人口、社会发展间的不协调,以及资源型城市资源枯竭与生态问题;西部区域突出的生态问题是草原退化和水土流失。另一方面,三大生态地理区域的自然基础和环境承载具有显著的差异,未来面对的问题和压力也明显不同。东北的振兴与可持续发展,应按照上述三个生态地理区域的生态特点、问题和基础,采取"集中发展中部、保护性发展两翼"的战略,实施不同的生态与环境建设、保护措施,促进人与自然的长期协调可持续发展。

中部生态地理区域是东北三省的核心发展区域,行政范围包括沈阳、大连、鞍山、抚顺、营口、辽阳、盘锦、本溪、铁岭、锦州、葫芦岛、四平、长春、吉林、辽源、松原、白城、哈尔滨、大庆、齐齐哈尔、绥化市的平原区域,分布着辽中南城市带、哈(尔滨)大(庆)齐(齐哈尔)人口—产业集聚区、长(春)吉(林)人口—产业集聚区,在实现全面小康目标的过程中,这一区域将承载2/3以上人口和经济社会活动的总量,由此产生的生态环境压力是比较大的。未雨绸缪协调城市、工业、农业生产与生态环境间的关系是非常重要的。应通过城市的空间重组,区域与城市环境的综合治理,发展现代农业等措施,构建可持续的协调的人居环境系统。

北部—东部区域行政范围包括大兴安岭、黑河、伊春、佳木斯、鹤岗、鸡西、七台河、牡丹江、延边、通化市以及海拉尔、丹东、大连、吉林市的山区;西部行政范围包括通辽、赤峰、兴安盟、阜新、朝阳等地。北部—东部、西部两个生态地理区域的环境承载力有限,是中部核心区域的生态屏障,未来的发展应控制开发强度,调整不合理的经济社会活动,加强保护和治理,为长久的可持续发展进行生态储备和发展空间储备。持续对大小兴安岭森林生态系统、长白山森林生态系统、三江平原湿地生态系统进行保育,对呼伦贝尔草原、科尔沁沙漠化、浑善达克沙漠化进行治理,扶持资源型城市发展接续产业和培育可持续发展能力。

2. 中部区域生态与环境的建设重点应突出辽中等城市化地区环境的综合治理、松辽平原农业的面源污染治理与土地退化防治

第一,统筹规划,对松、辽流域污染进行综合治理。辽河与松花江是东北地区仅有的两大江河,也是我国七大江河中两条重要水系。流域工农业发达,城市密集,大量的工、农业和城市生活污水,未经处理或处理未达标就直接排入江河,加上枯水期江河流量小,冬季河道封冻,河水自净能力低,以至污染严重。早在1996年,国务院就把辽河治理作为国家环境治理的重点之一,并于1999年批复了辽河流域水污染防治计划和2010年规划。松花江的污染治理已经

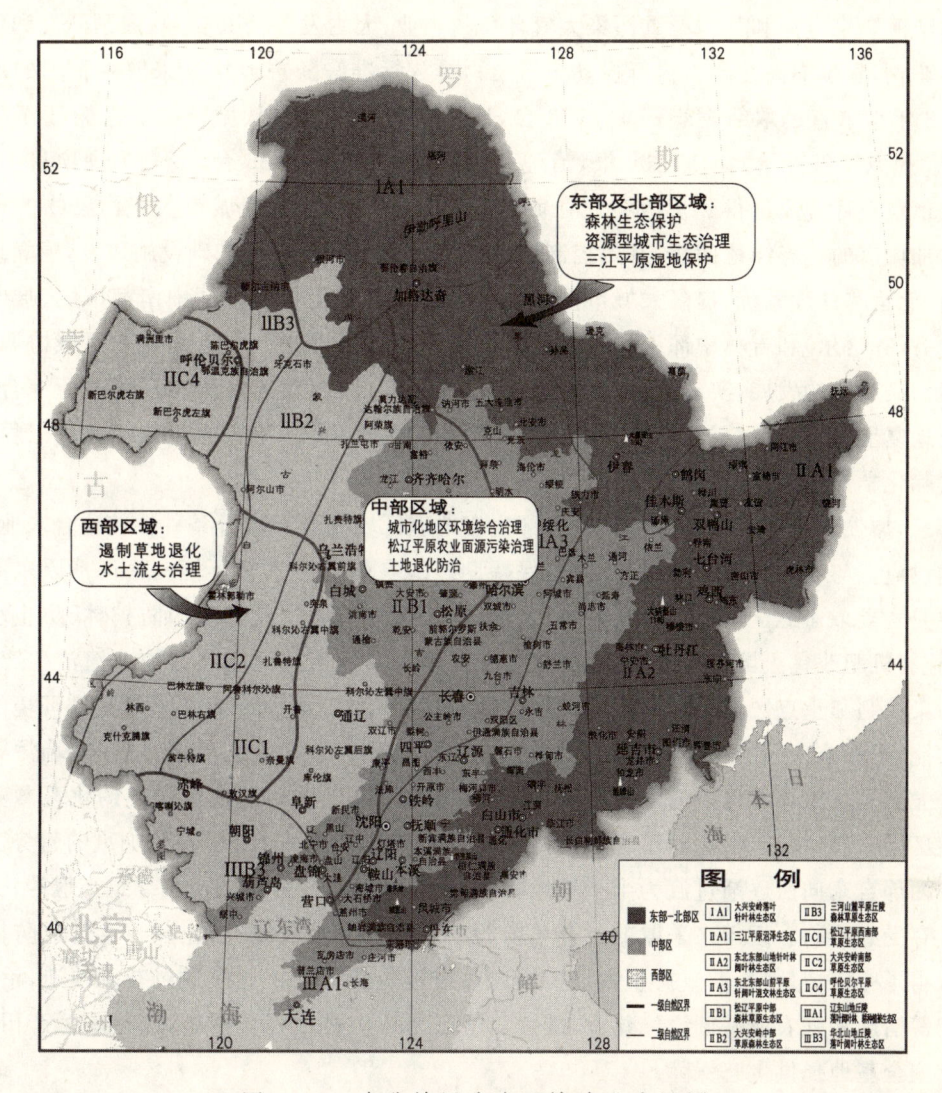

图 3—7　东北地区生态环境建设分区图

做过规划。通过几年的努力,松花江和辽河治理已取得阶段性成果,干流水质有所改善,但主要河段严重污染的状况起色不大。根据国家环保总局发布的《2003年中国环境质量状况》显示,2003年辽河污染程度略有减轻,而松花江污染仍在加重。结合老工业基地振兴战略的实施,必须统筹考虑两大流域的环境综合治理。一是按照《环境影响评价法》进行老工业基地的调整、改造和项目建设的评估;做好城市发展规划,加强环境监督的力度;二是加强环境基础设施建设,加大环境建设的投入力度,提高对城市、产业等污水的处理能力;三是调整产业结构,发展循环经济,从源头上控制污染物的产生;四是对辽河流域上游的水土流失进行综合治理。

　　第二,多途径改善城市的生态环境。继续控制城市工业废水达标排放,加强城市内河水污染治理力度;控制煤烟型污染,增加废气治理设施,提高城市清洁能源的比例;禁止在城市的近郊区内新建燃煤电厂和其他严重污染大气环境的企业;大力发展公共交通,鼓励开发和使用清洁燃料车辆,逐步提高并严格执行机动车污染物排放标准。随着近年来采取一系列的治理措施,2003年辽宁省已取缔燃煤锅炉2910台,砍掉烟囱1401根,从城市中心区搬迁污染企业131家。黑龙江省拆除大烟囱839根,治理和改造锅炉、窑炉1336台,废气治理项目136个。一些城市空气环境质量得到了改善。在城市群地区还要综合控制城市大气污染物的相互影响。增加城市的生态绿地面积,有效控制城市扬尘。加快城市环保基础设施建设,建立垃圾分类收集、储运和处理系统,提高大城市固体废物处理与资源化程度。辽中南都市区、哈(尔滨)大(庆)齐(齐哈尔)和吉林中部人口—产业集聚区(带),应打破行政界限,建立区域协调机制,限制高污染产业的发展,实施统一的水污染和排放控制标准;对矿区生态环境进行综合治理,加大土地复垦与环境修复、固体废弃物的综合利用与治理力度;结合微生物等环境工程措施,注重去除化学需氧量、氮、磷的研究。

第三,加强农业生态环境的保护。中部生态地理区域气温和水分条件比较适合农业生产,生态建设应该与农业可持续发展相结合,保持良好的农业自然生态环境。松辽平原东部及山前平原是主要农业区,开发已近百年,宜农荒地已不多,应通过营造农田防护林、防止水土流失、增施有机肥改良土壤等措施,改善区域生态环境。大城市郊区应实行农业清洁生产,加强农业污染控制和重点区域治理,建立绿色食品原料生产、加工基地。在不破坏受纳环境的原有使用功能、不影响人们的身体健康和正常的生活的前提下,鼓励生态养殖,减少末端污染物处理量。尤其是国家环境保护的重点城市、重点流域和污染严重河网地区的集约化畜禽养殖场和养殖区,要严格执行《畜禽养殖业污染物排放标准》,以减缓农业面源污染加重的趋势。松辽平原中西部自东向西逐渐过渡为半干旱地区,由于不合理的社会经济活动导致土地沙化严重,人类生存受到威胁。近年来采取的封育草场、人工种草、引洪淤灌、防止过牧及营造防护林等措施取得了一定成效,长期坚持不懈地实施这些措施是必要的。还应通过技术改造、治水、土壤培肥等措施加强农业基础设施建设,继续实施三北防护林工程等措施,改造中低产田,为国家粮食安全基地提供生态保障。

3. 东部—北部区域重点是森林生态的保护、资源型城市的生态治理和三江平原湿地的保护

第一,持续实施天保工程,进行森林生态建设。东部湿润地区生态建设应围绕林业和森林生态系统进行。大兴安岭区北段、小兴安岭地区防治水土流失、保护物种资源、抚育森林资源是今后生态系统资源开发和利用工作的重点;长白山地、老爷岭、张广才岭、吉林哈达岭及牡丹岭地区,需把低山、丘陵、平地当作一个整体自然系统来考虑,采取互相促进和利用的措施,防治水土流失,保护森林生态环境,解决林区社会可持续发展和农村的能源问题。上述区域是我国重要的森林分布地区,应在已经实施的天然林保护工程的基础上,延长保护期至20～30年。天保工程的最初规划期为10年,到目前已经实施了6年,取得了一定成效。根据东北林区林龄段的具体情况,20～30年是这一工程发挥资源、生态、经济和社会三方面效果的最佳时期。如德国长达50年的对森林的破坏,用了150年才恢复过来。同时应采取有效的措施,促使天

保工程建设中一些"技术瓶颈"问题尽快得到解决。

另一方面,天保工程的科学有效实施,其主要压力来源于农村经济的落后,来源于不发达地区保护与利用的矛盾。森林分布区县域经济的发展及城镇建设是解决这一问题的根本途径。鼓励剩余劳动力向城镇第二、三产业转移,以减少对森林恢复保护的压力。结合保护工程的实施,发展山野菜、制药、林副产品加工等产业,形成林下产业体系。

第二,加强三江平原的保护。三江平原属于沼泽类湿地,在持续提供食物、原料和水资源,蓄洪防洪、抗旱、调节局地气候,控制土壤侵蚀,保护生物多样性以及发展农牧业等方面都有重要作用。该地区生态建设,应首先考虑湿地的保护,建议国家调整区域开发政策,扩大保护区范围,加大保护力度,切实改善湿地环境。其次,低山丘陵和岗坡地,应以森林抚育更新为主,加强天然植被的保护,禁止农垦;岗坡平缓地和平地可以农垦并相应发展畜牧业,营造农田防护林,实现绿色农业与生态环境良性发展的态势。

第三,加强资源型城市的生态治理,提高其可持续发展的能力。东北地区30多个资源型城市中,分布在东部—北部区域的就有20多个,其中多数城市的生态与环境问题突出,对可持续发展形成了严重影响。未来的重点应是加强矿区土地的复垦与综合治理,本着因地制宜、分类利用的原则,实施相应的治理措施。加大对矿山废渣、煤矸石等固体废弃物的综合处理与利用,发展循环经济。对城市环境进行综合治理。借鉴国内外资源型城市生态建设的成功案例,在有条件的矿区进行农业生态园、生态养殖业、旅游基地等工程的建设,发挥生态环境治理与发展经济的功效,完善城市的生态与经济社会功能。

另一方面,应通过经济发展和转型促进生态环境的改善和可持续发展能力的增强。将稳定"一个体系"、营造"一个环境"、拓展"两个方向"作为资源型城市可持续发展的基本战略。即稳定以资源为核心的产业体系,营造城市的创新环境并提升产业转换能力和城市的凝聚能力,将拓展培育新兴产业集群和加快开放为主攻方向。首先,从东北资源型城市具备的基础和条件看,建立稳定的资源产业体系应是未来一段时间内坚持的重点,也是东北振兴之所需。重点应集中在:一是依据资源储量,按照可持续发展的原则,确定合理的资源开发量;二是提高资源的利用效率,发展相关产业,提高资源的加工深度,延长产业链,利用资源开发的副产品,发展建材等产业;三是发展完善配套产业。其次,创新环境的营造对资源型城市的发展至关重要。在加强基础设施等硬环境建设的同时,应重点加强软环境的营造,尤为重要的是吸引人才环境的营造和产业政策环境的构建,均应以促进非资源型产业的快速发展为目标。新兴产业集群的培育,应遵循凝聚区域优势、外引内联的原则,利用产业集群的理论,择优发展。对于资源枯竭型城市,应实施"再开发"战略,既改造传统产业,又开辟新的产业,减轻对区域环境的压力。对于资源未枯竭的城市,应以资源产业链的延长为重点,同时培育其他产业,促进多元化发展。

4. 西部区域环境建设的重点是遏制草地退化和水土流失

第一,加强草地的管理。东北西部区域水分条件对人类活动有明显的限制作用,自然生态系统以草原生态系统为主,生态建设应与牧业生产和草地保护紧密联系。改变靠天养畜的习惯,调整畜草关系,强调人工草场和饲料基地的建设,防止草原进一步沙化,完善防护林、适当退耕还草是生态建设的重要内容。应尽快进行草地资源清查,按统一标准积累草地资源信息,为草地资源的长期监测奠定基础,按不同区域、不同类型制定草地生态系统的健康标准、草地资源的合理利用方式、退化草地生产力的恢复途径。在呼伦贝尔草原建立草地生态系统可持续管理研究站,研究高海拔、高纬度、退化相对较轻的呼伦贝尔草原的可持续管理的途径;在科尔沁草原研究植被过程、生态水文过程、景观过程与草地沙化和植被恢复的关系,以此制定合理的草原与沙漠化防治措施,促进草原的可持续发展。

呼伦贝尔草原现存的问题是草地退化、沙化、盐渍化的加剧,对其管理应以保护为重点,遵循保护为主、治理为辅的原则,并重点开展下列工作。一是加强未退化草地的生态管理。这是当务之急,防止草地进入退化－治理－再退化－再治理的恶性循环。二是恢复退化天然草地的植被。对产量下降、质量变劣的草地进行植被恢复,遏制轻度退化草地和中度退化草地进一步退化。三是退耕还草。目前呼伦贝尔市需要退耕的坡耕地及呈沙化趋势的耕地有2600平方公里,其中有水土流失现象的约1300平方公里。在粮食产量低、农场亏损经营的情况下,应依据条件差异分别将耕地退还成人工草地或天然草地。四是沙带区草地退牧。呼伦贝尔草原有3条沙带,由于管理和气候的原因,近些年沙带中的固定沙丘开始活化,草场沙化严重。应将3条沙带予以封育保护、减轻放牧压力、恢复天然植被,这有利于呼伦贝尔草原的可持续利用。

松嫩草地的植被是典型的碱化草甸类型,控制草地盐渍化、沙化,维持草地质量和生产力是草地畜牧业持续发展的前提。应重点进行未碱化草地保护、碱化草地改造和沙化草地改良等工程。

科尔沁草原原生植被属于森林向草原过渡类型,已被破坏殆尽,现存植被大部分为沙生植被和草甸植被。草原管理的方向是保护和治理并重,保护残存的草甸植被,治理流沙,恢复干草原植被。

第二,对辽河流域水土流失进行治理。辽西及辽河上游地区水土流失严重,生态环境脆弱。加强这一区域的生态环境建设和水土流失治理,对辽中城市群地区的可持续发展以及京津地区的生态环境保护都具有重要的意义。近年来国家已经在这一地区实施了京津风沙源治理工程,取得了较好的效果。未来应通过持续实施退耕还林、三北防护林建设、水土流失治理等工程,加强这一区域的生态环境建设。

第五节 结论与建议

(1) 培育适应市场经济发展的体制环境。本章从资源、产业、城市、生态环境等方面阐述了未来东北地区发展进程中应实施的基本策略,但这些策略的实施必须有完善的体制与制度环境作保障。因此,应重视制度创新和体制改革,在遵循社会经济发展规律和自然生态演化规律的基础上,通过不断调整和改革不适应区域发展的社会组织方式和形式,逐步消除东北地区长期积淀的体制性障碍因素,打破人为的市场分割和市场封锁,不断提高资源配置在空间流动的速度、水平和规模,实现区域一体化。

(2)充分考虑市场力量与政府调控的互补性。在遵循市场发展规律的前提下,运用政府的调控措施完善区域的空间结构、解决市场自身无法解决的外部性问题。全面落实中央提出的"五个统筹"新发展观和"振兴东北等老工业基地"的战略,以推进新型工业化和城市化进程、全面建设小康社会为战略目标,引导区域的全面发展,培育发展的可持续性。充分考虑东北在全国及东北亚的主要地位,科学确定东北地区发展的定位和主要方向,使区域的发展与全国的总体目标有机地结合起来。根据东北地区经济社会发展的具体情况,通过规划,重点调整国家与地方、企业与地方以及地方间的协调发展关系。

(3)构造合理的区域发展空间结构和产业集群。这两方面应是未来东北社会经济发展的重中之重。应适应经济全球化和信息化等新的发展趋势,重视城市化的发展和城市品质的提升、都市经济区的建设以及优势产业集群的培育,将本区域塑造成具有国际竞争力的区域。

(4)促进人与自然的协调发展、地区间的协调发展、社会的协调发展。考虑人口、资源、环境、发展(PRED)间的协调关系,实现区域的可持续发展;考虑区域间的利益平衡,促进区域联系与协作向纵深发展,引导地区间协调发展;突出"以人为本"的理念,促进社会的协调发展;重视"问题区域"的研究,着力解决区域面临的综合性问题。

参 考 文 献

1. 邓伟等:《东北区域发展报告》,科学出版社,2004年。
2. 丁四保:《跨世纪的东北经济》,东北师范大学出版社,2002年。
3. 刘江等:《中国地区经济发展战略》,农业出版社,2004年。
4. 陆大道等:《2002中国区域发展报告》,商务印书馆,2003年。
5. 陆大道等:《中国区域发展的理论与实践》,科学出版社,2004年。
6. 隋拓:《2004中国区域经济发展报告——东北老工业基地复兴研究》,红旗出版社,2004年。

第四章 工业结构升级与工业布局优化

东北地区老工业基地振兴的核心问题是工业的可持续发展,工业结构与布局的调整直接关系到东北地区社会经济的现代化进程和环境保护以及资源的合理开发利用。随着改革的深入,特别是国家关于东北振兴战略的具体措施的实施,东北地区的经济开始复苏,以能源-原材料和装备制造业为主体的优势产业增长势头和国际竞争力不断增强,具有发展成为国际或全国意义的生产基地的潜力;以食品、医药等为核心的新兴产业和电子信息、生物工程、新材料等为中心的高新技术产业成为东北地区老工业基地结构调整的方向性产业;以民营经济为主的非国有企业集群的形成和壮大,已成为拉动东北地区经济发展的新增长点。以辽中南工业集聚区和长(春)吉(林)、哈(尔滨)大(庆)齐(齐哈尔)工业集聚区为载体的产业空间,是我国经济发展的重点区域,也是东北地区产业集聚的核心区域。

第一节 工业发展的现状与结构调整的条件

一、东北地区重型工业结构的形成过程

1. 东北地区工业经济发展的资源基础

辽阔的土地、丰富多样的自然资源,对东北地区经济体系的形成提供了许多有利条件。东北地区矿产资源丰富,主要矿种比较齐全。主要金属矿产有铁、锰、铜、钼、铅、锌、金以及稀有元素等,非金属矿产有煤、石油、油页岩、石墨、菱镁矿、白云石、滑石、石棉等。这些资源在全国具有重要的地位。分布在鞍山、本溪一带的铁矿,储量约占全国的1/4,目前仍然是全国最大的探明矿区之一。松辽平原地下埋藏着丰富的石油资源,探明储量占全国的45%。大庆油田是目前开采中的最大油田,辽河油田和吉林油田都在扩大之中,是东北地区能源工业、化学工业、轻纺工业的重要基础。东北地区煤炭储量约有670亿吨,煤种齐全,但是分布不均匀,北部和西部多于南部。东北地区油页岩储量占全国第1位,三省都有分布,具有开发潜力。东北地区的森林总蓄积量为32.5亿立方米,约占全国总蓄积量的33%,其中黑龙江省占全国的1/5强,且是全国开采条件最好的林区。本区水资源比较丰富,但是分布不理想,东部多于西部,北部多于南部,需要进行区域性调水,才能从根本上保证本区发展的需要。本区可供开发的水能资源约有1200万千瓦,水能的充分利用不但可以节约煤炭和石油资源,而且对东北电网的调峰、调频起重大作用。南部沿海的海盐,东部山地的石灰石也极其丰富,发展化学工业和水泥

工业条件有利。东北的资源对建立冶金、燃料动力、化学、建材等基础工业有比较充分的保证。

2. 重工业在东北区域经济中主体地位的确立

东北地区形成一个大的经济地域单元,是有其历史发展过程的。在"一五"、"二五"期间,东北地区原有的工业基础得到了发展,基本上完成了以鞍山钢铁联合企业为中心的东北工业基地的建设,使其有能力在技术上支持新工业区的建设。另外,东北原有的工业,比如抚顺、阜新和鹤岗的煤炭工业,本溪的钢铁工业,沈阳的机器制造业,吉林的电力工业,也都得到了扩建和改造。在开发农、林、牧、渔资源的基础上,相应的发展了纺织、食品、木材加工、造纸、水产加工等轻工业部门,初步改变了过去轻工业极端落后的面貌。经过几个五年计划的建设,东北地区的经济结构、工业结构、产业布局都发生了根本的变化,以鞍钢为中心的东北工业基地的地位大大加强,区内和区际的经济联系也发生了重大的变化。北部出现了长春、吉林、哈尔滨、齐齐哈尔、牡丹江、佳木斯等新的工业中心。"三五"和"四五"期间,大庆油田的开发,又引起了东北地区经济结构的重大变化。它改变了东北工业、燃料、化学工业的原料和产品构成,以及炼油工业、轻纺工业、铁路货运和出口贸易的构成等,也进一步加强了区内各个省区之间的经济联系。随着大庆油田的开采,东北区又出现了几处大型石油化工厂,并修建了通让铁路,新建了输出原油的管线和大连新港。在此期间,东北区各轻重工业部门的产值虽都有不同程度的增长,但其相对地位发生了不小的变化。机械工业产值一直占据各工业部门的首位。1952年居第二位的纺织工业,1957年让位于冶金工业,1975年又让位于石油工业。化学工业的地位也不断提高,由第六位升到第三位。森林、造纸、煤炭等部门的产值虽有很大的增长,但相对地位都有所下降。到目前为止,东北地区基本上形成了以钢铁、机械、石油、化学工业为主导,包括煤炭、电力、建材、森工和纺织、造纸、制糖等比较完整的工业体系。重工业是东北工业的主体,2002年占工业产值的80%,其中,原材料工业和重加工工业分别占35%和30.6%,采掘工业占14.4%。轻工业所占的比例较低,为20%,其中以农产品为原料的工业占14%,以非农产品为原料的工业占6%。重工业在东北三省工业总产值中比重的变化见图4—1。

3. 东北地区工业结构的现状特征

(1) 资源密集型产业仍然是东北地区的优势产业。一些关系到国计民生的资源密集型产业的发展,如石油开采和加工、钢铁工业,不仅关系到东北地区经济的发展,而且对全国经济的发展也具有重要的支撑作用。2003年东北地区石油总产量为6637.2万吨,占全国的46.1%;钢的产量也居于全国前列,仅辽宁省钢产量就达到2169.40万吨,位居全国第二。

(2) 装备制造业尤其是交通运输设备制造业、普通机械制造业和专用设备制造业等仍然在全国居于重要的位置。东北地区的大量装备制造业产品畅销全国各地,为我国工业设备的升级换代提供了支撑,是我国装备制造业的科研和生产基地。如大连市的水轮机、冷冻机、冶金工业设备、微电机,沈阳市的金属切削机床、环保机械和计算机整机,长春和吉林市的载重汽车、轨道车辆,哈尔滨市的电力设备和船舰动力装备,齐齐哈尔市的重型机械设备、大型机床

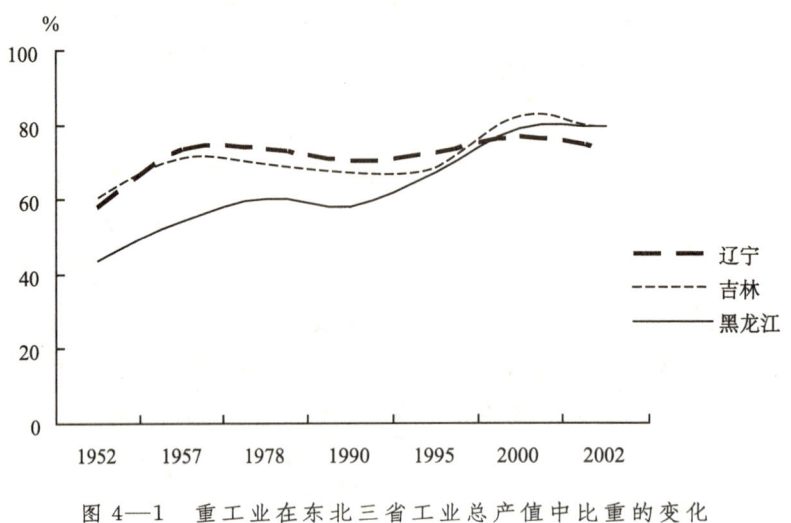

图 4—1 重工业在东北三省工业总产值中比重的变化

等,这些产品在全国均占有举足轻重的地位。

(3) 医药、电子等新兴产业已成为工业结构的调整方向和地区经济增长的支柱。以中药为主体的医药产业已经成为东北三省发展速度最快、效益最好、发展前景广阔的优势产业之一,形成了包括哈医药集团、吉林修正药业集团、东北制药集团在内的一批国内外知名的中成药生产企业。农产品加工业也呈现快速增长的势头,2001 年东北食品工业实现产值 618.94 亿元,占工业总产值的 7.9%。东北地区电子信息产业已经具有一定发展水平,2001 年完成产值 374.18 亿元,占全国行业总产值的 4.42%。这些产业的发展对于改变东北地区经济结构和创造非农就业机会具有重要的现实意义。

(4) 新的区域经济增长点不断形成,产业空间集聚和扩散效应开始显现出来。大城市围绕自身的改造和土地利用结构的调整,建立了各自的经济开发区,比如哈尔滨的医药工业区、长春市的汽车工业园等,这些产业园区已经成为重要的产业集聚点。而且随着改革的深入,城市之间以市场为纽带的经济分工与协作日益密切,产业的空间扩散也促进了大城市周边中小城市产业的发展。以辽中南工业集聚区、长(春)吉(林)工业集聚区和哈(尔滨)大(庆)齐(齐哈尔)工业集聚区为核心的东北地区经济发展的空间格局基本形成。

二、重型工业结构带来的社会经济问题

1. 工业化质量和工业结构的经济效益偏低,工业化进程的持续性和稳定性不强

东北三省是以重工业为主体的区域,并且改革开放以来重工业的比重呈现上升的趋势。辽宁、吉林和黑龙江分别从 1980 年的 67.8%、60.1% 和 69.1% 上升到 1995 年的 75.6%、70.8% 和 72.6% 以及 2002 年的 80.1%、79.08% 和 78.7%。这种以重工业为主体的产业结构在一定程度上阻碍了东北地区产业经济的快速发展,20 世纪 90 年代以后东北老工业基地

陷入了衰退的境地,主要表现为经济增长缓慢,工业生产率呈下降趋势,主导产业及优势产品在全国的地位逐步降低,社会效益和经济效益较差,环境污染严重,就业压力大,社会问题突出,形成了所谓的"东北现象"。尽管随着改革的深入,东北的经济在逐渐复苏,其工业总产值的增长速度在2000年以后已经超过全国的平均水平,但是东北地区工业总产值占全国的比重一直在下降(图4—2和4—3)。

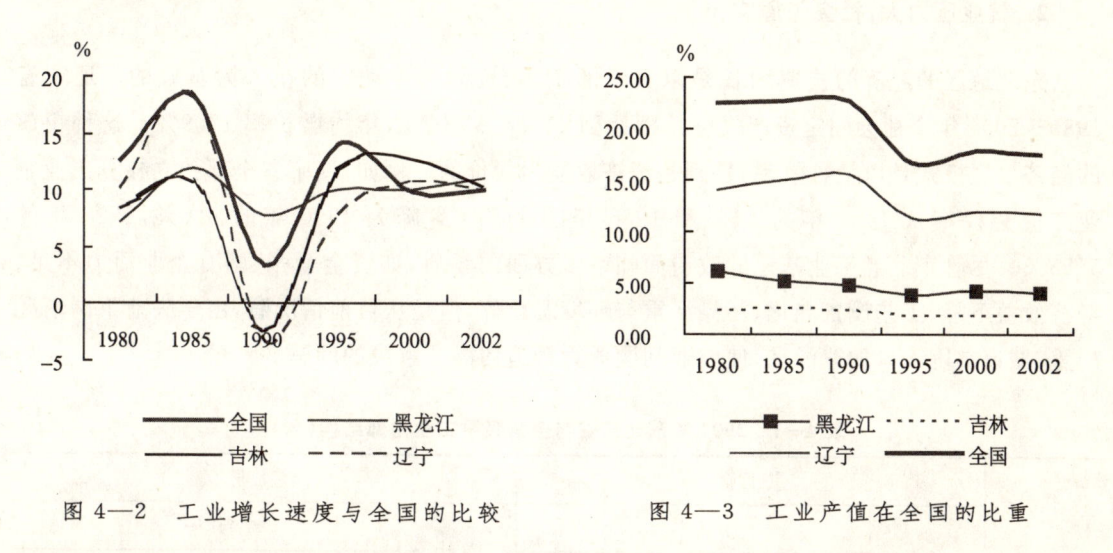

图4—2 工业增长速度与全国的比较

图4—3 工业产值在全国的比重

很多因素导致了"东北现象"的形成,其中重要的一点是东北老工业基地产品结构与市场结构存在较大的偏差。改革开放以来中国工业化的推进是从轻纺工业开始的,工业结构较轻的地区,比如广东、江苏、浙江等,除了有国家对外开放政策的支持以外,还因为受轻纺工业品的计划控制较弱,从而获得了先行占领市场的巨大先发优势,促使区域经济获得了快速的发展。其后,由于市场需求向家用电器转移,这些省份又一次抓住了市场需求转移的机会,促进了彩电、冰箱、洗衣机、热水器、空调等产品的生产,并迅速分割全国市场,再一次从全国获得了丰厚的利润。相比之下,那些工业结构长期偏于重型的区域除了主要工业品长期为国家计划所控制,产品维持相对较低的计划价格之外,还由于受计划经济的影响,本地的轻纺工业产品市场被外来市场占领。由于轻重工业结构一旦形成便具有一定的刚性,不是短期内调整能够奏效的,因而导致那些工业结构偏重的区域在国家工业化过程中处于相对不利的地位。

从工业结构内部看,在轻工业中,以全国的平均水平为基准,附加价值比较低的以农产品为原料的轻工业比重较高,尤其是吉林和黑龙江省最为突出。从重工业内部看,东北三省都有各自的缺陷(表4—1)。辽宁省的突出特征是原料工业比重过大,占重工业产值的50%以上。钢铁、化工原料、石油加工工业都占有明显的优势,但是加工工业比重偏低。在计划经济条件下,辽宁省重工业原料大量低价供给其他地区,支持了其他区域高附加值的加工工业的发展。吉林的一汽和吉化集团都是在国内相关行业中具有很大影响的企业,而化工和汽车又是国家确定的支柱产业,因而吉林的工业在东北地区保持了较快的增长。但是吉林省的产业结构也

77

存在着突出的问题,就是产业结构单一,缺乏应对市场波动的能力。黑龙江省是一个以采掘工业为主导的省份,重工业利税增长则高度集中于石油、天然气开采、石油加工等少数资源开采和原材料工业部门,加工工业所占比重由1965年71.14%下降到1975年的55.14%和2002年的18.69%,机械等产品附加价值高的工业部门处于严重亏损状态。

2. 就业压力大,社会矛盾突出

东北地区的经济的快速增长是以大量的资本、资源和劳动力的投入为基础的。辽宁省1980~2001年全社会固定资产投资总额达到11588.67亿元,年均增长率17.9%。这种粗放的经济发展模式是以牺牲效率,特别是经济效益为代价的。例如,辽宁省全部独立核算工业企业产值利税率从1980年的24%和1986年的21.4%,降为1990年的8.6%,1998年的5.53%。尽管东北老工业基地的改造面临诸多方面的矛盾,如资金紧张、国有企业活力不足、经济效益下降、工艺设备老化、污染严重与环境恶化等,但是从目前情况看,由于失业下岗情况严重、城市贫困人口加速涌现,使就业问题成为最迫切需要解决的问题。

表4—1 2002年东北三省与全国轻重工业内部结构(%)

	重工业				轻工业		
	总计	其中			总计	其中	
		采掘工业	原料工业	加工工业		以农产品为原料	以非农产品为原料
全国	60.86	5.31	23.61	31.95	39.14	24.50	14.64
辽宁	80.12	7.60	42.85	29.68	19.88	12.40	7.48
吉林	79.08	4.82	22.63	51.62	20.92	17.92	3.00
黑龙江	78.66	35.28	28.68	14.70	21.34	16.47	4.87

注:黑龙江的数据为所有工业的产值,全国、辽宁和吉林的数据为国有及规模以上非国有工业企业总产值。
资料来源:《辽宁省统计年鉴》(2003)、《吉林统计年鉴》(2003)、《黑龙江统计年鉴》(2003)、《中国统计年鉴》(2003)。

以重工业为主体的工业化过程产生了较大的就业结构偏差,经济增长和就业(失业)之间的变动关系呈现较强的非对称性。就业结构偏差是指就业结构与其相对应的产值结构相比较的偏离程度[①]。以辽宁省为例,辽宁省第二产业的就业结构偏差呈现一个"U"型曲线,平均值约为0.5,1978~1990年就业结构偏差逐渐下降,说明工业吸纳劳动力的能力在增强,1990年以后就业结构偏差逐渐升高,说明工业吸纳劳动力的能力在减弱(图4—4)。到2002年,辽宁省工业产值占GDP的比重为48%,其中重工业占工业产值的74%(根据钱纳里的理论,这一

---

① 计算某产业就业结构偏差的公式为:$D_i = V_i/E_i - 1$ 其中,D_i表示i产业的就业结构偏差,V_i/E_i为i产业的比较劳动生产率,V_i表示i产业的产值比重,E_i表示i产业的就业比重。D_i绝对值越大,说明就业结构的偏差程度越大;越接近于0,说明就业结构比重与产值比重越接近。D_i为正值,说明产业结构比重大于就业结构比重;D_i为负值,说明产业结构比重小于就业结构比重。

指标相当于发达国家工业化中期的情况),但是该区农业人口的比例为41%(发达国家工业化中期为28%),工业结构与就业结构很不协调。

1990年以后工业就业增长弹性的下降主要有两方面的原因。一方面,东北地区的主导产业如钢铁、机械、石油、化工等是资本技术密集型的产业,对劳动力的吸纳作用不强,客观上决定了产值增长不可能带动就业规模相应地扩大。以辽宁省的情况为例,辽宁省近年来随着人口增长,劳动力供给数量逐年增加。据统计,1990年辽宁省的总人口为3917.3万人,劳动力资源总量为2785.2万人;到2002年底,全省的总人口为4155.4万人,劳动力资源总量为3166.8万人,比1990年分别增长了238.1万人和381.6万人,增长比率为6.1%和13.7%。但劳动力需求的增长并没有赶上劳动力供给的增长步伐。辽宁省从业人员1990年为1897.3万人,2002年增加到2025.3万人,增长了6.8%,就业增长率只是劳动力供给增长速度的一半,劳动力供大于求的特征明显。

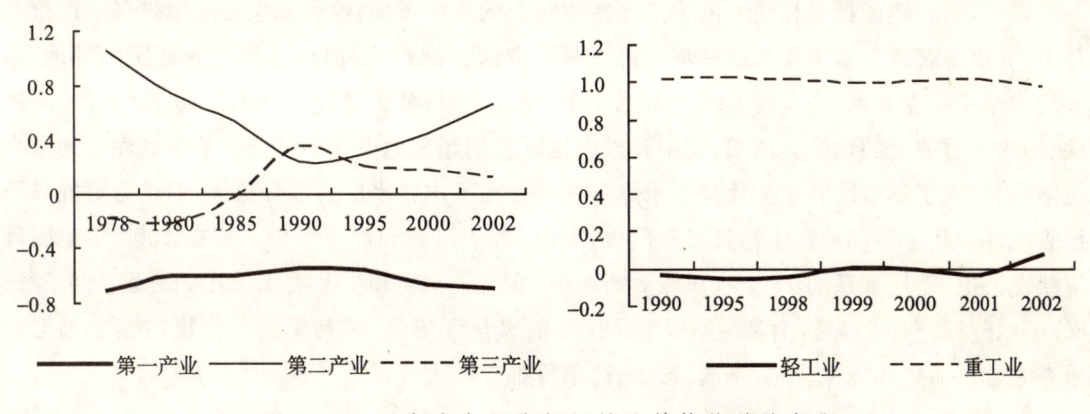

图 4—4 辽宁省各经济部门就业结构偏差的变化

另一方面,东北地区的经济正处在转型过程中,计划经济时期建立起来的不具有市场竞争力的企业进行减员增效,迫使部分"冗员"退出生产领域。东北地区失业和下岗问题严重,由于劳动密集型的产业发展不充分,就业形势十分严峻。以辽宁省为例,从城镇登记失业人数和登记失业率两个指标的历年统计数字来看,辽宁省的失业情况在1990~1995年并不严重,登记失业人数基本保持在30万人以下,登记失业率始终保持在2.7%以下;但从1996年开始,失业情况逐步加剧,登记失业人数迅速增加到40.8万人,登记失业率增加到3.6%;之后呈逐步增加之势,特别是2002年登记失业人数猛增至75.6万人,登记失业率增加到6.5%,远高于全国4.0%的平均水平,位列全国第一。

3. 工业结构升级缓慢,加剧了与资源环境的冲突

首先,能源原材料产业在东北地区的工业经济中占有重要地位,这些产业规模的扩大加剧了同资源供给的矛盾,比如石油资源同加工能力的冲突。东北地区原油的供给已经满足不了石油炼制能力的扩大,大多数石油化工企业出现了"吃不饱"的现象。2002年东北三省原油合计产量为6802.28万吨,而13家250万吨/年以上规模的炼厂原油一次加工能力达到7640万吨/年。作为我国最大油田的大庆油田,从1998年到现在产量开始递减,油田进入高含水后期开采阶段。以大庆油田为主要原料来源的大庆炼化分公司,2002年闲置原油加工能力129万吨/年。

其次,资源的大规模开采导致环境破坏,影响人民生活和区域经济的健康发展,比如辽宁采煤沉陷区的问题。由于过度开采煤炭资源,沉陷区在阜新、抚顺、北票、本溪、调兵山等地都不同程度地存在着,初步统计全省现有采煤沉陷区总面积达378平方公里,其中阜新的问题最为突出。据目前的调查,阜新市矿区采煤已经形成20个沉陷盆地和2个露天矿坑,遭受沉陷灾害的范围共101.4平方公里,其中严重沉陷面积为20平方公里,涉及居民2.9万户,受灾建筑面积达147万平方米。此外,阜新还有受损工业企业37个,学校19所,医院3所,一些供水设施、交通道路、供电线路、通信线路等都受到破坏。

最后,东北地区耗水耗能大的重工业在空间上的集中布局,给区域生态环境带来了沉重的压力,突出地表现在水资源短缺和环境污染两个方面。钢铁、石油化工集中的辽宁中部地区,人均水量434立方米,为全国人均占有水平的1/7,沈阳、鞍山是辽宁省乃至全国水资源最短缺、用水矛盾突出的地区。沈阳、辽阳和鞍山地区长期超采地下水不仅造成了区域性的地下水位下降,形成了季节性和永久性地下水降落漏斗及地下水含水层的部分疏干,而且有可能导致地表沉降。辽宁中部地区水污染日趋严重,浑河、太子河受到严重污染。根据2000年中国环境状况公报,辽河水系的16个水质监测断面中,Ⅱ、Ⅳ、Ⅴ类和劣Ⅴ类水质比例分别为6.3%、25.0%、6.3%和62.4%,主要污染因子是化学需氧量和氨氮,其污染严重程度占据中国七大水系之首。空气环境也较差,本溪、鞍山、沈阳等都曾因大气污染严重而世界闻名。

三、工业结构调整和升级的必要性、有利条件及其策略

1. 东北地区工业结构调整和升级的必要性

工业结构调整和升级是解决东北地区社会问题的根本出路。工业化最基本也是最有意义的变化是"人的变化",即众多从事农业的劳动者转移到了非农产业中,以及伴随着这一过程,人们的收入和福利得到提高。然而经济增长过程本身并不能自动导致最大化就业,因此除了保持比较高的经济增长速度之外,对于东北地区来说,更为重要的是在经济发展过程中,必须重新规划发展重点,把充分就业摆在发展的重要位置上来。大力发展劳动密集型产业是"以人为本"的发展观的体现,是东北地区可持续发展的必由之路。东北地区的资源十分丰富,是全国农业、畜牧业和林业产品的相对富集区,发展轻纺工业、食品加工、饮料加工、豆制品加工、乳制品、家居制造等劳动密集型产业具有得天独厚的优势。国家和地方政府应该加强向劳动密集型产业和社会基础设施等领域的投资,使各项公共工程投资项目不仅能够实现发挥基础设施功能的目标,还应实现创造就业、增加贫困人口收入的经济社会目标。

在大力发展劳动密集型产业的同时,必须加强对钢铁、石化、机械等传统产业的改造和对

电子信息、医药等新兴产业的培育,这是东北区的核心竞争优势所在。轻纺工业虽然见效快,对于增加地方居民收入具有重要作用,但是对于支撑国家长远发展的作用不大。而作为国民经济增长和技术升级原动力的重化工业,在资金和技术方面进入壁垒很高,需要长期的投资建设。重化工业规模大、配套能力强恰恰是东北的优势,是沿海以及中西部等其他地区所不具备的。东北地区原材料产业和装备制造业发展的关键是,通过制度创新和机制创新,加快新产品开发和技术改造,面向市场调整产品结构和提高企业的竞争能力。同时能源原材料产业的发展必须同资源环境的保护协调起来,充分利用资源节约型的技术和生产手段,优化生产力的空间布局,走可持续发展的道路。原材料产业和现代制造业的技术改造需要新兴产业的支持,东北地区必须加快发展以电子信息、生物工程、新材料为重点的高新技术产业。新兴产业发展要高起点,要走外向型为主的发展道路,以吸引外资、技术、人才,开拓国际市场,参与国际经济循环为发展模式。

2. 东北地区工业结构调整和升级的有利条件和宏观背景

东北地区工业结构的调整和升级具有良好的国内背景。从产业结构变化的角度来看,中国已经进入工业化中期,对钢铁、石油、化工等原料大规模的需求将持续很长的一段时间,这就为东北地区原材料产业的发展提供了新的机遇。而工业化中期最显著的特征是技术进步贡献率的加快,需要装备制造业的支撑,国家已经明确把机械、电子、化工、汽车等产业确定为国民经济的支柱产业。东北地区在成套设备、航空、汽车及其零部件、造船、数控机床等重大装备制造业及零部件工业方面具有较大优势,有条件建成我国装备制造业的重要基地。充分利用东北的工业基础,可以大大加快中国的工业化进程。

东北地区拥有丰富的煤、铁、石油等矿产资源,其发展现代工业的资源组合的优越程度,至今在我国其他区域也是不多见的。依托优越的资源条件,东北地区已经形成了采掘工业-原材料工业-加工工业的完整体系和一批在全国具有重大影响的大型企业。东北地区的城镇建设和基础设施条件发达,2003年辽宁、黑龙江、吉林的城镇化水平分别达到了56%、52.6%和51.8%,较全国平均水平高出10个百分点以上,仅次于三大直辖市——上海、北京、天津,分别位居全国第四、第五、第六位。这为区域经济集聚效益的发挥提供了良好的平台。除了拥有较好的产业基础,东北地区还具有雄厚的科研人才优势,是我国科技人才、科研力量的密集区。沈阳现在有国家级工程技术研究中心12所,国家科技部将沈阳确定为"用高新技术改造传统装备业,推进先进装备制造基地建设试点城市"。长春的汽车及光机研究所、哈尔滨的焊接、水轮机研究所等都处于国家领先地位。此外,长期的工业化大生产,也造就了一大批具有良好素质的产业工人队伍,这也是其他地区不能比拟的。

经过近10多年持续的技术改造和结构调整,东北地区在全国工业总量中的比重目前稳定在17%左右,工业结构得到一定程度的优化。冶金、石油、机械等传统优势工业的地位得到了巩固,特别是冶金工业工艺水平和竞争能力有了大幅度提高。食品、医药制造、电子及通讯设备等轻工业和高新技术产业成长迅速,有力地促进了工业结构的升级。煤炭、造纸、森工、纺织等一些已不具有比较优势的部门退出了主导行业之列。工业生产保持了较高的增长速度，1995~2002年规模以上工业企业现价总产值年均增长7.7%，增长幅度和全国9.7%的差距并不是很大。国有企业改制工作也取得了积极的进展，国有及国有控股工业企业在数量上大幅度减少的同时，经济总量所占的比重反而有所上升。2002年东北三省国有及国有控股工业企业只剩下4187家，比1995年减少了57.2%，但当年工业总产值为6723.2亿元，相当于1995年的1.75倍，占东北规模以上工业企业的70.4%，比1995年上升了2.6个百分点。国有经济布局和产业结构调整，为民营和外资经济提供了迅速崛起的舞台，如今民营和外资经济已成为振兴东北的生力军。东北地区工业经济已进入了一个重要的转折时期。

3. 东北地区工业结构调整和升级的政策导向

工业结构的调整与升级是东北地区实现可持续发展的必然要求，其最终目标应该是建立一个相对完整的、轻重工业协调发展的工业体系。但是这一过程无疑是长期而艰巨的，应该分阶段实施，并且需要中央政府、地方政府与企业界相互配合，动员多方面的力量积极参与，形成推动与发展的活力。各级政府要加大对东北老工业基地改造的支持力度，包括加快区域投资环境的改善，鼓励民营经济发展；加强技术创新体系建设，提高产业的竞争能力；加快东北三省内部的合作，发挥整体经济效益等。

(1) 大力扶持中小企业和民营经济的发展。东北地区非国有经济发展严重落后，抑制了经济增长的活力。必须把发展民营经济作为一个大战略来对待。政府要创造宽松的发展环境，加大对民营经济的扶持力度。在税收政策上，对民营经济应当放宽政策，减免税收，让民营经济实现积累和扩大规模。对"小规模纳税人"与"一般纳税人"一视同仁，延长减免税年限，提高税收起征额度；在金融政策上，尽可能与国有企业一视同仁，组建东北地区的民营银行，拓宽民营企业的融资渠道；工商等部门也要给予支持，在全社会形成支持民营经济发展的良好氛围。

(2) 加强技术创新体系的建设。科技创新将是东北老工业基地振兴的主要推动力。东北地区要积极开展多学科交叉的综合性研究和应用基础研究，为经济和社会的长期发展提供基础性、战略性的科技创新成果，促进区域科技总体水平和科技持续创新能力的提高。尤其是要围绕把东北老工业基地建设成为国家重大先进装备制造基地和主要原材料工业基地的战略目标，大力开展产业升级所面临的关键技术、共性技术的科研攻关，力争突破一批产业核心技术，提升产业技术水平，为经济结构战略性调整和可持续发展提供支撑；实施以信息化带动工业化的发展战略，推进装备制造、汽车、石化等行业的信息化进程；推广应用功能材料、结构材料、光电子材料等新材料技术，提高传统产品的性能、质量和水平。

(3) 注意发挥东北三省的整体经济优势。东北三省的主要工业部门都有极其鲜明的特色，虽然都以重工业为主，但是涵盖了上中下游的各个方面且各有侧重点，产业链条上的联系可以从一个省延伸到另一个省。因此东北三省经济的互补性很强，有必要对三个省的工业发展进一步协调，以发挥整体优势。而且市场化改革的越快，企业之间的联系将越紧密，跨省区的企业集团,上中下游企业间组成的命运共同体也都将逐步建立起来,这就要求政府的作用尽快转向区域协调和创造良好市场环境等方面。

第二节 工业结构升级的目标和工业结构转型的时序

振兴东北老工业基地政策实施以来,大多数地方政府仅仅是争项目,缺乏长远的发展规划。尽管辽宁省刚刚制定的《辽宁老工业基地振兴规划》中提出了"要根据全国战略布局和辽宁实际,集中力量重点建设大连东北亚国际航运中心,培育现代装备制造业和重要原材料工业两大基地,加快发展高新技术产业、农产品加工业和现代服务业三大产业"的战略目标,但是对于资金投入的近期和远期侧重点缺乏系统安排。并且国家在东北振兴中对工业发展的表述也缺乏可操作性的时序安排。这就使振兴东北老工业基地的资金投入带有一定的盲目性,造成低水平的重复建设,影响到东北地区工业的长期持续发展。因此,东北地区工业结构升级的目标应该分阶段实施。目前,应紧紧把握振兴东北老工业基地的契机,促进东北工业从能源原材料主导、向原材料与重型装备制造业并重、远期向原材料－制造业－轻工业全面发展的结构转换,建设结构相对完整的工业体系,重塑一个在我国具有重要战略地位的工业基地。

一、建设具有重要战略地位、结构相对完整的现代工业体系

1. 国家整体战略的客观需要

从国家战略出发,加快东北工业经济的现代化进程,有利于我国在未来东北亚经济技术协作中获得更大的利益。保有相当规模的原材料和重型装备工业的生产能力,完全符合国家安全的要求。其中,以钢铁和石油化工为支柱的原材料工业,由于具备可利用国内国外两种资源的条件,地位尤为突出。重型成套设备生产在民营经济为主体的东部发达地区相对薄弱,中西部的其他地区又存在着明显的与国际接轨不便、距离原材料和市场较远等弱势。因此,东北地区具备建设我国最集中的重型装备制造业基地的比较优势。

2. 解决东北地区深层次矛盾的关键

从现实需求分析,目前,尽管东北工业发展中存在的问题有一定程度的缓解,但深层次的矛盾依然存在。能源原材料工业和机械工业等支柱部门竞争优势还未形成;工业经济整体效益不高,有必要延伸产品加工链条和提高工业结构层次;扩大就业和增加人民收入任务艰巨,加快工业化进程依然十分必要。东北地区工业必须在发展中逐步调整,通过调整来解决深层次的矛盾。从发展条件看,根据东北发展工业的资源条件、环境承载能力、经济技术基础、城市建设和区域基础设施条件等综合分析,东北是我国跨省经济区中最具备建立结构相对完整的现代化工业体系条件的地区。

3. 工业结构调整的时序安排

我国已经进入工业化中期,对钢铁、石油和化工等原材料大规模的需求将持续很长的一段时间,这为东北地区原材料产业在大发展过程中进行结构调整提供了新的机遇。近期内应以增强东北原材料工业生产的持续竞争能力为重点,巩固钢铁和石油化工的优势地位。未来十年应着力发展成套设备、船舶、汽车、数控机床等支撑国民经济技术升级的重大装备制造业及零部件工业,建成我国以重型成套设备为主导的装备制造业生产基地,形成以原材料与重型装备制造业并重的工业结构形态,确立东北在全国工业布局中的战略地位。此后,应实现工业结构向原材料、重型装备制造业和轻工业全面发展的结构转型。大力发展具有资源优势的食品加工、医药工业、家具制造业等轻工业,以及为原材料工业和装备制造业配套的电子、智能化仪器仪表等高新技术产业,构筑轻重工业协调发展、生产链条相对完整的工业体系(图4—5)。

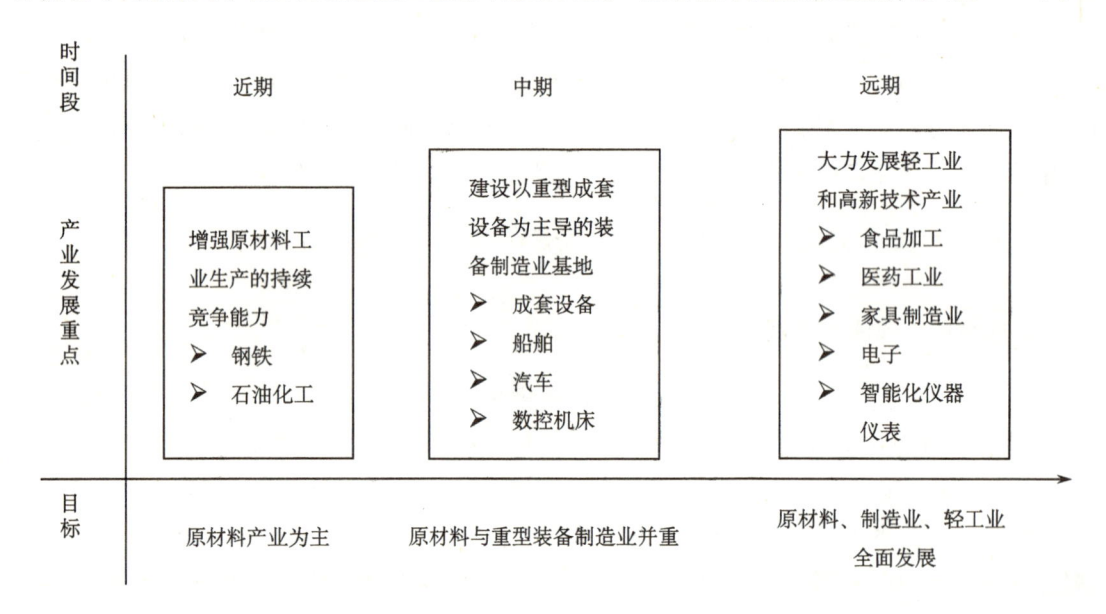

图 4—5 推进工业结构转型的时序

二、近期:增强钢铁冶金和石油化工等原材料工业的持续竞争能力

经过改革开放20多年的发展,东北地区工业优势仍然集中在资源型产业上。如表4—2所示,2002年东北地区三省经济实力处于前三位的工业行业,除了吉林的交通运输设备制造业和黑龙江的医药制造业外,其余7个行业都是明显的资源密集型产业。因此,东北能源原材料工业能否在结构调整中实现突破,在振兴东北老工业基地战略的实施中,具有标志性的意义。目前,地方政府和企业仍将扩大现有企业生产规模作为重点,发展目标带有很大的盲目性。必须采取切实的措施,以解决东北地区能源原材料工业普遍存在的生产与资源环境不协调、企业规模结构和技术结构不合理等问题。

表4—2 东北三省经济综合实力指数排名前10位的工业行业

黑龙江	吉林	辽宁
石油和天然气开采业	交通运输设备制造业	黑色金属冶炼及压延加工业
石油加工及炼焦业	化学原料及化学制品制造业	石油加工及炼焦业
医药制造业	石油和天然气开采业	石油和天然气开采业
烟草加工业	医药制造业	化学原料及化学制品制造业
交通运输设备制造业	文教体育用品制造业	交通运输设备制造业
煤炭采选业	黑色金属矿采选业	电子及通信设备制造业
食品制造业	木材及竹材采运业	普通机械制造业
食品加工业	普通机械制造业	非金属矿物制品业
有色金属冶炼及压延加工业	烟草加工业	煤炭采选业
化学纤维制造业	皮革、皮毛、羽绒及其制品业	饮料制造业

1. 提高钢铁工业的核心竞争能力

东北地区80%的钢铁工业集中分布在辽宁省。辽宁三大主力钢铁企业中,仅有鞍钢形成了1000万吨以上的钢铁综合生产能力。企业间产品结构相似,以薄板、中厚板、型材和线材等大路货为主。企业分布集中,在各企业生产规模都不断扩大的过程中,企业间的资源和市场冲突也在不断加剧。今后,一方面,应尽快实现辽宁三大主力钢铁企业的协调发展,组建大型企业集团,统筹规划和调控钢铁生产规模与产品方向、技术开发与市场营销、矿产资源配置。企业集团的发展应以鞍钢的改扩建为重点,控制本溪和北台钢铁厂的钢铁规模。瞄准东北需求,调整产品结构,重点发展冷轧薄板、镀锌板,以及汽车、机械、军工发展所需的高质量特殊钢材品种。结合沿海地区新钢铁项目的布点,优化辽宁钢铁工业布局。另一方面,通过市场的力量,逐步淘汰和优选现有的中小型钢铁厂。并通过行政手段,严格控制落后的钢铁企业项目盲目上马。最终形成以沿海钢铁研发营销为中心、以具有世界先进水平的钢铁产品生产企业为前沿、以鞍山钢铁联合生产企业为主体、以本溪—北台专业化生产为后盾的中国北方最大的钢铁生产基地。

2. 合理引导石油化学工业的结构调整

东北地区石油与石油加工工业占整个工业总产值的1/4强。结合石油工业结构调整来巩固石油化学工业的优势地位,对东北地区工业整体发展状况将产生深刻的影响。近期,应当在利用国内外两种石油资源、协调原油供给量与加工能力、调整石油化工产品结构、加快石油工业布局向沿海推进等方面,取得突破性进展。主要思路是:第一,严格控制炼油能力的增加。目前,东北地区的原油加工能力已经超过原油产量和成油品消费量,未来市场消费潜力的增长也相对有限。因此,不应再大幅度增加原油加工能力,但可以通过炼厂的规模结构和布局结构调整,实现加工能力在企业间的重新优化配置。第二,重视原料来源结构的调整,利用俄罗斯进口原油弥补或替代地产石油减产造成的缺额。第三,发展精细化工。东北地区石油化工产业的发展一直低于全国平均水平,精细化工的比例很低,炼化一体化程度相对较弱,直接影响到石油工业整体的效益以及对东北工业经济的带动能力。因此,应进行战略性调整,主要是做大乙烯装置,扩大石油化工产品的份额,发展后加工产品和适销对路的精细化工。为东北地区发展轻工业、实现工业结构转型创造条件。

3. 统筹能源工业的发展

建设强大的重工业基地和具有地域特点的经济体系,必须靠相应的能源工业来保证。东北电网以火电为主,其次为水电和一部分石油发电。东北地区能源资源和电力负荷分布很不均衡,电力负荷集中在沿哈尔滨至大连及沈阳至山海关铁路沿线附近的大中城市,而电源基地主要分布在内蒙古东部和黑龙江东部,"西电东送,北电南送"是目前东北电网电力流向的基本格局。今后能源工业的发展以保障区内供需平衡为主,近期和中期加快内蒙古东部和黑龙江煤电能源基地的建设,远期在辽宁省沿海地区大力发展核电,改善东北地区的能源结构。

三、中期:显著提高交通运输设备和重型成套装备等制造业在重工业中的比重

机械装备制造业一直是东北地区的支柱产业。东北地区骨干企业集中,在全国具有不可替代的地位,如第一重型机械厂、哈尔滨三大动力设备厂、沈阳输变电设备厂、第一汽车制造厂、大连造船厂等都是行业中的巨人。一汽的汽车、哈尔滨的60万千瓦发电机组、沈阳的500千伏超高压输变电成套设备,至今代表着我国相关行业的最高水平。因此,东北地区的大型设备生产能力在我国各大区中是最突出的。这种企业优势是将东北建设成为我国以交通运输设备和重型成套设备为特色的装备制造工业生产基地的关键因素。

但近些年来,机械装备制造业发展步伐缓慢,在推动地区工业结构升级方面的作用并不显著。究其原因,一方面,受国外进口产品以及东部沿海普通机械制造业和全国汽车工业大发展的挤压,东北地区机械制造业在全国产品市场上的占有率持续下降。另一方面,东北老工业基地内部企业间、部门间技术合作与联系网络尚未形成,钢铁工业对机械装备制造业的支撑作用,电子和仪表工业等对机械制造业的牵引作用,以及配套企业的协作等都没有充分发挥出来。

围绕交通运输设备和重型成套设备等装备制造工业调整东北工业结构,既符合工业结构演变规律,也符合国家利益和东北地区的发展需求。今后10年,即到2015年左右,应以继续营造交通运输设备和重型成套设备等装备制造工业生产的区域优势为重点,通过钢铁工业产品结构调整、鼓励机电一体化等高新技术产业的发展,提高装备制造业的配套条件,在辽中南、长(春)吉(林)和哈(尔滨)大(庆)齐(齐哈尔)地区形成区域最佳组合,建设东北装备制造业集聚发展的轴线。

国家对于东北机械装备制造业的发展应当实行必要的扶持政策。包括:建立重大机械装备产品研制生产的风险基金,支持建设具有国际先进水平的交通设备和重型成套设备研发体

系,使东北成为我国该领域区域创新能力最强的地区;用国债贴息的方式重点扶持骨干企业的技术改造,提高参与国际竞争的能力;积极吸引日、韩和东部沿海地区的资本技术,把东北地区建设成为我国和亚洲最大的重型机械装备制造业基地;重点发展汽车、船舶等交通运输设备和矿山、冶金、石化、输变电、数控机床等重型成套设备行业,鼓励企业开展区内配套,鼓励企业采用先进的组织方式,鼓励企业占领国内外两个市场;尤其要重视发挥骨干装备制造业企业对中小企业发展的带动作用。在今后的10年中,巩固、提高机械装备制造业在东北工业结构中的比重水平,形成东北地区交通运输设备和重型成套设备研发－生产－销售等大协作的网络体系,推动重工业结构从基础工业型向基础与加工并重型的转变。

四、远期:实现原材料、装备工业、轻工业全面协调发展

着眼于未来20年,东北地区应改变目前重工业过重的状况,实现工业结构向轻重工业并重的结构转换。近年来,东北地区的医药、农产品加工业、电子通讯、家具制造等在全国具有一定竞争力的轻工业部门不断壮大,已成为东北老工业基地产业结构调整的重要方向和地区经济增长的亮点。随着东北地区石油化工等原材料工业的发展以及农业基地建设的不断推进,东北地区发展轻工业的基础条件将越来越好。交通运输设备制造业和重型成套设备制造业的不断强大,也将会对轻型制造业产生有力的拉动作用。因此,要保持目前的发展势头,就要继续培育轻工业作为新的经济增长点。轻工业的发展重点是以医药、食品和家具等为核心的新兴制造业,以电子信息、生物工程与制药、新材料等为主体的高新技术产业,以民营企业为核心的中小企业集群。

1. 壮大医药、食品等新兴制造业,优化工业部门结构

医药、农产品加工、纺织和家具等新兴产业的发展对改变东北地区以矿产资源的开采和加工为主体的产业结构和发展中小城市具有重要意义。东北三省是我国北方药材的主产区,发展现代中药科技产业具有独特优势和良好条件。吉林省利用丰富的"北药"资源,在中药材和中成药加工上居于全国前列;黑龙江省除中药外,化学原料药生产也具有一定竞争力。在未来的一段时期内,要逐步建立起以现代中药及生物制药为主的医药工业体系,最终把东北地区建设成为我国和东北亚地区现代中药及生物制药的科研、生产和贸易的区域发展中心。东北地区的食品工业近些年来也得到了快速的发展。作为我国著名的农产品基地,发展粮食、肉类的深加工对于解决"三农"问题,具有不可替代的重要作用。将来应当把东北建设成为全国重要的绿色食品工业基地:重点建设全国最大的乳制品和玉米、大豆深加工基地,保持竞争优势;加快建设位于全国前列的水稻、薯类深加工、肉制品和啤酒饮料及山特加工基地,培育新优势。另外,东北地区发展纺织工业仍然大有可为,重点是亚麻行业、化纤行业和服装行业。

2. 培育电子信息、生物工程、新材料等为主体的高新技术产业,促进产业结构的高级化

东北未来应当充分利用装备制造业技术改造、产品升级提供的良好机遇,以沈阳、长春、哈

尔滨和大连高新技术产业园区为主要载体,重点发展以软件产业、计算机及外部设备、光学仪器、通信及网络产品、数字化音视频产品及医学影像设备等为主体的电子信息产业。电视、办公设备等消费类电子产品虽然还有一定的发展空间,但是不可能成为推动东北地区技术创新和经济增长的龙头产业。东北地区具有发展生物工程和生物制药的资源优势和科技支撑力量。目前以哈尔滨、长春、大连、沈阳等城市的高新技术产业园为载体,形成了一大批具有市场竞争优势的生物工程和生物制药企业,今后需要进一步加大扶持力度,提升该产业的竞争力。依托沈阳、大连、长春和哈尔滨等特大城市,东北地区也形成了以新型合成材料、新型工程塑料、单晶硅和化合物半导体材料、高温超导材料、燃料电池等为主的新材料产业。另外一些大城市也具有发展新材料产业的优势,如大庆、吉林、抚顺、本溪、辽阳等在新型合成材料、耐高温合金材料、新型涂料、精细化工、高强度合金材料及新型复合材料、新型工程塑料及精细化工、芳烃及合成纤维材料延伸加工和深加工材料等领域也具有极大的发展潜力。

3. 发展以非国有企业为核心的中小企业集群,推动大型国有企业改制,增强经济发展活力

作为计划经济统治时间最长的地区,东北长期以来非公有制经济发展滞后,直接影响到区域竞争力的提升。需要尽快转变政府职能,营造非公有制经济发展的社会环境,加强对非公有经济的扶持力度。一方面拓宽非公有制经济的经营领域,引导民营企业和外资企业在装备制造业、新兴产业等领域投资创造;另一方面支持中小企业的发展,鼓励有条件的企业做大做强。推动非国有企业围绕原材料和装备制造业建立配套、合作和承包等不同类型的企业集群。东北地区目前企业改革的重点和难点在中央直属大型国有企业。中央企业在东北地区经济体系中占有重要地位,例如辽宁省中央企业占国有企业数量的29%,利税的80%,GDP的70%。地方国有企业改制已经基本完成,其效果正在不断显现出来。中直大企业面临的最大困境是企业负担沉重,下岗再就业压力大。国家需要尽快解决企业职工的社会保障,减轻企业负担,尤其要确保国家重大装备、军工企业的生存和健康发展。企业需要与地方建立开放、合作的机制,在重大产业政策、城市发展、环境建设上,建立互相合作的机制,把地区经济和社会发展作为企业生存发展和提升竞争力的核心问题加以重视。地方要围绕中直大企业的上下游产品建立配套型企业集群或服务型企业集群,使中直企业的发展能够促进地区经济的发展。

第三节 工业的空间布局

一、东北地区的工业集聚区正在形成

近年来,东北地区已经在企业创新、新兴产业培育和重点产业空间发展上取得了重大的成绩。大城市围绕自身的改造和土地利用结构的调整,重点构建了有利于企业发展的平台,如哈尔滨市围绕医药行业的发展,建立了利民工业园区,目前集聚了25家以民营为主的医药企业;长春市围绕汽车建立的汽车工业园,已经形成保险杠、燃油箱、车灯、密封件等40多家高水平、大批量、专业化的汽车企业配套群;大庆在石化总厂周边建立的化工园区,重点围绕精细化工中小企业生产配套设施,进行园区环境建设,吸引了30多家民营精细化工企业。通过企业发展环境的建设,各大城市的产业园区已经成为重要的产业集聚点。

在产业集聚点形成的同时,产业的空间扩散也促进了大城市周边中小城市产业的发展。如哈尔滨市周边的阿城、肇东、呼兰、双城已经成为机械(特别是汽车配件)、医药、农产品加工的重要基地;长春周边的德惠、九台、公主岭等围绕"一汽"轿车、轻型车等形成了配件企业集群和农产品加工基地。由于中小城市产业的快速发展,产业空间发展由大城市为核心的"点状集聚"向"带状扩散"发展,东北三省的工业集聚区正在形成。

东北地区中心城市及其周边中小城市工业发展充满活力,区域经济"增长极"不断生成,产业空间集聚和扩散效应开始显现出来。除辽中南工业集聚区外,长(春)吉(林)、哈(尔滨)大(庆)齐(齐哈尔)工业集聚区的雏形也已经形成,三大产业集聚区已成为支撑东北老工业基地改造和发展的核心,也是未来东北工业发展的重点区域。

二、东北地区工业空间布局的总体战略

东北地区工业空间布局的基本思路是要充分发挥工业生产的地区优势,促进生产要素的合理聚集。通过工业集聚区的发展,发挥沈阳、长春、哈尔滨、大连等工业中心的带动和组织地区工业生产的作用,加强城市之间的分工与协作,提高工业生产的专业化水平;建立汽车、石化、服装等各种工业开发地区,提高蒙东、黑龙江东部等重点地区资源开发的力度,培育落后地区的工业"增长极",促进各种产业类型群体的形成,将各种开发区作为东北工业生产的重要生长点。

在未来10～20年,东北地区工业布局的格局是:立足区域分工和优势互补的原则,将辽中南工业集聚区建设成为我国以石化和钢铁为主的原材料加工工业基地,我国乃至世界重要的以船舶制造、机床和大型装备制造业为主的装备制造业基地和以软件和计算机辅助配件为主体的高新技术产业中心;使长吉工业集聚区发展成为我国最大的以汽车、轨道车辆制造和相关配件为主的运输设备制造业基地,同时也是重要的绿色食品和中药生产和加工基地;将哈大齐工业集聚区建设成为我国重要的重型装备制造业、石油化工和农产品加工基地。

三、东北地区工业空间布局的主要内容

1. 辽中南工业集聚区

辽中南工业集聚区的布局重点是形成"两大基地",依托"沈大"两中心,积极向沿海地区拓展。辽中南都市经济区在行政上包括沈阳、大连、鞍山、抚顺、本溪、辽阳、盘锦、营口等8市,是我国东北地区重要的门户和东北亚经济圈的重要组成部分。随着东北老工业基地振兴战略的实施,该区将会成为我国重要的能源原材料基地和装备制造业基地。辽中南工业集聚区的发展一方面要增强大城市的辐射力,构建沈阳经济区、沈大经济带,另一方面要大力发展临港经

济,加快构筑沿海经济带。沿海地带具有丰富的资源和广阔的空间、便利的交通以及较大的环境容量,是未来的重点开发地区,主要建设两种类型的企业:一是原材料和能源工业大项目,例如石油化工、在鲅鱼圈建设大型钢铁基地等;二是借助各种形式的开发区逐步扩大技术密集型和外向型产业。

沈阳是辽中南工业集聚区的核心城市,要加快工业结构优化升级的力度,壮大汽车、装备制造、电子信息、化工医药、食品饮料等优势产业,加快发展新兴产业,努力构建以技术进步为基础的比较优势突出的产业体系。其中汽车及零部件工业2003年创造产值超过300亿元,成为沈阳市的第一支柱产业;装备制造工业是沈阳的产业基础和发展优势,要加快开发能够带动工业结构升级的共性技术、关键技术和配套技术,提高数控机床、电站及石化用泵、超高压变电器等装备制造业的设计能力、加工能力和成套配套能力;高新技术产业是未来经济的增长点,要集中力量推进现代装备、数控设备、嵌入式软件、智能仪表、新材料等技术优势向产业优势转化,使一批新材料、节能与环保等新兴产业初具规模。

大连是辽中南工业集聚区的副中心,要充分发挥其作为东北地区对外开放门户和"窗口"的作用,大力发展外向型工业,以直接参与国际地域分工为主导发展方向,努力将之建设成为东北地区的大型石化产业基地、电子信息产品和软件基地、先进装备制造业基地和船舶制造基地,重点发展服装、食品、日用轻工等轻工业,大力发展高新技术工业及新兴工业。

2. 长吉工业集聚区

长吉工业集聚区的布局重点是运输设备制造业、石化产业、绿色食品和中药的生产与加工工业。长吉工业集聚区以汽车、轨道车辆为主体的运输设备制造业是长吉工业集聚区的发展重点,应以一汽集团为龙头,在整车发展的基础上,整合现有零部件企业资源,重点培育吉林、四平、白城、辽源等中小城市的汽车配套能力,形成汽车电子电气、发动机附件、底盘、转向及传动等产业集群。以吉化为核心,积极发展精细化工、高性能合成材料和特种材料,建设我国重要的综合性石油化工产业基地;加大玉米、大豆精加工、畜禽乳产业化能力,建设我国重要的生态型绿色农产品加工基地;依托药材资源的开发,建设我国重要的中药生产与加工基地。

长春是长吉工业集聚区的核心城市。汽车工业是长春市经济的支柱产业,2003年工业产值占到全市工业GDP总量的近80%。虽然汽车、食品、光电子信息与生物医药并称为长春市四大主导产业,但长春的工业结构并没有形成四轮驱动的格局。将来长春市必须重点发展食品、电子、医药等产业,使其成长为支撑经济增长的产业平台,以延伸和弥补产业链,完善产业结构。

吉林是"一五"时期国家重点建设的老工业城市,具有相当的工业基础。发展方向是:努力盘活国有资产,壮大石化、汽车、冶金及食品制造等四大支柱产业,提升医药、轻纺、建材、电力四个优势产业,加快发展新材料、电子信息两个新兴产业,构筑吉林市产业结构的新格局,增强行业竞争的实力。

3. 哈大齐工业集聚区

哈大齐工业集聚区的布局重点是重型装备制造业、石化工业和特色农产品加工业。哈大齐工业集聚区是黑龙江人口和产业进一步集聚的区域,也是我国东北老工业基地振兴的核心之一。充分发挥地区资源优势和产业优势,通过体制改革和机制创新,优化区域投资环境,提升传统和新兴产业的国际竞争力,使其成为我国最重要的以电站成套设备、重型机械装备、重型数控机床为特色的装备制造业基地和石油化工基地;依托丰富的农产品资源和生态优势,打造北方最大的绿色和特色农副产品加工基地。积极发挥中小城市的产业配套和承接能力,重点培育阿城、双城、呼兰、肇东、安达等中小城市,形成人口和产业发展的新增长点,协调城乡全面发展。

哈尔滨是哈大齐工业集聚区的核心城市,要利用其优越的区位条件和加工工业基础,加大工业结构的调整,发展方向是:大力培育对国民经济具有重要支撑作用的装备制造、电子信息、汽车、食品、医药等支柱产业,提高产业集中度;以建设国家重要装备制造业基地为目标,加快改组改造步伐,在把汽车培育成支柱产业的同时,大力发展发电设备、飞机制造和基础零部件制造业,从总体上提高产业技术水平和竞争能力;以建设国家重要的高新技术产业基地为目标,积极引进、消化和吸收国外先进技术,开发有自主知识产权的高新技术,重点发展生物工程、新材料、光机电一体化、环保产业、焊接技术等高新技术产业。

大庆作为石油城市,石油经济占有绝大部分的比重,占全市经济总量的72.7%。发展方向是:抓好传统的石油、石化产业,加大力度扶植接续产业,推进地区再工业化和产业多元化,改变单一的工业结构。后续产业的发展要组织实施一批具有良好发展前景的大项目,利用现有优势搞好石油设备的加工制造,积极培育聚丙烯原料的后开发、新兴建材加工、农产品的深加工、乳制品业、制药业和光电等高新技术产业。

齐齐哈尔是黑龙江省老牌大中型国企比较集中的城市,推进工业结构优化升级的任务非常繁重。齐齐哈尔的工业结构调整方向是:继续推进一、二机床和黑龙、黑化、齐化集团的改制改组改造,围绕三大基地(装备工业基地、重化工业基地、绿色特色食品产业基地)的建设,加快发展优势产业,全面提升工业的整体素质。

4. 内蒙古东部和其他地区

内蒙古东部地区的发展重点发向是建设成为东北未来重要的能源基地、原材料基地和生态基地。国家应当将内蒙古东部地区纳入东北老工业基地振兴的框架内,对东北地区进行统一规划,并给予统一的政策支持力度。同时加大对与东北地区经济联系密切的大型煤矿、坑口电站、有色金属矿、冶炼基地、铁路改造、路网和高速公路建设、大型农牧产品加工等项目的建设力度,实现能源、原材料基地和基础设施的共同建设。内蒙古东部地区也应该成为东北老工业基地生态环境的治理重点。东北地区西南部呈现大范围沙化与盐碱化现象,并且发生区域不断扩大,为确保生态东北的建设,必须联合内蒙古东部地区进行全面规划、综合治理,才能恢复东北生态环境。

其他经济发展相对落后的地区,比如吉林西部、辽宁西部、通辽市和赤峰市等,要本着富民的原则,全面深化改革,鼓励个体经济和私营经济的发展,培育特色经济和优势规模经济,提高工业化水平,增强经济活力和市场竞争力。要落实支持政策,在基础设施、生态环境、农业产业化经营及煤炭、电力、石油加工、矿产资源开发利用、高新技术产业化项目建设等方面,通过加大建设资金投入和金融信贷扶持力度,改善投资环境,以尽快缩小与经济核心地区的发展差距。

第四节 结论与建议

1. 工业结构与布局的调整是东北地区可持续发展的核心问题

得益于其丰富的钢铁、石油等矿产资源和地缘政治优势,东北地区在"一五"时期被建设成为我国最大的重工业基地。但是这种以钢铁、机械、石油和化学工业为主导的工业结构带来了突出的社会经济问题。首先是东北地区的工业化质量和工业结构的经济效益偏低,尤其是90年代以后东北老工业基地陷入了衰退的境地。尽管工业总产值的增长速度在2000年以后已经超过全国的平均水平,但是东北地区工业总产值占全国的比重一直在下降。其次是在以重工业为主体的工业化过程中产生了较大的就业结构偏差,近些年来东北地区工业结构的转型造成了大量的下岗人员,就业形势十分严峻。最后,能源原材料产业规模的扩大加剧了同资源供给的矛盾,而且东北地区耗水耗能大的重工业在辽宁中部等地区的集中布局,给区域生态环境带来了沉重的压力。

2. 东北地区产业空间集聚和扩散效应开始显现出来

除辽中南工业集聚区外,长(春)吉(林)、哈(尔滨)大(庆)齐(齐哈尔)工业集聚区的雏形也已经形成,三大产业集聚区已成为支撑东北老工业基地改造和发展的核心,也是未来东北工业发展的重点区域。在未来10~20年内,三大集聚区的发展目标是:辽中南工业集聚区建设成为我国以石化和钢铁为主的原材料加工工业基地,我国乃至世界重要的以船舶制造、机床和大型装备制造业为主的装备制造业基地和以软件和计算机辅助配件为主体的高新技术产业中心;长吉工业集聚区发展成为我国最大的以汽车、轨道车辆制造和相关配件为主的运输设备制造业基地,同时也是重要的绿色食品和中药生产和加工基地;哈大齐工业集聚区建设成为我国重要的重型装备制造业、石油化工和农产品加工基地。

3. 建设在全国具有重要战略地位、结构相对完整的现代工业体系是东北地区工业结构调整的总体方向

在近期要增强钢铁冶金和石油化工等原材料工业的持续竞争能力,巩固钢铁和石油化工工业的优势地位。未来十年应着力发展成套设备、船舶、汽车、数控机床等支撑国民经济技术升级的装备制造业及零部件工业,建成我国以交通运输设备和重型成套设备为主导的装备制造业生产基地,形成以原材料与重型装备制造业并重的工业结构形态,确立东北在全国工业布局中的战略地位。此后,应实现工业结构向原材料、重型装备制造业和轻工业全面发展的结构转型。大力发展具有资源优势的食品加工、医药工业、家具制造业等轻工业,以及为原材料工业和装备制造业配套的电子、智能化仪器仪表等高新技术产业,构筑轻重工业协调发展、生产链条相对完整的工业体系。

参考文献

1. 贾敬敦、樊杰:《中国资源(矿业)枯竭型城市经济转型科技战略研究》,中国农业科学技术出版社,2004年。
2. 李诚固、李培祥等:"东北地区产业结构调整与升级的趋势及对策研究",《地理科学》,2003年第2~3期。
3. 栾贵勤、杨凤华:"谈民营经济与东北老工业基地的振兴",《经济视角》,2004年第1期。
4. 中国社会科学院工业经济研究所:《中国工业发展报告》,经济管理出版社,1997年。
5. 中国社会科学院工业经济研究所:《中国工业发展报告》,经济管理出版社,2003年。

第五章　能源和主要原材料产业的发展与基地建设

能源原材料产业在东北区域经济占有重要位置,而且其地位呈现上升的趋势:辽宁、吉林和黑龙江三省能源原材料产业占工业总产值的比重分别由1989年的34.73%、23.92%和41.88%上升到2001年的57.55%、37.37%和68.64%(图5—1)。钢铁工业、石油化学工业、煤炭工业和电力工业是能源原材料产业的主体。其中,石油化工的地位得到迅速的提升,在工业产值中的比重由1989年的17.63%上升到2001年的35.2%,而钢铁工业的相对重要性下降,其比重由1994年的12.76%下降到2001年的9.68%(图5—2)。

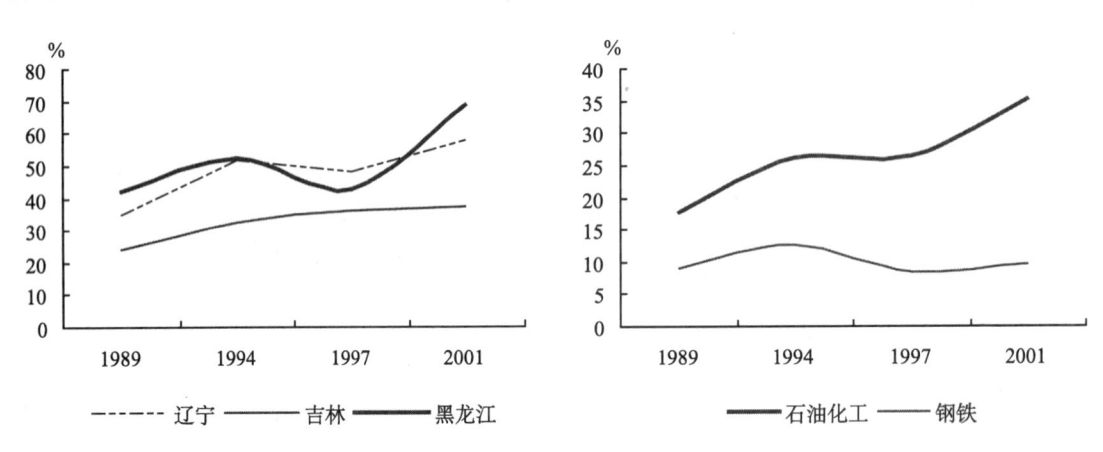

图5—1　能源原材料产业在工业中的比重　　图5—2　石油和钢铁工业在工业中的比重

注:能源原材料产业包括煤炭采选业、石油和天然气开采业、黑色金属矿采选业、有色金属矿采选业、非金属矿采选业、木材及竹材采选业、石油加工及炼焦业、化学原料及化学制品制造业、医药制造业、化学纤维制造业、黑色金属冶炼及压延加工业、有色金属冶炼及压延加工业、电力、蒸汽、热水生产和供应业、煤气生产和供应业。

振兴东北战略实施以来,各地区企业盲目上规模,忽略长远战略,将直接影响到东北地区的长远发展。以辽宁省钢铁工业为例,辽宁中部地区的鞍山、本溪、北台钢铁工业公司,目前是齐头并进,都在扩大规模,而缺乏区域之间的协调和长远的矿产资源战略以及空间战略,甚至鞍钢这样的大型联合企业连自己的企业发展战略都没有。社会经济可持续发展必然要求对能源原材料产业的发展和布局做出科学的规划。

本章对东北能源、原材料工业的发展基础、现状问题、市场前景进行了分析,提出未来发展应本着"优化存量、深化加工、集聚发展"的思路,调整基础原材料企业的规模结构与布局结构,形成具有国际竞争力以及亚洲地区主要的原材料生产基地。

第一节 钢铁工业的发展与基地建设

一、东北地区钢铁工业的发展现状和资源基础

1. 形成了具有全国意义的钢铁生产基地

东北地区作为全国重要的钢铁企业分布区,近年来在高速增长的市场需求的拉动下,钢铁工业取得了显著进展,2003年东北地区钢材产量达2500万吨,占全国的12.5%。辽宁省是东北钢铁工业的核心地区,2003年钢铁产量占东北地区的80%左右。东北地区钢铁工业的建立和发展开始于日本的殖民年代。20世纪30年代,为大肆掠夺我国资源,日本在鞍山建立了昭和制铁所(鞍钢的前身),本溪、抚顺、大连钢铁厂也相继建成投产,使辽宁省成为旧中国钢铁工业最集中的地区,其中鞍山制铁所的产量占全国总产量的90%以上(1931~1945年)。解放后,包括钢铁工业在内的辽宁工业一直是国家的投资重点,1957年辽宁的炼铁年产能力已达522.2万吨,炼钢年产能力达378.5万吨,轧钢年产能力达287.4万吨,分别比1952年增长了1.2倍、59.7%和61.5%。辽宁的钢铁工业成为中国重工业的基础工业。之后的近半个世纪,钢铁工业始终是建设和改造的重点,规模和技术水平不断提高。到目前为止,辽宁已建成以鞍钢、本钢为主体,大中小结合,普、特钢协调,原、辅材料基本配套自给的钢铁工业生产体系,在全国占有十分重要的地位。2003年辽宁省钢产量达到2169.40万吨,位居全国第二[①]。其中鞍钢1018万吨,在全国钢产量超过500万吨的13家钢铁企业(集团)的排名中列第二位;本钢720万吨,排名列第五位。东北地区其他重要的钢铁企业有:辽宁的大连特殊钢厂和抚顺特殊钢厂,吉林的通化钢铁厂和吉林铁合金厂,黑龙江的齐齐哈尔特殊钢厂。2002年东北区主要钢铁企业产品产量和经济效益见表5—1。

表5—1 2002年东北区主要钢铁企业产品产量和经济效益

	钢产量(万吨)	生铁(万吨)	钢材(万吨)	工业增加值(亿元)	利税(亿元)	利润(亿元)
鞍山钢铁集团公司	1006.65	1013.63	960.28	85.84	39.24	12.15
本溪钢铁(集团)有限责任公司	620.67	657.46	442.91	53	22	6.3
其中:北台钢铁有限责任公司	200.46	245.93	102.26			
抚顺特殊钢(集团)有限责任公司	53.33		42.56			

---

① 目前河北省是全国第一钢铁大省,2001年以来,河北省主要产品产量持续保持高增长发展态势,钢、生铁、钢材产量连续三年位居全国第一位,2003年钢产量达到4065万吨,占全国总产量的近1/5。

续表

	钢产量（万吨）	生铁（万吨）	钢材（万吨）	工业增加值(亿元)	利税（亿元）	利润（亿元）
大连钢铁集团有限责任公司	37.34		28.62	4.7		0.053
陵源钢铁公司	131.43	122.79	136.44			
抚顺新抚钢有限责任公司	70.05	68.45	50.51			
通化钢铁集团有限责任公司	209.35	202.52	206.58	44.84	5.08	1.05
北满特殊钢集团有限责任公司	14.90		12.92	18		

资料来源：《中国钢铁工业年鉴》(2003)。

2. 具有优越的资源基础和配套基础

辽宁钢铁工业是建立在本省丰富的煤、铁资源基础上的(图5—3)。鞍山一本溪铁矿石基地是我国最大的铁矿石基地，东西长85公里，南北宽60公里，面积约5000平方公里。该基地铁矿床几乎全为"鞍山式"沉积变质型，有大、中、小型铁矿床53处，其中大型19处，合计保有铁矿石储量106.5亿吨。鞍山附近几十公里地区内有大孤山、齐大山、眼前山、东鞍山、西鞍山、弓长岭等铁矿山，除了少数富矿需要外地调入，鞍钢所需的绝大部分铁矿石均可以就地供应。而且鞍钢在地理位置上接近燃料和各种辅助原料产地，相当一部分炼焦用煤可以由抚顺、本溪供应，不足部分靠黑龙江的七台河、双鸭山以及华北的河北、山西、内蒙古各煤矿补充。鞍

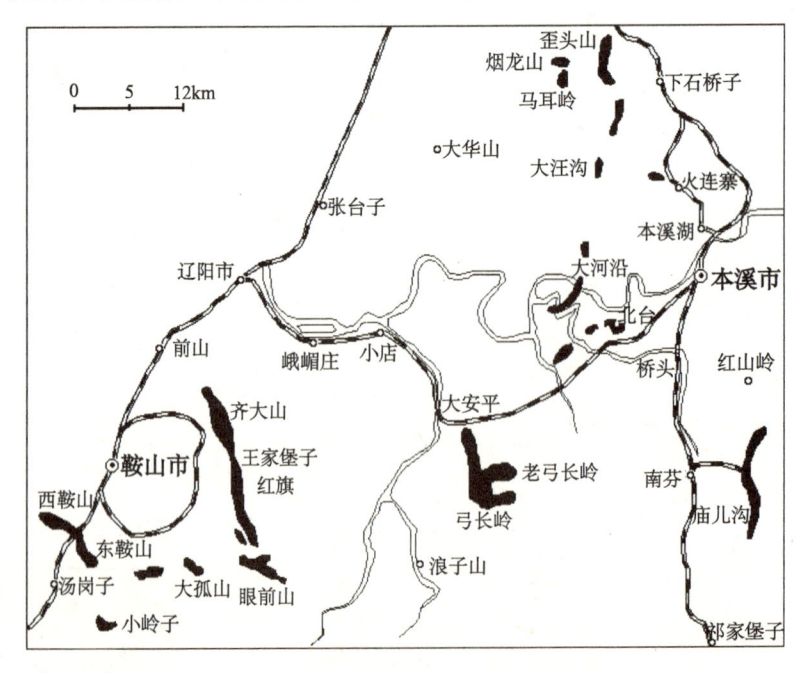

图5—3 鞍山一本溪地区铁矿分布示意图

钢同时又靠近沈阳、大连等钢铁消费中心,市场条件优越。经过重点建设的鞍钢,已经形成了一个包括矿山开采、选矿、炼焦、炼铁、炼钢、初轧、精轧以及耐火材料等 40 多项生产厂矿和一整套为生产服务的运输、动力、机械等辅助部门的大型钢铁联合企业。鞍钢所生产的钢铁,辽宁省内约消耗一半,东北三省合计约消耗 2/3,其余 1/3 支援其他各大区。本溪是东北第二大钢铁冶炼中心,本钢所需的原料主要来自周围南芬、歪头山、北台以及弓长岭铁矿山。本钢具有年产生铁 440 万吨、连铸坯 400 万吨、特钢 30 万吨、热轧板 400 万吨、冷轧板 100 万吨和镀锌板 30 万吨的综合生产能力。

二、东北地区钢铁工业发展存在的问题

1. 钢铁企业联合重组进展缓慢

钢铁企业联合、兼并和资产重组已经成为钢铁工业结构调整成败的关键。从世界范围来看,以资本竞争力为核心,资产重组和结构调整进入了一个新的阶段。一系列钢铁工业重组的突出案例有:德国蒂森和克虏伯实现了合并,2002 年钢铁产量达到 1700 万吨;日本钢管和川崎钢铁公司合并,生产能力近 3000 万吨,已经超过新日铁;法国的于齐诺尔钢铁公司、卢森堡的阿尔贝德集团和西班牙的阿西雷利亚公司合并组成阿塞洛(Arcelor)集团公司,该集团公司具有 4600 万吨的生产能力等。发展规模经济、提高劳动生产率对于东北三省钢铁工业的健康发展显得尤为重要。辽宁省钢铁企业共 36 户,50 万吨以上的只有 6 家,规模不到 50 万吨的小钢铁厂、小轧钢厂遍及全省,大多数企业受规模限制,产品竞争力不高,影响到东北地区钢铁行业整体素质的提高。而且在市场经济条件下,政府部门很难规划产业格局,而每个企业各自为战,难以避免新上项目的重复建设以及由于产品趋同而造成的激烈竞争,浪费了大量的人力、物力和财力,导致辽宁钢铁工业的地位和作用逐渐被削弱。尽管近几年东北三省钢铁工业的资产重组取得了一定的成效,如 2004 年 9 月东北 3 家国有大型特殊钢骨干企业大连钢铁集团、抚顺特钢集团和北满特钢集团,跨地域联合重组建立的东北特钢集团正式挂牌运营,成为中国专业生产特殊钢的龙头企业,但是鞍山钢铁集团、本溪钢铁集团的联合组建工作一直进展缓慢。

2. 钢铁产品深加工能力不足

从国产钢材自给能力看,2003 年自给率达到 100% 左右的品种有无缝管、线材、小型材、优型材、焊管、带钢等。国产钢材自给率达到 60%～90% 的品种有热轧薄板、镀锡板、中厚板,其中中厚板国产品市场占有率为 88.95%,比上年下降 5.5 个百分点;国产热轧薄板自给率下降到 64.6%,比上年下降 15.24 个百分点;镀锡板进口增长 30.48%,国内市场占有率 77.98%,同比又下降 3.68 个百分点。硅钢片、彩涂板、冷轧不锈薄板、冷轧薄板、镀锌板、镀铬板等品种,尽管这几年国内生产也有增加,但由于这些品种发展建设投资大,技术门槛高,产量发展严重滞后,长期来这些品种自给率低于 60%。尤其冷轧硅钢片严重供不应求,进口逐年增加,

2003年进口冷轧硅钢片的国内市场占有率高达62.8%。辽宁省的钢材产品以薄板、中厚板、型材和线材为主,在建和计划拟建的重大项目基本完成以后,产品结构基本趋于合理(表5—2)。目前存在的突出问题是板带材产品深加工能力不足,落后的工艺和装备所占比例高于全国平均水平,特殊钢企业分工不明确,缺少自己的拳头产品。

表5—2 2002年辽宁省钢材生产结构

	铁道材	大型材	小型材	优质型材	线材	特厚板	中厚板	薄板	带钢
产量(万吨)	46.7	12.8	352.1	115.1	202.2	25.7	504.9	527.7	79.2
增长率(%)	16.07	33.33	23.34	12.3	48.31	15.75	44.46	22.58	36.61

资料来源:《中国钢铁工业年鉴》(2003)。

3. 钢铁工业的集中布局导致了紧张的人地关系

辽宁钢铁工业集中在辽宁中南部、沈大干道沿线的鞍山、本溪、抚顺等地,致使该区人地关系矛盾紧张,煤电、供水和环境问题已经成为其进一步发展的严重制约因素。钢铁工业成为辽宁省耗能最大的部门(以耗煤为主,占总耗能的60%以上),占全省耗能的30%左右。辽宁中南部地区由于耗能工业集中,煤炭供需矛盾日益突出,自给率由1957年的90%下降到1986年的63%和2002的25%。煤炭运输加重了铁路的负担,影响了钢铁工业生产的正常运行。能源已经成为钢铁工业发展的制约因素之一。而且辽宁中部地区城市建设用地条件也不理想,其中本溪市最为典型。本溪市地处狭小的太子河谷底中,由于铁矿资源距这里仅有几十公里,市北彩屯有炼焦煤资源,附近有石灰石和黏土矿等,因此,以钢铁、建材工业为主的工矿企业很多,建筑密集、拥挤。目前,本溪市中心区建成面积69平方公里,人口139万,已无发展余地,如果继续发展重工业,这个狭小的河谷区将无法承受如此沉重的环境负荷。

三、东北地区钢铁工业的发展与布局

钢铁工业本身属于基础性原材料产业,其用户主要集中在建筑、汽车、铁路、造船、电力、贸易、电子、农业等部门,这些部门恰恰又是东北地区的优势行业,东北地区偏重的工业结构对钢铁工业发展具有巨大的拉力。因此,必须树立开放型的经济观念,在新的形式下重新制定东北地区钢铁工业的发展战略,注重发挥本地区的优势,优化产业结构、企业组织结构和空间组织结构,促进钢铁工业的可持续发展。

1. 加快组织结构调整,实现钢铁企业集团化

东北地区钢材总的生产能力略大于需求,供需基本平衡,资产重组和结构调整将是东北地区钢铁工业发展的关键环节。钢铁企业之间的重组联合不仅能使企业规模和竞争力做大做强,也有利于实现区域钢铁工业的合理布局。通过重组联合,让大型钢铁企业集中更多的产能,就能在企业内部统一规划,协调产业布局和产品结构,避免重复竞争,实现协调发展。2004

年抚顺特钢集团与大连钢铁集团公司重组形成辽宁特钢集团,它的成功给辽宁省钢铁业的下一步重组开了个好头。8月,鞍钢和本钢联合重组成立了鞍本钢铁集团,这对加快东北地区钢铁企业的组织结构调整将起到重要十分重要的作用。东北地区钢铁工业组织结构调整下一步的关键措施在于不断提高鞍本钢铁集团的国际竞争力,使其跻身世界钢铁"航母"之列,并按照企业自愿、政府推动、市场化运作的原则,推动以鞍本钢铁集团为核心的企业联合和资产重组。政府要鼓励钢铁企业按照市场经济的要求,以相互投资、相互参股等方式进行资产重组,实现优势互补和配置资源的合理化,推动东北地区的钢铁工业向专业化生产和规模化经营方向发展。

从目前来看,辽宁省钢铁企业的资本重组面临的障碍从根本上来说不是技术问题而是体制问题。辽宁省钢铁企业管辖关系复杂,既有中央企业,又有省属、市属企业,给资产重组造成了巨大障碍。以鞍本联合为例,鞍本钢铁集团尽管已经成立,但是其发展仍然面临着很多的体制遗留问题。鞍钢是中央直属企业,所得税交给财政部,本钢是辽宁省本溪的市辖企业,所得税交在当地,如果鞍钢、本钢完成合并,新的钢铁集团毫无疑问将变成中央企业,这就会涉及中央和地方间财政收入的分配问题以及分属中央和地方管辖的干部职工的整合问题;更为棘手的是20万大集体职工的出路问题(鞍钢14万,本钢6万),单靠国有企业本身不可能解决20万职工的安置,并且让鞍本背着20万大集体职工一起冲击国际钢铁强国也是不现实的。加快体制改革是东北地区钢铁工业发展的必由之路。

2. 加速产品结构优化升级

国民经济建设的巨大需求,推动了我国钢铁产品消费强度的大幅度提高,2003年钢材表观消费量达2.71亿吨,约占全球钢材消费总量的30%。巨大的国内需求为东北地区产品结构调整提供了契机。今后应当加快发展市场需求量大且附加价值高的板带材深加工产品以及汽车、机械、军工发展所需的高质量特殊钢材品种。板材生产企业要重点开发轿车面板、集装箱板、造船板、石油天然气管线钢、高档家电板、电站用板、桥梁板、压力容器板、冷轧硅钢片、不锈板等。特钢企业要重点发展轴承钢、不锈钢、工模具钢、汽车齿轮钢、弹簧钢、高温合金以及国防军工用特殊合金钢材料。建筑钢材生产企业要重点发展热轧H型钢,铁路、电力、桥梁、建筑用型钢,新Ⅲ级以上螺纹钢筋,预应力钢丝、钢绞线及其他钢材深加工产品。

钢铁工业骨干企业产品结构调整的战略为:以鞍钢、本钢为依托,重点发展宽厚板、热轧薄板、冷轧薄板、涂镀层板,建设精品板材基地;以东北特钢集团为依托,建成六大特殊钢精品基地和10条特殊钢精品生产线,建设优质特殊钢生产基地;以鞍钢、本钢为依托,利用自身工艺技术开发能力强、设备制造能力强的优势,通过企业联合组建大型成套设备制造公司和工程公司,建设冶金新技术、新工艺的开发基地和冶金工业成套设备的研发制造基地;鼓励支持各类非公有制企业,从事冶金深加工,发展建筑钢结构、工程焊管、冷弯型钢、涂镀层薄板、精密带钢、预应力棒线材等,建设钢材深加工产业基地。

3. 调整钢铁工业的空间布局

从人地关系协调发展的角度考虑,由于生态环境日益恶化,钢铁工业在辽宁中南部地区大规模的扩张将受到严格控制。在产品结构和企业组织结构调整的同时,完成钢铁工业空间布局结构的调整,总体方向是向沿海具有较大环境容量的地带转移。从铁矿石来源的角度考虑,辽宁省目前铁矿石的自给率大约为80%,冶金工业发展所需的辅助原料基本可以立足本地解决,但是随着钢铁企业规模的扩大,进口优质矿石的规模将会逐年增加。鲅鱼圈港作为东北地区进口铁矿石量最大的港口,2003年共进口铁矿粉361万吨(占2003年东北区进口铁矿粉的72%)。

基于上述因素,从资源型向资源-市场型转变是东北钢铁工业布局的未来方向。辽宁省钢铁工业应该向利用进口矿方便的营口鲅鱼圈等沿海地带转移。沿海地区地势比较开阔,有方便的水运,在这里建设大型钢厂,既可以减轻中部经济核心区的压力,又可以促进沿海地区经济的发展。

第二节 石油化学工业的发展与基地建设

一、东北地区石油化学工业的发展现状以及资源基础

1. 形成了门类齐全的工业体系

东北地区是我国重要的石油和化学工业基地,2002年东北地区石油和化学工业全部独立核算工业企业总产值(当年价)为1291.63亿元,占全国石油和化学工业全部独立核算工业企业总产值的8.6%。从我国第一个五年计划建设的吉化公司和从日伪接收后经改造发展建设的大连化学公司和锦西化工总厂三大化工基地开始,经过几十年的建设,东北石油和化学工业已经基本形成了一个门类比较齐全,具有一定基础的工业体系,包括石油天然气开采、石油化工、化学肥料、无机化学品、烧碱、纯碱、基本有机原料、新型化工和精细化工等主要行业。

石油和天然气开采、石油加工是东北地区石油和化学工业的主体,2003年两者销售收入和资产所占比重居石油和化工各行业之首,占整个石油和化学工业比例分别为76.4%和63.0%(图5-4)。作为东北地区的支柱产业之一,石化工业具有比较好的基础条件,辽宁省有八大石化公司:抚顺石化、大连石化、锦州石化、锦西石化、辽阳石化、辽河分公司、大连西太平洋公司和鞍山炼油厂,组合成了大连、抚顺、锦州三大炼油基地以及辽阳化纤基地、抚顺石油化工基地;吉林省有吉化、前郭石化两大石化公司,黑龙江有大庆炼化、大庆石化、哈尔滨石化三大石化公司。石油化学工业已经形成5个炼化一体化的大型石化企业,2003年乙烯能力为143万吨,产量达156.2万吨,分别占全国能力和产量的25.6%和25.5%,乙烯装置开工率为109.2%,与全国的109.6%基本相当。石油化学工业的健康发展对东北经济振兴将起到十分

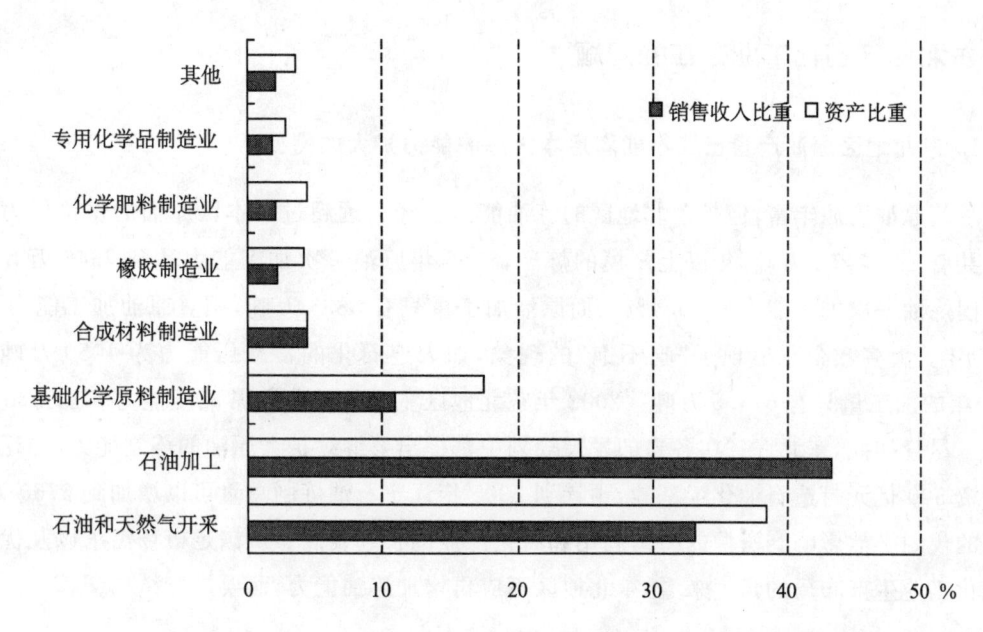

图 5—4 2003 年东北地区石油和化工各行业销售收入和资产比重（%）

重要的作用。

2. 得天独厚的资源优势

石油和天然气是石油化学工业最基本的原材料，东北地区具有发展石油化工得天独厚的资源优势，已探明的石油储量占全国石油储量的 45%。黑龙江省内的大庆油田是全国最大的油田，大庆油田南北长 138 公里，东西宽 73 公里，含油面积 4103 平方公里，原油产量长达 28 年高产、稳产在 5000 万吨以上。尽管近年来大庆油田的原油产量呈现持续下降的态势，从 1998 年的 5570 万吨下降到 2002 年的 5013 万吨和 2003 年的 4840 万吨，但是原油产量一直占全国总产量的 30%～40%，为发展石化工业提供了丰富的原料。除大庆油田外，吉林省的扶余、前郭一带盛产石油和天然气，2002 年扶余油田原油产量为 423 万吨。辽宁省内的辽河油田是渤海湾油气区的重要组成部分，2002 年辽河油田和沈北油田原油产量达到 1351 万吨。东北三省合计原油产量为 6802 万吨，占 2002 年全国原油产量 16887 万吨的 40.3%。1998～2003 年大庆、辽河和吉林三大油田原油产量见表 5—3。

表 5—3 1998～2003 年大庆、辽河和吉林三大油田原油产量（万吨）

	1998 年	1999 年	2000 年	2001 年	2002 年	2003 年
大庆油田	5570.4	5450.2	5300	5150.16	5013.1	4840.03
辽河油田	1452.1	1430.4	1401	1385.01	1351.15	1322.1
吉林油田	397.1	380.1	375	404.3	444.03	475.09

资料来源：王晓心："1998～2003 年全国各油田原油产量"，《国际石油经济》，2004 年第 2 期。

二、东北地区石化工业存在的问题

1. 东北地区原油产量已经不能满足本区炼油能力扩大的需要

尽管原油资源丰富,但是东北地区的炼油能力已经远远超过了本区原油的供给能力。东北区共有 13 家 250 万吨/年以上规模的炼厂,2002 年原油一次加工能力达到 7640 万吨/年,占全国炼油一次加工能力的 26.4%。而原油加工量只有 5833 万吨,闲置原油加工能力 1807 万吨/年。大多数企业出现了"吃不饱"的现象,如大连石化的常减压能力为 1050 万吨/年,2002 年的加工量只有 674.5 万吨。2002 年东北地区主要炼油企业常减压能力和加工量见表 5—4。尽管如此,东北三省在各自的发展规划中都提出要继续扩大原油的炼制能力,如辽宁省将投资 500 亿元打造石油化工基地,预计到 2005 年辽宁石油炼制总量可以增加到 6760 万吨,这样的规划必然影响到资源的持续利用和石化产业的长远发展。从满足市场需求以及优化全国石化工业生产布局的角度来看,东北地区不应再增加炼油能力,而要进行结构调整。

表 5—4　2002 年东北地区主要炼油企业一次加工能力

地区	企业	常减压能力(万吨/年)	加工量(万吨)
辽宁省	抚顺石化分公司	920	821.7
	大连石化分公司	1050	674.5
	大连西太平洋分公司	800	670.7
	辽阳石化分公司	550	307.5
	锦西石化分公司	550	492.6
	锦州石化分公司	550	500.9
	鞍山炼油厂	250	95.6
	辽河石化分公司	410	230.6
吉林省	吉林石化分公司	530	456.1
	前郭石化分公司	330	173.1
黑龙江省	大庆炼化分公司	800	670.7
	大庆石化分公司	600	535
	哈尔滨石化分公司	330	204.4
合计		7640	5833.4

2. 乙烯装置规模小而分散

东北地区的石化企业大部分以炼油为主,而不是以深加工为主,炼油企业虽然有投资少、见效快、工艺简单等特点,但是其附加值却远低于石油深加工企业。乙烯的生产能力被看作是反映一个国家和地区石油化工总体实力的主要标志,东北地区乙烯装置平均规模只有28.6万吨,低于30~45万吨/年的经济规模和全国平均规模。而且东北地区炼化一体化程度相对较弱,大部分企业是纯燃料型炼厂,如抚顺石化,虽然具有近千万吨级原油加工能力,但下游乙烯规模仅14万吨/年,不太相称。乙烯装置规模小而分散,导致了乙烯生产的能耗、物耗相对较高,除了吉化外,其他企业都与全国平均水平持平或者处在全国平均水平之下。另外,东北地区石化工业产品中精细化工的比例很低,仅有9.26%,大大低于全国35%左右的平均水平。目前从全国范围来看,作为乙烯重要原料的石脑油已经成为紧俏商品供不应求,由于东北地区缺乏大型的乙烯项目,大量石脑油被迫南下和出口。按照国际平均效益推算,原油炼制、乙烯生产和精细化工三个链条石油产品的经济效益比率是1∶5∶10的关系,这就意味着东北石化企业每年仅仅赚取石油炼制部分的销售收入,而乙烯生产的高附加值部分被南方城市和外商拿走。从这个意义上说,东北地区只是我国的炼油基地,而不是石化基地,这就严重影响了东北石化的可持续发展。

3. 所有制结构不尽合理,社会问题比较突出

东北地区的石油开采、石油炼制和石油化工企业很大一部分是中央直属企业,大庆油田、辽河油田、吉林油田、大庆石化、辽阳石化、吉林石化等都归中国石油所有,这些企业的健康发展对于东北石油和化学工业乃至老工业基地的经济腾飞起到关键和决定性的影响。但是国有经济比重过大,缺乏富有市场竞争力的非公有制经济的参与和竞争。传统产业缺乏活力,是东北工业长期以来调整改造动力不足的主要因素。东北石油和化学工业存在类似的问题,2003年东北石油化学工业国有和国有控股企业资产占总资产的比例为89.4%,高出全国平均水平17.61个百分点。这种所有制结构的结果是:一方面,国有企业冗员多,给企业的发展背上了包袱。至2003年底,东北地区石油和化学工业国有和国有控股企业从业人数占全部从业人数的74.23%,比全国高18.21个百分点。另一方面,由于银行部门的贷款大都流向了国有企业,使得地方石化企业虽求钱若渴,但融资困难,后劲乏力。2003年吉林省石化工业中,吉化、吉林油田两大企业的产值占了全省产值的89%,销售收入的93.7%,利润占102%,而数量众多的地方石化企业,由于规模小、装备差、技术落后等原因,总体呈现亏损状态。

三、东北地区石化工业结构的优化调整

东北地区石油化学工业的发展目标是建立具有国际先进水平的石化基地,控制石油炼制能力的扩大,大力发展石油化学工业;推进所有制结构调整,增强石化产业的发展活力;拓宽石油来源渠道,加快石化产品出口步伐(图5—5)。

1. 控制石油炼制能力的扩大

东北地区石油和化学工业七成以上是石油天然气开采和石油加工业,原油产量占全国的

```
                    ┌─────────────────────────┐
                    │ 具有国际先进水平的石化基地 │
                    └─────────────────────────┘
                     ↙          ↓          ↘
              ┌────────┐  ┌────────┐  ┌────────┐
              │产品结构│  │所有制结构│  │原料结构│
              └────────┘  └────────┘  └────────┘
```

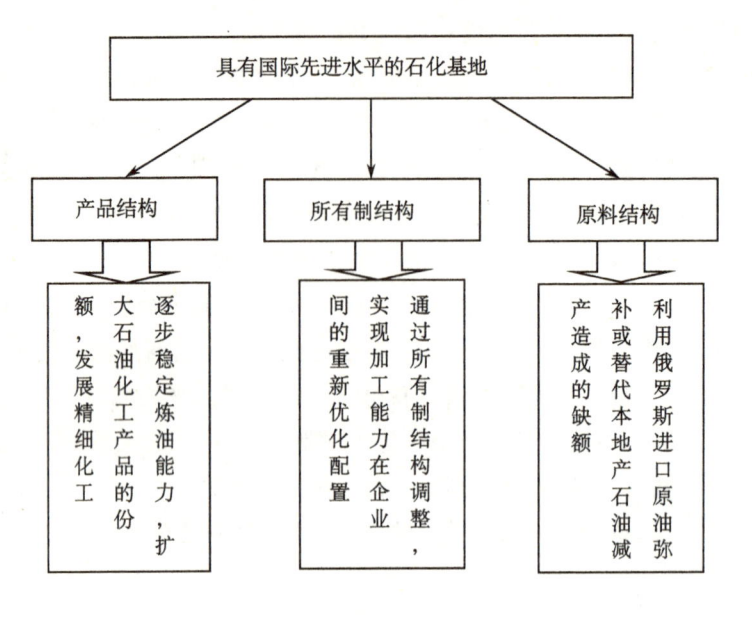

图 5—5 石油化学工业的发展战略

- 产品结构：逐步稳定炼油能力，扩大石油化工产品的份额，发展精细化工
- 所有制结构：通过所有制结构调整，实现加工能力在企业间的重新优化配置
- 原料结构：利用俄罗斯进口原油弥补或替代本地产石油减产造成的缺额

40%以上，原油炼制生产的成品油，当地无法消化，大量过剩外运。以 2002 年生产的汽、柴油为例，东北生产量 3266 万吨，而需求量只有 1152 万吨，区内过剩 2114 万吨，大量产品运往华东、华北和中南地区。地区石油化工布局应当符合全国宏观布局合理性的要求，炼油厂最好在消费地建设，因为加工原油与所产石油产量在数量上几乎相等，加上石油产品种类繁多、不便运输等原因，远离消费地多支出运输费用 10% 左右。因此从原则上来说，东北地区应当控制石油炼制能力的扩大。

根据炼油工业的区位特点和石油炼制工业的区位分布，东北地区的石油工业可以分为黑吉地区和辽宁地区两个基地。黑吉地区有大庆、吉林两个油田，原油产量位居全国第一，主要炼油厂有大庆、吉林以及林源、前郭、哈尔滨等，但是由于偏处东北角，加之辽宁油品过剩大量入关，其原油加工的消费市场应以满足区内需要为主。目前该区的原油加工量与各种油品（燃料和化工）的消费量基本保持平衡，应当逐步稳定大庆等炼油厂的炼制能力。辽宁地区如抚顺、大连、锦西、锦州、鞍山以及辽阳、盘锦等炼油企业，原油加工能力远大于辽河油田产量和辽宁消费需要。锦西、锦州、盘锦、鞍山、辽阳就近加工辽河油田的原油，而抚顺、大连则加工大庆油田的原油。2002 年辽宁石油炼制总量达到 4048 万吨，占据了国内石油加工市场份额的 18.7%；乙烯生产占全国的 8.4%，居国内第七位；塑料树脂及共聚物生产占全国的 8.3%，居国内第五位；合成纤维单体生产占全国的 15.7%，居国内第三位；子午线轮胎生产占全国的 10.7%，居国内第三位。辽宁炼油基地可谓大进大出，这种现象不尽合理，今后不宜再扩大石油加工能力，应加强石化产业的发展。

2. 大力发展石油化学工业

石油化工是化学工业的主体,也是现代化学工业的代表,其技术先进、产品链条长、带动面宽、规模化程度高、产品市场旺盛、前景好,因而石化工业发展的空间大。我国石化产品的自给率低,大量石化产品靠进口满足需求,如乙烯的国内产量满足率为40.6%,合成树脂满足率为50%,相当一部分精细化工产品的国内市场满足率更低,巨大的国内市场给石油和化学工业的发展提供了契机。

东北地区的石油和化学工业要改变现有的状况,产品结构需要战略性调整。要做大乙烯装置,压缩燃料型炼油厂的比例,扩大石油化工产品的份额;延长石化产品链,发展后加工产品;发展适销对路的精细化工。从世界经验看,大石化基地基本上是炼化一体化布局,以达到能源、物资和公共工程的优化共享,追求效益最佳化。目前东北地区石油化工企业的布局相对分散,因此将来要增大炼化一体化程度,加快石化企业向世界大企业靠拢。

东北地区的石油化学工业要成为区域经济的支柱产业,必须要加强与汽车、制药等相关产业的有机联系。支柱产业的基本特征是:在国民经济中具有较高的比重,产业集中度和技术水平高,与其他产业的关联度高,对其他产业具有明显的拉动作用。东北地区的石化产业不仅高附加值产品比例偏低,技术创新能力不强,而且对相关产业乃至整个经济的拉动作用也远远没有发挥出来。因此东北地区的石化产业在结构调整的同时,要形成以龙头企业为中心,通过产业链有机集聚的产业集群。例如,吉林石化公司每年生产6大类100多个品种,这些产品与吉林省的汽车制造、农产品加工、制药、建筑以及其他日用消费品的生产关联度很高,加强上下游产业的有机联系,能够充分发挥石化产业的连锁效应、增值效应和拉动效应。

3. 推进所有制结构调整,增强石化产业的发展活力

加快企业的股份制改造,积极推进投资主体的多元化,是东北地区石油化工国有企业改革的主要方向。民营经济和外来资本的进入,对于东北地区石化产业优化行业结构、提升生产技术水平、增强行业竞争力、发展区域经济都有着十分积极的意义。以辽宁盘锦乙烯厂的改造为例,盘锦乙烯厂是我国唯一的一套地方所有的国有乙烯企业,长期以来由于缺乏原料来源和资金,乙烯生产规模扩能改造的愿望始终得不到落实,乙烯仅能维持中小规模生产,企业经济效益较差。2002年在辽宁省政府的策划和促进下,由民营企业大连实德集团发起,计划组建中外合资公司,对盘锦乙烯厂进行扩能改造,并相应建设40万吨/年 VCM/PVC 产能,该项目已由国家批准立项。乙烯改造的原料油可能由合资外方提供,拓宽了原料和资金渠道,反映了国企改革和发展的出路所在。

4. 拓宽石油来源渠道,加快石化产品出口步伐

东北地区石化产业要充分考虑国内外两种石油资源,多种渠道、多种方式增加原油进口,尤其是与中东及俄罗斯等产油国建立长期、稳定的合作关系,促进俄罗斯向东北地区输送石

油、天然气管道工程的尽快实施。在炼油和石油化工方面,充分利用国内市场优势,与国外大公司开展多种形式的合资合作,积极引进国外资金及先进技术,推进乙烯、原油加工、合成材料等大型项目的建设。利用沿海地区的地理位置优势和港口条件,把沿海地区建成具有国际竞争力的石油化工基地,主要内容是通过对大连地区炼厂的扩能和改造,使大连地区成为我国石化产品出口的"窗口",其产品既可以满足国内市场,也可以利用其优良的港口条件出口到国际市场,逐步建立稳定的出口渠道和固定用户。

第三节 能源工业的发展与基地建设

一、东北地区能源工业的基本特征

1. 能源的生产和消费在空间上不相吻合

建设强大的重工业基地和具有地域特点的经济体系,必须靠相应的能源工业来保证。从总体上来看,目前东北三省能源的生产和消费能够基本保持平衡,2002年能源生产总量为19518万吨标准煤,能源总量为19498万吨标准煤。但东北三省内部能源的生产和消费在地域上存在较大的差异。黑龙江是能源资源比较丰富的地区,2002年能源盈余5512.4万吨标准煤;辽宁是能源的消费中心,缺口达到4524万吨标准煤;吉林对能源的需求量也较大,标准煤盈余量较小,为151.19万吨。2002年东北地区一次能源的生产量和消费量见表5—5。

表5—5 2002年东北地区一次能源的生产量和消费量(万吨标准煤)

		黑龙江	吉林	辽宁	内蒙古
能源生产总量 27940.27	总量	11716.6	1991.17	5809.8	8422.7
	原煤	4201.9	1297.70	3695.03	8193.5
	原油	7185.0	602.55	1928.85	118.0
	天然气	268.7	29.14	162.67	102.8
	水电	61.0	61.78	23.24	8.4
能源消费总量 23419.88	总量	6204.2	1839.98	10333.5	5042.2
	原煤	3715.8	1323.44	5166.75	4851.2
	原油	2180.0	87.67	4960.08	180.1
	天然气	247.4	34.61	186.003	2.6
	水电	61.0	394.26	20.667	8.3
平衡		5512.4	151.19	−4523.7	3380.5

资料来源:各省区统计年鉴。其中,内蒙古的能源生产总量和能源消费总量为全自治区的数据。

2. 煤炭和电力在能源结构中的地位不断下降

东北原来的能源工业以采煤、发电、油页岩炼油为基础。"一五"和"二五"时期,东北区的煤炭、电力、石油产量,都曾居全国的首位。"二五"以后,华北煤炭产量超过东北,华北电力生产也超过东北,但是东北的煤电生产仍然居全国的第二位。大庆油田开采以后,东北石油产量一直居于全国首位,并使东北能源工业构成发生了巨大的变化。从产值来看,石油工业的产值在1952年占能源工业的16.3%,1965年超过煤电产值的总和,占50.6%,1975年则是煤电总和的2倍,1990年更超过煤电总和的3.3倍,一直保持领先地位。东北地区原来是煤、电、石油基本自给的地区,现在则是煤、电不足,石油输出的地区。

二、东北地区煤炭工业的发展与展望

1. 东北地区煤炭资源的特征

东北地区煤炭资源丰富,含煤地层分布较广,焦煤、肥煤、气煤、瘦煤、贫煤、褐煤、无烟煤、长焰煤等煤炭品种牌号齐全,其中肥煤和主焦煤是稀缺品种,焦煤、气煤、褐煤储量丰富。煤炭资源总储量707.5亿吨,主要分布在蒙东地区的呼伦贝尔、霍林河周边及赤峰地区,以及黑龙江东部的三江穆棱区,辽宁省、吉林省、黑龙江省和蒙东地区煤炭储量分别占全区的9%、3%、30%和58%。此外,紧邻东北地区的内蒙古中部锡林郭勒盟煤炭资源十分丰富,可作为东北地区煤炭资源的重要补充。东北地区的煤炭生产,担负着冶金、发电、化学、运输和民用燃料等多方面的需要。

2. 东北地区煤炭的生产与消费

东北地区煤炭市场仍然是一个相对封闭的市场,长期以来东北地区的煤炭在黑龙江、辽宁、吉林三省范围内自产自销、相互调拨、区域平衡,相对于全国煤炭市场的大起大落,东北地区煤炭市场一直处于低位运行状态。煤炭供求关系在20世纪80年代以前供不应求,制约着国民经济发展,到90年代初供求基本平衡。90年代中期以后,煤炭开采量迅速增长,出现了供大于求的现象,1996年东北地区煤炭产量高达1.9亿吨。由于国家执行了关井压产的政策,1997年以后逐年下降,到2001年的煤炭产量只有1.39亿吨,煤炭供求关系又基本趋于平衡。近两年,由于东北地区国民经济持续好转,煤炭需求又出现新的紧张,刺激东北各产煤省区在增加产量。从1995年到2001年东北地区原煤产量见图5—6。

从产销平衡来看,辽宁、吉林两省的抚顺、阜新、辽源、通化、营城等老矿,产量都进入下降期,而黑龙江东部的鸡西、鹤岗、双鸭山、七台河和内蒙古东部霍林河、扎赉诺尔等煤矿仍在上升时期。1990年的煤炭产量,黑龙江占43%,吉林和内蒙古各占15%,辽宁占27%(最高时占东北的55%);2002年原煤产量共计1.4亿吨,黑龙江占38%,吉林占11%,辽宁占30%,内蒙古东部占21%。2002年东北地区各大煤矿煤炭生产情况见表5—6。辽宁省和吉林省虽然产

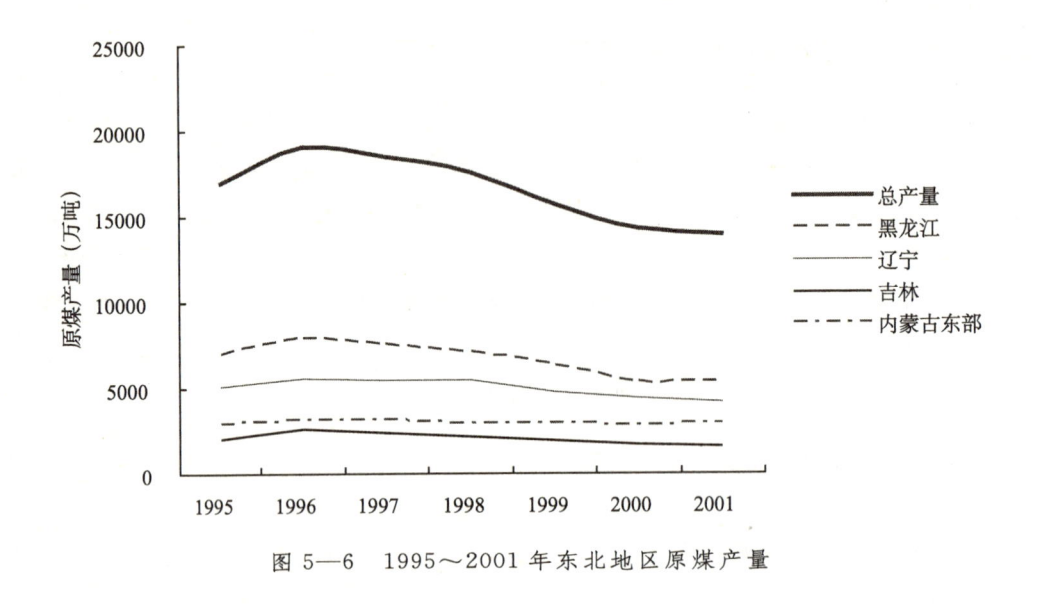

图 5—6　1995～2001 年东北地区原煤产量

量不少,但是消费量更大,动力煤和焦煤均感不足,需要从黑龙江和内蒙古东部以及华北调入。东北地区的煤炭缺口主要由山西、陕西地区供给,1999 年至 2002 年每年从关内运往关外的煤炭数量接近 2000 万吨。北煤南运和西煤东运是东北区产销布局的重要特点。

表 5—6　2002 年东北地区重点煤矿生产情况

内蒙古东部		黑龙江		辽宁	
煤矿	实际年产量(万吨)	煤矿	实际年产量(万吨)	煤矿	实际年产量(万吨)
平庄煤业集团公司	802.31	鸡西矿务局	808.52	抚顺矿务局	577.84
霍林河煤业集团公司	736.90	鹤岗矿务局	1402.48	阜新矿务局	904.61
扎赉诺尔煤业公司	350.20	双鸭山矿业集团公司	939.19	铁法矿务局	1679.02
大雁煤业公司	265.30	七台河精煤公司	1300.00	南票矿务局	189.46
宝日希勒煤业公司	210.00			沈阳矿务局	654.40
伊敏煤电集团公司	493.77				

资料来源:《中国煤炭工业年鉴》(2003),煤炭工业出版社,2003 年。

3. 东北地区煤炭工业的问题与对策

东北地区煤炭工业的发展面临着一系列问题。东北地区的抚顺、阜新、北票、南票、辽源、舒兰、通化、蛟河等矿区将有一大批矿井报废,整个矿区也趋于衰老报废,造成 30 多万煤矿职工下岗,并留下了许多需要转型的资源枯竭城市。煤炭生产也存在着较大的安全隐患,煤矿事故时有发生。东北现有煤炭保有储量仅占全国的 0.5% 左右,而目前东北的能耗已经占全国的10%以上,且随着东北产业的振兴,对能源的需求必将迅速增长,能源供给的瓶颈效应将很快凸显,钢铁冶金等高能耗产业的发展将首先受到制约。

东北地区煤炭生产是电力及供热、冶金、建材、化工等行业的主要能源保证,为了满足国民经济发展对煤炭的需求,从战略上考虑,应当做好以下几个方面的工作。第一,要加强地质勘探,保持适当的勘探规模,同时稳定老矿区规模,延长矿井服务年限。煤炭工业从投资到见效周期很长,煤田从普查到设计、建井大约需20年左右的时间,因此要使煤炭工业有一定的发展速度,必须加强地质勘探工作。东北地区很多城市都是随煤矿发展而建设起来的,这些矿区的煤炭资源一旦枯竭,城市发展就要受到严重影响,所以应努力延长老矿区的服务年限,尽快实现资源型城市的结构转型。第二,要加速开发内蒙古东部煤田,提高区内煤炭自给水平。蒙东地区内蒙古东部现保有储量450亿吨,加上预测储量可达1300~1400亿吨,目前的开发强度不够。从长远的观点看,加大该区的地质勘探和煤炭资源开发是解决东北能源问题的重要途径。第三,要努力提高煤炭企业的核心竞争力。主要举措是正确的处理煤炭价格上涨与企业实际受益少的矛盾,生产安全欠账多、装备落后与煤矿安全生产的矛盾,煤矿职工工资水平低、生活困难与调动积极性的矛盾,煤炭企业办社会包袱沉重与提高企业经济效益的矛盾,矿区技术人才缺乏与煤炭企业对各类人才需求的矛盾。

三、东北地区电力工业的发展与布局

1. 东北地区电力工业的现状特征及存在问题

为了适应各工业中心电力负荷的增长,东北区在煤炭、水力资源的基础上,发展了强大的电力工业。火力发电和水力发电的设备能力,都占全国重要地位,并形成了区域性的大电力网。东北电网覆盖东北三省和内蒙古的赤峰、通辽地区,供电面积120多万平方公里,服务人口1亿左右。全网装机容量由1990年的1500万千瓦扩大到目前的3940万千瓦,目前最大用电负荷为2580万千瓦,富余容量大约为520万千瓦。

东北电网以火电为主,其次为水电和一部分石油发电,火电的比重日益增长(表5—7)。在东北区电力工业装机总容量中,1949年火电比重为57.6%,1965年为77.5%,现在则已经达到86%左右。火电主要分布在煤炭产区的内蒙古东部和黑龙江地区,以及大连、绥中等港口城市,厂网分开以后,这些发电厂分别划归华能、华电等五大发电集团。东北区虽有1200万千瓦水电的资源潜力,但是远不如煤炭资源丰富和利用方便,水电装机容量只占14%,发电量占4.79%。大型水电站有丰满、白山、红石、云峰、水丰、桓仁和镜泊湖等,白山水电站是东北区最大的水电站。水电目前全部保留在东北电网有限公司,作为调峰、调频和事故备用的应急电厂。东北区电站的分布,仍然以南部较多,辽宁省的装机容量和发电量均占全区的一半以上。东北电网由绥中电厂和华北电网相连,送电能力约80万千瓦,年送电量约46亿千瓦时。

表 5—7 2002 年东北电力系统生产情况

	装机容量				发电量			
	合计（万 kw）	其中(%)			合计（万 kwh）	其中(%)		
		水电	火电	其他		水电	火电	其他
东北电力系统	3986.45	14.22	85.59	0.20	16762839	4.79	95.14	0.07
内蒙古	362.99	0.71	99.29	0.00	1797500	0.11	99.89	0.00
辽宁	1572.98	8.02	91.48	0.50	7212385	2.15	97.68	0.17
吉林	893.91	39.98	60.02	0.00	3093374	15.84	84.16	0.00
黑龙江	1156.57	6.98	93.02	0.00	4659580	3.35	96.65	0.00

注：表中内蒙古的装机容量和发电量使用的是全自治区的数据。
资料来源：《中国电力年鉴》(2003)，中国电力出版社，2003年。

2. 东北地区电源的规划与布局

东北地区能源资源和电力负荷分布很不均衡，电力负荷集中在沿哈尔滨至大连及沈阳至山海关铁路沿线附近的大中城市，这些地区的负荷占全区总用电负荷的 60% 左右，是东北电网的主要受端。而电源基地主要分布在内蒙古东部和黑龙江东部。目前东北电网的电力流向是"西电东送，北电南送"的格局。从发展来看，这种格局也不会改变，而且趋势还将越来越大。辽宁煤、电供给的缺口最大，吉林也不足。东北地区电源和负荷分布的特点，决定了东北电网必须坚持统一规划，以实现全区乃至更大范围内的资源优化配置。

近期和中期解决东北区能源供需矛盾的主要途径，是挖掘黑龙江省煤炭资源潜力和进一步开发内蒙古东部的大型煤矿，在鹤岗、鸡西、伊敏河、霍林河、元宝山等地建设若干大型的坑口电站。以电力为中心，以煤炭为基础，煤电一体化发展是东北地区能源工业建设的核心。与此同时扩大哈尔滨、齐齐哈尔等主要工业城市负荷电厂的生产规模，积极开发黑龙江水电资源（中俄合作），形成水电梯级开发系统，将黑龙江和内蒙古东部打造成为东北地区的能源基地。

从长远看，在辽宁省沿海地区大力发展核电是东北地区改善能源结构的重要战略措施。转用核电的原因主要有两个，一个是辽宁省目前的电厂多半为火电厂，随着煤炭资源的不断开发，能源不足早晚都会成为最大的问题，而且在煤炭运输方面也存在一些难题，有时甚至出现能源供应不上的现象，因此转换发电能源的问题迫在眉睫。另一个原因则是取决于辽宁所处的地理位置，因为风电和水电都要求风速、水源及水库容量等达到一定程度才可以发电，辽宁只有少数地区能够建设这种电厂，因此建核电站已成为解决辽宁省电源问题的最佳办法。

3. 东北地区电网的规划与布局

加强省间输电通道建设，提高"北电南送"能力。在黑吉省间 4 回 500 千伏输电线路的基础上，再建设 2 回 500 千伏输电线路，使黑吉断面极限输送容量达到 400 万千瓦。吉辽省间建设第4回500千伏输电通道,使吉辽断面极限输送容量达到480万千瓦。通过上述工程的建设,满足黑龙江东部电力送电的需要。

开辟蒙东煤电基地送电辽宁的新输电通道,实施"西电东送"战略。适时安排建设呼伦贝尔至辽宁的直流输电工程,在筹建霍林河及周边地区、锡盟白音华及赤峰地区煤电基地的同时,分别建设至辽宁负荷中心的500千伏交流输电通道,以保证上述煤电基地向辽宁负荷中心送电。

建设坚强的受端电网,保证地区供电安全。重点加强黑龙江中部、吉林中部、辽宁中部、大连地区四个主要受端电网的建设,基本形成500千伏受端环网。其中,辽宁的沈抚本鞍辽地区形成500千伏双环网,保证受端电网运行安全。统筹规划电源电网,提高主干网架输电能力。

到2010年,东北区域电网电力供需基本平衡,"西电东送"、"北电南送"的输电网架结构和大庆、哈尔滨、长春、沈阳、大连等负荷中心500千伏受端环网基本形成,黑龙江东部煤电基地已经形成,蒙东呼伦贝尔煤电基地开始建设,霍林河及周边、锡盟白音华煤电基地初具规模,电源布局和电网结构更加优化,优化配置电力资源的能力进一步加强。

第四节 结论与建议

1. 能源原材料产业在东北区域经济中的地位呈现上升趋势

东北地区的能源原材料产业是建立在其得天独厚的资源优势基础上的。鞍山—本溪铁矿石基地是我国最大的铁矿石基地,合计保有铁矿石储量106.5亿吨;大庆油田是全国最大的油田,东北地区已探明的石油储量占全国石油储量的45%。由于近年来我国基本建设规模加大,对基础原材料需求旺盛,而且随着东北老工业基地振兴战略的实施,中央政府加大了对东北地区的投资力度,东北地区的钢铁、石油化工、电力行业呈现出了较快的增长态势。

2. 东北地区能源原材料产业的结构性矛盾并没有得到根本的改观

钢铁企业的资本重组进展缓慢,鞍山钢铁集团、本溪钢铁集团联合重组以后仍然面临着很多的体制遗留问题;钢铁产品的结构趋于合理,但是板带材深加工能力不足,特殊钢企业分工不明确,缺少自己的拳头产品;东北地区的钢铁工业主要集中在辽宁中南部、沈大干道沿线的鞍山、本溪、抚顺等地,致使该区人地关系矛盾紧张,煤电、供水和环境问题已经成为区域可持续发展的严重制约因素。石化产业原油的初加工能力过大,致使一方面原油产量已经不能满足炼油能力的扩大,原油加工能力闲置1807万吨/年,另一方面原油炼制生产的成品油大量过剩外运,降低了产品的竞争能力;乙烯装置规模小而分散,企业炼化一体化程度相对较弱,导致了乙烯生产的能耗、物耗相对较高;所有制结构中很大一部分是中央直属企业,社会问题比较突出。从总体上来看,东北三省能源的生产和消费能够基本保持平衡,但能源的生产和消费在地域上存在较大的差异,其中黑龙江是能源资源比较丰富的地区,而辽宁是能源的消费中心,缺口达到4524万吨标准煤。

3. 东北地区能源原材料产业结构和布局的调整战略

首先,要加快能源原材料产业的组织结构调整。在国家产业政策的指导下,发挥鞍本集团的核心作用,通过强强联合、兼并重组、互相持股等方式进行战略重组,实现辽宁乃至东北地区钢铁工业组织结构调整、优化和产业升级。其次,加快所有制结构和产品结构调整。加快国有大型企业的股份制改造,积极推进投资主体的多元化,以增强能源原材料产业的发展活力;钢铁工业重点发展市场短缺和替代进口的热轧板、冷轧板、镀锌板、彩涂板、冷轧硅钢片、100米重轨等产品,石化工业要做大乙烯装置,压缩燃料型炼油厂的比例,扩大石油化工产品的份额,发展适销对路的精细化工。最后,优化能源原材料产业的空间结构布局。辽宁省的钢铁工业要在持续不断地依靠科技进步淘汰落后产能的同时,逐步向沿海地区拓展,以充分利用国际国内两个市场、两种资源,实现可持续发展;能源工业必须在东北地区进行统一规划,近期和中期内将黑龙江和内蒙古东部打造成为东北地区的能源基地,远期在辽宁省沿海地区大力发展核电,保障东北地区的能源供给。

参 考 文 献

1. 顾宗勤:"关于东北老工业基地石油和化学工业发展的建议",《中国石油和化工经济分析》,2004年第14期。
2. 陆大道:《辽宁资源开发与工业布局研究》,中国计划出版社,1990年。
3. 王晓心:"1998～2003年全国各油田原油产量",《国际石油经济》,2004年第12期。
4. 徐匡迪:"中国钢铁工业的任务、现状和发展",《自然》,2003年第22期。

第六章 装备制造业发展与基地建设

第一节 东北三省装备制造业地位及其竞争力分析

一、装备制造业的含义、分类及作用

1. 装备制造业的含义与分类

装备制造业是为国民经济各部门进行简单再生产和扩大再生产提供技术装备的工业总称,其产品范围包括机械工业(含航空、航天、船舶和兵器等制造行业)和电子工业中的投资类产品。从产品类型来看,装备制造业属于资本品制造业;从产业分类来看,航空航天、计算机集成办公设备、电子及通信设备和医药制造、科学仪器设备、电子机械、汽车等中高技术产业均属于装备制造业范畴(图6—1)。

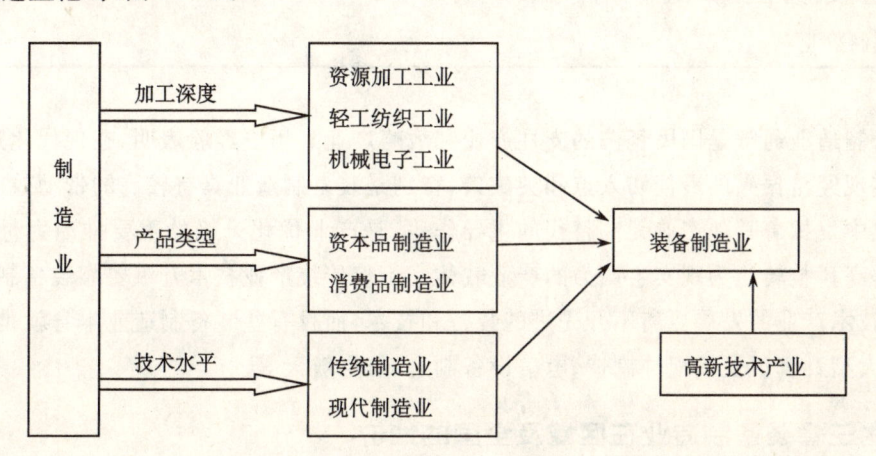

图6—1 装备制造业在制造业分类体系中的位置

按照国民经济行业分类与代码,通常我国对装备制造业有3种分类方法,分别为6分类法、7分类法和8分类法。其中,6分类法不包括金属制品业,8分类法则加上武器装备制造业(表6—1)。本研究采用6分类法,即本研究中的装备制造业包括普通机械制造业、专用设备制造业、交通运输设备制造业、电气机械及器材制造业、电子及通讯设备制造业和仪器仪表及文化办公机械制造业。由于统计口径和资料获得性的问题,本研究中所用的装备制造业统计

数据中,包含了部分消费类产品,但不影响分析结论。

2. 装备制造业在国民经济中的作用

装备制造业由于具有范围广、门类多、技术含量高、产业关联度大等特点,始终位于制造业的核心位置,在国民经济中占有重要地位。国内外工业发展的理论和实践均表明,装备制造业是整个工业的基础,是工业的"母机"和工业化与现代化建设的"发动机"。装备制造业的水平和实力是一个国家和地区经济竞争力和综合实力的象征,也是国民经济质量和现代化程度的标志。世界上经济最发达的美国、日本和德国,也是装备制造业竞争力最强的国家。

表 6—1 装备制造业的三种分类法

装备制造业分类	6 分法	7 分法	8 分法
金属制品业		•	•
普通机械制造业	•	•	•
专用设备制造业	•	•	•
交通运输设备制造业	•	•	•
电气机械及器材制造业	•	•	•
电子及通讯设备制造业	•	•	•
仪器仪表及文化办公机械制造业	•	•	•
武器装备制造业			•

装备制造业通常是国民经济的支柱产业和战略产业。历史经验表明,在现代化过程中,制造业是实现经济振兴的最佳切入点和突破口,特别是装备制造业具有较高的带动效应,在国民经济发展中发挥着其他产业无法替代的主导作用,是产业优化升级的重要推动力量。装备制造业也是高科技转化为现实生产力的产业载体。不仅传统产业技术升级要靠装备制造业来实现,高新技术产业的发展更离不开先进的装备和技术,而且有些装备制造业本身就是高新技术产业,如大型计算机及其配件制造、电信设备制造、航空航天等。

二、东北三省装备制造业在区域及全国的地位

东北三省是我国著名的老工业基地,也是国家重要的装备制造业基地。虽然近年来由于体制和机制的双重障碍,东北地区装备制造业在全国的位次后移,从制造业总产值占全国的比重排序看,辽宁省从 1985 年的第 3 位下降到 2002 年的第 8 位,黑龙江省从第 12 位下降到 20 位,但东北地区仍然是我国装备制造业传统的科研与生产基地,装备制造业无论在区内还是在全国仍占有重要地位。

1. 装备制造业是东北三省的支柱产业

东北三省装备制造业起步于20世纪初,新中国成立后,随着国家大规模重点建设,不断发展壮大。经过50多年的建设和发展,东北地区已经形成了以装备制造业为主体,门类较齐全的工业体系,成为我国装备制造业重点发展的地区和装备类产品的重要科研生产基地,很多重大技术装备都在东北实现了我国"零的突破"。

装备制造业在东北区域经济中占有重要地位,成套设备、船舶、智能化仪器仪表、汽车、数控机床等支撑国民经济技术升级的重大装备制造业及零部件工业,已经成为东北地区的支柱产业。2002年,在东北三省全部国有及规模以上非国有工业企业中,装备制造业企业数量、工业总产值、工业增加值、流动资产年平均余额、销售收入、利润总额和从业人员分别占东北三省全部规模以上工业的23.6%、29.1%、18.1%、32.1%、28.3%、14.0%和18.9%。除黑龙江省外,东北地区整体和辽宁、吉林两省装备制造业的主要经济指标占整个工业的比重基本均超过了25%(图6—2,表6—2、表6—3和表6—4)。

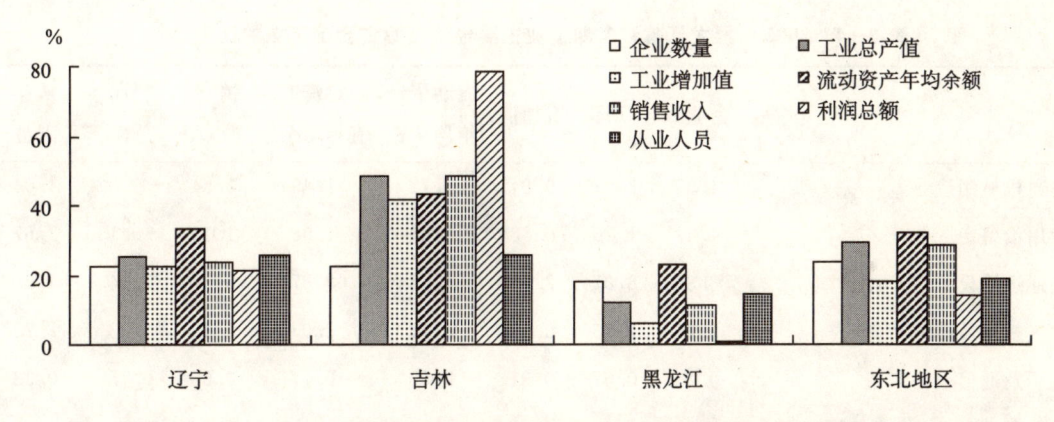

图6—2 东北三省装备制造业在东北工业中的地位

表6—2 2002年辽宁省装备制造业主要经济指标占全部工业的比重(%)

行业	企业数	总产值	增加值	流动资产年均余额	固定资产净值年均余额	销售收入	利润总额	从业人员
普通机械制造	9.07	5.46	5.50	7.80	3.60	5.36	6.72	7.19
专用设备制造	4.14	2.22	2.18	4.34	1.91	2.04	−0.53	3.54
交通运输设备制造	4.34	7.70	6.21	11.57	4.96	6.73	2.44	6.99
电气机械及器材制造	5.24	3.12	2.72	3.97	1.91	3.01	4.30	4.21
电子及通信设备制造	2.06	6.29	4.97	4.50	1.78	6.07	7.31	2.53
仪器仪表及文化办公用品机械制造	1.68	0.45	0.56	0.68	0.26	0.43	0.86	0.85
装备制造业总计	26.52	25.24	22.15	32.85	14.43	23.65	21.10	25.30

资料来源:《辽宁省统计年鉴》,中国统计出版社,2003年。统计范围为全部国有及规模以上非国有工业企业。

表6—3 2002年吉林省装备制造业主要经济指标占全部工业的比重(%)

行业	企业数	总产值	增加值	流动资产年均余额	固定资产净值年均余额	销售收入	利润总额	从业人员
普通机械制造业	4.51	1.05	1.20	2.82	2.37	0.99	0.17	2.88
专用设备制造业	4.16	0.65	0.69	1.37	0.77	0.58	0.01	2.53
交通运输设备制造业	9.41	44.95	37.27	34.30	14.53	45.39	77.68	17.37
电气机械及器材制造	2.57	0.78	0.90	1.38	0.67	0.66	0.69	1.03
电子及通信设备制造	1.21	1.03	1.27	3.16	2.45	0.81	−0.38	1.33
仪器仪表及文化办公用品机械制造	0.54	0.22	0.23	0.36	0.43	0.21	0.02	0.70
装备制造业总计	22.40	48.70	41.57	43.40	21.22	48.62	78.20	25.84

资料来源:《吉林省统计年鉴》,中国统计出版社,2003年。统计范围为全部国有及规模以上非国有工业企业。

表6—4 2002年黑龙江省装备制造业主要经济指标占全部工业的比重(%)

行业	企业数	总产值	增加值	流动资产年均余额	固定资产净值年均余额	销售收入	利润总额	从业人员
普通机械制造业	4.59	2.01	0.94	5.72	1.49	1.84	−0.02	4.04
专用设备制造业	4.47	1.20	0.58	3.81	1.08	1.12	−0.19	2.67
交通运输设备制造业	3.36	6.07	2.68	6.65	2.87	5.57	0.14	4.38
电气机械及器材制造	3.66	1.75	0.99	3.77	1.03	1.62	0.33	2.23
电子及通信设备制造	0.85	0.67	0.31	2.50	0.77	0.65	0.15	0.33
仪器仪表及文化办公用品机械制造	0.96	0.29	0.19	0.65	0.14	0.26	0.02	0.49
装备制造业总计	17.90	11.98	5.69	23.10	7.40	11.06	0.42	14.14

资料来源:《黑龙江省统计年鉴》,中国统计出版社,2003年。统计范围为全部国有及规模以上非国有工业企业。

2. 东北三省是我国装备制造业发展的重要力量

东北三省装备制造业发展基础较好,是全国装备制造业门类最为齐全、分布最为广泛的大区。近年来,随着改革的不断深化,尤其是东北振兴战略的实施,外资和东部沿海富裕资本开始进入东北装备制造业领域,企业技术改造的力度明显加大,装备制造业的发展开始取得积极成效。尽管从改革开放初的1985年到21世纪初的2002年,东北三省装备制造业产值占全国的比重由15.5%下降到7.66%,下降了7.9个百分点,但仍然是我国装备制造业的重要组成部分和发展的重要力量(表6—5、表6—6)。2002年,东北三省以占全国8.3%的人口,吸纳了全国9.2%的装备制造业从业人员,占有全国10.7%的装备制造业总资产。东北三省装备制造业企业数量占全国装备制造业的6.3%,而其创造的工业产值、工业增加值和产品销售收入分别占到了全国的7.7%、7.7%和7.7%。

表6—5 2002年东北三省装备制造业主要经济指标占全国的比重(%)

区域	人口	企业数量	制造业总产值	制造业增加值	资产合计	流动资产年均余额	固定资产净值	销售收入	利润总额	从业人数
东北	8.34	6.33	7.66	7.72	10.72	10.46	11.53	7.73	6.86	9.23
东部	35.01	70.65	75.28	73.20	65.08	66.44	63.54	75.75	78.84	61.99
中部	28.09	13.65	9.71	11.05	12.83	11.80	13.86	9.33	10.06	15.56
西部	28.56	9.37	7.36	8.03	11.36	11.30	11.07	7.18	4.24	13.22
全国	100	100	100	100	100	100	100	100	100	100

资料来源:《中国工业经济统计年鉴》,中国统计出版社,2003年;《中国统计年鉴》,中国统计出版社,2003年。

表6—6 2002年东北三省主要装备制造业经济指标占全国同行业的比重(%)

行业	企业数	总产值	增加值	流动资产年均余额	固定资产净值年均余额	销售收入	利润总额	从业人员
普通机械制造业	7.25	7.99	8.30	13.29	14.01	8.44	5.52	10.64
专用设备制造业	7.21	5.41	5.37	11.28	12.14	5.44	−1.38	9.12
交通运输设备制造业	7.90	17.98	16.94	18.78	18.63	18.09	16.25	15.09
电气机械及器材制造	5.07	3.43	3.53	6.17	7.16	3.59	3.12	6.48
电子及通信设备制造	3.33	3.05	3.21	4.30	4.86	3.09	2.50	3.66
仪器仪表及文化办公用品机械制造	6.52	3.14	4.36	5.29	7.06	2.98	2.79	6.57

资料来源:《中国工业经济统计年鉴》,中国统计出版社,2003年。

三、东北三省装备制造业竞争力分析

1.地区装备制造业竞争力评价指标体系构建

(1)评价原则。地区制造业竞争力是一个不仅涵盖制造业本身,而且涉及多种相关影响因素的复合系统,对地区制造业竞争力的评价应该从多维度、多视角出发,从对系统综合能力分析的角度对其进行全面考察,这就需要构建一个多层次的综合性指标体系,在指标体系的构建中,应遵循以下主要原则:

第一,科学性原则。指标体系建立在科学的基础上,指标的选择、权重的确定、数据的选取和计算必须以科学理论为依据,以较少的指标,规范准确地反映地区装备制造业的基本内涵和

要求。

第二，系统性原则。指标设置尽可能全面反映我国装备制造业竞争力的特征，防止片面性。各指标之间要相互联系、相互配合，各有侧重，形成有机整体，从不同角度和侧面反映一个地区制造业发展的实际状况。

第三，动态性原则。指标体系充分考虑装备制造业竞争力系统的动态化特点，能综合反映制造业竞争力的现状和发展趋势，便于预测和管理；同时，又要在一定时期内保持指标体系的相对稳定性。

第四，可操作性原则。指标体系应具有较强的可操作性。所选取的指标能够从各种统计资料上直接获得或者通过计算后获得，使理想化的指标体系能够现实化，并可以进行量化计算。理论上非常好的指标，若没有现有数据库或计量手段无法量化，则应剔除该指标。指标的经济含义要明确、口径要一致、核算和综合方法要统一，以达到动态可比性，保证指标比较结果的合理性、客观性和公正性。

(2)指标选取。依据上述原则，本研究从5个方面选取12个指标构建了我国地区装备制造业竞争力评价指标体系(图6—3)。一个地区装备制造业竞争能力的强弱是该地区装备制造业综合发展能力的反映，主要体现在规模竞争力、市场竞争力、效率竞争力、成长竞争力、结构竞争力和创新竞争力等6个方面。

规模竞争力首先表现为具有一定的规模和实力，它反映了一个地区装备制造业在全国的地位和水平。一般来说，装备制造业的规模越大，其竞争力越强。这里从产出水平、拥有资产的状况，分别选择产值规模和固定资产规模来衡量地区装备制造业的规模竞争力。其中产值

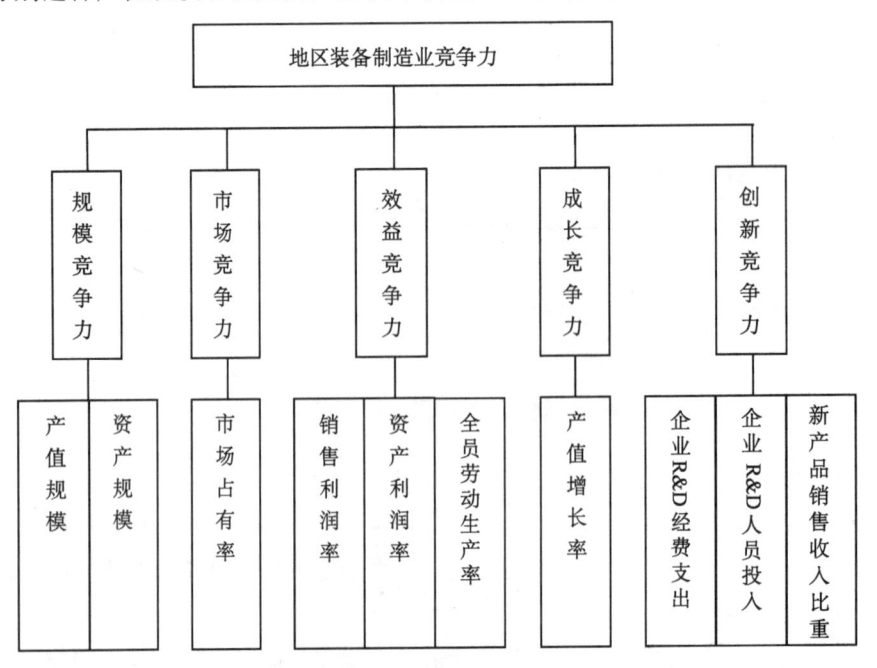

图6—3 地区装备制造业竞争力评价指标体系

规模指数用单位职工制造业产值和单位企业制造业产值的平均值来表示;固定资产规模指数为单位职工占有固定资产原值和单位企业固定资产原值的平均数。规模竞争力指数为产值规模指数和固定资产规模指数的加权平均。

市场竞争力是制造业竞争力最为直接的外部表现,主要表现为产品的市场占有率。一般来看,一个地区装备制造业的竞争能力越强,其产品的市场占有率越高。这里用地区装备制造业产品销售收入占全国装备制造业产品销售收入的比重,来反映其市场竞争能力。

效益竞争力反映一个地区制造业企业的投入产出水平,一般来说,一个地区的装备制造业竞争能力越强,其要素的产出水平也就越高,该地区就更有可能实现低成本、高利润的目标,从而在竞争中立于不败之地。这里我们用销售利润率、资产利润率和全员劳动生产率的加权平均来衡量这一指标。其中,销售利润率是利润总额与产品销售收入之比,固定资产利润率是利润总额与固定资产原值之比,全员劳动生产率是制造业产值与全部从业人员平均人数之比。

成长竞争力是一个动态变化的过程,反映一个地区制造业壮大和发展的能力,是地区制造业竞争能力的重要表现。如果地区制造业具有较强的竞争能力,往往会呈现出较好的增长势头;反之,则增长速度缓慢,甚至会出现衰退迹象。这里,我们用地区装备制造业总产值的增长率来反映成长竞争力。为避免异常值的影响,保证指标计算结果的平稳性,本研究采用至少三年以上的数据来计算其平均增长率。

创新竞争力以技术创新能力为代表。装备制造业的技术创新水平直接或间接地制约着装备制造业竞争力水平的现状及其未来发展的潜力。这里用大中型企业 R&D 经费支出占产品销售收入的比重、大中型企业 R&D 科学家工程师占企业全部职工数的比重和新产品销售收入占全部产品销售收入比重的加权平均来综合反映创新竞争力水平。

(3)评价方法。在计算方法上,采用综合评价法,即通过计算地区制造业竞争力综合指数(competitive manufacturing performance),来判断一个地区制造业竞争能力的高低。综合指数越高,则竞争能力越强。在评价分析中,首先,对各地区的各项评价指标数据均以相应的全国各地区数据的平均值为标准,进行了标准化处理。

$$I_{ij} = \frac{X_{ij}}{\overline{X}_{ij}} \quad \overline{X}_{ij} = \sum_{i=1}^{n} X_{ij}$$

其中:X_{ij}是第i个地区第j个变量值;$\overline{X}_{ij}$是第j个变量的全国平均值;I_{ij}是第i个地区第j个变量相当于全国平均水平的标准化值。I_{ij}大于1,表明I_{ij}高于全国平均水平,反之,则低于全国平均水平。n为变量个数。

在此基础上,通过n个分项指标构造地区制造业竞争力综合指数(CMP)。对分项指标进行了适当的加权处理,即在计算地区规模竞争力指数、效益竞争力指数和创新竞争力指数时,均采用算术平均数计算上一级指标的数值。在计算地区制造业竞争力综合指数时,采用等权重加权平均方法。具体计算公式为:

$$CMP_{(\alpha)} = \left[\frac{\sum_{i=1}^{n} W_i I_{ij}^{\alpha}}{\sum_{i=1}^{n} W_i}\right]^{\frac{1}{\alpha}}$$

其中 W_n 代表第 n 个指标的权重; α 为单个指标的变化和权重如何影响 CMP 指数的参数。这里采用等权重加权,进一步简化处理, n 取值为 6, α 取值为 1,则地区制造业竞争力综合指数计算公式为:

$$CMP = \frac{1}{6}\sum_{i=1}^{6} I_{ij}$$

2. 东北三省装备制造业竞争力总体评价

(1)自 20 世纪 80 年代中期以来,东北三省装备制造业竞争力下降趋势明显。运用上述指标体系,分别对改革开放初期的 1985 年和入世后的 2003 年全国 7 大地区[①]装备制造业综合竞争力和各分项竞争力进行了评价,评价结果表明,改革开放以来,东北三省装备制造业的竞争力呈现显著下降趋势(图 6—4、图 6—5)。1985 年东北区综合竞争力指数和创新竞争力指数均仅次于长江三角洲地区和环渤海地区,稳居全国 7 大地区的第 3 位,而规模竞争力仅次于环渤海地区,位居 7 大地区的第 2 位,除效益竞争力和成长竞争力之外,其他竞争力指数均高于全国平均水平。而 2003 年,东北区综合竞争力指数和大部分分项竞争力指数在全国 7 大地区中的位置明显后移至第 6 位,仅仅高于西北地区,并且除了规模竞争力外,其他竞争力指数和综合竞争力指数均低于全国平均水平。

(2)东北三省装备制造业竞争力内部结构不均衡,从创新主导型到规模主导型转变。如前所述,一个地区装备制造业综合竞争力由规模竞争力、市场竞争力、效益竞争力、成长竞争力和创新竞争力 5 个分项竞争力指标构成。制造业竞争力内部结构就是指各分项竞争力指标之间的相互作用和组合关系。地区装备制造业竞争能力的高低不仅取决于竞争力总体水平,而且与竞争力内部结构密切相关。

总的来看,东北区装备制造业内部结构不均衡。1985 年结构均衡度系数为 0.332,2003 年为 0.396。1985 年,东北装备制造业竞争力内部结构表现为绝对创新主导型,即创新竞争力同其他竞争力子要素相比占据绝对优势,创新竞争力对于综合竞争力的影响最大,占有绝对的主导地位。1985 年,东北区创新竞争力指数为 2.450,明显高于其他分项竞争力。效益竞争力和成长竞争力较小,低于全国平均水平,市场竞争力和规模竞争力水平相当,高于全国平均水平。这主要是由于东北区作为国家"一五"、"二五"时期重点建设的老工业基地,在国家重大项目和重点投资的带动下,随着大量大中型国有企业在东北区的布局,也带来了企业高级工程技

---

① 这里 7 大地区的范畴,东北区包括黑龙江、吉林、辽宁 3 省;环渤海地区指北京、天津、河北、山东 2 省 2 市;长江三角洲地区指江苏、浙江、上海 2 省 1 市;珠江三角洲地区指广东、福建、海南 3 省;中部地区指湖北、湖南、河南、安徽、江西、山西 6 省;西南地区指四川、贵州、云南、广西、重庆 4 省 1 市;西北地区指陕西、甘肃、新疆、宁夏、青海、西藏、内蒙古 7 省区。

术人员的集聚,并且经过多年累积形成了一定的企业高级研发人员的存量和大批优秀的产业技术工人队伍。在航空航天、发电设备制造、重型装备制造等领域的研发和创新活动,直到20世纪80年代中期还一直走在全国前列,具有很强的装备制造业的设计研发能力。较强的创新技术能力是这一时期东北区装备制造业综合竞争力走在全国前列的重要动力。

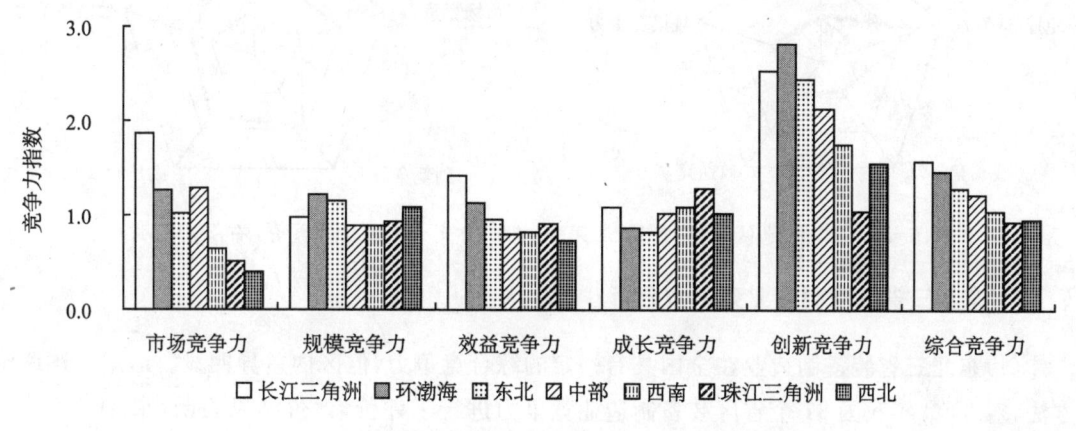

图6—4　1985年全国七大地区装备制造业竞争力比较

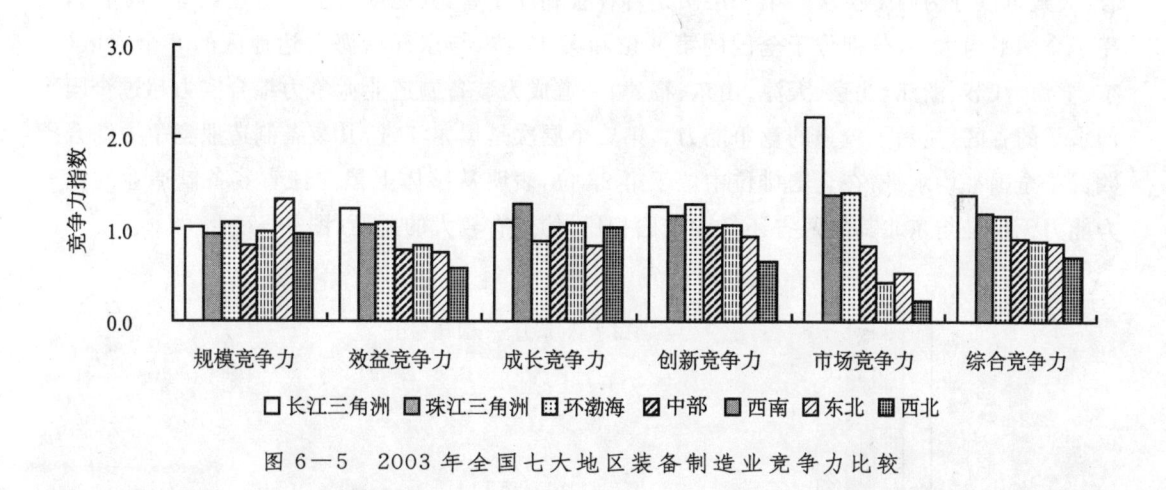

图6—5　2003年全国七大地区装备制造业竞争力比较

2003年,东北三省装备制造业竞争力内部结构表现为规模竞争力主导型,即虽然综合竞争力和各分项竞争力指数均很低,但比较而言,规模竞争力占有相对优势地位,高于全国平均水平,而其他分项竞争力指数均低于全国平均水平,其中,市场竞争力指数最低,仅为0.521(图6—6)。这主要是由于:一方面,东北地区制造业企业以大型国有企业为主,在计划经济时期吸纳了大量的国家投资,企业规模相对较大,至今仍有部分资产存量;另一方面,由于体制和机制因素,东北区计划经济影响深远,市场经济发育较晚,使得企业普遍市场意识薄弱,市场竞争力不强;同时,改革开放后,国家的宏观制度环境也发生了较大变化,沿海开放战略的实施,加速了沿海地区装备制造业企业的迅速崛起,占据了东北三省制造业企业原有的部分市场份额。因而形成了2003年东北区规模竞争力相对最强,市场竞争力最弱的竞争力内部结构。

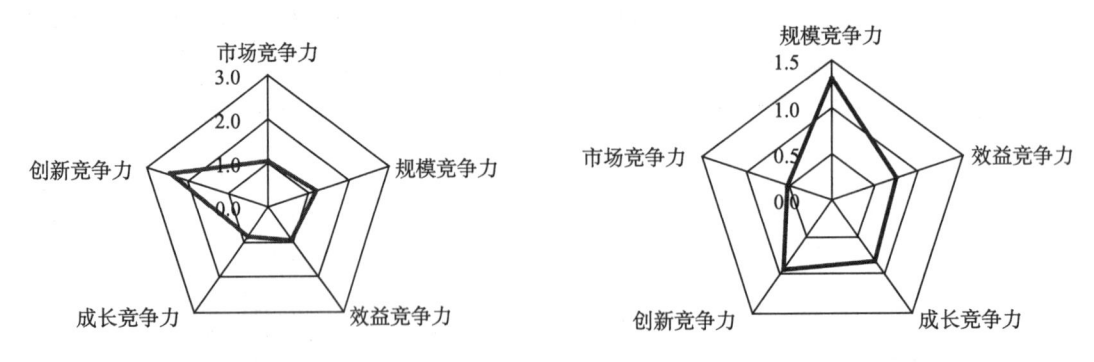

图6—6 东北地区装备制造业竞争力结构变化(左1985年,右2003年)

3. 东北三省装备制造业竞争力分析

(1)东北三省装备制造业在全国具有一定的综合竞争力,但区内差异明显。运用上述评价方法,对2002年我国31个省区装备制造业竞争力进行了评价,评价结果表明,东北三省的装备制造业在全国具有一定的竞争力,但也表现出较明显的区内差异(表6—7)。从综合竞争力看,大致可以分为两个层次。第一层次是吉林省和辽宁省,其地区装备制造业竞争力综合指数高于全国平均水平,分别位于全国的第9位和第11位,与东部沿海发达地区的8个省区(广东、上海、江苏、浙江、北京、天津、山东、福建)一道成为装备制造业竞争力综合实力超过全国平均水平的省区,显示了较强的竞争能力。第二个层次是黑龙江省,其装备制造业竞争力综合指数低于全国平均水平,在全国排位中位于第23位,表明从整体上黑龙江省装备制造业的竞争力能力无论是与东北其他两省还是和全国相比,均还有较大的差距(图6—7)。

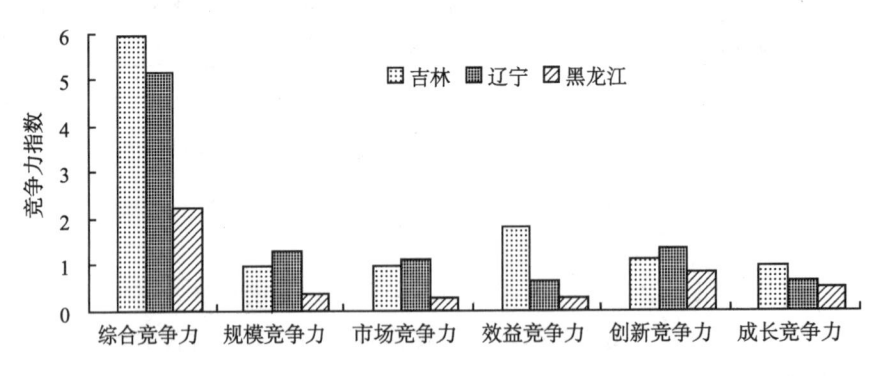

图6—7 东北地区装备制造业竞争力比较

(2)装备制造业竞争力内部结构各异,结构均衡度吉林最高,黑龙江最低。吉林省各项竞争力指数分布相对比较均衡,竞争力结构均衡度系数在东北三省中最高,达到0.542。从竞争力内部结构看,表现为效益—创新型(图6—8),即效益竞争力指数(排名第5)和创新竞争力指数(排名第7)相对超前于综合竞争力指数(排名第9),而规模竞争力和市场竞争力(排名第

11)则相对落后于综合竞争力排序,表明较高的效益水平和创新能力是吉林省装备制造业具有较强竞争力的现实基础,也是其未来竞争力水平进一步抬升的不竭动力和源泉。而未来的发展中,特别应在扩大装备制造业的规模和提高其市场占有率等方面给予重视。

表6—7 2002年我国各地区装备制造业竞争力指数及排序

地区	综合竞争力	规模竞争力	市场竞争力	效益竞争力	创新竞争力	成长竞争力
广东	16.234(1)	5.678(1)	6.535(1)	1.391(10)	1.130(6)	1.500(1)
上海	12.043(2)	3.256(3)	3.376(3)	1.879(4)	2.582(2)	0.950(12)
江苏	11.568(3)	3.992(2)	4.188(2)	1.225(13)	1.082(8)	1.080(5)
北京	10.555(4)	1.341(6)	1.433(6)	1.574(7)	5.227(1)	0.980(11)
浙江	8.547(5)	2.426(4)	2.517(5)	1.718(6)	0.706(18)	1.180(4)
山东	8.373(6)	2.400(5)	2.525(4)	1.296(12)	0.952(9)	1.200(3)
天津	6.792(7)	1.274(8)	1.269(7)	1.334(11)	1.885(4)	1.030(7)
福建	6.264(8)	1.026(10)	1.086(9)	2.088(3)	0.764(15)	1.300(2)
吉林	5.957(9)	0.999(11)	0.995(11)	1.835(5)	1.128(7)	1.000(9)
湖北	5.410(10)	1.214(9)	1.040(10)	1.511(8)	0.794(14)	0.850(13)
辽宁	5.185(11)	1.333(7)	1.131(8)	0.685(20)	1.376(5)	0.660(21)
陕西	4.280(12)	0.596(14)	0.419(17)	0.599(22)	1.946(3)	0.720(18)
安徽	4.096(13)	0.560(16)	0.488(15)	1.489(9)	0.569(21)	0.990(10)
四川	3.770(14)	0.787(12)	0.625(13)	0.723(19)	0.874(10)	0.760(17)
重庆	3.707(15)	0.553(17)	0.524(14)	0.867(17)	0.742(17)	1.020(8)
河北	3.541(16)	0.593(15)	0.474(16)	1.053(14)	0.651(19)	0.770(16)
海南	3.508(17)	0.053(27)	0.050(27)	2.117(1)	0.248(30)	1.040(6)
河南	3.477(18)	0.745(13)	0.626(12)	0.745(18)	0.550(24)	0.810(15)
内蒙古	3.237(19)	0.069(26)	0.056(26)	2.115(2)	0.557(22)	0.440(29)
湖南	3.042(20)	0.469(18)	0.375(18)	0.932(15)	0.575(20)	0.690(19)
广西	2.703(21)	0.281(21)	0.273(19)	0.898(16)	0.421(28)	0.830(14)
江西	2.406(22)	0.290(20)	0.230(21)	0.668(21)	0.539(25)	0.680(20)
黑龙江	2.246(23)	0.362(19)	0.268(20)	0.266(28)	0.839(12)	0.510(26)
山西	1.932(24)	0.188(22)	0.131(22)	0.271(27)	0.852(11)	0.490(27)
宁夏	1.671(25)	0.037(29)	0.023(29)	0.243(29)	0.759(16)	0.610(22)
云南	1.551(26)	0.111(25)	0.091(24)	0.333(24)	0.456(27)	0.560(23)
贵州	1.402(27)	0.149(23)	0.097(23)	0.119(30)	0.497(26)	0.540(24)
甘肃	1.357(28)	0.119(24)	0.069(25)	0.125(31)	0.834(13)	0.460(28)
新疆	1.296(29)	0.046(28)	0.038(28)	0.275(26)	0.417(29)	0.520(25)
西藏	0.996(30)	0.001(31)	0.001(31)	0.572(23)	0.182(31)	0.240(30)
青海	0.972(31)	0.011(30)	0.007(30)	0.277(25)	0.556(23)	0.120(31)

资料来源:《中国工业经济统计年鉴》,(2003);《中国统计年鉴》(2003);《中国工业经济统计年鉴》(1986)。统计范围为全部国有及规模以上非国有工业企业。括号内数字为地区排名。

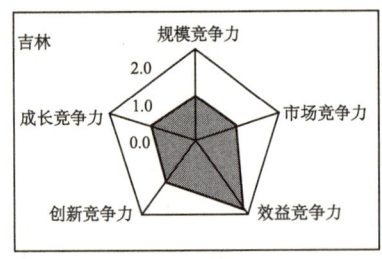

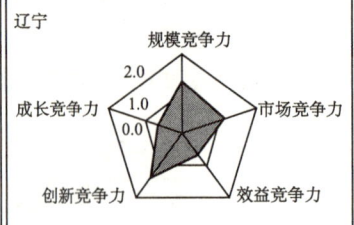

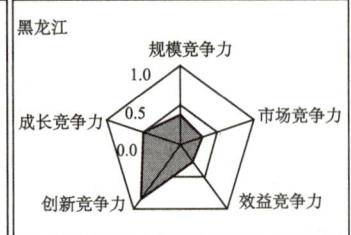

图 6—8 2002 年东北三省装备制造业竞争力内部结构

辽宁省各分项竞争力指数差距较大,竞争力结构均衡度系数为 0.480。从竞争力内部结构看,表现为创新—规模型,即效益竞争力(排名第 20)和成长竞争力(排名第 21)远滞后于规模竞争力(排名第 7)和市场竞争力(排名第 8)的发展。装备制造业的整体运行效益较差,增长缓慢,其效益竞争力指数和成长竞争力指数均不及全国平均水平,成为制约其综合竞争力提升的关键因素,而相对而言,较大的规模和较强市场占有率则是其竞争优势所在。在未来发展中,应把提高全行业的效益水平放到重中之重,逐步提高全行业的资本利润率和全员劳动生产率,以此为突破口,从而带动综合竞争力水平的整体提高。

黑龙江省不仅装备制造业竞争力的综合指数和各项分项指数均低于全国平均水平,而且各分项竞争力指数差距最大,竞争力结构均衡度系数仅为 0.317,在东北三省中最低,竞争力各子要素发展很不平衡,竞争力内部结构特征表现为创新—成长型,即效益竞争力尤为滞后(在全国 31 个省区中排名第 28 位),市场竞争力严重不足(排名第 26 位),而创新竞争力相对较好(排名第 12 位),制造业企业近年来表现出较好的成长性。主要是由于黑龙江省作为"一五"时期国家重点建设的装备制造业基地,具有一大批装备制造业的专业技术人员和产业工人的人力资本,这是其装备制造业未来发展的希望,也说明其装备制造业竞争力水平的提升具有广阔的空间和潜力。在未来的发展中,应该着力提高装备制造业的效益,扩大行业规模,提高产品的市场占有率,尽快将人力资源和创新潜力转化为现实的生产力,全面提升全省装备制造业的发展水平和竞争能力。

第二节 东北三省发展装备制造业的有利条件与面临的问题

东北三省是 20 世纪 50～60 年代中期国家重点建设的最完整的老工业基地。许多重大装备和成套设备代表着我国的先进水平,是我国装备制造业的基础和中国工业重要的装备部。与国内其他大经济区相比,无论是从国际环境、国内环境还是从自身基础来看,东北三省具备发展重大成套装备制造业的诸多优势和有利条件,这些优势和条件是东北地区装备制造业具有竞争力的重要前提和保障。

一、东北三省发展装备制造业的有利条件

1. 具有承接国际产业转移的优势产业

从国际环境看,新一轮国际产业转移重点与东北优势产业不谋而合,为东北装备制造业的发展提供了难得的历史机遇。当今世界,现代科技日新月异,国际竞争更加激烈,经济全球化趋势日益增强,世界范围内的产业结构调整和产业转移步伐明显加快,发达国家产业转移的重点已经由过去劳动密集型的加工业转到资本密集型的制造业。目前,我国已经正式加入了世界贸易组织,中国正在成为新一轮世界产业转移的聚集地。

在改革开放之初的20世纪80年代,以广东为代表的珠江三角洲地区成为香港等地传统劳动密集型产业(如服装、鞋业)的主要承接地;到20世纪90年代,珠江三角洲地区与长江三角洲地区一道承接了国外家电业制造业和以台湾等为主的电子计算机及其外围设备的组装加工业;21世纪初,发达国家新一轮的产业转移呈现出以资本密集型的重化工业和装备制造业为主的趋向,而这恰与东北地区的传统优势产业不谋而合,为东北地区装备制造业的发展提供了难得的历史机遇。东北地区具有良好的装备制造业基础、低廉而优质的劳动力成本,有望成为承接新一轮产业转移的最佳区位,从而实现在世界范围内合理有效地配置资源,优化东北老工业基地装备制造业的产业结构和布局,促进产业的跨越式发展。

2. 东北老工业基地振兴战略为大型装备制造业发展提供了良好的外部环境

党的十六大提出,支持东北地区等老工业基地加快调整与改造。中共中央、国务院颁发的《关于实施东北地区等老工业基地振兴战略的若干意见》,又把振兴东北老工业基地摆到战略地位,使东北有望成为全国又一增长极,为东北的发展提供了良好契机。同时我国已经进入了新一轮发展建设时期,西部大开发、三峡工程、"西电东送"、"西气东输"、"南水北调"和青藏铁路等大规模重大工程项目的相继开工建设,带来了天然气开采与处理设备、大型石化设备、发电设备、高压输变电设备、环保技术设备、建筑与工程技术设备等装备制造业主导产品市场的旺盛需求,也为东北地区装备制造业的发展提供了宽松的外部环境和巨大的市场空间。

3. 从工业发展的自身条件看,东北具有发展装备制造业的基础和优势

第一,是国家重点建设的装备制造业基地,具有发展装备制造业的产业基础。东北地区是我国的老工业基地之一,也是国家曾经重点建设的装备制造业基地,素有"新中国的工业摇篮"和"共和国装备部"之称。经过50多年的建设和发展,已经形成了雄厚的装备制造业基础,拥有巨大的存量资产和生产能力,且每个省都根据自己的省情和特点形成了一定的产业、产品分工,并在几个主导制造领域形成了较大的优势,成为国内的龙头。辽宁省在数控机床、工业机器人等先进制造技术及产品开发方面优势明显,其机床工业产值已经占到全国的11%左右;吉林省具有发展交通运输设备制造业的优势,近年来交通运输设备制造业的产值以每年约

22%的速度增长,其汽车工业产值约占全国的12%;黑龙江省在发电设备、动力设施、机床、新型微型车及发动机、飞机制造等装备制造业方面具有明显的优势和潜力,其中大型火电和水电装备分别占全国市场的33%和50%。东北地区的输变电设备已经占全国产量的40%。

第二,是我国装备制造业的科研基地,具有发展装备制造业的科研和人才基础。东北地区一直是我国装备制造业的重要科研基地之一,高等院校众多,科研力量雄厚,智力资源密集,创新综合能力高于全国平均水平,很多重大技术装备均在此实现了我国的"零的突破"。辽宁省有高校61所,独立科研机构203家,国家级和省级工程中心35个;吉林省有高校35所,独立科研机构152家,高校和大中型企业科研机构600多所。长春的汽车及光机所,哈尔滨的焊接、水轮机研究所等都处于全国领先地位。在长达半个世纪的装备制造业发展过程中,东北地区长期从事重大装备的开发、试制、生产、经营,汇集和培养了大量优秀的装备制造业的专业工程技术人员、生产经营人才和产业技术工人。万人拥有国有企事业单位专业技术人员数和在校大学生数量均居全国首位。万人拥有制造业专业技术人员数量,辽宁省仅次于北京、上海和天津,居全国第4位,吉林省居第6位,黑龙江省居第10位。特别是东北地区还拥有一大批高技能、多工种和熟练的技术工人队伍,这种人力资源优势是多年营造的最为宝贵的资源和财富,是地区多年经营和累积的不可多得的结果,也是东北地区现代装备制造业快速发展的有利支撑和保障。

第三,已经形成了重大装备成套综合能力,具有生产重型和成套装备的优势。东北是我国制造业门类最齐全的地区,并且综合配套能力较强,已经形成了重大装备成套的综合能力。如矿山设备制造业、石化设备制造业、输变电及控制设备制造业、环保机械制造业、计算机制造、燃气轮机制造业、发电设备制造业、汽车配套企业等,规模宏大、基础雄厚。有一批全国同行业的排头兵企业和重点产品,而且具有重大技术装备成套的综合能力。东北地区这种重型和成套设备生产能力具有国内其他地区不可替代的优势。

表6—8　东北三省机械工业的优势产品

辽宁省	以50万伏为主的高压输变电设备,中型履带推土机,挖掘机,大型金属矿选矿设备,为大型轧机配套的精整剪切设备,大型炼焦、冶金车辆、方板坯连铸等冶金设备,各种起重设备,大型斗轮挖掘机,炼化设备,特大和大中型轴承,精密数控机床,组合机床,饲料加工设备,各种风机,工业泵,皮革、服装等轻工机械,纺织机械,水泥、陶瓷、建材设备,轻型汽车,铁道机械,各种大型船舶、飞机等。
吉林省	重、中、轻型汽车及轿车,拖拉机,联合收割机,铁道客车,光学仪器,摩托车、汽车轴承等。
黑龙江省	以大型型材、板材轧机为主的冶金设备,重型锻压设备,大型锻件,60万、30万千瓦火力发电设备及大型水力发电设备,电站自控设备,中小型及微型精密轴承,精密量仪量具,联合收割机,机引农具,皮革、乳制品等轻工机械,制砖机等建材设备,铁路大型火车,微型汽车及轻型飞机、直升机等。

资料来源:机械工业规划审议委员会:《中国机械工业发展报告》(1998~2020),第546页,1998年9月。

第四,已经集聚了一批国内外知名骨干企业,具有一定的品牌和产品优势。东北地区集聚了一大批知名的大型骨干企业,如第一重型机械厂、哈尔滨三大动力设备厂、沈阳输变电设备厂、第一汽车制造业厂、大连造船厂等。许多产品的技术水平高超,品牌优势明显,一些产品的技术水平、产量和质量都居全国第一位,达到了国际先进水平,部分产品填补了国内空白,个别产品还是国内唯一能够生产的。

二、东北三省装备制造业发展面临的主要问题

1. 设备老化,技术装备更新相对滞后

设备老化、技术装备更新相对落后,是东北三省装备制造业企业发展面临的普遍问题。如黑龙江省的多数企业技术装备老化,一些传统产业处于停滞或者萎缩状态,无法适应激烈的市场竞争。全省装备制造业固定资产净值率仅为1.87%,排在全国的第18位。又如齐齐哈尔市,全市企业设备役龄超过30年的占50%以上,而具有国际、国内先进水平的仅占2%和16%。陈旧落后的工艺占40%,国内先进的技术工艺不足20%,技术装备总体上处于20世纪60年代和70年代的水平。吉林省工业企业工艺装备水平相当于20世纪90年代的占15%,属于20世纪70~80年代的为60%,还有15%属于20世纪50~60年代以前的水平。沈阳市"六五"以来,只有1/10的大中型企业得到不同程度的改造,全市主要工业企业生产设备属于国际先进水平的仅占13.4%,国内先进水平的占19.2%。两者之和不足全市总量的1/3。20世纪60年代以前的老设备,有70%还在运转,使得企业的整体竞争能力下降。

2. 亏损面大,经济运行质量和效益不佳

由于历史原因,东北三省装备制造业以国有企业为主,大多形成于20世纪50~60年代,到2002年辽宁、吉林、黑龙江装备制造业企业国有资本占实收资本的比重仍然高达26%、65%和38%,分别高于全国平均水平3、42和15个百分点。由于长期受体制性和机制性矛盾的困扰,东北三省装备制造业企业体制僵化,亏损面普遍高于全国平均水平。辽宁省和黑龙江省经济运行的质量和效益较差,销售利润率、资产利润率和全员劳动生产率不仅远低于发达的东部地区,也低于全国平均水平。黑龙江省的3项主要经济效益指标还低于西部地区的平均水平。(表6—9,图6—9)。到20世纪80年代以后,工业技术落后、装备陈旧、劳动密集型的高成本、低效率问题突出,已经成为影响东北三省装备制造业竞争力的重要障碍,对吸引国际制造业的转移和国内发达地区的投资构成了较严重的威胁。

3. 企业自主研发和创新能力较弱,产品技术结构不合理

从总体上看,与发达国家和地区相比,东北三省装备制造业企业技术改造和产业升级缓慢,技改投入少、欠账多;技术开发和技术引进的经费投入水平低,自主开发能力不强。一些新兴的装备产业化进程缓慢,部分曾在全国处于领先地位的装备,由于技术进步和提升速度慢,

优势正在减弱。尤其缺少具有自主知识产权的产品技术,新产品的技术大部分来自国外,对国外先进技术的消化、吸收和创新能力仍有待提高。如吉林省具有自主知识产权的产品和技术不足5%,科技成果转化率低于20%。

表6—9 2002年东北三省装备制造业经济效益与东、中、西部和全国平均水平的比较

	企业数量 (个)	亏损企业数 (个)	亏损面 (%)	销售利润率 (%)	资产利润率 (%)	全员劳动生产率 (万元/人)
全 国	41634	8516	20.45	4.97	4.46	6.71
辽 宁	1596	478	29.95	2.78	1.61	4.81
吉 林	576	152	26.39	7.27	6.43	9.41
黑龙江	464	170	36.64	0.69	0.30	3.01
东 部	9584	2676	27.92	5.51	5.50	9.05
中 部	5681	1411	24.84	4.36	2.91	4.52
西 部	3903	1265	32.41	2.47	1.60	3.38

资料来源:《中国工业经济统计年鉴》,中国统计出版社,2003年。

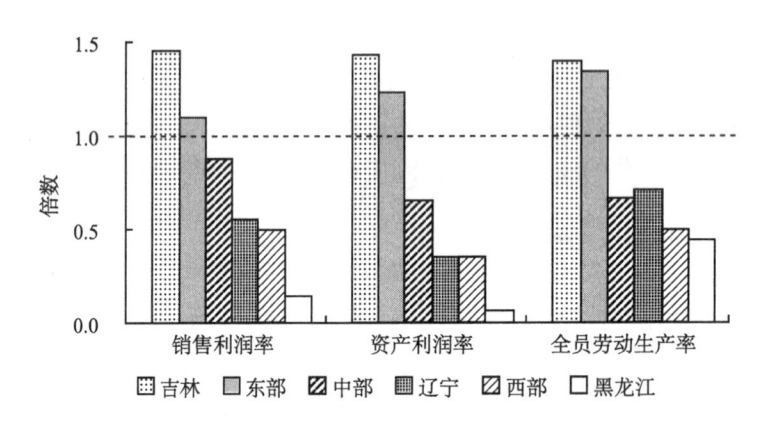

图6—9 东北三省和东中西部地区的经济效益与全国平均水平的比较

东北三省企业创新能力不足主要体现在两个方面:其一,技术改造和技术引进资金不足,技术进步缓慢。在技术改造和技术引进经费上,东北三省总体不足,只有辽宁技术改造投入相对较多;在技术引进经费上则全面落后于东部沿海发达地区,差距更为明显。其二,比较重视大项目的引进,而对技术的消化吸收以及在消化吸收基础上的二次创新重视不够,是东北装备制造业企业技术创新存在的更为突出的问题。从消化、吸收占技术引进的比重这一指标来看,东北三省均远落后于全国平均水平(表6—10)。

由于投资不足,设备陈旧,技术创新能力不强,东北装备制造业产品的技术结构不合理,突出表现为装备制造业产品品种单一,结构不合理,一般产品的生产能力过剩,初级产品多,深加工产品少,而高附加值、高新技术产品的制造能力严重不足。"大而全"、"小而全"普遍存在,企

业之间的专业化协作水平低,上下游一体化程度差。

表 6—10 2001 年东北三省大中型工业企业技术活动经费支出与沿海发达地区的比较

	技术改造费用占全国的比重（%）	技术引进费用占全国的比重（%）	消化吸收费用占全国的比重（%）	消化吸收占技术引进的比重（%）
全 国	1.000	1.000	1.000	0.069
上 海	0.060	0.160	0.144	0.062
广 州	0.049	0.082	0.092	0.077
江 苏	0.106	0.137	0.072	0.036
北 京	0.030	0.030	0.004	0.010
辽 宁	0.080	0.029	0.008	0.020
吉 林	0.012	0.008	0.001	0.003
黑龙江	0.039	0.025	0.011	0.031
东北三省合计	0.131	0.063	0.020	0.022

资料来源：《中国科技统计年鉴》,中国统计出版社,2002 年。

4. 大型企业与地方配套企业脱节,资源未能得到有效地组合与利用

东北三省装备制造业的国有大型企业多,中央直属企业多,主机厂多,专业化不发达,大型装备制造业企业往往与地方配套企业脱节,企业之间的融合性差,大企业"大而全"、"大而不强",小企业"小而不专"、"小而不精",资源未能得到有效地组合与利用。如本次调研中,通过作者对长春第一汽车制造集团采购部就"一汽"集团与其外协配套厂间的协作关系的访谈和对部分长春市和四平市为"一汽"配套的零部件企业的走访表明,从数量上看,在"一汽"集团的外协配套厂中,吉林省的配套厂家数量为 382 家,占到整个配套厂总数的 17%（图 6—10）,配套的核心企业 39 家,但是其优势并不明显,东北其他两省企业占到 25%,东北地区以外的外协配套企业占到 58%,主要分布在东部沿海发达地区。吉林省的 382 家配套协作厂,主要分布在长春市、吉林市和公主岭三市,合计约占 88%,白城市、四平市和辽源市分别有 12、18 和 16 家,合计约占 12%。从地方配套企业的管理能力看,企业管理水平普遍较低,吉林省只有 6 家供应商达到 QS9000 标准的 A 级企业,1 家 B 级企业,49 家 C 级企业。从地方配套企业的创新和研发能力看,由于体制、观念、经济实力等多种原因,吉林省为"一汽"配套的地方协作企业依赖性强,市场竞争意识淡薄,能够与"一汽"整车厂进行同步开发的只占整个供应商的 12.5%,大部分省内配套企业不具备同步开发能力,汽车零部件企业的创新能力普遍滞后于整车制造业企业。与本地配套企业的低创新能力相反,江苏、浙江的一些企业,如温州的瑞安集团、浙江的亚泰集团等零部件企业,则凭借先进的技术、优秀的研发创新能力和良好的效益和稳定的市场成为"一汽"产业链条中不可缺少的高效运转的一环,在与"一汽"集团良性互动的过程中,企业自身得到迅速发展壮大。

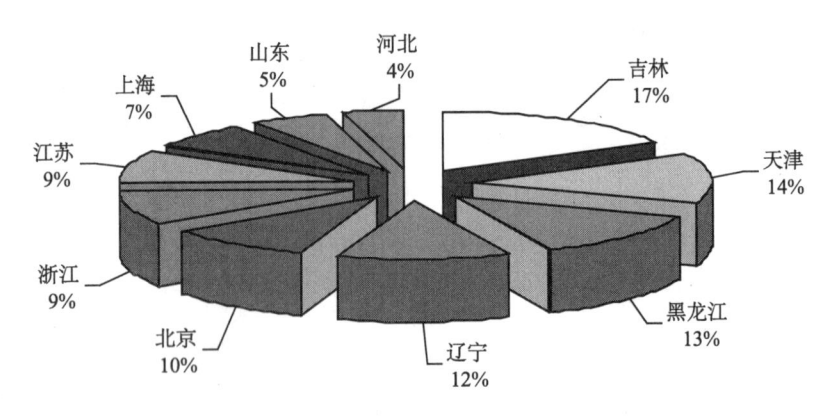

图 6—10 "一汽"集团外协配套厂的地区分布

资料来源:根据作者对长春第一汽车制造集团采购部的访谈资料整理绘制。

5. 面临国外和东部沿海地区的双重竞争,市场占有率下降

当前东北三省装备制造业产品在适应市场需求上,与东部沿海地区尚存在较大差距。东部沿海地区企业和跨国公司对东北装备制造业的挤压正在逐步加剧,沿海地区的企业利用其在体制和融资方面的优势,跨国公司凭借其在技术上的领先优势,正在逐步侵蚀东北装备制造业原有的市场份额,使得东北三省装备制造业产品的市场占有率不断下降。从 1985 年到 2002 年的 17 年间,东北三省装备制造业产品销售收入占全国的比重由 15.16% 下降到 7.73%,减少了 7.43 个百分点。其中辽宁省市场占有率的地区排名由 1985 年的全国第 3 位下降到第 8 位,黑龙江省由第 12 位跌至第 20 位,吉林省则由第 14 位上升到第 11 位。而东部地区装备制造业的市场份额大幅度攀升,17 年上升了 22.4 个百分点(图 6—11)。市场开拓能力受阻,产品的市场竞争力下降,严重削弱了东北三省装备制造业的竞争能力。

第三节 东北三省装备制造业发展总体战略构想

一、基本发展定位

近年来,装备制造业的发展引起了各地区的普遍重视,东莞、苏州等地正在建设"轻型化"的电子信息设备制造业基地;上海正在策划以发展高技术产业所需装备为特色的现代装备制造基地;北京正在积极打造现代制造中心。从全国制造业发展的视角来看,东北三省、长江三角洲地区和珠江三角洲地区各具优势。东北三省的重型和成套装备具有国内其他地区不可替代的优势,机床、输变电等行业是全国的排头兵;珠江三角洲经济发展的外向程度高;长江三角洲的一些民营企业完成资本积累后,具备灵活的机制优势。结合东北三省的实际情况、产业基础并兼顾国家的需要,东北三省的装备制造业发展应定位为重大成套装备生产为特色的我国和亚洲最大的重大装备制造业基地。

东北三省已经形成了以冶金、机械、汽车、化工、能源为支柱的重化工业群。在成套设备、船舶、智能化仪器仪表、汽车、数控机床等支撑国民经济技术升级的重大装备制造业及零部件工业方面具有较大优势。装备制造业骨干企业集中,有若干企业是全国行业中的巨人,有一批产品至今代表着我国相关行业的最高水平。虽然东北三省装备制造业产品市场占有率有所下降,但其大型装备的生产能力仍然是其他大区不可比拟的。在辽中南都市经济区和中部产业积聚带中,大型装备制造业可以得到原材料供应和能源等基础工业及相关机械制造业的配套和支撑。这是东北装备制造业集聚发展的主要轴线。充分利用这些基础和条件,通过国家实施必要的政策扶持,可以将东北三省建设成为我国乃至亚洲最大的重型机械装备制造业基地:重点包括汽车、船舶等交通运输设备和矿山、冶金、石化、输变电、数控机床等重型成套设备的生产,同时进行研发中心和技术创新中心的建设。东北大型装备制造业基地的建设和发展将成为提升我国综合国力的重要因素。

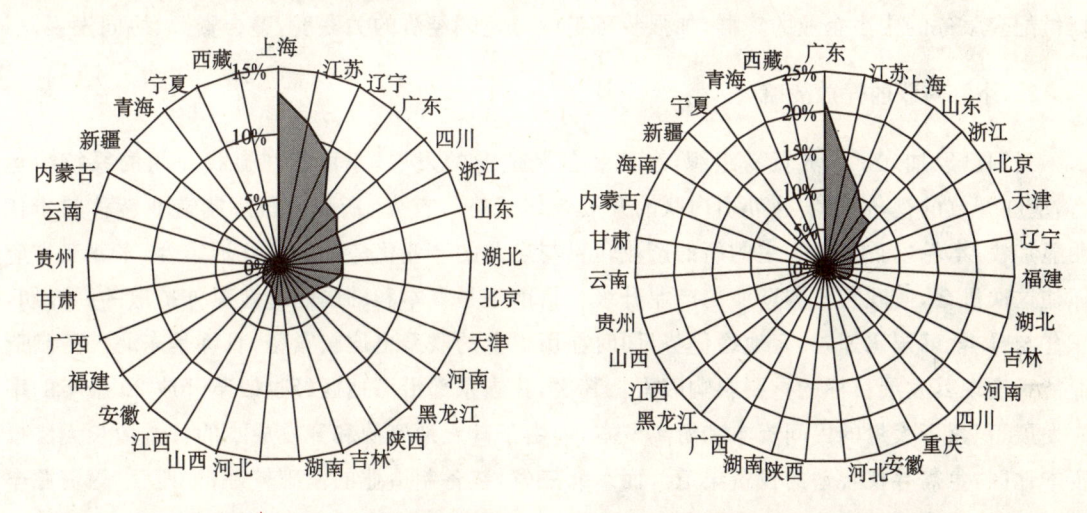

图 6—11 1985 年(左)和 2003 年(右)地区装备制造业市场占有率比较
资料来源:根据 1985 年和 2003 年《中国经济统计年鉴》相关数据计算绘制。

二、发展战略选择

1. 多维并重的创新战略

一个地区制造业竞争能力是在多种因素的综合作用下形成的。在新经济背景下,传统因素如区位条件、资源禀赋等的作用趋于弱化,而现代因素如人口素质、学习技能、创新能力等的作用趋强,尤其是创新能力已成为影响现代制造业发展的最为重要的因素,它不仅是短期内企业竞争优势的来源,而且更是从根本上决定了企业在长期竞争中的地位。东北三省具有发展装备制造业良好的产业基础和资源优势,但创新能力相对薄弱,要提高东北三省装备制造业的竞争力,必须首先重视其创新能力的建设,大力实施以体制创新为根本、以技术创新为重点、以管理创新为支撑的三维并重的创新战略,营造一个以政府协调为基础,以企业创新能力培育为核心,以高校科研院所和中介机构为辅助的高效完善的区域创新体系尤为重要。

2. 大、小兼顾的集群战略

国内外区域经济发展的实践表明,当今产业集群已经成为发展区域经济的一种成功模式,要形成有竞争优势的产业,不仅要依靠区域内的优势骨干企业,更要着眼于整个产业链的优化配置,因为主导产业的发展离不开相关产业的支持。东北三省拥有我国装备制造业行业中的许多"巨人"企业,大多属于中央直属或省部属企业,在全国占有重要地位;同时也存在大量的地方中小企业,两者之间的割裂脱节严重,专业协作网络体系不健全,各自发展,没有形成资源的有效整合和合理配置。结合东北三省实际,要想使东北三省装备制造业企业在未来的发展和竞争中立于不败之地,应推行大小兼顾的集群发展战略,一方面继续做大做强处于核心龙头地位的骨干企业,增强其在地区经济发展中的集聚带动作用,同时也要大力打造为核心大企业提供配套服务的中小企业的集群,加强装备工业与地区经济的关联度,整合资源、协同发展。

3. 外引内联的开放战略

我国已经加入了世界贸易组织,东北装备制造业的发展,不可能在自我封闭的系统中运行,应在开放的视角下,实施外引内联的开放合作战略。首先,新一轮国际制造业转移的步伐明显加快,本轮以重化工为主的新的产业转移与东北的产业优势能够很好地结合,东北三省应抓住这次机会,实现装备制造业的产业升级。目前正是日本和韩国制造业对外扩散的高峰期,东北与日本、韩国比邻,具有地缘优势,同时在历史上的联系也比较紧密,日韩是东北装备制造业能否实现其发展目标的重要影响因素。其次,我国东部沿海地区经过改革开放 20 余年的率先发展,积累了大量的民间资本和游离资本,而由于其土地资源和开发成本的日益增长无法投资本地区,急需寻找合适的投资渠道。而东北三省,装备制造业的基础较好,土地、水等资源丰富,拥有较高素质且廉价的人力资源,但缺乏发展建设的资金和投入,二者结合起来,积极引进东部沿海地区的投资,进行合资合作,对于提升东北三省装备制造业的竞争能力大有裨益。

4. 突出优势的特色战略

在竞争日益激烈的当今社会,一个地区的产业发展要想在强手如林的国内外竞争中处于领先地位,必须具有自己的特色和专长。与国内其他地区相比,东北三省装备制造业的最大优势和特色是:其一,具有一定的重型成套设备的生产能力,东北三省骨干企业集中,在全国具有不可替代的地位;其二,东北三省,尤其是黑龙江省和吉林省均是我国著名的农业大省,特色农产品的精深加工是其未来产业发展的一个重要方向,也为其装备制造业的发展提供了巨大的市场空间,因而积极发展为农业生产服务的装备制造业,如食品机械、农产品精深加工机械等也是东北装备制造业发展的特色之一。

三、产业发展重点

1. 重点支持重大成套设备制造业

依托东北老工业基地的装备制造业基础和优势，选择关联度大、带动性强、市场前景好、增长潜力大的重大装备制造业，以信息化为核心，重点改造机床、航空、汽车、造船、发电设备、石化成套设备、冶金成套设备、煤炭机械设备、输变电成套设备等重大装备制造业，重点培育机器人及其自动化成套装备、数字化医疗装备、燃气轮机动力装备等新产业，把东北建设成为我国先进的重大装备制造基地。

依托东北输变电集团、沈阳水泵股份有限公司等骨干企业，重点发展超大容量变压器、换流变压器、六氟化硫变压器、核电变压器、超高压并联电抗器、光电互感器以及火电站、核电站泵、阀成套设备。加快与占本行业主导地位的阿尔斯通、西门子、ABB等公司的合资合作，紧跟世界先进技术。围绕三峡工程配套、西北750千伏高压输电线路工程等国内外重大工程，加快技术改造。依托沈阳重型、沈阳矿山机械、沈阳凿岩机等骨干企业，重点发展破碎机械、输送机械、施工机械等大型工程机械成套设备，4000~8000吨/日及以上的水泥厂关键设备和成套设备技术，2000~6400立方米/小时斗轮挖掘机、分流站、重型卸料车、压带式大倾角输送机、高强度带式输送机、半移动式破碎站等矿山采、破、运成套设备。

2. 积极发展交通运输设备制造业

交通运输设备制造业包括汽车、船舶、飞机、机车及零部件制造。东北三省交通运输设备制造业的发展应依托"一汽"汽车综合制造的产业优势，对吉林省和辽宁省的汽车产业进行整合与重组，进一步拉长产业链，带动汽车零部件、物流等相关产业的发展，形成整车和汽车零部件产业群，建成全国最重要的汽车综合制造及汽车零部件制造基地。以轻型车为基础，以轿车为重点，以大中型客车、专用车、农用运输车为补充，以汽油发动机和关键零部件及配套产品为依托，通过合资合作、技术改造、资产重组等多种途径，形成较为完整、特色鲜明、多系列、规模化的东北汽车制造体系。重点依托长春一汽、沈阳金杯、哈飞汽车、东安集团、沈阳松辽等企业，加快汽车产业的发展。特别是要重点加快对外的合资合作，使整车制造与零部件制造业共同发展。

3. 重视基础产品和关键性装备与中场产业

机床是最为重要的基础产品之一。东北三省应该重点发展缺门、短线、专用、成套和高性能数控机床产品，尤其要大力发展普及型数控机床和关键功能部件，大力提高国产数控机床的水平、性能和可靠性，形成一批有特色的名牌产品。以实现数控机床产业化为中心，依托沈阳机床集团公司、沈阳数字控制股份有限公司、大连机床等企业，重点发展数控机床、立式加工中心、卧式加工中心等数控产品。重点提高数控机床批量制造水平和质量保证能力，建设国际知名的中国最大的数控机床开发制造基地和普通机床出口基地。此外,数字化、智能化工业控制和仪表系统也是东北三省应重点发展的基础产品。围绕电子信息、机械、冶金、石化、电力、汽车、环保等重要产业部门对智能化测量、分析、监控仪表装置及系统的需求,开发具有自主知识产权的现场总线控制系统和生产一批智能化、网络化的工业过程分析仪器和监测仪器,加强传感器技术的研究开发和生产,提高产品水平和可靠性。

中场产业是指介于原材料制造业与最终产品制造业之间的零部件、元器件和中间材料制造业。尽管最终产品(整机)装配产业停滞不前和赢利空间在缩小,中场产业特别是关键性、高功能的零部件、元器件和中间材料的企业却有很大的盈利空间。中场产业多为中小企业,发展中场产业也有利于民营企业的介入和发展。未来应将着力发展汽车零部件、自动化仪表元件、功能材料、机床功能部件、燃气轮机零部件、飞机零部件、模具、铸锻件等中场产业,以带动更多中小企业的快速成长,全面提升东北地区整个制造业企业的竞争能力。

4. 培育光电子等高新技术装备制造业

依托东北三省在知识储备、智力密度、科技产业等方面的优势,积极吸引国内外科技人才和资金,突出以信息化带动工业化,运用高新技术特别是信息技术改造质量提升传统产业,加大对具有较好基础的光电子、生物工程、新材料、计算机软件、科学仪器仪表和生态农业等高新技术的研发投入,并推进产业化。特别是长春被称为"国家现代科学仪器仪表产业基地",具有发展现代仪器仪表产业的良好基础。

此外,石化通用装备产业、环保装备产业、燃气动力装备产业、数字化装备产业、城市轨道交通设备产业、大连远洋船舶产业、沈阳机器人及自动化产业也是东北装备制造业发展的重点。

四、空间组织形式

近年来,东北三省中心城市及其周边的中小城市工业发展活力显著,新增长点不断形成,产业空间集聚和扩散效应开始显现出来。除沈(阳)—大(连)产业集聚带外,哈(尔滨)—大(庆)—齐(齐哈尔)和长(春)—吉(林)产业集聚带的雏形也已经形成,三大产业集聚带将成为支撑东北老工业基地改造和发展的核心,也是未来东北装备制造业集聚发展的主要轴线(图6—12)。争取历经10~20年,把哈尔滨—长春—沈阳—大连城市带建设成为中国重要的现代化装备工业走廊和世界性的装备业基地,其中应重点发展的产业包括汽车、船舶、航天器、铁路客货车、机床、发电设备、机器人、重型设备、军工设备、仪器仪表、农用机械等。

1. 沈—大产业带

围绕沈(阳)—大(连)"双核"门户城市,建设辽中南大都市经济区,大力振兴装备制造业,把其建设成我国重要的现代装备制造业基地。以提高国际竞争力为目标,建设沈阳、大连两个装备制造业集聚地,其他各市依据自身优势发展各具特色的装备类产品和配套产品,促进生产要素的合理配置,形成装备制造业布局优化、协调发展的格局。加速发展汽车、船舶、轨道交通设备和航空航天器等交通运输设备制造业,使之保持国内领先地位;大力发展数控机床、通用机械、电工电器和石化、冶金、重型矿山设备以及环保设备等基础设备与重大装备制造业,提高自主开发能力和成套水平;巩固和壮大军事装备制造业,构筑先进的国防科技工业体系。

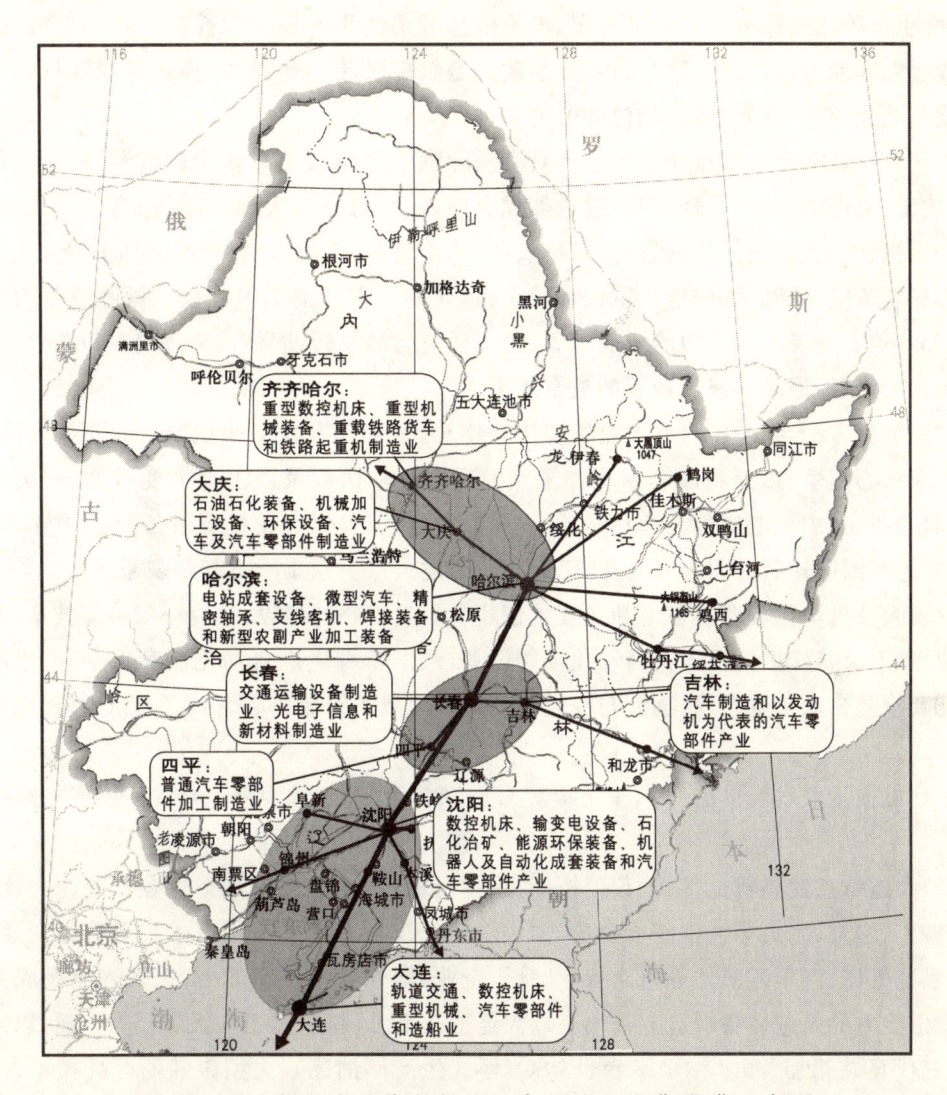

图6—12 东北地区装备制造业发展的三大集聚带示意图

(1)沈阳重点发展数控机床、输变电设备、石化冶矿、能源环保装备、机器人及自动化成套装备和汽车零部件产业。围绕重点行业和产品,积极开展技术创新、技术引进和合资合作,大力开发具有自主知识产权和核心竞争力的拳头产品,实施进口替代,实现由装备加工向装备制造的转变;围绕主机产品,大力发展工艺专业化和零部件专业化生产,形成强大的配套生产能力和产业集群。

汽车及零部件产业坚持以市场为导向,以宝马、中华轿车和海狮等轻型客车为龙头,加快发展沈飞日野、中顺等客车,通过合资合作、技术改造、资产重组等多种途径,推进汽车产业实现战略升级,力争把沈阳建成我国轻型客车、高档轿车和汽油发动机的重要生产基地。

数控机床重点发展高速、高精、高效数控机床,高速立式、卧式、立卧式及多轴联动加工中心,柔性生产单元及机械、汽车、摩托车、电子信息等柔性生产线和数控机床零部件等,提高产品的成套配套能力;以机床集团为主体,组建大型数控机床产业集团,推进与国际机床大公司的对接与融合,打造世界品牌,创建知名公司。

石化冶矿装备行业重点开发和生产具有国际竞争力的大型石化冶矿成套装备,发展大乙烯、大化肥、大炼油、输气工程、矿山输送等成套设备;大力发展大型烧结机、高效带式输送机、斗轮挖掘机、立式辊磨机、轧钢设备、采矿设备、选矿设备、工程机械、林产品加工等大型设备。

环保装备应围绕国家和地区重大环保工程,开发具有自主知识产权和国际竞争力的环保装备产品;重点发展水污染防治成套设备、大气污染防治设备、固体废弃物处置设备、可降解包装材料制造设备,提高环保装备业的成套水平。

能源装备方面,结合国内外大型能源工程建设,开发具有自主知识产权的新型能源装备,增强产业核心竞争力,提高成套水平。重点发展500千伏级及以上电力变压器、密闭组合开关、交联电缆、大中型电机等设备;着力开发风力发电机组、燃气轮机等设备。通过与ABB、西门子、东芝等国际知名公司合资合作,引导企业组建大型企业集团或产业联盟。

机器人及自动化成套装备应加快技术创新和研发中心的建设,攻克一批关键技术,重点发展工业、水下及特殊用途机器人自动化控制设备,汽车车身生产自动化成套装备,电子电器柔性装配及检测自动化生产线,物流与仓储自动化成套技术和装备、无纺布、造纸、能源电池等自动生产线。

医疗机械重点发展单层CT、多层螺旋CT、胰岛素泵、核磁共振、彩超等数字化医疗影像设备。

(2)大连重点发展轨道交通、数控机床、重型机械、汽车零部件和造船业。依托大连机车、机床、重工、起重、冰山等大型骨干企业,加快用高新技术和先进适用技术改造轨道交通、数控机床、重型机械、汽车零部件等重点行业、骨干企业,增强自主创新能力,把大连建设成为具有国际竞争能力的先进装备制造业基地。以大连造船重工、新船重工两大船厂为依托,以大型油轮、第五代集装箱船、海上钻采平台、FPSO(浮式生产储油船)、大型滚装船等高技术含量、高附加值的高端产品为重点,建设具有国际先进水平的船舶制造基地。

此外,大连具有较好的工业基础和区位条件,可以在装备制造业以及化工、冶金、电子等行业与东北其他城市开展广泛协作,成为连接东北企业与国内外其他地区间协作的纽带,可以在许多产品的生产上为东北腹地提供配套服务。

2. 长—吉产业带

在城市空间发展上,确定以长春为中心,联合吉林、四平、松原、辽源地区各市,建立吉林省中部大都市化地区,打造吉林省城市化发展的"三角洲"地区。在产业发展上,在强化汽车、化工等现有支柱产业的基础上,积极发展农产品深加工产业。长春市在以交通运输设备制造为主导产业的同时,发展石油化工产业。吉林市在原有的石油化工产业的基础上,积极发展汽车零部件等产业;长春周边的德惠、九台公主岭等围绕"一汽"轿车、轻型车等发展汽车零配件产业和农产品加工业。

(1)长春重点发展交通运输设备制造、光电子信息和新材料制造业。依托"一汽",做大做强"一汽"集团,按照"规模百万化、管理数字化、经营国际化"的战略目标,建设中重型车、轿车、轻型车三大体系。大力发展汽车零部件产业。以一汽集团为龙头,整合现有零部件企业资源,加快对外合资合作和技术改造,引进国外零部件企业和技术,提高关键零部件整体竞争力,形成汽车电子电气、发动机、底盘、转向及传动等七大配套系统,培育一批小巨人企业。建设长春、吉林汽车工业园区和国家汽车零部件出口基地。提高四平、白城、辽远等地区汽车零部件的配套能力。努力开发专用车。整合现有改装车生产企业,加大新产品研发投入,开发自卸车、水泥罐车、厢式车、清雪车、垃圾车、环卫车等专用车。

依托长春客车厂,研制生产高速铁路客车、电气化铁路客车、新型地铁客车和出口专用客车,积极发展城市轻轨电车,建设我国重要的轨道车辆制造基地。

以国家光电子产业基地为载体,建设国内著名的光电子信息产业基地;提升传统产业,按照光机电一体化、信息化带动工业化的发展思路,应用高新技术改造提升装备制造业的水平。

加快发展新材料制造业。在支持亚泰水泥等传统建材企业扩大规模、壮大实力的同时,利用现有产业基础,依托高性能结构技术、纳米技术及加工技术等,重点发展新型建筑材料、不锈钢材料、纳米材料、工程塑料及汽车用先进材料,加快产业化进程。加强产业体系建设,提高新材料的工艺装备水平和检测技术,推进新材料的轻量化、功能化、复合化和产业化。

(2)吉林市重点发展汽车制造和以发动机为代表的汽车零部件产业。按照国际化、市场化、多元化的发展思路,加速推进发展微型车、经济型轿车和高档商务车等三个主导车型的整车制造业。发展新车型和汽车零部件配套产业,建设亚太地区具有一定影响的汽车制造中心和以发动机为代表的汽车零部件产业配套基地。

(3)四平重点发展普通汽车零部件加工制造业。四平市建设汽车零部件加工中心的基础和条件目前在吉林省内和整个东北地区有较强的比较优势。为汽车产业配套的零部件企业已经达到148户,规模以上的有30家,已经成为省内为"一汽"集团提供配套汽车零部件较多的地区之一,并与多家汽车生产厂家建立了合作伙伴关系。主要配套加工能力强,为汽车配套加工产品主要是普通的汽车零配件,如轴承、轮胎、气门心、动力转向器总成、汽车内饰件、汽车仪表、车用铸件、汽车微电机等。其中伊通县车轮产量居全国前列。

3. 哈—大—齐产业带

依托哈尔滨、齐齐哈尔、大庆等中心城市,发挥工业基础优势,做强做大支柱产业和优势产业,延伸产业链条、提高自主创新能力和技术装备水平,促进产业结构的优化升级,发展装备制造业产业群,建设国内一流、特色突出、在国际上占有一定地位的以电站成套设备、重型机械装备、重型数控机床为特色的现代化重大装备制造业基地。加快重点产业配套协作生产体系的建设,发展优势产业群,增强企业核心竞争力。打破地区、行业分割,推进跨国、跨地区、跨行业的联合、兼并与重组,遵循市场经济规律实现生产要素的合理配置,实现以哈尔滨、齐齐哈尔为重点的装备制造业的集聚。

(1)哈尔滨重点发展电站成套设备、微型汽车、精密轴承、支线客机、焊接装备和新型农副产业加工装备。电站成套设备以哈电站集团为依托,建设我国最大的、具有国际竞争力的水电、火电、核电等发电装备制造基地。新型微型汽车以哈飞和东安集团为依托,把哈尔滨建成具有国内领先地位的1.6升以下汽车发动机研制、试验和生产基地。建立哈尔滨汽车工业园区,重点发展制动系统、转向系统、悬挂系统、电子仪表及车用塑料件等汽车零部件;把哈尔滨建成我国最大的汽车喇叭制造和出口基地;同时,高起点改造现有配套企业,以大批量、专业化的模式,形成汽车零部件产业群。数控量仪、精密复杂工具以哈一工、哈量为依托,重点发展精密复杂刀具、硬质合金刀具、数控刀具等切削工具和大型数控精密仪器。精密、高速、重载、低噪声轴承以哈轴集团为依托,重点发展具有国际先进水平的数控机床用组合单元精密轴承;发展具有国内领先水平的航空、航天等军工轴承和民用轴承等,把哈尔滨建成我国重要的轴承生产基地。新型农业和农副产品加工装备以迪尔佳联、哈拖拉机厂等为依托,重点发展具有全国领先地位的大中型小麦、大豆和玉米联合收割机及牵引式青饲料收获机,适应不同规模的水稻工厂化育秧、插秧、收割成套设备,开发农副产品精深加工成套装备和食品工业成套设备,特别是应用生物工程技术的深加工装备。支线客机、新型多用途飞机和直升飞机以哈飞集团为依托,坚持型号开发与改进改型相结合,加快发展支线科技、新型多用途飞机和直升飞机,逐步形成多机种、系列化的科研生产格局,把哈尔滨建成亚洲最大的直升机生产基地。以焊接所、焊接国家工程中心、哈工大等具有国内领先、国际先进水平的焊接科研机构为依托,重点发展数控切割机、焊接自动化集成设备、焊接机器人、焊接加工中心及新型焊接材料等产品,把哈尔滨建成集焊接工艺、技术、产品、培训和装备总承包等功能齐全的国家最大、国际著名的焊接基地。

(2)齐齐哈尔重点发展重型数控机床、重型机械装备、重载铁路货车和铁路起重机制造业。齐齐哈尔主要依托一重集团、齐重数控公司、二机床集团、齐车集团、华安集团、和平厂和建华工业公司等企业,重点抓好重型机械装备、重型数控机床极端轧设备、铁路货车车辆产业化项目,将之着力打造为世界著名、国内一流的重型机械装备制造和全国最大的重型数控机床、铁路货车研发、生产和出口基地。重型机械装备主要以一重集团为依托,继续保持为冶金、矿山、核电、石化、军工、汽车等行业提供大型装备的优势,重点发展各类连铸连轧机及新型高性能轧机、大型采矿设备及大型热壁加氢反应器、大型石化设备、核压力容器、各类冶金轧辊、大型发电设备(含火电、水电、核电)铸锻件,使之成为我国最大、具有国际竞争力的重型机械装备制造基地。快速、重载铁路货车及铁路起重机主要以齐齐哈尔铁路车辆集团为依托,保持敞车、棚车、平车、铁路起重机、加长大货物车、漏斗车、特种车及车辆配件等国内领先产品的优势,重点发展适应铁路提速要求的快速、重载铁路货车和大型铁路起重机,将之建成全国最大的铁路货车制造基地和出口基地。

(3)大庆重点发展石油石化装备、机械加工设备、环保设备、汽车及汽车零部件制造业。依托大庆石油、石化企业技术、装备、人才和市场优势,加强与国内外装备制造业知名企业的合作开发,大力发展以石油石化装备、机械加工设备、环保设备、汽车及汽车零部件等为重点的先进装备制造业。其中石油石化装备重点发展具有比较优势的石油电车、电泵、三次采油装备、测井仪器、射孔器材、石化仪器仪表等产品;机械加工装备重点发展旋压设备、数控机床等产品;环保设备重点发展城市生活垃圾和污水处理设备、石油污染控制设备、工业废弃物处理设备等产品;汽车及汽车零部件制造,重点加强与国内外汽车生产企业合作,开发各类汽车配套专用零部件,提高技术水平和产品质量。

第四节　结论与建议

1. 东北三省装备制造业的发展机遇与困难并存

东北三省装备制造业的发展有着辉煌的历史,装备制造业一直是东北的支柱产业,在区内和全国均占有重要地位,但自改革开放以来,尤其是自20世纪80年代中期以来,其竞争力明显下降。目前东北装备制造业发展面临着国际新一轮产业转移和国家投资重点支持的良好机遇,又在产业、技术、科研和技术工人队伍方面具有一定的基础与优势。但同时也面临设备老化、技术装备滞后、经济效益不佳、自主研发创新能力较弱、产品结构和企业组织结构不合理等问题。

2. 东北三省装备制造业竞争力的培育关键在于合理定位

根据历史基础、现有优势和国家政策,东北装备制造业应定位为以重大成套装备生产为特色的我国重大装备制造业生产和研发基地。重点支持重大成套设备制造、交通运输设备制造、基础产品和关键性装备制造及光电子等高新技术装备制造业。在空间上按照市场化方式重建企业之间的联系,建立市场经济条件下的企业网络体系,实现企业集聚。重点打造沈(阳)—大(连)、长(春)—吉(林)和哈(尔滨)—大(庆)—齐(齐哈尔)三大装备制造业产业集聚区。

3. 东北三省装备制造业的发展需要经济体制的改革来支撑

一方面,大力发展民营企业和中小企业。作为计划经济体制执行时间最长的地区,东北长期以来非公有制经济发展滞后,以国有大型企业为主,民营和中小企业严重缺失。要转变政府职能,营造非公有制经济发展的社会环境,加强对非公有经济的扶持。一方面拓宽非公有制经济的经营领域,引导民营企业和外资企业在装备制造业领域投资创业,另一方面要大力支持中小企业的发展,推动非国有企业围绕原材料和装备制造业建立配套、合作和承包等不同类型的中小企业集群。另一方面,打破计划经济体制造成的不合理的产业联系,按照市场化的方式进行重新塑造。建立企业与地方在重大产业政策、城市发展、环境建设等方面的合作机制,把地区经济和社会发展作为企业生存发展和提升竞争力的核心。地方要围绕龙头企业和主导产业的上下游产品建立配套型企业集群或服务型企业集群,使东北国有大型企业的发展能够真正地促进和带动地区经济的发展。

4. 装备制造业的发展需要在整个东北三省统筹规划

统一协调东北地区的装备制造业发展,打破行政区界限,围绕优势和特色产业,实行企业协作与产业联动,以利于其整体优势的发挥。东北三省的主要工业部门各有特色,互补性强,产业链可以从一个省延伸到另一个省。随着改革的深入和市场化进程的加速,企业之间的联系也将日益紧密,应尽快建立跨省区的企业集团和上中下游企业间的经济共同体;政府的作用也应尽快转向区域协调和良好市场环境的创造上来。

参 考 文 献

1. 陈红儿等:"区域产业竞争力评价模型与案例分析",《中国软科学》,2002年第1期。
2. 陈颖健:《中国制造威胁谁了?》,北京理工大学出版社,2004年。
3. 樊杰等:"辽中南城市群发展的经济基础分析",《城市规划》,2004年第1期。
4. 樊杰:《经济全球化与区域发展》,人民教育出版社,2002年。
5. 龚奇峰等:"工业竞争力评价方法及其应用",《中国软科学》,2001年第9期。
6. 联合国工业经济发展组织:《工业发展报告2002/2003》,中国财政经济出版社,2003年。
7. 刘玉坤等:"对制造业在21世纪的作用与地位的再认识",《经济问题》,2001年第6期。
8. 陆大道:"中国区域发展的新因素与新格局",《地理研究》,2003年第3期。
9. 马银戎:"中国地区工业竞争力统计分析",《数量经济技术经济研究》,2002年第8期。
10. 苏楠:"黑龙江制造业结构和竞争力问题研究",《黑龙江工程学院学报》,2003年第4期。
11. 孙伟:"我国29个省区市装备制造业聚类分析",《中国科技论坛》,2003年第6期。
12. 魏后凯等:"中国地区工业竞争力评价",《中国工业经济》,2002年第11期。
13. 吴海建等:"区域产业竞争力评价",《中国统计》,2000年第12期。
14. 武义青等:"中国地区制造业竞争力比较",《工业工程管理》,2003年第6期。
15. 杨锡怀:"辽宁省装备制造业发展展望",《中国机电工业》,2003年第6期。
16. 张奎燕等:"振兴东北经济区装备制造业的战略构想",《社会科学辑刊》,2003年第4期。
17. 张威:"中国装备制造业的产业集聚",《中国工业经济》,2002年第3期。
18. 张文忠等:《中国产业竞争力再造》,科学出版社,2001年。
19. 中国社会科学院工业经济研究所:《中国工业发展报告2003》,经济管理出版社,2003年。
20. 朱传耿:"论区域产业竞争力",《经济地理》,2002年第1期。

第七章 民营经济发展战略

积极发展民营企业是推动东北地区企业改制和产业结构调整的重要动力,也是增强地区经济发展活力和形成自下而上发展内力的源泉。沿海经济发达地区的经验已经证明,一个地方非公有制经济比重大,其市场经济就发达,经济发展也就活跃。东部发达地区非公有制经济创造的 GDP 已占全部 GDP 的 70%,甚至更高。浙江、广东等地经济发展快,很大程度上得益于非公有制经济的快速发展。

东北地区的民营经济如果能够快速发展起来,其经济发展的内在动力就会得到显著增强,其比较优势也就能够得到更好的发挥。因此,鼓励、支持和引导民营经济发展,是振兴东北老工业基地的重要途径。

东北地区民营经济历经改革开放 20 多年的发展,已成为经济建设中的重要生力军,是最具潜力和发展活力的增长群体,蕴含着巨大的发展潜力和发展活力。只要坚持与时俱进,发挥优势和特长,优化经济发展环境,维护其合法权益,民营企业完全可以成为东北地区经济发展的增长点和产业结构调整的动力。

第一节 民营经济发展的现状和趋势

一、东北地区民营经济发展现状

1. 实力和基础相对薄弱

东北地区长期以来国有经济占绝大比重,这种经济构成不但挤压了其他成分经济的发展,还直接影响了当地居民对生存与发展、就业与再就业、创业与守业等观念的认识。加之民营经济发展环境的制约,导致了本地区民营经济水平相对较低,基础薄弱。从工业增加值看,非国有工业企业所占比例很低,国有工业企业一统天下。2003 年,东北三省的非国有工业企业增加值占各地总产值的比重都在 40% 以下,其中黑龙江只有 13.31%。而沿海发达的省市中,仅有北京、上海低于 50%,山东为 61.73%,其他省市基本都在 70% 左右,福建高达 98.9%。

从全社会固定资产投资来看,东北地区大量资金仍然投向国有经济,非国有经济所占份额很低,因此,投入不足是制约东北地区民营经济发展缓慢的重要因子之一。2003 年东北三省中除了辽宁省的非国有经济在全社会固定资产投资中的比例超过 60%,其他两个省份都低于 60%。

城镇就业人口比例的差异,更能够反映出东北地区民营经济发展的滞后性。由于东北地区以民营经济为代表的非国有经济发展滞后,非国有经济中城镇就业人口比重也相对较低。其中,黑龙江最低,仅为28.6%,最高的辽宁也才达到35.5%。而沿海省(市)中,除2个省市非国有单位就业人员比例略低于55%外,其他省市均超过55%,其中浙江省超过70%。

表7-1 2003年非国有经济主要指标占相应指标的比重(%)

	地区	工业增加值	固定投资	就业人数
东北三省	黑龙江	13.31	53.96	28.55
	吉林	25.08	59.13	27.45
	辽宁	39.48	65.80	35.53
其他沿海地区	北京	45.83	65.46	50.30
	天津	56.25	49.50	59.32
	上海	46.46	66.92	61.87
	江苏	78.60	62.55	65.98
	浙江	80.47	74.14	74.32
	福建	98.85	61.90	67.38
	山东	61.73	69.67	52.37
	广东	74.80	70.43	67.49

资料来源:根据中国统计信息网 http://www.stats.gov.cn 和《中国统计年鉴》(2004)数据计算。

2. 近年来民营经济发展迅速

随着改革开放的进一步深入和国家振兴老工业基地政策的出台,东北地区民营经济的发展明显加快,这一点在各项经济指标上都表现出来。2003年辽宁省民营经济实现增加值2725亿元,比上年增长15.9%,高于全省GDP增幅6.3个百分点,占全省经济总量的45%。全省民营企业营业收入超亿元的企业有310家,在超亿元的企业中,10~20亿元的企业有10家,20~30亿元的企业有5家,30亿元以上的企业有4家。大连华农集团营业收入突破50亿元,有22家已经跻身全国民营企业500强之列。民营企业固定资产投资561亿元,比2002年增长21.4%,投产项目达到7100个,新增产值1000亿元,新增利税150亿元。到2004年10月末,吉林省民营企业总户数已达到84.5万户,从业人员达270万人;实现增加值760亿元,营业收入2400亿元,上缴税金53亿元;新上500万元以上项目1150个,完成投资150亿元。民营经济发展势头渐旺,跃升为吉林省经济中最具活力的一个板块。2004年黑龙江省民营经济增加值完成1496亿元,比上年增长15%,民营经济占全省GDP的比重已经达到35%左右,民营经济对全省经济增长的贡献率达到35%。

二、东北地区民营经济发展存在的问题

东北地区民营经济在改革开发二十多年的发展当中已经积累了相当的资本,但是相比民营经济发展较好的省份,还有很多的不足之处,这里从外部环境和民营企业内部两个方面分析东北地区民营经济发展存在的问题。

1. 外部环境的营造存在一定的差距

第一,政府支持和法律法规保护不足。由于政府支持和法律法规的不完善,民营经济的发展受到制约。保护私有财产是建立社会主义市场经济的内在要求,使参与市场经济的主体能够一律平等,是实行市场经济的最基本前提。尽管十届人大二次会议通过了公民的合法私有财产不受侵犯的宪法修正案,但是,在现有的法律框架和体系内,东北地区保护民营经济产权的法律规定仍然不够细化和明确。这使得国有经济与民营经济的实际地位并不完全平等。此外,东北地区独特的地域特色和计划经济的强余波,使民营企业在兼并国有企业、保护土地使用权和知识产权、明晰财产权等方面的权益往往得不到有效的法律保障,这严重影响东北地区民营经济的壮大与发展。

第二,对民营企业的准入经营范围有限。市场准入难仍是制约东北地区民营经济发展的重要因素。尽管改革开放以来,民营经济的市场准入范围不断扩大,但是,与国有经济和外资经济相比,民营经济在投资、生产和经营诸多方面,面临着更多的前置审批,并且手续杂、关卡多、效率低、费时长,在参与竞争的资格、条件和机会上往往处于不利地位。目前东北地区民营经济在金融、资源、石油勘探和石油产品、邮政、电讯等竞争性经济领域仍然难以介入。在参与国际竞争上,民营企业也存在许多障碍。如进出口方面,获得经营配额许可证较为困难,外投资权、工程劳务承包权等方面还没有对民营企业开放等等。这不仅抑制了民间投资,不利于扩大内需和发挥市场配置资源的基础性作用,也不利于竞争机制的形成。

第三,融资渠道狭窄,金融信贷支持不足。目前,我国资本市场业已形成股票类、贷款类、债券类、基金类、项目融资类、财政支持类等六大融资方式,国内外融资渠道多达数十条。但是,对民营经济开放的融资渠道却较少。据统计,我国民营企业自我融资达 90.5%,银行贷款仅为 4%,非金融机构为 2.6%,其他渠道为 2.9%。即使是在市场化程度较高、民营经济发展较好的东南沿海地区,也远远满足不了各类民营企业融资的需求,东北地区这一问题更为明显。东北老工业基地的国有经济比重大,无论是银行贷款,还是企业上市融资,都明显地倾向于国有企业,绝大部分民营企业的中长期投资主要依靠非正规、小范围的借债集资或股权融资,而此类融资不仅规模小、成本高、风险大,而且投资缺乏稳定性与可持续性。

2. 企业自身问题

第一,企业个体规模小。东北地区民营经济的规模普遍偏小,发展动力不足。民间企业基本上仍维持"微型化"、"短期化"的投资模式,企业个体规模太小,直接导致单个企业吸纳就业

的能力较弱,在社会中起到的作用较弱。

第二,企业科技含量低,产品质量差。与东部沿海地区科技含量高的民营企业发展不同,东北老工业基地地域内的民营企业多为劳动密集型产业和简单的产品加工行业,如建筑装潢和房地产业、食品及农副产品加工业、纺织服装业等。这些行业进入壁垒低,制造技术及工艺简单,加之民营企业本身研发能力有限,不能在此基础上大幅度地提高产品的科技含量,部分企业技术有限,单位成本比较高,为了利润,所生产的产品质量差,使得东北民营企业很难在所属行业中占据一席之地,只能扮演着补充国有经济的角色,更不具备在中国加入WTO后与国外企业相抗衡的实力。

第三,部分民企信誉差,影响整个行业。东北民营企业由于规模小、民企法人的思想观念落后、法人代表变更频繁,往往会造成一些企业短期且不负责任的行为,"新官不理旧账"问题,不按规定办事,对于资产抵押、土地抵押、房屋过户等担保抵扣手续,往往造成扯皮现象,不愿出钱办理,信用观念不强,重视抢贷款项目,轻还款付息,造成非国有经济中不良贷款较高等,极大地影响企业的信誉和形象,甚至影响到社会对该地区整个行业民营企业的认知。

第四,企业内部缺乏现代科学管理体制。当前东北民营企业多数属于业主制、家族制企业。家族企业有其发展的条件和土壤,但它毕竟与现代企业制度有很大距离。随着竞争日益激烈,特别是随着企业规模的逐渐扩大、技术上的逐渐升级,家族式管理缺乏有效的治理结构,越来越不适应经济全球化的环境和国际竞争的需要,从而阻碍民营经济的发展。业主制的家族式管理往往采用任人唯亲的管理方法,其自身管理能力不足,不利于吸引高技术和高级管理人才。由于创业成长过程的复杂性,亲情关系使家族企业创业时产权不明晰,待家族企业规模扩大后,在客观上又要求明晰各成员的产权,这往往导致矛盾激化,内部纠纷频频出现,严重妨碍了民营企业的发展。

第五,企业缺乏高级人才。民营企业由于本身企业发展动力不足,加之管理水平有限,能够提供的工作环境和优惠待遇不高,很难吸引人才特别是高级经营人才的入住,招不进、留不住人才是民企的普遍现象,严重妨碍了民营企业的进一步壮大。

三、东北地区民营经济发展特征

1. 南北强中间弱,地域发展不平衡

从地域角度上来看,东北地区的私营企业发展基本上存在一个南北强、中间弱的状态,位于东北地区最南端的辽宁省具有东北大部分出海口之利,经济最为活跃,民营经济发展最强,位于东北最北端的黑龙江民营经济也较强,而中间的吉林最弱。2004年辽宁、吉林、黑龙江三省私营企业登记户数分别为155.8、40.7和102.5万户。辽宁省的私营经济规模最为庞大,注册资金几乎是位于第二的黑龙江的2倍以上,但是登记户数只有黑龙江的1.5倍左右。这是因为辽宁省经济相对发达,交通便利,对外联系方便,并且紧靠京津唐地区,有着对外、对内地、对东北内部的枢纽优势,其民营经济总量中的近80%集中在沈大高速公路沿线地区。黑龙江

具有靠近俄罗斯边境之利,发展对外贸易有着得天独厚的优势。吉林的民营经济规模注册资金只有辽宁的1/5、黑龙江的38%左右。

2. 普通劳动密集型企业为数众多

从行业角度上来看,参照2004年东北三省私营企业和个体就业人数,尽管东北地区民营经济的经营范围已经遍布三次产业,但是受到政府审批市场准入和自身的局限,实际占有较大比重、具有影响力和竞争力的行业主要聚集于准入门槛较低、技术含量不高、竞争性较强、劳动密集型为主的行业,例如农林牧渔业、采掘业、一般制造业、建筑业、交通运输仓储和邮电通信业、批发零售贸易和餐饮业、社会服务业等,批发零售贸易和餐饮业从业人员最多,发展最好,其次是制造业,社会服务业和交通运输仓储和邮电通信业也是民营经济比较集中的两个部门(表7—2)。

表7—2 按行业分私营企业和个体企业就业人数(万人)

地区	合计	农林牧渔	采掘业	一般制造业	建筑业	交通运输仓储和邮电通信业	批发零售贸易和餐饮业	社会服务业	其他
辽宁	513.7	28.6	5.4	109.7	16.1	49	233.3	54.5	17.1
吉林	115.6	1.9	1.1	16.2	3.2	6.9	65.6	16.3	4.4
黑龙江	281.7	28.5	1.6	46.8	5.3	21.6	137.5	34.2	6.2
合计	911	59	8.1	172.7	24.6	77.5	436.4	105	27.7

资料来源:《中国统计年鉴》,中国统计出版社,2004年。

3. 民营企业起步晚,但发展速度快

从时间发展段看,东北地区民营经济总体来说经过了3个大的变化时期。20世纪80年代为恢复起步期。随着改革开放的起步,东北民营经济也开始了一个恢复起步的阶段,由于起步期规模较小,所以这一阶段主要以个体工商业者为主,私营企业数量很少。20世纪80年代末到90年代中期为快速发展期。随着改革开放的步伐加快,改革思想深入人心,国民经济快速发展,东北个体工商业和私营企业在这一阶段都有了一个较大的增幅。90年代中期至今为平稳发展期。这一阶段个体工商业的户数和从业人数虽然出现过负增长的情况,但是注册资本仍然是正增长的,私营企业的户数、从业人员数、注册资本都以较快的速度发展,东北地区私营企业的前两项指标发展速度低于全国平均值,注册资本的增长速度与全国平均值相当。

东北地区民营经济虽然起步较晚,但近年来发展势头强劲。如在2003年,辽宁省全省规模以上民营企业已达4000家,其中,超亿元的企业有441家,10亿元以上企业有15家,30亿元以上企业有4家,包括大连实德、大连华农、鞍山西洋、阳忠旺等,有22家已跻身全国民营企业500强行列。

四、发展特色和优势民营经济的条件

1. 农业资源是农产品加工型企业发展的基础

东北有辽阔富饶的土地资源,为农业发展提供了最有利的条件,也是东北民营企业,尤其是农产品加工型企业的发展的优势所在,使得东北地区的农业产品产量远远高于其他地区,为农产品加工型民营企业提供了强有力的支持。东北大农业结构比较完整,农、林、牧均有较好的基础,有利于民营农产品加工企业的发展和类型的多样化。

2. 能源是民营企业发展的重要保障

东北地区是全国著名的能源基地,在石油、煤炭、电力、天然气等能源储备和生产方面在全国具有领先优势。著名的煤炭基地有阜新、抚顺、鸡西、鹤岗等,原煤储量占全国的10%。拥有大庆、吉林、辽河等大规模油田,石油储量占全国的45%以上。这些能源基地的发展,为东北部分能源开发型民营企业提供了良好的生产条件,使得他们在配合大型能源企业生产的同时,也能实现自身的发展。

3. 良好的产业基础是民营企业滋生和发展的前提

新中国成立后,特别是"一五"、"二五"时期的大规模经济建设,东北地区基本形成了以钢铁、机械、石油、化工、建材、煤炭等重工业为主体的基础设施比较完善的工业基地,为民营经济的发展提供了良好的外部环境和机遇。在民营经济中,除了一些传统的优势部门,例如传统服务业(批发零售餐饮业、传统制造业、交通运输仓储、农牧业)之外,民营科技企业和新兴服务业也是很有发展潜力的领域。到2003年底,东北三省的民营科技企业已经发展到1.2万家,成为民营经济新的增长点。以吉林省为例,近几年,吉林省民营经济增长持续加快,形成了一大批对地方经济带动能力强、拉动作用大的主导产业。以食品、医药、农产品加工、汽车化工配套等工业为主体的民营经济,对区域经济的贡献越来越大,起到了重要的支撑作用。这些都是发展民营经济赖以依托的产业基础。

4. 高素质的人才是民营企业发展的人才保障

东北地区人才优势明显,教育事业发展水平和科技力量均高于全国平均水平。具有初中以上文化程度的人口占该地区人口总数的48%,比全国平均水平高出近10个百分点。东北地区有高等院校142所,占全国高等院校总数的11.6%,每万人中在校的高等院校学生比全国平均水平高40%。东北地区共有自然科学研究机构700多个,国有企事业单位的专业技术人员215.2万人,占全国的9.9%。东北的人口城镇化程度也比全国平均水平高10个百分点。人才的优势使得东北民营企业能够在企业发展时期取得更加优异的人才资源,为企业的生产和发展提供更有效的服务,并且在相同人才质量的条件下,能够更大幅度的降低人工成本。

表7—3 主要地区就业人员教育程度比较(大专以上,%)

地区	男性	女性
北京	22.7	23.3
天津	10.9	11.4
河北	4.4	3.2
上海	17.1	12.6
江苏	6.3	3.5
浙江	3.6	2.4
广东	6.2	3.7
吉林	6.2	5.5
辽宁	7.4	6.5
黑龙江	5	4.8

资料来源:《中国区域经济统计年鉴》,海洋出版社,2000年。

第二节 发展民营经济的思路

要促进东北地区民营经济的发展,需要在发展环境建设、外部民营资本和企业的引进、投资领域的扩展、参与国有大中型企业体制转型等方面给予扶持,才能够在东北老工业基地振兴过程中抓住历史的机遇,使之成为东北地区未来发展的一股重要的现实力量。

一、优化发展环境与扶持骨干企业

1. 改进政府审批管理

给予民营企业和个体工商户平等的政策支持,在政策的制定和执行方面,行政执法方面都真正做到平等对待民营经济和国有经济,实行无差别待遇。改进对民营企业项目的审批与管理工作,简化程序,提高工作效率。对于在省市审批权限内的设计项目、投资的各项行政审批,凡不需要政府出资、符合国家产业政策的竞争性领域的民营投资项目,由审批制改为登记备案制。对于民间投资主要审核其是否符合国家的产业政策、城乡规划、环境保护、资源利用、土地使用和公共安全等方面的要求。将民营企业的投资项目纳入省级固定资产投资计划,建立一套完整的民营企业基本建设项目审批管理程序和办法。在确定年度重点建设项目时,应按照统一标准,优选民营企业投资项目;改进对民营经济固定资产投资的统计方式,完善指标体系,及时、准确、全面地反映民间投资状况和民营经济建设项目执行情况。

2. 放宽民营经济的准入市场范围

排除市场准入歧视,减少行业间进入退出的障碍,放宽市场准入,扩大民间投资,鼓励和引导民营资本以独资、合资、合作、联营、参股、特许经营等方式,进入基础产业、基础设施、公用事业、经营性文化产业以及法律法规没有禁止的其他行业和领域,依法保护民营企业的投资权益。

原则上,凡是竞争性产业,应当允许民营资本进入;凡属已经和将要对外开放的产业,应当允许和首先对内资民营经济开放;凡是国有资本退出的领域,都应支持和鼓励民营经济大胆进入,对地方政府主导的如城市供水、供电、公路、垃圾处理等自然垄断性行业,各级地方政府应该以投资新建、合营、参股经营等方式鼓励民营资本进入。尤其应鼓励民间资本参与国有经济的战略性调整和国有企业重组。为了彻底解决民营经济平等进入市场存在的问题,应当尽快制定统一规范的市场准入办法,在法律上颁布市场准入法。

东北地区在技术研究、教育、科技人才数量方面都在全国有着较大的优势,这种状况为东北地区发展高科技企业提供了相当有力的后盾支持。结合东北地区的产业优势,在生物制药、汽车制造、矿产加工、光电产品等方面大力扶植民营企业的发展,在政府的引导下使得这些领域的掌握高科技技术的国有大中型企业和民企合作,利用民企自身优势,发展高科技民营企业,为民营经济在高科技领域投资营造一个适合的政策和技术环境。

改变以往政府独占基础设施领域的投资状况,允许民营资本进入公共道路、铁路、城市生活支持系统、电力、水利等基础设施经营领域发展,在基础设施的修建、改造、经营融资时期,对民营资本进行公开招标,使得民资可以在基础设施的修建、改造、经营项目中参与资本的筹集和设施的管理。对于某些非盈利性的基础设施项目,政府在放权民资建设和经营管理的同时给予一定的资金或者政策补偿,鼓励民资进行基础设施项目的开发建设与管理。

积极引导民资参与文化、教育、社会保障、卫生、体育、公共交通和商业物流等公共服务领域。对于具有较强正外部性的公共服务项目,民资在经营的同时应该受到政府的补贴。政府在公共服务领域经营招标时,要给予民资同等的竞标权利,不以所有制差别论高下。同时,政府在民资经营过程中给予一定的指导。

3. 加快市场建设

市场是培育民营经济的重要载体,要把市场建设作为发展经济、培育民营企业的重要举措。要针对地方民营企业的发展实际,加快市场建设步伐,建设一批具有区域特点、辐射面广、功能完善、能够拉动地方经济发展的大中型专业市场或者市场群,为民营经济的发展提供良好的空间。在建设和培育这些市场的同时,也要加快现代物流的建设,形成连锁超级市场、物流配送、电子商务等现代化的流通方式,使市场建设更具活力。认真总结推广营口市、辽阳市、海城市在市场建设方面对促进地方民营经济发展的经验,抓好其他地区民营型市场的培育和建设,为民营企业的发展创造一个良好的市场环境,奠定一个坚实的发展基础。

4. 政府专设中小企业信用担保体系,给予较大的金融信贷支持

面对如今民营经济金融信贷支持不足的状况,扩宽民营企业融资渠道,加大金融信贷对民营企业发展的支持力度。建立民营企业融资信用担保机制,设立产业投资基金和创业投资基金。

日本官方设有专门为中小企业提供融资担保的金融机构——中小企业信用保险公库,民间设立52家信贷担保公司,并在此基础上设立了全国性的"信贷担保协会",它们共同致力于为中小企业提供信贷担保服务。英国政府自1981年起开始实施"小企业信贷担保计划",为那些有可行性发展方案却因缺乏信誉而得不到贷款的中小企业提供贷款担保。到1998年底,该计划已为中小企业提供了6万项、总值达21亿英镑的贷款,现每月仍提供400项这样的担保。法国则成立了具有互助基金性质的、会员制的中小企业信贷担保集团,大众信贷、互助信贷和农业信贷等集团就是专门面向地方中小企业和农村非农产业的三大信贷担保集团。国外的经验值得我们借鉴。

落实国家对于民营企业的各项优惠政策,省市财政部门要安排一定的扶持民营企业贷款贴息资金、科技三项费用资金和民营企业信贷担保资金,用于支持民营企业进行技术创新,扶持民营企业向"专、精、特、新"的专业化方向发展。远期发展地方性民营商业银行,建立多层次的专门为民营企业服务的民营资本市场体系,积极发展企业债券市场和长期票据市场。

5. 加强社会服务体系建设

依托、规范、优化配置现有的社会资源,联合各类社团组织、行业协会和中介结构,为民营经济建立包括创业辅导、融资担保、咨询服务、技术支撑、市场开拓、人才培育等功能在内的服务体系。

首先,政府应尽快应用行政手段建立以资金融通、信用担保、创业担保、技术支持、信息服务、人才培训为主要内容的民营企业服务网络,为民营企业发展提供快速有效的服务。政府及有关部门应充分发挥信息、人才和管理等方面的优势,帮助民营企业上规模、上档次、上水平。其次,政府要协同建立商会和行业组织,在政府职能向服务性职能转变之后,企业家应通过商会自愿组织起来、团结起来,加强行业自律。最后,要加大民营企业的信息化建设工作的力度,由政府拨出专项资金,引导和扶持民营企业进行信息化建设。

二、引进有较强竞争力的民营企业

加大对外开发力度,创造适宜于外来资本投资的大环境和小区位。通过东北各地区良好的资源优势、坚实的产业基础、广阔的市场环境、丰富的人力资源、宽松和优惠的政策环境等吸引一批具有国际竞争力的民营企业来东北创业。同时,积极构建各种展示东北优势和发展潜力的平台,扩大对外宣传,改变东北相对封闭的意识,通过"引进来"和"走出去"相结合的方式,吸纳更多的优秀民营企业投资东北。

1. 提供优惠和激励政策

在民营资本和企业的引进上，对于外来民营资本，各地政府需要提供相应的优惠和激励政策，在项目审批和管理方面给予和本地国企与民企同样的审批待遇，甚至在有些本地民企基础比较薄弱的地区，为了刺激民营经济的发展，在审批方面给予外来民资相对优惠的审批标准。对于鼓励经营的范围，在工商、税收等方面对外来民资给予一定的减免措施，并在鼓励发展的领域加大减免力度。对于引进民资的个人或者单位在资金、税费收取等方面给予奖励和减免。

2. 专业化的目标宣传

以省或者地市为单位，组建专业的对外招商宣传队伍，定期进行对外的民资招商宣传，分阶段对本省或地市一定行业或者产业进行有针对性的对外广告宣传行动，主动出击，进行引资。在国内主要的民资集中地（如温州、广东各地）设置专业的招商引资办事处，给予相当的项目审批权力，吸引当地民资流入东北各地。例如，沈阳市组建代表团在2003年6月就前往温州，召开民营投资洽谈会，到2003年10月已有40亿元的投资意向签订，招商引资活动取得了巨大成功。

3. 搭造引进民企的平台

以东北三省联合或者各省单独为单位，定期举办民资交流论坛，邀请国内外的著名民企精英出席论坛，进行民营资本在东北的运作讨论，一方面增加国内外民企对进驻东北情况的了解，另一方面扩大东北引进民资的知信度。

定期举办一定规模的民资介绍交流会，由政府主要官员牵头，在交流会上进行当场民资引进。会议邀请政府相关管理部门的高级领导、国内外大型民营企业负责人和各地民营企业代表一起参加，共同讨论东北民营经济和民营企业的发展趋势和方向、发展途径等东北振兴问题，以求在东北和全国乃至国际获得高度的关注。这些论坛和会议的召开，既能够摸清东北民营经济的缺陷、解决东北民营经济的问题，又能够提高东北民营经济的知名度。

三、引导民营企业参与国有大中型企业的改造

全面放开搞活国有集体企业，鼓励民营经济通过参股、控股、兼并、收购、租赁、承包等形式积极参与国有、集体企业的改革和重组，民营企业兼并、收购国有集体企业，在出资上可享受一定的优惠政策。通过两者的结合，培育一批机制活、创新能力强、对地方带动强的核心企业。

老工业基地调整改造将为民营企业的发展带来良好机遇，民营企业参与国企改造，可通过低成本扩张快速壮大。如黑龙江省现有的1233户国有企业中，就有950户要实现产权多元化，有200多户要破产重组，这为民营企业的介入提供了广阔空间。

政府要引导民营企业紧紧抓住国有经济战略调整的有利时机，积极鼓励其通过租赁、参股、控股、兼并、收购等方式参与国有、集体企业的产权改革，盘活国有资产，加快推进民营企业

的现代企业制度建设。加快改变东北地区国有经济比重过大的局面。民营企业在整体购买国有企业时,应该制定相应的法律法规在价格上、付款方式上以及债权处理上予以明确说明。民营企业可以根据自身的实际情况选择参股或控股的方式参与国企改造。努力创造条件,使得民营企业在最短的时间内完成资本积累的过程,壮大发展规模,实现由分散经营向规模经营的发展。

鼓励民营经济通过购买、兼并、转让等多种形式参股国有企业,推进国有中小企业民营化和民营经济投资主体多元化。民营经济收购、兼并国有企业或国有企业改制为民营企业都应享受国有企业改革的优惠政策。如鞍山市衡业集团投资1800万元收购了原鞍山汽车改装厂,成立了鞍山衡业专用汽车制造公司,当年生产改装车400余辆,该企业的近期目标是形成生产环卫、商务运输、油料三大系列,年产1000辆的生产能力。衡业集团也是重要的汽车零部件原材料生产企业,尤其是载重汽车零部件行业的核心企业。

四、引导大型民营企业向规模化和集团化发展

通过扶优扶强,引导符合产业政策的大型民营企业向规模化和集团化发展,建立一批具有全国或国际水平的民营企业集团。以民营骨干企业为重点,进一步加大帮扶支持力度,使其成为东北地区各市县经济发展的龙头和支柱。

对于符合国家产业政策、具有行业优势和一定规模的大型民营企业,经认定后给予相应的重点扶持政策,并鼓励其生产具有市场竞争力和发展前景的产品,创优质名牌。引导民营企业以资产为纽带,以优势企业和名牌产品为龙头,组建跨部门、跨地区、跨所有制经营的企业集团。对于规模较大、实力较强、有国际竞争能力的民营企业,在技术、资金、税收和出口等方面给予大力支持。引导民营企业建立规范的现代企业制度,积极引导民营企业在自愿原则下建立规范的现代企业制度。

通过择优扶强,各地区培育一定数量的年销售收入过100亿、50亿、10亿和1亿元的民营企业,使其成为地方经济发展的主力和核心。

吉林省已经扶持了一批具有较强实力的民营企业,这些民营企业在全省的产业结构和产品结构调整中起到骨干和支撑作用。如大成玉米、皓月集团、修正药业等一批企业,在不同的发展领域占有较大的市场份额。一批各具特色的主导产业集群呈现了强劲的发展势头,如长春的汽车零配件制造业、光电子产品、纳米建筑材料;通化的现代生物制药、中医药制造业;松原的粮食、草业、农畜产品深加工业等。吉林恒和医药产品、振国药业抗癌药品、长春金鹰可降解材料和鸿达指纹锁等都打进国际市场。长春皓月公司资产已达到3.5亿元,年屠宰加工肉牛能力达到20万头,产量居全国之首,屠宰加工的牛肉中有80%销往中东、日本、韩国等15个国家和地区,带动近5万户农户发展养牛业,被农业部、外经贸部评为"全国出口创汇先进企业"。

吉林省的民营企业依托资源、发挥优势,形成了相对稳定的出口群体。以主导产业和主导产品为依托,一批出口创汇基地相继形成。长春万荣汽车改装厂、通化修正药业、榆树五棵树

白酒集团、四平红嘴啤酒集团、辉南抚民木业、蛟河天岗石材小区和长春铸诚集团等民营企业已经成为吉林省的重点企业。

辽宁省营口市的盼盼集团、青花集团等一批主业突出、具有较强市场竞争力的企业脱颖而出,成为拉动地区经济增长的重要力量。岫岩满族自治县内的鞍山永安工业包装公司,其啤酒包装产品覆盖了我国长江以北地区,实现销售收入近亿元。大连韩伟集团作为国内最大的无公害鸡蛋出口企业,2004年可实现销售收入5.5亿元。企业蛋粉生产线建设工程2004年已启动,2005年达产时可实现年产蛋粉5000吨、鸡肉粉1000吨的能力,出口规模将继续扩大,新增利税可达5000万元。

五、培育一批具有地方特色的民营企业集群

园区是民营企业集群发展和壮大的载体,是地区产业专业化的基地。园区的基础设施为民营企业发展提供了共享平台,引导民营企业进园区,有利于改善生产条件,有利于促进相互交流与合作,有利于提高管理水平,有利于提升民营企业的对外形象,有利于形成经济集聚效应。

东北各地区可以借鉴浙江建立特色工业园区的经验,根据本地的发展实际,研究制定优惠政策,依托专业市场或特色产业建立和完善园区,为民营经济的发展创造良好的宏观环境。园区内,政府负责提供完备的基础设施和高效、规范的服务,吸引各类金融机构为区内民营企业提供金融服务,通过园区内用地优先保证、进口设备免税、对企业固定资产投资贷款给予贴息等优惠政策,吸引和鼓励民营企业扩大投资,走产业聚集、规模发展、轻型结构的方向,增强企业竞争能力。

辽宁省抚顺市以民营产业园区为载体,吸引和扶持民营企业的发展,现在,园区成为发展民营经济的主要平台。抚顺市清原县在园区建设过程中,投入资金2600万元用于基础设施建设,现已有10家企业进入园区;抚顺市顺城区将前甸工业区建设成为抚顺装备制造工业园,目前,园区内有永茂、高周波、曙光石油化工机械等多家骨干企业。

哈尔滨利民医药园区与哈尔滨市区相距9公里,哈尔滨市北四环、黑大、哈伊、哈萝三条公路及哈大和哈绥两条高速公路途经此地,形成了纵横交错的交通网。良好的园区投资环境,吸引了众多民营企业投资,形成了以民营企业为主体的医药企业集群。现在哈尔滨利民医药科技园区内共有医药企业26户,总投资14.53亿元,设计生产能力年产值可达到100亿元。园区内现已有8户企业通过GMP认证,10户企业被批准为高新技术企业。

哈尔滨医药工业园为省级医药园区,由省市共建。园区现有医药企业40家,配套企业6家,总投资17.19亿元人民币。园区医药企业主要研制生产化学药品、生化药品、生物制品、基因工程、现代中药制品等系列,有31种剂型、200多个品种。2003年医药工业产值达13.9亿元,2004年医药工业总产值达到22亿元。

园区的发展辐射作用越来越强,长春合心小区、范家屯经济开发区、九台经济开发区、敦化江南工业园区的快速发展,有力地支持了县区的经济发展。此外,铁西区摩托车及零部件和汽

车零部件产业集群、农业高新区福建食品产业集群、东陵区鞋业产业集群、于洪区家具产业集群、法库县陶瓷产业集群、浑南新区电子元器件产业集群、新城子区服饰产业集群、苏家屯区电力电器产业集群、新民市药业产业集群、辽中县机床及装备制造业零部件配套产业集群以及康平县塑编及合成革产业集群等,都是所在地区经济发展的希望所在。

第三节 民营经济发展模式选择

东北地区的民营经济在多年的发展中逐渐形成了各具特色的发展途径。在原有的发展基础上,根据各地的实际情况和国家、地方政府的政策导向,以及东北地区民营经济发展趋势,我们提出了今后民营经济发展的基本模式,旨在引导东北民营经济发展的走向和发展重点,并使民营经济成为改造和振兴东北老工业基地的重要力量。

一、立足矿产资源,促进资源转换型民营经济发展

东北地区具有丰富的农业、矿产、森林等资源,因此,鼓励民营企业直接或间接地参与资源的开发和利用,建立资源节约型的民营企业,对改造东北传统采掘和资源加工企业的生产和营销机制具有重要的意义。目前,资源转换型民营企业主要分布在森工、石油、煤炭等行业,由于民营企业的规模较小、实力较弱,对资源的开发和利用程度也相对较低,很多企业只能进行资源的初步加工。因此,对资源转换型民营企业的发展重点是要提升企业资源开发和转化的力度,向深加工方向发展,并积极围绕资源开发和加工发展服务型企业。

1. 加大资源的开发和综合利用力度

从现状来看,资源开采和综合利用类企业具有三个共同的特点:第一,对资源的开发利用程度低,在开发过程中由于技术和成本的限制不能很好地做到精细开发,节约资源;第二,由于此类领域存在强大的国有经济,民营企业没有机会进入大型矿的开采,多数企业是开发储量较小的边角废料矿;第三,在开发过程中,大多民营企业由于缺乏先进的开采技术,对环境造成的污染也比较大。因此,这类民营企业重点是要通过新技术或新手段,加大资源开采和综合利用的力度,并构建与国有企业或者民营企业之间进行联合开发的模式,推动资源开发和利用机制的创新。

事实上,东北地区的一些民营企业在这方面已经积累了许多宝贵的经验。例如,辽宁省葫芦岛市发挥有色金属冶炼基地在相关技术水平和产业工人等方面存在的优势,围绕有色金属冶炼,形成了一批具有一定市场竞争力的民营企业。如葫芦岛市祝华钼业有限公司、葫芦岛市连山区虹螺钼铁厂、葫芦岛市南票兴达冶炼厂、葫芦岛天星实业有限责任公司、建昌县八家子铅锌矿和葫芦岛炼锌厂等企业,产值均超过亿元。对资源转换型企业,主要是抓住了技术改造、注重环保,并充分发挥了当地工人技术水平高、产品市场相对稳定的优势,以集群模式组织区域性资源的开发和利用,提高了民营企业的市场竞争力。

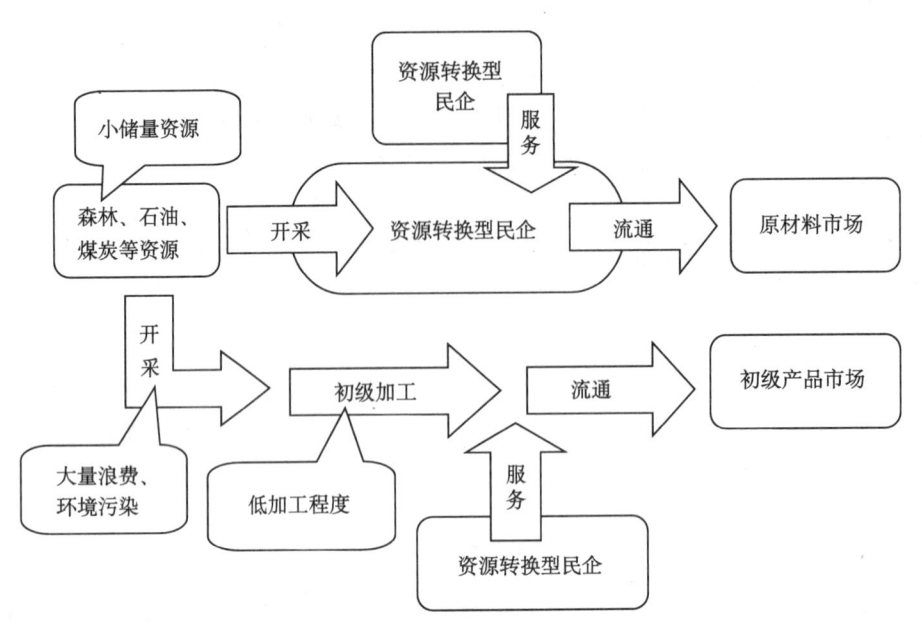

图 7—1 资源转换型民营企业模式

辽宁省盘锦市作为一个以石油和天然气生产为重点的资源型城市,在民营经济发展上也走出一条独特的道路。他们主要是鼓励民营企业围绕优势资源进行投资,并向下游产品衍生,如积极支持石化、塑料和新型建材、绿色有机食品等行业的发展,把这些行业作为接续产业重点加以支持,结果造就了一批资源深加工和副产品再利用民营企业。

2. 促进企业向深加工、集聚化和集群化方向发展

资源深加工型民营企业应该是东北地区资源转换型企业发展的重点。目前,由于国家宏观政策的限制,除在农特产资源开发领域外,资源开采类的民营企业在其他领域的发展空间相对有限,但资源深加工型企业却发展潜力巨大;另外,深加工类企业的产品质量和附加价值较高,对地区经济的带动作用也明显,因此,建议大力扶持和发展。一是要鼓励对矿产资源进行二次开发,提高资源的利用价值。二是扶持民营企业加大对特色资源的开发和利用。如吉林省通化市利用本地和周边地区的中草药资源优势,积极扶持民营企业开发现代化中草药,将资源优势与现有的产业基础相结合,提升其在医药行业的竞争力和活力。目前医药行业是通化市的支柱产业,医药行业左右着通化市的经济命脉,而民营企业占全市医药企业的90%以上,民营经济增加值和实缴税金均占全市 GDP 和财政收入的 50% 以上。三是要促进民营企业向园区集中,实现基础设施共享,减少环境污染,提高彼此间的分工与协作。四是构建民营企业发展的平台,促进企业向集群化方向发展,如哈尔滨市的民营医药企业园区正在向集群化方向发展,其集聚效应正在不断地显现出来。

3. 扶持为资源开发和加工服务的民营企业

鼓励一些民营企业围绕资源开发和加工提供各种服务,形成各具特色的资源开发和加工服务型企业。在东北地区这类企业相对较少,但市场前景相对较好。这类企业主要围绕资源开发和加工,提供市场信息、安全保障、技术支撑等产前、产中和产后等各种服务。如辽宁盘锦华鑫环保技术开发有限公司开发的石油天然气钻井作业监控管理系统,对石油、天然气钻井作业具有重要的意义。要鼓励民营企业为资源开发和加工的大中型国有或其他经济类型的企业提供各种服务,即向服务型企业发展。

二、依托农业资源,促进农产品加工型企业的发展

介于东北地区黑土地所孕育的农业有着其他地区所不能比拟的产业优势,农产品加工型的民营企业在原材料支持方面无后顾之忧。民企在农产品的采集过程中主要分为两种模式:第一种是散户购买,需要粮食、蔬菜等农产品的民企从种植相应产品的分散农户手里单独购买他们手中的农产品,集合起来进行农产品的加工,进而出售;另一种是民企自己拥有独自的农产品生产基地,或者通过签订合同的方式与一定区域的农民形成一个供给联盟或生产基地,在农产品的供应上实行专供,然后进行加工和销售。在加工过程中农产品加工型民企从加工产品的成熟程度上又分为两类:第一类是对农产品进行半加工,企业出售的是半成品;另一类民企对农产品进行完全加工,直接将产品加工成可以使用的成品。

1. 扶持农业产业化的民营龙头企业

发挥东北各地区域经济和自然优势,逐步培育壮大优势和特色农业龙头企业,可围绕东北地区具有优势的玉米、水稻、大豆等粮食产品,肉牛、生猪、肉鸡等畜产品,参茸、黑木耳等特产品,扶持龙头民营企业进行深加工,推进农产品加工业的发展。

在农产品加工方面,吉林省的民营企业发展水平相对较高,已经形成各种类型的深加工企业。如依托玉米资源优势,形成了以吉粮集团、长春大成公司、公主岭黄龙食品工业公司、赛力事达公司、乾安吉安生化酒精公司等为代表的玉米加工龙头企业群,加工能力达118.4亿斤,2003年实际加工转化量达85.6亿斤。吉林天景食品集团公司是国家级龙头企业。其生产的"天景牌"速冻保鲜玉米,以新鲜、营养价值高为特点,已销售到全国31个省市自治区。吉林省的玉米深加工还围绕着8个链条进行,即变性淀粉、淀粉糖、生物饲料、生物药、氨基酸、淀粉纤维、淀粉树脂和新能源。而建设和布局则按照4个系列展开,即玉米淀粉及衍生物系列、新能源及食用酒精系列、饲料系列和食品系列。

依托大豆资源优势,吉林省形成了以德大公司、慧泽公司、裕龙公司等为代表的大豆加工龙头企业群,加工能力达63.3亿斤,实际加工转化量达40.4亿斤。依托畜牧业资源优势,形成了以德大公司、皓月公司、华正农业开发公司、吉发实业等为代表的鸡、牛、猪、鹅等畜产品加工龙型企业群,猪、牛、鸡、奶的加工能力分别达475.6万头、74.2万头、1.53亿只、17.27万

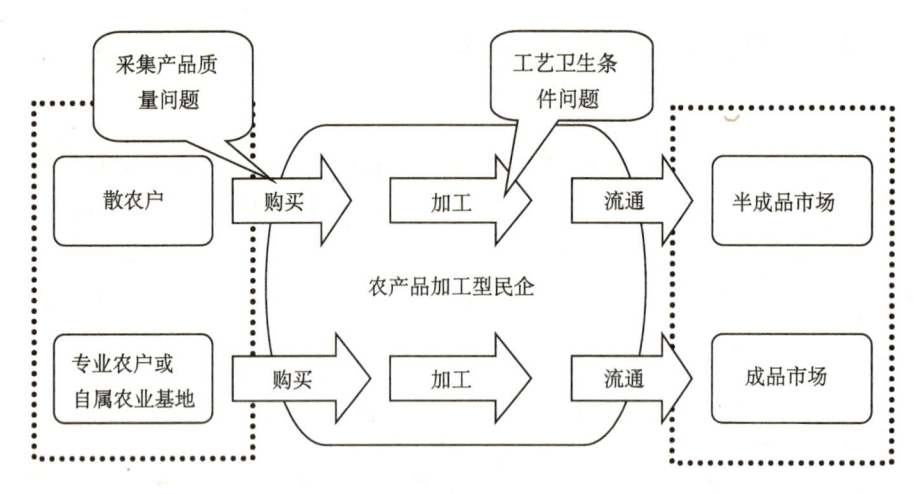

图 7—2 农产品加工型民营企业模式

吨。依托水果、蔬菜和长白山特色资源优势,形成了以吉林敖东药业集团、通化葡萄酒公司、吉林西洋参集团、长春新月集团等为代表的药业及蔬菜、水果加工龙型企业群,蔬菜、水果的加工能力分别达 37.45 万吨、29.29 万吨,实际加工量分别为 11.4 万吨和 11.6 万吨。

辽宁省要重点扶持和发展以大连华农豆业股份公司、辽阳富虹油脂集团公司为龙头的大豆加工业;以沈阳隆迪粮食制品有限公司、盘锦利是米业有限公司、沈阳万顺达集团有限公司为龙头的粮食加工业;以大连础明肉制品加工公司、营口正大集团公司、韩伟集团为龙头的畜禽产品加工业;以鲁冰花集团有限公司、辽宁亚洲红葡萄酒业有限公司为龙头的水果加工业;以大连科洋水产有限公司、丹东大鹿岛海兴集团、东港八棵树水产集团为龙头的水产品加工等优势农产品加工业。并且通过农产品加工业的发展和带动,形成一批生产、加工、流通的龙头企业群和覆盖农村的生产基地。重点支持和鼓励对农业发展带动力强,农产品附加值高的农产品龙头企业。

2. 促进民营农产品加工企业与农业生产基地的结合

农产品加工企业若想获得持续和高质量的发展,必须建设相应的农产品生产基地,或者以合同的方式与农户建立密切的购销关系。根据东北地方特色,民营农产品加工企业要围绕优质稻米生产、优质畜产品生产、海淡水渔业生产、海珍产品养殖加工、优质水果生产、蔬菜基地和中药材基地建设,提升企业竞争力。如吉林大成实业集团围绕吉林省玉米基地建设,已经发展成为亚洲最大的玉米加工企业,所属的 18 个生产企业,年加工玉米 120 万吨。集团从玉米原料基地建设,逐步发展到初级加工,再到高附加值的精深加工,使加工产业链条向八方辐射延伸;吉林德大集团则围绕玉米基地建设,主要进行饲料加工,每年转化玉米 75 万吨,参与到产业化经营中的劳动力达 15 万人。

三、围绕大企业,建立配套生产型民营企业

东北地区超强的国有大中型企业给民营企业的发展带来了机遇,与国有大中型企业进行配套,在一些要求不高的配件产品方面解放大企业的生产能力,大企业将配件产品的生产外包给配套型民企,配套型民企配合大企业生产产品,另有一部分生产任务可以进行二次外包,如此形成更为专业化的生产格局。围绕大企业的配套型企业主要在大企业分布的周围以大企业为中心集中分布,形成一定的聚集效应,在配件生产方面民营企业多形成较为完整的产业链条。

1. 围绕大企业的生产网络形成核心生产节点

东北地区国有大中企业的所占比例和发展水平在全国均居于重要的地位,但国有大型企业普遍存在着"大而全",自我完善和自我发展后劲不足的问题,对地区中小企业的带动和辐射作用相对较低。随着市场经济的加速推进,这些企业从自身发展需求出发,需要建立多层次的生产网络体系,把许多生产和销售环节逐渐分离出来,以便最大限度地降低生产费用,增强企业的核心竞争力。国有大型企业自身发展的趋势,给民营中小企业发展带来了更多的市场空间。因此,民营企业围绕大企业的各个生产环节,构建与之相配套的核心生产节点,通过大型企业的发展带动民营企业的成长。

如围绕长春"一汽"这一国家级大型企业,在长春市周边地区集聚了大量有一定规模的汽车标准件的民营配套企业。从钢材供给、拔丝、切割、标准件锻造到镀锌、包装、流通各个方面都完备的流水线式的民营企业,直接为"一汽"提供进行汽车生产所需要的各种配件。

东北三省,各省都有大型汽车企业,汽车工业对当地经济有强大的拉动作用。除吉林省长春市的"一汽"集团外,黑龙江省哈尔滨市有全国自主开发汽车产品哈飞汽车集团,也有已被"一汽"集团收购的哈尔滨轻型车厂,辽宁省沈阳市有由德国宝马与华晨合资建立的华晨宝马汽车公司,还有金杯通用汽车公司。围绕这些大型骨干企业,形成了众多有实力的民营汽车零部件企业,如在长春有一汽富奥、一汽光洋、一汽东机工、长春海拉、长春富奥—江森、一汽—凯尔·海斯、长春塔奥、西门子(长春)、吉林北方捷凯等,在沈阳有三菱发动机等三大发动机企业和近30家汽车零部件配套企业。

此外,东北地区还拥有钢铁、能源、化工、重型机械、造船、飞机、军工等重大工业项目,为中小型民营企业的发展创造了基础,提供了发展潜力。如在大连市的旅顺、金州和甘井子都建起为船舶生产配套的园区,新船重工建造批量最大的11万成品油轮,其主机、配电设备、螺旋桨、阀门、舾装等零部件的本地配套率已接近70%。

目前,除长春的汽车零配件制造业、光电子产品制造业以及大连的船舶制造业外,在吉林市也形成了石化下游产品加工型民营企业,另外在辽源则形成袜业集聚区。总之,在东北地区,围绕大型企业正在形成集群式发展的格局。

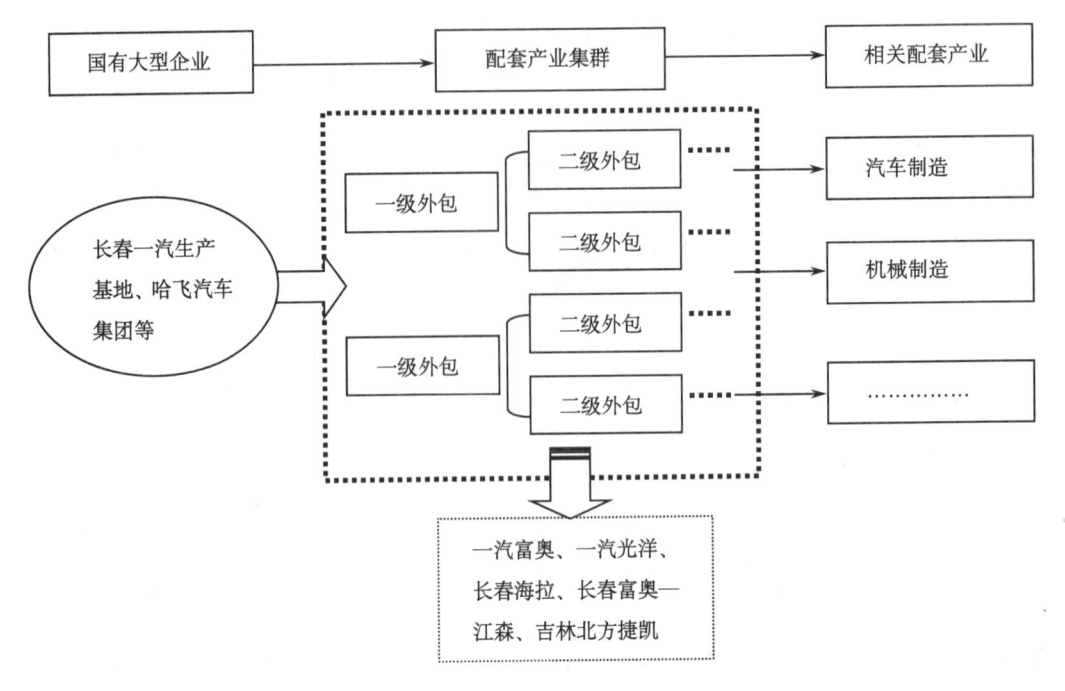

```
┌──────────────┐      ┌──────────────┐      ┌──────────────┐
│ 国有大型企业 │─────▶│ 配套产业集群 │─────▶│ 相关配套产业 │
└──────────────┘      └──────────────┘      └──────────────┘
                            │
        ┌───────────────────┼───────────────────┐
        │           ┌─────────────┐             │
        │           │  二级外包    │────────▶ ┌──────────┐
        │  ┌───────▶└─────────────┘           │ 汽车制造 │
        │  │        ┌─────────────┐           └──────────┘
 ┌──────┴──┴──┐     │  二级外包    │
 │长春一汽生产│     └─────────────┘
 │基地、哈飞汽车│   ┌─────────────┐           ┌──────────┐
 │集团等      │    │  二级外包    │────────▶ │ 机械制造 │
 └────────────┘  ─▶└─────────────┘           └──────────┘
        │  │        ┌─────────────┐
        │  └───────▶│  二级外包    │────────▶  ……
        │           └─────────────┘
        └──────────────┬────────────────────┘
                       ▼
           ┌────────────────────────┐
           │ 一汽富奥、一汽光洋、    │
           │ 长春海拉、长春富奥—    │
           │ 江森、吉林北方捷凯      │
           └────────────────────────┘
```

图 7—3　围绕大企业配套型民营企业模式

2. 促进企业组建成大企业,带动相关产业的发展

民营企业之间可以形成不同形式的联合体,或者成立行业互助组织和协会,可以实现资源互补、风险共担、利益共享,促进中小型民营企业迅速发展。从单一企业很难发现其市场优势,但行业内部实行的是专业化生产和协调配合,因此,从行业整体来看,市场优势非常明显。小企业的专业化生产和相互协作可以达到资源整合、产业集中、分工严密、制作精细的效果。

辽宁省丹东市有锅炉制造企业60多家,射线仪器企业40多家,汽车零部件企业100多家,这些规模不大的中小企业在本领域都具有一定的竞争力。如丹东从事造纸机械产品制造及其为之配套的小企业有40余家,这些小企业既有生产纸板机、文化纸机、卫生纸机的整机企业,又有加工烘缸等配件的工厂。丹东市的汽车零部件生产企业产品涉及涡轮增压器、直流电机、化油器等50余种,为国内一汽、东风、重汽等十几家著名汽车企业供应产品,锅炉制造企业在东北市场的占有率已达80%,射线仪器产品的产量占全国总量的85%,造纸机械已经发展成为全国三大造纸机械基地之一。

辽宁省本溪县的北方曲轴公司与宁波华翔集团自合资合作组建辽宁北方曲轴有限公司以来,借助国内汽车零部件重要生产基地之一的华翔集团在资金、技术、管理等方面拥有的优势,企业得到了迅猛发展,具备了年产各种曲轴80万件的生产能力,品种包括了一汽、二汽载重系列,各种轻型系列,工程系列,农机系列等,产品已销往上海、无锡、昆明、沈阳、大连等国内30个省市自治区及美国、日本、新加坡等国家,为华晨、朝柴、新晨等20多家主机厂提供配套服务。

3. 围绕核心产业推进产业集群的发展

围绕核心产业建立高度专业化分工与协作,促进制成品、中间产品、原材料的生产企业间的分工合作,形成紧密联系的产业链或产业集群。如沈阳市以华晨金杯、上海通用汽车为核心,在沈阳东部重点发展轿车、商务车生产基地;在沈阳南部,以中顺汽车为核心,主要发展公务车生产基地;而沈阳经济技术开发区重点发展汽车零部件生产基地。在这一生产格局中,民营企业发挥着举足轻重的地位,使沈阳市汽车产业发展的空间格局基本形成。目前,沈阳市已形成了7家汽车整车制造厂和4家汽油发动机生产企业以及95家汽车零部件生产企业,汽车整车生产能力接近40万辆,发动机生产能力超过30万台。

四、服务大城市,在城郊建立生活服务与生产配套型民营企业

近年来,大城市周边地区成为经济增长最为活跃的区域,其中民营经济起到了积极的作用。在东北一些主要大城市的周边地区,民营经济的投资也很活跃。在大城市周边发展起来的民营经济主要是利用了便利的区位条件、低廉的劳动力和地价,以及相对宽松的市场环境等优势,形成各类型的民营企业。

1. 鼓励民营企业积极发展生活性服务业

在东北各大城市周边,由于大城市居民生产生活的需要,聚集了大量的民营企业,为城市提供必要的生活服务,其中部分民企就是城市周边乡镇的乡镇企业,为城市居民提供日常需要的肉、蛋、奶、菜等生活必需品,以及餐饮娱乐、休闲等方面的服务。这些民营企业基本上直接面对城市中的消费者。例如在大连、沈阳、长春、哈尔滨等城市的周边地区,都存在着为城市提供各种产品和服务的一大批民营企业。

2. 鼓励民营企业为大中城市提供生产基地和相关服务

在城市郊区,有大量的民营企业为大城市的大中型企业提供产品配套和相关服务,企业的市场、技术和相关信息都来自于大城市。沈阳的新民市虽然地处沈阳市的远郊,但同样有着极佳的投资和发展机遇。围绕市区医药产业的发展,该市建立了中草药基地、土畜产品生产基地和绿色食品生产基地。

3. 鼓励民营企业向大中城市的郊区转移

鼓励民营企业由大城市向城市郊区或周边地区转移,促进社会主义新农村的建设。这些大城市周边型的民营企业,主要依托其位于城市郊区的优良区位、便利的交通、城市周边地区比较充足的劳动力、较高素质的劳动力、较城市内部更低廉的劳动力成本以及相对便宜的土地租金等优势,进行企业的发展扩大。

沈阳东陵区毗邻母城,依托其优越的区位优势和良好的资源优势,形成了最佳的投资环

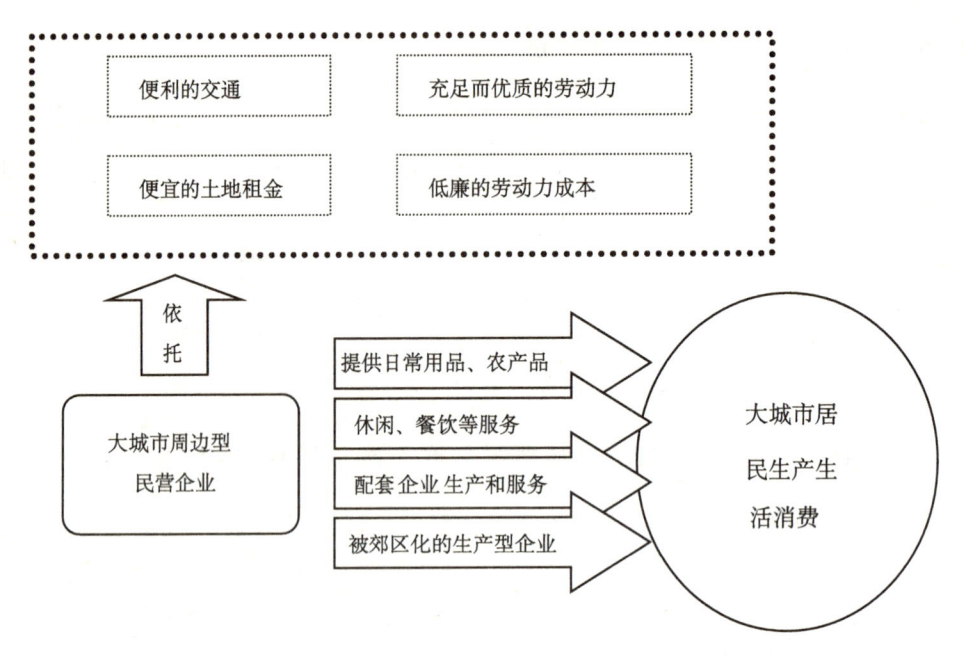

图 7-4 大城市周边服务与生产型民营企业模式

境,现在已成为沈阳东部最具活力的经济增长极。距沈阳市区 2 公里的东华工业园,成为吸引机械、电子、化工、食品、建材等行业投资的重要区位。东陵民营经济开发区重点吸纳民营企业,为民营企业发展提供平台,已有几十家企业投资食品、医药、电子、机械等行业。

营口熊岳镇充分发挥纺织服装业得天独厚的资源优势,目前已形成 28 家纺织服装规模企业,年产值 13 亿元的纺织服装产业框架粗具规模。比较大的公司有辽宁时代集团熊岳印染有限公司、营口金基制衣有限公司、营口绅特制衣有限公司、营口金海港制衣有限公司和营口金达服装责任有限公司等。

五、创造条件,大力扶持民营高科技型企业发展

东北地区有着先天的人才和科技优势,高科技主导型民企正是依靠这些单位企业,在其科技创新的支持下进行企业运作,尤其在生物制药、光电技术、精密机械制造等领域有着蓬勃的发展。

1. 依托大企业和科研院所,发展高科技民营企业的发展

高科技主导型企业大都是依靠大型的国有科技企业或者科研院校和单位起家,在企业运作过程中充分联系大型国有科技企业或者科研院校和单位,依托大型国有科技企业或者科研院校与单位的高科技人才和高等级的设备,在其科研创新政策的支持下进行产品的设计和生产,部分民企拥有自己的高科技科研设备和研究人才队伍,还有一部分民企是海外归国技术人员创办的高科技企业,这些企业主要是依靠本地的优惠政策,结合归国人员所掌握和依托的科

学技术进行创业。如大连市有科技型民营企业 2700 多户,占全市高新技术企业的 80% 以上,部分企业已经形成了以高科技技术人员为组合,以大投资共同创业为目标,依托高校,起点即定位的高新技术企业发展模式。同时,企业围绕新型电子技术、信息技术、生物技术、软件开发等产业,已经形成了一批具有国际水准和自主知识产权的高新技术项目和产品,以民营高新技术企业为龙头的高新技术产业集群也正在形成,在对接科研成果、技术改造等方面也有了重大突破。大连隆正光饰机制造有限公司是服务于一汽集团、上海大众、沈飞汽车的著名光饰机专业制造公司和大连市的高新技术企业。

2. 依托园区,促进高科技民营企业的发展

东北地区各地高科技创业园的创办是高科技主导型企业发展的一个重要因素,这些创业园给入园企业提供种种的政策和资金优惠,甚至给企业提供一定的创业资金,鼓励人员创办高科技企业。

依托园区,民营科技企业发展水平不断提升。如辽宁省民营企业的科技含量开始提高,出现了一批高新科技项目,如沈阳北恒公司的高速电气化铁路重大装备器材项目、北泰集团的液晶显示器项目、三生制药的基因工程药物生产项目等,这些项目均具有极高的科技含量和市场竞争力。因此,就辽宁省而言,要重点建设好辽中镇星火技术园区、大连甘井子软件园、海城轻纺高科技园、大石桥永安科技园、大石桥金桥科技园、营口路南高新技术产业园、葫芦岛连山爱克高科技园,为孵化辽宁省高新技术企业并促进其发展提供强有力的支撑。

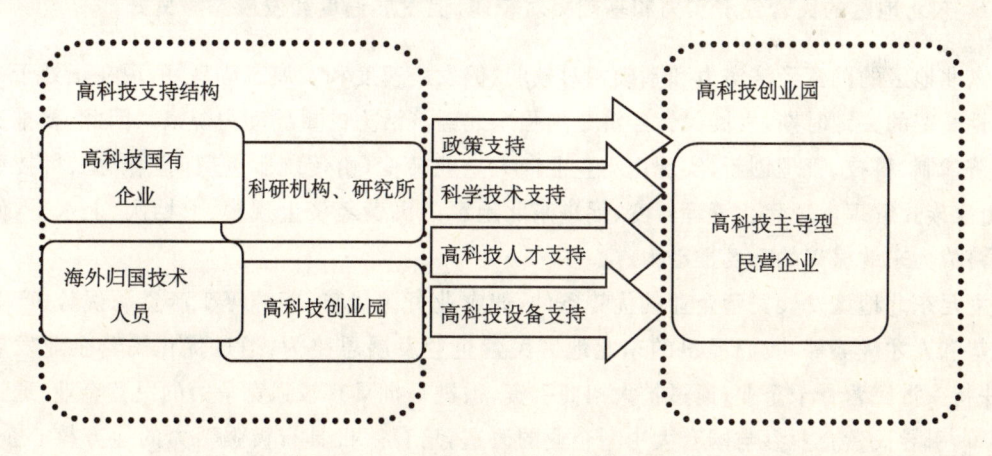

图 7-5 高科技主导型民营企业模式

吉林省民营科技企业已发展到 4400 户,从业人员达到 10 万人,实现科工贸总收入 350 亿元。产值超亿元的企业有 20 多户。这些企业充分发挥民营企业机制灵活的优势,集中民间财力,不断提升科技研发生产能力,走出创办科技产业的成功之路。吉大正元有限公司、通化茂祥集团、富华高分子有限公司等一大批民营科技企业,或者由海外归来的科技精英领航,或者引纳本省的高科技人才,在建立起领先的人力资本平台的同时,实施了一系列灵活有效的决策、分配、经营运行机制,始终保持旺盛的创新活力,组织研究、开发、生产出一批具有国际水准的高科技成果和产品,成为吉林省民营高科技企业的先锋队伍。

3. 依托各种孵化器,促进科技成果向民营企业的转化

哈尔滨市在发展民营经济的过程中,依托孵化器来推进科技创新成果转化和高新技术产业发展。据统计,目前哈尔滨市的高新技术产业化基地完成总产值约占该市非公有制经济总量的45%。目前,哈尔滨市高新技术企业孵化器已经有19个,其中国家级4个,省级4个,市级11个。仅哈尔滨市南岗区高新技术企业孵化器就达16个,在600户孵化企业中,形成了以哈工大为龙头的工业技术研发、以光宇集团为主导的新能源工业、以民营科技企业为主体的创新成果产业化和以合资合作为特点的高新技术产业化基地。目前光宇、九洲、新中新、利民医药等产业化基地的带动和示范作用正在不断显现。

高科技主导型的民营企业正在不断提升民营企业的竞争力和地区活力。因此,在未来5～10年内,要集中优势资源,重点扶持对地区经济增长有突出带动作用,科技含量高、市场前景好、产业优势和特色明显的民营高新技企业。

第四节　结论与建议

1. 东北地区的民营经济实力和基础相对较弱,但发展速度和发展态势良好

东北地区的民营经济实力和基础相对较弱,但发展速度和发展态势良好,现在正处于一个战略性转变的关键时期,发展民营经济是增强东北经济活力的重要动力源泉。因此,要推进民营经济体制、科技、管理创新,实现由小企业向大企业转变,由传统服务型向生产型、科技型转变,由家族式管理向现代化管理转变,促进东北地区的民营经济上规模、上档次、上水平,使民营经济成为东北振兴的重要推动力。

立足东北地区发展民营企业的优势条件,如农业资源优势、能源等矿产资源优势、产业基础优势和人才优势等,我们提出的东北地区民营企业发展思路为:通过优化民营企业发展环境,扶持一批民营骨干企业;通过扩大招商引资,引进一批具有较强竞争力的民营企业;通过产权改革,引导民营企业参与国有大中型企业的改造,培育一批具有极强活力的地方核心企业;通过扶优扶强,引导符合产业政策的大型民营企业向规模化和集团化发展,建立一批具有全国或国际水平的民营企业集团。

根据东北地区的特点、资源禀赋、产业基础和民营企业发展现状等,我们提出了在未来10～20年间东北地区民营企业发展的五种模式,即资源转换型、农产品加工型、大企业配套型、大城市周边服务与生产型以及高科技主导型等,对不同发展模式的发展重点和发展方向进行了分析,并提出了相应的政策导向。

2. 成立民营经济发展促进监督小组

由各个省市政府领导牵头,在各级政府成立民营经济发展促进监督小组,由副省长或者副市长(或相应级别官员)亲自主持,确保每月例会一次,监督政府对于民营企业发展所制定的政策的执行情况和调控情况,发现政策执行当中的问题,解决问题,确保政府在民营经济发展中所制定的政策全部落实有效,发挥效果。

3. 多方面筹集调控发展资金

政府出面,集合政府财政支援、银行贷款、国家拨款、各民营企业出资等方式,筹集保障调控民营经济发展的资金,建立民营经济发展保障基金,确保民营经济促进措施能够真正实施到位。资金来源可以多元化,尤其以吸收民间资本为主,重点依靠社会团体和私有部门支持小企业的发展。政府可以重点提供基础设施和政策法律环境。

4. 针对不同类型的民营企业给予不同的政策支持

政府在加强对民营企业的评估和监督的同时,重点要对民营企业提供服务和政策支撑。针对高科技型民营企业投资风险较大,启动资金难以获得等现实问题,政府重点是建立风险投资的机制和担保体制,确保高科技型民营企业能够获取发展资金。同时,应该加大对网络与通讯基础设施的投入。为科技型民营企业的发展创造良好的融资渠道和完善的基础设施。科技型民营企业的发展,对调整东北地区产业结构,增强产业竞争力具有重要的意义,建议给予大力支持。

围绕大企业的配套型民营企业是东北地区应大力扶持发展的民营企业。对于这类企业重点是鼓励和引导其与大企业建立长期合作的机制,在技术上能够得到大企业的支持,为大企业提供优质零配件产品。政府的作用是在这类民营企业和大企业之间充当中介角色,促进大企业与民营中小企业建立良好的合作机制。

对于农产品加工型民营企业,政府的作用表现在三个方面:一是为企业建立广阔的信息平台,完善民营企业对外联系的渠道;二是扶持农业基地建设,确保为农产品加工企业提供优质的原料;三是引导科研部门,为农产品加工企业提供技术支持,设立农产品开发基金,扶持民营企业进行科技创新。

对于资源开发和加工型民营企业,政府重点要强化监管力度,确保资源的永续利用,环境不受到污染和破坏。限制小企业的发展,鼓励大中型民营企业参与矿产资源的开发和深度加工。

参 考 文 献

1. 陈才、李广全、杨晓慧等:《东北老工业基地新兴工业化之路》,东北师范大学出版社,2004年。
2. 邓伟、张平宇、张柏:《东北区域发展报告》,科学出版社,2004年。
3. 丁四保:《跨世纪的中国东北经济》,东北师范大学出版社,2002年。
4. 张云飞:"振兴东北必须大力发展民营经济",《理论探讨》,2004年第1期。

第八章 现代农业发展的方向与途径

东北老工业基地的振兴是东北整个区域的振兴,不仅包括"老工业"基地,也应包括"老农业"基地,这是由工农业之间固有的内在关联性所决定的。国家实施"东北老工业基地振兴"战略,为东北地区推进农业现代化进程提供了良好契机。加快发展现代化农业,把东北建成我国最大的现代化农业基地,既是保障国家粮食安全、增强国际贸易竞争能力,也是促进东北农业转型发展、不断提高农民收入、统筹城乡发展和全面振兴农村经济的战略选择。

东北现代农业发展应立足于"五个"发挥的目标定位,即发挥水土资源优势,建成国家最大商品粮生产基地和粮食安全基地;发挥资源生态优势,建设绿色农产品生产基地;发挥粮食生产优势,建设精品畜牧业基地;发挥科技优势,打造区域农业发展创新平台和农业科技示范基地;发挥区位优势,建成带动中国农业参与国际竞争的现代农业示范区。

东北现代农业发展的重点,在于大力发展优质、高效、绿色、生态、安全的现代农业,走绿色生态农业之路,走农业生产规模化与产业化之路,走标准化生产和信息服务之路。注重推进三大策略,即立足水土资源的综合优势发展东北现代农业,将现代农业发展融入东北区域新型产业体系中,积极探索农业经营方式、机制与科技创新。

第一节 现代农业发展的背景及意义

一、现代农业与东北振兴

1. 振兴农业基地是东北振兴的重要组成部分

振兴东北老工业基地,是新世纪我国进入现代化建设新阶段的重大战略部署。东北老工业基地振兴是东北整个区域的振兴,不仅包括"老工业"基地,也应包括"老农业"基地,这是由工农业之间固有的内在关联性所决定的。国家实施"东北老工业基地振兴"战略,无疑也为东北推进农业现代化进程提供了良好契机。一是通过加快工业化与城市化进程,为农业剩余劳动力的转移与产业结构调整创造条件;二是城乡人口结构变动,可为农业创造广阔而稳定的区域农产品消费市场;三是随着区域经济的持续增长,可以为工业反哺农业创造更大的空间。2003年,国家发展改革委员会批准"振兴东北"的首批百个项目,农产品深加工被列为重点投资的领域之一,这必将对推进东北农业的现代化进程发挥重要作用。

2. 现代农业是国家粮食安全的重要保障之一

长期以来,东北地区偏重型的工业结构与初级型的农业结构,造成了工农业关联度低下,互动机制缺失的局面。东北地区具有丰厚的农业资源和农产品规模优势,但长期得不到工业联动和支持,依托农产品原料的轻加工业落后,传统农业的规模优势弱化,致使农业产业化与社会化的进程缓慢,农业增效、农民增收缺乏动力支撑,东北地区因此成为全国"三农"问题最为突出的地区之一。以史为鉴,振兴东北老工业基地必须加快发展现代化农业,着力提高粮食综合生产能力。与传统农业相比,现代农业能够更好地融入区域产业分工体系之中,从而使以农业产业化和基地规模化为主要特色的东北现代农业发展必将成为东北新的经济增长点。率先实现农业现代化,把东北建成我国最大的现代化农业基地,是保障国家粮食安全、增强国际贸易竞争等多重目标的必然选择。

二、现代农业与农业转型

1. 建设现代农业是东北农业转型发展的现实选择

在过去的 20 余年里,虽然我国一直致力于建立具有中国特色的现代农业,但其进展远没有中国经济发展成就那么值得骄傲,不断加大的城乡差距,以及近年来不断凸现的"三农"问题就是很好的佐证。我国的国情和农业自身的特点决定了农业的基础性地位,而东北农业在我国一直处于特殊的地位,起着突出的作用。东北地区作为我国重要的农业生产基地,商品粮调出量占全国的 1/3 以上,被誉为"中国粮食市场的稳压器"和"中国最大的商品粮战略后备基地"。但 20 世纪 90 年代,出现了以"农业生产连年下滑、农村经济发展缓慢"为特征的"新东北现象",东北农业发展陷入困境。现代农业是农业发展的最新阶段,从传统农业向现代农业的转化是当前东北农业转型发展的主要任务。

2. 发展现代农业是不断提高农民收入的重要保证

东北作为我国重要的粮食生产基地,农业生产以粮食为主,种植业收入在东北农民收入中所占的比重较大,但粮食生产比较效益低,制约了农民收入的增长。当前东北农民收益下滑现象归根到底是因传统的种植业、传统的大宗农产品不能适应市场经济发展的竞争形势。传统农业的发展思路注重追求数量增长,面对这种"增产不增收"境地已是束手无策。按照现代农业发展的规律,立足市场需求和区域比较优势,实施农村工业化与农业产业化战略、推进城市化与农村人口转移,是全面提高农业劳动生产率,提升农业综合生产能力的基本前提。东北是我国最大的余粮区,在 2003 年全国粮食生产处于低谷期,全国粮食产量的产需逆差达 5913 万吨的情况下,东北粮食产量平衡有余仍达 2193 万吨(表 8—1)。可是,粮食比较效益不高的现实,决定了东北农业在保证国家粮食安全与提高农民收入之间面临艰难的抉择。因此,充分发展东北粮食产量的优势,关键问题在于如何通过建立现代农业产业体系,通过"粮食深加工"和

"过腹转换"的途径,把粮食产量优势转化为经济优势和竞争优势,从而为有效提高农民收入开辟新道路。

表 8-1　全国及东北地区粮食余缺情况(万吨)

地区	1990 年	1998 年	2003 年
辽宁	-25	249	-102
吉林	1091	1501	1232
黑龙江	991	1575	1063
东北	2058	3325	2193
全国	1612	4383	-5913

注:粮食需求量按照人均 380 公斤计算,粮食余缺为当年粮食实际产量与需求量之差。

三、现代农业与统筹城乡发展

1. 发展现代农业是东北统筹城乡发展的根本途径

党的十六大指出,统筹城乡经济社会发展,建设现代农业,发展农村经济,增加农民收入,是全面建设小康社会的重大任务。十六届三中全会通过的《关于完善社会主义市场经济体制若干问题的决定》,又把统筹城乡发展,建立有利于逐步改变城乡二元经济结构的体制,作为完善社会主义市场经济体制的一项重要任务。党中央站在国民经济和社会发展全局的高度解决"三农"问题,跳出就农业论农业、就农村论农村、就农民论农民的传统思维方式,拓宽了加快我国现代化进程的思路。这是在科学把握世界各国现代化发展的一般规律,深刻总结新中国成立以来特别是改革开放以来,我们党处理城乡关系问题的经验教训的基础上所采取的重大战略决策。东北长期作为我国的老工业基地,是我国实行计划经济较长且计划经济体制较完备的地区,也是计划经济体制向社会主义市场经济体制转变较晚的地区。在计划经济时期,东北大型国营企业、国有农场不断发展壮大,工业和农业发展为国家做出了巨大的贡献。但是,同时形成了东北工业与农业的"一头重"单一结构,以及工农之间、城乡之间的"双二元"结构。现代农业的产业化模式将能够有效地连接农业农村经济和城市区域经济,从而为统筹城乡协调发展开辟新途径。

2. 发展现代农业是全面振兴东北农村经济的战略选择

现代农业以实现农业增效、农民富裕和农村经济发展为目标,在国家对农业实施有效保护政策和推进工农业协调发展的形势下,充分发挥农民的主体性和创造性,改造传统农业理念和模式,建设适应整个国民经济协调发展的现代产业,成为提高农业综合要素生产率,培育农村经济增长点,以及实现工农一体化和城乡一体化的目标的重大战略选择。东北凭借其独特的自然资源优势,已建设成为新中国发展史上最为重要的工业和农业基地。然而,长期以来城乡经济联系的严重隔离及其产业结构的不合理,成为东北地区农村经济发展的内在缺陷,对此能否有所突破,也将直接关系到东北地区农村经济的振兴,以及建设社会主义新农村目标的实现。现代农业以现代科学技术、现代管理手段、现代物质基础来武装农业,通过完善的社会主义市场经济体系,促进农业集约化经营和农业结构优化调整,建立现代农业产业体系,可为农村工业化和农村小城镇的建设提供不竭动力。因而,加快发展现代农业步伐,率先实现农业现代化,是全面振兴农村经济重要的战略选择。

第二节 现代农业发展的现状评价与分析

一、现代农业发展水平评价原则与方法

1. 评价原则

(1)全面性原则。农业现代化是由传统农业过渡到现代产业的多层面演进过程。此过程的内容应包括多个方面:用现代工业提供的物质技术武装农业,用现代生物科学技术改造农业,用现代市场经济观念和组织方式来管理农业,创造很高的综合生产率,同时关注生态保育,建设富裕文明的新农村。

(2)多目标原则。农业现代化的目标不能局限于运用现代工业物质技术和现代科学技术,农业现代化应同步伴随以下目标的实现:①提高农民的社会和经济地位,缩小城乡差别;②农村人口城镇化;③可持续发展和保护自然资源与环境;④确保粮食安全。

(3)可持续发展原则。可持续发展问题已成为国际学术界研究的热点之一,当前很重视研究可持续发展的指标体系,建立信息支持系统,以综合反映可持续发展的现状和问题,评估和调整现行农业政策,还要为建立食品安全预警系统提供监测评价的依据。

(4)标准化原则。农业标准化是制定农产品生产质量监督的依据,农业标准化可以增强农产品的市场竞争力,是农产品创品牌的关键,是打开各地方名、特、优产品市场和我国优势农产品进入国际市场的必要条件。

(5)教育原则。只把农业现代化看成向农业提供现代工业生产的物质技术,容易忽视人的作用。农业现代化意味着提高农业劳动生产率,而提高农业劳动生产率不能只注重现代物质投入,不能"见物不见人",使用现代物质投入品的只能是具有现代技能的农民,高素质的农民是实现农业现代化的关键与基本保障。

2. 评价方法

衡量现代农业发展水平的核心标志主要有三种观点:一是农业劳动生产率;二是土地生产率;三是一个由农业生产力与技术水平、农业经济产出、农民生活水平、农村生态环境等方面构成的指标系统。第三种观点逐渐被大多数学者所认可,并在现代农业发展水平评价中得到广

泛运用。而已有的现代农业发展水平评价指标体系按照其侧重点不同,粗略的划分主要有以下四种:①以资源开发利用为主要评价依据;②以农业和农村基础设施为主要评价依据;③以农业生产过程为主要评价依据;④以农业服务社会化为主要评价依据。

对于东北地区现代农业发展水平的评价,主要通过实地调研和专家咨询,采用系统分析方法,从多维度、多视角着眼,从系统的角度进行综合考察。基于复杂系统的层次与结构理论,现代农业发展水平系统可以进一步划分为自然生态环境、生产与技术、农村经济、农民生活水平四个子系统,并以此为基础建立相应的评价指标体系。

二、现代农业发展水平评价指标体系

1. 指标体系建立的方法与原则

(1)单个指标一定要遵循"客观性、独立性、可比性、可行性"的原则,而指标体系则要遵循"综合性、全面性"的原则。

(2)尽量选择与现有统计部门的统计指标相同或经过简单换算就可以使用的指标,便于获取原始数据。

(3)指标设置要尽可能全面反映区域现代农业发展水平系统的特征,防止片面性,各指标之间要相互联系、相互配合,各有侧重,形成有机整体。

(4)运用层次分析法(AHP)和系统分析法,明晰东北地区农业现代化系统的层次结构,采用特尔菲法(Delphi)确定各子系统的单项指标,共21项。最终形成具有三个层次的农业现代化评价指标体系(表8—2)。

2. 评价指标权重的确定及指标计算

(1)选取农业部门、政府部门、研究部门和高校的专家,对评价指标的重要程度进行打分,经过多轮的专家咨询,最终得到各级指标的权重。

(2)指标计算:

分指标的计算:

$$S_i = (P_i/Q_i) \times U_i \quad \text{(当指标为正向时)}$$

$$S_i = U_i - (P_i - Q_i)/Q_i \quad \text{(当指标为逆向时)}$$

综合评价值计算:

$$S = \sum S_i$$

其中,i为分指标的序号,U_i为相应分指标的权重,P_i和U_i分别为相应单项指标的实际值和目标值,S_i为单项指标的得分,S为现代农业发展水平综合得分。

(3)根据得分,把现代农业发展水平划分为五个阶段:

$S<50$,准备阶段;$50 \leqslant S \leqslant 65$,起步阶段;$65 \leqslant S \leqslant 75$,初级阶段;

$75 \leqslant S < 85$,中级阶段;$85 \leqslant S$,基本实现阶段

表 8—2　东北地区农业现代化评价指标体系

主指标	序号	单项指标	权重	目标值
农业自然生态子系统(Y_1)	1	自然灾害成灾率(%)	4	≤20
	2	森林覆盖率(%)	6	40
	3	旱涝保收面积占耕地的比重(%)	5	60
	4	节水灌溉面积比重(%)	4	40
农业生产(技术)子系统(Y_2)	5	有效灌溉面积比重(%)	4	80
	6	单位耕地农用机械总动力(kW/ha)	4	15
	7	单位耕地肥施用量(kg/ha)	3	300
	8	农业经营管理人员占农业从业人员的比重(%)	7	0.5
	9	农业劳动力初中以上文化程度比重(%)	7	90
	10	农业技术服务人员占农业从业人口的比重(%)	6	0.5
农业经济子系统(Y_3)	11	劳动生产率(元/人)	8	40000
	12	粮食商品率(%)	6	80
	13	单位面积耕地的农业产值(元/公顷)	5	15000
	14	以农产品为原料的轻工业总产值占农业总产值的比重(%)	4	60
	15	第一产业占 GDP 的比重(%)	4	≤10
	16	农林牧渔就业人口占就业总人口的比例(%)	3	≤20
	17	牧业增加值占农业增加值的比重(%)	3	35
	18	人均国内生产总值(元/人)	2	25000
农民生活水平子系统(Y_4)	19	农民人均可支配收入(元/人)	7	8000
	20	农民恩格尔系数(%)	5	≤40
	21	农民人均居住面积(m²)	3	30

三、现代农业发展水平综合评价

1. 数据来源

原始数据来源于《2003 年中国统计年鉴》、《2003 年中国农业统计年鉴》、《2003 年辽宁统计年鉴》、《2003 年吉林统计年鉴》、《2003 年黑龙江统计年鉴》、《2003 年内蒙古统计年鉴》和《2000 年全国农业系统国有单位人事劳动统计资料汇编》(中国农业部)。单项指标 8 和 10 为 2000 年数据,其他单项指标均为 2002 年数据。

2. 评价结果

计算结果表明:2002 年全国农业现代化综合得分 51.3,东北地区为 51.7,说明全国及东

北地区的农业现代化水平都处于起步阶段。东北地区之间农业现代化水平存在一定差异,辽宁为53.3,吉林为52.5,黑龙江为50.1,内蒙古三市一盟46.2。

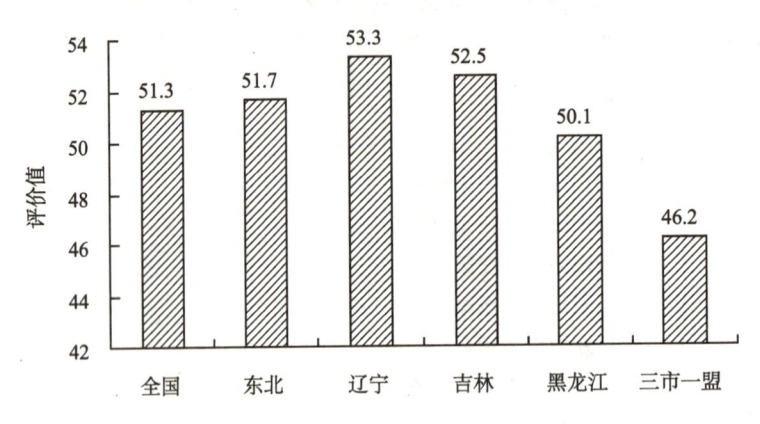

图8—1 全国与东北地区现代农业发展水平评价值

3. 简要分析

尽管东北地区农业现代化水平略高于全国平均水平,但从各子系统来看,东北地区除农业自然生态子系统(Y_1)得分高于全国平均水平外,其他三个子系统得分占目标值的比重都低于全国平均水平,其中农业生产(技术)子系统低4.4个百分点,农业经济子系统低3.2个百分点,农民生活水平子系统低3.4个百分点。这说明相对全国而言,东北地区在农业自然生态条件方面具有显著优势,而在农业生产(技术)水平、农业经济水平和农民生活水平方面都不及全国平均水平。农业经济水平和农民生活水平的偏低与20世纪90年代后期产生的"新东北现象"有较强的相关性。

从东北地区农业现代化各子系统来看,农业自然生态子系统(Y_1)综合得分达到目标值的82.9%,高于东北农业现代化水平31.2个百分点,说明东北地区优越的自然生态环境对现代农业具有较强的支撑作用。从东北三省来看,黑龙江省农业自然生态子系统得分达到目标值的86.3%,高于吉林省的83.1%,远高于辽宁省的60.3%。

农民生活水平子系统(Y_4)综合得分达到目标值的61.1%,高于东北农业现代化水平9.4个百分点,说明农民生活水平要高于农业现代化总体水平,这与东北地区优越的农业资源条件、较高的粮食生产能力和粮食商品率有关。辽宁省农民生活水平子系统得分达到目标值的63.9%,高于黑龙江省60.0%,高于吉林省的58.0%。

农业经济子系统(Y_3)综合得分达到目标值的48.2%,低于东北农业现代化水平3.5个百分点,说明东北地区农业经济水平整体不高,制约着东北农业现代化水平的提升。从三省来看,农业经济水平相差不大,辽宁省农业经济子系统得分达到目标值的49.0%,吉林省为48.5%,黑龙江省为48.3%。

农业生产(技术)子系统(Y_2)综合得分仅达到目标值的43.4%,低于东北农业现代化水平8.3个百分点,说明东北地区农业生产(技术)水平还比较低,成为制约东北农业现代化水平提升的最大障碍。黑龙江省的农业生产(技术)水平最低,得分仅达到目标值的38.9%,低于吉林省的46.2%和辽宁省的51.5%。

从单项指标来看,得分达到目标值80%以上的指标有:森林覆盖率(100%)、农民恩格尔系数(98%)、农业劳动力初中以上文化程度比重(91%)和第一产业占GDP的比重(83%)。

得分不足目标值30%的指标有:旱涝保收面积占耕地的比重(25%)、节水灌溉面积比重(21%)、单位耕地农用机械总动力(14%)、农业经营管理人员占农业从业人员的比重(11%)、劳动生产率(14%)和以农产品为原料的轻工业总产值占农业总产值的比重(22%)。

四、现代农业发展的优劣势及差异分析

1. 东北地区现代农业发展的有利条件

(1)区域生态环境优越。东北地区土地资源丰富,农业开发较晚,大面积的耕地是解放后开垦的,土地肥沃,土壤有机质及养分含量较高,生态环境未遭破坏,水、土和大气都维持良好的自然水平。2002年全国森林覆盖率为16.6%,而辽宁、吉林、黑龙江三省的森林覆盖率则高达31.0%、42.5%和41.9%,长白山和大小兴安岭目前仍然是东北亚地区防治沙尘暴、大气污染的重要生态屏障。同时,东北地区又是全国污染程度较低的地区,相当一部分县(市),特别是边远县(市)距工业区较远,一些山区基本上未受污染。

东北农业生产中化肥与农药使用量低。2002年我国平均化肥施用量为333.7千克/亩,而辽宁省化肥平均施用量为266.8千克/亩,吉林为209.7千克/亩,黑龙江为110.2千克/亩,东北三省平均仅为195.6千克/亩,不到全国平均水平的60%。东北地区的农药使用量也较少,有不少地方,特别是山区、边远和贫困地区,很少使用或完全不使用农药。加上东北地区气候寒冷,农田生态系统中的病虫害相对较轻,而且户均经营面积大,有利于实施轮作栽培,可以减少农药的用量。2001年东北地区单位耕地农药使用量为4.23千克/亩,远低于当年全国9.80千克/亩的平均水平。另外,自80年代以来,东北地区的生态农业得到了迅速的发展,在全国69个生态示范区中,东北地区就有14个,占20.3%,生态环境得到较好的保护。同时许多生态农业的实践经验和技术,如良性循环综合利用技术,立体开发多层次利用技术,免耕、少耕合理轮作技术、生物防治及生物肥料技术等的应用,都有利于保护农业生态环境和促进农业的可持续发展。

(2)水土资源综合优势明显。耕地总量与人均数量大。东北土地总面积约占全国的9.3%,耕地面积占全国耕地总面积的16.7%;人均耕地面积0.31亩,是全国人均耕地面积的3倍。耕地总体质量优,一等耕地比重为60.96%,耕地有机质含量一般在3%以上,高于全国平均水平;东北地区平原耕地占70.2%,高于全国54.4%的水平;单块耕地面积大,特别适合大型机械耕作。耕地流失少且后备资源丰富。1978~1997年东北耕地面积减少约1.5%,远低于同期全国耕地面积减少3.5%的水平。

东北地区水土资源匹配程度高、后备耕地资源开发的水资源条件优越。根据区域农业水

土资源匹配模型的测算,东北区水土匹配系数达到0.74,远高于全国水土匹配系数0.60。能否提供必需的水资源供给是后备耕地资源开发的关键因素。东北、西北和内蒙古是我国未来新增耕地最具潜力的地区,分别占全国后备耕地资源的33.6%、23.8%和23.1%。但西北和内蒙古分别属干旱和半干旱区,与处于湿润与半湿润区的东北相比,水资源短缺,后备耕地资源开发受水资源的约束大;而东北地区的后备耕地资源主要集中在水资源条件相对优越的黑龙江省。因此,综合考虑水土资源,东北是我国新增耕地最具潜力的地区。

(3)劳动力素质较高。舒尔茨认为,人力资本是改造传统农业的重要因素。而目前衡量人力资本最直接的方法就是劳动者受教育的年限。按2002抽样调查的6岁以上人口教育程度数据,东北地区人口受教育程度明显优于全国平均水平,其中大专以上人口比重为5.53%,高于全国4.71%的水平,高中文化以上人口比重20.22%,高于全国17.17%的水平,初中以上人口比重63.94%,高于全国54.81%的水平。15岁以上人口中初中以上人口比重在90%以上。

从2000年国有单位农业技术推广服务体系统计数据来看,东北农业专业技术人员占农业人口的比重为0.39%,高于全国0.21%的平均水平。另外,东北地区的人口自然增长率也远低于全国平均水平,2002年辽、吉、黑的人口增长率分别为1.34‰、3.19‰和2.54‰,而当年全国的人口自然增长率为6.45‰,较低的人口自然增长率有利于东北地区进一步控制人口总量、提高人口质量。

(4)国营农场众多,农业生产发达。2002年东北地区共有国营农场337个,占全国国营农场总数的17.33%,农场职工人数为76.9万人,占全国国营农场职工总人数的21.62%,农场耕地面积为223.78万亩,占全国国营农场耕地总面积的47.20%,占东北耕地总面积的10.40%。无论从农场数量、农场面积,还是从农场经营规模看,东北国营农场在全国都处于领先地位。

此外,国营农场具有土地产权明晰、规模经营、管理水平高、机械化水平高、农业技术易推广等优点,能够较主动地适应市场经济的运行规律,一些国营农场已经发展成为集农产品生产、加工与销售为一体的企业集团,成为名副其实的"龙头企业",成为推动农业现代化进程的重要力量。

(5)国家实施"东北振兴"战略。中央推出了与开发大西部同等重要的"东北振兴"战略,希望在东部形成由南到北的珠三角、长三角、京津唐及东北四大增长极。东北工业振兴的意义体现在三方面:一是可以加快工业化与城市化进程,为农业剩余劳动力的转移与产业结构调整创造条件;二是随着工业复兴与城市人口扩张,可以为农业创造广阔而稳定的区域农产品消费市场;三是随着区域经济的持续增长,会为工业反哺农业创造更大空间。

尽管东北振兴战略是针对东北老工业基地改造提出来的,但东北地区作为我国重要的粮食生产基地,东北农业的发展问题也不得不予以重视。2003年11月初,国家发展改革委员会终于敲定"东北振兴"的首批百个项目,总投资额610亿元,而且绝大部分项目将享受国家的贷款贴息优惠政策,"东北振兴"进入实质性操作阶段。项目的选择基本圈定在装备制造业、原材料工业和农产品深加工项目范围内。这也是中央对东北产业发展的定位,预示了东北今后的发展方向。可以看出,国家把农产品加工作为东北经济复兴的重要支柱产业予以大力扶持,这必将对东北农业的现代化进程起到极大的促进作用。

2. 东北地区现代农业发展的约束条件

(1)观念相对落后。东北是最早进入计划经济的地区,也是计划经济的最后堡垒。近些年东北经济发展缓慢的重要原因之一,就在于改革开放观念落后于沿海地区。有些国有企业和地方政府不愿意退出计划经济阵地,等、要、靠国家的政策,利己主义、本位主义和地方保护主义比较严重。具体到农业领域,传统的农业生产经营观念,落后的生产、营销和管理技术,较弱的市场应变能力,造成东北地区农产品的质量下降,生产成本偏高和市场竞争力不强,从而失去了国内外的部分市场,这也是产生"新东北现象"的根本原因。

(2)土地资源流失与质量下降。20世纪90年代以来,由于土地退化、农业结构调整和建设占用等原因,东北地区耕地资源流失严重。据统计,1990～2000年损失耕地50.96万公顷。同时,耕地质量也明显下降。东北地区目前的耕地有机质含量为3%左右,大大低于建国初期的8%左右的水平。松嫩平原的黑土层厚度平均约30厘米,不及过去的1/3。建国初期被称为黑龙江省四大粮仓的呼(兰)、海(伦)、巴(彦)、拜(泉)等县域,到20世纪后期,不少地方已出现了"十春九旱,不打粮"的状况。

20世纪后40年,东北平原的荒漠化面积大约以1.4%/亩的速度发展,尤其农牧交错带的土地退化最为严重。松嫩平原的荒漠化土地面积已达5960公顷,且以100公顷/年的速度扩展。另外,松嫩平原西部土地盐碱化也很严重,盐碱化土地面积已达320×10^4公顷,占区域总面积的19%,是我国五大盐碱化土地分布区之一,占全国盐碱化土地的9.2%。土地盐碱化,造成大片的良田产量下降,甚至弃耕。

(3)农业用水保障程度较低。水资源总量少。北方地区水资源不丰是我国水资源空间分布不均衡的大势所决定的,东北水资源的优势只是相对华北、西北地区而言。东北的耕地资源占全国的18%,而水资源仅占全国总量的6%,人均水资源量、单位面积水资源量都低于全国平均水平。辽宁的水资源在东北三省中最为匮乏,水资源总量为363亿立方米,人均占有量仅为860立方米,约为全国人均占有量的1/3,列全国倒数第3位,属严重贫水地区。而辽宁又是一个农产品供应任务重的省份。全省31个市中有25个水资源短缺,其中8个城市已被列入全国100个严重缺水的大中城市之列,31个市日缺水150万吨。全省农村有110万人和10万头牲畜得不到充足的水源。

灌溉用水不断增加。东北地区农作物播种面积近22年增加了6.4万公顷,虽然增幅仅为5.9%,但种植结构却发生了重大变化,主要表现为相对高耗水的水稻对相对低耗水的小麦的替代——水稻播面比重从5.1%增加到13.1%,而小麦播面比重则从13.7%下降到1.8%。有效灌溉面积占耕地的比重也从1990年的18.6%提高到2002年的27.4%,增幅达到了47.3%。

农业水利设施陈旧。东北目前大部分农田水利设施,尤其是大型水利设施,都是20世纪80年代以前修建的,近20多年来由于管理、资金、农村家庭化的土地制度等各种原因,少有修缮与新建。农业供水能力没有大的提高。

(4)工业发展挤占较多农业资源。随着大规模的工业改造项目的实施,东北的工业化与城市化进程进入加速期,全方位的产业升级与调整不可避免。而农产品经济比较效益一般低于工业品和服务品,在区域水资源供给不足时,通常都是削减农业用水来保障工业与城市的用水需求,因此农业在区域资源分配中处于不利地位。随着东北振兴战略的实施,工业化和城市化的快速发展,工业和城镇生活用水将大幅度增长,工农业之间和城乡之间争水的矛盾将更加突出。如为确保大连等城市的用水,近年来辽河下游已有1.33万公顷的水田被改为旱地。

(5)湿地面积减少对农业生产发挥负效应。被誉为"地球之肾"的湿地是地球上生物多样性最丰富和生产力最高的生态系统,具有蓄洪防旱、调节气候、保持水土、控制污染、维护生物多样性、保持区域生物平衡等多种生态功能。素有"北大荒"之称的三江平原,建国以来经过多次大规模的开发,垦殖率已由7.2%增至2003年的39%,湿地面积减少72.3%。湿地减少引起生物多样性降低、土壤肥力下降、旱涝灾害频繁发生。

(6)农业经营管理方式落后与农业服务体系不完备。东北地区农业经营管理方式仍以"农户式"为主,小农户与大市场之间的脱节现象没有根本改变。农业经营管理人数在农业从业人口中的比重很低,约为0.06%,而一般发达国家则在0.5%以上。

东北地区的农业服务体系还不完备,"产前、产中与产后"的服务还没得到有机结合,市场信息不能及时传递到农户,最新农业技术的推广还很缓慢。农业技术服务人员占农业从业人口的比重约为0.39%,与发达国家还有相当的差距。

(7)农业机械化水平与农业劳动生产率不高。尽管东北地区是我国重要的粮食生产基地,但其农业机械化水平不高,从单位耕地面积农机总动力来看,东北地区不到全国平均水平的1/2,农业机械化的道路还比较漫长。

东北地区的劳动生产率约为全国的3倍,这与东北地区人均耕地面积与全国人均耕地面积的比例大体一致,说明东北地区劳动生产率高主要是依靠人均耕地面积大的优势来实现的,农业生产仍然以粗放型的资源利用方式为主,集约型的资源利用方式还不占主导地位。

第三节 现代农业发展的方向与模式

近些年来,特别是加入WTO后,作为传统粮食生产区的东北地区出现农产品大量积压、农民增收缓慢、农业经济效益难以提高等尖锐问题,过去粮食生产的优势变成了现在相比其他地区更加突出的农业负担。实施东北振兴战略,为东北地区农业发展开辟了新空间、提供了新契机,带来了资金、政策等方面的新优势。抓住机遇,促进东北农业发展是时代的要求,首先需要进一步理清东北农业发展的目标定位与战略重点,并因地制宜地推进区域农业发展的新型模式(图8—2)。

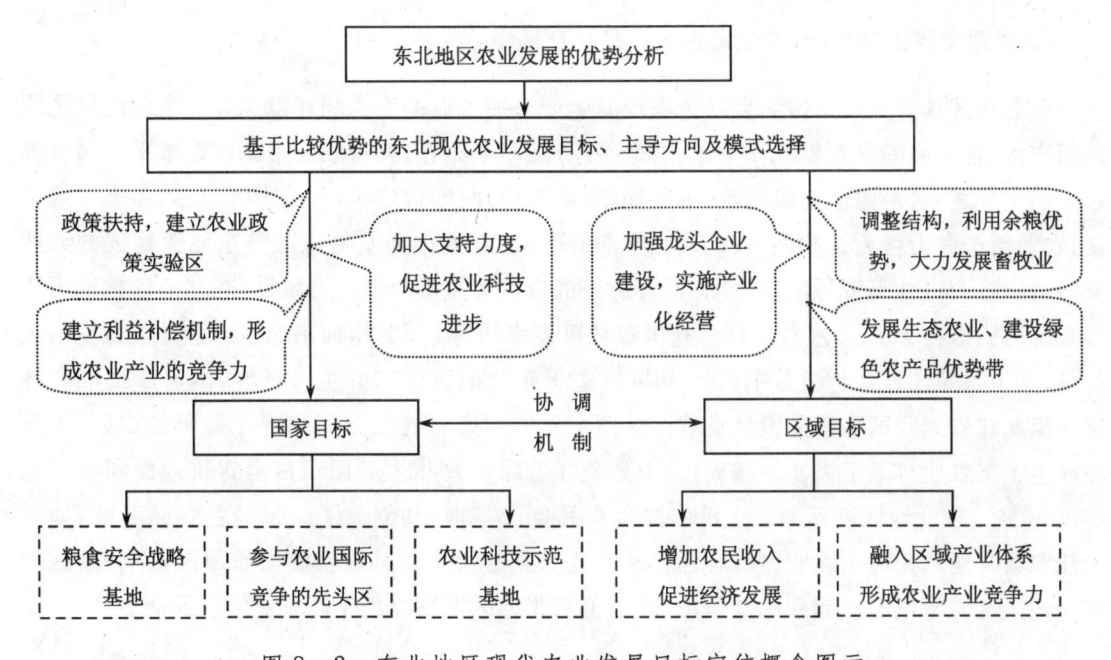

图 8—2　东北地区现代农业发展目标定位概念图示

一、现代农业发展的目标定位

1. 发挥水土资源优势，建成国家最大的商品粮生产基地和粮食安全基地

东北地区农业开发历史较晚，农业生态环境优越，水土资源组合较佳，耕地后备资源丰富，粮食生产的优势明显，发展潜力巨大，是国家粮食安全保障的重要基地。东北地区的土地面积约为130万平方公里，仅占全国土地总面积的8%左右，但全区耕地面积约占全国耕地面积的17%。常年粮食产量约占全国粮食总产量的13%左右，其中主要作物玉米、大豆的产量分别占全国的30%和40%，全国粮食生产大县前10名中的9个县分布在东北地区，吉林、黑龙江两省的人均粮食占有量分别居全国的前两位。东北全区粮食商品率高达55%以上，每年可向国家提供商品粮300亿千克以上，占全国商品粮的1/3以上。据预测分析，按人均需求400千克计算，到2010年东北地区外调粮食可以满足1.34~1.38亿人的需求，到2030年可以满足1.67~1.85亿人的需求。商品粮基地建设是东北地区国家粮食安全生产的重要依托。东北现有大型商品粮基地110个，但仍需加强区域农业联合开发与整体规划布局，开辟新的国际国内市场和合作空间，形成稳定的粮食生产能力储备。近年来，由于农业结构的战略性调整和退耕还林、还草、还湿等政策的实施，粮食生产由南方向北方，由东、西部向中部耕地资源相对富裕区转移。全国粮食生产格局正在发生明显变化，未来这种趋势将越来越明显，东北地区等粮食主产省份担负保障国家粮食安全的任务将更为艰巨。加速21世纪东北农业的发展，进一步巩固东北农业在国家粮食安全保障体系中不可动摇的地位，对保障国家粮食安全具有举足轻重的作用。

2. 发挥资源生态优势,建设绿色农产品生产基地

东北地区具有发展全国大型绿色农产品生产与加工业的生态和环境优势。东北地区平原面积广阔,自北而南分布着三江平原、松嫩平原、辽河平原等,其中三江平原和松嫩平原属世界三大黑土带之一,平原区土壤肥沃、土层深厚、耕地连片、湿地广布、水土资源丰富、生态环境优良,农业增产潜力巨大。此外,东北地区中部的长白山、大小兴安岭地区是东北亚地区的天然屏障,林地广布,林下资源丰富,具有巨大的经济价值和生态价值。据统计,东北地区林地面积占全国的比重在16.5%左右,目前,我国森林覆盖率约为16.5%,而东北地区森林覆盖率超过25%,其中黑龙江省森林覆盖率超过40%。鉴于东北地区优越的生态环境,国家已批准吉林省和黑龙江省为我国生态建设试点省。这两个省在生态省建设方面取得了显著的成就,为发展绿色生态农业打下了坚实的基础,其中黑龙江省绿色食品生产面积占全省耕地面积的比重超过20%。东北地区已建起了大批的绿色食品生产基地,并创造了一批绿色食品名牌,如黑龙江农场所属的完达山乳业、九三油脂、北大荒米业集团等以其优良的品质而深受欢迎,这为东北地区发展绿色农业起到示范作用,开创了东北地区发展绿色生态农业的新局面。

3. 发挥粮食生产优势,建设精品畜牧业基地

东北地区发展畜牧业的资源组合优势突出,是建立全国优质畜牧业基地的理想区域。中部农区的秸秆资源和玉米、大豆等饲料粮生产优势是畜牧业实现规模化发展的重要保障。农区种草也具有较高的比较效益,通过优化农业种植结构发展草业畜牧业有足够的空间,重点建设"舍施养殖"小区或基地。东北西部天然草地以草甸草原为主体,自然条件优于国内其他地区。利用草场改良和发展人工草地的契机,重点建设家庭牧场,发展草原畜牧业;强化优质畜牧产品加工基地的建设,以松嫩平原、三江平原畜牧业产业链和生态畜产品精深加工业基地为重点。加大畜牧产品安全体系的建设力度,扩大畜牧基地"无规定动物疫病示范区"的范围。以肉牛、肉羊、生猪、乳制品深加工的集约化、标准化、规模化为突破口,建立"以农促牧、以牧带农、农牧结合"的区域生态农业良性发展的机制,形成东北地区优质畜牧产品生产、加工一体化的综合产业体系。同时,利用良好的草场资源再结合东北区商品粮基地的优势,大力发展畜牧业,既可解决粮食多了难储、难卖的问题,又可满足人们日益增长的畜产品需求,达到农产品的增值,促使资源优势变成经济优势。在发展畜牧业上,凭借东北地区的粮食优势及牧草资源优势,大力发展畜牧业,必将带动区域农业经济的发展。当前,我国周边地区的畜产品进口量正在不断增长,俄罗斯肉产品的进口比例已达41%,为我国特别是东北地区畜牧产品的出口提供了机遇。

4. 发挥科技优势,打造区域农业发展创新平台,建立农业科技示范基地

农业科技进步是现代农业发展最重要的推动力。现代农业科技园区是农业生产力发展新的制高点、农业现代化建设新的生长点、农业科技引入生产过程的切入点。东北区内高等学府与科研院校云集,科研力量雄厚。同时,东北地区的知识储备、智力密度、科技产业等优势比较明显。黑龙江省分布有全国最大的国有农场群,代表了国内农业规模化、机械化的最高水平,垦区建立了专门的农业科研机构,为实现垦区及周边地区农业的可持续发展提供了强有力的技术支持。依托农垦系统的科研机构及科研力量,经过多年的科技攻关,培育出了优质高产水稻及大豆品种,基本形成了适应区域特点的农作物高产栽培模式等。在发挥现有科技优势的基础上,进一步加大东北农业科技投入,整合东北地区农业科技的创新主体,聚集高技术等高等生产要素,发展农业高新技术产业,建立农业科技示范园区,从整体上研究农业结构调整的合理分工与合作互补,打造东北现代农业发展的创新技术平台,形成东北地区农业科技的整体竞争力,既是推动东北农业的快速发展必要条件,又是适应建设东北地区现代农业的根本要求。

5. 建成带动中国农业参与国际竞争的现代农业示范区

面对加入 WTO 后国内农产品特别是土地密集型大宗农产品面临的竞争压力增大,国内农业及农产品竞争趋向国际化和近两年来国内粮食总产量下降,影响国家粮食安全战略的新形势,一方面东北农业要充分发挥其在国内农业生产中居于领先地位的作用,以国际市场为导向,根据自身比较优势,调整产业结构,提升产品综合素质,参与国际竞争;另一方面,要发挥其作为国家粮食战略后备基地的功能,责无旁贷地担负起增加粮食生产,保障国家粮食安全的任务。农产品的国际竞争,核心是成本与品质的竞争。在品质方面,东北广大平原地区特别是三江平原地区优良的生态环境为生产优质绿色农产品提供了自然基础,三江平原是中国绿色农业的第一车间,也是世界少有的绿色、有机食品生产基地。其农产品品质较高,在国际市场上具有一定的竞争力。在成本方面,国内大宗农产品如小麦、玉米等不具备比较优势,但稻米具有一定的成本优势。东北三江平原地区水稻产量占全区粮食产量的 55% 以上,由于国内劳动力成本相对较低,同时三江平原广大的国有农场区又可利用其机械化规模化优势提高劳动生产率,降低成本,因此,在成本方面,其农业生产也具有一定优势。同时,东北广大地区应发挥其粮食生产优势,积极发展在国际市场上具有竞争力的畜牧产品,促进产品的标准化,开拓国际市场,使之成为带动中国农业参与国际竞争的先头区。

二、现代农业发展的主导方向

大力发展优质、高效、绿色、生态、安全的现代农业,加快建设优质绿色无公害农产品优势产业带,积极促进农业向生态化、专业化、标准化、特色化和规模化方向发展,利用丰富的余粮资源,积极发展畜牧业和食品加工业,提升农产品国际竞争力,进一步扩大农产品出口,是今后东北农业发展的主导方向。目前,东北地区各省在制订振兴战略的实施方案中,都把国家商品粮基地地位的巩固、农产品加工业和相关的产业带的建设放在十分重要的地位。

1. 加强区域环境保护，走绿色生态农业之路

优良生态的市场价值，在于生产出具有极强市场竞争力的"绿色、有机、无公害"的优质农产品。优良的生态环境是东北地区的骄傲，也是东北地区绿色食品产业赖以发展的基础。"绿色"是东北农业的特色，"打绿色牌，走特色路"、发展生态农业是东北地区尤其是三江平原区和广大山区农产品提高市场竞争力和开拓能力的唯一途径。为此需要从以下几个方面努力：第一，加强区域环境保护。建立自然保护区，保护三江平原、松嫩平原的湿地区，停止森林砍伐，实施天然林防护工程。第二，促进农业资源的高效利用。其中包括未来"旱田改水田"背景下的农业节水，能够充分利用光热资源的农作物新品种及栽培模式的开发等。第三，开发环境友好型"绿色"农药。东北地区土壤肥沃，土壤有机质含量高，化肥、农药施用量明显低于全国平均水平，未来应进一步开发环境友好型"绿色"农药，更多地利用生物防治方法和生物农药，农畜结合，培育有机粪肥，增施有机肥料。

2. 依托资源优势，走农业生产的规模化和产业化之路

东北地区土地资源相对丰富，人均耕地占有量相当于全国人均水平的3倍。三江平原、松嫩平原分布着目前国内规模最大、机械化程度最高的国营农场群，其人均耕地占有量在全国平均水平的10倍以上。数量丰富、平坦连片的耕地有利于大型农机具作业和农业规模经营。机械化水平高、农业规模优势明显是东北地区尤其是国有农场区的显著特点。目前国有农场主要旱田作物的生产已全面应用机械作业；伴随着水稻种植面积的大幅度增加，水田耕作设备、工厂化育秧设备、水稻插秧及收获加工机械迅速增加，有50%以上的水田应用了机械插秧。充分发挥农场规模优势，改良更新机械设备，以国有农场为依托，建立农场机械作业组，实施大规模的机械作业，提高农业生产效率，是保持国有农场区乃至整个东北地区粮食生产竞争力和发展势头不可缺少的措施。

能够将生产、加工、销售联系在一起，带动农民进入市场，协调生产与市场关系，实现种养加、贸工农、产供销、农工商一体化的农业产业化战略，是解决东北三农问题的必然选择，只有实现了农业的产业化，才能真正体现农业结构的战略性调整，才能转移农村剩余劳动力，才能推动农村的现代化，从而从根本上解决农村问题。当前，东北地区应立足当地农产品资源、产业结构、环境保护等实际制定其发展战略，从构建农民增收的长效机制和推进农业、农村现代化的战略高度确立发展农产品加工业的指导思想。在产业规划上把农产品加工业尤其是食品加工业作为农村的支柱产业加以扶持。以乡镇企业为联结点，以龙头企业为突破口，以小城镇为依托，以科技创新为动力，充分发挥各地在农产品资源、劳动力以及加工技术等方面的比较优势，推进农业产业化和促进农产品加工业发展。

3. 整合产品品牌，走标准化生产和信息服务之路

提高东北地区农产品及加工产品的市场竞争力和开拓能力，促进农产品出口，必然要求建立自己的品牌。东北地区特别是国有农场,已经有为数不少的具有一定影响的品牌企业,但远远不能满足东北农业走向世界,参与国际竞争而对品牌提出的要求。为此需要加大宣传力度,整合区内品牌,依托品牌占领市场。此外,东北地区农产品要想参与国际竞争,必然要遵守严格的绿色农业标准,包括 WTO 绿色产品质量标准及国际有机食品质量标准等。今后需进一步完善相关规章制度,按照国际通用标准,继续抓好农产品检验检测、安全监测和质量认证体系建设,加强动物防疫体系建设,走标准化生产之路。东北区远离内地市场,市场信息相对滞后,特别是在东北农业生产中占有重要地位的三江平原地区更是如此。未来应重点围绕东北地区重点农业产业,开发智能化专家信息系统,提高决策效率,加强信息网络基础设施的建设,建立农业信息平台,及时提供农情、气象、病虫害预测预报、先进实用技术及市场信息等服务。

三、现代农业发展的模式选择

东北地区农业生产条件具有明显的地域差异性,农业发展应遵循因地制宜的原则。当前,东北地区应以国家大型基本农田保护和改造为出发点,开展区域土地整理和整治。推广农业节水技术,发展节水农业,有效地提高水土资源利用率;加强农业污染控制和治理,因地制宜地探索东北地区现代农业发展的模式。此外,以"新东北现象"为特征的东北地区"三农"问题相比其他地区而言更为严峻。因此,东北现代农业发展应把提高农民收入、有效解决"三农"问题作为其首要目标,为此需要建立保障国家粮食安全与促进农民增收的长效协调机制,在农业发展模式选择上做到社会效益、经济效益和生态效益的兼顾统一。

1. 辽宁盘锦"稻田种养复合"模式

盘锦市位于辽宁省西南部,地处渤海之滨,东北平原南端,辽河三角洲的中心地带,是辽宁省重要的水稻生产基地。自 20 世纪 80 年代中期以来,利用河蟹、鱼与水稻能够互惠共生的特性,盘锦市开始了"稻田养蟹、养鱼"技术的研发。实践证明,"稻田养蟹、养鱼"可以形成水稻与河蟹、鱼共生的良性生态系统,河蟹和鱼的生长有利用于稻田的除草、灭虫、净化水质、增温和提供养分,从而促进水稻生产。据统计,养蟹、养鱼稻田可以减少 20%以上的施肥量,既降低了生产成本,又减少了化肥对环境的污染,从而有利于发展无公害水稻。经过近 20 年的努力,"稻田养蟹、养鱼"技术不断完善,养殖面积不断扩大,获得了良好的经济效益。1996 年和 1997 年"稻田养蟹"项目连续两年获得农业部丰收计划一等奖。至 2002 年全市稻田养蟹、养鱼面积达 4 万公顷,仅此一项就使全市农业人口人均纯收入增加 700 元,占农业人口人均纯收入的 18.5%。近年来,盘锦市开发"稻田养木耳"技术,小规模试验已经取得了成功,据初步估算可以使每公顷稻田收益净增加 6 万元左右,经济效益十分可观。"稻田养蟹、养鱼"、"稻田养木耳"都是"一地两用,一水两养,一季双收"的农业水土资源高效利用模式,在不增加水土资源消耗的情况下增加了农业产出,水土资源利用的经济效益显著提高,建立了区域水土资源利益的补偿机制;同时,在不增加资源环境压力和吸引更多的农业劳动力就业的情况下,兼顾了粮食增产和农民增收两个目标。

2. 以机械化、规模化、集约化为特征的国有农场现代农业模式

黑龙江省国有农场在东北农业生产中居于重要地位,其粮食调出量占黑龙江省粮食调出量的一半左右,是国家抓得住、调得动、费用低、能够应对突发事件、起示范带动作用的"直属粮仓"。当前,在国家粮食安全问题日益凸显,世界粮食市场形势不容乐观的情况下,加大对具有规模优势的国有农场的投入支持力度,加强粮食生产能力建设,充分挖掘农业增产潜力,是实施国家粮食安全战略,保障粮食安全的必然要求。2000年8月,时任国家主席的江泽民视察黑龙江垦区,对垦区农业发展寄予厚望,提出在垦区"率先实现农业现代化"。之后,垦区颁布了《黑龙江垦区农业现代化建设规划》,提出以十年之期在全国率先实现农业现代化,中国式的农业现代化第一蓝本正式出台。

国有农场区现代农业模式是以科学化为核心、商品化为特征、集约化为方向、产业化为目标的农业生产模式。与传统农业比较,其特点体现在四个方面:一是突破传统农业仅仅或主要从事初级农产品原料生产的局限性,实现了种养加、产供销、贸工农一体化生产,农业的内涵得到了拓宽和延伸,农业的链条通过延伸更加完整,农业的领域通过拓宽,使得农工商的结合更加紧密;二是突破传统农业远离城市或城乡界限明显的局限性,实现了城乡经济社会一元化发展、城市中有农业、农村中有工业的协调布局,科学合理地进行资源的优势互补,有利于城乡生产要素的合理流动和组合;三是突破传统农业部门分割、管理交叉、服务落后的局限性,实现了按照市场经济体制和农村生产力发展要求,建立一个全方位的、权责一致、上下贯通的管理和服务体系;四是突破传统农业封闭低效、自给半自给的局限性,发挥资源优势和区位优势,实现了农产品优势区域布局、农产品贸易国内外流通,有利于资源的合理利用、先进科学技术的推广应用、优质农产品标准化生产和现代管理手段的运用。

3. 东北西部粮草结合畜牧业与旱作节水农业模式

东北西部地区处于农牧交错地带,由于长期的过垦、过牧,土地和草场退化较为严重。发展本区的农业生产,必须改变粗放种植习惯,大力提高单产,因地制宜地逐步调整农业生产结构,坚持以牧为主,牧农结合;合理利用和建设草原,逐步摆脱靠天养畜状态;以草定畜,制止草原继续退化、沙化。采取"退耕还草、封山绿化、以粮代赈、个体承包"等政策措施。国家向退耕农民无偿提供粮食,实行责权利挂钩,鼓励农民努力扩大林草植被面积。在生产方式上促进传统粗放的放牧方式转向以人工饲草基地为基础的现代化舍饲畜牧业先进方式;注重天然草地的保育性改良,建设一批优质高产的人工草场,推广现代化饲草、饲料生产、加工和储存技术,提高草场综合载畜能力;发挥东部余粮区粮食优势,促进牧区与农区优势互补,繁育结合,以大型龙头企业带动畜牧业及其加工业的持续健康发展。

同时,采取多种农艺措施及工程措施,适度发展旱作节水农业,培育与推广耐旱节水农作物品种;在上世纪70~80年代,东北西部区大约每7~8年更新一批耐旱节水作物新品种,到上世纪90年代末每3~4年即可更新一批。通过调整和改良作物品种,可以减少耗水作物面

积,扩大耐旱节水作物面积。在耕作方式上,可以根据不同土壤质地,实施免耕播种、以松代翻、以旋代耕等耕作方式,并与秸秆还田、培肥施肥等措施有机结合,从而改良土壤物理性状,提高蓄水供肥能力。在工程措施上,实施节水灌溉技术,采取低压输水管灌、喷灌、渗灌、滴灌和化学保水节水制剂等新技术,提高灌溉用水利用率。通过国家有计划地建设大型水库和农田水利灌溉工程设施,以及兴建一批拦截地表水的水利工程(包括方塘、蓄水窖、小型拦河坝等),将可利用水资源引入农田来提高抗旱能力。积极建设田间节水工程,根据农田土壤、坡度、作物需水、耕作方式和灌溉方式等的需要,重点加强农田整治、坡改梯、打机井、修防渗渠等,减少水土流失。

4. 林区林下资源综合利用及观光旅游农业模式

东北大小兴安岭及长白山地区是国家重要的天然林区,在当前保护森林资源,林区实施天然林保护工程、对现有的林木实行禁伐和限量采伐的情况下,林区工人依托森林资源,发展多种经营,重点发展以家庭为单位的个体经济,适度开发林下资源,采集加工山野菜、五味子等,利用林间空地培植木耳、蘑菇,饲养森林畜禽等。"林下经济"的发展既解决了林区下岗职工的再就业问题,为林业职工开辟了多种就业门路,增加了职工的收入,又对森林的管护与利用结合起来,有利于实现林区资源、社会、经济的协调发展。

农业发展到现阶段,加强对观光农业、休闲农业的开发已刻不容缓。近几年国内出现旅游热,城市居民开始走出城市,回归大自然,领略独具特色的乡间风情渐成时尚,为发展观光旅游农业提供了先决条件。东北平原区的千里沃野、清新湿地,山地区的郁郁森林和珍稀动植物资源为发展观光旅游农业提供了景观基础。旅游与农业相结合的新兴产业,无疑将成为东北农业发展的新方向。

5. 农业产业化经营模式

农业产业化是农业和农村改革发展到一定阶段的产物,也是我国农业实现现代化的必由之路。东北各地区应充分利用区域农业自然资源和劳动力资源,确立农业生产的优势领域和发展方向,针对市场,围绕龙头企业建立各类生产基地,使基地与优势产业或龙头企业紧密结合起来,实施产业化经营。加快农业市场化、信息化、标准化与农村城镇化的步伐,把环境优势转化为绿色农业优势,把农业优势转化为加工业优势,引导区域农业向种养专业化、规模化方向发展,形成与区域资源条件相适应的区域农业经济结构,按农业产业化发展程度、基地自然条件和龙头企业与农户连接的程度和特点,采取"公司+农户"、"企业+基地"、"合作组织+农户"等多种模式,推动区域农业经济的发展,增加农民收入,切实解决"三农"问题。

第四节 现代农业发展的途径与对策

一、立足水土资源的综合优势发展东北现代农业

1. 东北水土资源对现代农业具有很强的支撑作用

东北较好的水土资源禀赋是其保持较强粮食生产能力的自然基础,加之人均耕地面积大,因此无论是粮食的人均占有量,还是粮食商品率,都长期居全国首位。"九五"以来,东北人均粮食产量为628.8千克,是全国平均水平的1.6倍,每年商品粮调出量约占全国的1/3。

过去的25年间,东部地区快速工业化与城市化大量占用优质耕地,中西部地区以生态恢复为目标的"退耕还林(草)",使得我国耕地重心已经完成"北进东移"的转换。仅就耕地资源而言,东北、华北和西北地区都具有弥补因这种转换而带来的粮食生产缺口的能力。但水资源短缺成为华北、西北将更多的土地投入粮食生产难以逾越的障碍。华北地区大量城市供水不足,农业用水已难以保障;西北地区在抵抗干旱带来农业减产的同时,还要承担生态环境建设对水资源需求不断增长的压力。因此,这两个地区粮食增产的潜力十分有限。东北农业水土资源条件相对较好,自然生态环境优越,耕地后备资源丰富,必然会在未来的国家粮食安全体系中扮演越来越重要的角色。

2. 东北地区现代农业发展的水土资源策略

东北地区的水土资源既具有比较优势,同时也存在一些亟待解决的问题,如耕地退化、水资源时空分配不均、农田水利设施陈旧等。从诸多问题出发,结合东北现代农业发展的要求,提出以下策略。

(1)提高农业灌溉用水效率。东北地区农业灌溉用水占总用水量的60%以上,且农业灌溉用水效率仅为40%。若将农业灌溉用水效率提高1%,每年可以节约水资源量约$3.2×10^8$立方米。按城市居民每人每日生活用水120升计,可以满足727万人一年的生活用水需求。可见,提高农业灌溉用水的效率,能够在很大程度上缓解区域供水压力。其主要对策包括五个方面:一是兴建和修缮农业水利工程;二是采用适用的农业灌溉节水技术;三是依靠生物技术改良优势作物品种,增强其耐旱性;四是优化农业种植及灌溉用水结构;五是探讨和推广"稻田养蟹"和"稻田养木耳"式的立体农业生产模式,使有限的水土资源得到充分高效的利用。

(2)优化配置农业水土资源。东北农业水土资源匹配度尽管高于全国水平,但匹配程度还未达到较优,农业水土资源匹配度还有较大的提升空间。具体的措施就是实施跨区域调水。主要从径流深度在200毫米以上、地表水资源相对集中的地区——第二松花江、鸭绿江、图们江、乌苏里江等径流较丰的大江大河流经地区,向以哈大铁路为轴心的中部地带调水。近期内实施"东水西调"工程,远期实施"北水南调"工程。但水是一种战略资源,水资源调出地区与

调入地区存在利益的流出与流入,建立可行的补偿机制将是区域间水资源空间协调的重要内容。

跨区调水的主要目的是解决城市与工业用水不足;但从有利于减少城市与工业对农业用水挤占的角度来看,对保障农业用水仍具有不可低估的作用。

(3) 推广农业水土资源高效利用的模式。积极开发和推广适用于农村家庭生产特点的、不排斥劳动力的、高效利用有限水土资源的技术,是东北农业走持续高效之路的现实选择。如辽宁省盘锦市开发和推广的"稻田养蟹"和"稻田养木耳"都是"一地两用,一水两养,一季双收"的农业水土资源高效利用的模式,既不增加水土资源消耗又能增加农业产出,大大提高了水土资源的经济效益。

(4) 建立区域水土资源利益补偿机制。粮食作为资源密集型产品,需要耗用大量的水资源和占用大量的土地资源。在粮食比较效益较低的情况下,相对工业品生产而言,粮食主产区进行粮食生产仅能获得微利。粮食主产区承担着国家粮食安全的主要责任,在全国分工体系中处于劣势地位。再从粮食的流通来看,国家从战略需求的角度考虑,往往限制主产区的粮食出口,在国内粮食供应趋紧时更是如此,以牺牲地方利益换取国家利益。因此,无论是从保障粮食主产区的水土资源的可持续利用来看,还是从区域公平的角度来看,国家都应该建立对粮食主产区的长期补偿机制。补偿资金一是用于农业水土资源高效利用技术与模式的研发与推广,二是用于农业水土资源的保护,三是用于提高粮食主产区农民的收入。

二、现代农业发展应融入东北区域新型产业体系

1. 东北地区现代农业发展是东北区域产业体系的重要组成部分

东北地区既是传统的老工业基地,又是重要的农业生产基地。支持东北老工业基地振兴,是党的十六大从全面建设小康社会全局着眼提出的一项重大战略决策和战略部署。中央多次指出,要充分认识实施东北地区等老工业基地振兴战略的重要性和紧迫性,特别是在大力发展现代农业方面,明确指出巩固农业基础地位是振兴东北地区老工业基地的重要条件。2004年初召开的国务院振兴东北地区等老工业基地领导小组第一次全体会议上强调,振兴工作的重点是农业,要先从农业开始,农业工作优先。与此同时,国家发改委启动60个高技术产业发展项目,其中包括农产品加工及农业高技术项目。现代农业标志着一个生物工业经济的兴起,它本身表明东北一个新的工业体系正在形成。因此,研究东北农业发展战略要和工业发展一起整体思考。以农业产业化和基地规模化为主要特色的现代农业是东北振兴的重要部分和新的经济增长点。与传统农业相比,现代农业能够通过工农结合的方式更好地融入区域产业分工体系之中。国家"东北振兴"的首批100个项目中,将农产品深加工业作为重点投资领域之一。东北三省也分别将农产品深加工作为各自新型产业体系的主导产业之一。此外,在东北装备工业基地中,新型农业机械是重点发展的优势装备,促进工农结合,构建符合东北地区特点的工农业产业体系是东北振兴的目标之一。

2. 东北地区现代农业发展，是推动区域经济增长的重要力量

东北地区的农业生产在全国具有较为明显的规模优势和生态优势，农业产前（农药、化肥、生产工具）和产后（农产品加工）环节具有广阔的市场空间，是吸引投资的重要领域。东北地区在发挥粮食生产优势的基础上，通过余粮转化，大力发展具有市场竞争力的畜牧业，积极促进农业产业化，以食品工业为主的农产品加工业与老工业基地振兴战略中的产业结构调整和资源型城市接续产业发展密切相关。当前，绿色生态农产品具有广阔的市场前景，绿色食品产业受到越来越多的重视。放眼国内外，面对日益增长的社会需求，黑龙江省在老工业基地调整改造的实施方案中，把绿色特色食品基地建设列为五大产业发展重点之一，力图把黑龙江省建成全国最大、世界知名的有机食品、绿色食品、特色食品生产加工基地。通过农业产业化进行集约经营，发展特色产业，创名牌产品，带动农民进入市场，推动科技成果的广泛应用，提高农业产业的整体技术水平，把传统农业建设成为适应整个国民经济协调发展的现代基础产业，提高农业综合要素生产率和农业综合生产能力，进一步巩固提高东北农业的市场竞争力，使农业产业成为推动东北地区区域经济增长和实现城乡协调发展的重要力量。

三、因地制宜地建设东北现代农业园区及示范基地

1. 现代农业园区

现代农业园区是指在一定时期、一定区域，通过采用现代科学技术、物质装备、经营管理方式装备和改造农业，建成的具有超前性、示范性和综合性的农业现代化的标志性工程。具有高起点、高标准、高质量、高效益的特点。现代农业园区通过现代科技及管理手段的应用，可以大幅度地提高土地生产率、劳动生产率、科技贡献率、加工转化率和农产品商品率，进而把农业的综合生产能力、农产品供给能力和农民收入水平提高到一个新水平。现代农业园区是深化农村改革的一大举措，是农业经济增长方式转变的客观要求，是传统农业向现代农业转变的有效手段，是实现农业现代化的重要步骤，是解决区域农业矛盾和问题的有效途径，也是探索区域农业发展模式的重要基地。建设现代农业园区，通过其带动、示范等功能，加速农业产业结构调整，推动现代化的进程，归根结底是要促进农村经济发展和提高农民收入和生活质量，实现区域农业经济、资源、环境的协调发展。

2. 东北地区现代农业园区的类型与作用

现代农业园区的具体形式多种多样。按示范内容可分为设施园艺型、节水农业型、生态农业型等；按行政体制可分为国家级、省级、市级、县级等；按区位可分为都市型、城郊型、农区型、科教基地型及综合功能型等。不同层次、不同类型的农业园区其功能也不尽相同。就其共同性而言，多数现代农业园区具有示范带动功能、生产加工贸易功能、培训教育功能、休闲观光功能及技术创新功能等。就东北地区而言，应根据其不同的区域特点突出地方特色，采用政府引

导、企业运行、农民受益的运行模式,建立不同类型的现代农业园区。

(1)现代都市农业示范基地。在都市周边地区建立现代农业示范园区有利于发挥都市区的技术、资金优势。发挥农业示范基地的引导、带动作用,积极研发具有前瞻性的农业技术,带动农业生产和生产者的技术水平不断提升,解决农业生产中现存的问题,改善生产条件、提高农民收入。在园区与政府及农户间关系上,应积极发挥政府的宏观调控职能,但园区发展不能靠行政指令。在基地与农户关系上,通过"公司+基地+农户"的途径,公司以订单形式负责农产品回收、产业化加工及销售等,基地向农民提供品种和技术,并进行产前、产中、产后的指导,农户利用基地产业链的延伸,进行专业化生产。同时,充分利用都市区的区位优势,发挥农业示范园区科普教育、观光旅游等职能,实现现代农业示范园区生态效益、社会效益、经济效益的结合。

(2)农区型现代农业示范基地。东北地区是我国重要的农畜产品生产基地,在东北振兴战略中,建设农畜产品加工产业基地是东北地区重点建设的六大基地之一。立足东北经济区是粮食主产区的区域特色,变产量优势为经济优势,大力发展农产品加工业,拉长产业链,既可以加快解决"三农"问题,也会增加工业对农业、对粮食的反哺能力。根据各地区实际,应对新型农业应给予足够的重视,条件具备的地区应该作为主导产业来发展。积极发挥东北地区生态环境较好的比较优势,建设面向国内外的绿色产品基地,使之成为新的经济增长点;按照农业基础、自然条件和市场需求,培育绿色食品加工基地、农副产品基地、土特产业基地等。在农区建立示范基地,以科学技术为先导,以企业化管理为手段,集试验、示范、推广、生产、经营、培训等多种活动为一体,实现农业高产、稳产,探讨广大农区农业发展的政策、生产组织形式、资金投入方式和市场机制作用等。

(3)农业政策试验区。我国农业仍处于不发达阶段,农业作为弱势产业的地位没有改变。全面建设小康社会的发展目标及加入WTO后的农业贸易自由化对我国农业发展提出了新的要求,农业发展面临增产增效的多重压力。选取具备一定条件的地区,建成起示范带动作用的现代农业先行区,探索适合新形势的农业发展道路是我国农业发展的一条重要途径,特别是要制定并实施适合农村经济发展的农业政策。东北地区是传统的粮畜产品产区,"三农"问题突出,并且具有一定的代表性,当前国内农业发展面临的诸如经营体制、分配机制、土地制度等问题都在东北农区发展中得到体现。为此,需要国家给予东北地区农业发展以特殊政策,建立"农业政策特区":为保证农业生产的稳定性,降低农业风险,在试验区开展政策性农业保险试点,组建农业保险公司,建立生产资料储备基金,并在财政上给予支持;支持区内农业龙头企业建设,农业龙头企业不仅具有其他企业的一般属性,更具有全局性意义,对拉动产业升级及促进农户增收起着决定性作用;基于农业生产社会公益性的特点,需要国家的大力投资,为此,需采取国家参股等多种形式,加强农业基础设施建设,其中包括田间道路建设、农田整治、中低产田改造及水利设施等,改造更新现代农机装备,以增强抗灾能力、提高生产效率、挖掘土地生产潜力。

四、现代农业发展有赖于经营方式、机制与科技的创新

1. 发挥农业生产优势,提高农业比较效益,促进农业产业化经营

东北地区"三农"问题尤为突出,在促进农民增收及统筹城乡发展的时代背景下,应重新审视农业产业化经营对于农村经济和社会发展的现实意义。农业产业化开辟了在小规模家庭经营的基础上,有效吸纳先进生产要素、以工业化的理念和生产方式来拓展农业的发展空间,进而提高农业规模效益的新途径,是我国农业经营体制的重大创新和实现农业现代化的现实选择,对构筑农民增收的长效机制将起到越来越显著的作用。在现行行政区划体制下,以区域性城镇为中心,一大批以农产品加工工业为重点的农业产业化龙头企业应运而生和发展壮大,这是在产业政策上城乡分割治理模式的突破,进而有效地促进了农村劳动力向非农产业和城镇转移,对统筹城乡发展和实现农村现代化也将起到重要的推动作用。

各地区应根据自身特点,立足当地农产品资源、产业结构、环境保护等实际制定其发展战略,发展特色产业,探索农业产业化经营的技术和模式。考虑到东北农区以农畜生产为主,因此,应把农畜产品加工业作为产业化龙头企业发展的重点,完善利益联接机制,推动企业与农户的关系由松散的买卖型向紧密的一体型转变,同时鼓励发展农民合作组织,建立起联接农户、龙头企业和农产品大市场的桥梁,降低农产品市场风险,使农民在农业产业化进程中受益;对已有的专业合作社、公司加农户、农民专业协会、股份合作经营等方向性的创新形式,需要通过立法加以规范和引导,把农业产业化经营推进到更高的水平。

2. 机制与制度创新

机制与制度创新是生产关系的重大变革,其前提是解放思想,转变观念。市场经济条件下的农业发展要求转变政府行为和角色,将过去的行政指挥变为服务引导,具体应强化政策引导、典型引导和信息引导。为此,必然实现四种机制的创新:一是土地合法流转机制。在明确所有权、稳定承包权的前提下,尝试采用出租转让、反租倒包、委托经营、股份合作制和"股田制"等方式,促进农业生产向适度规模化、专业化和区域化发展;二是合作经营机制。农业的市场化迫切要求产业化各环节的组织与合作,培养壮大农民经纪人、农民合作组织和农业协会,增强广大农民进入市场的组织化程度和市场竞争力;三是多元化投入机制。现代农业发展特别是农业产业化经营迫切需要建立多利益主体、多部门合作和多方式经营的投入机制,逐步形成以政府投入为导向、社会资金为主体、外地资金和外商投资为补充的新模式;四是产业联动机制。现代农业发展要求跳出农业圈子,充分发挥农民的主体作用、市场的组织作用和政府的积极引导(宏观调控)作用。区域一、二、三产业发展必须做到相互协调与配合,疏通生产、加工、流通渠道,为农业可持续发展营造新的格局和提供持久不竭的动力。

东北地区是国家重要的商品粮生产基地和粮食安全战略后备基地,在特定时期,粮食生产所体现的社会价值远非其经济价值那样容易衡量,粮食安全体现了国家公益目标,而市场经济

条件下还应使粮食生产的社会价值得以体现和补偿。为此需要建立起国家粮食安全与农民增收的长效协调机制,解决农民稳定增收方面存在的问题。通过建立商品粮生产基地、深化流通体制、完善储备机制、发展农业合作组织等措施,根本扭转长期以来东北地区保障粮食安全宏观目标与促进农民增收微观目标的错位问题。

3. 加大科技投入力度,促进科技创新,提高科技贡献率

"科技是动力,创新是灵魂"。推进科技创新,应看作是一项复杂的系统工程,尤其需要有健全完善的投入体系、科技进步体系和运作机制做支撑和保障,为现代农业发展开辟新的途径和动力源泉。因此,农业科技创新的重点应放在建设好四大体系上:一是建立健全农业科研开发体系,优化科技力量布局和科技资源配置,加强农业实用技术的研究。重点搞好东北地区农产品加工及转化、旱作节水农业、退耕还草、生态农业等关键技术的研究,大力推广精量半精量机械化播种、化肥深施与平衡施肥、土壤培肥、生物防治病虫害、地膜覆盖、主要作物(水稻、玉米、大豆等)区域化、规范化高产高效配套技术,使科技成果与适用技术组装配套。培植多元化科研创新主体,推进科研、生产、经济三位一体的科技开发新模式。二是建立健全农业科技推广服务体系。农业科技推广体系是实施科技兴农的桥梁和纽带,也是农业科技产业化、市场化的重要保证。应按照服务组织多元化、服务形式多样化和服务内容系列化的原则,完善农业科技推广体系,为农民提供高效、优质的科技服务。三是建立健全科技投入保障体系,完善金融、税收等农业扶持政策,建立多元化的投入机制,鼓励财政投资农业科技开发项目。农业高新技术成果应用开发,实行市场运作机制。政府支持大型农业产业化龙头企业建立以社会资本为主的商业化投融资体系。四是建立健全农业科技人才支撑体系,科技人才是农业科技创新的主体,充分调动科研人员的创新积极性和主动性,同时应始终把提高农民科技文化素质放在重要位置,强化农业科技应用主体的功能。

通过以上措施,力争到2030年将东北地区的农业科技贡献率提高到60%以上,大力推进东北地区农业管理和经营方式转变,促进现代农业的可持续发展。

参 考 文 献

1. Liu Yansui, Gan Hong, Jay Gao. The Causes and Environmental Effects of Land Use Conversion during Agricultural Restructuring in Northeast China. *Journal of Geographical Sciences*, 2004, Vol. 14, No. 4, pp. 488—494.
2. Yansui Liu, Jay Gao, Yanfeng Yang. A Holistic Approach towards Assessment of Severity of Land Degradation along the Great Wall in Northern Shanxi Province, China. *Environmental Monitoring and Assessment*, 2003, Vol. 82, No. 2, pp. 187—202.
3. Zhang, M H, Shu Geng, Ustin S. L. Quantifying the agricultural landscape and assessing spatio-temporal patterns of precipitation and groundwater use. *Landscape Ecology*, 1998, No. 13, pp. 37—53.
4. Zhouping, Shangguan, Mingan Shao et al. A Model for Regional Optimal Allocation of Irrigation Water Resources under Deficit Irrigation and Its Applications. *Agricultural Water Management*, 2002, No. 52, pp. 139—154.
5. 陈百明、周小萍:"中国近期耕地资源与粮食生产能力的变化态势",《资源科学》,2004年第5期。

6. 李建平、刘冬梅:"全球经济一体化条件下中国粮食生产的区域布局分析",《粮食与油脂》,2000年第5期。
7. 刘彦随、甘红、王大伟:"东北地区农业现代化水平及比较优势分析",《农业系统科学与综合研究》,2005年第2期。
8. 刘彦随、陆大道:"中国农业结构调整基本态势与区域效应",《地理学报》,2003年第3期。
9. 刘彦随、吴传钧:"中国水土资源态势与可持续食物安全",《自然资源学报》,2002年第3期。
10. 刘志强:"农业资源环境评价方法与我国粮食主产区的确定",《应用生态学报》,2003年第2期。
11. 刘兴土、马学慧:"三江平原大面积开荒对自然环境影响及区域生态环境",《地理科学》,2000年第1期。
12. 孙原峰、曲春慧:"对垦区水稻井灌区改造的几点建议",《现代化农业》,2002年第10期。
13. 汪爱华、张树清、张柏:"三江平原沼泽湿地景观空间格局变化",《生态学报》,2003年第2期。
14. 王韶华、刘文朝、刘群昌:"三江平原农业需水量及适宜水稻种植面积研究",《农业工程学报》,2004年第4期。
15. 张国平、刘纪远:"基于遥感和GIS中国20世纪90年代毁林开荒状况分析",《地理研究》,2003年第2期。

第九章　国家粮食安全基地的建设与空间布局

我国是粮食生产大国，也是粮食需求大国。中国的粮食安全问题历来为党和政府所重视，从农业"以粮为纲"发展方针的提出，到全国轰轰烈烈的"农业学大寨"运动，都体现了中国政府和人民发展粮食生产的决心和勇气。《中共中央关于制订十五计划建议》提出："要高度重视保护和提高粮食生产能力，建设稳定的商品粮基地，建立符合我国国情和社会主义市场经济要求的粮食安全体系，确保粮食供求基本平衡。"这是我国第一次在党和国家的正式文件中明确使用"粮食安全"这一概念。1996年国务院发表了《中国的粮食问题》白皮书，明确提出了中国立足国内资源，依靠自己的力量实现粮食基本自给的基本方针，并为此做出了不懈的努力。党的"十六大"进一步强调"支持粮食主产区的发展"。2004年《中共中央国务院关于促进农民增加收入若干政策意见》指出："集中力量支持粮食主产区发展粮食产业，加强主产区粮食生产能力建设，从2004年起，国家将实施优质粮食产业工程，集中力量建设一批国家优质专用粮食基地。"这些都体现了我国政府对国家粮食安全的高度关注，也表明了中国解决粮食问题的信心。

建国以来，我国粮食生产取得举世瞩目的成绩，基本保证了粮食自给。从我国粮食生产的实际情况看，仍然存在一系列的不稳定因素，影响我国未来粮食安全，加之由于工业化、城市化发展区域差异，以及产业结构的战略性调整、耕地非农化等引起的粮食播种面积的变化导致了我国粮食生产格局的较大变化。我国粮食生产重心由南方向北方和由东、西部向中部推移的趋势明显，粮食生产进一步向华北、东北地区等优势产区集中，东、西部部分地区将可能成为缺粮地区，粮食生产不平衡加剧。我国粮食生产区域格局的变化，进一步突出了东北地区粮食生产在国家粮食安全战略中的地位。因此，从国家粮食安全战略格局出发，加强东北地区商品粮基地建设布局，使之成为我国最大且稳定的国家粮食安全生产基地是一项关系全局的重大战略任务，也是实现国家粮食基本自给的重要举措。

东北地区包括黑龙江、吉林、辽宁和内蒙古自治区东四盟（市），土地总面积为126万平方公里，总人口为11765.29万，是我国农业生态环境和水土资源配置最好的地区之一，资源地域组合优势明显，也是我国粮食增产潜力最大的地区，具有持续保障国家粮食安全的能力。东北商品粮基地建设已经为国家粮食安全生产基地建设奠定了坚实的基础，作为我国重要的商品粮基地和农产品基地，在粮食商品率、人均粮食占有量等方面均居全国前列，在保障国家粮食安全方面具有极其重要的地位和作用。同时，相对较大的人均耕地占有量，为发展规模化、集约化、专业化生产提供了资源条件，而适宜的生态环境条件有利于发展绿色农业，这些都有利于促进东北地区建设成我国最大的粮食安全战略基地。

东北地区国家粮食安全基地建设布局应着眼于保障国家粮食安全的主体目标,以提高粮食综合生产能力和优化粮食生产结构为前提,兼顾农村经济的发展和农民收入的持续增长。在保障粮食综合生产能力提高的基础上,大力发展绿色农业、畜牧业和农副产品加工业,促进地区粮食生产的良性循环和农业、农村经济的可持续发展。

第一节 粮食生产与国家粮食安全

一、我国粮食安全形势与粮食生产格局变化

1. 我国粮食安全形势不容乐观

粮食安全是 21 世纪人类将面临的最严峻的挑战之一。中国的粮食安全令全球瞩目。1994 年,美国世界观察所所长莱斯特·R. 布朗博士所著的《谁来养活中国》一文的发表,在国内外引起强烈反响。众多国内学者在分析中国粮食生产规律、水土资源状况、人口增长对粮食需求趋势的基础上,认为中国完全有能力养活自己。事实也证明,建国以来我国粮食生产和供给能力确实取得了举世瞩目的成就,粮食产量连续跨越了 2000 亿千克、3000 亿千克、4000 亿千克和 5000 亿千克四个台阶(图 9—1)。人均粮食占有量由 300 千克增加到 400 千克,自给率达到 98%;粮食储备水平由 60 年代的 8.3% 提高到 90 年代的 25% 左右,远高于 FAO 所确定的 17%～18% 的最低粮食安全线。但在我国,由于人增地减的刚性矛盾将长期存在,人均粮食需求水平不断提高,到 2030 年,预测我国人均 GDP 可能达到 1.2 万美元,人均年需求粮食将在 460 千克左右,若按人均 400 千克计算,16 亿人口需粮 640 亿千克,与目前的粮食综合生产能力尚有 140 亿千克的差距。加之水土资源限制、农业自然灾害等的影响,粮食生产仍存

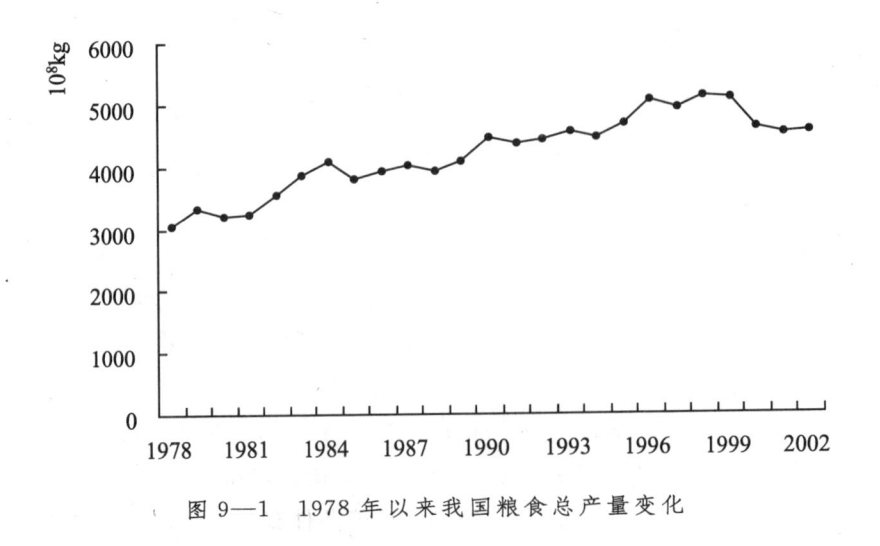

图 9—1 1978 年以来我国粮食总产量变化

在极大的不稳定性,且地域变化比较明显,粮食安全形势仍然不容乐观。

中国的粮食安全状况对世界粮食安全格局会产生重大影响,鉴于目前我国人口、社会经济发展及粮食供需的实际情况,粮食数量安全和部分缺粮地区的购买安全仍然是首要解决的问题,在此基础上逐步提高粮食营养安全。因此,进一步提高本国的粮食生产水平,主要通过粮食自给来保障国家粮食安全是为上策。然而,未来我国粮食生产将受到资源环境问题的制约。一是耕地减少。随着工业化与城市化加速加快以及农业结构调整和生态退耕、还林、还草、还湿地政策的实施,耕地面积将呈现减少的趋势,保持耕地的占补平衡将变得十分困难。改革开放至2001年,我国耕地面积减少了626万公顷。截至2001年底,我国耕地面积为1.276亿公顷,人均耕地占有量0.101公顷,仅相当于世界平均水平的41%。东南沿海部分地区人均耕地占有量低于FAO确定的0.053公顷的警戒线。据有关研究预测,未来的20年中,耕地面积将会减少666.7万公顷。二是水资源缺乏。我国人均水资源占有量仅占世界平均水平的1/4,属13个贫水国家之一,农业常年缺水300亿立方米左右。近10年来,我国干旱面积都在2000万公顷以上,每年约有667万公顷灌溉面积得不到灌溉。三是农田污染与质量退化。农田污染面积超过667万公顷;农业本身粗放式经营和掠夺性生产导致地表植被减少、土地沙漠化面积扩大、水土流失严重、土壤有机质减少、肥力下降。四是自然灾害严重。据统计,灾害较少的1982～1984年,年均受灾面积为0.27亿公顷,灾害最为严重的1991、1994、1997年年均受灾面积达0.45～0.49亿公顷。1999～2001年,连续的水旱灾害,年均受灾面积0.39～0.48亿公顷,造成粮食减产597亿千克。

2. 我国粮食生产的区域格局变化正在发生变化

(1)地域划分和数据来源。本研究分别从南北地区、三大地带和八大粮食产区三个角度探讨我国粮食生产的区域格局变化。其中南北地区划分大致以秦岭—淮河一线为界,南方地区包括上海、江苏、浙江、安徽、福建、江西、湖北、湖南、广东、广西、贵州、四川、西藏、海南、重庆在内的16个省市区,北方地区包括北京、天津、河北、山西、内蒙古、辽宁、吉林、黑龙江、山东、河南、陕西、甘肃、青海、宁夏、新疆15个省市区。三大地带按照国家在"七五"计划中的划分为标准。八大粮食产区包括东北区、华北区、长江中下游区、东南区、西南区、黄土高原区、青藏区、内蒙古新疆区。

根据数据的可获取性和权威性,本研究主要采用国家统计局正式公布的统计数据。包括《中国统计年鉴》(1979～2003年)、《中国农村统计年鉴》(1979～2003年),抽样调查数据仅作参考。

(2)20世纪90年代前的格局变化。长期以来,我国粮食生产的中心在南方粮食主产区,该区集中了60%以上的粮食产量。20世纪70年代是我国粮食生产发展较为辉煌的时期,不仅粮食产量持续稳定增长,粮食生产的区域格局也发生较大的变化。北方地区粮食占全国的比重较20世纪60年代提高了2个百分点以上,除内蒙古新疆区降低0.49个百分点外,北方其他粮食主产区粮食产量占全国的比重均有所提高,其中华北、东北、黄土高原和青藏等地区分别提高了 2.7、0.25、0.21 和 0.05 个百分点。南方粮食主产区中的西南区和东南区粮食生产地位下降，但由于中国粮食生产核心区的长江中下游贡献份额的提高，南方粮食地位未有较大的动摇，但比重已经低于 60%（表 9—1）。20 世纪 80 年代，我国传统粮食生产格局进一步由南方向北方推移。由于东北、华北、内蒙古新疆区粮食比重的提高，北方粮食主产区的粮食总产比重提高了 1 个百分点，南方粮食主产区由于西南、东南区贡献份额降低，粮食生产在全国地位有所下降，但仍占主导地位。

表 9—1 1951～1990 年各时段粮食产量比重变化（%）

区域	1951～1960	1961～1970	1971～1980	1981～1990
南方	61.4	61.7	59.1	59.0
北方	38.6	38.3	40.0	41.0
东北	10.5	10.5	10.8	11.02
华北	17.9	17.5	20.2	20.5
长江中下游	30.3	32.4	33.9	34.4
东南	7.8	8.3	8.1	6.9
西南	19.1	18.3	18.4	17.4
黄土高原	7.0	6.9	7.1	6.4
青藏	0.4	0.42	0.48	0.43
内蒙古新疆	3.0	3.3	2.8	2.9

资料来源：根据《中国统计年鉴》（1952～1991 年）整理计算。

（3）20 世纪 90 年代后的格局变化。粮食产量比重变化反映我国粮食生产区域格局变化状况。依据多年统计资料，计算中国 1990 年来各研究区域的粮食产量占全国粮食总产量的比重，其变化趋势见表 9—2，表现出较强的变化特征。第一，南北比重总体变化趋势是北方比重上升，南方比重下降。其中南方由 1990 年的 55.4% 下降到 2002 年的 51.5%，下降了 3.9 个百分点，北方则由 1990 年的 44.6% 上升到 2002 年的 48.5%。第二，东部地区粮食比重下降明显，西部略有上升，中部地区比重提高较快。1990～2002 年，东部比重下降了 4.4 个百分点，西部提高了 1.6 百分点，而中部地区提高了 2.8 百分点。第三，华北、内蒙古新疆地区比重明显提高。其中华北地区粮食产量在全国总产中的比重在 20 世纪 90 年代前期增长缓慢，后期由于推行区域农产品优势布局，大宗农产品如玉米和小麦的区域化、专业化加强，粮食生产比重增长很快，由 1990 年的 21.0% 增加到 2002 年的 22.2%，提高了 1.2 个百分点。内蒙古新疆区由于农业生产条件改善、地膜等农业技术推广与应用，以及粮食作物品种改良等因素，粮食增产较快。粮食比重由 1990 年的 3.7% 提高到 2002 年的 4.9%，提高了 1.2 个百分点。东北地区粮食产量在全国的比重总体呈增长趋势，由 1990 年的 13.1% 提高到 2002 年的 14.6%，提高了 1.5 个百分点。但在 1998 年后，由于粮食流通不畅，积压过多，农民积极性下降及农业自然灾害频发等原因，粮食比重有所下降，2000 降到近 10 年的最低点，粮食产量比重仅占全国的 11.5%，近年来又恢复了增长的势头。而黄土高原地区在 20 世纪 90 年代初期粮食生产呈增长态势,随着退耕还林、还草政策的实施,使得耕地面积和粮食播种面积大幅度减少,粮食产量下降,在全国的比重降低。长江中下游、东南沿海、西南地区由于工业化、城市化、基础设施建设等,土地利用的非农化趋势明显,耕地数量减少,质量下降,产业结构调整又使得粮食播种面积减少,粮食生产地位明显下降。粮食比重分别由1990年的32.0%,6.6%和13.6%降低到2002年的28.1%,5.3%和12.2%,分别降低了3.9%,1.3%和1.4%。

表9—2 1990~2002年粮食产量比重变化(%)

区域	1990	1992	1994	1996	1998	2000	2002
南方	55.37	55.38	53.53	51.88	51.05	54.35	51.49
北方	44.63	44.62	46.47	48.12	48.95	45.65	48.51
东部	37.97	38.82	37.88	37.55	37.47	36.00	33.60
中部	42.23	41.02	42.33	42.52	41.87	42.09	44.98
西部	19.80	20.15	19.80	19.93	20.66	21.91	21.42
东北	13.12	13.05	13.33	13.94	14.33	11.52	14.59
华北	21.04	21.16	22.84	22.61	22.72	23.28	22.23
长江中下游	32.04	31.66	30.72	29.42	27.98	29.36	28.10
东南	6.60	6.47	6.02	5.92	6.08	6.09	5.32
西南	13.55	13.89	13.78	13.39	11.59	12.98	12.23
黄土高原	6.18	6.22	6.17	6.69	6.93	6.29	6.60
青藏	0.38	0.42	0.41	0.40	0.42	0.39	0.41
内蒙古新疆	3.67	3.93	3.88	4.64	4.71	4.38	4.90

资料来源:根据《中国统计年鉴》(1952~1991年)整理计算。

上述分析表明,20世纪90年代以来,我国粮食生产区域格局变化依然明显。粮食生产重心进一步由南方向北方及由东、西部向中部推移,北方和中部地区成为粮食生产新的增长中心。内蒙古新疆区在全国粮食生产中的地位上升。华北、东北等粮食主产区在全国粮食生产中的地位加强;长江中下游、东南和西南地区粮食生产地位逐渐减弱。北方地膜等农业技术的广泛应用,优质玉米、大豆、小麦等品种的改良,农业结构的调整,耕地面积的增加及南方土地利用非农化加速导致的耕地面积减少是粮食生产重心由南方向北方推移的主要原因。而东部城市化、农村工业化以及西部退耕、还林、还草政策的实施是粮食生产重心由东、西部向中部推移的主要原因。而且这些因素将会进一步对我国的粮食生产格局产生重大影响,粮食生产重心向北方和中部推移的趋势将会更加明显,东北、华北等粮食主产区粮食生产在全国的地位将会更加突出。

二、东北粮食生产在国家粮食安全中的地位和作用

东北地区作为我国重要的商品粮基地,农业资源条件优越,素有"中国粮食市场稳压器"、"中国最大的商品粮战略后备基地"等赞誉。随着我国粮食生产格局的演变,东北商品粮基地

的战略地位将更加突出。由于东北商品粮基地的特殊重要作用,要求在新形势下必须加强东北地区商品粮基地建设,加快推进农业现代化和产业化,把东北地区建设成为我国粮食安全战略基地,对国家粮食安全及东北老工业基地振兴均具有重大的战略意义。

1. 粮食生产能力稳步提高,保障国家粮食安全的作用增强

随着粮食产量的迅速增长,东北地区已经成为保障国家粮食安全的重要基地。建国初期(1949～1955年),东北地区平均粮食产量仅有193.61亿千克/年,单产只有1219千克/公顷,到"九五"期间总产达751亿千克/年,单产达4239千克/公顷,总产增加了2.9倍,单产提高了2.5倍。特别是改革开放以来,东北地区粮食产量占全国的比重基本呈持续增长态势(表9—3),由1978年11.5%提高到2002年的14.6%。特别是玉米、水稻、大豆等大宗粮食作物在全国的地位不断增强,其中水稻产量的比重持续稳定增长,提高了6.8%。黑龙江、吉林的优质水稻在全国享有声誉,具有很大市场份额,年均产量和播种面积比重分别占全国28.9%和25.6%。大豆产量和播种面积比重基本成反向变化,在1998～2000年间表现较大的波动,播种面积比重降低,而大豆产量比重提高较快。小麦产量和播种面积比重均呈下降趋势,在全国的比重分别由1978年的5.3%和6.2%下降到2002年的1.2%和1.32%,在全国的地位几乎是微乎其微。同时,全国粮食产量前100名的生产大县中,东北地区有27个,其中前14位的粮食生产大县均在东北地区。

表9—3 东北地区粮食产量占全国比重变化

	全国粮食产量(亿千克)	东北粮食产量(亿千克)	东北粮食/全国粮食(%)	东北玉米/全国玉米(%)	东北大豆/全国大豆(%)	东北水稻/全国水稻(%)
1978	3047.65	350.9	11.5	29.5	43.3	2.9
1980	3205.55	354.4	11.1	26.9	42.2	3.0
1985	3791.08	360.6	9.5	25.5	43.7	3.6
1990	4462.40	588.0	13.2	34.6	42.1	5.3
1995	4666.18	597.54	12.8	31.4	31.9	5.6
1998	5122.95	734.34	14.3	31.9	29.9	8.5
2000	4621.75	532.35	11.5	22.0	33.9	9.5
2002	4570.60	666.64	14.6	28.6	38.0	9.7

资料来源:根据《中国统计年鉴》(1979～2003年)和《中国农村统计年鉴》(1979～2003年)整理计算。

2. 粮食生产的专业化、区域化和产业化趋势明显,粮食商品率不断提高

目前,东北地区粮食生产正向专业化、区域化和产业化的方向发展,优势农产品区域布局战略效果显著,粮食作物进一步向产粮大县集中。榆树、农安、五常、双城、扶余、德惠、梨树、公主岭、龙江、九台等10个产粮大县年均粮食总产量占东北地区粮食总产量的20.6%,其中水稻占20.1%,玉米占31.9%,大豆占24.7%(表9—4)。大宗农产品玉米、水稻、大豆等优势粮食作物进一步向优势产区集中,区域化、专业化趋势明显,分别形成了以黑土带为中心的黄金玉米带;以松花江、嫩江和辽河流域为重点的优质水稻生产基地;以三江平原和松嫩平原为重点的高油大豆生产基地。

表9—4 东北地区前10个产粮大县粮食生产状况

排序	名称	粮食产量（亿千克）	名称	水稻产量（亿千克）	名称	玉米产量（亿千克）	名称	大豆产量（亿千克）
1	榆树	16.21	五常	6.92	农安	9.96	讷河	2.87
2	农安	12.79	大洼	4.05	榆树	9.81	富锦	1.97
3	五常	12.38	绥化	3.44	双城	9.08	海伦	1.70
4	双城	11.48	榆树	3.31	梨树	7.70	克山	1.62
5	扶余	10.20	德惠	3.29	公主岭	7.66	榆树	1.54
6	德惠	10.04	舒兰	3.21	扶余	7.08	嫩江	1.37
7	梨树	9.52	东港	3.09	九台	6.41	巴彦	1.23
8	公主岭	9.00	前郭	3.02	龙江	5.71	五大连池	1.03
9	龙江	8.92	富锦	2.83	昌图	5.48	宾县	0.98
10	九台	8.91	盘山	2.78	德惠	5.47	敦化	0.94
总计（亿千克）		109.45		35.94		74.36		15.25
东北（亿千克）		532.13		179.25		233.19		61.63
产粮大县粮食产量/东北粮食产量(%)		20.57		20.05		31.89		24.74

资料来源:根据《吉林统计年鉴》(2001)、《黑龙江统计年鉴》(2001)和《辽宁统计年鉴》(2001)整理。

东北地区粮食的区际商品率和商品量均居全国首位,每年可提供商品粮300～350亿千克,约占全国商品粮总量的40%。其中黑龙江省商品粮数量最多,吉林省粮食商品率最高,除个别年份外,两省粮食商品率均在60%以上,部分商品粮基地县和国营农场的粮食商品率超过了70%。粮食生产大户、专业户逐渐增多,且集中布局在松嫩平原和三江平原。

3. 东北地区粮食增产潜力大,具有持续保障国家粮食安全的能力

东北地区农业生产条件优越,是我国自然资源最为丰富和水土资源配置最好的地区之一。该区属温带大陆性季风气候,跨暖温带、中温带和寒温带。夏季温暖多雨,主要农业区>10℃积温为2200℃至3600℃,平均年降水量为400～1000毫米,光照资源丰富,适于多种作物生长。该区耕地面积占全国的18%,人均耕地面积是全国平均水平的2.1倍,全区有中低产田

1148.31万公顷，占总耕地面积的64.6%。中部分布有黑土带，土地肥沃，是我国重要的粮食生产基地和饲料、甜菜、薯类等农产品基地。后备土地资源和中低产田丰富，农业开发生产的潜力大，吉林省中部地区有46.7万公顷的低洼易涝地、相当数量的宜农荒地和2333.3万公顷的天然草场，黑龙江有6333.3万公顷荒地。西部松嫩平原和呼伦贝尔草原是我国温带草原中生产力最好、改良条件最好、最适合饲养肉类家畜的天然草地；该区的有林地面积达4586.8公顷，素有"林海"之称，居全国三大林区之首，对松辽平原、三江平原、呼伦贝尔草原和东北地区的大江大河、城市和农村起庇护作用。丰富的自然资源和良好的生态环境为东北地区粮食生产提供有力的支撑，为把东北建设成为国家粮食安全基地、绿色农产品基地和精品农牧业基地提供根本保障。

通过调整种植业与农村产业结构、合理利用后备土地资源与水资源、改造中低产田，以及加强社会、经济和农业技术等政策调控，东北地区粮食增产的潜力很大，将成为21世纪我国粮食增产最具潜力的地区，也必将成为我国粮食安全最具有保障的地区之一。据有关研究预测，到2010年东北地区年均粮食产量可达1023亿千克，2030年可达1338亿千克（表9—5）。

表9—5　东北地区粮食产量趋势

项目	2000～2004	2005～2009	2010～2014	2015～2019	2020～2024	2025～2029	2030～2035
年均粮食产量（亿千克）	816.24	919.22	1023.07	1118.67	1118.67	1275.60	1338.06
年均递增（%）	2.5	2.0	1.8	1.5	1.2	1.0	0.8
增加绝对量（亿千克）	112.39	102.98	103.86	95.60	83.00	73.93	62.47

若按人均400千克预测，到2010年东北地区可提供的区际商品粮数量为536.56～551.56亿千克，2030年为463.59～478.59亿千克。东北地区外调粮食到2010年可满足1.3414～1.3789亿人的需求，到2030年可满足1.6722～1.8547亿人的需求。若按460千克预测，到2010年东北地区可提供的区际商品粮数量为688.83～741.88亿千克，2030年为579.46～652.46亿千克。到2010年东北地区外调粮食可满足1.0078～1.0404亿人的需求，到2030年可满足1.2597～1.4184亿人的需求（表9—6）。

表9—6　东北地区粮食区际商品量

水平年	人口（亿人）	全区粮食需求（亿千克） 400千克	460千克	粮食区际商品量（亿千克） 400千克	460千克	可满足需求人口（亿人） 400千克	460千克
2010	1.2161	486.44	559.41	536.56～551.56	688.83～741.88	1.3414～1.3789	1.0078～1.0404
2030	1.4903	596.12	685.54	463.59～478.59	579.46～652.46	1.6722～1.8547	1.2597～1.4184

第二节 粮食生产结构变动及其比较优势

一、东北地区粮食生产总体态势

1. 粮食作物产量呈增长趋势

1978年以来,东北地区粮食生产总体呈波动型上升趋势(表9—7),1998年达历史最高水平的747.5亿千克,此后下滑,近年来呈稳定增长态势。2002年较1978年增长89.5%。相关分析表明:粮食产量变化与玉米、水稻、大豆高度正相关,相关系数分别高达0.97、0.84和0.75,与小麦、高粱、谷子负相关,相关系数分别为0.25、0.55和0.83。东北地区粮食产量变化主要受玉米、大豆、水稻产量变化的影响。从6种粮食作物产量看,表现出不同的变动趋势:玉米总体呈"增—减—增"的波动型增长趋势。1998年达历史最高产量(433亿千克)后连续三年下降,2002年恢复到350亿千克的生产水平。水稻和小麦呈"增—减"态势。水稻产量由1978年开始持续增加,2000年达179.3亿千克,增产3.9倍。此后产量下降,2002年较2000年减产8%。小麦生产在1978~1990年间增幅较大,年均增幅达5.22%,此后又持续下降,2002年较1990年减少74.8%。大豆持续上升。2002年大豆产量较1978年提高了1.41倍,年均增长率达5.8%,并呈现出强劲的增长势头。高粱和谷子产量持续下降。2002年分别较1978年减少50.1%和84.9%。

2. 粮食作物播种面积变动

粮食作物播种面积的变化反映了各品种比较效益的变化和对市场的反应能力。1978年以来,东北地区粮食播种面积呈波动型增长态势(表9—7)。其中玉米播种面积呈"增—减—

表9—7 东北地区粮食作物产量和播种面积变动(产量:亿公斤;播种面积:万公顷)

年份	粮食产量	粮食面积	玉米产量	玉米面积	水稻产量	水稻面积	大豆产量	大豆面积	小麦产量	小麦面积	高粱产量	高粱面积	谷子产量	谷子面积
1978	350.9	1406	165.2	475.0	39.95	86.8	32.81	262.5	28.38	199.1	38.42	123.4	26.19	160.9
1980	354.4	1406	168.1	498.2	42.23	84.9	33.48	266.0	41.69	228.4	35.75	106.3	18.27	137.5
1985	360.6	1339	162.8	445.5	60.96	119.3	45.88	303.8	38.99	212.1	24.15	76.2	13.66	97.9
1990	588.0	1407	335.0	575.4	97.95	163.5	46.26	289.2	43.19	195.4	28.98	67.8	8.26	43.3
1995	597.5	1411	350.2	627.3	102.2	173.2	54.22	316.5	37.58	136.7	26.20	57.0	5.11	22.5
1998	747.5	1470	433.0	654.5	171.9	251.8	57.12	301.4	35.72	118.4	23.00	44.0	4.24	19.1
2000	532.1	1407	233.2	504.5	179.3	258.0	61.83	370.9	14.75	78.5	12.60	42.7	2.40	19.5
2002	664.9	1463	350.0	621.2	165.0	269.4	79.08	331.3	10.89	31.5	19.19	37.5	3.95	17.6

资料来源:根据《吉林统计年鉴》(1979~2003)、《黑龙江统计年鉴》(1979~2003)和《辽宁统计年鉴》(1979~2003)综合整理。

增"趋势,水稻、大豆播种面积持续增长,2002年玉米、水稻、大豆分别较1978年提高了30.8%、210.4%和26.2%,表明玉米、大豆、水稻是东北地区的优势粮食作物。小麦、高粱、谷子播种面积迅速下滑,分别仅为1978年的15.8%、30.%和16.5%。这三种作物已没有比较优势。

上述分析表明,东北地区粮食生产表现出较大的波动性,但总体上是呈增长的态势,玉米、大豆、小麦仍然是东北地区的主要粮食作物,且大豆和水稻表现出强劲的增长态势。小麦、高粱、谷子等传统的粮食作物的产量和播种面积持续降低,在东北地区粮食生产中的地位逐渐下降。

二、东北地区粮食生产的结构变动

1. 粮食作物品种结构变动

粮食作物的产量比重和播种面积比重变化反映了东北地区粮食生产品种结构的变化(表9—8),东北地区粮食生产基本形成了以玉米、大豆、水稻为主的生产力能力格局。玉米、大豆产量和播种面积的比重大体呈"增—减—增"波动趋势,2002年玉米产量和播种面积比重分别较1978年提高4.5%和8.7%,大豆产量和播种面积比重分别提高2.5%和3.9%。水稻产量的比重先增后减,由1978年的11.4%增加到2000年的33.7%,2002降到24.8%,而播种面积比重持续提高,2002年较1978年提高了12.2%。水稻产量与播种面积比重的变化有所偏离,主要是受多年持续旱灾的影响,水资源供给不足,导致水田灌溉率低,产量下降。小麦、高粱、谷子3种作物产量和播种面积的比重均呈下降趋势,2002年较1978年产量比重分别降低了6.5%、8.%和6.9%,播种面积比重分别降低了12.0%、6.2%和10.2%。

表9—8 东北地区粮食作物产量和播种面积结构变动(%)

年份	玉米 产量	玉米 面积	水稻 产量	水稻 面积	大豆 产量	大豆 面积	小麦 产量	小麦 面积	高粱 产量	高粱 面积	谷子 产量	谷子 面积
1978	47.1	33.8	11.4	6.2	9.4	18.7	8.1	14.2	10.9	8.8	7.5	11.4
1980	47.4	35.4	11.9	6.0	9.4	18.9	11.8	16.2	10.1	7.6	5.2	9.8
1985	45.1	33.3	16.9	8.9	12.7	22.7	10.8	15.8	6.7	5.7	3.8	7.3
1990	57.0	40.9	16.7	11.6	7.9	20.6	7.3	13.9	4.9	4.8	1.4	3.1
1995	58.6	44.5	17.1	12.3	9.1	22.4	6.3	9.7	4.4	4.0	0.9	1.6
1998	57.9	44.5	23.0	17.1	7.6	20.5	4.8	8.1	3.1	3.0	0.6	1.3
2000	43.8	35.9	33.7	18.3	11.6	26.4	2.8	5.6	2.4	3.0	0.5	1.4
2002	52.6	42.5	24.8	18.4	11.9	22.6	1.6	2.2	2.9	2.6	0.6	1.2

资料来源:根据《吉林统计年鉴》(1979~2003)、《黑龙江统计年鉴》(1979~2003)和《辽宁统计年鉴》(1979~2003)综合整理。

总体看来,东北地区粮食品种结构变化的基本特征是:各作物的位次没有较大的变化,但产量和播种面积明显向玉米、大豆、水稻三种作物集中,三种作物的产量和播种面积在东北地区粮食生产中的比重提高较快,产量和播种面积比重之和分别由1978年的67.9%和58.7%提高到2002年的89.3%和83.5%。小麦、高粱、谷子产量和播种面积比重之和分别由1978年的26.5%和34.4%下降到2002年的5.1%和6.0%,分别下降了21.4%和28.4%。

2. 粮食作物生产的地区结构变动

粮食作物产量和播种面积变化表现出一定的区域差异性。从粮食产量的地区结构变化看(表9—9),辽宁省粮食产量在东北地区的比重降低,黑龙江省粮食比重略有提高,而吉林省粮食比重提高迅速,1978年至2002年,辽宁省粮食比重下降了9.3%,而黑龙江和吉林分别提高了2.1%和7.2%,粮食生产呈现向吉林和黑龙江两个产粮大省集中的趋势。从粮食作物品种地区变化看,玉米生产向吉林省集中,比重提高了14.4%,黑龙江和辽宁分别降低了5.9%和30%;水稻和大豆生产向黑龙江集中,比重分别提高了37.9%和13.8%,辽宁和吉林水稻产量分别下降了9.6%和7.9%,吉林的大豆产量下降4.2%,辽宁的大豆产量虽有小幅攀升(7.3%),但所占比例较小;小麦主要分布在黑龙江,但比重下降了7.6%,吉林略有上升提高了0.3%,辽宁有所下降,下降了15.3%。高粱主要分布在辽宁省,比重上升了47.5%,黑龙江和吉林分别提高了7.1%和8.2%;谷子向辽宁省集中,比重提高了47.5%,黑龙江和吉林分别降低了15.9%和31.7%。

表9—9 东北地区粮食作物产量地区结构变动(%)

		1978	1980	1985	1990	1995	1998	2000	2002
粮食	辽宁	31.8	34.5	27.1	25.9	23.3	26.2	21.4	22.5
	黑龙江	42.1	41.3	39.0	39.3	43.4	40.3	47.8	44.2
	吉林	26.1	24.3	34.0	34.8	33.3	33.5	30.8	33.3
玉米	辽宁	33.9	38.9	27.5	24.2	23.0	27.8	23.5	25.4
	黑龙江	36.5	30.9	23.8	30.1	34.8	27.7	33.9	30.6
	吉林	29.6	30.2	48.7	45.7	42.2	44.5	42.6	44.0
水稻	辽宁	51.8	55.7	43.1	38.4	25.0	23.7	20.9	21.8
	黑龙江	17.9	18.9	26.7	32.1	46.0	53.9	58.1	55.8
	吉林	30.3	25.4	30.1	29.5	29.0	22.4	20.9	22.4
大豆	辽宁	16.3	16.0	11.9	9.4	7.4	9.2	7.7	6.7
	黑龙江	63.4	65.9	68.4	70.4	80.9	77.8	72.8	77.2
	吉林	20.3	18.1	19.7	20.2	11.6	12.9	19.5	16.1
小麦	辽宁	3.3	1.3	0.7	10.3	16.8	17.2	24.0	10.6
	黑龙江	89.7	94.7	96.6	86.8	78.1	79.8	64.9	82.1
	吉林	7.0	4.0	2.6	3.0	5.1	3.0	11.1	7.3

续表

		1978	1980	1985	1990	1995	1998	2000	2002
高粱	辽宁	58.6	63.4	62.4	62.4	59.8	61.6	41.0	43.3
	黑龙江	20.2	17.7	14.1	18.4	18.3	22.5	20.6	27.3
	吉林	21.2	18.9	23.5	19.2	21.9	16.0	38.4	29.4
谷子	辽宁	11.5	12.8	21.9	36.9	43.5	67.5	38.8	59.0
	黑龙江	56.9	56.7	46.3	37.9	40.9	21.2	36.3	41.0
	吉林	31.7	30.6	31.8	25.2	15.6	11.3	25.0	0.0

表9—10 东北地区粮食作物播种面积地区结构变动(%)

		1978	1980	1985	1990	1995	1998	2000	2002
粮食	辽宁	23.7	22.9	21.6	22.2	21.5	20.7	20.3	18.2
	黑龙江	50.7	52.0	53.9	52.7	53.2	55.0	55.8	54.2
	吉林	25.6	25.1	24.5	25.1	25.4	24.3	23.9	27.6
玉米	辽宁	28.2	28.4	26.9	23.7	24.2	25.0	28.2	22.5
	黑龙江	39.8	37.8	35.4	37.7	38.4	38.0	35.7	36.0
	吉林	32.0	33.8	37.7	38.6	37.4	37.0	36.1	41.5
水稻	辽宁	43.3	45.5	40.2	33.2	27.3	19.7	19.0	17.0
	黑龙江	24.7	24.7	32.7	41.2	48.2	62.1	62.2	58.3
	吉林	32.0	29.8	27.1	25.6	24.5	18.2	18.8	24.7
大豆	辽宁	19.7	17.8	12.9	12.1	8.6	8.3	8.1	8.1
	黑龙江	58.1	61.3	71.3	71.9	79.4	81.6	77.3	79.4
	吉林	22.2	20.9	15.7	16.0	12.0	10.1	14.5	12.5
小麦	辽宁	3.4	1.8	0.6	5.8	12.5	12.7	15.0	14.9
	黑龙江	87.7	92.2	96.1	91.1	81.6	81.0	75.2	77.8
	吉林	8.8	6.0	3.3	3.1	5.9	6.3	9.8	7.3
高粱	辽宁	51.1	52.5	54.7	58.3	54.0	50.7	44.3	45.1
	黑龙江	26.0	25.5	19.0	23.5	23.5	26.6	27.2	30.9
	吉林	22.9	22.0	26.2	18.3	22.5	22.7	28.6	24.0
谷子	辽宁	13.2	13.8	21.5	39.0	45.8	52.9	44.6	58.0
	黑龙江	56.7	55.9	50.4	40.4	39.1	36.6	42.1	42.0
	吉林	30.1	30.3	28.2	20.6	15.1	10.5	13.3	0.0

从粮食播种面积的地区结构变化看(表9—10),黑龙江、吉林比重稍有提高,分别提高了3.5%和2.0%,辽宁下降了5.5%,其中吉林玉米比重提高了8.5%,黑龙江和辽宁分别下降3.8%和5.7%;黑龙江水稻、大豆分别提高33.6%和20.7%,辽宁和吉林水稻分别下降26.3%和7.3%,大豆分别下降11.6%和9.7%;辽宁小麦和谷子比重分别提高11.5%和

44.8%,黑龙江和吉林小麦分别减少9.9%和1.5%,谷子减少14.7%和30.1%;黑龙江和吉林高粱分别提高4.9%和1.1%,辽宁降低了6.0%。

改革开放以来,东北地区粮食生产的地区结构发生了明显的变化。粮食生产进一步向黑龙江和吉林两产粮大省集中,两省粮食总产量的比重由1978年的68.2%提高到2002年的77.5%,播种面积由76.3%提高到81.8%。其中玉米向吉林集中,大豆、水稻、小麦向黑龙江集中,谷子、高粱向辽宁集中,粮食生产的专业化、区域化趋势明显。

三、东北地区粮食生产的比较优势

1. 测算方法

农产品的比较优势是农业结构调整和布局的基本依据,测定农业(农产品)比较优势的方法有多种,主要包括要素比率分析法、专家调查法进行模糊评估、线性规划和投入产出表、"显示性"比较优势指数法及国内资源成本分析法等。本文采用显示性比较优势指数,分别测算规模比较优势指数、效率比较优势指数,求几何平均数得出综合优势指数。

$$U_i = \sqrt{\left(\frac{a_i}{a} \div \frac{b_i}{b}\right) \times \left(\frac{p_i}{p} \div \frac{q_i}{q}\right)} \qquad (1)$$

其中:U_i为规模比较优势指数,a_i、p_i分别表示东北地区粮食作物i的产量和播种面积,b_i、q_i分别表示全国粮食作物i的产量和播种面积;a、p分别表示东北地区粮食总产量和播种面积,b、q分别表示全国粮食总产量和播种面积。

$$I_i = \frac{m_i}{m} \div \frac{n_i}{n} \qquad (2)$$

其中:I_i为效率比较优势指数,m_i、m分别为东北地区i作物单产水平和粮食单产水平,n_i、n分别为全国i作物单产水平和粮食单产水平。

$$CCA_i = \sqrt{U_i \times I_i} \qquad (3)$$

其中:CCA_i为综合比较优势指数,U_i为规模比较优势指数,I_i为效率比较优势指数。

在公式(3)中,综合比较优势以1为标准,指数大小与比较优势水平呈正相关。$CCA_i>1$,该地区i作物相对全国生产具有比较优势;$CCA_i=1$,没有比较优势,与全国生产水平持平;$CCA_i<1$,该地区i作物相对全国具有比较劣势。

2. 比较优势分析

依据公式(1)(2)(3),测算东北地区主要粮食作物规模比较优势指数、效率比较优势指数和综合优势指数(表9—11)。

从规模比较优势指数看,在4种粮食作物中,玉米、大豆具有明显的规模比较优势,规模比较优势指数多数年份大于2.0,但受自然灾害等影响,产量和面积占全国的比重提高得慢,规模比较优势指数呈下降趋势,2002年较1978年,玉米规模比较优势指数下降了0.41,大豆规模比较优势下降了0.45。水稻和小麦均不具有规模比较优势,但水稻播种面积扩大,产量在全国比重稳步提高,其规模比较优势指数呈持续增长的态势。小麦规模比较优势持续下降,由1978年的0.52下降到2002年的0.09,具有明显的比较劣势。

表 9—11　东北地区主要粮食作物的比较优势指数

年份	玉米 规模指数	玉米 效率指数	玉米 综合指数	大豆 规模指数	大豆 效率指数	大豆 综合指数	水稻 规模指数	水稻 效率指数	水稻 综合指数	小麦 规模指数	小麦 效率指数	小麦 综合指数
1978	2.29	1.26	1.70	3.44	1.19	2.03	0.23	1.17	0.52	0.52	0.78	0.64
1980	2.24	1.17	1.62	3.42	1.24	2.06	0.24	1.31	0.56	0.67	1.05	0.84
1985	2.34	1.31	1.75	3.83	1.44	2.35	0.34	1.26	0.65	0.53	0.81	0.66
1990	2.39	1.21	1.70	3.14	1.03	1.80	0.40	0.98	0.62	0.41	0.65	0.52
1995	2.29	1.14	1.61	3.09	1.03	1.78	0.44	0.98	0.65	0.33	0.78	0.50
1998	2.12	1.11	1.53	2.84	0.99	1.68	0.61	0.95	0.76	0.26	0.72	0.44
2000	1.80	1.13	1.43	3.21	1.09	1.87	0.74	1.25	0.96	0.17	0.57	0.31
2002	1.88	1.11	1.44	2.99	1.40	2.04	0.66	0.96	0.80	0.09	0.89	0.28

从效率比较优势看,玉米、大豆具有效率比较优势,但相对全国优势不是很明显,效率比较优势指数介于0.99~1.44。玉米生产的效率优势指数总体呈下降趋势,大豆的效率比较优势具有较大的波动性,但总体呈增长趋势。水稻效率比较优势指数下降,而小麦具有比较劣势。

总体看来,东北地区玉米、大豆的综合比较优势指数均大于1,相对全国具有显著性比较优势,但玉米的比较优势正在逐步下降,大豆的比较优势波动性较大,表明大豆生产的不稳定性。水稻不具有综合比较优势,但比较优势指数逐年提高,随着水稻品种的改良和品质的提高,水稻有望在不久的将来成为具有比较优势的粮食作物。小麦不具有综合比较优势,随着粮食作物品种结构的调整,小麦的产量和播种面积在全国的比重持续走低,已成为东北地区劣势粮食作物。由此也反映了东北地区粮食作物以玉米、大豆、水稻为主的结构。

四、东北地区粮食生产结构调整对策

长期以来,国家对东北地区粮食生产的政策和资金支持很大,相继建立和稳固了110个商品粮基地县,使东北的粮食产量和商品量迅速提高,成为我国最大的商品粮生产基地。但是,近年来东北粮食主产区面临的问题是粮食增产、市场流通不畅引起的粮食价格走低,粮食积压导致农民增收缓慢甚至不增收,基础设施建设滞后导致粮食生产抗御自然灾害能力较低,粮食生产表现出较大的波动性等,各种矛盾相互交织,产生"新东北现象"。作为国家粮食安全的战略后备基地,东北地区粮食生产一方面要从国家粮食安全角度出发,不断提高粮食的综合生产能力。另一方面,也要保证农民收入的稳定增长。因此,必须把国家粮食安全目标和农民增收目标有效地结合,通过调整粮食生产结构、加大国家政策支持和农业产业化经营等途径,实现粮食增产和农民增收,促进粮食生产的良性循环。

1. 发挥比较优势,推进优势粮食作物的区域布局

在市场经济条件下,地区生产力布局产品的基本依据是比较优势。东北地区农业开发历史较晚,是农业生态环境和水土资源配置最好的地区,资源地域组合优势明显。玉米、大豆在全国具有明显的比较优势,而水稻虽不具有规模比较优势,但具有潜在优势和一定的品质优势。因此,必须利用地区比较优势,以优势农产品区域布局规划为指导,积极推进玉米、大豆、水稻等优势粮食作物的区域化、专业化生产,优化作物布局。通过加强省区之间、市区之间的农业整体开发,共建以松花江、嫩江和辽河流域为重点的水稻生产基地,以黑土带为中心的玉米生产基地,以三江平原和松嫩平原为重点的大豆生产基地。

2. 调整粮食品种结构,提高品质,增强竞争力

农产品竞争力主要体现为质量和效益上的竞争。东北地区必须加快粮食品种的结构调整,大力发展优质、高效的粮食作物,扩大优质水稻、专用玉米、高油大豆的种植面积,培育优势品种和优质产品,利用农业高新技术改造传统农业,提高粮食生产的效率和农产品质量,增强竞争力。

3. 推进产业化经营进程,促进粮食生产良性循环

农业产业化是推进农业结构升级、增加农民收入的重要动力,也是促进粮食生产良性循环的重要途径。利用地区玉米、大豆、水稻等丰富的资源,积极发展粮食加工业,把资源优势转化为工业优势,通过玉米、大豆、水稻的深加工,延长产业链和产品链,实现粮食增殖,不仅可以解决粮食相对过剩产生的积压问题,而且可以通过加工增殖来提高农民的收入,增加农民在农业生产领域的投资能力,在一定程度上刺激粮食生产,最终形成粮食生产、加工、营销协调互动的运行机制。

第三节 国家粮食安全基地建设布局

一、东北地区商品粮基地建设及空间布局

1. 东北地区商品粮基地的建设历程

我国商品粮基地县(市)建设始于1983年,在全国范围内分批次有重点地建设了800多个商品粮基地县(市),尽管在不同的发展阶段商品粮基地建设布局的目标、模式和侧重点有所差别,但追求粮食增产和商品粮供给增长始终是商品粮基地发展战略的核心内容。商品粮基地县(市)建设布局促进了粮食生产的合理布局,改善了农业生产条件,也大大提高了我国粮食综

合生产能力,对于保障国家粮食安全和地区粮食供需平衡起了极其重要的作用。

东北商品粮基地县(市)建设是在全国总体布局的框架下进行的。建设进程大体可分为五个阶段(表9—12):第一阶段为"六五"时期的试点阶段。国家从粮食总量平衡考虑,共建60个商品粮基地县(市),其中在东北地区择优选择了19个生产条件好、粮食产量高的生产大县为首批试点基地,属典型的重点布局。这19个县包括辽宁的新民、法库、昌图、黑山、灯塔、台安、辽中,吉林的榆树、农安、德惠、梨树、扶余、公主岭,黑龙江的巴彦、海伦、绥化、讷河、爱辉、逊克。第二阶段为"七五"时期的徘徊阶段。由于国家商品粮基地建设布局战略的调整,粮食布局的重点转移到黄淮海小麦集中产区、西北旱作农业区、南方水稻区和部分粮食调入省区。东北地区商品粮基地建设相对迟缓。仅在辽宁省新建了大洼、苏家屯、庄河、海城、铁岭、开原6个基地县,巩固了"六五"时期的辽中、昌图、新民3个商品粮基地县。而同期全国共新建商品粮基地县(市)85个。第三阶段为"八五"时期的扩张阶段。为缓和粮食产销的区域差异和区域粮食平衡,在基础条件较差的缺粮地区建设了一些商品粮基地,但建设的重点仍在余粮地区。该时期东北共新建商品粮基地县58个,其中辽宁新建18个,巩固7个;吉林新建21个,黑龙江新建19个。第四阶段为"九五"时期的巩固阶段。东北共新建27个,其中辽宁10个,巩固2个;吉林6个;黑龙江11个,巩固4个。第五阶段为"十五"时期的调整阶段。对现有商品粮基地建设布局进行了调整,以地级市为单元的成片布局建设方式替代以县为单位的布局模式,建立了一批商品粮基地市,如吉林省的长春、四平、松原和白城,黑龙江省的五常、五大连池等。

表9—12 不同阶段东北地区商品粮基地县(市)分布

阶段	辽宁省	吉林省	黑龙江省
"六五"	新民、法库、昌图、黑山、灯塔、台安、辽中	榆树、农安、德惠、梨树、扶余、公主岭	巴彦、海伦、绥化、讷河、爱辉、逊克
"七五"	新民、大洼、苏家屯、庄河、海城、铁岭、开原、辽中、昌图	——	——
"八五"	于洪、普兰店、盘山、建平、新城子、康平、瓦房店、辽阳、东港、兴城、阜新、大石桥、东陵、金州、凌海、北票、西丰、彰武、灯塔、黑山、台安、法库、海城、开原、铁岭	九台、桦甸、蛟河、永吉、舒兰、磐石、伊通、双辽、东丰、东辽、梅河口、辉南、通化、洮南、大安、镇赉、长岭、前郭、敦化、长春	五常、宁安、呼兰、嫩江、拜泉、双城、富锦、宾县、依兰、桦南、勃利、宝清、延寿、依安、肇东、桦川、兰西、龙江、阿城
"九五"	岫岩、新宾、清原、北宁、义县、盖州、朝阳、喀左、绥中、建昌、辽中、庄河	柳河、龙井、安图、抚松、汪清、集安	肇源、青冈、密山、虎林、同江、穆棱、克山、北安、绥滨、望奎、五大连池、五常、双城、富锦

注:表中标注如辽中者为各个时期巩固的基地县(市)。

2. 东北地区商品粮基地空间布局特征

东北地区商品粮基地建设布局(图9—2)表现以下特征：一是商品粮基地建设经历了从重点布局到分散布局再到成片布局的过程，粮食生产区域化、专业化发展趋势明显；二是商品粮基地数量也经历了由缓慢增长到快速增长再到平稳增加的过程；三是商品粮基地县(市)布局由三江平原、松嫩平原和辽河平原中农业生产条件优越、水土资源丰富、粮食产量大的平原地区向西部干旱半干旱地区和东部低山丘陵地区扩散。

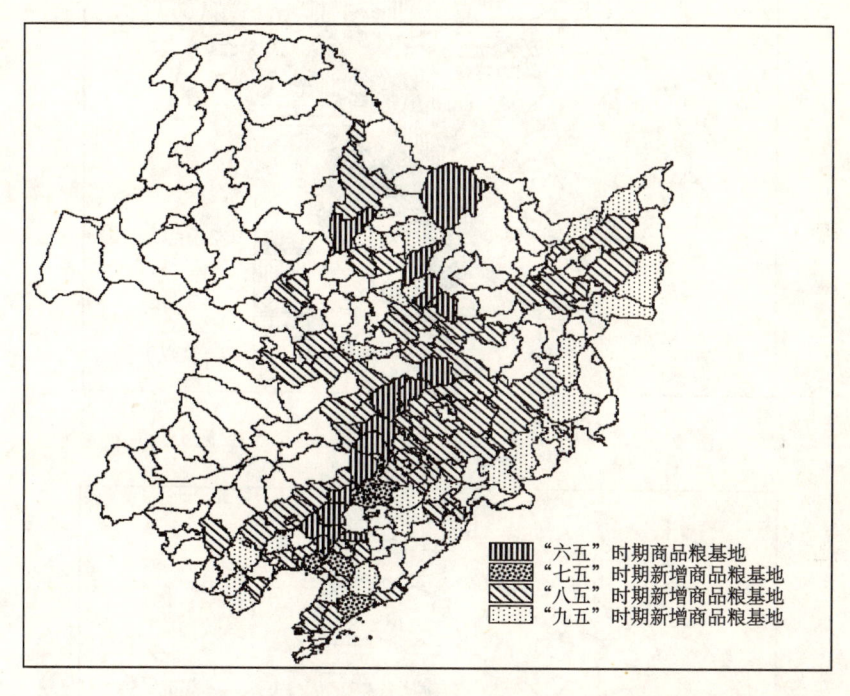

图9—2 东北地区商品粮基地空间格局变化

3. 东北地区商品粮基地粮食生产空间格局

东北地区地域广阔，农业生产条件各异，水土资源配置的地区差异较大，粮食生产也表现出区域差异性。第一，从粮食生产能力看，90％以上的商品粮基地县(市)年均粮食生产能力在1亿千克以上，其中松嫩平原中部地区的榆树、农安、五常、双城、扶余、德惠等基地县(市)年均粮食产量大于10亿千克。商品粮基地县(市)粮食生产形成以松嫩平原中部黑土区、辽河平原和三江平原为重心，由此向东、西递减的分布格局(图9—3)。第二，玉米生产集中分布在松嫩平原中部地区，并由此向周边逐级递减(图9—4)，其中农安、榆树、双城、梨树、公主岭、扶余、九台、昌图、德惠、呼兰和长岭等11个商品粮基地县(市)的玉米年均产量在5亿千克以上，其中玉米产量大于1亿千克的商品粮基地县(市)占东北地区整个商品粮基地县(市)的58.2％，玉米产量占整个商品粮基地县(市)的89.2％。第三，东北商品粮基地大豆生产布局相对比较

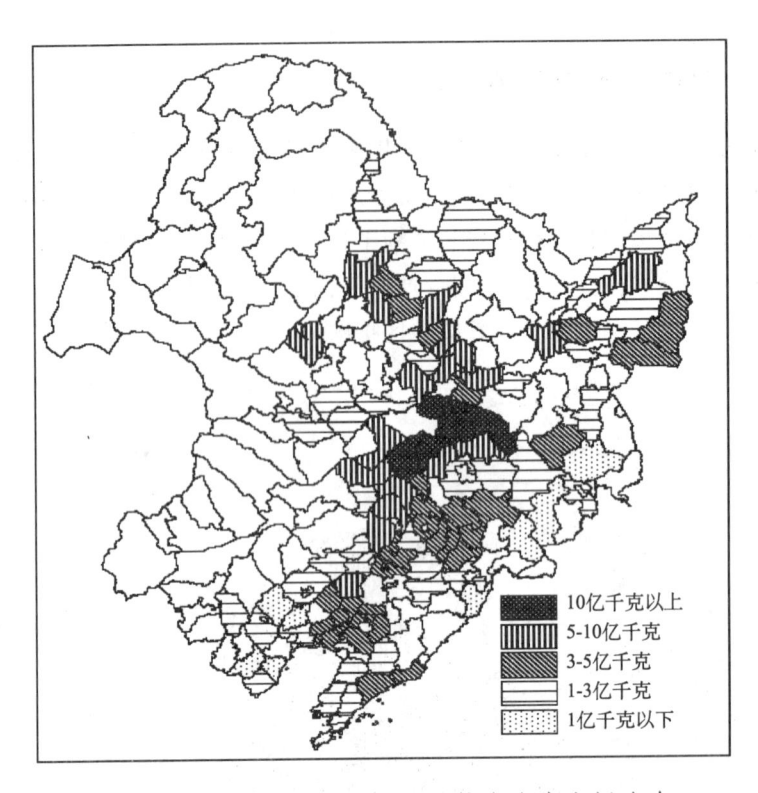

图 9—3 东北地区商品粮基地粮食生产空间分布

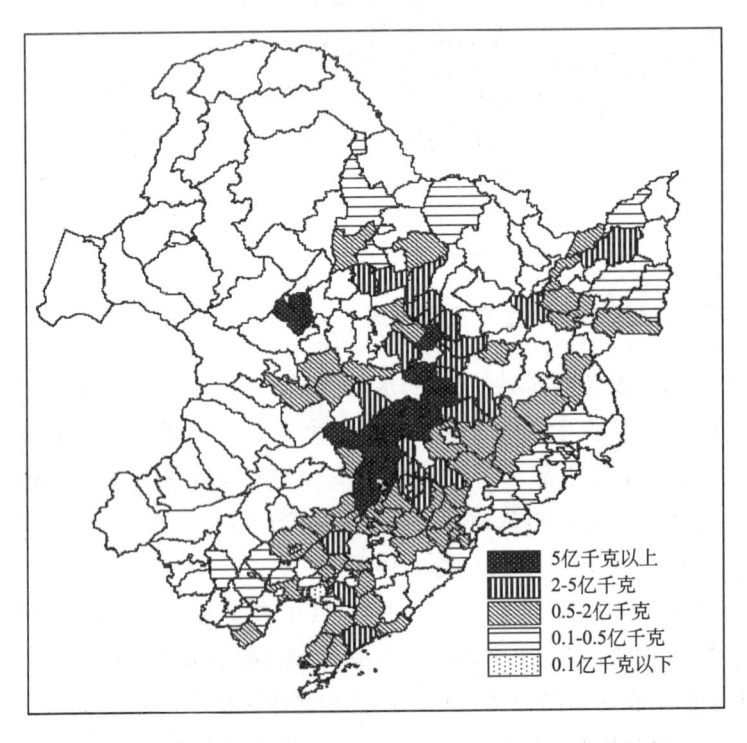

图 9—4 东北地区商品粮基地玉米生产空间分布

分散。产量较大的商品粮基地县(市)主要分布在松嫩平原的北部地区及三江平原的中部地区(图9—5),大豆产量超过1亿千克的商品粮基地县主要包括黑龙江的讷河、富锦、海伦、克山、嫩江、巴彦和吉林的榆树。其次是分布在松嫩平原东部地区和三江平原南部和北部。其他地区商品粮基地县(市)大豆年均产量少于0.5亿千克。第四,水稻生产相对集中于辽河平原南部、松嫩平原东部和三江平原(图9—6),在其他地区商品粮基地县(市)分布相对分散。水稻年均产量超过1亿千克的商品粮基地县(市)占整个商品粮基地县(市)的38.2%,水稻产量占东北地区商品粮基地县(市)水稻总产量的75.2%。

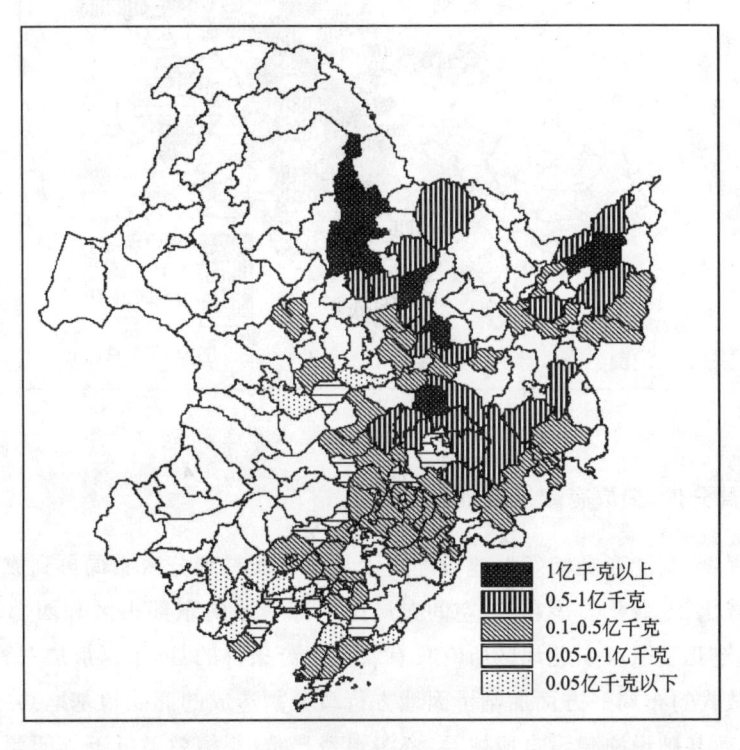

图9—5 东北地区商品粮基地大豆生产空间分布

二、东北地区商品粮基地建设布局存在的主要问题

从"六五"以来,东北共建成商品粮基地县(市)110个,其中辽宁省41个,吉林省33个,黑龙江省36个,商品粮基地县(市)数量占全国商品粮基地县的13.4%,占东北三省县(市)总数的72.9%。商品粮基地人口占东北总人口的52.8%,耕地面积占该区耕地总面积的77.9%,有效灌溉面积占该区有效灌溉总面积的84.8%,粮食播种面积占该区粮食播种总面积的68.8%,而粮食产量为东北粮食总产量的81.5%。东北地区商品粮基地建设有力地促进了粮食综合生产能力的提高,促进了粮食生产结构的不断优化,促进了粮食生产的区域化、专业化和规模化,为国家粮食安全提供了有力的保障,也为国家粮食安全基地建设布局奠定了良好的基础。但是,东北地区商品粮基地建设布局还存在诸多问题,需要进一步解决。

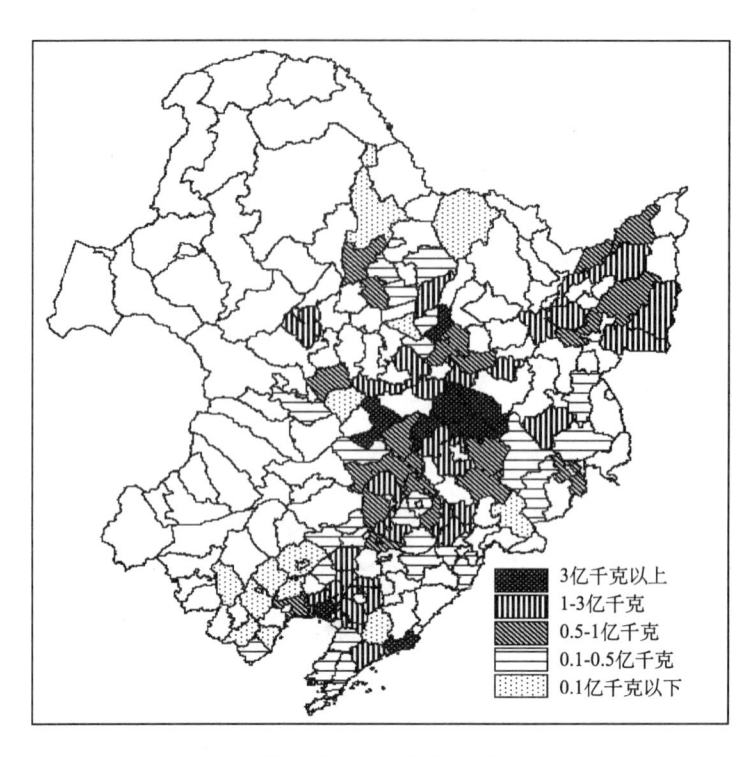

图 9—6　东北地区商品粮基地水稻生产空间分布

1. 基地布局分散,造成有效投资不足

从发展历程看,东北商品粮基地建设经历了从重点布局到分散布局再到成片布局的过程,粮食生产呈区域化、专业化发展趋势,空间布局由中部平原向东部山区和西部草原地区扩展。目前,商品粮基地几乎遍布东北地区所有具有农业生产条件的县(市),形成一种均衡式的布局型式。这种分散式的布局一方面加剧了因地方行政分割造成的商品粮基地县之间的产业和产品结构雷同、农业基础设施建设自成体系、资源浪费严重、规模效益低下等问题。另一方面,由于商品粮基地数量多,造成有限的农业资金在地域上的分散,投资效益不明显,具有增产潜力的大型商品粮基地县因资金缺乏,地区优势的充分发挥受到阻碍。在东北 110 个商品粮基地县中,仅有 16 个商品粮基地县进行了二次投资建设,并主要集中在辽宁省,其中巩固建设的县有 12 个。而黑龙江二次投资建设的商品粮基地县仅有 4 个,吉林省所有商品粮基地县均只有一次投资。尽管政府在财政等方面给予商品粮基地建设政策上的倾斜,诱导生产要素向粮食领域集中,但在粮食生产利润低和农业经济发展缓慢的状况下,耕地、资金、技术等必然向其他产业转移。此外,由于地方财政困难,国家与地方政府按 1∶1 的投资比例建设商品粮基地的模式很难得到落实。农业基础设施建设和农田改造资金缺乏,导致粮食生产后劲不足。

2. 粮食增产与农民减收矛盾突出

农业生产是东北农民收入的主要来源。黑龙江、吉林两省农民收入的 60% 左右来自粮食种植业。农民收入的增减随着农产品价格的变化呈明显的波动。近年来,随着粮食产量增加,粮食流通不畅,粮食库存积压增加。据统计,到2001年底,东北粮食库存927亿千克,其中辽宁库存237.5亿千克;吉林库存303.3亿千克,是当年粮食产量的1.6倍;黑龙江粮食库存达386.2亿千克,为当年粮食产量的1.5倍。库存积压大,成本高,粮食损耗大,加之粮食价格连续走低,"卖粮难"成为困扰商品粮基地农民的主要问题,由此造成农民收入增长缓慢甚至出现负增长。1997～2001年,东北农民收入不仅增长率下降,绝对数量也有所减少,农民收入在全国的位次逐渐下滑。辽宁、吉林、黑龙江三省农民收入分别由1978年的第8、5、7位,降为2001年的第10、16、13位。从绝对数量来看,黑龙江省农民的收入从1998年起连续三年下降,吉林省和辽宁省也连续两年下降,2001年农民纯收入比1998年减少了201元和22元。2001年东北农村居民纯收入为2359元,仅为全国平均水平,吉林和黑龙江比全国平均水平分别低184.2元和86.4元。

从2002年以来,随着农村税费改革、优势农产品区域布局、产业结构调整、粮食流通体制改革和农村小城镇建设等一系列政策措施的实施,东北农民收入有所提高。黑龙江省农民纯收入由2001年的2280.3元增加到2002年的2405.3元,吉林省农民收入也由2001年的2182.22元增加到2002年的2360.81元,分别提高了5.48%和8.18%。2004年,国务院又决定将吉林和黑龙江两个粮食主产省定为免征农业税的试点。其中吉林省通过直接补贴、免收农业税等几项措施,可使粮农增加总计约17亿多元的收益,全省农民人均可减负增收230元,促进增产粮食25亿千克。黑龙江省通过"一免二补"、转移剩余农村劳动力等措施可使农民人均收入提高近200元。但农民增收受农业政策、农业结构、粮食流通体制、土地经营制度以及农业基础设施建设等多方面因素的约束,大幅度提高农民收入、缩小城乡差距在短时期内难以实现,必将是一项长期而艰苦的任务,也是需要着力研究的问题。

3. 农户分散经营,组织程度低

农户生产经营规模难以扩大,除少数的粮食生产大户以外,大多数农户的生产规模较小。东北地区户均经营耕地面积在1.5公顷左右,高于全国平均的0.5公顷的规模,但远低于欧美人均76.5公顷的规模。农村合作组织和专业化组织少,组织化程度低,对市场情况少有了解,农户小规模经营和大市场间存在极大的矛盾,加之农产品交易市场不规范,农业服务和法律体系不完善,使得过于分散的农户几乎承担着全部的市场风险,却无法分享加工、运销、增值而产生的丰厚利润,也难以公平地参与市场竞争,保护自身合法利益,更难以与欧美规模化经营的高度现代化农业抗衡。

4. 农业产业结构单一,产业化经营程度低

长期以来,东北地区形成了以粮食生产为主的单一结构,经济作物、饲料作物比重小。农业结构中种植业占有主导地位,林业、渔业、畜牧业比重小,2000年,农、林、牧、渔之间的比例关系为54.41∶2.24∶34.00∶9.35,种植业比重占农林牧渔的54.41%,林业和渔业比重仅分别为 2.24% 和 9.35%。农村经济结构中农业占有很大比重,农村工业化程度低,第三产业发展缓慢,从事农业劳动的农村人口占总人口的 75.86%,而农村工业、建筑、交通邮电及其他非农产业人员仅占 24.14%。

近年来,东北各省区十分重视农业产业化发展,但由于起步晚,水平很低,龙头企业少,农业产业化机制也不健全,并面临企业规模小、技术创新能力不强、企业与农户利益连接不稳定、资金缺乏、品牌企业少、市场竞争力弱等问题,因此,农业产业化处于初级发展状态。吉林、辽宁、黑龙江农产品加工业在农林牧渔业中的比重低于全国 0.77 的全国平均水平。农业结构单一和产业化程度低下导致农业经济效益差,生产成本高,技术含量低,产品的竞争力弱,致使区域农业难以应对国际市场的竞争。

5. 农业生态环境退化

20 世纪 50 年代以来,东北地区经历了大规模的工业化、城市化和农业综合开发,该地区成为全球范围内具有短时限人地关系高强度作用特征的典型地区之一,农业生态环境退化严重。黑土流失加剧,土壤肥力下降,中部黑土有机质含量由开垦初期的 70~100 克/千克下降到 20~50 克/千克,水土流失面积达 4.47 万平方公里,占黑土总面积的 37.9%。西部土地三化面积达 19 万平方公里,占西部土地面积的 63%,主要草场产草率下降 70% 左右。农业用水紧张,农田水灌溉率低,黑龙江、吉林分别为 12.2% 和 22.6%,远低于全国 50.6% 的平均水平;加之工业废水、农药、化肥等对河流和地下水污染比较严重,局部地区农业水环境质量差。受低温冷害、霜冻害、旱涝、大风等灾害性天气的影响,东北地区粮食生产表现出很大的波动性。东北地区是我国北方干旱少水地区,降水的时空、年际分布不均。加之水利设施建设滞后,水资源时空分布与粮食生产需水在季节上和地域上错位,地区常年缺水约 25 亿立方米,农业抗灾减灾能力弱。据统计,地区受灾面积年均波动幅度为 143.7~573.5 万公顷,其中旱灾年均占 78.2%,成灾面积年均波动在 73.3~440 万公顷之间,旱灾年均占 76.2%。且成灾面积占受灾面积的比重呈逐年上升的趋势,1996 年为 42.13%,1997 年上升到 57.81%,2001 年达到 70.8%。

三、东北地区国家粮食安全基地建设目标与重点

1. 东北地区国家粮食安全基地建设的目标

东北地区国家粮食安全基地建设应以保障未来国家粮食安全为主体目标,在提高粮食综合生产能力的前提下,促进地区农民收入的提高和农村经济的可持续发展,建立全国最大的稳定的粮食安全生产基地。一方面应立足国内市场,不断提高粮食产量和质量;另一方面,在满足粮食基本需求、保障国家粮食安全的基础上,应充分保障畜牧业等对豆类和饲料谷物等饲料粮的需求,实现口粮和饲料用粮的分离与专业化生产;同时应满足城市化、工业化进程中的商品粮需求。在此基础上,充分利用农业资源的综合优势,加强商品粮基地建设和空间布局的优

化,运用现代科技和现代工业装备农业、用现代管理手段经营农业,以工业化思路发展现代农业,促进国家粮食安全基地的可持续发展。强化东北商品粮基地在国家发展中的三个主要功能,把东北建成我国最大的粮食安全保障基地、最大的粮草结合型精品畜牧基地和绿色食品安全生产基地。

(1) 可持续发展目标。东北商品粮基地在国家粮食安全中占举足轻重的地位,能否实现商品粮生产的可持续发展,关系到国家粮食安全的实现程度。就生产层面来说,商品粮基地可持续发展的目标,主要是使农户在收入水平提高的基础上,具有正常的再生产的投入能力;就地方政府角度来说,主要是优化商品粮基地的产业结构,加快工业化进程,改变商品粮基地农业产业比重过高的现状,通过工业化的发展,形成较强的地方财政的转移支付能力,以形成较强的公共产品的供给能力。粮食生产,特别是对于东北的玉米和大豆生产来说,其单位面积产出创造的经济效益具有明显的低效益特征,增加对粮食生产的公共产品的供给能力,是稳定粮食生产、降低生产成本的必要途径。无可置疑,商品粮基地如不实现工业化的突破,就不可能实现粮食生产持续稳定的增长。

(2) 价值实现与转化增值目标。商品粮基地建设必须要解决好商品粮的流通问题,建立良性的生产与流通的关系,保证商品粮价值的顺利实现。就东北商品粮的区位来说,存在相对不利的条件,具体表现在:我国目前粮食特别是玉米的主销区在长江以南,而东北距离主销区的流通半径在2000公里以上,过长的距离不利于降低流通成本。因此,新的背景下的商品粮基地建设,应注重扩大商品粮的本地市场,形成一个立足于本地的中间产品市场,以工业的发展拓宽农产品的市场空间,发展当地以玉米和大豆为原料的转化产业,主要是畜牧业和玉米大豆加工业,变单一形态的商品粮输出为以原粮形态和转化加工形态并重的多形态输出。同时,东北地区商品粮基地建设,不仅仅是粮食本身生产能力的建设,同时也应包括粮食后续产业的发展与建设。由主要表现为增加商品粮供给的一元化政策目标向以实现粮食转化增值的多元化目标转变。东北商品粮基地主要分布在松嫩平原和三江平原,以玉米大豆为主体,玉米和大豆的加工转化功能决定了东北的商品粮基地同时也应是畜产品生产基地和农畜产品加工业基地。后两个基地的建设直接决定了商品粮市场规模、产业链和价值链。以多元化的思路和工业化的设计实施商品粮基地建设,在客观上将产生巨大的价值增值效应,为东北商品粮基地的发展提供更加广阔的前景。

(3) 规模经营目标。东北农业是典型的土地密集型产品生产,规模因素对成本的形成至关重要。东北农业有较为有利的资源优势,但户均经营规模偏小。所以,建设东北地区国家粮食安全基地要把提高土地经营规模作为重要的内容和目标。就目前而论,尽管提高土地经营规模具有相当大的难度,但应将之作为一个长期的目标来努力,力图使现有的土地经营规模扩大数倍,达到合理的规模水平。实现这一目标必须依托工业的振兴,发展以农产品为主体的劳动密集型的轻工业,特别是以粮食为原料的农产品加工业,形成农产品加工业的优势产业地位,为商品粮基地农业生产要素的重新组合、土地经营规模效益的提高创造外部条件。

2. 东北地区粮食安全基地建设布局重点

(1)农业生态环境与基础设施建设。农业生态环境退化已严重影响着东北地区的农业生产。必须重视生态建设,保护农业生态环境,维护地区生态安全。应重点加强黑土区和松辽流域中上游地区的水土资源的保护与治理,三江平原和松嫩平原湿地的保育和西部土地"三化"的防治。作为东北地区农业生产的核心地域,黑土区的生态环境恢复与治理对于东北地区的农业发展有至关重要的影响。国家应抓紧实施"黑土保护工程",加强对黑土区水土流失现状评价和水土流失与退化机理的研究,并以小流域为单元进行综合规划和治理。尽快启动针对东北西部地区"荒漠化防治工程"和针对三江平原的"湿地保护工程",把松辽流域的综合规划与治理计划纳入老工业基地规划中。以辽河、松花江等流域中上游生态脆弱区水土涵养和水土保持为重点,切实改善流域农业生态环境的质量。

农业基础设施建设是商品粮基地建设的一个重点,也是保障粮食高产、稳产的关键。因此,必须关注并重点做到如下几点:第一,在合理进行生态退耕、还林、还草和还湿地基础上,调控耕地非农化,以基本农田保护和改造为出发点,加强土地整理;推广农业节水技术,发展节水农业,提高灌溉水利用率和降水利用率,实现水土资源可持续利用。第二,加强水库、水渠及防洪坝的修复,以三江平原、松嫩平原和辽河平原为重点区域,加快水利枢纽工程建设;在嫩江、松花江、乌苏里江修建水利控制性工程,加强流域水资源的调控能力及防灾减灾能力。第三,将加大中低产田的改造力度、建设优质高产田作为东北地区未来农业综合开发的战略重点。东北地区耕地中约65%属于中低产田,且多分布于中西部平原地区。其中辽、吉、黑三省的中低产田面积分别占各省耕地面积的63.8%、60.1%和67.0%。中低产田的障碍类型大体可划分为瘠薄型、渍涝型、盐渍型、风沙型、坡耕型及其他(潜育、漏水漏肥地等)。辽宁省上述各类中低产田占全省中低产田总面积的比例分别为36.9%、8.8%、8.1%、3.2%、32.4%和10.6%;吉林省各类中低产田占全省中低产田总面积的比例为32.5%、17.8%、7.5%、10.9%、19.0%和12.1%;黑龙江省以渍涝型、水土流失与坡耕型和盐碱、风沙型为主,分别占中低产田面积的34.6%、37.5%和22.8%。通过技术改造把治水与土壤培肥,农田排水、保水和高效用水结合起来,挖掘潜力,能够大幅度地提高东北地区中低产田的粮食综合生产能力。据有关研究测算,东北地区改造盐碱地、渍涝地和潜育型农田可增产粮食1500~2025千克/公顷,旱地改水田可增产粮食2250~3000千克/公顷,改造风沙地和瘠薄地可增产750~1500千克/公顷,通过中低产田改造,全区可增产粮食100亿千克。

(2)农业结构调整与农业产业化。东北商品粮基地农业结构调整促进了产业结构的进一步优化,也促进了农业生产的专业化、区域化发展趋势,但效果并不显著,农产品竞争优势不强。必须从农业内部结构、农林牧渔和农村经济结构三个层面入手,推进农业结构的战略性调整:首先是调整粮食作物的品种结构,扩大专用玉米、高油大豆和经济作物的播种面积,建立"粮—经—饲"三元结构。其次是大力发展畜牧业,以市场为导向,立足地区农业资源优势,把大型商品粮基地县作为发展农区畜牧业的重点地区。引进和培育新品种,提高饲养水平和产品质量,扩大畜牧饲养的规模,在满足内需的同时努力扩大出口。再次是积极发展粮食加工业,把粮食生产供给优势转化为工业优势,依托农村工业带动农业发展,通过发展后续产业延伸粮食产业链条,实现多层次增殖。同时,继续加强和巩固德大、完达山、九三油脂等现有龙头企业的扶植,同时积极培育新的农业产业化龙头企业,建设一批以国际市场为目标,以骨干企业为依托的科工贸一体化的企业集团,通过龙头企业的带动,因地制宜地推行"企业+基地+农户"、"企业+中介+农户"等多种合作形式,实现农户与市场连接,农户与企业连接,增加农民收入,降低农业生产风险。

(3)农民增收的政策调控。第一,加快农业结构调整。发挥比较优势,推进玉米、大豆、水稻等优势农产品的区域布局,形成一批专业化、规模化、区域化的粮食生产基地。第二,促进土地流转,推行适度规模经营,实现土地规模化经营和农业生产要素的高效配置,提高农业生产效率。第三,深化粮食补贴政策和税费改革。通过直接补贴、差价补贴等方式,加大商品粮基地粮农的补贴力度;通过实施减免农业税和加大财政支农转移支付力度,促进粮农减负增收,调动粮食生产的积极性。第四,以农业基础设施的建设、农业产业化龙头企业的扶植和农业新技术的研发与推广为重点,加大农业投入,建立国家、地方政府、"龙头"企业、农业协会、农户共同投资的多元化金融机制。

(4)农村城镇化。东北地区城市化水平较高,但以大、中城市为主,且主要集中在以哈—大线为轴线的中部平原地区。东部山区和西部农牧区城市规模小,农村城镇化水平低,城乡"二元结构"明显。因此,东北地区农村城镇化需要以发展县域经济和加强小城镇建设为重点,依托乡镇企业和农村工业,建立一批布局合理、功能健全、各具特色的新型城镇。应依据地区比较优势、区位条件、经济基础等,因地制宜地选择农村城镇化道路和模式。具体途径和对策是:第一,在振兴东北老工业基地的背景下,抓住大中城市内部产业结构调整和产业布局转移的机会,促进小城镇和农村经济发展。第二,合理控制小城镇数量,把工作重点放在提高现有小城镇的质量上,建设功能较强的特色城镇。第三,以农业产业化为突破口,继续加强对现有农业产业化龙头企业和优势农产品加工企业的扶植,培育具有国际竞争力的名牌企业和名牌产品。同时,积极培育不同层次结构的农产品市场,完善农产品生产、加工、经营、管理综合服务体系。形成以龙头企业和名牌企业为重点,以区域化、专业化、规模化为主的农业产业化体系。

四、东北地区国家粮食安全基地布局优化

1. 总体思路

东北地区商品粮基地的空间布局,应以三江平原、松嫩平原和辽河平原为重点,转变以县为基本单元的建设布局模式,实施以地级市为基本建设单元的成片布局模式。选择生产能力大,水土资源组合优越,社会经济基础和生产潜力大的地级市,分批次建立以国家投资建设与管理为主体的国家级粮食安全生产基地和以地方政府投资建设与管理为主体的省、市级商品粮基地。发挥大型商品粮基地市的粮食生产和商品粮供给能力,向专业化、区域化、规模化方

向发展,形成稳定的粮食生产储备能力。同时加强商品粮基地市的联合开发与整体规划布局,从战略高度制定地区粮食生产发展的长远规划。在商品粮基地空间布局、农产品开发、农产品共同市场建立、农业基础设施建设和水土资源保护与治理等方面进行整体规划,发挥地区特色和比较优势,调整产业结构,优化空间布局,避免无序竞争,实现地区间的合理分工和合作互补,从而形成共同的能够参与国际国内竞争的农业综合优势。

2. 总体方案

(1)主导原则。第一,因地制宜原则。粮食生产对自然条件和自然资源具有明显的依赖性,因此,商品粮基地布局应选择粮食生产条件优良的地区,即人均耕地占有量较多,土地肥沃,气候条件适宜的地区。第二,成片布局原则。调整国家商品粮基地建设的布局模式,以地级市为基本单元进行成片布局,实现商品粮基地水土资源的优化组合和粮食生产的区域化、专业化,提高粮食生产的规模效益。第三,比较优势原则。利用地区比较优势,选择粮食生产潜力大、人均粮食商品率高、经济基础较好的市进行布局,并按照东北地区粮食作物的构成与发展趋势,结合市场状况、区位特点建立不同类型的商品粮基地。第四,重点布局与分批建设相结合的原则。东北地区国家粮食安全基地的布局应该在原有商品粮基地建设布局的基础上进行,根据国家粮食安全形势和国内外粮食市场的变化做出相应的调整。确定重点区域和重点商品粮基地市的建设布局,近期国家集中力量加大对重点商品粮基地市的建设,形成稳定的粮食综合生产能力和粮食基地。在此基础上分批建设不同类型和规模的次级专业化粮食生产基地,形成一个稳定的粮食安全生产体系。

(2)重点区域的确定。依据东北地区商品粮基地空间布局的基本思路和上述原则,结合商品粮基地县(市)的空间分布与建设现状、近年来各商品粮基地县(市)粮食生产与销售的状况,以及国家对商品粮基地建设布局所制定的宏观政策等进行综合分析与比较优选,初步确定东北地区国家粮食安全基地的空间布局方案。以三江平原、松嫩平原和辽河平原为重点区域,共选出18个国家粮食安全基地的重点市(地级)(表9—13)。包括黑龙江省的佳木斯市、哈尔滨市、绥化市、黑河市、齐齐哈尔市和鸡西市;吉林省的长春市、吉林市、四平市、通化市、延边地区、辽源市、松原市和白城市;辽宁省的沈阳市、大连市、铁岭市、锦州市和朝阳市。在此基础上确定了榆树、农安、德惠、九台、长春郊区、巴彦、五常、呼兰、双城、昌图等81个重点商品粮基地县。

(3)东北地区商品粮基地的空间布局。第一,以玉米为主体的商品粮基地布局。东北地区玉米年均产量占全区粮食产量的50%以上,占全国玉米总产量的35%左右,是本区最主要的粮食作物。玉米生产基地以松嫩平原黑土区的黄金玉米带为建设布局的重点地区,须加强昌图、农安、榆树、梨树、公主岭、扶余、九台、通化、德惠、长岭、双城、龙江、呼兰等玉米产量大于5亿千克的生产大县的建设。其次为松嫩平原西部及松嫩平原东部与长白山地过渡带、辽河平原北部和三江平原南部地区(图9—7)。

表 9—13　东北地区商品粮基地空间布局

区域	省份	基地市	重点基地县
三江平原	黑龙江	佳木斯	富锦、桦南、桦川、同江
松嫩平原	黑龙江	哈尔滨	巴彦、五常、呼兰、双城、依兰、延寿、阿城
		齐齐哈尔	讷河、拜泉、依安、克山
		绥化	海伦、绥化、肇东、兰西、龙江、青冈、望奎
		黑河	爱辉、逊克、嫩江、北安、五大连池
	吉林	长春	榆树、农安、德惠、九台、长春郊区
		吉林	永吉、舒兰、蛟河、磐石、桦甸
		四平	梨树、公主岭、双辽、伊通
		通化	通化、梅河口、辉南、柳河、集安
		辽源	东丰、东辽
		松原	扶余、前郭、长岭
		白城	镇赉、洮南、大安
		延边	敦化、汪清、安图、龙井
辽河平原	辽宁	沈阳	新民、法库、辽中、苏家屯、于洪、新城子、康平、东陵
		大连	庄河、普兰店、瓦房店、金州
		铁岭	铁岭、开原、西丰
		锦州	黑山、凌海、北宁、义县
		朝阳	建平、北票、朝阳、喀左

第二，以水稻为主体的商品粮基地布局。东北地区水稻在粮食生产中的地位逐渐提高，水稻生产从东部山间谷地、盆地扩展到中部沿江流域，甚至延伸至东北西部部分市县，且中部地区水稻生产的地位越来越重要。水稻生产基地布局以松嫩平原中部地区、三江平原和辽河平原南部为重点区域(图9—8)，应加强五常、绥化、农安、通化、榆树、大洼、东港、德惠、舒兰等产量大于1亿千克的水稻生产大县的建设。

第三，大豆为主体的商品粮基地布局。东北地区大豆生产基地布局以松嫩平原北部的讷河、嫩江、五大连池、海伦、克山、绥化、拜泉，中部地区的巴彦、榆树、扶余、农安、五常、呼兰，以及三江平原的富锦、同江、宝清等商品粮基地县(市)为重点区域，以松嫩平原南部地区的四平、公主岭、昌图、铁岭等为次一级布局区域(图9—9)。

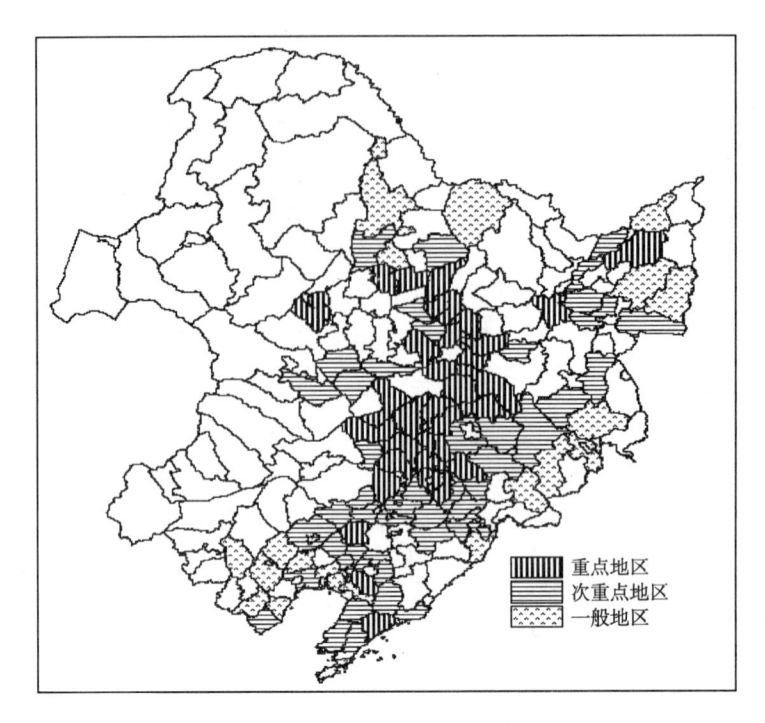

图 9—7 东北地区玉米生产基地空间布局

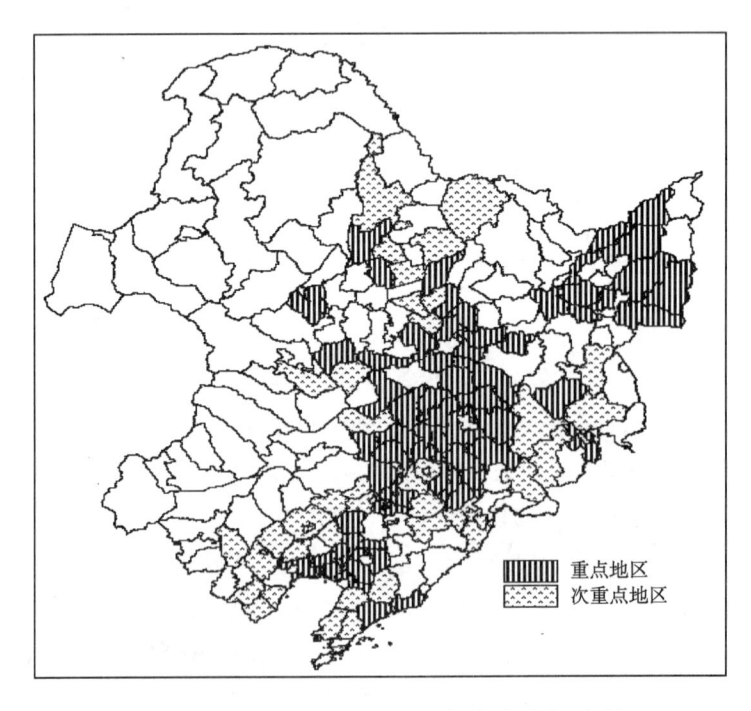

图 9—8 东北地区水稻生产基地空间布局

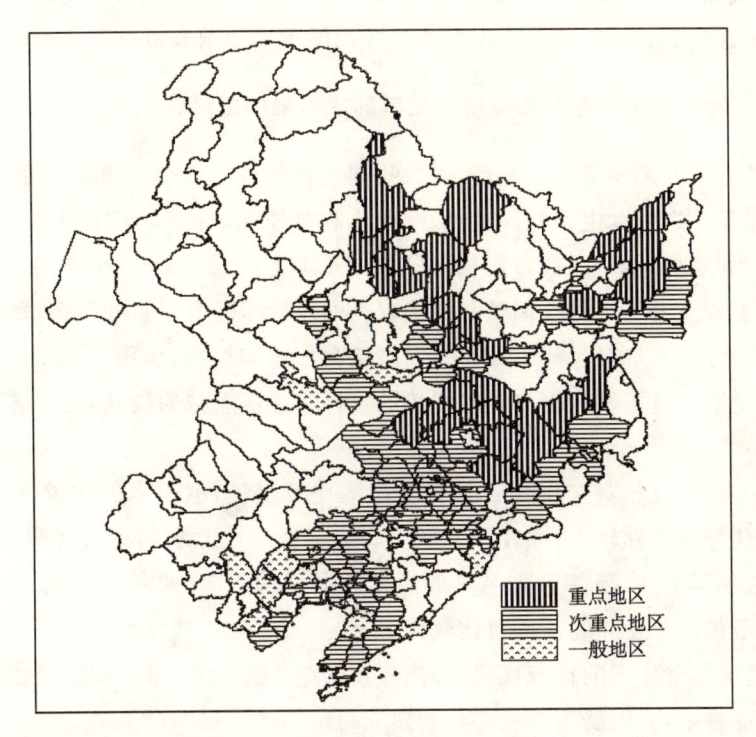

图 9—9　东北地区大豆生产基地空间布局

第四节　结论与建议

1. 加强东北粮食安全基地建设,保障国家粮食安全

全国性农业结构的战略性调整,退耕还林、还草、还湿等政策的实施,以及工业化和城市化等因素推进了我国粮食生产由南方主产区向以东北、华北为重心的北方粮食主产区转移。全国粮食生产格局的变化,进一步突出了东北地区粮食生产在国家粮食安全中的战略地位。

东北地区是农业生态环境和水土资源配置最好的地区之一,资源地域组合优势明显。通过调整种植业与农村产业结构,合理开发利用后备土地资源与水资源,改造中低产田,加大物质和科技投入,以及加强社会、经济和技术等的政策调控,东北地区的粮食增产潜力将得到很大的提高,东北地区将成为 21 世纪我国粮食增产和粮食供给最具潜力的地区,具有持续保障国家粮食安全的能力。

东北商品粮基地建设已经为国家粮食安全生产基地建设奠定了坚实的基础。东北地区商品粮基地建设取得的成果是显著的,既改善了农业生产条件,提高了粮食综合生产能力,也促进了基地农业与农村的全面发展。东北地区粮食总产量占全国的比重持续提高,"六五"、"七五"、"八五"、"九五"时期分别为 10.9%、11.6%、13.0% 和 13.2%。相对较大的人均耕地占有量,为发展规模化、集约化、专业化的生产模式提供了资源条件;优良的生态环境条件有利于发展绿色农业。这些都有利于将东北地区建设成我国最大的国家粮食安全战略基地。

2. 粮食生产的区域化和专业化建设将使其形成更强的区域比较优势

东北地区粮食生产总体呈增长态势,成为我国重要的商品粮基地和农产品生产基地。商品粮基地建设布局促进粮食生产的区域化、专业化和规模化,传统的粮食作物高粱、小麦等在粮食生产结构中的地位下降,区域布局相对分散。基本上形成了以玉米、水稻、大豆为主的粮食生产结构,随着农业结构战略性调整和优势农产品区域布局等一系列政策措施的实施,东北地区主要粮食作物进一步向优势产区集中,大宗粮食作物如玉米、水稻、大豆生产的区域化、专业化趋势明显,这既促进了粮食作物比较优势的发挥和经济效益的提高,也促进了地区粮食作物的优化布局。

东北地区玉米、大豆相对全国而言具有明显的比较优势,但玉米的比较优势正在逐步下降,大豆的比较优势波动性较大,表现为大豆生产的不稳定性。水稻不具有明显的比较优势,但比较优势指数逐年提高,随着水稻品种的改良和品质的提高,水稻也将具有潜在的比较优势。小麦、高粱等传统粮食作物不具有比较优势。

发挥东北地区粮食生产的比较优势,提高粮食的竞争力,必须进一步推进优势粮食作物的区域布局,优化品种结构,围绕主要粮食作物建立稳定的优质粮生产基地。

3. 优化商品粮基地布局,促进东北商品粮基地联合开发的整体优势

东北地区必须联合起来共同发展,制定国家粮食安全基地建设布局的区域性战略规划,立足于国家粮食安全目标,从区域整体出发,统一规划商品粮基地空间布局、农产品开发、农产品共同市场、农业基础设施建设等,开辟新的国际国内市场和合作空间,从而避免产业结构的地区雷同和无序竞争,实现地区间的合理分工和合作互补,形成共同的能够参与国际国内竞争的农业综合优势,实现地区农业的快速健康发展。

4. 深化粮食流通体制改革,完善支农政策和保障体系

粮食流通体制改革是粮食主产区实现供需平衡的有效途径。应完善国家在粮食主产区的直接收购和储备方面的政策。在东北粮食主产区建立垂直收购、储备体系,核定一定数量的收购、储备规模,经营费用与资金由国家支付。国家可以在粮食主产区建立垂直粮库,也可以委托省管粮食储备库或社会商业粮食企业进行收购、储备,国家提供收购与储备的费用和资金。支持粮食企业进行商业性收购、储备,形成多元化的流通渠道。对于具有一定规模的粮食企业集团,银行可采取授信方式,提供信贷资金支持。鼓励主销区到主产区对粮食进行收购、储备和加工转化。国家应在定购资金、交通运输等方面支持与鼓励主销区从主产区购买粮食,消除部门利益间的障碍因素,解决东北粮食入关不畅的问题。建立东北粮食主产区和主销区的长期稳定的供销关系。在粮食供大于求的年份,主销区不要一味压价和拖延粮食调进;而在供不应求的年份,主产区也不要一味抬价和拖延粮食调出。

"一免两补"政策的制度化和配套政策的完善。中央出台的"一免两补"政策极大地调动了东北农民的种粮积极性。2004年仅对吉林、黑龙江两省的农民提供的直接补贴金额就近40亿元,农民种粮积极性空前高涨,闲置多年的耕地重新得到了开发利用,粮食播种面积得以扩大,粮食增产也成为定局。但是也造成"一增两减"(粮食种植增加,经济、饲料作物减少),农业生产资料价格也随"一免两补"政策的实施而快速上涨,种粮成本增大,实际上农民应得到的政策利益中有大部分向其他行业转移。农民争地纠纷、农民工返乡务农的现象也开始出现。为保障农民收入持续提高,应尽快完善相关配套政策,解决因农业税费减免后基层政府财政困难的问题,确保农民增收、农业增效和粮食增产。

强化组织与管理制度创新。制定完善的商品粮基地建设管理办法,从项目的申报审批、组织与管理、实施与监督、效益考核、竣工验收等多方面明确各有关单位的责任、权力与义务。尤其要改变目前投资多头把持、项目分别组织与实施、管理紊乱的状况。真正从事业出发、从大局出发,提高建设效率和投资效益。

参 考 文 献

1. Balassa, B. An Empirical Demonstration of Comparative Cost. *Review. of Economics and Statistics*, Vol. 45.
2. Bowen, H. P. On the Theoretical Interpretation of Indices of Trade Intensity and Revealed Comparative Advantage. Weltwwirtschafliches Archiv Bd, CXZX: 464—472.
3. Bruno, M. Optimal Patterns of Trade and Development. *Review of Economics and Statistics*, Vol. 45.
4. Laster R. Brown. Who Will Feed China. *World Watch*, September/October 1994, pp. 10—19.
5. Leontief, W. Factor Proportion and the Structure of American Trade: Further Theoretical and Empirical Analysis. *Rev. Econ. Stat*, 38.
6. Dominick Salvatore 著,朱宝宪、吴洪等译:《国际经济学》,清华大学出版社,1998年。
7. 陈利根:"我国耕地管制的必要性及当前任务",《中国人口、资源与环境》,1998年第1期。
8. 陈明致:"东北商品粮基地的水利建设需要加强",《东北水利水电》,1996年第1期。
9. 陈武:《比较优势与中国农业经济国际化》,中国人民大学出版社,1997年。
10. 邓伟、张平宇、张柏:《东北区域发展报告》,科学出版社,2004年。
11. 东北师范大学东北区域经济研究中心:"东北农业发展的新理念、新思路学术研讨会综述",《经济纵横》,2003年第5期。
12. 国家统计局:《中国统计年鉴》,中国统计出版社,1979~2003年。
13. 国家统计局:《中国农村统计年鉴》,中国统计出版社,1979~2003年。
14. 郭庆海:"振兴东北老工业基地与商品粮基地建设",《农业经济问题》,2004年第8期。
15. 胡岳岷:"中国未来粮食安全论——兼评莱斯特·布朗的《谁来养活中国》",《当代经济研究》,1998年第5期。
16. 李应中:"比较优势原理及其在农业上的应用",《中国农业资源与区划》,2003年第2期。
17. 刘兴土、何岩、邓伟等:《东北区域农业综合发展研究》,科学出版社,2003年。
18. 刘兴土、佟连军、武志杰等:"东北地区粮食生产潜力的分析与预测",《地理科学》,1998年第6期。
19. 鲁奇、吕鸣伦:"五十年代以来我国粮食生产地域格局变化趋势及其原因初探",《地理科学进展》,1997年第1期。
20. 苗复春、唐忠:《民以食为天,中国粮食问题的探讨与改革》,广西师范大学出版社,1999年。
21. 曲伟、范海燕:"'新东北现象'与东北三省粮食增产又增收的对策",《社会科学战线》,2003年第1期。

22. 宋玉祥:"东北地区生态环境保护与绿色社区建设",《地理科学》,2002年第6期。
23. 王本琳等:"东北地区粮食生产潜力研究",《地理科学》,1994年第3期。
24. 武志杰、晁岳侠、曾丽娟等:"东北大平原商品粮基地的农业资源开发对策",《资源开发与市场》,1996年第6期。
25. 朱泽:"中国粮食安全状况研究",《中国农村经济》,1997年第5期。

第十章 城市空间体系及其特征分析

东北地区是我国城市化率最高的地区之一。按"五普"口径,2000年东北三省城市化率为52%,比全国平均水平高出16个百分点。这主要是计划经济时期大量国家重点建设项目带动的。从"一五"开始,为支援东北的重点项目建设,国家有计划地组织了大规模的人口迁入,主要是工程技术人员、管理干部、工人及随迁家属等。到1982年,东北地区的城市化率已经达到41%,比当时全国平均水平高出一倍。但是,在市场经济机制下,东北地区较高的城市化率并不代表着较高的城市化水平和质量。事实上,东北地区在计划经济时期的城市化道路遗留下很多问题,影响着区域经济整体活力的发挥。这个制约因素在当前振兴东北工作中在一定程度上被忽视了。

东北地区过去城市化道路的主要特征是:国有大企业往往是城市经济和城市空间的主体,大企业与地方经济发展的关联性不高,城市之间缺乏有机的经济联系,中等城市发育程度差,没有形成具有竞争力的"城市区域"。东北地区不少城市是依托国家建设的大企业而形成的,一个企业往往就是一座城市的主体,城市综合服务功能差。同时,在计划经济时期,由于统配统分,国有大中型企业往往与本地的经济联系不多,形成了不少经济孤岛,城市间的产业联系密切程度差。长期依赖国有投资也使东北地区缺少"自下而上"形成的中小城市,城市等级结构不完善,大城市的扩散功能不能充分发挥。此外,高度依赖单一资源或大企业使部分城市因资源的枯竭或大企业的效益低下而面临发展困境。这些空间组织形态是计划经济体制深层次的反映和根深蒂固的遗留,与市场经济机制和经济全球化趋势不适应,制约着东北地区经济竞争优势的充分发挥。

第一节 城市空间体系的形成过程及特征

东北地区城镇的发展与其社会经济发展历史紧密相连。总体而言,大致经历了古代、近代和建国后三个不同的历史时期。

一、古代与近代城镇的发展

1. 古代城镇的形成

主要是指1840年鸦片战争以前的历史时期。东北地区南部汉族移居较早,城镇历史较久。早在秦汉时辽东地区就已形成一些军事重镇和手工业商业城镇,如辽东重镇襄平城(今辽阳)、辽西重镇柳城(今朝阳)和高句丽的国内城、丸都山城等。辽金时期是东北西部农业经济的发展时期,城镇大量兴起。一直到明清时期,东北地区的城镇仍主要集中分布在南部的辽河中下游平原和辽南丘陵等地区。特别是进入清代以后,东北的政治、军事中心由辽阳移到沈阳,使沈阳得以快速发展,成为东北最大的经济都会。这一时期城镇的主要特点是,城镇规模小,职能单一(主要是政治和军事职能),地域结构简单(多呈封闭式城堡、街道呈棋盘式和十字街式),城市呈稀疏点状分布。这些城镇,有的发展中断,已成为古城遗迹;有些缓慢发展,成为今天城镇和城市的早期雏形。

2. 近代城市的形成

19世纪中期以后,帝国主义的入侵和外国资本的大量输入,对东北地区空间结构产生了深刻的影响。从1870年到1943年,中国政府投资、中外合资或日伪政府在东北地区修筑了大量铁路。至1943年,东北地区铁路总长度达11270公里,铁路网骨架基本形成。铁路的修建,加速了人口向铁路沿线的集结过程。在铁路的结点处,兴起了一批近代城市,如海拉尔、满洲里、哈尔滨、牡丹江、绥芬河、佳木斯、绥化、北安、白城、通辽、四平、长春、延吉、图们、梅河口、通化、瓦房店、大连、锦州、赤峰等。大量城镇沿铁路交通线的出现,对今天东北地区城市的空间分布格局有着直接的影响,是东北地区城市地域组成格局的基础。此外,在一些资源富集区也出现了新的城市,如伊春(森林)、鸡西(煤炭)、双鸭山(煤炭)、鹤岗(煤炭)等。

二、建国后城市空间体系的发展

建国后50多年来,东北地区城市化获得了加速发展,城镇体系得到完善。但其空间形态和发展特点与计划经济体系下我国国民经济发展和生产力布局的方式密切相关。

1. 计划经济打造了东北城市空间布局的基本形态

新中国成立初期,我国实行集中统一的计划管理体制。国家为迅速建立起一个完整的重工业体系,推行重工业优先发展的战略。东北地区由于工业基础雄厚,成为实施这一战略的主要基地之一。为了打造东北重工业基地,国家投入了大量的资金,并从全国调配技术力量,增强东北的工业生产能力。"一五"时期国家重点建设的156个重点项目中,有55项在东北地区。这55个重点项目分布在21个城市,其中辽宁省8个城市、黑龙江省8个城市、吉林省5个城市(图10—1)。这些项目共完成投资额89亿元,其中,最多的鞍山市达26.85亿元;其次是抚顺、沈阳、哈尔滨、齐齐哈尔、吉林、长春等,每个城市的投资额都在6亿元以上。

除了资金投入外,为适应开发建设的需要,国家有计划地组织迁入大量人口。主要方式是随同大型企业的移入以及矿山、油田、农业基地和林区的开发,引入大批工程技术人员、管理干部、工人和随迁家属,同时也吸引了众多其他人口的迁入。如黑龙江省1955~1961年,年均净迁入人口达58万人,净迁入总人口约407万人,相当于1954年底全省总人口的33%;吉林省1954~1960年净迁入人口达150万人,是1953年全省人口的13%。工业的迅速发展和人口的急剧增加,促进了城市化水平的不断提高。1960年,东北三省非农业人口占总人口的比重已经在40%以上,是全国平均水平的2倍(图10—2)。目前东北三省非农业人口所占的比重仍比全国高20个百分点。

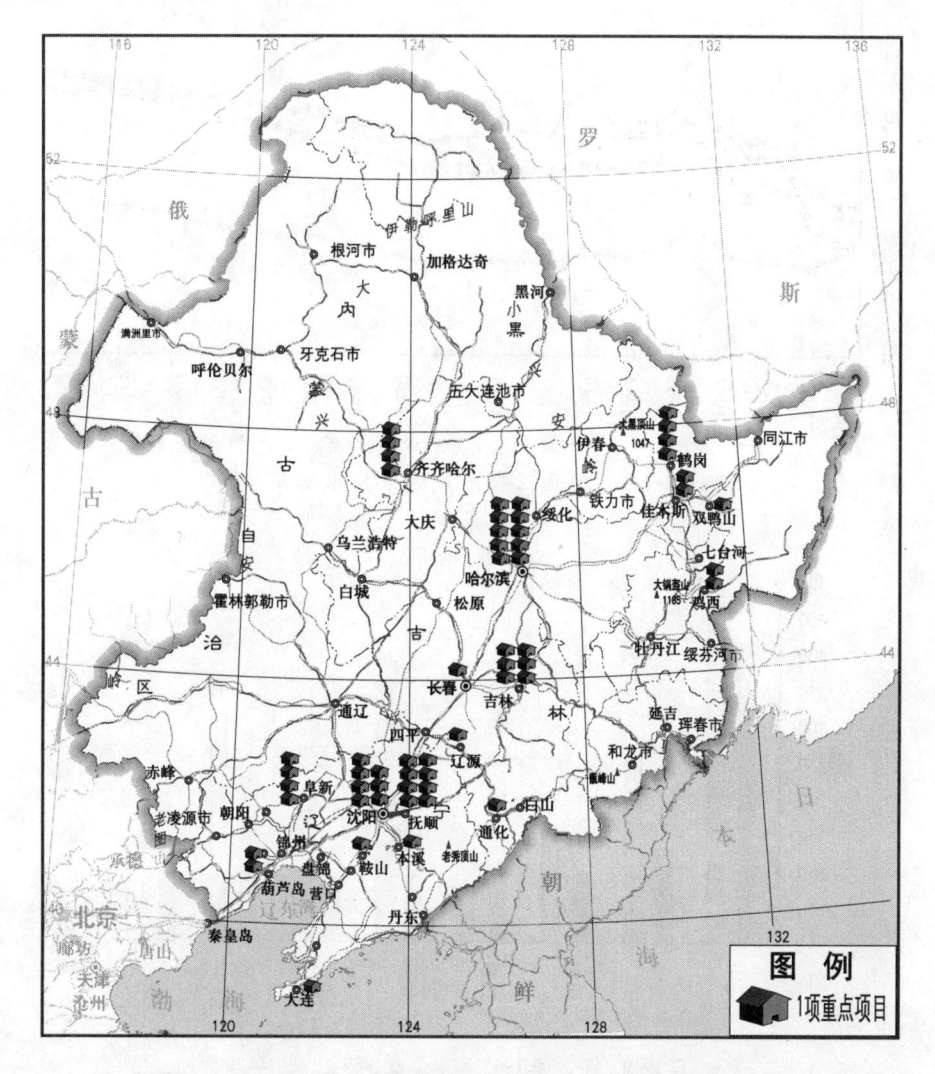

图10—1 "一五"时期国家重点建设项目在东北的分布

"二五"以后,国家又先后投资兴建了大庆油田(1960年)、辽阳化纤公司(1978年)、辽河油田(1970年)、清河发电厂(1970年)、吉林油田(1961年)、大庆石油化工总厂(1963年)、黑龙江涤纶厂(1980年)、锦州发电厂(1983年)等,使东北地区成为以重工业为主体的全国最重要的工业基地。这种大规模的工业建设,不仅带动了原有城市的发展,也促进了新城市的形成,如沈阳市人口由建国初期的160万发展到1985年的420万,大连市由55万发展到165万,抚顺市由27万发展到124万,鞍山市由19万发展到130万,长春由45万发展到187万;哈尔滨由78万发展到263万,均跃居为特大城市。本溪、锦州、阜新、吉林、齐齐哈尔等也由小城市发展成为大城市(图10—3)。

图10—2 东北三省人口城市化水平变化①

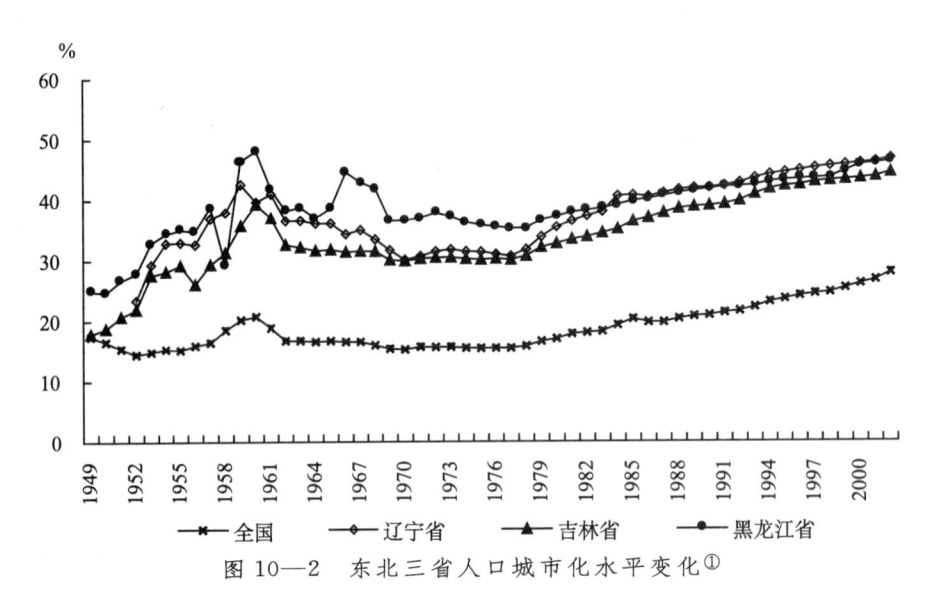

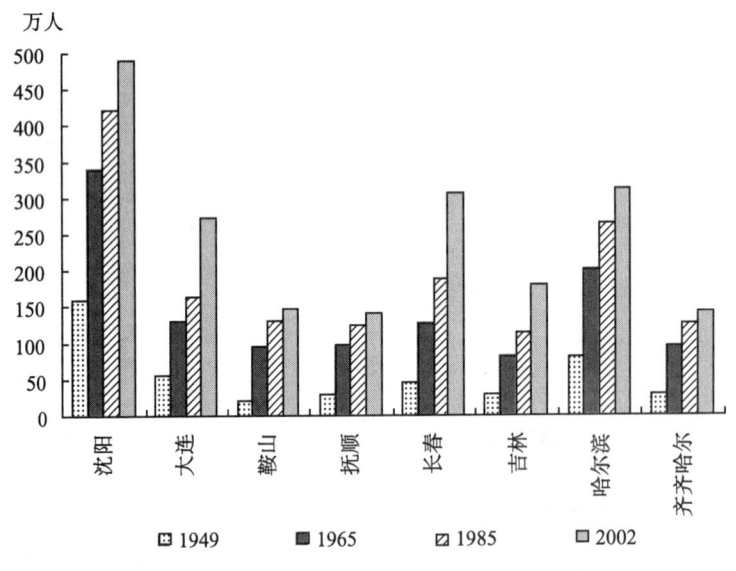

图10—3 东北主要城市的人口增长情况

2. 围绕国家重点项目的建设铸造了东北地区城市的特点

"一五"期间国家在东北投资的55项重点项目中,除一项为轻工业外,其余均属重工业项目。重工业的性质要求以大型企业为主要的企业组织形态,因此东北地区的城市成为我国国

---

① 这里的人口城市化水平是非农业人口占全省总人口的比重。

有大型重工业企业集中分布的区域。加之"一五"时期国家对东北投资以后,各省随后相继建设了与重点工程相配套的项目,进一步强化了国家投资的工业行业分布。例如,辽宁省为了与国家投资的24项重点项目配套,在沈阳、大连、抚顺、本溪、丹东等城市安排了730个省市级重点建设项目。这些项目的总投资达47亿元,占全省经济建设总投资的72%。中央政府和地方政府的双重作用,使得大企业特别是少数几个骨干企业在不少城市经济中占有极端重要的地位,对所在城市的职能起着决定性的作用。例如,长春市依托"一汽"集团公司,建立了263家与一汽相配套的企业和相关的汽车贸易、会展与物流服务业,成为中国的"汽车城"。追溯"一五"时期国家在东北投资项目所在的21个城市,结果表明绝大多数城市目前的支柱产业与国家当时投资项目的行业分布有着很高的一致性(表10—1)。

表10—1 "一五"时期国家在东北投资重点项目的行业分布及目前在城市经济中的地位

城市	"一五"国家投资项目所属工业行业	该行业2002年占城市经济的比重(%)		
		工业总产值	工业增加值	工业销售产值
鞍山	钢铁工业(鞍山钢铁公司)	51	60	52
本溪	钢铁工业(本溪钢铁公司)	79	74	79
长春	交通运输设备制造业(第一汽车厂)	78	75	79
吉林	化学工业(吉林氮肥厂等共4项)	48	35	49
	黑色冶金(吉林铁合金厂)	5	4	5
	电力工业(丰满水电站)	7	16	7
哈尔滨	机械工业(哈尔滨汽轮机厂等共7项)	36	29	36
佳木斯	造纸工业(佳木斯造纸厂)	10	11	10
	电力工业(佳木斯热电厂)	20	37	20
鸡西	煤炭工业(城子河洗煤厂等2项)	45	46	45
抚顺	石油工业(抚顺第二制油厂)	36	38	41
	电力工业(抚顺电站)	18	14	13
	煤炭工业(抚顺东露天矿等共5项)	14	13	10
齐齐哈尔	机械工业(富拉尔基重机厂)	28	27	24

资料来源:董志凯、吴江:《新中国工业的奠基石——156项建设研究》,广东经济出版社,2004年。

3. "先生产、后生活"的建设方针使企业经济与城市面貌形成较大反差

在建国后相当长的一段时期内,国家为了集中人力、物力和财力发展工业生产,规定城市建设要首先为工业建设服务。工业城市应集中力量建设工业区及配合工业建设和生产的工程项目,而对于城市的基础设施建设和综合服务功能缺少总体规划。例如,长春市为支持"一汽"的建设,在道路、煤气等基础设施与人才建设方面给予了大力支持。1954年,长春市把市政建

设费用的95%、1955年把市政建设费用的84%都用于支援"一汽"的建设,完成了15项配套工程,包括道路、桥梁、上下水道、煤气管道、商业网点等。为了保障工业生产,解决职工以及家属的生活、上学、就业等问题,企业不断兴办学校、医院、治安等服务行业,使企业形成一个独立的经济系统和社会系统。加之很多城市是计划经济时期依托中央投资建设的大企业而形成的,因此不少城市仅是一个综合型的工业区,甚至一个企业就是一座城市。例如,被称为"钢都"的鞍山市,2002年建成区总面积135平方公里,而鞍山钢铁集团公司总占地面积176平方公里,其中工业用地129.2平方公里。另外,一汽集团与长春市、大庆石油公司与大庆市、本溪钢铁集团公司与本溪市、吉林化工集团与吉林市等都已形成了企业与城市发展的"二元"结构。这决定了东北地区很多城市的空间形态,一方面,厂区就是市区;另一方面,企业自成系统,成为城市里的"孤岛"或"特区"。

三、城市空间体系存在的主要问题

根据上述分析,东北地区城市发展及其空间组织存在的主要问题总结如下。

1. 特大城市和大城市多,中小城市不发育

2002年东北三省共有城市90个,其中50万人以上的大城市和特大城市共有57个,中小城市33个。主要城市都沿交通线分布,使东北地区的城市形成了以哈尔滨、长春、沈阳、大连等特大城市为核心,沿哈大线呈串珠状分布的空间形态(图10—4)。

2. 产业高度集中在几个特大城市

2002年,沈阳和大连两市人口合计占辽宁省的18%,但工业总产值和GDP分别占全省的40%和42%;长春和吉林两市人口合计占吉林省的18%,工业总产值和GDP占全省的比重高达67%和51%;黑龙江省工业总产值的65%、GDP的43%集中在哈尔滨和大庆两市。

3. 城市工业结构重型化、单一化特征明显

2002年在东北31个地级市中,只有绥化、黑河、佳木斯、松原、白城5个城市轻工业占工业总产值的比重超过重工业,冶金、机械、能源、森工及化学工业等重工业城市占全部城市的83%。大部分城市的经济结构单一,对自然资源的依赖性强,城市所在地区自然资源的丰富程度、开发进程和强度,基本上制约着城市的规模、发展速度和发展水平。

4. 长期的计划经济管理使城市之间缺少有机联系

东北地区城市经济发展的支撑主要是一个或几个大型国有企业,而在计划经济管理体制下,企业没有组织生产运营活动的自主权,加上企业隶属关系和"统配统销"的商品流通体制限制,使得企业与城市之间没有构建密切协作的联系网络。条块分割的管理体制,使大型企业或企业集团成为中央部门的直属单位,进一步强化了企业发展的独立性,与地方发展缺少有机联系,形成企业经济"孤岛"。

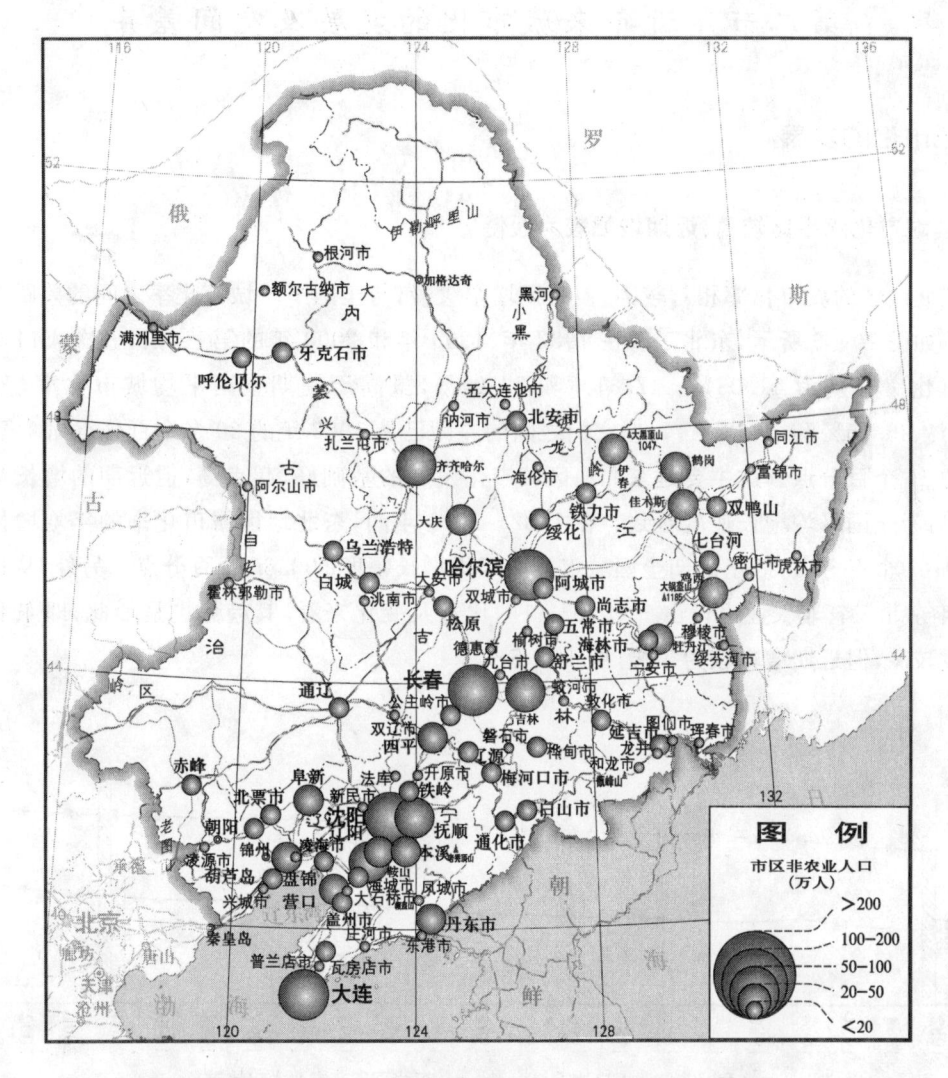

图10—4 东北地区城市人口规模结构(2002年)

5. 城市基础设施建设滞后、缺口大,急需改善

以工业为主的发展思路,使东北地区城市建设中忽视基础设施建设,城市中工业用地比例普遍过大,城市基础设施建设严重滞后。2002年,沈阳、长春、哈尔滨三个城市的GDP分别位居全国的第8、17和21位,而人均住房使用面积在14~15平方米,比全国平均水平低30%左右,在全国城市排序中居220位以后;长春、哈尔滨等城市人均道路铺装面积仅相当于全国平均水平(6.43平方米)的65%。

第二节 近年来城市化的发展及空间差异

一、城市化的发展

1. 城市化水平比较高,近期增幅较为缓慢

东北地区的城市化率相对较高,但近期增幅缓慢,与全国平均城市化率之间的差距在逐步缩小。如图10—5所示,东北三省在1982年、1990年和2000年的第三、四、五次人口普查时的城市化率分别为41.03%、47.81%和52.04%,虽高于同期全国平均城市化率(分别为20.49%、26.15%和36.02%)。但它们之间的差距已从1982年的20多个百分点缩减至2000年时的16个百分点。这主要是东北地区城市化发展的基础好、起点高,但近期的增长幅度缓慢、落后于全国平均增长速度所致。在1982~2000年间,东北地区城市化率的年均增长幅度约为0.61个百分点,低于同期全国城市化率年均增长幅度的0.86个百分点。另外,从1982~2003年东北三省非农业人口占户籍总人口的比重及变化来看,其趋势也是如此,即东北地区的比重较高,但近期增幅较为缓慢(图10—5)。

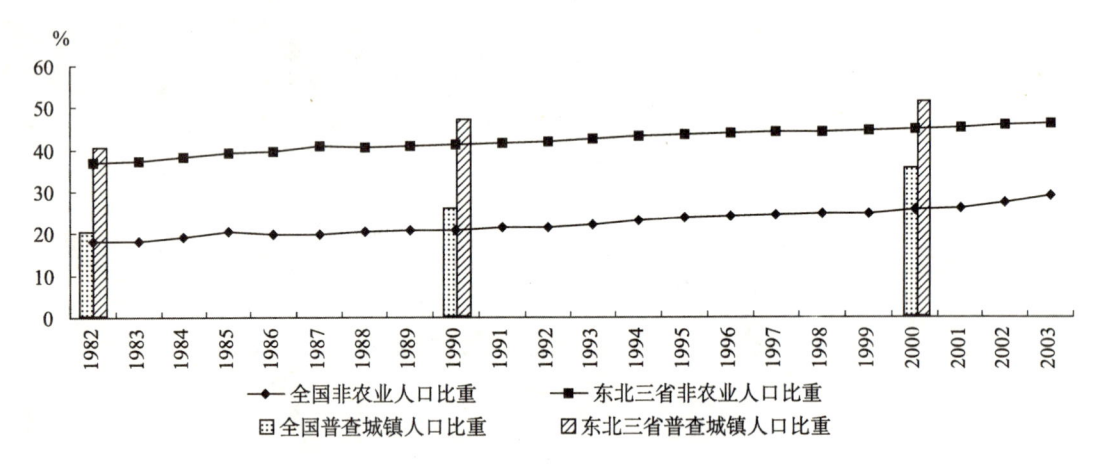

图10—5 1982~2003年东北三省与全国城市化水平变化

2. 城市数量增长缓慢

东北地区城市数量的增长已由快速增长阶段转变为平稳发展期,发展趋势与全国类似。如图10—6所示,在1984~2002年,东北三省建制市的数量变化大致可分为三个阶段:1984~1989年为快速增长期,城市数量由35座增加到66座,几乎增长了一倍;1989~1996年为持续增长期,平均每年约新增4座城市;1996年以后为平稳期,城市总数一直保持在90座。同期全国城市数量的变化与东北三省的基本上一致。不过,东北三省城市数量占全国总数的比重,

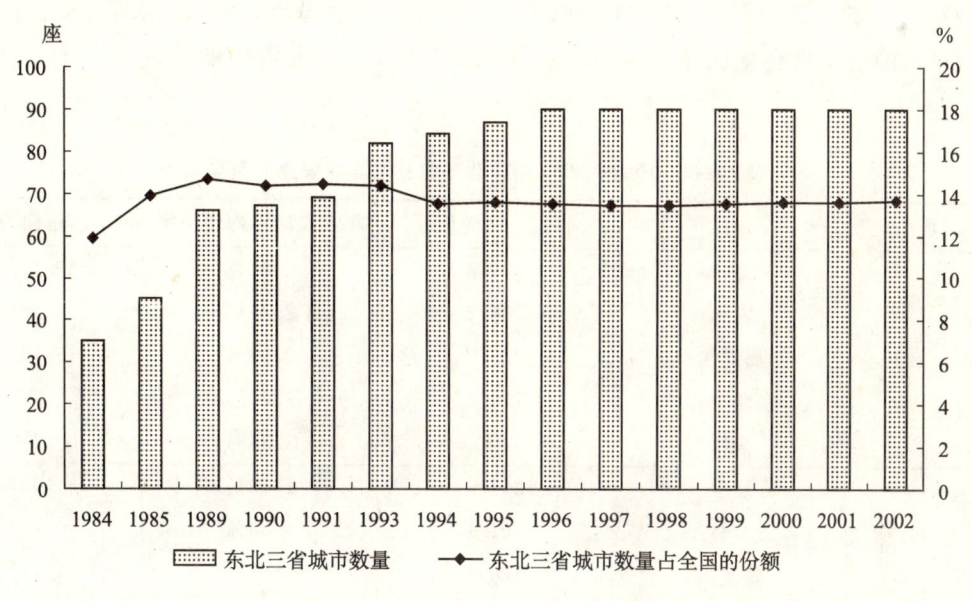

图 10—6　1984～2002 年东北三省城市数量变化

自 1985 年以来一直变化不大,在 13%～14% 的水平上下波动。这说明东北地区城市数量的变化趋势与全国基本同步。

3. 近年来城镇人口和非农业人口增长逐渐放缓

近年来,东北地区城镇人口和非农业人口的增长速度都趋于回落,在全国所占的份额大幅度减少。根据 1982～2003 年东北三省城镇人口的变化情况来看,1982 年东北三省城镇人口总计 3731.51 万人,到 2000 年第五次人口普查时增加了 1763.36 万人,年均增长率为 2.17%,低于全国城镇人口 4.5% 的增长率;2000 年到 2003 年,东北三省城镇人口增长 175.4 万人,年均增长率为 0.83%,远远低于同期全国城镇人口年均 4.49% 的增长率。显然,在全国城市化进程平稳推进的同时,东北三省的城镇人口总量虽然在不断增加,但是其增长速度逐渐减慢,年均城镇人口增长量逐渐减少。同时,由于东北三省城镇人口增长落后于全国平均水平,所以东北三省新增城镇人口占全国新增城镇人口的份额在总体上也呈现减少的趋势。1982 年该份额为 18%,1990 年减少到 16%,到 2000 年第五次人口普查时再降至 12%,到 2003 年又降低了 1.55 个百分点。

从 1982～2003 年东北三省的非农业人口变化及其与全国的比较来看,虽然东北三省非农业人口的绝对数量在不断增加,但其年均增长速度逐步减缓,占全国非农业人口的份额也在不断下降。东北地区非农人口的年均增长率在 1982～1990 年为 2.46%,在 1990～2000 年则锐减至 1.41%;不过,在 2000～2003 年其衰减之势有所恢复,非农人口的年均增长率为 1.54%。但是,值得引起注意的是,东北三省在 1982～2003 年各阶段的非农人口年均增长率均低于全国平均水平,而且它们之间的差距还在不断加大,由 1982～1990 年的 0.9 个百分点扩大至

1990～2000年的1.6个百分点和2000～2003年的3.51个百分点。从而,东北三省非农人口占全国所占的份额也在急剧减少,在1982～2002年的20年间共缩减了5.28个百分点(表10—2)。

表10—2 1982～2003年东北三省及全国非农业人口变化　　　　单位:万人

时段	地区	非农人口增长量	非农人口年均增长率	占全国份额的变化
1982～1990	辽宁	305.3	2.60%	−0.42%
	吉林	188.2	2.79%	−0.18%
	黑龙江	225.6	2.09%	−0.65%
	东北三省	719.1	2.46%	−1.25%
	全国	5553	3.36%	0.00%
1990～2000	辽宁	257.3	1.46%	−1.03%
	吉林	191.1	1.85%	−0.47%
	黑龙江	166.1	1.07%	−1.13%
	东北三省	614.5	1.41%	−2.63%
	全国	8612	3.13%	0.00%
2000～2003	辽宁	62.2	1.08%	−0.64%
	吉林	52.4	1.51%	−0.34%
	黑龙江	104.9	2.08%	−0.42%
	东北三省	219.5	1.54%	−1.40%
	全国	5178	5.05%	0.00%

资料来源:《中国统计摘要2004》及各省统计年鉴。

此外,东北地区非农从业人口在全国所占份额持续大幅度地减少,非农化水平的优势急剧萎缩。东北三省的非农从业人口在1982～1997年持续增长,但在1998年由于国有企业减员增效政策的实施,出现大幅度减小,之后非农从业人口稳中弱降至2003年的2714.7万人。但是,东北三省非农从业人口在全国所占的份额自1982年以来持续大幅度减少,由13.85%下降至2003年的7.17%,这说明东北地区非农从业人口在近期的增长速度远低于同期全国平均水平(图10—7)。如图10—8所示,东北三省的非农化水平(即非农从业人口占全社会总从业人口的比重)较高,与全国平均水平相比具有较显著的优势;不过,由于自20世纪90年代中后期以来,东北地区非农化水平的增长速度远低于全国平均速度,这种优势在急剧萎缩。

二、城市化发展的区域差异

1. 城市化水平呈显著的东高西低格局,北部地区存在一定程度的城市化虚高现象

从省级尺度看,东北地区城市化水平的空间差异呈现出南北高、中间低的格局。如表

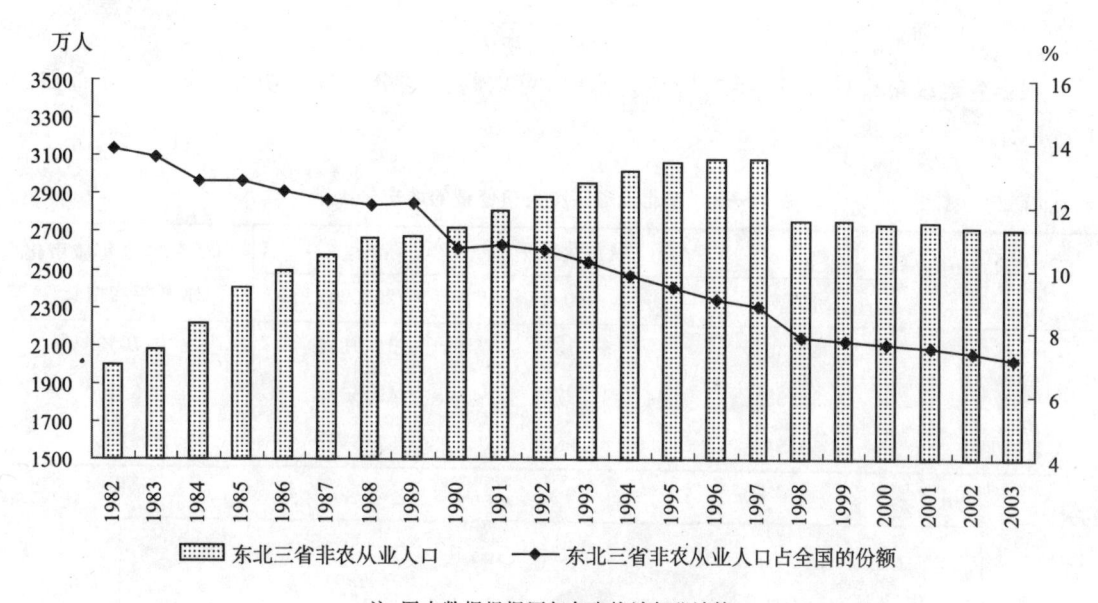

图 10—7　1982～2003 年东北三省非农业人口变化

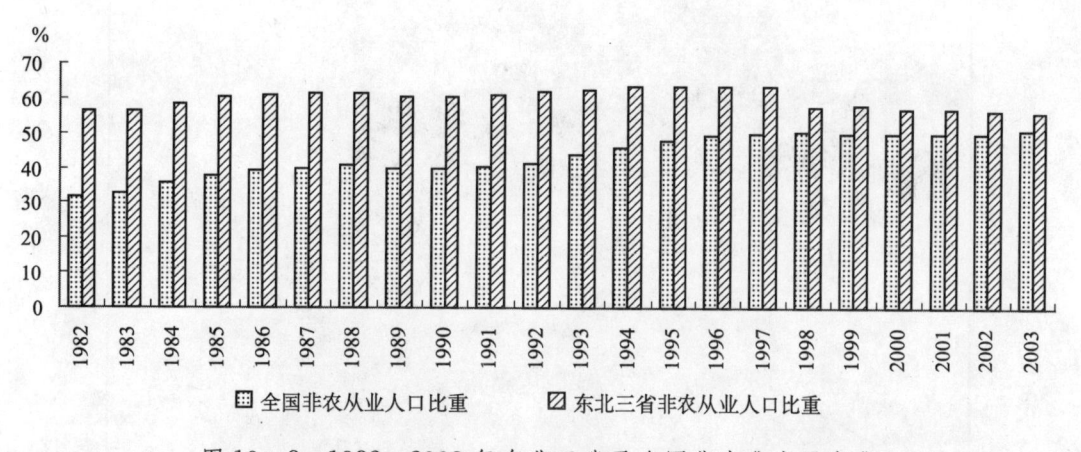

图 10—8　1982～2003 年东北三省及全国非农化水平变化

10—3 所示，辽宁的城市化水平最高，增长最快；黑龙江的城市化水平及增长速度居中；吉林的城市化水平及增长速度相对最低。不过，黑龙江北部存在一定程度的城市化虚高现象。北部地区的森林资源丰富，分布着较多的国有林场。虽然这些国有林场的定居点比较分散，人口集聚规模和基础设施水平较低，并大多从事第一产业，但因其职工及家属属于非农业人口，因而在人口普查或统计中均被计算为城镇人口，导致城市化水平的"虚高"现象。

不过，从地市级尺度来看，东北地区的城市化水平呈显著的东高西低格局。如图 5 所示，以哈尔滨—长春—沈阳 3 个省会城市的连线为界，以东地区几乎所有地级市的城市化水平均高于 50%，而该线以西地区，除了大庆和大兴安岭以外，其他所有地级市的城市化水平都低于

50%。

根据各地级市市域2000年的城市化水平，可以将其划分为四种类型，其空间分布如图10—9所示。

表10—3 东北三省三次人口普查的城市化水平

省份	城市化水平 1982年	城市化水平 1990年	城市化水平 2000年	1982~2000年城市化水平年均增长
辽宁	42.36%	51.13%	54.91%	0.70%
吉林	39.63%	42.27%	49.66%	0.56%
黑龙江	40.54%	47.96%	51.53%	0.61%

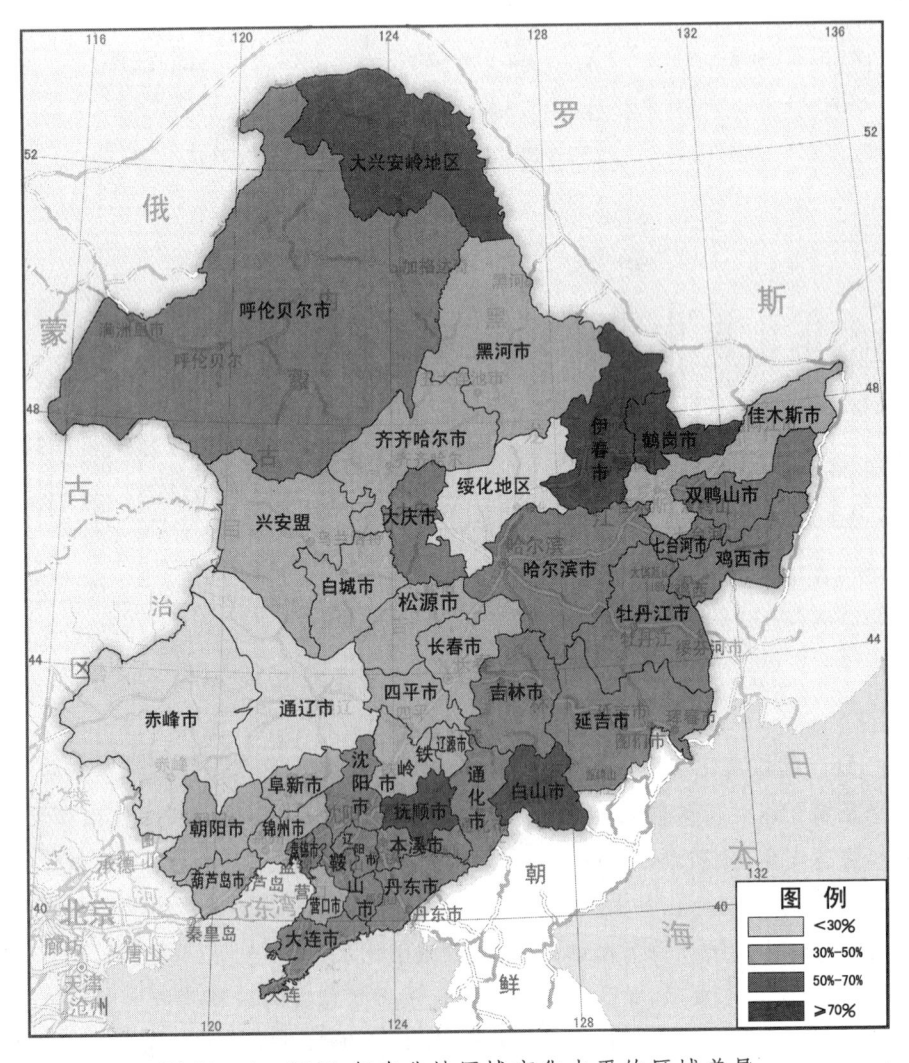

图10—9 2000年东北地区城市化水平的区域差异

高城市化水平地区:城市化水平大于或等于70%,包括沈阳、抚顺、白山、伊春、鹤岗和大兴安岭地区;

中高城市化水平地区:城市化水平大于或等于50%,但小于70%,主要包括东部的17个地级市;

中低城市化水平地区:城市化水平大于或等于30%,但小于50%,主要为西部的12个地级市;

低城市化水平地区:城市化水平小于30%,只有绥化地区。

2. 城市分布南密北疏,城市规模南大北小,城市增长南快北慢

在1990～2002年,东北三省共新增城市23座,其中辽宁11座,吉林和黑龙江各有6座(图10—10)。其次,辽宁省的城市规模相对较大,增长较快。1990年,辽宁有大城市4座,而

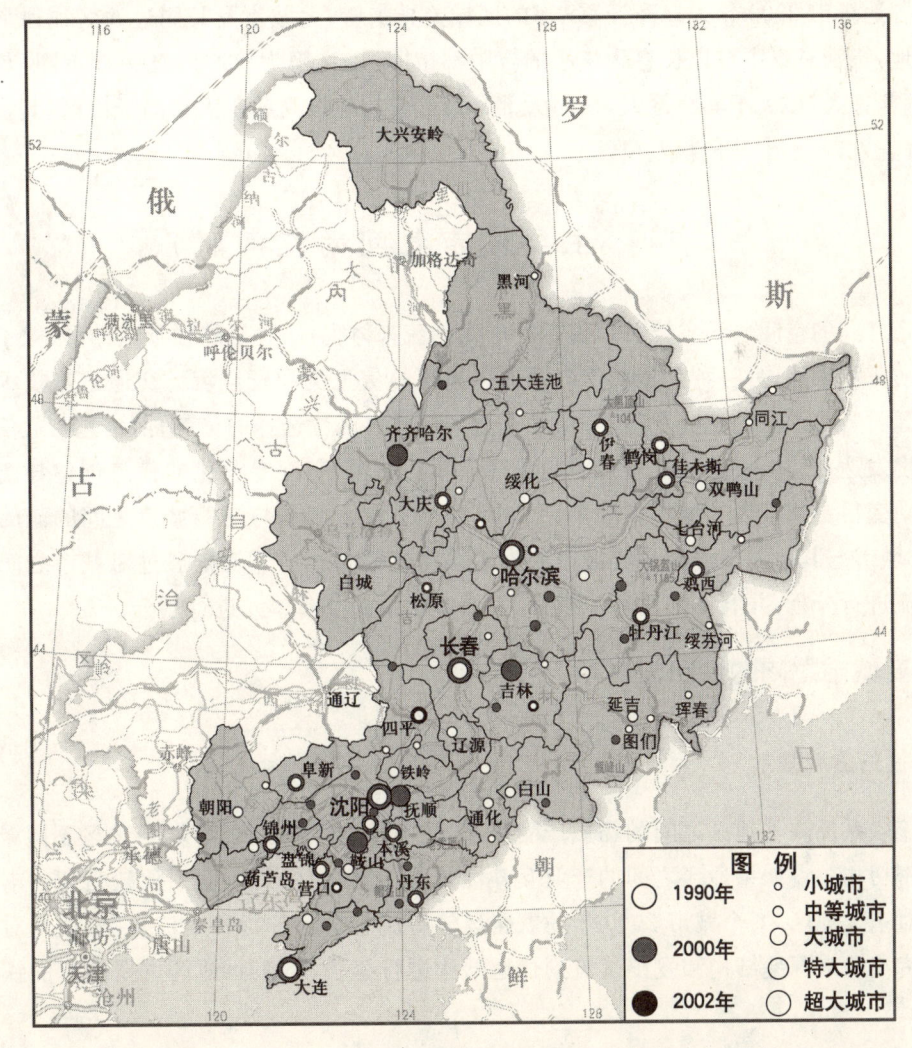

图10—10 1990～2002年东北三省城市发展空间差异

吉林和黑龙江的大城市都只有2座。1990～2002年,辽宁省有3座城市发生了规模升级,而吉林省和黑龙江省分别仅有2座和1座。

3. 边远农村地区的人口进一步向大城市及周边地区聚集

从人口增长的省际差异来看,辽宁省总人口的增长量最大,吉林省总人口的年均增长速度最快。根据第四、五次人口普查数据,在1990～2000年,辽宁、吉林和黑龙江的总人口分别增长了236.47万人、214.24万人和102.17万人,总人口年均增长率分别为0.58%、0.84%和0.29%。

从各区县人口增长速度的空间差异来看,大连、沈阳、长春、吉林、哈尔滨、大庆等大城市及周边地区和黑河—佳木斯的北部边境地区的人口增长较快,而距大城市较远的农村地区的人口呈较严重的负增长。

从各地级市2000年人口净迁移[①]率的区域差异来看,大城市及其周边地区往往是总人口净迁入地,特别是集中在以长春为核心的吉中都市圈、以沈阳为核心的辽中都市圈,其实际常住人口(普查人口)大于其户籍人口;而大部分边远农村地区则属于人口净迁出区,其实际常住人口(普查人口)小于其户籍人口。

第三节 主要城市之间的空间联系

城市之间的空间联系主要可以由两种形式的流来体现:一种是物质形式的、依赖于交通系统的物质流和人流;另一种是依赖于电子通讯系统的信息流和资金流。交通运输技术的发展促使了原材料与产品的便捷运输,降低了企业对原材料区位选择的依赖;而信息与通信联系技术的高度发达促使城市之间社会经济的相互依赖性加强,高度专业化的信息创建与交流对城市的成功变得更加重要。城市空间单元(城市群)中,核心城市与功能城市之间的流的强度很高,核心城市与其他城市群的核心城市的流的强度也很高。本节就是通过对城市之间交通流和信息流进行分析,并利用铁路客流指标,对城市联系的空间单元进行划分。

一、主要城市之间的铁路流联系

1. 铁路货流联系

货流联系反映了地区之间的物质产品联系,是一种生产联系的反映,与地区不同城市的产业结构密切相关。如果地区之间的产业互补性较强,则区内的货流联系比较密切。本文利用铁道部对东北地区36个城市2000年的铁路运输货流总量和分货种货流数据,通过对不同城市到达货流的来源地结构和发出货流到达地结构进行分析,对东北地区主要城市的铁路货流

---

① 区域人口净迁移率 =(区域普查总人口 − 区域户籍总人口)/ 区域户籍总人口 × 100。

空间联系进行描述和分析。

数据显示,首先,东北区内城市之间的货流联系比较密切,且区内城市之间的货流联系要高于区内城市与区外城市之间的联系。基本上,东北城市铁路货物发出量的50%以上都留在了区内,而到达的货物中,也以区内城市发出的货物为主。其次,区内城市对区外的辐射能力要低于区外城市对区内城市的辐射能力。2000年,区内36个城市发出货流中,有56.3%的货流留在了区内,而在到达货流中,有51.8%的货流是从区内城市发出的。第三,辽中南地区城市之间、哈大齐牡城市带之间的货流联系很密切,成群状分布。单一资源型产业为主的城市货流联系空间相对单一,而通用资源型城市的货流联系空间相对广泛,综合性中心城市货流空间联系则相对更为广泛,尤其是东北地区的对外联系重要港口——大连,几乎与区内每一个城市的联系都比较密切。第四,在地区内部城市运输联系的发出货流中,大连、鸡西、本溪、抚顺、鞍山、七台河等重大资源或原材料型产品产地成为地区货流的主要发生地,这几个城市的货流发出量之和占到地区货流量的55%以上。而大连、鞍山、哈尔滨、沈阳、齐齐哈尔、长春、吉林等重要工业基地是地区货物的主要到达地,这几个城市的货物接收量之和占到区内货流量的65%以上。

大连是区内货流空间联系最广泛的城市,与区内所有城市都有货流联系。2000年,经铁路从大连发出的货流有77.3%流向了东北地区,只有不足30%流向关内;而在到达货流方面,有56.7%的货流是由东北地区提供的。但是,这种货流的分布是非常不平衡的。辽中南地区是大连发出货流的主要接受地。2000年,大连62.3%的货流发到了辽中南地区,尤其是鞍山接受了大连31.1%的货物,其次是大连自身(16.4%)、抚顺(3.5%)、沈阳(3.1%)和盘锦(3.0%);长春和吉林与大连的联系也相对比较密切,分别占到了大连货流发出量的3.06%和2.58%。相对而言,黑龙江省和内蒙古东四盟的城市与大连的联系相对薄弱,除哈尔滨(2.5%)外,其余城市与大连的货流联系还不足1%。在接受货流方面,大连与区内城市的联系比较均匀,接受比例均不超过10%,联系最密切的城市仍然集中在辽中南地区,占大连货物到达量的30%,主要是鞍山(8.04%)、大连(5.57%)、阜新(3.59%)、铁岭(2.94%)抚顺(2.9%)、辽阳(2.79%)和本溪(2.30%)等主要的工业基地和原材料供应基地。吉林和黑龙江省内城市与大连联系密切的也主要是一些资源型城市,如大庆(7.67%)和鹤岗(2.34%)等。相反,沈阳、哈尔滨、长春等综合性城市发往大连的货物所占比例较小。

沈阳的区内货流空间联系虽比较广,但主要集中在辽中南地区,合计占到达货流的38%、发出货流的45.3%。其中,鞍山(4.25%)、本溪(2.05%)、抚顺(6.36%)、阜新(6.01%)、辽阳(2.58%)、铁岭(9.68%)和大连(2.69%)是到达沈阳货物的主要来源地,省外城市则主要是鹤岗、鸡西、七台河等煤炭供应地。而从沈阳发出的货物主要流向了辽中南地区的鞍山(10.11%)、沈阳(5.72%)、本溪(3.75%)、抚顺(2.07%)、辽阳(1.83%)、盘锦(1.45%)、铁岭(2.27%)和省内的丹东(3.32%)与大连(13.08%),省外城市则主要是长春(1.14%)和哈尔滨(1.48%)。

长春的货流空间联系比较大,但主要是与区外进行联系。从长春发出的货物只有

39.85%留在了东北地区内部,其余则发向了全国各地。这主要是与长春是全国的重要汽车生产基地有关,其轿车产量占到全国市场份额的25%。与区内的联系主要集中在辽中南地区主要城市、本省的吉林市以及黑龙江省几个煤炭供应基地。区内到达长春的货流主要来自大连(3.69%)、鞍山(1.85%)、本溪(1.92%)、抚顺(1.11%)、大庆(1.35%)、通化(2.41%)和吉林(2.50%)等零部件主要供应城市,以及鹤岗(9.57%)、鸡西(16.34%)、七台河(6.71%)、双鸭山(5.70%)等煤炭供应基地。而长春发出的货物主要是运往了区内的综合城市以及关口城市,如大连(19.49%)、本溪(3.90%)、丹东(2.17%)、抚顺(4.14%)、沈阳(1.50%)和吉林(1.41%)。

哈尔滨的货流空间联系也比较大,与区内的每一个城市都有货物联系,但在联系强度上,还是与省内主要城市以及省外区内的主要综合性城市联系比较密切。到达哈尔滨市的货物主要来源于鞍山(2.07%)、本溪(1.57%)、大连(2.99%)、大庆(1.76%)、牡丹江(1.24%)等工业基地,以及鹤岗(4.87%)、鸡西(11.11%)、七台河(14.24%)、双鸭山(2.61%)等煤炭供应基地以及伊春(1.65%)。而从哈尔滨发出的货物主要流向了大连(14.65%)与沈阳(1.63%)这两个大综合城市以及省内的大庆(14.15%)、佳木斯(1.00%)、齐齐哈尔(1.28%)、伊春(1.66%)等城市。另外,哈尔滨有2.08%的货物发往了海拉尔,1.18%的货物发往了满洲里这两个口岸城市。

在分货种联系方面,通过100多年的工业发展和建设,东北地区形成了以装备机械、石油化工、农产品加工为主的产业结构,因此,钢铁、矿石、粮食在城市间的运输联系反映了不同地区在这几个产业联系中的地位。

金属矿石运输:2000年,辽阳、本溪、白山、大连、丹东和鞍山是金属矿石的主要发出地,本溪、鞍山、通化、伊春和鸡西等东北主要的钢铁基地是矿石的主要接收地。在城市间的货流联系方面,鞍山和本溪作为东北地区的重要钢铁基地,成为金属矿石的主要接受地。其中,鞍山的金属矿石主要来自辽阳,以及通过大连港和葫芦岛港的矿石外运;本溪的金属矿石则主要由自身内部提供,1995年也有部分矿石通过大连港外运而来,2000年由丹东提供了部分矿石。

煤炭运输:东北地区煤炭资源丰富,有阜新海州露天煤矿、鸡西、鹤岗、双鸭山、抚顺等煤炭基地,因而也决定了这几个地区成为煤炭货流的主要发货地。2000年,鸡西、七台河、鹤岗、阜新、铁岭、双鸭山和抚顺这七大煤炭基地的发货量居东北地区首位,占到地区煤炭发货总量的78%;而主要的工业基地、钢铁基地和大城市是东北煤炭的主要到达地,如齐齐哈尔、鞍山、哈尔滨、沈阳、大连、牡丹江等东北主要的重工业基地和动力基地,在煤电方面的需求比较大,成为主要的煤炭接受城市。2000年,齐齐哈尔、鞍山、哈尔滨、沈阳、大连、牡丹江、长春、本溪和吉林这九个城市的煤炭接受量占到了地区总量的66%。在城市间的煤炭运输联系上,1991年,满洲里到齐齐哈尔、鸡西到牡丹江、鸡西到哈尔滨、鸡西到齐齐哈尔的煤炭物流量是最高的,都在200万吨以上。1995年,这种趋势基本没有变,但鸡西到长春的煤炭运输量已经成为全区运输量最大的一条线。2000年随着东北地区煤炭的普遍减产,城市间煤炭流量也有所降低,但依然是鸡西到长春、七台河到哈尔滨、鸡西到吉林、鸡西到牡丹江、铁岭到沈阳、七台河到吉林、七台河到齐齐哈尔的煤炭运输量在区内占主要地位,都在140万吨以上。

综合看来,黑龙江省的鸡西、七台河、鹤岗、双鸭山与辽宁省的阜新、铁岭是东北地区主要的煤炭产地,而齐齐哈尔、哈尔滨、沈阳、长春、吉林等城市作为东北地区主要的重工业基地和主要城市,是煤炭的主要接受地。在产区与销区的对应关系上,七台河、鸡西、鹤岗等煤矿的煤炭主要供给黑龙江与吉林省的主要城市,如哈尔滨、齐齐哈尔、大庆、长春、吉林等;辽宁省由于自身有阜新和抚顺等大煤矿,所以黑龙江的煤炭在辽宁省只供应到鞍山、本溪等主要工业基地。阜新和抚顺的煤炭主要在辽宁省内部流动,供应沈阳、鞍山、本溪、抚顺、辽阳等,还有大部分通过大连、葫芦岛等港口外运。

钢铁运输:首先,从钢铁发货地来看,东北主要的钢铁工业基地鞍山和本溪是地区钢铁供给的主要来源,发货量占到地区发货量的60%以上。此外,通化也是东北地区钢铁的主要供给源之一。其次,从钢铁接受地来看,地区内的重要工业基地,尤其是装备制造业基地成为钢铁的主要需求方。大连和沈阳作为我国主要的造船基地和装备工业基地以及东北钢铁的外运窗口,成为钢铁运输的主要接受地,占到地区钢铁货流接受量的43%,其次是汽车工业基地——长春,动力基地——哈尔滨与重型机械工业基地——齐齐哈尔。从城市间的货流看,鞍山到大连、鞍山到沈阳、本溪到大连的货流量较大。在产销关系上,鞍山的钢铁主要供给大连、哈尔滨、长春、沈阳,部分还通过大连出口;本溪的钢铁主要供给大连、沈阳、长春、哈尔滨和丹东,还有部分要运输到鞍山,部分通过营口港外运。

粮食运输:1991年,大连、长春、铁岭、沈阳和佳木斯是粮食的主要运出地,占到地区内粮食流量的70%;1995年则为大连、佳木斯、鹤岗、沈阳和松原,占到地区内粮食流量的75%;到2000年,则变为大连、通辽、长春、沈阳、哈尔滨、铁岭、松原等,占到地区内粮食流量的63%。在这些城市中,大连作为东北地区最大港口,成为区外粮食输入的主要承接地,而沈阳、长春、铁岭、松原、佳木斯等粮食基地,成为地区粮食的主要供给地。从粮食的接受地看,从1991年到2000年,大连作为地区粮食外运的主要港口,始终名列地区粮食接受量的首位,2000年更是达到了地区粮食流量的71%;其次是沈阳、哈尔滨、长春等人口规模较大,粮食消耗量大的城市与抚顺、本溪、辽阳等工业性城市。2001年,葫芦岛成为地区粮食外运的主要港口,在粮食接受量中比例提高。在城市间粮食运输联系方面,作为东北地区粮食对外运输的主要港口所在地,大连是地区内粮食运输的主要接受地,基本上每个城市向大连的粮食运输量都占到该城市粮食外运量的首位;而大连也是东北地区其他粮食运入的主要港口,因此,大连对一些城市的粮食运输量也占到该市粮食接受量的首位。

集装箱运输:受集装箱运输产品的特点与运输条件的影响,只有经济发展水平较高的地区才能成为集装箱产品的主要来源地与接受地。因此,大连、长春、哈尔滨和沈阳,作为东北地区经济最发达、产品以市场化较强的机电、电子等产品为主的工业基地,是东北地区集装箱的主要发出地,占到地区集装箱运输量的50%;且这种比例还在逐步升高,到2000年四城市集装箱的发出量占到72%。同样,由于所生产产品需要的配件较多,他们也是东北地区集装箱的主要接受地,尤其是长春、大连和哈尔滨。其中,大连作为东北地区集装箱运输的主要枢纽港,不仅在港口运输的集装箱吞吐量方面居区内主要港口之首,在铁路运输方面的集装箱吞吐量也居首位;而长春随着一汽与大众合资生产轿车的规模与类型的增多,在汽车零部件方面的运输量也逐渐加大,使得集装箱接受量在地区内居前位。此外,在城市间集装箱运输联系方面,四个城市间的运输联系也是非常显著的。

2. 铁路客流联系

铁路客流一定程度上是不同地区之间日常经济交往的表现,特别是中长距离交往的体现。因此,铁路客流最能够体现城市之间的社会经济联系。城市之间社会经济联系越密切,铁路客流的联系的强度越强。同货流分析一样,这里通过对东北区内的36个城市2000年铁路运输到达客流的来源地和发出客流的到达地结构的分析,探讨东北地区城市之间的社会经济联系方向与联系强度。

首先,与铁路货流相同,东北地区内部城市之间的客运联系比较密切,且区内城市之间的客流联系要高于区内城市与区外城市之间的联系。2000年,36个城市55%以上的旅客运输是在地区内部发生的。其次,在联系密度上,辽中南地区城市之间、长—四—吉城市群、哈大齐牡城市带内的联系比较密切,交互联系显著率在70%以上(联系比例占到该城市对外联系比例的1%以上),三大城市群内部的联系密度显著高于该城市与组群外的联系密度。第三,在联系方向上,沈阳、大连、长春、哈尔滨等综合性城市的联系空间广泛,几乎与区内每个城市的联系率都在0.5%之上;核心城市组群内的城市相互联系密切,而核心组群之外的城市则主要与该市所在省的省会城市以及所在地区的核心城市联系密切;对于一些资源型城市和大型工业基地,由于产区与生活区的分离,内部客流比例较大。

作为东北地区最大的铁路客运枢纽,沈阳是东北地区社会经济联系空间最广泛的城市,与区内每一个城市的联系率都在1%以上,但与辽中南地区的城市联系最为密切,2000年,从沈阳发出的客流有57.4%发向了辽中南地区城市。由于沈阳作为一个重要的工业生产基地,市内工厂林立,且生活区与住宅区分离,因此有28.6%的客流还是到达沈阳市内;其次是位于沈阳都市区内的铁岭(5.23%)、辽阳(4.38%)、鞍山(3.03%)、本溪(2.23%)和抚顺(1.98%)以及东北地区对外联系的窗口与辽宁省的另一个核心城市大连(4.05%)、东部地区核心城市丹东(2.58%)、南部核心城市锦州(2.42%);吉林省与黑龙江省与沈阳联系密切的只是省会城市长春(2.23%)与哈尔滨(2.04%),其他城市不足1%。到达沈阳的客流中也是有27.09%来自沈阳自身,其次是辽中南地区的铁岭(5.16%)、辽阳(4.27%)、鞍山(2.99%)和本溪(2.45%)以及省内的核心城市大连(3.79%)、丹东(3.55%)与锦州(2.35%);省外城市只有长春(2.25%)和哈尔滨(1.78%)。

由于大连位于铁路线路的末梢,与区内的社会经济联系相对较弱,只与重要核心城市联系密切,且市区内部的客流比例较大,占到42%左右。其他与大连发出与到达客流联系密切的城市主要是辽中南地区的沈阳(10%)、鞍山(2%)、辽阳(1%)与锦州(1%);吉林省与大连联系密切的主要是长春市(1.8%)、吉林(1%)、四平(0.5%)和通化(0.5%),黑龙江省则主要是哈尔滨(2%)、大庆(0.5%)、齐齐哈尔(1%)和牡丹江(0.8%)。

长春市受产业结构影响,与东北地区内部的社会经济联系要弱于其与区外的联系,从长春发出的客流到达东北地区内部城市的比例只有44.2%,而到达长春的客流中也只有46.2%来自东北地区内部。在东北地区内部,长春也只与吉林省主要城市以及省外的沈阳、大连、哈尔滨联系比较紧密。从长春发出的客流,除7.7%是在长春市内,其次主要是到吉林(6.7%)、沈阳(6.4%)、四平(4.2%)、哈尔滨(3.5%)、松原(2.5%)、白城(2.4%)和大连(2.0%);而到达长春的客流也主要是来自这些城市,只是在比例上有所变化,除长春市自身外(7.8%),其次为吉林(7.4%)、沈阳(6.0%)、哈尔滨(5.3%)、四平(4.4%)、松原(2.1%)、白城(2.1%)和大连(1.9%)。

与长春类似,哈尔滨与东北地区内部的社会经济联系要弱于与区外城市的联系,东北地区内部到达哈尔滨的客流与哈尔滨发往东北地区其他城市的客流比例仅在42%左右。在东北地区内部,哈尔滨也仅是与哈大齐牡产业带内城市以及沈阳、大连和长春联系密切。2000年,从哈尔滨发出的客流主要到达大庆(5.3%)、齐齐哈尔(4.6%)、牡丹江(1.8%)、沈阳(3.2%)、长春(3.3%)和大连(1.6%);而到达哈尔滨的客流也主要来自这些城市,比例分别是大庆(6.5%)、齐齐哈尔(5.2%)、牡丹江(3%)、沈阳(3.87%)、长春(2.46%)和大连(0.97%)。此外,同其他大城市一样,哈尔滨市内的客流比例也比较大,分别占到发出客流的12.4%与到达客流的14.05%。

二、主要城市之间的电信流联系

电信流也是反映城市之间空间联系的重要指标。随着电子通讯技术的发展,许多经济、行政信息和指令都是通过电信来传递。本文根据获得的哈尔滨、齐齐哈尔、牡丹江、鸡西、大庆;长春、吉林;沈阳、鞍山、本溪、辽阳、营口、盘锦、葫芦岛等14个城市呼出的前20位城市的长途电话流(有效单数)来分析东北地区主要城市之间的电信流联系。

图10—11是黑龙江省和吉林省主要城市呼出的长途电话的流量及流向,可以看出这两个省的主要城市与东北地区内部城市的电信联系比较密切。在长春和吉林呼出的长途电话流占前20位的城市中,东北地区内部的城市占到绝大多数,且两城市之间的相互通话量也比较高。长春呼出的长途电话到吉林的为15.7%,到本省其他城市四平、松原、延吉、白城、白山、通化和辽源的比例分别为11.31%、7.50%、5.56%、4.40%、3.10%、2.92%和2.59%;到哈尔滨的比例为7.20%,到沈阳为6.94%,到大连为4.94%;到北京—天津的比例为15.19%,到上海为4.42%,到广州—深圳为4.0%左右。吉林市有39.77%的长途电话是呼向其所在省的行政中心长春,其次是首都北京(11.73%),再次是东北地区内主要的经济中心和工业城市,如沈阳(6.8%)、哈尔滨(4.97%)、大连(4.43%)以及四平(4.27%)等。这些表明,长春与吉林两市与区内的城市尤其是省内的城市联系密切。

黑龙江省内的哈尔滨、大庆、齐齐哈尔、牡丹江和鸡西等五个城市也体现出了与东北地区内部城市,尤其是省内城市电信联系密切的特征。在哈尔滨市呼出的长途电话流中,到东北地

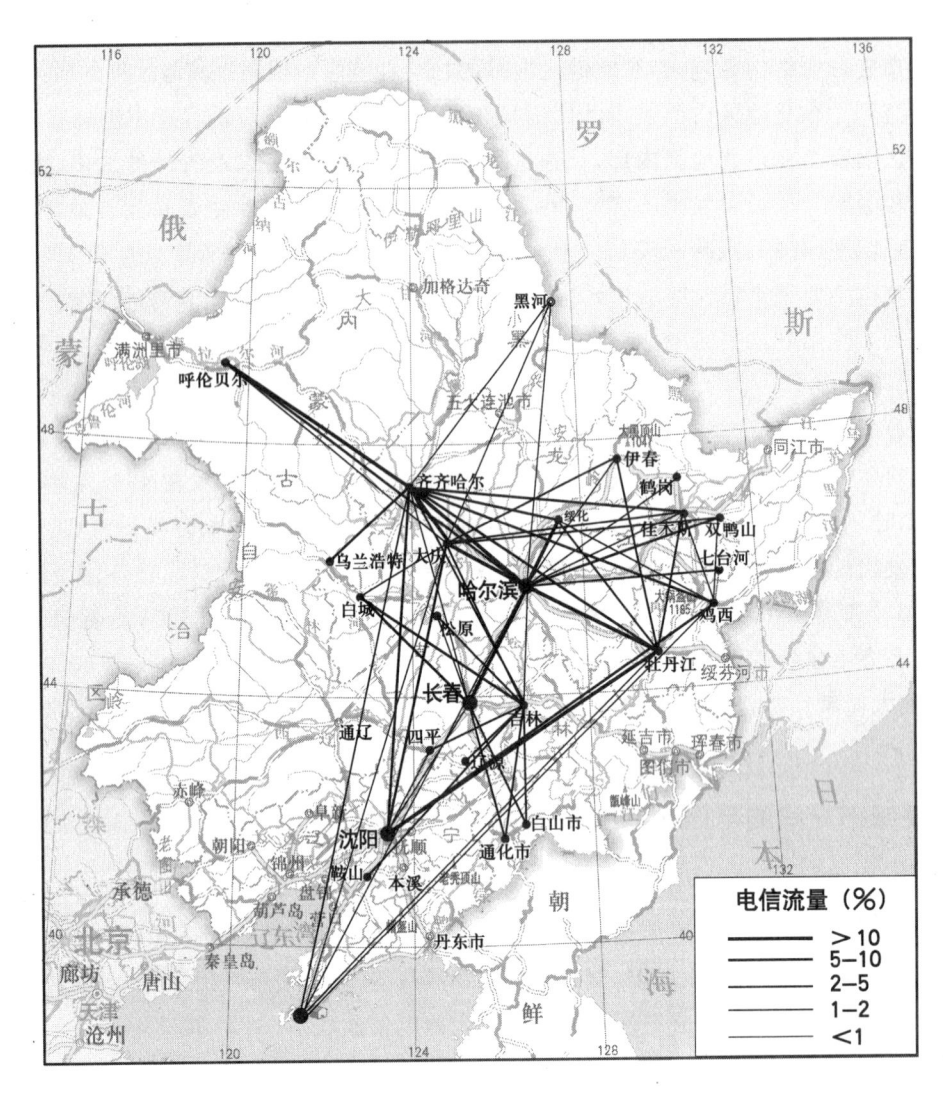

图 10—11 黑龙江省和吉林省主要城市呼出的电信流量与流向

区内部城市的比例达到了 69.78%,其中省内城市的比例占到 53.59%,除到绥化、大庆、齐齐哈尔、牡丹江这四个处于黑龙江省"哈大齐牡"产业带上的城市比例略高外,其余均匀分布在鸡西、鹤岗、双鸭山、七台河、伊春、佳木斯、黑河等省内重要的资源基地上,体现了省会城市的特点;此外,哈尔滨到沈阳、长春和大连的比例分为 5.65%、4.85% 和 3.96%;在东北地区外部,哈尔滨主要与北京(17.94%)、上海(5.37%)以及珠江三角洲地区(4.57%)联系比较紧密。在大庆呼出的长途电话流中,到哈尔滨的比例高达 34.06%;其次是省内的绥化(18.44%)、齐齐哈尔(11.87%),与长春、沈阳、大连的联系比例分别为 2.43%、1.54% 和 3.05%;到区外北京、上海、珠江三角洲地区的比例分为 7.9%、1.67% 和 0.96%。在齐齐哈尔呼出的长途电话流中,到哈尔滨的比例 29.99%,到大庆、绥化、牡丹江的比例分别为 9.61%、4.65% 和 2.88%;

到长春、沈阳、大连的比例分别为2.58%、4.35%和4.40%;在东北地区外部,齐齐哈尔主要与北京(8.97%)、上海(3.49%)以及扬州、深圳、南通、烟台等城市联系密切。在黑龙江省内,牡丹江与省会城市哈尔滨联系最为密切,比例为17.66%,其次为绥化(7.59%)、大庆(2.30%)和齐齐哈尔(1.59%);在东北地区内部,到大连、沈阳、长春的比例分别为8.83%、7.06%和3.53%;在东北地区外部,主要与京津唐(19.43%)、长江三角洲地区(10.6%)、珠江三角洲地区(11.66%)联系比较紧密。

根据图10—12中辽宁省部分城市呼出的长途电话流,可以看出辽宁省内城市之间相互联系的密切程度要高于该城市与省外区内其他城市以及区外城市的联系强度。基本上,所有城市都与省会城市沈阳市联系最为密切。沈阳市与本省的另一个大城市——大连的联系最为密切,在呼出的长途电话流中,到达大连的比例占到13.76%,其次是沈阳周边的铁岭(7.48%)、锦州(6.42%)、鞍山(6.29%)、抚顺(6.12%)、辽阳(4.86%)、丹东(4.52%)、朝阳(4.26%)、营口(3.96%)、本溪(3.64%)、葫芦岛(3.47%)、阜新(3.15%)和盘锦(2.62%),分布相对均匀,符合省会城市的特征;从沈阳呼向哈尔滨、长春的比例分别为4.26%和3.89%;沈阳仅有19.49%的长途电话是呼向了东北地区之外的其他城市,其中北京占11.47%、上海为3.8%、广州为2.06%。

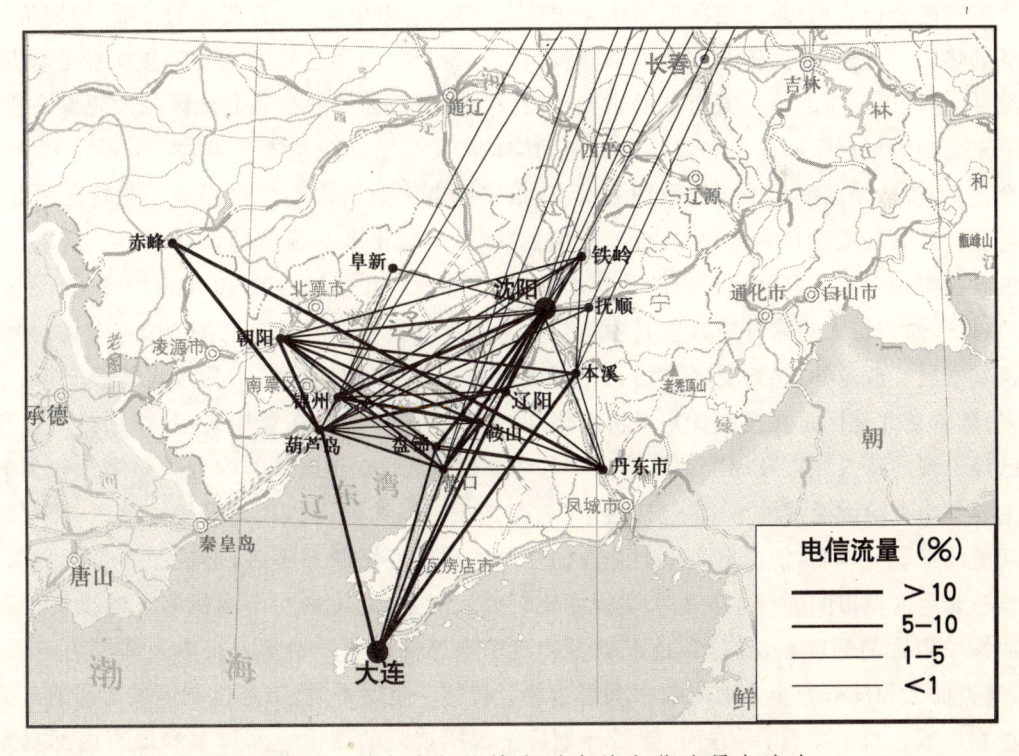

图10—12 辽宁省部分城市呼出的电信流量与流向

鞍山、辽阳、本溪主要与省内城市联系比较密切,尤其是他们彼此之间由于生产协作关系,而联系更为密切。与鞍山联系最为密切的前5位东北地区内部的城市是沈阳(23.08%)、大

(12.18%)、辽阳(11.75%)、营口(10.38%)和盘锦(5.27%),与辽阳联系最为密切的前5位城市是沈阳(30.93%)、鞍山(15.89%)、营口(4.52%)、本溪(3.79%)和锦州(3.51%),与本溪联系最为密切的前5位城市是沈阳(31.89%)、大连(13.50%)、丹东(10.05%)、辽阳(5.62%)和鞍山(5.31%)。在东北地区之外,这三个城市主要与北京(分别为8.27%、6.67%和6.31%)、上海(分别为2.33%、7.64%和1.72%)联系比较密切。

营口、葫芦岛和盘锦也主要体现出与省内腹地城市联系密切的态势;但作为港口城市,它们又体现出一定的开放性,与主要的经济中心城市以及港口城市联系密切。与营口联系最为密切的前5位东北地区内部的城市是沈阳(25.48%)、大连(19.12%)、鞍山(10.78%)、盘锦(7.36%)和锦州(4.06%),与葫芦岛联系最为密切的前5位城市是锦州(23.14%)、沈阳(21.15%)、朝阳(7.45%)、大连(6.24%)和哈尔滨(2.69%),与盘锦联系最为密切的前5位城市是赤峰(50.04%)、沈阳(13.39%)、丹东(7.33%)、大连(5.98%)和锦州(4.85%)。在东北地区之外,这三个城市也主要是与京津地区和上海联系比较密切。

第四节 结论与建议

本章的分析表明,东北地区的城市化过程及其城市空间体系具有明显的特征,特别是计划经济的烙印。首先,自然资源的大规模开发以及围绕资源利用进行的大规模重工业建设是20世纪90年代以前东北地区城市化的主要动力。改革开放前国家在东北地区的大规模投资,造就了东北地区城市空间体系和城市内部空间结构的特征。如特大城市和大城市多而中小城市发育差,经济活动高度集中于少数特大城市,很多城市工业结构重型化和单一化特征明显,厂区与城区不分现象比较突出,"先生产、后生活"使不少城市基础设施建设滞后等。其次,大规模国有投资带动了非农就业人口的迅速增长,使东北地区在解放后的30年内城市化水平高速增长(以非农户籍人口来计算),但其中也包含了不少以农村生活形态存在的国有农场、林场职工及其家属。改革开放后,受经济增长相对缓慢的影响,东北地区城市化过程趋缓。第三,近年来,随着东北地区正在摆脱计划经济的烙印,城市空间体系也在重构之中,特别是产业和人口已经出现向特大城市及周围地区集聚的趋势。例如,2000年以来非农业人口增加较多的城市主要集中在哈大沿线的城市,包括哈尔滨、大连、长春、沈阳、营口、四平等。第四,计划经济时期的统配统分体制,使国有大中型企业往往与本地的经济联系不多,形成了不少经济孤岛,导致东北地区城市间的产业联系密切程度比较差。但是,近年来在市场机制下的投资过程不断加深城市之间的联系。例如,越来越多的汽车零部件企业开始落户长春及周围地区;而乳品、肉类加工和皮革等企业则向哈尔滨周边地区转移。也就是说,市场机制下城市间的有机联系正在形成。总的来看,一方面,摆脱计划经济时期造就的城市空间体系和城市内部空间结构,可以使东北地区更加有效地迎接市场经济和全球化的挑战;另一方面,市场经济下的竞争和投资规律,也使东北地区出现了城市空间体系重整的趋势。即东北地区人口和经济活动向大城市集聚的态势已出现,具备了建设都市经济区的基本条件,正确引导和促进这种态势,促进其空间重整,对于振兴东北具有重要的意义。

参 考 文 献

1. 邓伟、张平宇、张柏主编:《东北区域发展报告》,科学出版社,2004年。
2. 董志凯、吴江著:《新中国工业的奠基石:156项建设研究》,广东经济出版社,2004年。
3. 李诚固:"东北现象的特征及形成因素",《经济地理》,1996年第1期。
4. 李振泉、石庆武:《东北经济区经济地理总论》,东北师范大学出版社,1988年。
5. 刘卫东、樊杰、周成虎、金凤君、陆大道等:《中国西部开发重点区域规划前期研究》,商务印书馆,2003年。
6. 陆大道、薛凤旋等:《1997中国区域发展报告》,商务印书馆,1997年。
7. 隋舵:《2004中国区域经济发展报告:东北老工业基地复兴研究》,红旗出版社,2004年。
8. 中国老工业基地的改造与振兴研究课题组:《老工业基地的新生》,经济管理出版社,1995年。

第十一章 空间重组战略与都市经济区建设

在经济全球化趋势下,由核心城市及其腹地组成的、具有有机联系的"城市区域"正在成为全球经济竞争的基本单元。大量国内外研究表明,以国际性"门户城市"(gate city)为核心的城市区域(大都市经济区)是目前全球最具竞争力的地区,如大伦敦地区、东京都市圈、多伦多大区等。在国内,以香港和广州为核心的珠江三角洲和以上海为核心的长江三角洲,正在成为具有国际竞争力的大都市经济区。站在全球竞争的高度,不培育出这样的都市经济区,就不能从根本上实现东北振兴。因此,进一步加强大城市的集聚功能,建设具有国际竞争力的都市经济区,对振兴东北具有深远意义。改变围绕大企业进行空间组织的惯性,实施空间组织重整战略,就要调整东北地区的城市化道路。要适应市场经济规律和经济全球化的趋势,积极培育充满活力的国际性门户城市,并以此为核心建设具有国际竞争力的大都市经济区。

第一节 空间重组的战略方向与目标

一、空间重组的战略意义与方向

1. 空间重组的战略意义

过去20年中,世界主要国家都受到了全球范围内经济结构调整和空间重组的影响,这个经济活动不断跨越国界的过程被称为经济全球化。其主要特征包括:金融资本在全球范围内的迅速流动、跨国投资的迅速增长、跨国公司垄断势力的强化、产业链在全球范围内的空间重组、国际经济组织(如世界贸易组织、国际货币基金组织)影响力的上升等。这些全球化因素和力量正在对不同区域的社会经济发展及其空间过程产生着深刻的影响,使区域直接暴露在全球竞争之下,既为区域发展带来新的机遇,也对其提出了挑战。20世纪80年代以来,通过不断的改革和对外开放,我国积极地参与了经济全球化的过程。一定程度上,我国改革开放以后的经济高速成长得益于经济全球化。由于经济全球化打破了传统的区域和国家界限,使原有空间体系已不能适应经济发展的需要。这使得考虑区域发展轨迹时,需要一个新的和全球性的视野。也就是说,区域不得不直接参与到全球竞争之中。相应地,区域发展空间也随之扩大,不再局限于国家之中,需要在更大范围内来考虑。因此,以全球性视野考虑东北地区社会经济的空间组织,促进其空间重组以适应全球竞争的需要,对于振兴东北具有重要的意义。

2. 空间重组的战略方向——构建大都市经济区

经济全球化正在导致世界主要国家的经济和社会重整,其中包括了区域和城市的重新定位。特别是,这种"社会—空间"变革重塑了城市的功能和全球城市等级体系。目前,很多学者认为,在新的信息技术支撑下,伴随全球化过程,世界经济的"地点空间"正在被"流空间"所代替。这些"流"并非是以一种没有逻辑和规律的方式运动着。一方面,他们在运动路径上依赖于现有的全球城市等级体系;另一方面,也在变革着后者。这种运动的一个重要结果就是塑造了对于世界经济发展至关重要的门户城市,即各种"流"的汇集地、连接区域和世界的节点、经济体系的控制中心。因此,不少学者争论到,在经济全球化趋势下,由门户城市及其腹地组成的、具有有机联系的"城市区域"(city-region)正在成为全球经济竞争的基本单元。例如,在发达国家中,金融和先进服务业中心以及高科技产业中心受益(如纽约、伦敦),而以传统制造业为主的城市经济发展缓慢(如底特律)。在发展中国家,特别是在亚太地区,一些传统的国际性城市及其周围地区由于接受了大量制造业外资而受益(如泰国的曼谷地区、中国的珠江三角洲和长江三角洲地区)。总体上,在全球范围内,围绕特定区域性中心城市而形成的、具有活力的"城市区域"(也被称为"功能性城市体系")已经成为一种新的空间现象。这些区域相互连接起来,已经构成为巨大的全球经济网络,而城市正是网络中的节点。

对于这种新的区域现象已经有很多的文献描述和分析。例如,斯科特(Scott)将其描述为"全球城市区域"(global city—regions)。在功能上,这些城市区域是经济全球化重要的载体和跨国公司运行的支撑点。当然,构成这些城市区域之核心的并非都是诸如纽约、伦敦、东京这样的世界顶级城市。不少发展中国家的核心城市也扮演着重要的角色。作为跨国公司区域总部的聚集地、区域性金融中心、物流中心和高级生产服务业中心,它们是发展中国家和地区与全球经济体系结合的门户城市。这类城市的代表性例子是新加坡、墨西哥城、香港、汉城,而上海、北京、曼谷、马尼拉等城市也正在成为这样的城市。一方面,这些城市正在被全球化力量塑造为多元文化的、有竞争力的大都市;另一方面,这些城市也是发展中国家最直接暴露在全球竞争之下的地点。这样的发展趋势,使很多学者和国家决策者认识到了围绕"门户城市"培育城市群体竞争力的必要性。事实上,从早期的"世界城市"研究到后来的"全球城市"(global city)的研究,再到目前的"正在全球化的城市"(globalizing city)的研究,都强调了核心城市的重要作用,只不过对于核心城市的功能定位有所区别。总体上,这类核心城市在经济上是命令和控制中心(通过高级生产服务业和跨国公司总部等载体来实现),在空间结构上是全球城市网络重要的节点,在文化上是多元的和具有包容性的,在区域层面是全球化扩散到地方的"门户"。

因此,以全球性视野,在经济全球化的趋势下以国际性门户城市为核心的城市区域是目前全球最具竞争力的地区。我国已经积极地参与了经济全球化的过程,多数产业部门和绝大多数地区都已暴露在全球经济竞争之下。各地区的发展无法逃避全球经济竞争这把"利剑"。可以说,站在全球竞争的高度,不培育出具有国际竞争力的城市区域,就无法在根本上振兴东北老工业基地。与此相对照的是,东北地区经济空间组织在很大程度上是计划经济的产物,远远不能适应市场机制和参与经济全球化的需要。因此,空间结构的调整不是振兴东北过程中无关紧要的工作,而是一项具有深远意义的战略任务。

二、空间重组的战略目标

调整东北地区的空间结构,要改变围绕大企业进行空间组织的惯性。适应市场经济规律和经济全球化的趋势,积极培育充满活力的国际性门户城市,围绕门户城市组织区域经济,发挥好大城市的集聚功能。

战略目标之一:适应市场经济规律和经济全球化的趋势,积极培育一个充满活力的门户城市,并以此为核心构造具有国际竞争力的大都市经济区。门户城市要承担为东北地区经济发展服务的功能,成为吸引外资与参与国际竞争的基地;同时,鼓励大公司和大企业的总部向门户城市集中。

战略目标之二:在大城市周围积极发展具有市场活力的中小城市,通过合理的城市等级体系增强区域的发展活力。

空间结构调整的最终目标:形成包含三个层次的空间组织形态,即大都市经济区(作为区域的龙头)、一般城市密集区域(人口和产业集聚区)、边缘地区的中心城市(作为促进区域一体化发展的据点)。

第二节 城市中心性分析与门户城市选择

一、城市中心性评价

城市中心性反映的是一个城市为其他城市及区域服务的相对重要性,是衡量城市功能地位高低的重要指标,也是选择门户城市的基础。中心性的计算过程如下。

1. 指标选取

通过分析和筛选,选取全市总人口、市辖区年末总人口、市区国内生产总值、货运总量(市辖县)、客运总量(市辖县)、经济产出密度、批发零售贸易业商业销售总额、人均国内生产总值、电信业务总量、每万人拥有高等学校学生数、每十万人拥有的病床数共计11个影响城市中心性较强的指标。

2. 计算过程

首先对数据进行无量纲化处理。

数据的无量纲化是通过简单的数学变换来消除各指标量纲影响的方法。常用的方法有直线型无量纲化、折线型无量纲化、曲线型无量纲化。这里采用直线型无量纲化方法中的标准差

标准化法,其计算公式为:

$$x'_i = \frac{x_i - \bar{x}}{s}, \text{ 其中}, s = \sqrt{\frac{1}{n}\sum(x_i - \bar{x})^2}$$

为避免 Z 分数的负值,把 Z 分数再作一次线形变换,以平均值为 50,标准差为 10 作参照点,得到新的导出分数,其变换如下:

$$x''_i = 10x'_i + 50$$

以此进行无量纲化。

其次,对各指标(共 11 个)进行权重赋值。指标的权重是综合评价的重要信息,应根据指标的相对重要性,即指标对综合评价的贡献来确定。因此,在复合指标识别问题中,确定指标的权重是必不可少的。权重的确定主要有主观赋权法和客观赋权法。这里采用选择熵法来确定指标的权重。

第一步:确定熵值。现有 m 个指标 $I_1, I_2, \cdots, I_m$,来识别评价对象。如果用 p_j 表示第 j 个指标的不确定度,则整个信息的不确定性度量可用

$$Q = -k\sum_{j=1}^{m} p_j \log p_j \tag{1}$$

来表示,此即为熵,其中 k 为正常数。

第二步:设评价对象 S_i 在评价指标 I_j 下的取值为 x_{ij},用

$$p_{ij} = \frac{x_{ij}}{\sum_{i=1}^{n} x_{ij}} \tag{2}$$

表示指标 I_j 下对象 S_i 的贡献度,这种贡献度包含有一定的信息内容,因此,可以用熵 E_j 来表示所有的评价对象对指标 I_j 的总贡献度:

$$E_j = -k\sum_{i=1}^{n} p_{ij} \log p_{ij}, \quad j = 1, 2, \cdots, m \tag{3}$$

常数 k 取值为 $1/\log n$,可保证 $0 \leq E_j \leq 1$。从(3)式中可以看出,当某个指标下各个对象的贡献度趋于一致时,E_j 趋于 1;而贡献度一致,则说明该指标在评价所有的对象时可有可无。所以,当 E_j 等于 1 时,就可以不考虑该指标,即该指标的权重为零。为此,可定义 d_j 为指标 I_j 下的各城市贡献度的一致性程度:

$$d_j = 1 - E_j, \quad j = 1, 2, \cdots, m \tag{4}$$

d_j 是指标 I_j 对识别起作用大小的"确定性"度量,称 d_j 是指标 I_j 的峰值。当 $d_j = 0$ 时,一致性程度最高,指标 I_j 的权重取为 0,其他指标可用下式求得权重:

$$W_j^o = \frac{d_j}{\sum_{j=1}^{m} d_j}, \quad j = 1, 2, \cdots, m \tag{5}$$

这样得到客观权向量:

$$W^o = (W_1^o, W_2^o, \cdots, W_m^o) \tag{6}$$

最后将无量纲化的数据与指标权重加权求和,得出各个城市的中心性强度值。

3. 计算结果

根据上述方法计算得到的东北地区主要城市的中心性见表11—1。由表中数据可见,沈阳、大连和哈尔滨是东北地区首要城市,中心性最强。长春市的中心性与上述3个城市略有差距,与大庆和鞍山同属一个级别。但是,由于长春位于东北地区中部,又是吉林省省会,未来发展空间比大庆和鞍山要大。中心性评价排前15位的城市基本上都位于哈大铁路沿线,这为东北地区经济的空间组织提供了基础。

表11—1 东北地区主要城市中心性评价结果

城市	中心性	城市	中心性	城市	中心性
沈阳	71.94	丹东	49.48	松原	45.35
大连	70.28	本溪	48.93	白山	44.44
哈尔滨	67.57	抚顺	48.66	绥化	44.38
长春	62.91	辽阳	48.02	辽源	44.19
大庆	58.76	佳木斯	47.68	双鸭山	43.55
鞍山	56.87	阜新	47.50	白城	43.17
吉林	52.21	葫芦岛	47.24	鹤岗	42.72
锦州	51.93	丹东	46.71	七台河	42.66
齐齐哈尔	51.24	本溪	46.33	黑河	42.59
牡丹江	51.16	抚顺	45.95	伊春	42.22
盘锦	51.12	朝阳	45.57		
四平	49.76	营口	45.20		

二、门户城市的选择

1. 选择原则

门户城市的选择应考虑如下原则:①发展水平高、经济实力强、人口规模足够大;②中心性强,即为腹地服务功能强;③有广泛的国际、国内联系;④是跨国公司青睐的投资地;⑤有广大而且基础较好的腹地。按照这些原则,东北地区尚没有一个单独的城市能够成为像香港、上海那样的国际性门户城市。沈阳历史上是东北的中心,是辽宁的行政中心,周围城市密集,近年来吸引外资不断上升,但是它不是口岸城市,也不是外资(特别是外资金融机构)在东北的首选地,城市形象也有待改进。大连一直是东北的对外窗口,拥有国际级港口,集中了大批外资企业和外资金融机构,城市形象佳,但周围城市稀疏,进一步发展的用水、用地条件差。另外,不是省级行政中心也成为某种制度性障碍。根据计量评价,两者的中心性和综合发展水平相差无几。

2. 门户城市

因此,东北地区应考虑建设一个"双核"门户城市,即整合沈阳和大连两者的优势,实现优势互补,共同带动东北地区的发展。其中,沈阳应侧重发挥东北地区物流中心、金融中心、交通枢纽、装备制造业研发和生产基地等功能;大连应侧重发挥国际贸易窗口、东北亚国际航运中心、东北亚国际物流中心、涉外金融中心、临港型先进制造业基地等功能。

第三节 空间单元划分与城市区域的识别

目前,学术界对于城市联系空间单元的划分或某种类型的经济区划分,主要有定性和定量两种方法。定性方法主要是侧重从城镇规模体系的角度出发,在保持行政界限的完整性前提下,以大城市为核心,划定其经济辐射区。定量方法主要有两种,第一种是首先计算地区内所有城市的中心性强度,而后,依据重力模型,计算各级中心城市之间的相互吸引力以确定哪些城市可能因较强的相互联系而可能形成联系功能区。一般这种中心性是根据社会经济指标综合而成。第二种方法是通过计算每个地区经济总量相对于地区平均水平的区位商,而后将区位商进行空间分布,选取变化拐点作为不同类型区之间的分界线,从而确定类型区的边界。但是,这些划分方法都没有考虑到城市联系单元(或相似类型区)作为一个经济整合的结构性空间单元,尤其是注重其中的内部经济联系。有关研究表明(朱英明,2003),城市群经济空间发生与发展的支撑条件是发达的交通、运输和信息网络,交通流与信息流分析是都市群经济联系的重要内容。因此,交通流和信息流可以作为城市联系空间单元范围划定的一个判断方法与依据。本节从实际发生的经济联系角度,以交通客流为数据基础,对城市联系的空间单元及其空间范围进行划定,为城市的有效组织与构成提供支撑。

一、分析方法与模型

1. 假设条件

当某两个城市联系密切(或一个城市对另一个城市的经济辐射能力越强),超过了与其他城市的联系,则它们之间的交通流强度要高于与其他城市的交通流强度。而且,经济实力越强的城市,其对外发出的流和接受的流的强度也比较大,二者具有一种共振作用。因此,在不考虑城市经济实力的基础上,也可以通过交通流来反映一个城市对另一个城市的经济辐射作用。

2. 分析方法

首先,计算出每个城市的对外联系流量矩阵,即行和列是每个城市,矩阵中的每一个数字是这两个城市之间的联系流量,即从每个城市发出的流量和每个城市到达的流量之和,也即是在这两个城市之间传输的流量。其次,对数据进行标准化分析,得出标准化后的城市间交流标准化矩阵。目的是消除各量纲在单位、数量级上的差别,使之横向上具有可比性。标准化公式为:

$$x'_{ij} = \frac{x_{ij} - \bar{x}_j}{S_j}$$

其中,x'_{ij}为标准化后的数据,x_{ij}为原始数据,$\bar{x}_j$为第j个指标的平均数,S_j为标准差。

然后,将标准化后的联系流矩阵作为分析对象,进行主成分分析。主成分分析是用于在具有相关关系的变量中,通过提取主要因子,来综合代表变量中的各类信息的一种方法,也可以是根据每个变量样本的分布规律,对变量进行分组。在本节中,把行作为变量,把列看作是样本数,则每个变量代表的是这个城市与其他城市之间的联系流量。进行因子分析,就相当于根据每个城市与其他城市的联系强度,将这些城市分组,一般与主因子关系密切的城市都可以看作是一个城市单元。而且,因子得分最大的城市便是这个城市单元中的核心城市。最后,将每个城市相对于每个因子的得分,乘以每个因子的载荷,计算出一个综合得分,即相当于该城市在本地区内的城际联系值,利用KRIG插值法,便可以描绘出不考虑行政边界下的城市空间单元。

二、空间单元划分

东北地区是我国铁路运输起步比较早,铁路网布局比较完善的地区。早在20世纪40年代,铁路运输就已经占到地区交通运输量的40%左右,铁路已经成为连接东北地区主要城市之间的重要工具。由于货流量只能说明所有货物的总吨量,而不能体现具体的货物输送价值。也即是说,货物流量在很大程度上会受到输送货物种类的影响,而不能准确反映地区之间的联系密切程度。因此,本节主要以客流为主要对象进行分析。

1. 研究方法与数据分析

本节利用从铁道部获取的2000年东北地区主要铁路站点之间的客流数据,将发出流和到达流相加,得到城市间的客流联系矩阵(其中城市内部的交流量则不相加,其本身就是交流数据)。其中,行矩阵的城市便是进行城市间相关关系分析的变量,而列矩阵就是每个城市与该城市的关联数据。

将联系矩阵中的数据标准化,而后计算每个变量的特征值及其方差。其中特征值大于1的因子有10个,累积贡献率达到86.0%;尤其是前三个因子,累积贡献率达到56.76%(表11—2)。

提取所有特征值大于1的主成分作为因子,进行正交旋转,尽可能地将信息分布在解释因子上,并计算每个变量相对于每个因子的载荷,以判断每个因子对变量的解释。为更好地突出因子对变量的解释信息,在因子载荷显示中,我们采取数据从大到小排列,且只显示载荷数在

0.5以上的数据(表11—3)。

表 11—2　客流数据特征值大于 1 的主成分及其累积方差

主成分	特征值	方差(%)	累积方差(%)
1	11.852	32.922	32.922
2	4.612	12.812	45.735
3	3.969	11.026	56.761
4	2.628	7.300	64.060
5	1.788	4.965	69.026
6	1.617	4.492	73.517
7	1.334	3.705	77.222
8	1.147	3.186	80.408
9	1.023	2.843	83.251
10	1.006	2.796	86.047

表 11—3　根据特征值大于 1 而进行因子提取的每个主成分的因子载荷

	1	2	3	4	5	6	7	8	9	10
阜新	0.960									
朝阳	0.948									
抚顺	0.937									
辽阳	0.937									
丹东	0.936									
鞍山	0.931									
铁岭	0.929									
沈阳	0.917									
营口	0.912									
锦州	0.904									
盘锦	0.802									
葫芦岛	0.758									
大连	0.548									
吉林		0.951								
松原		0.941								
白城		0.910								
四平	0.505	0.808								
辽源		0.542								

续表

	1	2	3	4	5	6	7	8	9	10
长春	0.407	0.498								
鹤岗				0.984						
双鸭山				0.979						
七台河				0.830		0.426				
佳木斯				0.588					0.528	
齐齐哈尔					0.912					
大庆					0.905					
哈尔滨					0.828					
白山						0.965				
通化						0.936				
鸡西							0.941			
牡丹江					0.408		0.832			
满洲里								0.877		
海拉尔								0.871		
通辽									0.891	
赤峰	0.554								0.753	
伊春									0.870	
本溪										0.863

2. 三大城市联系空间单元的划分

为更突出分析以沈阳—大连、长春和哈尔滨为核心的三大城市联系空间单元的范围,将提取因子缩减到三个,得出每个因子对应的变量(城市)以及每个城市相对于每个因子的因子得分(表11—4)。对于每一个因子,其因子载荷比较大的变量就属于一个空间单元,由此可以将东北地区的城市根据因子载荷划分为三个空间单元。然后根据因子得分,可以判断出该城市在其所在城市空间单元中的地位。

表11—4 提取三因子的因子载荷与因子得分

	因子1载荷	因子1得分	因子2载荷	因子2得分	因子3载荷	因子3得分
阜新	0.967	0.005	−0.029	−0.547	0.068	−0.453
朝阳	0.966	−0.157	−0.019	−0.545	0.079	−0.457
丹东	0.946	−0.121	0.020	−0.490	0.125	−0.403
抚顺	0.943	−0.205	0.026	−0.520	0.120	−0.379

续表

	因子1载荷	因子1得分	因子2载荷	因子2得分	因子3载荷	因子3得分
辽阳	0.937	0.436	−0.028	−0.530	0.070	−0.466
铁岭	0.935	0.010	0.027	−0.463	0.142	−0.264
鞍山	0.932	0.411	0.007	−0.524	0.117	−0.420
沈阳	0.914	5.495	−0.024	0.247	0.139	0.716
营口	0.907	−0.273	−0.021	−0.510	0.129	−0.409
锦州	0.901	0.792	−0.001	−0.553	0.085	−0.599
盘锦	0.775	−0.258	−0.096	−0.514	−0.034	−0.436
葫芦岛	0.738	−0.029	−0.031	−0.505	0.028	−0.456
赤峰	0.641	0.078	−0.104	−0.634	0.027	−0.368
大连	0.548	0.892	0.060	−0.038	0.120	0.074
本溪	0.155	0.113	−0.112	−0.648	−0.090	−0.605
七台河	−0.061	−0.354	0.838	−0.356	−0.142	−0.429
哈尔滨	0.202	−0.092	0.773	3.900	0.278	0.239
大庆	−0.003	−0.325	0.770	0.765	0.125	0.035
牡丹江	0.151	−0.236	0.761	1.609	0.012	−0.516
双鸭山	−0.039	−0.349	0.633	−0.070	−0.155	−0.473
鹤岗	−0.038	−0.344	0.627	0.105	−0.157	−0.506
佳木斯	−0.013	−0.257	0.599	2.698	−0.086	−1.034
齐齐哈尔	−0.011	−0.346	0.569	1.526	0.118	0.422
鸡西	−0.059	−0.330	0.404	0.340	−0.105	−0.524
满洲里	−0.020	−0.379	0.331	−0.214	0.042	−0.357
伊春	−0.039	−0.322	0.324	0.387	−0.088	−0.528
海拉尔	−0.041	−0.372	0.244	0.148	0.031	−0.162
吉林	0.097	−0.288	0.084	−0.291	0.902	0.620
白城	0.100	−0.443	0.116	−0.361	0.870	0.496
松原	−0.095	−0.407	0.025	−0.393	0.866	0.258
四平	0.504	−0.279	0.099	−0.469	0.789	0.900
辽源	0.181	−0.343	−0.090	−0.502	0.640	−0.190
长春	0.412	−0.631	0.214	0.231	0.568	5.067
通化	0.068	−0.551	−0.183	−0.948	0.541	1.275
白山	−0.091	−0.458	−0.190	−0.712	0.418	0.281
通辽	0.266	−0.082	−0.118	−0.618	0.271	0.052

从表11—4可以看出,阜新、朝阳、丹东、抚顺、辽阳、铁岭、鞍山、沈阳、营口、锦州、盘锦、葫芦岛、赤峰、大连和本溪同属一个城市空间单元,其中,沈阳的因子得分最高,是这个城市联系空间单元的核心城市,其次是大连和锦州两个副中心。在这个城市空间单元中,位于紧密圈层的主要包括辽阳、鞍山、抚顺、本溪、营口、盘锦、朝阳和丹东,外围圈层包括阜新、铁岭、葫芦岛和赤峰。七台河、哈尔滨、大庆、牡丹江、双鸭山、鹤岗、佳木斯、齐齐哈尔、鸡西、满洲里、伊春、海拉尔共同构成了第二个城市联系空间单元,其中,哈尔滨的因子得分最高,是该城市联系空间单元的核心城市,牡丹江和佳木斯是副中心城市。在这个城市空间单元中,紧密圈层主要包括七台河、大庆、齐齐哈尔、鸡西、满洲里和伊春,外围圈层主要包括双鸭山、鹤岗、满洲里和海拉尔。吉林、白城、松原、四平、辽源、长春、通化、白山和通辽共同构成了第三个城市联系空间单元,其中,长春的因子得分最高,是该空间单元的核心城市,吉林是副中心城市。在这个城市空间单元中,紧密圈层主要包括通化、白城和四平,外围圈层主要包括松原、辽源、白山和通辽。在上述分析基础上,以行政单元为基础,得出东北地区城市联系的空间单元(表11—5)。

表11—5 东北地区城市空间联系单元划分

空间单元	核心城市	副中心	紧密圈层	外围圈层
北部单元	哈尔滨	牡丹江、佳木斯	七台河、大庆、齐齐哈尔、鸡西、满洲里、伊春	双鸭山、鹤岗、满洲里、海拉尔
中部单元	长春	吉林	四平、白城和通化	松原、辽源、白山、通辽
南部单元	沈阳	大连、锦州	辽阳、鞍山、抚顺、本溪、营口、盘锦、朝阳、丹东	阜新、铁岭、葫芦岛、赤峰

3. 突破行政界限的三大城市联系空间单元范围的划分

为了突破行政界限,本节以上述数据为基础,将每个城市相对于这三个因子的因子得分乘以其所对应的方差权重后加总,便可以得到每个城市的最终得分。这个分值就是该城市与所有其他城市的联系密切程度。假设每个城市的对外联系密切程度是随着距离而衰减的,利用KRIG插值法,绘出东北地区2000年城市客流联系密切程度等值线图。其中,得分在1以上的,表明该城市是其所在城市空间单元的核心城市;分值在0.6以上的,表明这些城市之间的联系密切程度要高于这些城市与其他城市的联系,也就是说在这个范围内,城市之间的人流来往密切,也可以被判断是一个城市空间联系单元。

从图11—1可以看到,以沈阳为核心的城市联系密集区由于核心城市对外辐射对内联系的强度已经达到2.1,已经发育成为一个都市区,但核心城市与腹地的区域差异比较显著,导致该空间单元辐射地区(联系密切程度在0.6以上)范围较小。它包括沈阳市整个市辖区,临近的抚顺市区、抚顺县、铁岭市、铁岭县、铁法市、本溪市、辽阳市、灯塔市、辽阳县、鞍山市、台安县、北宁市、黑山县、阜新市、阜新县、彰武县,以及通辽市;在大连附近也形成一个独立的小城市空间单元,主要包括大连市及普兰店市、瓦房店市、庄河市和长海县。

　　长春—哈尔滨城市带的核心城市强度不高,核心城市的关联密切程度仅在1左右,因此还没有构成都市经济区,只是形成了都市经济带。其范围包括吉林省的长春市辖区、公主岭市和四平市、伊通县、吉林市、永吉县、舒兰市和松原市的部分地区,以及黑龙江省的哈尔滨市辖区、大庆、齐齐哈尔、牡丹江、鹤岗。

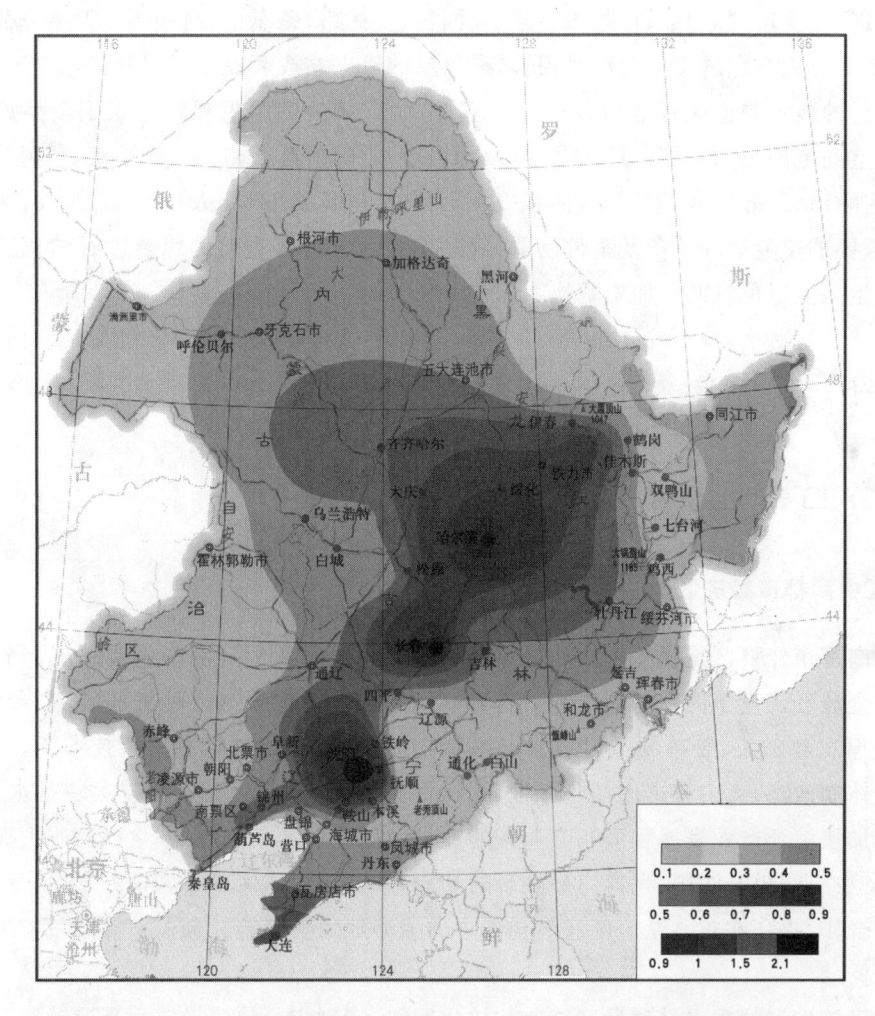

图11—1　东北地区城市联系空间单元划分与空间范围分布

三、都市经济区与人口—产业集聚区空间范围的确定

　　根据空间单元划分以及门户城市的选择结果,东北地区应围绕沈—大"双核"门户城市,积极建设辽中南大都市经济区,使其成为像珠江三角洲和长江三角洲那样代表国家参与全球经济竞争的基地。空间范围所涉及的地级市有:沈阳、大连、鞍山、抚顺、本溪、辽阳、营口、盘锦和铁岭等9个城市。具体范围可包括:沈阳市区、辽中县、法库县、新民市、大连市区、长海县、瓦

房店市、普兰店市、庄河市、鞍山市区、台安县、海城市、抚顺市区、抚顺县、本溪市区、本溪自治县、营口市区、盖州市、大石桥市、辽阳市区、辽阳县、灯塔市、盘锦市区、大洼县、盘山县、铁岭市区、铁岭县、铁法市,面积5.4万平方公里,2003年人口2417万人。

与此同时,要积极建设由黑龙江人口—产业集聚区和吉林中部人口—产业集聚区组成的东北中部产业聚集带。前者具体空间范围包括:哈尔滨市区、呼兰县、宾县、阿城市、双城市、齐齐哈尔市区、大庆市、林甸县、杜尔伯特县、兰西县、安达市、肇东市,面积4.3万平方公里,2003年人口1067万人。它的发展定位是:我国最重要的以电站成套设备、重型机械装备、重型数控机床为特色的装备制造业基地和石油化工基地,北方最大的绿色和特色农副产品加工基地。后者具体空间范围包括:长春市区、九台市、德惠市、吉林市区、永吉县、四平市、梨树县、伊通自治县、公主岭市、辽源市区、东辽县,面积2.9万平方公里,2003年人口1052万人。它的定位是:我国重要的交通运输设备及配件制造集群之一,北方地区重要的综合性石油化工基地,全国重要的生态型绿色农产品加工基地。

第四节 主要集聚区的发展方向与主要城市的职能定位

一、主要人口—产业集聚区的发展方向

1. 辽中南都市经济区

辽中南都市经济区是我国东北地区重要的门户和东北亚经济圈的重要组成部分,是东北地区参与全球经济竞争的主体和基地。随着东北老工业基地振兴战略的实施,将会成为我国最重要的原材料加工、装备制造、船舶、石油精细化工、高端钢材以及高新技术产业发展的基地。加快体制改革,大力推进市场化进程,通过资产重组,显著提高产业技术装备水平和国际竞争力。加快海洋产业发展和滨海产业带的建设。积极发展金融贸易、生产性服务业、旅游业等现代第三产业,提升沈阳、大连门户城市的功能,带动周边地区中小城市的发展。扩大与日、韩的经济合作,提高在东北亚地区经济合作中的战略地位。完善社会保障体系,提升城市的现代化水平。

基础设施发展的重点是建设区域性一体化网络,特别应尽快建设沈大高速铁路,整合沈阳和大连的优势功能。应继续建设哈大客运专线,与京沪高速铁路、青岛至太原客运专线相结合,构建环渤海圈快速铁路客运网。优化港口布局,重点建设大连集装箱干线港和营口支线港,加强港口、城市对外交通站场与城市道路、轨道交通站点的结合。该区域是仅次于海河流域的严重缺水地区,应加快产业结构调整和节水技术改造,减少城市和工业的用水量和污水排放量。大耗水产业应向沿海集中,减少淡水使用量,积极规划和实施从鸭绿江向辽中南地区调水工程。

2. 哈(尔滨)大(庆)齐(齐哈尔)人口—产业集聚区

哈大齐人口—产业集聚区是我国东北老工业基地振兴的核心之一，是黑龙江人口和产业的进一步集聚区域。在充分发挥地区资源优势和产业优势的基础上，通过体制改革和机制创新，优化区域投资环境，提升传统和新兴产业的国际竞争力，使其成为我国最重要的以电站成套设备、重型机械装备、重型数控机床为特色的装备制造业基地和石油化工基地；依托丰富的农产品资源和生态优势，打造北方最大的绿色和特色农副产品加工基地。积极发挥中小城市的产业配套和承接能力，重点培育阿城、双城、呼兰、肇东、安达等中小城市，形成人口和产业发展的新增长点，协调城乡全面发展。

加快滨洲线改造，筹建与京哈客运专线的连接线。加快建设哈尔滨与佳木斯、绥化和黑河的高速通道，提升哈尔滨交通主枢纽功能。加强大庆向南的交通线建设，提高区域对外交通的便捷性，扩张经济空间联系范围。区域水资源丰沛，有利于人口和产业集聚，但需要重视工业和城市污水处理，防止水环境污染。协调产业、城市用水与湿地生态保护的关系，保护扎龙湿地生态环境。

3. 吉林中部人口—产业集聚区

吉林中部人口—产业集聚区是我国东北老工业基地振兴的核心之一，吉林省经济发展的重点区域，未来将成为我国最大的汽车、轨道车辆制造及配件产业集聚区。在整车发展基础上，以一汽集团为龙头，整合现有零部件企业资源，重点培育吉林、四平、松原、辽源等中小城市的汽车配套能力，形成汽车电子电气、发动机附件、底盘、转向及传动等产业集群，带动中小城市的发展。以吉化为核心，优化结构，积极发展精细化工、高性能合成材料和特种材料，使该区成为我国重要的综合性石油化工产业基地。加大玉米、大豆精加工、畜禽乳产业化能力，建设我国重要的生态型绿色农产品加工基地。

该区陆路交通网密度较高，内外交通便利。今后应进一步改造哈大铁路线，加快建设长春向西和吉林向东延伸的高速公路，增强对外交流。该区地表水资源丰富，但应重视第二松花江上游支流的污染问题，适当控制大规模的耗水产业，同时要考虑利用引松工程措施，解决工业与城市用水问题。

二、主要城市的功能定位

1. 沈阳

辽宁省经济、政治和文化中心，辽中城市群的中心；东北地区交通中心、物流中心与商品批发中心；区域性的商贸、金融、信息中心；重要的装备制造业生产基地，具有机床、输变电成套设备、重型矿山设备、机器人及自动化成套装备、航空航天器等生产能力；重要的软件产业基地，电子计算机与通信设备等电子信息产品制造业基地；生物工程与制药产业基地；农业产业化

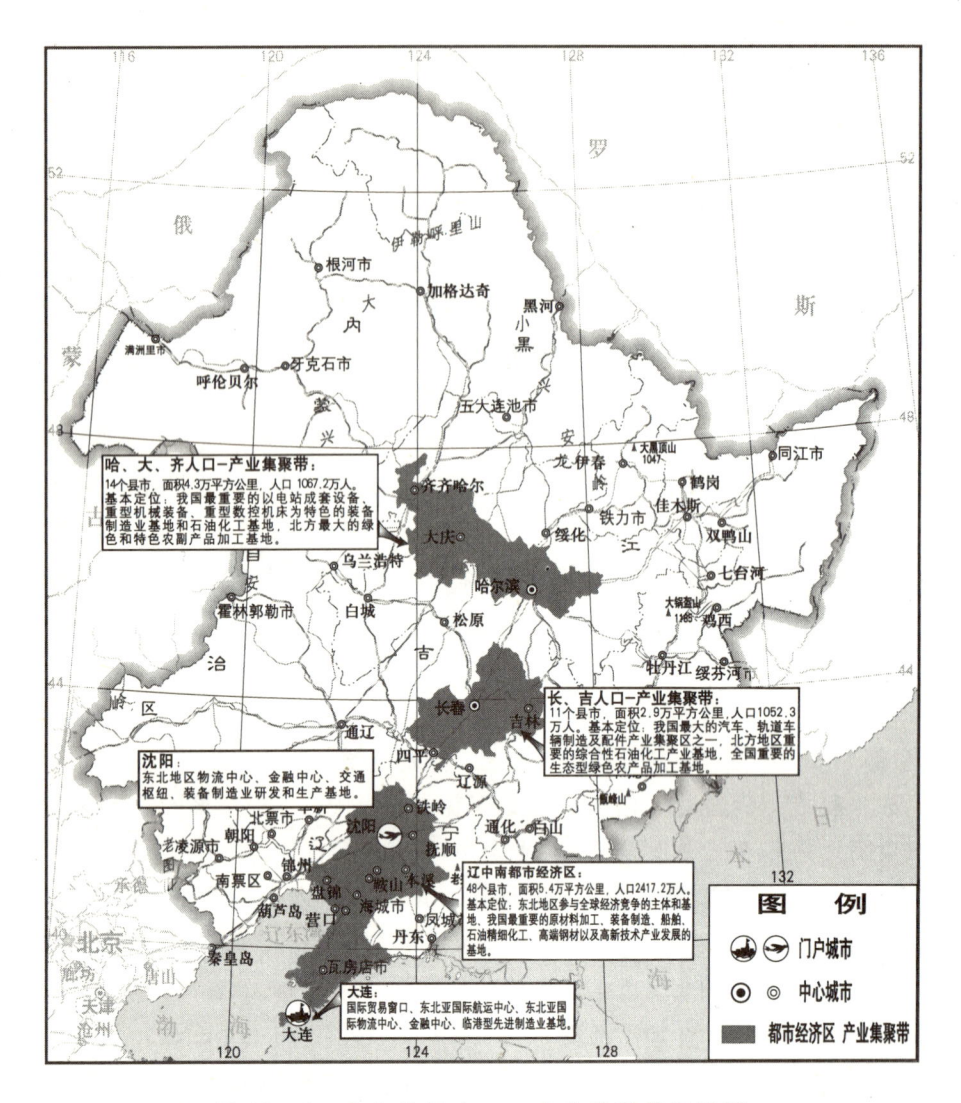

图 11—2 东北地区人口—产业集聚带规划图

基地。

2. 大连

东北亚重要的国际航运中心,国家级主枢纽港、北方重要的贸易港口、东北地区最大的货物转运枢纽港,东北地区对外开放的服务中心。油品、粮食、木材、汽车等物资集散地,集装箱、滚装运输的交通枢纽、区域金融中心。具有发展金融、保险、物流、商贸、旅游、会展、中介等现代服务业的能力。重要的装备制造业生产基地,具有超大型油轮、超大型集装箱、海上作业平台与大型滚装船、重型机械、数控机床、轨道车辆、制冷设备、柴油机、轴承等生产能力。临港型石油深加工和精细化工生产基地,电子信息和软件基地。

3. 长春

吉林省政治、经济、科教与文化中心,吉中经济区的核心城市,重要的交通枢纽和物流中心、科教与文化中心。全国重要的汽车产业基地与物流集散地,具有生产电子电气、发电机附件、底盘、转向和传动等配套系统的汽车零部件生产能力;重要的轨道车辆制造基地,具有生产高速铁路客车、电气化铁路客车、地铁客车、城市轨道客车等轨道车辆生产能力;重要的光电子信息产业基地,可以生产信息显示、光电子器件与材料、光电仪器仪表与设备;重要的农产品加工基地,可生产玉米淀粉深加工系列、大豆磷脂、分离蛋白以及畜禽乳品深加工产品;也是现代中药和生物药基地。

4. 哈尔滨

黑龙江省政治中心、经济、文化和科研教育中心,引领东北亚的中心城市。全国重要的以电站、飞机、汽车为重点的装备制造业基地;以乳业、粮食深加工、酿造业为重点的食品工业基地;以化学原料药和东北特色药材开发为重点的制药业基地。全国著名的冰雪旅游城市。

5. 大庆

全国重要的石油工业基地,以石油和石油化工及高新技术产业为主,综合发展的高科技现代化城市,黑龙江省西部的区域性中心城市。

6. 吉林

吉林省重要的石油化工生产基地,具有生产合成材料、基本有机化工、精细化工和合成纤维等系列石化产品的能力;重要的电力工业基地,可开发研制石墨制品、炭素复合材料、碳纤维及制品,可发展特种铁合金制品、镍系列、钼系列制品;吉林省汽车及零部件生产以及中药现代化基地的重要组成部分;重要交通枢纽、旅游城市。

7. 营口

国家级主枢纽港,东北地区重要沿海开放城市、轻纺工业基地、现代物流基地,东北地区和环渤海经济圈中多功能、外向型、经济技术发达的现代化港口城市。

8. 丹东

辽东地区的政治、经济、文化中心,东北地区重要的沿海开放城市,我国大陆海岸最北部的水陆中转联运港与物流基地。

9. 延吉

全国对外开放边境城市,吉林省东部国际旅游的集散地,中国图们江地区现代化的工商贸中心,图们江地区"金三角"的重要支撑点。

10. 满洲里

全国最大的陆路口岸城市,中国与俄罗斯等独联体国家和欧洲国家进行对外经济合作与国际贸易的基地。

11. 通辽

内蒙古东部重要的工业城市和铁路枢纽,东北经济区重要的能源、原材料和农畜产品加工繁育基地。

第五节　结论与建议

由于历史原因,东北地区社会经济发展的方方面面(包括空间结构)都打上了较深的计划经济烙印。由于经济全球化体现的是市场积累方式的扩散,因而这种烙印是东北地区参与全球经济竞争的不利因素。在经济全球化趋势下,以核心大城市为门户、以周围中小城市为腹地的大都市经济区是具有竞争力的空间组织方式。我国已经积极地参与了经济全球化的过程,振兴东北无法回避全球经济竞争这把"利剑"。在此背景下,积极培育大都市经济区是加强东北地区竞争力的重要措施之一。经过10~20年的努力,应该在东北地区形成包含三个层次的空间组织形态,即大都市经济区(作为区域的龙头)、一般城市密集区域(人口—产业集聚区)和边缘地区的中心城市(作为促进区域一体化发展的据点),其中的关键环节是促进具有一定全球竞争力的门户城市的形成与发展。为此,应该整合沈阳和大连两者的优势,实现优势互补,构造一个"双核"门户城市。

为更好地实现上述战略调整,应将改善东北地区主要核心城市的综合投资环境作为中央支持东北振兴的重要措施之一。门户城市必须具备一个良好的投资环境,增强对国内外资本的吸引力;另一方面,良好的投资环境也是实现体制转型的需要。实现体制转型,既需要加快国有企业(特别是中直企业)的改革,也要加强吸引外部资本的力度,加快体制多元化的进程,这两方面都要求城市拥有良好的综合投资环境。由于历史原因,东北地区不少城市的基础设施欠帐较多,综合服务功能落后,投资硬环境不佳。目前,一些城市政府通过大幅度借贷进行基础设施建设和旧城改造,存在着一定的风险。因此,中央政府应关注东北地区的城市改造问题。一方面,在解决城市基础设施欠帐和改造城市老工业区上给予一定的支持,另一方面对地方政府各种变相借贷进行旧城改造的行为进行必要的监控。

参 考 文 献

1. Hall P. *World Cities*. London: Weidenfeld and Nicholson, 1966 & 1984.
2. Firedmann J. & Wolff G. World City Formation: an Agenda for Research and Action.

3. Lo Fu-chen and Marcotullio P. J. Globalisation and Urban Transformations in the Asia-Pacific Region: a Review. *Urban Studies*, 2000, Vol. 37 (1), pp. 77-111.
4. McGee T. G. The Emergence of Desakota Regions in Asia: Expanding a Hypothesis. In N. Ginsberg, B. Koppel & T. G. McGee (eds.). *The Extended Metropolis: Settlement Transition in Asia*. Honolulu: University of Hawaii Press, 1991.
5. Sassen S. The Global City: Strategic Site/New Frontier. In E. Isin (ed.). *Democracy, Citizenship and the Global City*. London and New York: Routledge, 2000.
6. Scott A. (ed.) *Global City Region*. Oxford University Press, 2001.
7. Short J. R. et. al. From World Cities to Gateway Cities. *City*, 2000, V4(3): 317-340.
8. Short J. R. *Global Metropolitan: Globalizing Cities in a Capitalist World*. London and New York: Routledge, 2004.
9. 刘卫东、樊杰、周成虎等:《中国西部开发重点区域规划前期研究》,商务印书馆,2003年。
10. 刘卫东、甄峰:"信息化对社会经济空间组织的影响研究",《地理学报》,2004年第9期。
11. 甄峰、顾朝林:"信息时代空间结构研究新进展",《地理研究》,2002年第2期。
12. 朱英明:《城市群经济空间分析》,科学出版社,2004年。

第十二章 资源型城市的转型与可持续发展

东北的丰富资源,是我国经济建设的重要物质基础,也是资源型城市发展的基础。东北地区的矿业城市、林业城市的建设,促进了区域资源的开发,成为区域开发的重要基地,在当时的背景下这些资源型城市也必然成为全国工业化的原料供应基地。应当说,东北地区资源型城市的发展和资源型经济结构的形成,与区域的开发和国家工业化是同步推进的,是我国经济建设的必然要求。而这种资源型经济结构模式的固有弊端,就成为当前资源型城市各种问题的主要根源。

第一节 资源型城市概况与问题

一、全国资源型城市概况

1. 资源型城市的含义与特征

资源型城市是随着能源、矿产、森林、水电、旅游等自然资源的开发利用而兴起,并且因采掘这些资源形成的相关产业在地区社会经济中占有主导地位的城市。资源型城市既有一般城市的集聚、带动、辐射功能,是区域社会经济发展的中心,又由于城市对资源的依赖性强而受资源有限性和生态与环境脆弱性的制约,表现出独特的城市发展规律。因此,资源型城市与一般城市功能的共同点是城市,特殊性是资源产业,是城市经济发展的支柱。

资源型城市的兴起和发展是工业化进程中的必然产物。自然资源作为工业生产的原料和燃料,其空间禀赋的差异对地区工业化进程和特征起着至关重要的作用,其开发是导致资源型城市产生的初始动因。资源型城市的显著特征就是城市的发展与资源的开发规模和可开采储量密切相关、与资源型产业在经济结构优化升级过程中的地位密切相关、与资源型企业的市场竞争能力密切相关。

根据开采资源的不同,资源型城市又分为油城、煤城、钢城、有色金属城、森林城、旅游城等不同类型。在我国典型的资源型城市中,油城有大庆、玉门等;煤城有鸡西、阜新、大同、淮南、淮北等;钢城有唐山、攀枝花、鞍山等;有色金属城有白银、金昌、招远、灵宝等;非金属城有景德镇、钟祥等;森林城有牙克石、伊春等;旅游城有五大连池、井冈山等。

2. 我国资源型城市与我国社会经济发展

资源型城市是我国城镇体系建设中最为重要且最有特色的一大类型,其中矿业城市又是资源型城市中的最为突出的一类。建国以来,矿业城市为国家经济建设和社会发展提供了93.6%的煤炭、80%以上的铁矿石、70%以上的天然气和90%以上的石油等各种能源和原材料。矿业城市已成为提供矿物能源与原材料的主体。

矿业城市的兴起成为我国现代工业体系和城市群体中的重要部分,不仅决定着矿业的兴衰,而且在全国城市经济中占有较大的比重,对我国经济社会的稳定和发展,对增强国家经济实力都具有举足轻重的作用。2001年,我国有矿业城市178个[①],占全国城市总数662个的26.9%,其中地级矿业城市80个,占矿业城市总数的44.9%,县级98个,占55.1%。全国矿业城市的市区人口约为8495.32万,占全国城市总人口的27.9%;矿业从业人员约705万,占全国城市总从业人员的3.3%;市区国内生产总值(GDP)15956.02亿元,占全国城市市区国内生产总值的29.0%;矿业总产值约2716亿元,占全国矿业总产值的59.0%。

3. 资源型城市分类

根据不同的分类标准,资源型城市可以分为不同的类型。

根据矿业城市的不同发展阶段,可将资源型城市分为3类。①幼年期矿业城市。新建的矿业城市一般为20年以下;矿业为主导产业,矿业产值占城市GDP的80%以上,对整个产业结构的变动起着关键作用;非矿产业发展微弱,产业结构单一,资源保证程度高。我国处于幼年期的矿业城市共有29个,占矿业城市总数的16.29%。②中年期矿业城市。建市一般在20~50年;矿业产值占GDP的40%~80%,维系着整个城市的经济增长;非矿产业有所发展,但发展仍然缓慢,产业结构以矿业为主,但资源保证程度趋向减小。在矿业城市发展中期,矿业较多地支持非矿产业,非矿产业加速发展,矿业产值占GDP的比例稳定。全国178个矿业城市中,处于中年期的有131个,占73.60%。③老年期矿业城市。资源枯竭型矿业城市多数处于老年期,建市一般在50年以上,资源保证程度降低,矿业产值占GDP的5%~40%,矿业发展速度停滞或减慢,并在整个城市产业结构中的地位和作用持续下降;产业结构和城市的类型将发生分化。全国共有18个矿业城市处于老年期,占矿业城市总数的10.11%。

根据矿业类型,可将资源型城市分为8类。①煤炭型城市,如大同、鸡西、鹤岗、阳泉、平顶山、淮南、铜川、徐州、石嘴山等共68个,占全国矿业城市的38.20%。②油气型城市,如大庆、东营、玉门、库尔勒、濮阳、克拉玛依等共14个,占矿业城市的7.87%。③冶金型城市,如本溪、包头、马鞍山、黄石、嘉峪关、攀枝花、邯郸、临汾等共16个,占矿业城市的8.99%。④有色

---

① 从有关统计数据获得的难易程度上考虑,本报告在划分矿业城市类型时以县级以上城市为单位。根据中国矿业联合会等单位的调查,中国目前拥有矿业城市(镇)426座,矿业城市(镇)人口达31084万人。在行文中对此以矿业城市和矿业城镇予以区分。

金属型城市,如白银、葫芦岛、铜陵、郴州、个旧等共27个,占矿业城市的15.17%。⑤黄金型城市,如招远、莱州、三门峡、灵宝等共10个,占矿业城市的5.62%。⑥化工型城市,如白山、云浮、格尔木、福泉、自贡等共13个,占矿业城市的7.30%。⑦非金属型城市,如大石桥、海城、瓦房店、景德镇、晋江等共19个,占矿业城市的10.67%。⑧复合型城市,指城市的发展依赖2种或2种以上矿业的城市,如榆林、唐山、辽源、韶关等共11个,占矿业城市的6.18%。

二、东北地区资源型城市类型和主要特点

1. 资源型城市集中分布区

据统计,东北地区约有资源型城市33个,约占全国资源型城市总数的1/5。主要有大庆、鸡西、鹤岗、双鸭山、七台河、伊春、吉林、辽源、白山、松原、鞍山、盘锦、阜新、铁岭、抚顺、本溪、辽阳、葫芦岛、营口、大石桥、北票、南票等(表12—1,图12—1)。

表12—1 东北地区资源型城市统计表

编号	类别		数量	名称
1	行政级别	地级市	18	大庆、鸡西、鹤岗、双鸭山、七台河、伊春、加格达奇、吉林、辽源、白山、松原、铁岭、抚顺、阜新、鞍山、本溪、葫芦岛、盘锦
		县级市	15	五大连池、肇东、蛟河、桦甸、磐石、珲春、四平、公主岭、大石桥、海城、瓦房店、北票、南票、调兵山、凤城
2	主要资源类型	煤炭	13	鸡西、鹤岗、双鸭山、七台河、珲春、白山、抚顺、本溪、阜新、铁岭、北票、南票、辽源
		油气	3	大庆、盘锦、松原
		化工	2	宽甸、凤城
		黑色	3	鞍山、本溪、调兵山
		有色	3	葫芦岛、清原、吉林
		森工	2	伊春、加格达奇
		建材	3	大石桥、海城、瓦房店

东北地区资源型产业比重大。目前东北地区以采掘和原材料为主的重工业占64.2%,比全国高14.5个百分点。部分城市的资源如煤矿、森林已濒临枯竭,多数重大装备制造业和资源型产业已进入衰退期、技术改造关键期,面临着必须全面转产的局面,但受资金、技术等因素制约,接续产业发展滞缓,影响产业的可持续发展与社会稳定。特别是辽宁的煤炭、有色金属资源,黑龙江和吉林的煤炭、石油等资源已濒临枯竭,采矿引起的塌陷区不断扩大。东北部分林区由于实施"天保"工程导致木材产量大幅下降,吉林和黑龙江两省51个森工局的采运量只相当于原来的1/3。由于资源储量下降,开采成本大幅度上升,部分矿区失去了原有的经济优

势（如大庆油田）。在国内新的资源产量增加,国外石油、铁矿石等资源进口量加大的情况下,东北老工业基地资源型产业的地位下降,资源型城市的发展受阻,进而影响到国家资源安全、地区经济的可持续发展和社会稳定。

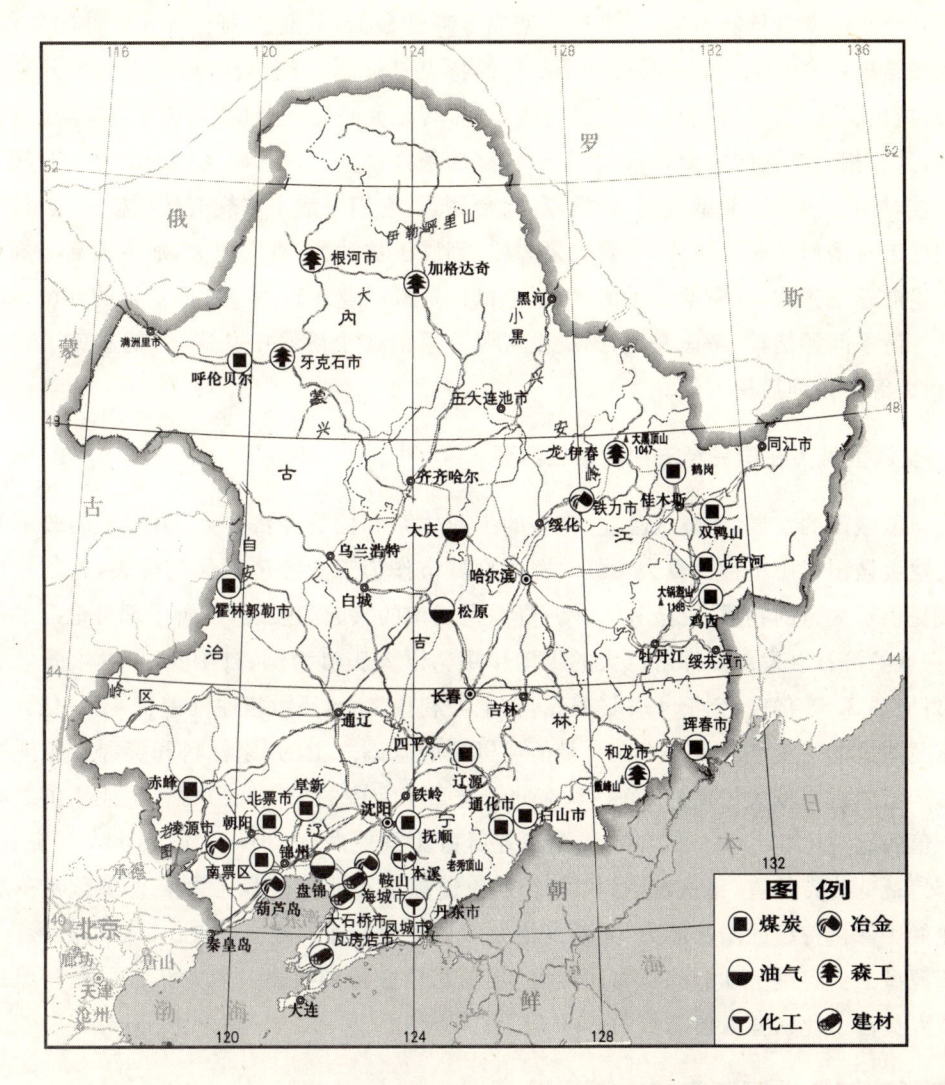

图12—1 东北地区资源型城市分布图

2. 资源型城市处于不同的发展状态

按照资源的消耗程度,资源产业的发展大致分为开发建设期(投产,资源量多)→达产稳定期(达产,即达到设计生产能力,资源量尚多)→成熟期(稳产,资源量大量减少)→衰退期(减产,资源量尚有,但少)→关闭期(不产出,资源枯竭)等不同时期。资源型城市的发展也大致分为三类:一是老年型城市,如抚顺、阜新、南票、北票、大庆和鞍山等,这些城市的资源产业情况复杂,问题较多,正在采取多种多样的转型方式与途径,如抚顺的高起点创新型,阜新的"特区"联动型,北票、南票的贸工农型。二是中年型城市,如鞍山、本溪、葫芦岛、盘锦、大石桥、海城等,多数采取主动转型模式,这是一种自觉、超前的行为。与老年型城市那种被动转型相比,有利条件是便于选择最佳转型期,力求把转型成本降到最低,同时也利于替代产业的发展,转型的效率和结果将会非常明显。另外一个突出的特点是资源比较丰富,正处于资源开采的兴旺时期,机械化程度高,开采成本较低,经济效益好,转型面临的问题少、压力小,基本没有什么历史包袱,具有相当规模的资金积累,有利于转型的条件很多。铁法矿区目前就处于为转型做准备的最佳时期。三是幼年型城市,如松原、七台河等,它们一般采取规避转型模式。目前,国内资源型城市转型所采取的措施,不管效果怎样,都属于被动型,难度太大,成本太高。规避转型即采取逆向思维方式,在资源开采伊始,就把以往资源产业在转型过程中遇到的环境、就业、替代产业等诸多问题估计、考虑在先,解决在资源开采的各个阶段中。这样,就避免了转型成本高、代价大等一系列后患问题。

3. 资源型城市在国民经济中的地位重要

资源型城市的发展,为建成独立、完整的工业体系和国民经济体系,为国家的改革开放和现代化建设做出了历史性的重大贡献。资源型城市作为工业经济时代的代表,为工业化的最终完成提供了大量的物质、资金和人才。资源型城市的兴起和发展,改善了部分地区的经济布局,对区域经济社会发展发挥着巨大的带动作用。以大庆市为例,自1960年投入开发建设以来,出口原油3.55亿吨,创汇497亿美元,在上缴利税之余,还承担原油差价4190亿元。

东北地区的经济增长是建立在大量消耗资源的基础之上的,原材料和资源型工业在全区工业总产值中占有较大比重。2001年,东北三省重工业中的采掘和原材料工业产值之和占工业总产值的比重达51.93%。其中,黑龙江省所占比重最高,为67.46%;其次为辽宁省,达到51.79%;最低为吉林省,比重也达到32.40%。资源型工业能否稳定发展直接影响东北地区的工业能否保持持续的增长能力,关系到绝大多数工业行业的健康发展。

资源型工业容纳劳动力的能力比较大,在东北地区特别明显。黑龙江省采掘和原材料工业从业人员占工业从业人员总数的50%以上。

三、资源型城市发展面临的主要问题

以资源开采为主的城市和地区发展接续产业是产业与产业结构发展的必然规律。在工业化过程中,许多工业资源富集地区均首先起步,发展资源型工业,为工业化提供能源、原材料,当能源和原材料资源逐渐枯竭的时候,产业结构需不断调整、转型,以适应发展的需要,这是许多国家都经历的过程。

长期以来,东北地区资源型城市一直把主要力量用在资源的开发、加工上,为国家提供原材料、能源产品,支撑国民经济运行,促进加工制造业的发展。但是由于种种历史原因,其他产业没有得到相应发展,造成地方财力空虚,城市欠账较多,各项社会事业发展较慢,并且由于工业内部结构不合理,其他产业发展不快,难以解决就业以及与此相关的一系列问题。

1. 一些城市主导资源枯竭,城市经济发展滞缓

资源型产业的生命周期严格地受资源储量的限制。随着资源的开发,储量和产量会日渐减少,开发成本将不断上升,同时对不可再生资源的需求也会逐渐发生转变,因此,资源型产业也必将经历一个由兴盛、稳定到衰退的发展历程。

东北地区是以耗竭大量自然资源为代价的外延型经济发展的典型地区。经过近百年来的开发,原始林消耗殆尽,森林质量严重下降,矿产资源趋于枯竭。近年来,由于可采资源日益减少,资源开采难度越来越大,缺乏足够弹性的资源型城市的产业结构日益显示出其不合理性。尤其是吉林和辽宁的大部分煤矿,近乎同步进入资源开采后期,主导资源的枯竭导致城市经济发展滞缓,城市面临一系列的经济与社会问题。

2. 经济结构畸重,城市增长方式粗放

长期以来,东北地区资源型城市在计划经济体制下形成了城市经济结构偏重,城市轻重工业的比例关系不合理,形成以能源、原材料为主的超重型结构。而在重工业中,采掘工业和原材料工业比重过大,加工工业比重很小,使资源的合理利用和生产力的合理配置受到严重制约,这在矿业城市中是带有普遍性的问题。

产业结构单一。由于过去对发挥矿业城市多功能作用重视不够,造成产业结构单一、经济增长过分依赖自然资源的产出是资源型城市经济结构中最重要的特征,而且资源型城市产品结构中初级产品都占绝对优势。采掘业和原材料工业比重大,加工工业比重小,且大都处于产业链的前端,产品的加工程度相对较低,产品结构中初级产品占绝对优势,高科技产业发展滞后,第三产业不发达,比重偏低。在所有制结构上表现为经济成分单一。国有工业企业在各种经济成分中占绝对优势,乡镇企业、民营企业少。在企业规模结构上,表现为大、中型企业较多,而小型企业较少;在组织结构上,表现为"大而全"、"小而全"的企业多,而专业化分工协作的企业群体和企业集团较少。同时,由于城市投资环境和投资条件的欠缺,难以形成有效吸引外来资金的气氛,因而合资企业和外资企业的发展显得薄弱。

这不仅使矿业城市经济社会发展受到阻滞,也给国家造成多方面压力。这种孤立地发展单一优势产品的做法,同现代化城市发展的客观规律是相背离的,也不利于矿业城市本身的建设。

3. 人力资源构成存在缺陷

资源开采需要大量的劳动力,除科技人员、管理人员和部分技术人员从外部流入以外,大多数劳动力来自周边农村,受教育程度较低,技能单一,这是导致资源型城市人口素质低下的"先天性"原因。

资源型城市的技术人员主要集中在传统行业,其他专业技术人才也主要集中在医疗卫生和教育机构等,高新技术人才很少。这使得资源型城市难以吸引用于发展高新技术产业的资金,现有企业也难以向其他产业扩张、延伸,也难以吸引技术含量高的知识密集型产业来资源型城市发展。

改革开放以来,由于区域经济发展的不均衡,东北地区经济发展相对落后,资源型城市的工作、生活环境明显劣于沿海开放城市,在人才自主择业、自主流动的条件下,不但难以从外界吸引人才,还出现大批本地人才外流的现象。人才匮乏,以及由人才缺乏所引起的技术开发能力弱、经营管理水平较低,无法满足城市转型的多元化人才需求,是制约资源型城市转型和制约资源型城市经济稳定、快速发展的瓶颈。

4. 失业人员比重大,就业压力大

资源型城市的主导产业部门大多是国有资源型大企业,在就业方面面临着双重压力。一方面,在计划经济体制下国有企业承担了解决就业问题的责任,吸纳了大量富余人员就业,造成了大量隐性失业。随着经济体制由计划经济向市场经济转变,隐性失业显性化,大量职工下岗、失业。另一方面,在资源枯竭城市,资源开采加工企业面临停产、转产甚至破产的困境,企业开工不足,对劳动力的需求直线下降,许多职工下岗、失业。因此,资源枯竭型城市面临着双重就业压力,与其他类型城市相比,失业问题更为严重。此外,资源开采加工企业的下岗职工由于劳动技能单一,素质偏低,向其他行业流动较为困难,再就业压力大。

资源型城市的经济除了资源型产业以外,其他大多是与资源型产业有关的加工、配套、服务领域,可以说资源型城市的经济发展是靠资源型产业支撑。资源枯竭以后,主导产业衰退的同时还引起了与其相关的其他产业与部门的衰退和不景气。资源型城市的失业、下岗也不仅仅局限在采掘业,而且还波及到整个城市与资源型产业有关的其他领域。如阜新市78万人口,自1998年以来,累计下岗职工达24万,2001年实际下岗失业人数15.6万,实际失业率达30.6%,居全国之首。2002年,吉林省仅在煤炭、森林行业需要安置的再就业人员约9万人,而且在今后一个时期内,上述人员的数量还将有所增加。

表12—2 东北地区主要矿业城市从业人员情况　　　　　　　单位:万人

城 市	采掘业从业人员数		占全省采掘业从业人员的比例(%)	
	全市	市辖区	全 市	市辖区
黑龙江省	65.56	42.93	100	100
大庆	9.38	9.37	14.31	21.83
鸡西	7.97	6.27	12.16	14.61
鹤岗	6.51	5.78	9.93	13.46
双鸭山	5.36	4.75	8.18	11.06
七台河	7.05	6.79	10.75	15.82

续表

城市	采掘业从业人员数		占全省采掘业从业人员的比例(%)	
	全市	市辖区	全市	市辖区
伊春	11.62	9.16	17.72	21.37
吉林省	20.62	10.55	100	100
吉林	3.91		18.96	
辽源	2.56	2.56	12.42	24.27
白山	7.16	2.33	34.72	22.09
松原	4.43	4.34	21.48	41.14
辽宁省	31.64	24.31	100	100
鞍山	0.95	0.75	3.00	3.09
抚顺	3.85	3.71	12.17	15.26
本溪	2.08	1.78	6.57	7.32
阜新	4.09	4.05	12.93	16.66
铁岭	4.24	0.13	13.40	0.53
葫芦岛	1.64	1.46	5.18	6.01
盘锦	9.43	9.43	29.80	38.79

资料来源：根据2003年《中国城市统计年鉴》整理。

5. 地方财政入不敷出

"点多、线长、面广"是资源型城市建设存在的共性问题。进入资源型城市发展后期，资源枯竭，城市主导产业衰退，资源开发的效益下降，企业发展面临困难，接续产业还没有形成，导致经济萎缩，财政收入锐减。城市建设速度也往往因资金不足而放慢，而治理环境和进行生态建设往往需要更多的资金，资源型城市面临着资源开发的收益递减与刚性支出不断扩大的双重压力。

6. 城市功能不完善，城乡二元结构突出

虽然东北地区资源开发历史比较长，伴随资源开发所形成的城市在规模上都有所增长，但资源开发与城市发展的互动机制没有形成。主要体现在长期只重视资源的开发，没有将城市的可持续发展作为核心。多数资源型城市的发展动力主要依赖于资源开发企业的发展，即企业等于城市，城市仅仅是企业发展的生活区和后勤保障区，仅起到生产场所的单一功能，其他功能长期缺失。有些城市虽然经过几十年甚至上百年的发展，功能仍然不完善，服务能力弱，城市基础设施建设落后于生产建设,矿区分散,难以集中布局和统一规划。城市与区域发展结合不紧密,区域内的非主体资源没有得到充分利用,城市对区域的带动力不强。因此,虽然东北有些地区城市化比例很高,但质量不高,发展面临比较严峻的挑战。

资源型地区大多把资源开发看作是"固定的、必然的"劳动地域分工任务,把资源产业作为唯一的专门化发展方向。限于要素禀赋和其他不利因素,非资源型产业发育不足,技术水平偏低,竞争力较差,无法为资源型产业提供技术支撑和装备支持,而资源型产品的主导市场又在区外(主要是对资源型产品消耗量巨大的加工型区域),相关的支撑性产业(如为资源开发服务的装备产业和生产服务业)也在区外,导致产业发展的链条必然地甩在外边,各种产业联系必须付出(为克服生产地与市场区之间的空间距离障碍所产生的)巨额运输成本,这样,资源型产业变成了与当地经济缺乏有机联系的"经济飞地"。在我国传统的计划经济年代,不仅产业联系被割裂,企业利润、就业、社区文化也与当地完全分离。

当前多数资源型城市尚未形成具有较高综合功能和综合效益的核心地域,尤其是作为生活服务中心,生产、科研、商业服务的生长点和辐射源的"技工贸"中心尚未形成,严重影响着矿区向城市过渡的进程或者城市经济的持续发展。

7. 生态环境问题突出

资源开采对城市自然景观的破坏,对大气、水质、生物及人类的生产和生活的影响,都十分严重。因此,资源型城市面临的环境保护方面的压力远比其他城市要大。矿产资源开发利用过程中对生态环境产生的危害,已成为许多资源型城市可持续发展的严重障碍,成为政府亟待解决的难题。

资源型城市建设初期,人们对资源型城市环境问题的认识不够充分,加上技术发展水平的限制,资源型城市的环境治理缺乏力度。资源型城市发展后期,资源枯竭,城市主导产业衰退,接续产业还没有形成,导致经济萎缩,财政收入锐减,从而治理环境和进行生态建设缺乏足够的资金,加上可行的技术方案比较少,加大了资源型城市的环境治理压力。

第二节 资源型城市的发展条件

东北三省资源型城市在全国具有重要的战略地位。近50年来,它们为国家的建设和发展做出过重大贡献。尽管目前其体制性、结构性矛盾还较突出,整体发展水平相对有所下降,但仍具备转型和发展的基础和条件。经过多年来的改革、调整和转型,部分资源型城市已有了新的变化。中央对东北老工业基地加快调整改造的有力支持,必将极大地推动东北地区资源型城市的振兴。

一、宏观经济地位与基础

1. 在全国经济发展中仍具有重要地位

东北地区的资源开发有力地推动了工业和城市的发展。早在20世纪初期,其资源开发就在全国占有重要地位,到20世纪40年代,已经成为我国重要的资源开发和原材料生产地区,其煤、铁、钢、水泥等工业产品的产量占全国的50%~90%,促进了冶金、能源、机械等工业的发展以及鞍山、抚顺、本溪、阜新等资源型城市的形成与发展。建国后,资源开发进一步扩大,支撑了整个区域重化工产业体系的壮大和一批资源型城市的形成。据不完全统计,建国以来东北地区为国家经济建设累计提供50亿吨煤炭、20亿吨原油、10多亿立方米木材。目前,东北地区多数资源型城市仍在发挥能源、原材料基地的作用。

在资源型城市集中分布的黑龙江和辽宁两省,经过50多年的建设,逐步发展成为以煤炭、石油、木材为重点的国家重要工业基地,工业门类比较齐全,工业基础比较雄厚。黑龙江省全部国有和年销售收入在500万元以上的非国有工业企业有2500户,其中大中型企业589户。2001年同1952年相比,工业总产值增长了78倍,年均增长9.5%,累计向国家提供石油16.5亿吨,占全国产量的50.1%;向国家提供木材6.3亿立方米,占全国产量的40.3%;提供原煤20.5亿吨,占全国产量的8.3%;此外,还向国家提供占全国产量1/2以上的铁路货车和1/3以上的大重型机械和电站成套设备。辽宁省具有近百年的工业历史,新中国成立后,建立了以重工业为主体的我国主要工业和原材料基地。辽宁省现有工业企业2.6万家,其中大中型企业近1500家,约占全国的10%。辽宁省许多工业产品在全国占有较大比重。钢、生铁、钢材分别占全国产量的近20%;纯碱、烧碱分别占全国产量的20%和10%;发电量、原油、天然气、原煤、机床、冶金设备、矿山设备、变压器、汽车等产量在全国都占有重要地位。石化、冶金、电子信息、机械是辽宁省四大支柱产业。石油化学工业加工能力为800万吨,主要产品有汽油、煤油、柴油、溶剂油、石蜡及深加工、精加工系列产品。

20世纪90年代以前,东北一直是我国工业经济发达的地区之一,为国家的经济建设做出过巨大贡献,素有"新中国的工业摇篮"、"共和国的装备部"之称,这与资源型城市的历史贡献是分不开的。但进入20世纪90年代以后,东北地区资源型城市的工业经济增长缓慢,与以北京和天津为中心的环渤海地区、珠江三角洲、长江三角洲等地区差距拉大。

尽管如此,东北地区资源型城市的经济潜力还很大。过去,东北的资源型城市作为中国的老工业基地,为国家建设和人民生活的改善,为东北地区的经济发展乃至国家的安全都做出了十分巨大的贡献。"一五"期间,全国156个国家重点建设项目,黑龙江省占了22项,有比较雄厚的物质基础。黑龙江有3045公里的边境线,25个国家一级口岸,对俄进出口额占中俄贸易总额的63%。近年来,东北地区资源型城市的经济获得了较快的增长(表12—3),特别是阜新在作为全国唯一的转型试点城市以后,得到了国家各部委及全社会的大力支持,GDP增长率在两位数以上,取得可喜成绩。

表 12—3 东北地区矿业城市综合经济情况(2002 年)

	GDP(万元) 全市	GDP(万元) 市辖区	人均 GDP(元) 全市	人均 GDP(元) 市辖区	GDP 增长率(%) 全市	GDP 增长率(%) 市辖区
黑龙江省	39144090	23528358				
大庆	10307150	9748817	40683	85578	8.0	7.5
鸡西	1491194	586521	7607	6401	10.4	24.0
鹤岗	768841	421384	6922	6076	10.3	13.4
双鸭山	1005654	507147	6681	10133	9.1	12.4
七台河	696552	525552	8054	10707	11.5	12.3
伊春	853472	589473	6464	6981	9.2	11.5
吉林省	25066849	14197052				
吉林	5150813	2973350	11863	16430	14.9	14.2
辽源	697070	356775	5611	7982	10.6	10.8
白山	1003247	350217	7551	10615	7.0	12.9
松原	1952528	653740	7056	12811	8.8	6.8
辽宁省	57015917	39337194				
鞍山	7089643	4161312	20609	28592	11.0	12.2
抚顺	2801795	2031047	12362	14564	10.5	12.0
本溪	1934967	1440196	12362	14030	10.5	10.2
阜新	852089	606029	4420	7714	20.4	14.6
铁岭	1518136	395690	5079	9022	10.0	10.3
葫芦岛	2060788	1170791	7633	12633	12.0	8.5
盘锦	3020112	2360774	24468	53193	7.0	6.5

资料来源:根据 2003 年《中国城市统计年鉴》整理。

2. 自然资源仍较为丰富

资源在东北地区资源型城市的转型和发展中仍将发挥重要的支撑作用。从资源禀赋程度看,东北资源型城市仍然是我国资源比较丰富的地区,具有自然条件优越、环境承载力强、自然资源丰富、各类资源匹配合理且空间组合优越四大优势。因此,资源的开发与利用以及资源型城市的可持续发展将是振兴的重要内容。

东北地区资源型城市的资源潜力体现在丰富的土地资源、水资源、矿产资源、林业资源及旅游资源等方面(表 12—4)。

东北地区的资源型城市大多拥有肥沃的土地资源和丰富的林业及草场资源,有些城市土质肥沃,地势平坦,耕地连片,水源充足,具有发展农业生产的良好自然条件。从水资源看,东北地区的地表与地下水资源丰富,密集的江河为通航、发电、灌溉、养鱼提供了丰富的水利资源。有些城市还分布着大面积的天然草场和林间牧地,适于发展畜牧业生产。

表12—4 东北地区自然资源概况(2002年)

地区	土地资源(万平方公里)				水资源总量(亿立方米)	矿产资源(亿吨)	
	山地	平地	其他	总面积		煤炭储量	铁矿石储量
黑龙江	24.7	37.0	38.3	45.4	509.7	237.0	3.7
吉林	6.8	5.6	6.4	18.7	404.0	24.6	5.4
辽宁	8.8	4.8	1.2	14.8	148.2	17.9	55.3

资料来源:根据2003年《中国城市统计年鉴》整理。

一些城市的旅游资源独特,旅游开发前景十分广阔。由于东北夏季凉爽,众多的江河湖泊和浩瀚的林区是避暑的好去处。此外,丰富的历史遗迹、民俗风情和自然保护区旅游资源,以农耕为主的满族、朝鲜族,以捕鱼为主的赫哲族,以狩猎为主的鄂伦春族和以牧业为主的蒙古族、达斡尔族保留着北方少数民族所特有的民俗风情,为资源型城市发展旅游服务业提供了巨大的潜力和空间。

对于一些矿业城市而言,即便主体矿产资源出现衰竭,但其他的矿产资源也很丰富,矿种多样,有些矿产的储量丰厚。如黑龙江省除传统的煤炭、石油外,还有居全国首位的石墨、矽线石、颜料黄黏土、长石、铸石用玄武岩、岩棉用玄武岩、火山灰、玻璃用大理岩和水泥用大理岩等;位居全国第二位的有铼、硒、玻璃用脉石英、陶瓷用黏土等;位居全国第三位的有金、泥炭、熔炼水晶、沸石、饰面用辉长岩和珍珠岩等。全省64种主要矿产资源保有储量的潜在总价值为14286.1亿元,这些矿产资源可为资源型城市的持续发展提供资源储备。同样,在吉林和辽宁两省,一些资源型城市也可以开发利用大量的优势矿产资源,如吉林的油页岩、炼镁用白云岩、冰洲石、硅灰石、硅藻土、浮石、火山渣、饰面用玄武岩、耐酸碱用安山岩、建筑用玄武岩、镍、钼、隐晶质石墨、宝石和矿泉水等;辽宁的石煤、油页岩、地热和铀,以及铁、锰和菱镁石、冶金用硅石、溶剂灰岩、耐火黏土、萤石、冶金用白云岩、红柱石等黑色金属和冶金辅助原料矿产。

二、国际与国内发展环境

1. 相对稳定的国际环境

从国际环境来看,一方面经济全球化趋势不断增强,有利于在更大范围内利用国内外"两种资源、两个市场、两种技术、两种资金",拓展发展空间,实现资源型城市经济更快地发展。有利于更多地引进国外资金、技术和管理经验,特别是国外资源型城市的成功转型经验。另一方面,知识经济时代的到来有助于解决现在资源型城市中出现的很多问题,尤其是环境和技术问题。未来资源的开发、配置和利用将更多地依靠科技的力量,节约资源、利用绿色能源、治理工业化过程所带来的污染都必须依靠科学技术的创新,使资源型城市经济的发展能够在不断创新的背景下,以新的模式实现转型和可持续发展。世界经济正在走向全球化,一些大企业已大规模地走出国界,扩大产品出口。冷战的结束和世界政治经济形势的缓和,加之发达国家在20世纪70年代以后进入整个产业结构的调整阶段(即从制造业为主的第二产业向以信息业、服务业为主的第三产业的调整),从而加速了世界经济全球化的进程。

2. 国家加大了对资源型城市发展的关注力度

从国内环境来看,由于资源型城市引起的经济、环境、社会问题日益突出,国家和社会对资源型城市的地位、作用和城市转型问题也越来越重视,这为资源型城市转型提供了良好的社会和舆论环境。党的十六大报告指出:"支持东北地区等老工业基地加快调整和改造,支持以资源开采为主的城市和地区发展接续产业"。2002年的"两会"期间,全国人大代表和政协委员发出的关于矿业城市可持续发展和"四矿"(矿业、矿山、矿工、资源型城市)问题的呼吁与提案得到广泛响应。围绕资源型城市转型与可持续发展展开的各种学术研讨会也纷纷在东北地区召开。近年来,针对资源型城市接续产业的培育、就业、城市基础设施建设、生态环境保护等问题,国家给予了政策和资金支持,促进了资源型城市的发展。随着国家经济的发展和实力的增强,这方面的支持力度还将增大。

三、国家支持东北资源型城市发展的政策

东北地区是国家支持资源型城市转型的发起地和重点地区。国家已经把对资源型城市转型的扶持纳入到振兴东北老工业基地计划当中,实施资源型城市转型首先从辽宁的阜新开始试点,并作重点扶持。近年来,党中央和国务院为振兴东北和促进资源型城市转型先后采取了一系列重大的战略措施。

1. 制定了一系列重大的战略措施

中央高度重视东北老工业基地振兴,把振兴东北老工业基地列为国策,取得和西部大开发同等重要的地位,并出台一系列相关措施。国务院成立了东北地区等老工业基地调整改造领导小组办公室(简称"东北办"),正式下发了《中共中央关于实施东北地区等老工业基地振兴战略的若干意见》(简称《意见》)。《意见》中提出,中央决定成立国务院老工业基地调整改造领导小组,具体办事机构设在国家发改委,负责协调有关政策措施的制定和组织实施。由此可见,东北有望继"珠三角"、"长三角"、京津唐地区之后,成为中国经济第四个增长极。实施西部大开发战略,加快东部地区发展并率先实现全面小康和现代化,支持东北地区等老工业基地加快调整、改造,实行东西互动,带动中部,促进区域经济协调发展,这是党中央做出的我国现代化建设的重大战略布局。东北地区资源型城市同样具有重要的战略地位,为此,中央强调要把资源型城市转型摆到东北振兴战略中更加突出的位置,用新思路、新体制、新机制、新方式,走出

加快资源型城市转型的新路子。

2. 投巨资支持东北老工业基地的技术改造

国家发展和改革委员会已批准启动了第一批共60个高技术产业发展专项,总投资56亿元。目的是采用高技术加快东北老工业基地的振兴,发展新兴产业,推动东北地区的产业结构调整。目前,东北的一些资源型城市也开始加入部分专项的实施,主要包括采矿塌陷地区环境恢复和治理,一批具有优势和市场竞争力的企业技术进步及产业升级重点项目。此外,一些装备制造业、原材料工业和农产品加工项目也纷纷开始启动。

3. 财税关于增值税的试点改革率先支持东北振兴战略

中央"11号文件"宣布对东北老工业基地的扶持政策中,明确提出了减债卸负、财政税收支持、项目投融资以及就业、社保等。这将极大地解决部分资源型城市从计划经济向市场经济转轨中留下的负担,减轻现有企业的社会包袱,让企业轻装上阵参与市场竞争。如果增值税试点在东北地区资源型城市推广后,其财政每年将减收几十亿元。此外,有关部门正在研究制定支持资源型城市经济转型的财税政策措施,对资源开采衰竭期的矿山企业,以及对低丰度油田的开发,在地方具备承受能力的条件下,适当降低资源税税额标准。

4. 相关部委都在采取相应的积极措施和行动

如人事部2004年推出了六大举措,加强对东北地区等老工业基地人事人才工作的支持,更好地为东北地区的振兴提供人才保障。国土资源部初步制定了振兴东北地区等老工业基地近期工作要点,主要内容包括:一是加强国土资源规划的指导工作,强化宏观调控;二是贯彻落实好土地、矿产资源支持政策;三是全面落实地质灾害防治制度;四是加强资源危机矿山接替资源调查评价;五是深入开展土地市场秩序和矿产资源勘查开发秩序整治,为地区经济发展创造良好环境;六是加大土地整理和矿山环境治理力度;七是配合做好资源型城市经济转型工作;八是加强人才培养。

加快公路水运交通的发展,尽快形成现代化的交通运输系统,是东北资源型城市转型的重要先决条件。为此,交通部从东北的实际出发,研究确定了公路水路交通发展的重点,特别是沟通资源型城市之间的联系,服务资源开发。紧紧围绕城镇布局、产业基地和资源分布,强化中心城市的集聚和辐射功能,加快建设连接资源型城市和服务资源开发的高速公路网络和对外联络通道,改善口岸公路条件,增加连接周边省区的对外联络通道,强化与其他区域的交通对接,加快大型专业化原油、铁矿石码头的建设以及出海深水航道的建设等。铁道部也出台了相应措施,近几年内将加快东北铁路建设,提高东北地区的综合运输能力。

国务院国有资产监督管理委员会也将在东北地区集中力量打造东北地区优势产业基地,推进石油石化、钢铁、汽车、造船、航空产品等重点行业中的优势企业的战略性调整和技术改造,集中力量打造东北地区优势产业基地。集中力量重点建设油气、钢铁、汽车和造船生产基地,培育企业核心竞争力,成为具有国际竞争力的大公司大企业集团,发挥企业在国民经济、区域经济和行业中的主导作用;加快石油石化、重大技术装备等生产企业的改造步伐;吸引国际一流跨国公司通过投资、技术改造提升传统产业,优化产品结构,进一步确立在行业中的优势地位;在具备发展条件的技术、人才密集区,培育、发展高新技术产业,优化产业结构。

此外,为支持和帮助阜新市依靠科技实施经济转型与振兴,推进东北地区资源型城市的转型与发展,中国科协成立了"中国科协参与支持阜新经济转型工作领导小组"。这必将对促进当地科技进步与经济发展,鼓励发展跨地区的科技交流和人才交流,实现资源型城市的再次腾飞发挥重要作用。1999~2003年,中国科协举办了五次学术年会,其中有两次在东北。2003年底的"全国百名科技大王进阜新"活动由中国科协、辽宁省科协、阜新市委市政府主办,是中国科协继西部大开发之后又一次大规模的活动。在这次活动中,中国农业大学胡晓松教授等77名"科技大王"被聘为"阜新市农业科技顾问",各地企业为阜新捐赠了化肥、农药、苗木、种子等价值达220万元。2004年8月,中国科协以"资源枯竭型城市经济转型与可持续发展"为主题,联合国务院振兴东北办等单位,在阜新召开了学术研讨会,取得较大反响,陆大道院士等12名科技专家被聘为"阜新市经济发展顾问"。

第三节 资源型城市的发展战略

一、资源型城市的发展方向

1. 为国家提供资源保障

党的十六大报告将资源型城市和地区的转型问题列入区域经济协调发展部分,资源问题也是事关我国全面建设小康社会和实行新型工业化战略的重大问题。未来的10~50年将是我国经济社会发生伟大变革的时代,资源型城市更肩负着为此提供大量矿物能源和原材料的重任。

2. 建设生态经济城市

在21世纪,人类社会将从工业化社会逐步转向生态化社会,建设生态城市、花园城市、绿色城市将成为许多城市的发展目标,这也是工业文明发展到现阶段的必然选择,"生态经济市"将是未来资源型城市发展的理想模式。

3. 培育新兴产业和利用高新技术改造传统产业

随着我国产业结构的高度化和高新技术的不断发展,产生了一系列弱化资源地区优势的因素,如对煤炭质量要求的提高,新材料、新能源的开发利用也将使资源贫乏地区在原材料、能源的需求方面有了更多的选择机会,对主要依赖资源优势发展起来的资源型城市的发展模式提出了严峻挑战。因此,资源型城市必须发展适应本地特点的高新技术产业和新兴产业,利用高新技术改造传统产业,提高产业结构的层次和质量。

4. 提高城市综合服务功能

资源型城市大多经济发展迟缓,除工业本身原因外,与城市第三产业发展滞后和城市综合服务功能弱化有关。从全面建设小康社会的目标出发,资源型城市应建立一个高度发达和健全的第三产业体系,除了继续发展交通、邮电、通讯等传统行业外,更应重视尚未得到充分发展的现代农业、商业服务业、旅游业、金融保险业和教育产业等,提高城市的综合服务功能。

5. 加强生态环境治理

改善矿区和矿城生态环境,加强土地复垦、废弃物处理、矿区环境恢复等工作,走生态化的可持续发展之路,是资源型城市的一个重要发展方向。重点是加强土地的复垦与综合治理,本着因地制宜、分类利用的原则,实施相应的治理措施;加大对矿山废渣、煤矸石等固体废弃物的综合处理与利用,发展循环经济;对城市的水环境和大气环境进行综合治理。

二、资源型城市可持续发展的基本途径

1. 加强与其他经济区域的融合

东北地区资源型城市的转型应与东北亚区域的发展结合起来,同环渤海经济区的发展统一考虑,加快城乡一体化建设的步伐。东北经济区是东北亚的地理中枢,与蒙古、俄罗斯、朝鲜、韩国、日本等国接壤或邻近,东北经济区作为我国对东北亚地区开放的窗口,对邻近五国的出口总额占全国的20%左右。从我国全球战略和发展中俄、中朝关系出发,都应该把东北资源型城市转型和东北振兴作为全国的战略重点。东北经济区与俄罗斯远东地区接壤,而后者是全球现存的最大战略物资储备基地。因此,抓住21世纪前20年的战略机遇和俄罗斯申请入世为东北经济区带来的机遇,促进东北老工业基地与俄罗斯远东地区的经贸合作,使东北经济区成为我国对俄罗斯开放的前沿地区,特别是成为与俄罗斯战略资源的合作地区。

东北地区具有综合的工业体系、科教优势及人力资源、基础设施、农产品资源、优良的生态环境和对俄开放的区位优势。充分利用比较优势和条件较好的产业基础,东北经济区完全可以成为继珠江三角洲、长江三角洲、环渤海地区后的我国第四大经济区。一是着力打开同周边国家的通道,积极参与国际经济技术合作和竞争;二是面向两个市场,利用两种资源,努力扩大工业制成品的出口;三是在更高层次上引进国内外的人才、技术和资金。

资源型城市的产业转型应与城乡协调发展相结合。目前,东北地区资源型城市农业发展的主要问题是,传统农业观念浓厚,农村工业化进程缓慢。应当在指导农村经济发展的方式、方法和对策措施上进行相应的调整和转变,以工业化思维发展农业,加快农村工业化、市场化和城镇化进程,发展现代农业;走新型工业化道路,随着工业和农业的相互促进和发展,加快工

业化、信息化、生态化建设的步伐,以信息化带动工业化,在壮大汽车、石化支柱产业的基础上,着力培育和扶持农产品加工等新的支柱和优势产业;大力发展以信息技术产业为代表的高新技术产业,加快改造和提升传统产业;以增加就业岗位为目标,注重发展劳动密集型服务业,全面调整创新传统服务业,积极发展现代服务业和其他具有发展潜力的新兴产业。最终形成以高新技术产业为先导,制造业为主要支撑,现代农业和服务业快速发展的产业格局。

2. 鼓励混合型经济,支持民营经济发展

东北地区资源型城市的转型应突破所有制界限,着眼于发展混合型经济。只强调所有制划分,易于形成所有制歧视。应当更多地从产业角度考察,从企业规模着眼,用客观生产力标准来判别,只要适应并能促进生产力的发展,私有制也有优越性;相反,不适应和不能促进生产力的发展,公有制也不能视为优越。私有制与公有制在既定的生产力水平下各有自身的优势和缺点,必须平等地看待,不能搞所有制歧视和偏好,让二者在市场中平等竞争,优势互补,更有利于国民经济的健康发展。

通过国企的资产重组、发展混合经济和民营经济来逐步走向合理的所有制结构。坚持有进有退、突出重点、收缩战线、优化配置的战略,加快国有经济的战略性调整,提高国有经济的整体素质和控制力,大力发展非公有制经济,建立和完善以公有制为主体、多种所有制经济互相促进、协调发展的新格局。积极探索公有制的多种实现形式,大力发展非公有制经济,通过股票上市、债转股、产权转让、企业间相互持股和企业员工持股等途径,发展多元投资主体的混合所有制经济。千方百计吸引大企业、大企业集团和财团进行投资或参股,除国家有明确控股要求的以外,不限制外方投资的股权比例。大力扶持和引导非公有制经济发展,对国有经济调整和退出的领域,鼓励非公有制经济积极进入,参与对国有中小企业的兼并、拍卖、托管、控股或参股。全面放开国有中小企业的产权限制,对现存的国有中小企业,区别情况、分类调整,实行宜售则售、宜股则股、宜并则并、宜破则破。同时,对竞争性领域中的大型国有企业也要放开产权限制,通过股份制改造大力引进外资和民营资本,实现投资主体的多元化。

非国有经济发展缓慢,是资源型城市转型困难、产业结构效益差的一个重要原因。非国有经济的发展程度,也是产业结构转换能力和应变能力的直接体现。要大力促进国有资本流动,改变国有经济比重过大和非国有经济比重过小的格局。加大国有资本从竞争性领域退出的支持政策,继续实行企业关闭破产等政策,对此建议国家允许在有条件的东北资源型城市建立国有企业改革产权交易市场。国有企业交易的股权既可以是增资扩股,也可以是出让国有企业原有股东所持有的股权。突破净值定价和重置定价的限制,采用市场定价方式交易国有产权,加快国有资本的顺畅流动。

发挥民营企业在东北资源型城市转型中的作用。东北资源型城市的转型,必须立足于激励全民创业、自主创业,坚持以人为本,着眼于人的发展需求,激发全民的创业热情。实践证明,民营经济是解决国有企业困难的金钥匙。那些民营经济发展得好的城市,国有经济发展得也好,就业问题解决得也好。

3. 大力发展第三产业,加快产业结构的调整和升级

东北地区资源型城市第三产业的比重偏低,这既是缺陷,也是最大的突破口。大力发展第三产业,不仅能促使产业结构向良性转变,同时能安置大量劳动力,促进生态环境建设。为此,①加快矿区和重点资源型城市第三产业的配套行业,如医保、咨询、环境、旅游、餐饮等方面,尽快改善不合理的产业结构。②加快信息服务、旅游、会展等新兴第三产业的发展,建设东北物流中心。发展新兴第三产业,对优化结构、扩大就业意义巨大,也是资源型城市发展的潜力所在。③大力发展农村第二、三产业,以小城镇为依托,推进农村工业化和农业现代化进程,多渠道转移农村剩余劳动力,加快培育农民经纪人和农村经济合作组织,发展农村服务业,大幅度提高农村二、三产业增加值的比重。

加快发展第三产业,也可以通过积极发展社区服务业、旅游业以及商贸、餐饮等传统服务业来实现,通过扶持劳动密集型产业、民营经济、种植和养殖业的发展,努力增加就业岗位。继续强力推进劳务输出,把劳务输出作为转移农村富余劳动力,解决农民致富奔小康的战略措施来抓。建立和完善劳务输出信息网络,大力发展定向培训、定向输出,促进劳务输出的规模化、品牌化,增强市场竞争能力。

4. 加强生态与环境建设,发展生态经济

环境保护是振兴东北老工业基地的基础。东北三省应摆脱以往高能耗、高污染的传统工业化道路,走一条人与自然和谐发展的新型工业化道路,即循环经济和生态经济的复兴之路。

循环经济是以产品清洁生产、资源循环利用和废弃物高效回收为主要特征的生态经济体系。工业比重最大的辽宁省在2002年5月开展了循环经济试点,全省600家国有大中型企业中的350家已经进行了清洁生产改造,降低了原材料、能源消耗和排污强度。吉林和黑龙江也分别在2000年和2001年宣布建设"生态省",其中,黑龙江正在开发生态农业、畜牧业、生态旅游等行业;吉林则提出了建设生态型绿色农产品加工基地、现代中药和生物制药基地、光电子信息等高新技术产业基地。这些举措都收到了很好的效果。

积极发展林业。东北地区森林资源丰富,林业用地占全部土地面积的一半以上,有不少森工资源型城镇。建国之初,为了支持全国尤其是北京的建筑工程,东北林区的森工企业输送了源源不断的木材。如今,东北地区仍然是我国最大的国有林区和木材基地。但是从20世纪80年代后期开始,由于多年的过度采伐,东北森工及林业发展陷入"两危"局面,进入了衰退期。作为东北地区的优势资源和传统产业,林业和森工在振兴东北老工业基地的过程中仍将占有重要地位,为"新东北"打造良好的生态基础。

重点发展"生态经济",对林业而言,就是在保护森林生态系统的前提下,把生态价值转化为经济价值。首先要转变过去单纯的"采木经济",应尽量减少木材砍伐数量,把重点放在木材的深加工和综合利用方面,实现木材的加工增值。其次是突出发展名特优新经济林、生态旅游、竹藤花卉、森林食品、珍贵树种和药材培植以及野生动物驯养繁殖等新兴产业,培育新的林

业经济增长点,充分发挥东北地区生物资源和劳动力丰富的优势,大力发展特色出口林产品。

改善城市生态环境和培育接续产业是资源型城市转型中重大而紧迫的问题。国家应加大对资源型城市基础设施、生态环境建设的支持力度,制定专项发展规划,按照地方自筹、中央补助的原则,对资源型城市的采矿塌陷区进行搬迁治理,优先考虑土地复垦。继续支持资源型城市的生态环境建设,实施退耕还林、小流域治理及水土保持、"三北"防护林等工程。为此,对东北地区资源型产业的可持续发展必须做出长远规划:一是制定强制资源"适度开采"方针,结合资源开发的规模效益与企业的持续发展,限制可采资源量的年度开采规模,保持一定时期内资源开发相对稳定,尽量延长资源服务年限;二是发展资源产品的后续加工,延长产业链,以优势企业为龙头培育特色产业体系;三是实行"矿业与非矿产业并举"的多元发展战略,选择与培育替代产业;四是积极实施"走出去"战略,扩大资源的国际交流程度和规模,根据国际市场的资源供求与价格变化,合理调节国外进口与国内资源开采的关系,保护国内的战略资源;五是鼓励外商投入资本、技术,参与资源勘查开发和共生、伴生资源的综合利用与矿山环境治理;六是制定资源型城市经济发展与转型的特殊扶持政策,对资源枯竭或衰退性产业的转产项目及替代产业的培育给予税收、信贷、引资方面的支持,并相应建立资源型企业的补偿机制。

三、正确处理好几个相互关系

资源型城市的转型是一项庞大的系统工程,必须解放思想,统筹协调,正确处理新兴产业与传统产业、城市经济与乡村经济、所有制结构调整与民间创业机制、技术结构与就业结构、产业结构调整与投资结构调整等关系,这是实现资源型城市转型的关键。

1. 处理好新兴产业与传统产业的关系

新兴产业由于资金、知识和技术密集程度高、市场需求大、劳动生产率高、利润率高,因而发展速度快、竞争力强;传统产业科技含量相对较低,竞争力较弱。东北地区新兴产业、支柱产业集中在中心城市,资源型城市仍以传统产业为主。由于中心城市与资源型城市之间存在区位、科技、信息、交通以及产业特点和效益等方面的差别,在新一轮发展中它们之间的差距有可能继续拉大。新兴产业与传统产业不是简单的取代、淘汰关系,在技术革命的推动下,二者可以互为补充、并行发展。资源型城市转型也是一种扬弃,关键是如何加快发展新兴产业,如何改造和发展传统产业。正确认识并处理好这个问题,有利于调动多个城市、多个产业的积极性,防止脱离实际、盲目发展和重复建设的弊端。新兴产业与传统产业、中心城市与资源型城市,不只是竞争对手,也是协作伙伴,通过城市间、产业间的协作和配套服务,实现优势互补、共同发展。

2. 处理好城市经济与乡村经济的关系

合理进行生产力布局,优化城、乡工业结构,对于资源型城市转型十分重要。城市是经济发展的火车头,是工业发展的重要基地。资源型城市往往区位偏离,城市经济实力不强,辐射能力较弱,应加快城市电力、交通、供水等基础设施建设,加强社会保障和法制建设,加快发展第三产业,创造良好的经济环境,使之成为吸引投资的热土。城市是发展工业的策源地和扩散地,应引导资源型城市的企业集团拉长产业链,带动县域工业,并促进劳动密集型企业、一般加工企业和农产品加工企业向乡镇扩散,促进社会资本、人才、技术向乡镇扩散,推动农村人口非农化和农村城镇化进程。县域经济应发挥农牧业、特色产业、土地以及劳动力充足的优势,发展特色经济,培育龙头企业和绿色品牌。实现城乡经济良性互动、优势互补、均衡增长,有利于改变城乡二元结构,推动城乡经济社会协调发展。

3. 处理好所有制结构调整与民间创业机制的关系

所有制结构是由生产力发展水平决定的,对生产力发展又有巨大的反作用,调整所有制结构是解放和发展生产力的内在要求。一方面,资源型城市的国有及国有控股工业企业比重偏高,股份制企业国有资本"一股独大",资源配置不合理,人浮于事,浪费财力、物力,机构重叠,机制不活,动力不足;另一方面,非公有制经济规模小,民间创业缺少人才、技术、资金,民间创业的社会氛围淡薄。资源型城市必须加快调整所有制结构,破除发展非公有制经济和混合型所有制经济的体制性障碍,放宽市场准入,依法保护私有财产,更新创业观念,调动人民群众创业的积极性。加快调整所有制结构,一方面发挥资源型城市的优势,坚持公有制的主体地位和主导作用;另一方面运用市场机制,积极引导非公有制经济发展。

4. 处理好技术结构与就业结构的关系

技术结构和就业结构都是经济结构的重要组成部分,是产业结构调整的重要内容。选择和建立合理的技术结构,对于形成具有较强竞争力的现代产业十分重要。应以信息化带动工业化,以工业化促进信息化,构造多层次的技术结构。高新技术产业、石化、汽车等支柱产业,应引进世界先进技术和装备,提高企业自主创新能力和核心竞争力。传统产业改造应充分利用现有工业基础,从实际出发,发挥比较优势,采用先进适用技术,形成竞争力。一般加工业、农产品加工业应量力而行,讲求实效,推进设备更新,使产品形成市场竞争力。技术结构调整应与就业结构调整相协调。随着产业结构调整和科学技术的发展、社会就业需求的增加以及就业政策的调整,就业结构将不断发生变化,第二产业从业人员相对减少,第三产业从业人员相对增加;老企业人员相对减少,新企业人员相对增加;一线人员相对减少,技术和管理人员相对增加。应实行科技密集与劳动密集相结合的原则,拓宽就业领域,创造就业岗位,促进资源型城市职工的全面就业。

5. 处理好产业结构调整与投资结构调整的关系

产业结构的调整伴随着投资结构的调整。资源型城市经济结构由打破旧的平衡到建立新的平衡,是经济转型的飞跃。资源型城市必须通过投资结构调整,打破旧的产业格局,形成新的产业优势和企业竞争力。经济转型是投资结构调整、项目投资拉动的结果,好的项目不仅是投资结构调整的载体,也是新的经济增长点。企业在政府规划和政策引导下,应主要依靠市场机制决定和选择项目,资源型城市必须防止盲目上项目,搞重复建设,继续走产业趋同、产品雷同的老路。投资结构调整要遵循市场规律,择优而投,扶持重点产业、重点企业、重点项目。支持支柱产业和优势产业快速发展,允许产业间局部和暂时的不平衡增长,以带动经济发展,在经济发展的基础上形成新的平衡。

第四节 结论与建议

1. 制定统一的"全国资源型城市转型战略规划"

目前,我国的资源型城市量多面广,并且都正在或即将面临转型问题。因此,建议国家在搞好阜新转型试点的基础上,尽快制定"全国资源型城市转型战略规划",明确地域范围、转型的目标和任务、战略重点、实施阶段、配套措施以及中央和地方的责任等,根据资源型城市的不同发展阶段,实施差异化的转型战略。对于新建的资源型城市,要从可持续发展的高度对资源开采方式、用工制度等进行科学规划,在新矿区(井)开采伊始,就尽可能多地充分考虑到过去资源产业转型过程中遇到的环境、就业、替代产业等问题,从源头上规避转型的发生;对于发展中的资源型城市,要坚持多元化发展战略,必要时要控制主导产业的发展规模,避免为单纯追求产值和业绩而过度消耗资源,为转型赢得时间;对于进入发展后期的资源型城市,要重点帮助其解决发展接续产业、环境修复、劳动力再就业等问题。总之,要通过国家规划以及相关立法,对全国资源型城市的转型进行统筹安排,明确国家对不同类型资源型城市的支持政策,使之公开化、规范化和制度化,防止头痛医头,脚痛医脚,使资源型城市的转型有计划分阶段地稳步推进。

从东北地区资源型城市内部看,国家应支持这些城市国有企业的调整与改革。进一步深化经济体制改革,大力推进体制创新和机制创新,消除不利于经济发展和调整改造的体制性障碍,增强老工业基地振兴的内在动力。资金缺乏是资源型城市发展面临的另一难题。各级政府应利用掌握的各类资源,因地制宜,为资源型城市多方筹集资金,并给予政策优惠。

2. 加大资源型城市的环境污染治理力度

国家应把东北地区资源型城市的生态环境重建列为老工业基地改造与振兴的重要内容,设立生态环境重建专项基金,用于资源型城市生态环境治理。对矿山开采引起的地面塌陷和大气污染等环境问题进行治理和市政基础设施建设,最为迫切的是解决煤炭城市塌陷区居民的搬迁问题。

对矿山城市在历史上形成的环境破坏和污染问题,国家和地方都必须高度重视,强化措施,加快治理。由于这是一项任务艰巨、治理难度很大的工作,只靠地方政府是远远不够的,必须要有国家的大力支持。一是要国家制定对矿山城市治理污染的支持政策和法规,以调动地方和企业加快治理的主动性和积极性。二是要国家统筹建立治理采矿塌陷区的复垦和废渣综合利用专项基金,确保有足够的投入,推动资源型城市环境的根本改善。

3. 推进体制改革,使企业成为资源型城市振兴的主角

调整所有制结构,降低国有经济成分,增强企业竞争力和城市活力。国有矿山企业,要根据中央十五届四中全会精神,积极建立现代企业制度,通过企业转制与重组获得发展,推动资源型城市的经济振兴。要加快老工业基地的改造,实施矿产品的后续加工,以延长产业链;要以市场为导向,按照探采选冶加、矿工贸、矿科教一体化的要求,实行强强联合,加快技术进步和产业升级,把"原料矿业"转化为"成品矿业",从根本上改变矿业比较效益低的不利局面。通过深化体制改革,使企业成为资源型城市振兴的主角。

4. 国家设立资源型城市可持续发展协调委员会

国家在宏观经济政策上对资源型城市应有通盘考虑。鉴于资源型城市在城市数量上的比重及在全国经济格局中的重要地位,建议国家设立资源型城市可持续发展协调委员会这样一个非常设机构,把资源型城市可持续发展纳入到国家经济社会发展的整体规划之中,对资源型城市可持续发展问题进行统一规划,统筹运作。

5. 大力发展资源型城市的教育事业,推进科技创新

教育和科技对于资源型城市发展接续产业和未来总体发展具有极大的推动作用。要采取有效措施,培养与聚集高素质的科技、管理和经营人才,努力提高资源型城市的科技含量。通过科技创新提高劳动生产率和资源利用率,提高矿产品深加工的科技含量,增加单位矿产品加工的附加值。运用先进科技进一步提高资源型城市的信息化和现代化水平,以推动产业结构的调整和优化。为此,既要加强自主研发与自主创新,又要扩大开放,吸收发达地区和国家的新技术、新设备、新工艺,改变矿业开发中传统的粗放经营方式;下大力气搞好科技人才、企业经营者、劳动者和后备队伍的建设,解决好教育和培训、自我学习和提高、人才的引进、使用与合理流动问题。

参 考 文 献

1. 《鞍钢年鉴 2002 年》,辽宁人民出版社,2003 年。
2. 鲍寿柏、胡兆量等:《专业性工矿城市发展模式》,科学出版社,2000 年。
3. 薄熙来:"2003 年辽宁省政府工作报告",2003 年 1 月 20 日。
4. 陈才:"东北老工业基地资源型城市与地区产业结构转型问题研究",《中国东北论坛 2003》,东北师范大学出版社,2003 年。
5. 丁四保:"'增长极'模式与不发达地区经济发展",《经济地理》,1989 年第 4 期。
6. 贺艳、刘勇:"关于资源型城市的可持续发展与再城市化问题",《中国人口·资源与环境》,2000 年第 3 期。
7. 胡兆量等:《经济地理学导论》,商务印书馆,1987 年。

8. 国家统计局:《中国城市调查理论与实践》,中国统计出版社,1992年。
9. 国家统计局:《中国城市统计年鉴》,中国统计出版社,1986~1998年。
10. 国家统计局:《中国工业统计年鉴》,中国统计出版社,2002年。
11. 国家统计局:《中国统计年鉴》,中国统计出版社,1986~1998年。
12. 蒋建全、马延吉、佟连军:"东北地区煤矿城市可持续发展的问题探讨",《地理科学》,2000年第3期。
13. 莱斯特·R·布朗:《生态经济:有利于地球的经济构想》,东方出版社,2002年。
14. 辽宁省统计局:《辽宁省统计年鉴2003年》,2004年。
15. 林毅夫:"后发优势和后发劣势",北大讲坛,2002年6月12日。
16. 刘云刚:"东北地区资源型城市转型与发展——伊春市的个案研究",《中国东北论坛2001》,东北师范大学出版社,2002年。
17. 沈镭:"资源型城市转型的理论与实践",中国科学院研究生院博士学位论文,2005年。
18. 沈镭:"大庆市可持续发展的问题与对策",《中国人口·资源与环境》,1998年第2期。
19. 沈镭、程静:"矿业城市可持续发展的机理初探",《资源科学》,1999年第1期。
20. 沈镭、程静:"论矿业城市经济发展中的优势转换战略",《经济地理》,1998年第2期。
21. 沈镭、魏秀鸿编著:《区域矿产资源开发概论》,气象出版社,1998年。
22. 沈镭等:"白银市经济转型总体规划研究"(印刷稿),2003年。
23. 宋东林等:《老工业基地国有企业深化改革研究》,长春出版社,2001年。
24. 宋乘先、陈招顺、张荣喜主编:《当代西方经济思潮》,湖南人民出版社,1986年。
25. 王岳平:《中国工业结构调整与升级:理论、实证和政策》,中国计划出版社,2001年。
26. 王青云:《资源型城市转型研究》,中国经济出版社,2003年。
27. 翟中齐:《中国林业地理概论——布局与区划理论》,中国林业出版社,2003年。
28. 张以诚:《矿业城市与可持续发展》,石油工业出版社,1998年。
29. 周德群等:《中国矿业城市研究——结构、演变和发展》,中国矿业出版社,2002年。
30. 《中国能源发展报告》,中国计量出版社,2001年。
31. 《中国区域创新能力报告》,经济管理出版社,2002年。
32. 朱训:"21世纪中国矿业城市形势与发展战略思考",中国矿业城市发展论坛论文,2001年。

第十三章　城市老工业区改造

由于历史原因,东北地区大多数城市中都建设布局了职能单一、地段相对独立的城市老工业区,改革开放前它们都是社会主义工业化的样板,时至今日都有不同程度的衰败,是当前东北老工业基地问题和矛盾最为集中的地域,也是改造的重点。本章首先回顾分析城市老工业区开发和建设的历史背景、动因以及现状问题,然后论述当前城市老工业区改造中的产业结构调整与空间重组、土地开发与治理、城市就业与社区发展等问题,探讨城市老工业区可持续发展战略对策,最后针对老工业区的改造提出政策建议。

第一节　城市老工业区形成过程与发展现状

东北地区是我国工业化和城市化较早、基础较好的地区之一。近现代独特的区域开发和工业化过程,塑造了区域特色突出的城市经济、社会、文化和景观特征。东北地区城市以资源开发和重化工业职能为主,由于东北城市规划建设的历史原因,绝大多数城市都规划布局了工业职能单一、地段相对独立的城市工业组团,也是构成城市景观的特殊斑块。老工业区是城市的经济引擎,它的兴衰对城市发展有重要的影响,因此西方老工业基地改造无不把大城市老工业区改造作为重点。东北有众多的老工业区迫切需要改造,如沈阳铁西工业区、大东工业区,鞍山铁西工业区,本溪本钢工业区,抚顺望花工业区,大连甘井子工业区,长春铁北工业区,吉林龙潭化工区,哈尔滨动力区、平房工业区,齐齐哈尔富拉尔基工业区等。这些老工业区小则几平方公里,大则几十平方公里,工作和居住在其中的人口从几万人至几十万人不等。改革开放前它们都是社会主义工业化的样板,时至今日都有不同程度的衰败,许多企业破产倒闭或即将关闭,形成了典型的老工业基地"烟囱工业区"。不同于资源型城市,东北大城市中的老工业区以冶金、机械、化工等重化工业为主,占地面积大,与中心城区联系紧密,人员和物资交换频繁。老工业区技术改造落后,环保投入不足,环境污染严重;工业区内部穿插建设了规模不等的居住区,下岗失业人员集聚,城市贫困严重,社会治安和社区发展问题突出。实际上,一些大城市老工业区已经构成了城市可持续发展的"问题地区",是当地政府最棘手的问题。如果仅从城市老工业区的经济和人口比重、产业基础以及未来在振兴东北老工业基地中的作用角度分析,大城市老工业区改造比资源型城市转型具有更大的社会经济意义。因为振兴东北老工业基地的主导力量仍然是这些有较好产业基础的大中城市,大城市老工业区改造应该是振兴东北老工业基地的重点,是质量型城市化的重要内容。

一、城市老工业区形成背景、动因与阶段特征

城市工业区是工业生产地域系统中最基层的生产地域单元,一般是指城市中工业企业集中成组布局的地块,占地面积一般可以达到几平方公里到几十平方公里,是城市功能区的主要组成部分。工业区主要由生产厂房、运输设施、动力设施、仓储设施、管理设施、绿地和备用土地等组成,一般有共同的厂外公用设施,并在功能上与城市其他组团有密切的联系。工业区内的工业企业因在生产工艺流程和企业协作等方面的要求,表现出成组布局特征,有多种成组布局类型,但随着时间的推移,工业区的发展壮大,在布局实践中,各种类型往往并不是截然分开,更多的是复合型城市工业区。工业区是社会化大生产和商品经济发展到一定阶段的产物,是在生产地域分工基础上产生的,历史上最早的城市工业区一般都出现在发达的手工业中心,因为那里工业经营基础好,商业发达,资本集中,熟练技术工人多,地理位置优越,交通便捷。工业区之所以离不开城市(含工矿城市)而孤立发展,是因为工业区的形成与发展,要依靠城市来进行经济社会的组织和实施,其劳动地域分工也要靠城市来组织和联结,才能够形成不同层次工业区格局。而且工业区的发展壮大与城市规模密切相关,一个典型的城市工业区一般要有中等规模以上的城市来支撑。

1. 城市老工业区的雏形(1900~1920年代)

东北城市老工业区的雏形出现在20世纪的上半叶,此前还没有近现代意义上的城市工业区。中日甲午战争后,沙俄趁机攫取了中东铁路的修建权。1903年中东铁路通车后,在服务于沙俄经济侵略目的的同时,这条先进的交通通道,客观上带动了沿线城市的形成和发展。由于实施了具有明显殖民地性质的"铁路附属地"建设政策,短短几年时间,中东铁路沿线迅速发展起20多个新城市,城市规模迅速扩大。1898年末,中东铁路沿线共设置了约30个街区,城市街区连同大连租借地总面积达120平方公里,1903年超过了300平方公里。但是在中东铁路通车初期的铁路附属地建设的主要任务是修建城市街区道路、完善码头区(外埠区)、建设公用和民用城市基础设施和房地产开发。城市规模小,近代工业刚刚兴起,基本上以食品工业、日用品工业为主,从城市规划和建设的客观需求上看,此时还没有规划建设标准意义上城市工业区的条件,工厂基本布局在车站码头附近或与居住区混杂。

1905年的日俄战争以俄国战败告终。依据《朴次茅斯和约》,日本夺取了长春以南至大连中东铁路及附属地带的经营管理权,于1907年4月1日在大连正式成立了"南满铁路株式会社",简称"满铁"。出于全面霸占中国东北的长远打算,日本人从此开始苦心经营南满铁路及其附属地,巧取豪夺,各个城市的满铁附属地面积成倍扩大,比如1906年奉天满铁附属地只有5.85平方公里,到1926年扩大到10.44平方公里。满铁附属地的迅速扩大,为帝国主义殖民地工商业的发展开辟了建设用地,1910~1920年,满铁主要城市的榨油业、制粉业、缫丝和棉纺业、火柴业以及为上述加工业提供支持的电力工业得到了快速发展。这些工业企业有的规模已经相当大,可占据几个街区。大部分工业企业相对集聚在铁路车站附近地带或附属地的

边缘地带,已经同附属地内部的金融商贸街区有了一定的分离。到 1931 年铁路附属地的工矿数已经达到了 473 家,为 1910 年的 10 倍。总体上看,1930 年以前的满铁附属地城市工业仍然以轻工业为主,工业区规模不大,在布局上表现为与其他组团联系紧密的特点。

2. 城市老工业区的形成(1930～1940 年代)

"九一八"事变后,东北全区旋即沦陷。于 1932 年成立的伪满政府出于对东北地区长期殖民统治的目的,开始了为期 10 年的城市规划建设。从技术角度看,伪满时期城市规划水平较高,有区域观念和系统设计,明确了城市体系的职能分工。比如,"首都新京"长春,工业中心沈阳和哈尔滨,港口大连,军事基地牡丹江和旅顺,能源基地鞍山、本溪、抚顺等。城市布局严整适用,功能分区明确。沈阳、哈尔滨、大连、吉林等城市都在城市郊区规划建设了独立的工业区。比如,在 1939 年修改后的《吉林都邑计划》中,规划吉林市城市性质为"现代化学工业城市",在城市的东、南、西三个方向上都规划了独立的工业区,总工业用地为 18.45 平方公里。在《奉天都邑计划》的指导下,辟建了沈阳铁西工业区,面积达到了 11.5 平方公里,扩建了大东工业区。大量日本财团涌入奉天开办工厂。仅铁西区此时就有工厂 401 家,其中日资 323 家,民族工业 78 家,铁西工业区已经变成一个典型的城市工业区,沈阳也成为当时重要的工业城市。但是也应该看到,出于日本侵略者自身利益的需要,城市规划建设中存在着许多弊端,比如沈阳铁西工业区安排在城市的上风向,对城市污染十分严重,冶金、化工等高污染行业所造成的环境污染迄今不能完全消除;奉山、奉吉两条铁路横贯市区,给市区交通系统的优化设置了障碍。城市工业区与城市其他组团配置不合理的情况在其他城市中都有不同程度的存在,其根源都和这个时期的城市规划建设的历史背景有关。不同于此前的城市工业部门结构,这个时期东北主要工业城市以服务于日本帝国主义的军事扩张和快速的资源掠夺为首要目标,以资源开采和重化工业为主,煤炭、电力、钢铁、冶金、机械、化工等工业部门占据了城市工业区的主体地位,涉及民生的轻工业部门不受重视,客观上为建国后东北老工业基地的发展建设奠定了基础,也埋下了城市工业畸重发展的隐患。至 40 年代中期,东北主要城市都建立了一个或多个具有一定规模的城市工业区,它们在随后的战乱中受到了毁灭性的破坏,城市工业生产陷于停滞,市民失去了正常生活的条件。

3. 城市老工业区的复兴(1950～1980 年代)

1948 年末,东北全境在全国率先解放,城市各项事业在战后的废墟上得到了快速的恢复和发展。由于在当时业已存在相对较好的产业工人技术队伍和一定的工业基础,加之随后的朝鲜战争对东北地区工业产品的急需,城市重工业产业职能在这个时期又得到了强化,城市工业区开始了新一轮的大规模改建或新建。到"一五"、"二五"时期,在苏联援助下国家建设的 156 个项目中,有 57 项布局在东北各主要工矿城市,占全国总投资的 37.3%。这些项目基本上都是能源、电力、冶金、机械、石油、化工、建材等,从根本上固化了东北城市的重化工业职能。苏联援建的 156 个项目中,有 6 个布局在沈阳,国家对沈阳的基本建设投资占全国的 4.4%。

经过"一五"的大规模建设,一大批全国同行业中的骨干企业在沈阳铁西区诞生,包括电缆厂、变压器厂、机床一厂、机床三厂、低压开关厂、冶金机械修造厂、冶炼厂、东北制药总厂、鼓风机厂、重型机械厂、水泵厂、风动工具厂等。由于铁西区的崛起,沈阳才成为中外瞩目的工业城市。同期,沈阳的大东工业区、北陵工业区也得到了发展。沈阳工业投资的76.8%集中在机械工业。同沈阳铁西工业区的建设相似,"一五"、"二五"时期,东北主要城市的工业区都进行了大规模的改建扩建,并且又根据新项目的布局,新辟建了一些大小不一的城市工业区,著名的有长春一汽工业区、富拉尔基工业区等。

纵向地看,20世纪50年代、60年代初期是东北城市老工业区最终形成的决定性阶段,老工业区发展达到了空前的繁荣。表现在:一是因战争摧毁殆尽的工业区得到了快速的恢复和改建扩建,工业区内部工业项目的布局既继承了原来的产业基础,又增加了新的产业部门,工业区在规模和质量上都比以前有了显著的不同。二是每个城市总体规划都进一步明确了城市工业区的数量、规模、空间布局以及各个工业区的职能,明确了工业区与其他组团的关系。三是国家和省市重点工业项目都集中布局在工业区内,不同企业部门间已经建立起或紧密或松散的技术经济联系。四是老工业区内的企业所有制结构均为不同层次的国有企业,集体企业与国有企业间又有复杂的裙带关系,基本上是计划经济的企业经济管理模式。

从60年代中期以后直到改革开放前,由于整个社会都处在不正常的政治背景下,各个城市工业区都处在缓慢发展状态,新布局的工业项目很少,原有的骨干企业技术升级落后,基本处在简单的扩大再生产状态,城市工业区基本上没有进行大规模的规划建设,城市老工业区已经显现出衰退的迹象。"六五"期间,城市工业在"调整、改革、巩固、提高"的方针指导下,一度出现了短暂的复苏状态,但由于我国改革开放后经济重心向东南沿海地区转移,国内外经济技术环境的变化以及老工业区自身的体制、结构、资金、技术和历史包袱等诸多方面的制约,80年代中后期,东北城市老工业区开始步入了持续的衰退状态,尽管这时老工业区还是各个城市经济的中坚力量。

4. 城市老工业区的衰退与改造(1990年代~现在)

进入20世纪90年代,城市老工业区衰退引起的经济社会问题已经相当严重,以体制改革和结构升级为核心的国企改革成为城市老工业区改造的主要内容。由于历史欠账多,企业社会负担沉重,国有企业改革异常艰难,进展缓慢,直到经历了1997年开始的三年国企改革攻坚战之后,老工业区持续衰退的局面才得到了遏制,出现了恢复性增长。这期间大量国有企业纷纷破产倒闭或被兼并,实现了彻底的转制。但至今老工业区内的国有企业改革任务仍然没有彻底完成,问题主要集中在大型国有企业方面。

城市老工业区衰退的原因是多方面的。从产业生命周期理论看,任何产业最终都将衰退并被新的产业所取代,因此老工业区衰退有一定的必然性。但东北老工业基地城市老工业区衰退的原因具有相当大的地方特性,与东北老工业基地形成的特殊历史背景和长期的计划经济体制环境密切相关,城市老工业区微观主体是不同层次的国有企业,老工业区问题的实质是国有企业问题,体制和结构是关键内因。从老工业区改造过程的外部环境看,从90年代初开始,在老工业区衰退的同时,新的城市组团即经济开发区或高新技术产业开发区成为各个城市开发建设的重点,迅速崛起的开发区在体制、政策、资金和技术等方面的优势对老工业区的国有企业形成了强大的竞争压力,开发区成为资金、人才和技术的主要集聚地,客观上加速了老工业区的解体和重构,使老工业区改造难以在传统的自我完善的封闭思路上进行下去,老工业区改造必须在城市新旧组团重构的框架下进行,也必须认真对待经济全球化背景下国内外经济环境的变化及影响。

二、城市老工业区现状问题

东北地区的城市体系结构以大中城市为主,在人口规模20万以上的城市中,均建设了大小不同的工业区,但城市老工业区主要集中在辽中南、吉林中部和"哈大齐"城市群中。在振兴东北老工业基地战略的促进下,各城市老工业区都开始了快速的更新改造工作。总体上看,各个老工业区所面临的问题既有相似之处,又由于各地的情况不同以及改造的进展速度不同,同样的问题又表现出区域差异性。辽宁城市老工业区的改造进度明显地快于吉林、黑龙江两省。当前,城市老工业区改造面临着如下几个方面的问题。

1. 深化国有企业产权制度改革仍然是老工业区的难题

我国的国有企业改革已经摸索前行了20来年,现在终于走到了国企改革的核心领域——产权制度改革,这是我国的国企改革乃至整个经济体制改革不可绕过的一个关口。城市老工业区作为国有企业的集聚地,是诸多国企矛盾和问题最为集中的地区,是"国企综合症"的最大受害者。尽管过去的国有企业改革取得了一定成效,但国有企业产权改革的主体部分还没有进行,甚至还没有启动。一些企业所搞的产权改革,是在产权改革的核心部分与基础部分没有进行的情况下,所进行的局部的或部分的变革,老工业区中国企改革任务还远没有完成。而且,老工业区内部的国企改革比其他地区的国企改革面临着更大的困难。尤其是在中央政府与地方政府产权关系极不明晰的情况下,地方政府的积极性不高。因此,加快国有企业产权制度改革是影响老工业区尽早走出困境、实现全面振兴的关键措施,这也是当前老工业区改造面临的最大难题。

2. 老工业区的软硬环境相对较差

从制度环境看,多年来城市老工业区是在不具备各类新兴开发区所享受的各方面优惠政策的条件下负重前行,与开发区的软硬件环境差距都较大。老工业区的税收政策、产业政策、就业政策和人才政策等相对落后,不具有竞争力,工商业发展环境的吸引力差。政府和企业职能分工仍不够十分明确,特别是老工业区社会保险制度还没有全面建立起来,企业办社会的负担仍然没有完全卸下来。

城市老工业区的硬环境建设更加落后。长期以来城市老工业区就是在"先生产、后生活"

的指导方针下建设起来的,城市基础设施历史欠账多,环境治理落后,再加上近些年一些破产企业的厂房闲置和土地荒废,老工业区都呈现出不同程度的破败景象。

3. 老工业区内的就业问题仍然十分严重

从20世纪90年代中期开始,城市老工业区的就业形势开始变得异常严峻,下岗职工人数不断攀升。以沈阳铁西区为例,1996～2000年下岗人数剧增,下岗人员生活面临困境(表13—1)。1998年制造业各部门下岗人数达到了历史上的高峰(表13—2)。

城市老工业区下岗失业人员多是东北各大城市国有企业中的普遍现象。在过去的二三年中,由于国有企业改革进展加快,以及振兴东北老工业基地政策实施后老工业区改造加快,就业紧张的矛盾得到了一定程度的缓解,但充分就业仍然是老工业区社区建设的核心问题。就业紧张压力主要来自于下岗人员对新型产业技术的不适应,以及新增就业人员对工作岗位的需求。而且,就业矛盾在老工业区改造相对落后的城市将会表现得更加尖锐。

表13—1 "九五"期间沈阳铁西区下岗职工人数及生活费

	1996	1997	1998	1999	2000
下岗职工人数(人)	6355	12846	21385	18558	15459
月平均生活费(元)	139	182	182	181	258

资料来源:沈阳铁西区统计局:《铁西统计手册》(1996～2000)。

表13—2 1998年沈阳市5个工业部门下岗职工人数

	机械	轻工业	纺织	石化	农机
下岗职工人数(人)	52000	35000	19000	18000	13000
占行业的比重(%)	45.6	58.5	55.6	56.9	65.9

4. 以房地产开发为引导的改造模式潜伏着较大隐患

从目前城市老工业区的改造模式上看,老工业区改造基本上采取的是以房地产开发为引导的土地置换模式。这种模式能够使搬迁企业在短期内聚集转移安置资金,解决历史债务,增加社区就业等。但这种模式通常也为老工业区的可持续发展埋下隐患,尤其是那种疾风骤雨式的大规模开发。比如,房地产业的快速膨胀,给老工业区带来短期的经济繁荣能持续多久?住宅开发项目是否充分兼顾了原有居民的利益?住宅的开发规模与当地的就业容量如何协调?是否开发规模过大造成新的就业不充分?工商业开发项目可能存在的问题有:与老工业区产业调整方向不协调,产业开发规模过大造成新的闲置,产业技术门槛过高,导致原有失业人员的进入性较差。此外,以经济利益最大化为目标的房地产开发,往往不能够彻底治理原来废弃厂区的环境污染,对老工业区的历史文化遗产保护不利。

这些问题在老工业区的改造实践中已经有所显现。比如,目前沈阳铁西区建成的大型购物市场有乐购、家乐福、大连友谊、爱客家、上海联华重工店和麦德龙,在建的有欧倍德、上海联华兴工店、家世界,如果再算上颇具规模的铁西百货大楼、中兴超市加盟店和铁副超市等,铁西拥有的综合性商场和超市的数量已经跃居沈阳首位。对这种远远超出铁西区市民购买能力的过度开发,已有业内人士表示出担忧。处在饱和状态的商贸体系,必然导致业内的恶性竞争,最后导致规模较小企业的倒闭。显然,铁西区大型购物商场建设并没有处理好社区居民对日常生活用品的服务需求,应加强便民店的发展,以服务社区居民为主。

5. 老工业区改造的战略研究和规划工作落后

城市老工业区改造是比新区开发建设更加复杂的活动,既需要解决好历史遗留问题,又要建立起新的空间秩序,实质上是各方面利益关系调整的革命性活动,所以也最容易引起争议乃至引发矛盾冲突。因此,老工业区改造必须有超前的战略研究和科学的规划做指导,明确老工业区在未来城市组团中的性质和功能定位,制定改造的总体目标和阶段目标,不同阶段的工作重点和实施步骤,老工业区各种要素的综合利用与协调,与城市其他组团的要素联系和空间关系等。总之,老工业区改造规划要体现出整体性和综合性,各方面规划紧密协调。目前老工业区改造规划研究工作上出现的问题包括:一是规划研究落后或缺失,跟不上实践需要;二是忽视整体战略研究,局限于技术规划;三是规划政出多门,缺乏部门协调;四是领导意志和规划者主观臆断过多,反映社情民意不够,可操作性差。

第二节 城市老工业区改造的主要途径

一、产业结构调整与空间重组

1. "工业立区"仍然是老工业区改造的基本战略

城市老工业区改造的首要问题是从城市和区域发展的战略高度确定老工业区未来发展方向和功能定位。一般情况下,有两方面的影响因素需要考虑。首先是城市所处的发展阶段和在区域城市体系中所处的地位,需要改造后的城市老工业区承担什么样的职能,发挥哪些作用;其次是要分析经济全球化过程中世界制造业向发展中国家转移的宏观背景以及我国产业结构升级并进入新的工业阶段的影响。

根据东北老工业基地的实际情况,改造后的城市老工业区仍要坚持"工业立区"的基本战略,从传统工业区向现代工业区转变,兼顾发展商贸、金融及新兴第三产业,在多样化的产业格局中确立新的主导产业方向。东北城市老工业区均以重化工业为主,装备制造业和基础原材料工业比重大,符合国家产业发展方向,在未来相当长的时期内它们仍然是城市经济的支柱。当前的紧迫任务是国有企业的体制改革和技术升级,尽快实现传统优势工业的升级改造。

由于城市老工业区的等级、规模、职能不同,以及与城市其他组团的空间关系不同,每个老工业区的改造策略、政策组合和未来发展方向会有所差异。尽管新的工业支柱的选取和培育十分困难,但在现阶段完全排斥第二产业,以房地产开发和第三产业发展为主的改造思路仍然不足取。"退二进三"的城市产业发展策略不应混淆为城市老工业区改造的产业策略,在老工业区产业结构调整问题上要谨防矫枉过正,排斥工业项目的做法。

2. 培育新的产业集群

在计划经济模式下形成的传统产业链条被打破之后,老工业区改造的核心任务是依据市场经济规律和现代产业管理和技术的要求,建立起新的产业集群,形成新的空间地域组织模式。根据当前生态工业园区设计理念,新的产业集群都集中在不同性质的工业园区中发展。据调查,工业园区不仅可为集聚的企业带来上下游配套的机会和无限商机,拉长产业链,促进产业群的快速形成,而且可为企业节省公共设施投入10%、节约土地费15%、降低污染费5%。这种模式具有普遍的借鉴意义,沈阳铁西区改造采取了这种模式。2002年6月19日,沈阳市政府在沈阳铁西工业带装备制造业招商说明会上向外公布了《铁西工业带规划》。共规划了8个工业园区(表13—3),目的是尽快形成新的产业集群。当然,从规划的产业集群发展

表13—3　沈阳铁西工业园区及产业集群规划

园区性质	占地面积(公顷)	产业集群
1. 重矿机械制造工业园	560	拟将重型机械、鼓风机、输变电设备、高压开关、矿山、冶金、变压器、风动机等大型装备制造企业迁入集聚发展。
2. 通用机械及环保设备制造工业园	330	拟将老工业区内的电机、气压机、空压机、蓄电池、阀门及环保等机械制造企业分批迁入。
3. 数控机床制造工业园	182	拟将沈阳数控机床厂、辽宁精密仪器厂等数控类机床企业迁入,发展现代数控机床产业集群。
4. 汽车、零部件及模具制造工业园	905	将市内的有关汽车、零部件及模具生产企业向该地域转移,同时引进世界先进的汽车零部件制造企业和技术,为海狮面包、M1中华轿车、轻型卡车、沈飞日野大客等汽车产业及相关行业进行配套。
5. 航空及轨道交通工业园	160	依托轻型飞机制造公司,加快发展轻型飞机和航空及轨道交通制造业。为省内外航空、地铁、轻轨等产业和项目进行总体配套;轻型飞机作为拳头产品辐射国际市场。
6. 新型材料制造工业园	109	规划发展新材料工业。
7. 印染工业园	238	在原毛纺基地的基础上,建设印染工业园。承接铁西区域内外及国外纺织产业的梯度转移。
8. 人才培训及研发基地	100	在化工研究所为核心地域内建设工业高级职业技术人才培训和研发基地,将铁西工业区内的有关培训机构渐次向该基地转移。

成现实的产业集群尚有很大的距离,建设过程中还会有调整,但新产业集群基本上体现了继续强化传统优势工业部门的目的,为把铁西区打造成现代化装备制造业基地奠定了基础。而且新产业集群的建设还需要工业区外部整个城市软硬环境的改善,特别需要建设高效率的金融和要素市场体系。

3. 空间重组的机制创新

城市老工业区改造的重要方面是对传统工业企业进行空间重组,搬迁经营困难企业实施土地置换,为企业发展筹集资本金,同时对破产企业废弃场地和闲置土地实施再开发。这是大多数城市老工业区改造的主要途径。这种模式的实质是因为城市老工业区内的土地存在着较大的级差地租,因此,老工业区在城市中的位置对老工业区改造的强度和转型方向有重要影响。

然而,土地置换仅仅是空间重组的表层行动,不能够完全解决问题。老工业区改造不但要解决"钱从哪里来",更要解决"人往哪里去",其核心仍然是实现传统产业的转型与振兴,这就需要采取更加开阔的思路,跳出"就老工业区看老工业区"的框框,根据城市实际情况,探索新的重组机制,在政策组合和改造模式上选择突破口。沈阳铁西区改造实践具有参考价值,也需要在理论上加以总结。

沈阳铁西工业区是以机械工业为主,包括冶金、化工、制药、建材、纺织、酿造等行业的综合型城市工业区,早在1986年国务院就批准对铁西工业区实行总体改造,并将其列为国家计划中唯一的区域性改造试点工程,它的改造一直是各界关注的焦点。在国家和辽宁省有关部门的大力支持下,沈阳市委、市政府举全市之力对工业区进行总体改造。据统计,1986年至2000年,区内共安排固定资产投资项目2500个,完成投资208亿元,新增固定资产120亿元。其中"九五"期间完成投资83亿元,新增固定资产51亿元。

然而,铁西区改造的实质性突破发生在空间重组机制的创新,它构成了"铁西模式"的核心内容。2002年6月18日,沈阳市委、市政府决定,铁西区与沈阳经济开发区合署办公,同时赋予铁西新区市级管理权限。将老工业区与开发区进行整合,此举堪称全国首创。铁西区与沈阳经济技术开发区合署办公,成立铁西新区,为铁西老工业区改造创造了新的体制环境和发展空间。整合后的铁西新区规划三大功能区,即现代商贸生活区、现代工业重点发展区和科技教育研发区,总面积约120平方公里,人口约100万人。并计划用2～3年时间完成现代商贸生活服务区企业的全部搬迁改造;3～5年时间完成现代商贸生活服务规划区企业的全部搬迁改造,建设功能完备的现代商贸生活服务区;5～8年时间完成传统产业向装备制造业重点发展区的聚集,建成全国乃至世界最大的装备制造业基地。

两区合署办公后,区域内的土地级差效应凸显出来,每平方米地价差可达1000元,使铁西区曾经高达50%的厂区闲置土地得到了盘活。为亏损企业改革脱困提供了充足的起跳资本,为高效益项目的涌入提供了发展空间,促进土地的二次增值,成为撬动铁西调整改造的巨大支点。看似在做位移企业的文章,实际上是跳出了"就企业抓企业,就改造抓改造"的传统模式,实现由单一企业改造向区域整体布局更新的历史性转变。

铁西区改造尊重企业的选择,坚持宜搬则搬,分别采取整体搬迁、部分搬迁、原地改造三种模式,最大限度地维护了企业利益,最大限度地提升了企业发展后劲。他们搬迁的"门槛"很高,不解决企业冗员、债务等问题不搬,不明确企业发展方向不搬,不建立新的体制机制不搬,成熟一个搬迁一个,绝不留"后遗症"。比如,沈阳农机总公司是最早搬迁的企业之一,企业利用土地置换筹集的资金,卸掉了冗员、债务包袱,在经济技术开发区建成标准化新厂区,购置了一批国外设备,实现了与宁波奥克斯集团、华翔集团的合资,产品也由拖拉机变成了越野车,并甩掉了多年亏损的帽子,实现年产值15亿元。两年来,铁西新区共搬迁企业113户,其中103户通过改造获得了新生,只有10户企业因产品无市场、无竞争力而退出市场;新上工业项目552个,新增工业企业261家,初步形成了装备制造、汽车及零部件、医药化工、食品饮料及包装、纺织服装及印染五大产业集群。

反向思考沈阳铁西工业区的改造,体制落后和政策供给不足是制约东北城市老工业区改造不能实现根本突破的关键因素。沈阳两区合并后企业大搬迁,绝不仅仅是企业简单的位置挪动、产业结构和产品结构的调整升级,更重要的是企业内部机制实现了革命性的突破,使企业进行了由外到内的彻底转变,并由此获得了提升企业核心竞争力的原动力。同时,老工业区也能够享受到经济开发区的相关优惠政策,与过去仅能够在老工业区内部打圈圈的制度环境发生了根本变化。所以,体制改革与政策供给对老工业区改造具有决定性意义。

二、土地开发与治理

1. 土地开发

土地再开发是城市老工业区改造的动力源泉,关系到改造的成败。沈阳铁西区改造的实践表明,必须将国有企业改革、产业结构升级和土地级差利用有机结合起来,通过发挥城市土地的资产特性,引入城市经营理念,为工业区的改造调整提供原动力和资金来源。对耗能大、污染严重、产品和技术老化,无发展前途的企业,实施易地搬迁、重组或破产销号等措施,促其退出市场。对占地面积较大,单位土地面积产出率低,资源配置不合理,影响城市可持续发展的企业,将大刀阔斧地进行重新组合,调整用地结构。通过市场运作,政府优先收购,统筹规划,合理出让,植入新的企业,优先发展一批为生产和生活服务的第三产业。对于暂时没有出让价值的土地,可由政府统一控制储备,先辟为绿地,以改善区域环境。

针对东北城市土地市场化进程相对落后的状况,加快推进土地资产的市场化运作是当前城市老工业区改造的关键。改革行政审批和暗箱操作,建立土地整理和储备制度,灵活运用招标、拍卖、挂牌等出让方式,避免老工业区土地协议出让,并且主动走出去推介土地信息,吸引外地投资者加盟城市土地开发。此外,老工业区用地开发还要避免规模过大和少数开发公司的垄断行为,设立土地开发的监督管理机构。

2. 污染工业用地治理

东北城市老工业区多以重化工业为主要产业,规模大、占地多、污染重。几十年来,一直在较为落后的技术条件下进行工业生产,对工业区所在地的环境造成了严重污染。空气污染会随着工厂关闭、搬迁而彻底消除,但对工业区的土壤和地下水污染将长期存在。城市老工业区的工业废弃物一般包括炼铁和炼钢鼓风炉排出的矿渣、金属矿污染物、熔炼后的废弃物、粉末状矿石尾渣,以及随废水和空气沉降物排放的 Zn、Cu 和 Cr 等有毒金属或其他化学废弃物等,往往对土壤造成严重污染。因此,老工业区土地再开发必须针对土地污染情况,进行适当的污染治理,以保障工业用地的安全。国外经验表明,治理工业废弃地需要高昂的经济成本,因此制约了对工业废弃地的再开发。而在我国,由于相关的环境管理法规不健全以及人们对此问题的环境意识落后,迅速、大规模的老工业区改造工程往往不能对污染工业用地进行有效治理,并且以经济效益至上的房地产项目主导着用地开发方向,很少考虑到深层次环境问题潜伏的环境风险。实际上,对老工业区用地的再开发首先要做土地适宜性和环境影响评价,对工业用地的土壤和地下水污染要给出治理措施,指明土地开发方向。不能完全从经济效益角度决定土地开发方向,切实尊重环境的合理性。对于清除的污染土壤和工业废弃物也要进行妥善的处理和存放,避免造成二次环境污染。

三、城市就业与社区建设

1. 城市就业问题与对策

城市老工业区是失业、下岗问题的重灾区。主要是老工业区内国有企业停产、倒闭和改制的深化,造成大批国有企业职工下岗、失业。东北三省在"九五"期间经历了最为剧烈的国企改革,也是下岗失业人员增长最快的时期。以辽宁省为例,1996 年下岗职工人数为 117.9 万人,之后逐年递增,1997 年的增幅最大,比 1996 年增加了 60.4 万人,其次是 1998 年,比 1997 年增加了 49.3 万人,到 2000 年已经达到最高值 239.5 万人,之后开始逐步递减,到 2002 年末下岗职工总数为 183.3 万人,数量仍相当可观。因此,扩大就业既是老工业区振兴的目标,又是老工业区振兴的重要途径,是老工业区产业结构调整的基本原则。

老工业区下岗人员再就业有如下几方面不利因素:一是普遍存在着年龄偏大、文化水平偏低、技术能力差等不足。据辽宁省统计局对 1500 名国有企业失业、下岗人员进行的抽样调查,在下岗人员中,30～40 岁年龄段的占总人数的 71%;女性占 61%,其中 30～49 岁的中年女性占女性的 52%;初中以下人员占 67%,无技术等级者占 84%;16～30 年工龄的占 63%。二是自主创业的观念落后,习惯于计划经济条件下的生产方式和制度安排,甚至不屑于可实现自我就业的社区服务业。三是缺乏自我创业的资本金、知识和技能。四是面临着整个城市就业市场的强大竞争,在再就业过程中往往处在竞争的不利地位。比如,据调查,沈阳农机总公司,前身为沈阳拖拉机制造厂,在实施搬迁并轨后现有职工 3200 人,约有 6000～7000 人在转制过程中被并轨出去。因此,面向老工业区振兴的就业目标有两个重点:一是从就业人员的数量和质量方面保障新型产业的发展;二是新型产业的选择要尽量实现地方人员的充分就业。从就业角度,当前应处理如下几个问题。

(1) 多元化的产业结构模式。老工业区经济衰退的一个主要原因是产业结构单一,特别是一些中小规模的工业区,以一个或两个重点企业为主,一旦某个企业或部门出现问题,整个老工业区发展便陷入困境,进而造成大面积的下岗失业。针对产业结构单一问题,构建多元化的产业格局是建立新型工业区的主要任务。从沈阳铁西区两年来的改造实践看,铁西新区靠发展扩大就业容量,坚持发展工业吸纳一批、发展服务业安置一批、购买公益性岗位扶助一批,两年内开发就业岗位3.2万个,安置下岗职工8.2万人次。发展商贸、金融、旅游服务业和新兴第三产业对安置下岗人员再就业的效果十分明显。沈阳铁西区在国有企业搬迁原址上兴建的天津家世界、法国家乐福等42个项目为代表的新兴服务业,新增了2万个就业岗位。另据有关方面调查,1990年至2002年,辽宁省在制造业等部门就业人数下降的同时,批发和零售贸易、餐饮业成为从业人员增加最多的行业,从业人数增加了94.7万人,社会服务业从业人数增加了36.4万人,表明第三产业各个部门已成为吸纳剩余劳动力的主要领域。

(2) 技术密集型产业与劳动密集型产业的协调。鉴于东北地区城市老工业区产业结构调整方向仍然以现代装备制造业为主,一般认为传统工业技术升级将意味着对就业的拉动作用越来越小。实际上,为骨干产业配套的大量辅助产业和部门,多为技术密集和劳动密集型产业,蕴藏着巨大的就业潜力,关键是如何培育和发展现代产业集群,把技术密集型和劳动密集型产业结合起来。由于东北老工业基地产业工人技术素质较好,发挥好技术相对密集型的装备制造业产业关联带动性强、市场需求启动能力强的特点,扩大劳动力就业。

(3) 大力发展中小企业。东北城市老工业区多以国有大中型企业为主,企业员工由几百人到几万人甚至十几万人。中小企业发展历来薄弱。根据国内外经验,中小企业虽然规模较小(一般为10~100人),但由于数量庞大,企业在组织管理和技术上的特点,决定其具有极强的就业吸纳能力,成为社会就业的主渠道。城市老工业区有发展中小企业的迫切愿望,而且由于中小企业多为民营企业,对于参与老工业区内国有企业体制改革创新有特殊的示范意义,对于分解大型国有企业就业风险,培养新型产业集群等具有不可替代的作用。

(4) 教育培训。城市下岗职工往往文化水平低,技能水平单一,对劳动力市场适应性差,因此技术职业培训对下岗职工再就业至关重要。目前的问题是因经费限制,下岗职工再就业培训覆盖面不够,受培训人员技能仍达不到用人单位要求,在整个城市劳动力市场饱和的状况下,下岗人员再就业不占优势。因此,各级政府都需要加大下岗再就业人员的培训投入,完善培训制度、机构的设施,提高培训质量,扩大覆盖面。

2. 社区建设问题与对策

(1) 住宅开发。在"有利生产,方便生活"的方针指导下,城市老工业区内部大都建设了不同数量的生活住宅区,这种"工人新村"曾经是社会主义工业化的样板。但这种类型住宅区大都因陋就简,有的就是简易房构成的棚户区,年久失修,住宅区内的道路和基础设施落后,公共卫生条件差;再加上企业倒闭、失业和下岗等问题,传统住宅区呈现出一种破败的景象。所以,传统社区改造和重建是当前老工业区改造的重要任务。

对老住宅区拆迁改造首先碰到的问题是对原有居民的利益保护问题。包括拆迁对原有住户的补偿是否合理,新建住宅的户型、价位等是否面向中低收入阶层,以保证大部分原有住户能够留住在原地,以"解困房"、"廉租房"等名目出现的住房质量能否达到要求等,这些都需要依据法规对开发商进行严格的监督管理。避免出现将大批原有居民被排挤出去的情况,最大限度地保护弱势群体的利益。

其次,老住宅区改造要注意保护传统邻里关系,使传统社区的场所精神得到继承和延续。需要有合理的公共空间规划设计,保护重要的纪念性建筑,防止出现刘易斯·芒福德所抨击的那种情形,"对一切妨碍建设的'累赘'用推土机清除掉,以便使他们的死板设计得以在空荡荡的平地上付诸实施,这些'累赘'通常是住宅、商店、教堂、住宅区和珍贵的纪念性建筑,是当地人民的生活习惯和社会关系赖以维持的物质基础。把这些设施成片拆除,往往意味着把几个世纪人们形成的合作与忠诚也一笔勾销了"。特别对于那些被改造成商贸或其他用途的老住宅区,继承传统社区的场所精神对城市可持续发展至关重要。

(2) 完善社区服务设施,加快社区管理体制改革。在大多数传统的老住宅区中,社区服务设施严重缺乏。一般情况下,只有几个简陋的食杂店。社区服务设施实际上是社区居民社会交往的公共空间,除了满足居民的物质生活需求外,还要满足居民的精神文化需求。因此,在重建新型社区的过程中,要根据建设小康社会和和谐社区的要求,加强社区中商贸、金融、医疗卫生和体育文化等社会基础设施的建设,对扩大社区就业、培育社区文化都起到支撑作用。

在计划经济条件下形成的企业单位管理社区的体制瓦解之后,社区居民的身份发生了由企业人向社会人的转变,居民委员会和街道办事处的社区管理职能由从前的配角逐步过渡到主角。针对老工业区社区发展所面临问题的复杂性和特殊性,必须重新构架新的社区管理体制,树立社区居民对社区的认同感及振兴社区的信心,发挥社区居民主动参与社区管理及自治的积极性,优化资源配置,提高工作效率,切实为失业和下岗人员解决实际困难。社区管理体制改革的核心内容是建立社区组织体系,划分合理的社区单元,建设有力的支撑体系。

第三节 城市老工业区改造与可持续发展战略措施

一、城市老工业区改造可持续发展战略措施

城市老工业区改造的目标是完成向新型城区的转变,面临着三方面任务,即经济振兴、社区发展、城市基础设施改造与生态环境建设。经济振兴是老工业区改造的中心任务。深化国有企业体制改革,加快调整产业结构,加大传统优势产业的技术改造力度,鼓励民营经济和中小企业发展,制定优惠政策,扩大融资渠道,加强与区内外企业的合作。要特别注意扶持传统

优势产业和发展中小企业。社区发展的主要目标是大力发展市场化的社区服务业,加强职业技术培训,扩大就业渠道,建立健全社会保障机制,营建艰苦创业的社会氛围,保障社会安定。把老工业区城市基础设施建设和管理纳入市政管理范畴,改造交通和通讯等市政设施,增加文化、体育和娱乐服务设施。引入市场机制,开发利用工业废弃地,建设环保设施,美化绿化老工业区环境。

为实现上述任务,城市老工业区改造需要在城市发展战略规划的总体框架下研究老工业区未来发展方向和功能转换定位,从市区内各功能组团的协调发展角度,研究老工业区内的要素转移与置换的途径,制定产业调整、土地开发、社区发展和生态环境建设规划,提出可行的对策和措施。总之,从我国社会主义城市化的性质和高效率利用城市各种存量要素等方面的要求出发,把它改造成新型的城市功能区。

1. 老工业区的战略定位

城市老工业区的战略定位是其实现可持续发展的前提。改造后的城市老工业区可能有多种发展方向,这是由它所处的宏观区位,城市自身功能定位,以及老工业区内部发展条件(城市经济结构、空间结构、土地市场、城市交通等)等综合因素决定的。从东北老工业基地城市职能的现状及未来发展趋势看,大部分城市老工业区经过改造后仍然是以工业职能为主,"工业立区"仍然是老工业区产业结构调整的基本战略,这也是东北地区工业化与城市化相互促进的关系所决定的。但是,不同规模的老工业区与城市其他组团组合的不同,在老工业区开发模式上有所差别。靠近市中心的老工业区,由于大部分传统工业企业外迁,老工业区用地发生了功能置换,以公共用地、居住用地或其他用地为主,工业用地很少甚至不复存在,此种类型老工业区实际上已经消亡,代之而起的是其他性质的城市功能区。但大多数处在城市边缘的老工业区随着国有企业改革深化、产业结构调整和技术改造的加强,将确立新的主导产业和支柱产业,并逐步向产业集群方向发展,城市老工业区的工业经济职能会得到加强。另外,90年代以后在部分城市设立的地方级别的经济开发区要和老工业区改造结合起来,整合区域资源,成为这些城市的新的工业区。

2. 实施循环经济模式,建设生态工业园区

循环经济是实施可持续发展战略的实践模式,是建设资源节约型社会和走新型工业化道路的有效途径。发展循环经济应该成为老工业区改造的方向,城市老工业区应该成为循环经济的样板,应把发展循环经济和建设生态工业园区纳入到老工业区改造规划中,制定相关法规、政策,完善管理机构。按照循环经济模式进行工业结构和产业结构的调整,加强技术支撑体系建设。发挥城市老工业区的研发优势和在装备制造业领域的技术优势,发展新型产业,加快环境工程技术、废弃物再利用与资源化技术及清洁生产技术的研发和推广,形成一批达到国际先进水平、具有自主知识产权的技术和项目,提高能源、水资源和矿产资源的利用率,降低单位产品废弃物排放量,彻底改造城市老工业区。

城市生态工业区是在城市的某一或某些连片的较大地域上，由多个企业依据生态经济学原理相互结合而形成的有一定物质循环、能量流动和价值流等内在联系的企业群体。生态工业园区是未来城市建设的重点，是城市老工业区改造的先进模式。生态工业园区建设的核心内容是依据生态园区内部企业间的技术经济联系，进行合理布局和建设，形成较完整的生态工业链，达到不同企业间重复循环利用固体废弃物、水资源和能量以及其他生产资料，达到资源利用率高，污染排放小的目标。因此，需要从整合区内外资源的角度出发，重新进行园区规划设计。特别是要改变传统工业区建设管理的做法，主要是通过市场力量把企业联合起来，政府发挥引导服务作用，成立生态工业园管理委员会，统一指挥开发建设，统一管理园区事务，切实为入园企业服务。参照国际标准，完善法律法规，逐步建立起一整套标准化、科学化、系统化的环境管理体系，对整个园区进行生态管理。沈阳市已经全面启动了铁西生态工业园区建设，运用工业生态学和循环经济理念，对铁西生态工业园区进行科学规划，研究和建立入园企业的连接关系，促进了产业园区的优化升级。目前正在着手将铁西新区的47家企业构成9条工业生态产业链，形成5个生态工业循环网络，构建工业生态系统、消费生态系统和支持保障系统，促进生态工业循环和消费生态循环。

3. 建设新型的和谐社区

和谐社区是和谐社会的基础。繁荣的社区经济、优美的社区环境和良好的社会关系，构成了和谐社区的基本内容。国内外经验表明，城市老工业区衰退过程中所积累的经济矛盾，最终都转化成社会政治矛盾，严重影响老工业区的社会安定。因此，建设新型的和谐社区是城市老工业区可持续发展的战略问题。针对城市老工业区的特殊性，和谐社区建设应从解决当前生活困难群体的实际问题出发。一是继续加强社区就业工作，对年龄偏大、技能单一的人员加大专业技术培训力度，增强他们的再就业本领，从根本上解决失业家庭的生活难题。对特殊困难群体，采取特殊的帮扶措施。二是完善社区服务体系，紧紧围绕提升社区服务功能，整合社区服务资源，打造社区服务品牌，推进社区服务业发展。三是完善社区居民社会保障体系。四是完善社区治安网络，建设安全社区。五是全面保护弱势群体利益。建设和谐社区的根本目的是增进邻里感情，使邻里之间形成一种互尊、互敬、互谅、互让、互帮、互助的氛围，打造社区文化，强化居民对社区的归属感、认同感、亲情感、温馨感，发挥个体在社区建设中的主人翁作用，政府引导作用要最大程度地调动社区自主性。

二、不同类型城市老工业区发展方向与改造重点

东北城市老工业区所面临的问题既有相似之处，又由于各地的情况不同以及改造的进展速度不同，同样的问题又表现出区域差异性。不同类型的城市老工业区应该有不同的发展方向和改造重点。

1. 综合型城市老工业区

以沈阳铁西工业区、哈尔滨动力区和长春铁北工业区等为代表的综合型城市老工业区，其共同特点是都具有得天独厚的区位和交通优势，在自然资源、资产存量、产业基础、人力资源等方面都有着良好的发展基础和比较优势，但第三产业发展相对滞后，没有发达的商业和服务业。提升商业、娱乐功能，改善居民住房条件，从过去以第二产业为主逐步转向以第三产业发展为主，大力开拓研发中心、金融中心将是它们今后改造的重点。沈阳铁西工业区改造就是基本迁出传统工业，腾出土地空间发展商贸、金融和现代工业服务产业。长春铁北工业区改造的具体措施是在工业区的中、西部区域主要依托现有铁路专用线、交通枢纽、工业厂房闲置等优势，发展现代物流产业，东部主要发展机械工业、汽车零配件工业、钢铁工业等重型工业，工业产品主要为汽车产业服务。

2. 专业型城市老工业区

以鞍山的铁西工业区、本溪的本钢工业区等为代表的专业型城市老工业区，目前产业发展存在的主要问题是制造业技术水平较为落后，产品结构不合理，经济增长缓慢。今后要积极发展装备制造业和高新技术产业，从主要依靠资金、资源、地区优惠政策的投入转变为主要依靠智力和技术的投入，优化产品结构，提高产品质量。同时要注重根据市场的需求，实施产业多元化战略，发展相关加工工业、制造业和第三产业，加强与地方经济的联合，调整城市和地区产业结构。

3. 资源型城市老工业区

资源型城市的老工业区，多属于以煤、油产业为主的资源型工业基地，具有产业结构单一，非资源型产业薄弱，产业可持续性差，比较优势弱化，劳动力技能单一等特点。资源型城市老工业区改造的重要方向是借鉴生态工业模式，引入新型产业，循环利用废旧资源，延长产业链条，打造生态工业园区。抚顺望花工业区是一个以燃料、动力、原料工业为主的工业区，在煤炭资源枯竭后，石油化工和精细化工已经成为老工业区的主导产业，但现有石油产品主要以上游产品为主，应根据石油产业和产品多样化的特点把接续产业的发展和产品的开发做精做细，通过接续产业发展来承接上游产业与产品，形成石化产业集群，提高产业竞争力。

4. 交通港口型城市老工业区

交通港口型城市的老工业区，具有工业基础雄厚、紧邻市中心区、内外交通便利、城市基础好等特点。随着传统工业外迁，滨水地段成为发展金融、商贸和餐饮、娱乐业的黄金地段，应将其改造成为现代服务业基地，大力发展厂商服务业，提高辐射力和吸引力。大连甘井子工业区，应加快调整产业结构和工业布局，实施工业加工环节的扩散；发挥大专院校、科研单位、研发部门和外贸部门集聚等有利条件，推动工业升级，大力发展现代工业服务业，构建新型工体系。

第四节 结论与建议

1. 城市老工业区改造是一项长期复杂的区域改造工程

东北城市老工业区出现在20世纪30年代,建国后的"一五"、"二五"时期的重点建设使城市老工业区成为城市经济的引擎,对东北城市的发展壮大和城市特征的形成起到了决定性作用,它们是典型的计划经济产物。

东北城市老工业区从20世纪80年代进入了衰退阶段。原因是多方面的,但与国外城市老工业区衰退原因的不同之处是,衰退的主要原因是体制因素和结构因素。在我国由计划经济向市场经济转型过程中,因为国有企业改革落后,以国有企业为主的城市老工业区出现了经济衰退的"综合症",在区域上出现了普遍的"东北现象"。

经过1997年至1999年的三年国企改革脱困,东北国企改革已经出现了重大转机。国家振兴东北老工业基地战略的实施,进一步促进了国企改革。国有企业改革能够在21世纪初实现突破,一方面是20多年来国企改革累积效果的集中表现,另一方面是东北老工业基地体制环境变化以及国内外经济环境的变化与影响的结果。东北城市老工业区仍然是城市经济的重要力量,仍然是我国重要的装备制造业和原材料生产基地,在我国区域经济格局中仍然占有特殊地位。

城市老工业区改造是一项综合性的城市复兴活动,需要有系统的制度安排,是一项长期的建设任务。国外的经验可资借鉴,但更主要的是探索出中国特色的老工业区改造之路。沈阳铁西工业区改造在短期内能够取得巨大成绩,再一次表明了社会主义国家能够集中力量办大事的优越性,为东北城市老工业区改造建立了信心,树立了榜样。只要能够结合地方实际情况,充分调动全社会各方面的积极性,勇于探索,尊重规律,城市老工业区就能够得到振兴。

城市老工业区改造在先进工业化国家已经有过近百年历史,理论研究和实践经验丰富。但这项活动在我国才刚刚开始,实践经验不足,缺乏理论指导。老工业区作为城市整体的有机部分,它的再生改造必须要有长远的战略思维。必须处理好效率与公平、近期与远期工作目标,才能够保证老工业区长远的可持续发展。当前的老工业区改造实践已经暴露出只注重大拆大建,忽视历史文化保护的弊端,应该引起足够的重视。

2. 开展城市老工业区综合改造试点工作

城市老工业区改造在我国尚属于新事物,在概念上就比较混乱。多数人把国有企业改造等同于老工业区改造,少数人把它理解为城市物质环境改造治理,这两种理解都不全面。过去国家对城市老工业区改造的试点工作主要内容是对国有企业体制改革和技术改造,并且由于"条条块块"的矛盾,基本不考虑中直国有企业与地方经济的协调发展,地方也不把老工业区城市规划、建设和管理纳入工作重点。建议国家有关部委,联合开展城市老工业区综合改造试点工作,改变传统思路,确立老工业区整体转型目标,统筹城市老工业区国企改革、基础设施建设、社区发展和环境治理等工作。

3. 设立城市老工业区改造专项计划

国外的旧城改造已形成制度。比如英国自20世纪50年代以来,连续实施了多次城市改造振兴计划,有相应的专项资金,针对不同阶段的问题特点,有不同的主题,政策上也不断趋于完善。鉴于老工业区改造是个长期的过程,我国应借鉴国外经验,在每个"五年规划"中都设立城市老工业区改造专项计划,引导、鼓励民间和国外资本参与老工业区改造,建立合作伙伴关系。

4. 完善城市老工业区改造监督管理体制和法律法规

根据国外经验,旧城改造工程都设立监督管理机构。成员包括国家和地方政府相关机构的工作人员、工程发包方代表、工程承包方代表和社区居民代表。监督重点不但包括工程招投标、工程质量、财务等问题,而且特别重视旧城改造工作是否侵犯了地方居民的利益以及补偿的公平性。建议根据我国实际情况,成立相应的临时监督机构促进此类工程。

近些年我国城市更新改造工作已经出现了形形色色的法律纠纷问题,已经影响到城市改造工作的顺利进行。而国外发达国家早已完成了关于旧城改造的专门立法。建议我国对旧城改造单独立法,或者在《城市规划法》中增补相关的独立章节,把城市老工业区改造纳入到旧城改造法规管理范畴。

5. 加强城市老工业区改造的规划研究

城市老工业区改造涉及城市发展的各个方面要素,与城市其他组团有着千丝万缕的联系。老工业区改造后对城市结构的整体影响存在很多不确定性,而且往往都是改造之初被忽视的问题。只是以物质环境改造建设为主的规划设计工作,已经满足不了老工业区改造实践的要求。再加上相关法律规章的缺位,大规模改造工作可能存在隐患。因此,需要加强对城市老工业区改造的规划研究,避免产生不可弥补的失误。

参 考 文 献

1. 包志毅、陈波:"工业废弃地生态恢复中地植被重建技术",《水土保持学报》,2004年第3期。
2. 陈才、李广全、杨晓慧:《东北老工业基地新型工业化之路——怎样认识东北 如何振兴东北》,东北师范大学出版社,2004年。
3. 陈政高:《沈阳市政府创模工作报告》,2004年6月4日。
4. 谷春立:"在2002沈阳铁西工业带暨沈阳经济技术开发区投资说明会上的讲话",2002年8月30日。
5. 梁仁彩:"论工业区的形成与发展",《地理科学》,1992年第4期。
6. 陆大道:"工业区工业企业成组布局类型及其技术经济效果",《地理学报》,1979年第3期。

7. 马传栋:"论城市生态工业区",《城市问题》,1991年第1期。
8. 曲小范:《近代东北城市的历史变迁》,东北师范大学出版社,2001年。
9. 沈阳市铁西区人民政府地方志办公室:《铁西区志》(内部印刷),1998年。
10. 汤士安:《东北城市规划史》,辽宁大学出版社,1994年。
11. 张平宇、马延吉、刘文新等:"振兴东北老工业基地的新型城市化战略",《地理学报》,2004年增刊。
12. 张平宇:"英国城市再生政策与实践",《国外城市规划》,2002年第3期。
13. 赵建国:"辽宁的就业问题:形式判断与政策建议",《经济研究参考》,2004年第44期。
14. 中共沈阳市委办公厅调查组:"突围之路——铁西新区发展两周年的调查",《沈阳日报》,2004年6月25日。

第十四章 城市社会保障体系建设

东北老工业基地在计划经济时代取得过辉煌的成绩。然而,改革开放以后,东北老工业基地在全国的经济地位逐渐降低。不可否认,所有制结构中国有经济比例过高、产业结构中重工业比重过大、市场机制发育相对滞后等因素影响了该地区的发展。特别是老工业基地在长期发展过程中逐步积累起来的社会性负担问题,包括企业养老保险、企业冗员及企业办社会等,已成为制约老工业基地改革和发展的最大障碍之一。因此,完善社会保障体系建设是东北老工业基地振兴中不可缺少的基本保障之一,并对维护老工业基地的社会稳定、促进经济发展、为企业创造公平竞争环境、加快劳动力市场发育等具有重要意义。尽管国家从2001年就开始了老工业基地社会保障制度的改革试点,也取得了显著成绩,但是,目前东北地区的社会保障工作仍面临不少困难,主要表现为"四多一大",即失业人数多、国企从业人员及下岗人员多、退休人员多、低保人数多、资金缺口大。东北老工业基地社会保障体系建设过程中仍存在不少问题,必须尽快采取有效措施予以解决。

第一节 城市社会保障与老工业基地振兴

随着国家2003年提出振兴东北老工业基地战略的实施,目前东北老工业基地正处在社会主义市场经济不断深化、社会经济结构不断调整的重要历史时期。众所周知,城市是市场经济改革的主战场,实施和完善与社会主义市场经济体制发展相适应的新型城市社会保障体系,对振兴东北老工业基地具有重大意义。

一、完善的城市社会保障体系是深化国有企业改革和发展的重要条件

1. 国有企业社会负担重,难以与非国有企业在同一起点上进行公平竞争

市场经济体制要求企业作为真正的市场主体,公平地参与市场竞争。但由于种种历史原因导致东北老工业基地的国有企业负担太重,如企业办社会、人员负担、历史债务等,而其他非国有企业在新的经济体制下成立。由于新老企业职工的人员结构不同,退休金、医疗费用等负担非常悬殊,如辽宁省和黑龙江省企业缴纳养老金比例高达22%和24%,而广东省的企业缴纳比例仅为16%,深圳更低,只有8%。所以,国有企业和非国有企业的竞争起点不同。

2. 完善社会保障体系是使企业真正成为市场主体的内在要求

在计划经济体制下,就业和社会保障是捆在一起的,劳动者只要一进入企业或国家机关,其生、老、病、死都由企业或政府统统包下,形成企业办社会现象,这种现象在东北老工业基地尤为突出。在市场经济体制下,实施社会保障的主体应该是社会。企业作为市场主体,主要任务是组织生产经营活动,目标是赢利。至于职工的社会保障问题,企业只负责交纳相关费用,其余的工作应该由社会完成。只有完善的社会保障体系,才能使企业成为真正的市场主体。

3. 完善城市社会保障体系有利于解决国有企业的社会负担

国有企业要想在市场竞争中赢得公平地位,首先必须解除大量的冗员,把企业所承担的养老、医疗等社会职能转移出来,把富余人员分流出去。这就要求尽快完善东北老工业基地的社会保障体系,为国有企业参与市场竞争创造出公平的外部环境,增强国有企业的活力和竞争力,提高企业的经济效益。

二、完善的社会保障体系有利于化解个人风险和社会风险,维护社会稳定

1. 市场经济下个人风险不断增加,急需完善社会保障体系

随着社会的发展,造成个人风险的因素也在增加。一般而言,个人风险的主要来源有二:一是家庭内部因素,如个人或家庭成员因病、伤、残、老、死等原因而导致生活陷入困境;二是家庭外部因素,如下岗、失业等,已成为当前社会中个人风险的重要来源。虽然家庭保障能够化解一定的个人风险,但能力非常有限,当前急需完善社会保障体系,以化解经济转型期间不断增加的个人风险。

2. 众多个人风险演化成的群体风险可能导致严重的社会危机

如果个人风险得不到及时化解,众多同样的个人风险就会转化为群体风险,进而演变为社会风险,有可能导致严重的社会危机。社会保障的基本含义就是通过社会的力量来保障社会弱势群体的基本生活,使他们能够尽可能地享受社会文明带来的福祉,从而维护社会稳定。

3. 完善的社会保障体系对于化解个人风险,维护社会稳定有重要意义

东北老工业基地国有企业比重非常高,而且存在大量的冗员,在国有企业改革过程中,将不可避免地产生大量的下岗、失业人员。目前东北三省各类下岗失业人员已达到 435 万人,加上企业原有离退休人员,形成了规模庞大的急需得到社会保障的脆弱群体。这就需要尽快完善社会保障体系,发挥社会保障的积极作用。否则,大量无基本生活保障群体的存在对社会稳定是一个潜在的威胁,并对东北老工业基地的振兴起着很大的阻碍作用。

三、完善的社会保障体系是加快东北老工业基地劳动力市场发育的必要条件

1. 狭窄的社会保障覆盖面不利于人力资源自由流动

人力是企业和社会经济发展不可缺少的重要资源。人力资源能否按市场进行自由流动，关系到经济发展的效益问题。在市场机制的调节下，非公有制企业在吸收国有企业下岗、失业人员方面有很大的潜力。但是，按照目前的社会保障体系，非公有制企业的员工在某些方面不能享受国有企业员工的社会保障待遇，使得一些人仍然不愿意到民营企业就业，部分人宁愿失业也不愿意到非国有企业工作，从而影响了非国有企业吸纳劳动力的能力，也影响到劳动力的自由流动，不利于劳动力市场的健康发育。

2. 落后的社会保障制度不利于国有企业职工的分流

东北老工业基地是我国最早实行计划经济的地区，当时低工资、广就业的指导思想，导致国有企业存在大量的冗员。而且在计划经济体制下，就业与社会保障是捆在一起的。伴随着国有企业下岗分流，减员增效措施的实施，如果不能为下岗职工提供必要的社会保障，职工就不愿与原单位脱离关系，这样就很难形成劳动力资源按市场需求自由流动的良好用工局面，也不利于国有企业的进一步改革。

四、完善的社会保障体系有利于东北老工业基地产业结构调整和升级

1. 过多的人员负担是东北老工业基地重工业改造升级的主要瓶颈

在谈到老工业基地结构调整、改造时，人们首先想到的是技术创新和资金投入，但当进行技术创新和资金投入时又发现这样做的效果并不明显。改革开放以来，国家为了推进东北老工业基地的经济增长，先后投入了几千亿元的技改资金，但是并没有取得预期的效果，主要原因是企业内部的冗员太多，或者投入的资金直接被人员"吃"掉，或者技改没有减员的前提难以展开，资金被间接地挪作他用。这些由过多人员引起的负担确实成为老工业基地产业改造升级的瓶颈。只有完善社会保障体系，将企业中的冗员分离出去，资金投入才能真正用于技术改造，技术改造也才能真正得到实施。

2. 完善的社会保障体系是不具备比较优势的国有企业顺利退出市场的基础

东北老工业基地是我国重工业优先发展的产物。无论是工业经济占国民经济的比重，还是重工业占全部工业的比重都非常高。这样的格局在计划经济时期推动了老工业基地经济的快速发展。改革开放以后，我国的经济发展战略发生了重大调整，劳动密集型产业以其特有的优势迅速发展起来，并成为我国经济发展战略调整的重要方向。然而，在这个过程中，东北老工业基地却因为重工业包袱太重，没能及时对自己的工业结构进行调整，从而失去了经济进一

步增长的重要动力。而且,在计划经济时期,国有企业布局几乎覆盖了所有的行业,一些在赶超战略时代建立起来但没有比较优势的企业在日益开放的市场环境中生存能力下降而出现亏损。这就要求一些不具备比较优势的企业退出,或关闭一些长期亏损和资源枯竭型的企业,这样必然引起较大规模的职工岗位的转换,导致一定时期内失业人员的增加。只有建立完善的社会保障体系,妥善解决他们的基本生活问题,才能实现劳动力岗位的顺利转换,使需要退出或需要改制的国有企业能够顺利完成,促进老工业基地产业结构的调整和升级。

第二节 城市社会保障体系建设的现状与问题

一、我国城市社会保障体系的构成

我国在计划经济体制下建立的社会保障制度的特点是国家出资,单位管理。改革开放后,传统的国家单一保障模式的社会保障制度已不能适应社会主义市场经济发展的需要,必须构筑新的社会保障体系。1993年党的十四届三中全会通过的《中共中央关于建立社会主义市场经济体制若干问题的决定》提出了我国社会保障体系包括社会保险、社会救济、社会福利、优抚安置和社会互助、个人储蓄积累保障等,在此基础上初步形成了我国社会保障体系的基本框架(表14—1)。

表14—1 我国城市社会保障体系构成

	社会保障项目	性质	对象	资金来源
社会保险	养老保险	国家强制实施	①城镇各类企业职工和个体劳动者,②企业化管理的事业单位职工	国家、企业、职工三方负担
	失业保险	国家强制实施	城镇所有企业、事业单位及其职工	国家、企业、职工三方负担
	医疗保险	国家强制实施	城镇全体劳动者	国家、企业、职工三方负担
	工伤、生育保险	国家强制实施	城镇所有企业、事业单位及其职工	国家、企业负担
社会救助	城市居民最低生活保障	国家强制实施	家庭人均收入低于当地城市居民最低生活保障标准的持有非农业户口的城镇居民	国家、地方财政
	灾害救助	国家强制实施	自然灾害受灾人口	
	流浪乞讨人员救助	自愿		
	社会互助	自愿		社会资金

续表

社会保障项目		性质	对象	资金来源
社会福利		国家强制实施	无依无靠的孤老残幼、精神病人等	国家、地方财政
优抚安置		国家强制实施	烈属、伤残军人、退伍义务兵、志愿兵等	国家、地方财政
住房保障	住房公积金制度	国家强制实施	城镇所有企业、事业单位及其职工	国家、企业、职工三方负担
	经济适用住房制度	自愿		
	廉租住房制度	自愿		
企业补充保险和个人储蓄积累		自愿	城镇所有企业、事业单位及其职工	企业或个人

1. 养老保险

在社会保险五大险种中,养老保险是探索时间最长、决策争议最大、行政规章最多的险种。它是从退休费用社会统筹起步的,概括起来包括以下内容:首先,养老保险多层次。国家设立基本养老保险,但只能保证退休人员的基本生活;同时,国家鼓励企业大力发展补充养老金(或企业年金),鼓励开展个人储蓄性养老保险,并发挥商业保险的补充作用。其次,引入个人缴费制度。个人缴费全部计入个人账户,缴费率为个人工资的8%。第三,基本养老保险实行"统账结合"(社会统筹和个人账户相结合)。

2. 失业保险

我国的失业保险是随着国有企业改革的不断深入而建立和逐步完善的。根据我国现行的《失业保险条例》(1999年1月颁布),失业保险制度包括以下内容:一是失业保险费由企业和个人共同负担。企业缴纳工资总额的2%,职工缴纳本人工资的1%。二是失业人员享受复合待遇,包括享受失业保险金,领取期限最长为24个月;在领取失业保险金期间,患病就医的享受医疗补助金,死亡的对其家属一次性发给丧葬补助金和抚恤金。

3. 医疗保险

医疗保险起步最晚、构造最复杂、涉及面最广、难度最大。在制度模式和架构方面与养老保险完全一致,即实行多层次统账结合。但实际上与养老保险和失业保险相比,进展相对滞缓,覆盖面小,难度大。

4. 城市居民最低生活保障

建立城市居民最低生活保障,是政府对城市贫困人口按最低生活保障标准进行差额救助的新型社会救助制度。1999年9月,国务院颁布了《城市居民最低生活保障条例》,明确城市居民最低生活保障标准,按照当地维持城市居民基本生活所需的衣、食、住费用,并适当考虑水、电、燃气(煤)费用以及未成年人义务教育费用确定。

养老、失业、医疗保险直接关系到国有企业的改革,关系到劳动者的切身利益,是当前社会保障体系改革建设的重点。其中养老和医疗的覆盖范围最广,应该覆盖全体劳动者;基金数量也最大,占社会保险基金的90%,占整个社会保障项目的70%~80%。城市居民最低生活保障为全社会设置了一道最低的也是最后的保障网,对社会稳定和社会公平具有重大意义。

二、东北三省城市社会保障体系建设面临的困难及存在的主要问题

近年来,东北三省社会保障制度建设成效显著,保障水平明显高于全国平均水平。东北三省城镇从业人员中参加失业保险、基本养老保险、医疗保险人员的比重分别为67%、75.2%和56.5%,比全国平均水平分别高出23个百分点、31个百分点和19个百分点(表14—2)。国有企业下岗职工60%以上实现了再就业;城市居民最低生活保障也基本作到应保尽保。

表14—2　东北三省社会保障基本情况(2002年)

地区	城镇从业人员(万人)	养老保险参保人数(万人)	养老保险参保率(%)	失业保险参保人数(万人)	失业保险参保率(%)	医疗保险参保人数(万人)	医疗保险参保率(%)	城市居民最低生活保障享受人数(万人)	占城镇人口比例(%)
辽宁	848.5	737.0	86.86	591	69.68	619.0	72.95	159.6	8.2
吉林	439.4	292.8	66.64	284	64.63	176.9	40.26	146.4	10.6
黑龙江	697.2	502.4	72.06	466	66.83	392.8	56.34	156.2	7.6
全国	24780	11128.8	44.91	10181.6	41.09	9401	37.94	2054	4

但是,目前东北地区的社会保障工作仍面临不少困难,存在不少问题。

1. 东北老工业基地城市社会保障体系建设面临的困难

(1)城镇失业率高,失业人数增长快,失业救济人数多。2002年全国城镇登记失业人数770万人,其中辽宁75.6万,吉林23.8万,黑龙江41.6万,东北三省共141万,占全国的18.3%。城镇登记失业率,全国为4.0%,而辽宁、吉林、黑龙江分别为6.5%、3.6%和4.9%,辽宁、黑龙江两省大大高于全国平均水平,分别位居全国失业率第一和第二。2003年东北三省城镇登记失业人数下降到135.4万人,但占全国的比重上升到19.6%。2003年辽宁省登记失业率仍为6.5%,继续居全国第一位;吉林省的登记失业率继续上升,比上年增加0.7个百

分点;只有黑龙江省的登记失业率比上年下降了0.7个百分点。

失业保险金领取人数,全国657万人,而辽宁、吉林、黑龙江分别为101.1万、24.3万和26.2万,共151.5万,占全国的23.1%(表14—3)。而且,近年来,随着下岗职工向失业保险并轨,隐性失业显性化,失业人数还会快速增加。同时,每年新增的就业岗位远不能满足失业人员的增加。资源性城市问题更为突出,有些城镇的失业率已达10%以上,大大超过了7%的警戒线,且产业结构单一,城市功能不够完善,吸纳就业能力有限,解决就业和再就业问题受到很多限制。巨大的就业压力,已经并将长期成为某些城市保持社会稳定的突出问题和主要隐患。

表14—3 东北三省城镇登记失业人员及失业率

地区	失业人员(万人)			失业率(%)			失业保险金领取人数(万人)(2002年)
	2001年	2002年	2003年	2001年	2002年	2003年	
辽宁	55.5	75.6	89.0	3.2	6.5	7.6	101.1(15.4%)
吉林	20.2	23.8	28.4	3.1	3.6	4.3	24.3(3.7%)
黑龙江	35.5	41.6	79.6	4.7	4.9	9.3	26.2(4.0%)
全国	681	770	800	3.6	4.0	4.3	657.0

资料来源:①2001、2002年数据来源于《中国劳动保障年鉴》(2002、2003);②2003年东北三省数据来自于实地调研;③黑龙江省为实际失业率。

(2) 国有企业从业人员多,下岗职工多,再就业难。2001年东北三省地方国有企业从业人员465万人,占全国地方国有企业从业人员的14.1%,东北三省规模以上工业企业从业人员562万人,占全国的10.3%,其中国有工业企业从业人员411万人,占全国的15.36%,占东北三省规模以上工业企业从业人员的73.13%,高出全国24个百分点。随着国有企业改革的深化,2002年东北地区国有企业从业人员比重仍比全国平均值高出3.7个百分点(表14—4)。

表14—4 东北三省国有企业从业人员(2002年)

	辽宁	吉林	黑龙江	三省合计	全国
城镇单位从业人员(万人)	519.3	302.8	525.0	1347.1	10985.2
国有单位从业人员(万人)	338.3	219.6	369.8	927.7	7162.9
国有企业从业人员比重(%)	65.2	72.5	70.4	68.9	65.2

国有企业下岗职工多。根据劳动和社会保障部的统计,从1997年到2002年底,全国国有企业累计下岗职工2715万人,其中辽宁243.7万,吉林118万,黑龙江320万,东北三省共计681.7万,占全国的25.1%。到2002年底,黑龙江省共有下岗人员150万,其中80万为国有企业下岗职工,鹤岗、双鸭山、鸡西和七台河四个煤矿城市的下岗职工就达11万,再就业率只有11.4%。黑龙江省国有工业企业占规模以上工业企业总产值的80%以上,就业和再就业面

临巨大的压力,2003年下岗职工66.7万人,实现再就业率只有40%(调查数据)。辽宁省每年有170万人需要就业,而全年新增就业岗位只有100万个;沈阳市目前有下岗失业人员30万,而目前只能安置10万。

(3)退休人员多,抚养比低。长期以来广就业、低工资的政策,使东北三省国有企业吸纳了大量的就业人员。目前,在没有养老金积累的情况下,又要面对已经到来的社会老龄化的压力。近年来大批职工退出劳动力市场,许多效益不好的企业一次性买断工龄,使离退休人员迅速增长,大量应该进入失业行业的人员错位进入了养老队伍,形成大量的离、退休人员,把失业保险对社会的近中期压力扭曲为养老保险对社会的长期压力。目前,东北三省的养老保险抚养比已大大低于全国平均水平。2002年,全国养老保险抚养比为3.1∶1,而东北三省平均只有2.6∶1(表14—5),沈阳市甚至不到2∶1(只有1.98∶1)。锦州市2001年抚养比为2.24∶1,2002年为2.14∶1,2003年为2.07∶1。黑龙江省的哈尔滨轴承集团9000多名在职职工要养活一万多名离退休职工,大大增加了养老保险金的支付难度。

表14—5 东北三省离、退休人员总数及抚养比(2002年)

	参保职工(万人)	离、退休人员(万人)	抚养比
辽宁	734.0	302.2	2.4∶1
吉林	292.8	104.9	2.8∶1
黑龙江	502.4	187.4	2.7∶1
三省合计	1529.2	594.5	2.6∶1
全国	11128.8	3607.8	3.1∶1

(4)城镇低保人数多,比例高,保障水平低。2002年全国城镇居民领取最低生活保障金人数为2054万人,其中,辽宁150.1万,吉林149.7万,黑龙江153.1万,三省共452.9万,占全国的22%。低保人口占城镇人口比重,全国为4%,辽宁、吉林、黑龙江分别为6.5%、10.9%和7.6%,位居全国前列(表14—6)。三省平均为7.9%,高出全国近一倍。同时,东北三省多数城镇低保水平很低,在120~200元/月,且省内各城镇差距较大,黑龙江省低保标准最高的哈尔滨市为200元,最低的绥化市只有104元;吉林省最低的城镇柳河县也只有104元(表14—7)。

表14—6 东北三省城市最低生活保障人数、低保标准(2002年)

	低保人数(万人)	占城镇人口比例(%)	低保标准(元/人·月)
辽宁	150.1	6.5	173(156~205)
吉林	149.7	10.9	130(104~169)
黑龙江	153.1	7.6	137(104~200)
三省合计(平均)	452.9	7.9	146.7
全国	2054	4	

表 14—7 2003 年吉林省部分城市低保标准

城市	低保标准（元/人·月）
全省平均	130
长春	155
吉林	140
四平	130
辽源	125
通化	132
白山	135
松原	130
白城	130
延边	125

2. 当前东北城市社会保障体系中存在的主要问题

(1) 社会保障覆盖面小，实施范围过窄。目前，我国各种社会保障的对象主要是全民所有制职工和部分集体企业职工。社会保障制度对集体企业和个体工商户没有强制要求，导致非国有企业社会保险参保率非常低。2003 年黑龙江省有集体企业职工 230 万，参保人数只有 40 多万；辽宁省 2001 年底个体从业人员有 280 万，其中参加养老保险的只有 60 万，占个体从业人员总数的 21.4%。大部分集体企业职工、个体经营者、私营企业雇员和外商投资企业的职工都被排除在外。另外，在国有企业改革中，一部分国有企业通过改制变成了非国有企业，国有企业的职工人数减少，导致社会保障的覆盖范围更加狭小。这显然不符合经济转型时期所有制结构调整的需要，既不利于不同所有制企业之间的公平竞争，也不利于保护非国有企业职工的应有权利，阻碍东北老工业基地企业改革的步伐。

第一，集体企业职工下岗、失业比重高，社会保障问题大。国有企业中厂办集体企业是在特殊的历史阶段，根据国家政策所形成的特殊企业和特殊群体。这些企业的离岗人员长期与国有企业职工在同一单位，甚至在同一岗位上工作。随着计划经济向市场经济转轨和国有企业深化改革，依附于国有企业的集体企业经营更加艰难，绝大部分职工长期离岗（表14—8）。辽宁省国有企业中的集体企业共有职工 53.6 万，其中离岗职工 36.4 万，占在册职工的 67.9%；阜新矿业集团矿区集体职工 3.1 万，在岗的只有 1.12 万，近 2/3 离岗失业。这些职工既不能享受并轨和再就业扶持政策，企业又无力偿还拖欠职工的债务和为职工缴纳社会保险费，相当部分退休职工生活无着落，大部分下岗失业人员享受不到城镇最低生活保障。例如，本钢厂办集体企业职工中符合低保政策对象的共 16458 人，但实际享受低保待遇的只有 1073 人，占应享低保待遇的 6.5%。国有企业职工实行并轨后对这一部分人的冲击非常大，集体职工养老及就业问题已成为影响社会稳定的重要因素。

表 14—8 东北三省不同所有制企业下岗职工比例(%)

	全国	辽宁	吉林	黑龙江
国有	14.55	20.48	23.53	22.63
集体	29.89	57.47	46.06	41.39
其他	11.21	16.33	18.58	11.62
平均	15.65	26.74	26.04	25.08

第二,社保制度不适合灵活就业者参保。对灵活就业人员参加社会保险,国家目前还没有出台有针对性的法律法规和政策规定。灵活就业人员参加社会保险的比例很低,大多未纳入法定社会保险。黑龙江、辽宁两省个体户缴费比例都只有20%左右。

灵活就业群体社会保障低覆盖的主要原因是制度缺陷。我国目前的社会保障制度是针对有固定用人单位的正规就业形式设计的。现行的社会保障管理在费用征收、待遇支付等方面都是基于正规单位,明显不适合灵活就业者。此外,制度不稳定和透明度不高,导致许多个体工商户、私营企业者不愿意参加养老保险。

职工下岗从事灵活就业后接续参保的就更少,使社会保险的覆盖人数进一步下降。2001年,辽宁省养老保险参保职工680万人,而实际缴费的人数只有490万人,中断缴费的有190万人;同年,下岗职工有51.5万人实现并轨,其中只有23万人接续了养老保险关系,一半多的并轨人员中断参保。

庞大的灵活就业群体游离于社会保障制度之外,将带来难以预料的城镇贫困和社会不稳定,也不利于政府利用灵活就业政策缓解就业压力。

(2) 社会保险资金收缴困难,社会保障资金缺口大。根据东北三省的实地调研,各地区普遍反映目前社会保障工作中最大的问题是各项社会保障资金缺口较大。辽宁省自2001年实施社会保障制度改革试点以来,除医疗保险收支略有结余之外,养老、失业保险金均有较大的缺口,其中养老金缺口高达146亿元(表14—9)。吉林省有企业退休人员105万,全省养老金支付缺口达30亿元。2002年吉林省有11个县市失业保险金支付赤字运行。黑龙江省每年由中央补贴养老金8亿元。哈尔滨市养老基金从1999年开始就入不敷出,而且缺口越来越大,2000年到2003年,养老金缺口从3.9亿元上升到6.5亿元。沈阳市更是从1996年起,养老保险金支付就开始出现缺口,1996年缺口0.3亿元,2002年缺口9.5亿元,预计2005

表 14—9 辽宁省2001～2003年各项社会保险资金收支状况

项目	标准(元/月)	征收(亿元)	支出(亿元)	资金平衡(亿元)
养老保险	546	386	532	−146
失业保险	256	35	50	−15
医疗保险		77	52	+25

年全市养老金缺口将达 16.1 亿元。锦州市 2002 年失业保险金缴纳与支出缺口 2860 万元,2003 年缺口 5177 万元,预计 2004 年将达 8000 万元。

国有企业历史欠账多,参保人员流失、缴费率下降,以及经济转型期的高失业风险等是导致社会保险资金缺口大的主要原因。社保资金缺口运行将是今后较长时期的突出矛盾,社会保障资金来源的不稳定性和支出的刚性,威胁着新型社会保障体系建设的可持续性。形成这种状态的原因主要是:

第一,历史欠账多。目前东北地区的社会保障改革试点逐步从过去的"现收现付制"向"部分积累制"转变。但忽视了一个重要问题,即对国有企业原有职工的社会保障历史欠账问题如何解决。这部分本来应该由国家负担的隐性债务没有落实,现有的社会统筹基金严重入不敷出,各地一般都是以挪用个人账户资金来解决,致使个人账户出现空账,长期下去必然会引发支付危机。即使辽宁省通过三年的改革试点,中央财政给予大量补贴做实了养老保险个人账户,个人账户实现了真正的资金积累,但社会统筹部分远远不能满足当期退休人员养老金支出的需求。试点改革仍未对历史债务处理的责任明确化,历史债务的责任如何在企业与政府、中央政府与地方政府之间明确化,国家在这方面还没有明确的规定。

第二,参保人员流失严重,缴费率下降,进一步加大资金缺口。国有企业改革,大批职工改变劳动关系,缴费基数下降。黑龙江省约有 100 多万国企职工改变劳动关系,大部分成为灵活就业者,缴费基数下降了 1/3。2000~2002 年,东北三省失业保险参保职工人数明显下降(表 14—10)。

表 14—10 东北三省失业保险年末参保职工人数   单位:万人

	2000 年	2001 年	2002 年
辽宁	693.7	656.7	591.2
吉林	279.3	283.8	284.0
黑龙江	526.3	532.6	466.0
全国	10408.4	10354.6	10181.6

在失业保险参保人数下降引起的缴费率降低的同时,养老保险金的筹措更加困难。由于企业经济效益不好,导致许多企业无法按时足额缴纳养老保险金,拖欠养老保险金的现象严重。东北地区养老保险金缴费率普遍低于全国平均水平。辽宁省缴费率为 77.4%,黑龙江省 87.6%,均低于全国 89.1% 的水平。哈尔滨市和齐齐哈尔市分别只有 76.2% 和 59.4%。

第三,集中并轨,失业保险金面临短期支付高峰的巨大压力。由于受到国有企业下岗职工向失业保险并轨的影响,大部分隐性失业者显性化,领取失业金的人数会迅速增加,失业保险金缺口越来越大。辽宁省在三年社会保障试点期间有 175.5 万人实施并轨,时间相对集中,使得失业保险金面临巨大的当期支付压力。试点前,辽宁省失业保险金结余 6 亿元;试点中,尽管加强了基金征缴力度,征缴额由 2000 年的 8.9 亿元提高到 2003 年的 14.4 亿元,3 年共征缴失业保险金36.7亿元,但3年共支出50.6亿元。为弥补缺口,基金结余已全部用完,各级财政补助了3.3亿元,向银行贷款10.3亿元,市、县财政已不堪重负。吉林、黑龙江两省试点工作也已开始,今后2~3年内将面临同样的问题。

(3) 养老金社会统筹层次偏低(地市级统筹),企业统筹金提取比率过高。退休养老从企业或单位的福利转为社会保险,一个最基本的出发点就是要均衡单位乃至地区之间的养老负担。社会保险是按"大数法则"的原理来分摊风险的,因此,统筹程度越低,风险就越高。我国目前实行的是省级统筹制度,但在实际操作过程中,黑龙江、吉林、辽宁三省均实行地市级为单位的调剂金制度,地市间不平衡问题突出,加大了养老保险资金的风险。辽宁省虽然在试点中从2001年起建立省级调剂金,但规模仅是按各市当年征缴基本养老金统筹基金的5%上缴省社会保障基金财政专户,专项用于当年各市养老保险基金缺口的调剂,调剂能力非常有限。同时,由于个人账户所强化了的与个人利益直接相关的地区利益格局,实现省级范围内统一费率、待遇和有效调剂资金的难度仍然很大。各地市之间存在的统筹差距,影响了不同地区企业的公平竞争。

国家1997年出台的《关于建立统一的企业职工基本养老保险制度的决定》中规定"企业缴纳基本养老保险费的比例,一般不得超过企业工资总额的20%"。而辽宁省和黑龙江省的企业养老金缴费比率分别高达22%和24%,远远超过国际上一般15%~20%的水平和全国19.7%的平均水平。最高的大兴安岭森工企业、农垦系统高达30%。鞍山市和锦州市也分别高达25.5%和24%。而且,越是老工业基地,职工年龄老化、结构调整负担越重的地区,越要加大养老金缴费率以应付日益增长的养老金支付压力(以支定收)。但是,若再提高企业缴费比例,无形中加重了参保企业的负担,使国有企业雪上加霜,也影响了外商投资企业、私营、个体经济组织参加养老保险制度的积极性。

(4) 管理体系分散,社会保障的整体功能没有得到充分发挥。由于社会保障工作的管理、经办、监督之间的关系不明确,就会出现管理上的重复或真空,甚至相互扯皮的现象。

首先,不同所有制结构企业的社会保障由不同部门负责管理。城镇企业的社会保障由劳动部门负责,集体企业则由保险公司负责,国家机关则由人事部门负责,这样容易造成社会保障实行的标准不一致,管理上出现混乱。

其次,不同的社会保险对象分属不同部门管理。目前各省的养老保险、失业保险、医疗保险、城市居民最低生活保障分属于劳动厅、卫生厅、民政厅等不同部门管理,形成政策不统一,资助对象不统一,加大了政府机关的工作难度。各大保障体系之间缺乏信息共享,相互衔接不力。

第三,受国家保障线并轨政策的影响,各条保障线之间的政策协调与对接、数据信息通报、职工收入界定、参保人员转移、社保资金划转等项工作没有形成共频共振,社会保障整体功能没有得到充分发挥,造成低保这条最后的防线被撑得过于膨胀,承受的压力过大。

(5) 社会保障制度立法滞后。在建立社会保障制度的过程中,长期以来对社会保障制度的立法重视不够。到目前为止,20多年的改革方案主要依据国务院甚至地方政府的《决定》或

《条例》,尚无一部《社会保障法》或《社会保险法》。现有的社会保障制度缺乏权威性,扩大覆盖面的法律约束力不强。一些企业不参加社会保险,靠社会保险机构的工作人员说服参加。社会保险费征收过程中的主体机关也缺乏有效的法律强制手段,对一些欠费企业进行征缴的难度很大。这与一般市场经济国家通过立法强制推行社会保险制度相距甚远。目前的社会保障制度不仅缺乏强制性、规范性和统一性,而且使很多改革措施很难得到有效实施,严重影响了社会保障功能的发挥。

三、辽宁省社会保障体系改革试点的基本内容及主要成就

面对东北地区社会保障体系建设中面临的严重困难,2001年7月国家首先在辽宁省启动了社会保障体系改革试点工作,2003年底结束。通过3年的实践,在减少企业冗员、完善社会保障体系等方面取得了很大的成绩。为了进一步完善东北老工业基地振兴中的社会保障体系建设,在总结辽宁省试点经验的基础上,2004年5月21日,国家又正式启动了黑龙江和吉林两省的社会保障改革试点,并计划于2005年底完成。

1. 改革试点的总目标

通过试点逐步建立起独立于企事业单位之外、资金来源多元化、保障制度规范化、管理服务社会化的社会保障体系。

2. 改革试点的主要内容

第一,撤销再就业服务中心,下岗职工的生活保障从领取基本生活费逐步转向领取失业保险金,使众多全民所有制国有企业下岗职工与原来的国企彻底解除劳动关系,实现国有企业下岗职工基本生活保障向失业保险并轨。这是东北地区社保试点的重点和难点。第二,采取有力措施积极促进再就业,将城镇登记失业率控制在合理的范围内。坚持并轨和就业工作两手抓,将开发就业岗位、职工培训、资金优惠政策等方面作为重要内容。第三,切实做好下岗职工基本生活、失业保险、城市居民最低生活保障"三条保障线"的衔接,合理确定"三条保障线"标准之间的适当比例关系,妥善解决下岗失业人员和生活困难人员的生活保障问题。第四,做实个人养老账户。改革城镇企业职工的基本养老保险制度,将职工的养老保险个人账户从以前的空账运行转向实账运行,通过国家、企业和个人的共同努力,建立可持续发展的基本养老保险制度。

3. 改革试点的主要成就

(1) 实现了国有企业下岗职工基本生活保障向失业保险并轨,全面推进了失业保险,使国有企业冗员大幅度减少。辽宁省国有企业职工总数从2000年的420万人减少到目前的282万人。目前,全省以人均8713元的经济补偿金完成175.5万人的并轨工作,所需资金由中央财政(35.3%)、地方财政(21.7%)和企业自筹(43%)共同承担,平稳解决了并轨问题。

(2) 完善了统账结合的基本养老保险制度,做实个人账户,使"统账结合"真正实现了由"现收现付制"向"部分积累制"的基本养老保险制度的根本转变。利用缩小个人账户规模(从11％减少为8％),增加个人缴费比例(由5％调整为8％),企业缴费不再划入个人账户并全部做实,全省累计做实个人账户基金89亿元,并实行了统一管理。三年累计实现了688万人参加社会养老保险,共筹措到资金386亿元(其中89亿元用来做实个人账户)。而三年累计发放养老金532亿元,100多亿元的缺口由中央财政补贴(三年累计补贴189亿元,其中35亿用以做实个人账户),才使得辽宁顺利推进了养老保险体制改革。

调整了企业退休人员基本养老金计发办法,变为"职工达到法定退休年龄且个人缴费年限满15年的,基础养老金月标准为职工退休时所在城市上年度职工月平均工资的20％。缴费年限超过15年的,每超过一年增发所在城市上年度职工月平均工资的0.6％。总水平控制在30％。把支付标准和缴费年限挂钩有利于提高参保者缴费的积极性。

(3) 终结了几十年旧有的劳动关系,建立了新型的用人机制,促进了劳动力市场的不断完善。试点后,下岗职工全部与企业解除了劳动关系,全省4801个再就业服务中心全部关闭。离岗人员中符合条件的也全部与企业解除了劳动关系,向享受失业保险、实现市场就业并轨,终结了几十年一贯制的旧有劳动关系模式。同时,从根本上打破了国有企业职工只进不出的用工模式,国有企业实现了真正意义上的用人自主。社会保障体系的完善和职工身份的转变,促进了劳动力市场的不断完善,为劳动力的合理流动和市场就业提供了保证。

(4) 大多数困难职工各得其所。175.5万国企下岗职工顺利实现并轨,符合享受失业保险待遇的失业人员全部纳入失业保险范围,全省已有622万人参加失业保险,67万人领取失业保险金;享受城市居民最低生活保障人数由2000年的71.5万人增加到2003年的159.6万人,实现了应保尽保;288万退休人员养老金水平有了提高,实现了养老金社会化按时足额发放;解决了企业拖欠职工的各类债务。医疗保险覆盖面进一步扩大,实现基本医疗保险费收支呈现略有结余的状况。

第三节 东北老工业基地社会保障制度改革

东北地区目前社会保障中存在的诸多问题是计划经济时期几十年遗留下来的,政府不能期望在短短几年内解决,应该逐步完善,否则会给就业带来巨大的压力。同时,所有保障都需要建立一个长效机制,各种保障需要协调配套。

社会保障应适应就业格局变化,改变以正规就业人群为社会保险主要对象的观念,逐步使社会保障体系适合于所有城镇从业人员。

社会保障制度必须建立在法制化的基础上,使各项社会保障措施的实施有法可依。

一、处理好几个关系

1. 劳动关系与社会保险关系

对传统正规就业而言,劳动关系和社会保险关系是统一的。随着经济体制改革,可以肯定劳动关系的多重性、不稳定性将是就业的一个重要趋势,劳动者劳动关系的多变性和多元化已在所难免。因此,首先,社会保险要适应劳动关系的多变性,扩大保险覆盖面,制度改革和创新也要顺应这种趋势。其次,社会保险关系必须相对固定,以保持唯一性,使任何一个劳动者一生只能建立唯一的社会保险关系。该关系随就业状态的变化而转移、接续,并以此为依据享受社会保险的相关待遇。社会保险制度的政策设计、管理也必须以此为基点,为就业创造条件。最后,要为灵活就业的个人参保创造条件,以便为灵活就业者、暂时无工作者建立接续社会保险关系创造条件。

2. 生活保障与就业保障

在过去几年里,为了支持国有企业改革,对分流人员基本采取由社会保障接过来和养起来的方式,对下岗职工的政策侧重于生活保障,而对通过政府补贴(特别是社会保险缴费补贴)来扶持和促进他们再就业的政策措施不到位,特别是失业保险再就业职能的发挥远远不够。今后,要改变重生活保障、轻就业扶持的观念。就业保障作为社会保障工作的一个重要组成部分,将社会保障资金的一部分用于就业保障,积极促进就业与再就业,加强社会保障工作的造血功能。特别是失业保险的目标应强调以就业保障为基本目标,并侧重于就业保障,而不是侧重于生活救济的生活保障。从政策效率看,政府通过下岗职工的社会保险缴费来促进其就业比单纯发放基本生活费更为有效。一方面,政府补贴缴费的支出通常低于基本生活费的支出;另一方面政府补贴缴费促进了下岗职工从事灵活就业,增加了他们的收入,也有利于社会稳定。

3. 退休与失业保险

近年来,许多行业、地区和企业往往把提前退休或内部退休作为消化国有企业冗员的重要手段。从表面上看,提前退休似乎减少了冗员,又减少了对失业保险基金的压力,但从全社会看,却产生了种种弊端。一是混淆了失业与养老的界限,给养老基金造成巨大的压力,大量应该进入失业保险的人员错位进入养老队伍,把失业保险对社会的近中期压力扭曲为养老保险对社会的长期压力。二是扰乱了劳动力市场的正常秩序,提前退休的职工往往是退而不休,并不是真正退出了劳动力市场,把就业岗位让给别人以减少劳动力的总供给。相反,他们以国家提供的养老保险的社会保障为背景,在劳动力市场上具有更强的竞争力,而使相同年龄或年轻的失业人员处于不平等的竞争地位,加剧了就业压力。从长远发展来看,应严格执行国家退休制度,积极完善失业保险制度,未达到国家法定退休年龄的下岗失业人员,应进入失业保险行列,严格区分养老保险和失业保险人群。

4. 强制与自愿

我国的基本养老保险、基本医疗保险属于基本社会保险。不论是国有、集体企业职工,还是其他灵活就业人员都应该强制参加。但由于多种原因,对于中断就业、工作变化频繁的自由职业者、个体户等就业人员,强制实施会事倍功半,收获不大。在现阶段,通过简化程序、优化服务等措施采取自愿和吸引的方式可能更为有效。因此,在实施社会保障制度时,要反对"一刀切"的工作方式,应针对不同的就业群体采取不同的工作方式。对国有、集体企业、民营企业职工的养老、医疗、工伤等保险,国家应强制执行。但对于自由职业者、个体户等就业人员,应通过完善服务体系,吸引他们主动参与。

5. 缴费年限与待遇

按照国发[1997]26号文件规定,凡缴费和视同缴费年限累计超过15年者,其基础养老金均按当地上一年度社会平均工资的20%计发。这意味着基础养老金的高低和超过缴费年限后的缴费时间长短无关。这种制度设计会使劳动者想方设法只缴费15年以取得资格,而没有刺激多缴费的机制。如果法律规定不许无故中断缴费,精明之士还会选择在退休前15年左右才去参保。产生这种现象的原因是缴费年限的长短与基础养老金的高低之间缺乏必要的联系,因而缺少鼓励自愿参保者尽量延长缴费年限的激励机制。2001年国务院批准的辽宁省社会保障改革试点方案对此做了改进,但激励作用仍然有限。因此,在今后的养老制度改革中,把支付标准与缴费年限密切挂钩有利于提高参保者缴费的积极性,鼓励企业为职工尽早办理养老保险,以保持中长期社会养老基金收支平衡。

6. 公平与效率

改革初期,收入分配方面的主要问题是平均主义。经过20多年的改革,我国的收入分配格局发生了巨大的变化,城镇居民收入普遍提高,越来越多的家庭摆脱了贫穷,实现了小康。近年来,尽管一些行业和部门内部依然存在一定程度的平均主义,但从全社会看,贫富差距呈现扩大趋势,贫富悬殊问题日益突出。历史证明,平均主义不能调动广大职工的积极性,贫富悬殊同样不利于全社会提高经济效率,不利于国家的长治久安。社会保障制度应该具有缩小贫富差距的功能。但是,面对日益扩大的收入分配差距,我国社会保障制度改革的着力点没有及时得到相应调整。在总的原则上,还停留在改革启动时期,强调效率高于公平,向低收入者倾斜不够,在某种程度上还有拉大分配差距的问题。根据国家统计局1995年对2.5万户的调查,城镇居民从国家和单位得到的各种保障和福利收入有逆向转移趋向,富裕户比贫困户多得87%,其中养老保险待遇高低两组相差4.2倍,医疗保险相差62%。经过二次分配,我国居民的收入差距反而进一步扩大。今后的社会保障制度应在强调效率的同时,更加关注社会公平问题。社会保障资金应更多地用于社会弱势群体,以缩小目前贫富差距不断扩大的趋势。

二、政策建议与途径

1. 加快发展经济,开发就业岗位,创造就业机会

目前,我国城市社会保障领域面临两大难题:就业压力大,社会保障资金收支缺口越来越大。在这两难的矛盾中,出路应该是就业优先。只有促进和扩大就业,提高就业质量,才能为社会保障提供充足的缴费,社会保障才有取之不尽的来源。下岗人员实现再就业,发展经济是基础,全民创业是关键,制度创新是保证。

第一,大力发展民营经济,引导民营企业吸收劳动力,创造就业机会。吉林省每万人只有3.7个民营企业,而上海、浙江达到30多个,几乎是吉林省的10倍。2003年,吉林市政府组织"万名国企职工进民营活动",三次大型活动成功实现11000多名国企失业人员进入民营企业就业。第二,政府应该坚持就业优先原则。培育和发展劳动力市场,完善就业服务体系,健全公共就业服务机构职能;同时,推动就业服务和信息网络向社区延伸,形成多层次的就业服务网络。第三,实施全民创业计划。政府通过项目引进、免费培训、小额贷款支持,鼓励下岗职工通过自主创业实现再就业。第四,强化失业保险制度的就业保障功能,坚持失业救济与再就业密切结合。失业保障作为就业保障的重要措施,其主要功能一方面是保证失业期间的基本生活,但更重要的是要发挥促进再就业的职能。目前,在失业保险的政策取向上应从生活保障为主转为就业保障为主,重点做好失业人员的职业培训和再就业服务,拿出一部分失业保险金用于失业者的再就业培训,适时地将重点从"下岗向失业并轨"(辽宁试点办法)转向"下岗向再就业并轨"。

2. 扩大覆盖面,提高参保率

目前应以非国有企业职工为重点,做好集体企业、外商投资企业、私营企业职工和个体劳动者参加基本养老保险,以及事业单位参加失业保险的工作。有效地解决非国有企业职工的社会保险问题,不仅可以体现社会保险的公平性,而且有利于促进就业,有利于社会保险基金的安全。要提高参保率、扩大覆盖面,就必须采取如下具体措施。

第一,降低门槛。目前,社会保险的高费率造成个人和用人单位能不参保则尽量不参保的局面,高费率是社会保险扩面难以推进的根本原因。因此,降低费率门槛是明智之举。如在目前国有企业养老保险缴费率(20+8%)的基础上把灵活就业人员的缴费率降低10个百分点(10+8%),10%进入统筹,让灵活就业人员在不承担社会保险历史债务的情况下自求平衡,是既有利于促进就业又有利于社会保障的明智选择。第二,扩面不甩包袱,改变社会保险历史债务由现在的参保单位和个人承担的观念。现行社会保险的高费率是由于参保单位和个人承担了过去的历史债务所造成的。应当明确历史债务由国家承担,灵活就业者参保不背有国有单位的历史债务。如果接受这一观念,那么,目前灵活就业人员的低费率就不是什么优惠政策,而是将来社会保障的目标模式。随着参保人数的增加,正规就业者目前的高费率也要逐步降

低,最终形成统一的制度。第三,妥善解决集体企业职工的社会保障问题。城镇集体企业在职职工、下岗职工和离退休人员,他们所在的企业停产多年,过去由于种种原因没有参加养老、失业等保险,下岗职工不能享受并轨和再就业的扶持政策,离退休人员领不到养老金,企业又无力偿还拖欠职工的债务和为职工补缴社会保险费。建议国家尽快出台具体政策,将这部分人员纳入到规范的社会保险体系中。

3. 多渠道筹措资金,解决资金短缺

在整个社会保障体系建设中,资金问题是关键,它关系到整个社会保障体系的实施效果。资金不足,则与之相关的一系列问题就很难得到解决。解决资金短缺可以从以下几方面着手。

第一,尽快形成社会保障制度的稳定的财政拨款机制。国家有必要对财政收入增量确定一个固定比例用于社会保障,同时明确将利息税、个人所得税、遗产税等用于社会保障,以确保政府真正担负起主导社会保障的责任。第二,变现部分国有资产。我国长期实行的低工资政策,职工的各种收入中没有包括各种补偿劳动力需要的保险费用,保险费进入企业利润中,全部上交给了国家,国家又将其中的一部分或大部分变成了固定资产或其他有形资产投资,从而使保险费凝结在国有资产中。可以通过国有股减持(股市变现)、资产置换、国有土地拍卖或有偿使用等方式变现部分国有资产,以补偿中老年职工养老基金的不足。第三,通过扩大社会保险覆盖面,增加缴费人数实现保险基金收入的增加。第四,延长退休年龄。延长退休年龄、降低养老保险待遇和提高缴费率是国外许多国家增强养老保险基金支撑能力普遍采取的措施,许多国家已把退休年龄延长到65~67岁。根据国际劳工组织的研究,将退休年龄从60岁提高到65岁,退休金支出可以减少50%。但考虑到目前相当长时间内的巨大就业压力,延长退休年龄可作为未来中长期(10~20年以后)的一项举措,不宜操之过急。第五,做实养老金个人账户,防范个人账户风险。辽宁省已通过试点方案达到了做实个人账户的目标。个人账户做实后,个人账户的资金积累越来越大,应开始关注基金的保值增值问题,这关系到未来养老金发放的安全。目前个人账户基金的投资仍然限于购买国债和银行存款,其投资收益率大大受到限制。在确保个人账户安全的前提下,建议将个人账户基金与资本市场有机结合,确保基金增值。第六,国家可考虑发行特种国债,专门用于社会保障试点地区的社会保险改革。随着下岗向失业的并轨,隐性失业显性化,近期内必然出现失业高峰。通过特种国债发行将养老保险的历史负担和未来几年必然出现的失业保险金暂时的支付高峰压力分散在较长的时间内,帮助地方度过暂时的社会保险金支付高峰期。

4. 尽快明确界定政府和社会的责任

目前制约社会保障改革进程的重要问题之一是责任归属问题。责任归属不清损害了有关各方的积极性,造成社会保障成为中央政府的事务。因此,分清责任是推进社会保障制度改革的重要举措。首先,尽快分清社会保障的历史责任和现实责任,合理化解历史欠账,为新制度的确立创造条件,为统一费率奠定基础。其次,尽快分清政府责任与民间责任,在明确界定政府责任并确定承担起这种责任的同时,调动非政府组织和市场分担相应的社会保障责任。最后,尽快分清中央政府和地方政府的责任,迅速扭转中央政府压力日益增加、地方政府多半缺位的状况。

5. 建立和完善社会保障监管体系和社会化服务体系

国家应尽快按照专业、权威、多重的原则构建健全的社会保障监管体系,以切实维护社会保障制度的安全。借鉴国外经验,应强调有社会力量加入社会保障的监督机构,特别要发挥工会组织和企业经营者组织的作用,要有社会知名学者、专家参加。

大力发展社区服务,是建立和完善社会化服务体系的基础工作。与发达国家比较,我国社区服务领域差距很大,许多发达国家的社区从业人员占总就业人口的20%～30%,而我国却只有3.9%,社区服务领域还有巨大的潜力可挖。积极开拓社区服务和社区建设是创造就业机会,吸纳下岗职工再就业,发挥社区服务与社区建设的社会与经济效益,推动社区服务与社区建设规范化、产业化、社会化的重要途径。通过把社区作为城市社会保障体系的运作平台,将失业人员、离退休人员纳入社区统一管理,逐步形成完整的社会化服务体系,才能真正解除国有企事业单位的社会负担,建立起真正独立于用人单位之外的社会化保障体系,同时又为扩大再就业提供了一个重要领域。

6. 加快社会保障立法工作,推进社会保障制度化建设

立法先行是世界各国社会保障制度建设普遍奉行的原则。只有立法才能使社会保障制度规范化,并覆盖全社会。我国社会保障改革中出现的许多问题与立法的严重滞后密切相关,加快社会保障立法步伐刻不容缓。目前,可根据社会保障制度中各个具体项目的难易程度和实际进展情况先分项制定法规。养老保险、失业保险以及以城市居民最低生活保障为基础的社会救济等方面的立法条件比较成熟;医疗保险制度改革长期处在少数城市试点阶段,目前还缺乏较为具体的制度标准,其立法可以稍晚些开始。这样,在制定单项法规的基础上,先考虑制定《社会保险法》、《社会福利法》等社会保障基本法律,明确社会保障的性质、政府的责任与国民的权益,同时对社会保障的实施进行明确的规范,最后形成完整的社会保障立法,以保证社会保障工作有法可依。

7. 构筑与社会发展相适应的城市反贫困社会服务体系

除了救助、求职和收入保障以外,对城市贫困居民提供必要的社会服务,也是完善我国城市社会保障体系的重要内容。从目前现实来看,城市贫困居民所需要的社会服务主要是教育和医疗两大类。目前,我国城市中政府与社会实施的公共教育和医疗服务制度都不同程度地加入了市场化因素,贫困居民接受教育和公共医疗的机会相对降低,长此下去势必造成贫困人口素质(身体素质和智力素质)进一步下降,深化城市贫困问题的矛盾。因此,在教育方面,应对城市贫困群体子女提供必要的特殊帮助,义务教育阶段减免学杂费,非义务教育阶段要建立

起稳定的奖学金、教育贷款和勤工俭学制度,以保证所有合格的城市贫困户学生都不会因为家庭经济困难而难以入学或中途辍学。在医疗方面,建立起专门服务于城市贫困居民的医疗补助制度,确保城市贫困居民能够获得最基本的医疗服务。

第四节 结论与建议

1. 必须加快东北老工业基地城市社会保障制度的完善

城市社会保障制度改革关系到东北地区的社会稳定、人民安居乐业,关系到东北老工业基地振兴的成败。因此,必须加快东北老工业基地城市社会保障制度的完善,为东北老工业基地振兴创造良好的外部环境。

对东北老工业基地来讲,城市社会保障制度改革与经济发展水平存在着比较突出的矛盾。老工业基地长期形成的各种社会负担对社会保障的压力十分沉重,主要表现为"四多一大",即失业人数多、国企从业人员与下岗人员多、退休人员多、低保人数多、资金缺口大。另一方面,目前东北地区城市社会保障体系还存在着覆盖面太小,参保人数下降,社会保障历史责任不明确,养老金企业统筹比率过高等诸多问题。目前,辽宁省社会保障试点工作已顺利完成,黑龙江、吉林两省的试点工作也已经开始,但在试点中却忽视了一个重要问题,即对国有企业原有职工社会保障的历史欠账问题如何解决没有落实,历史债务的责任如何在企业与政府、中央政府与地方政府之间明确化,国家尚无明确规定。养老金企业统筹比率过高是东北三省社会保障制度建设中不容忽视的另一个重要问题。辽宁省和黑龙江省的企业养老金缴费比率分别高达22%和24%,远远超过国际上一般15%~20%的水平和全国19.7%的平均水平。最高的大兴安岭森工企业、农垦系统高达30%。若再提高企业缴费比例,无形中加重了参保企业的负担,不仅使国有企业雪上加霜,也影响外商投资企业、私营、个体经济组织参加养老保险制度的积极性。

2. 东北三省目前城市社会保障体系应该逐步完善

应注意正确处理好公平与效率、缴费年限与待遇、强制与自愿、退休与失业保险、生活保障与就业保障等几方面的关系。在老工业基地建立和完善城市社会保障制度,首先涉及的就是资金与就业问题,没有经济发展这个最根本的保证,要解决社会保障所需的资金问题十分困难。因此,完善东北老工业基地城市社会保障体系,首先,要大力发展经济,特别是民营经济这个薄弱环节,开发就业岗位,创造更多的就业机会。第二,通过降低社保费率门槛,扩大社会保障的覆盖面,积极引导灵活就业人员参加社会保险,同时要特别关注和尽快妥善解决老工业基地中集体企业职工的社会保障问题。建议国家尽快出台具体政策,将这部分人员尽快纳入到规范的社会保险体系中。第三,在整个社会保障体系建设中,资金问题是关键,它关系到整个社会保障体系的实施效果。建议通过财政拨款机制、增加缴费人数、延长退休年龄、做实个人账户、发行特种国债等多种方式解决社保资金短缺问题。第四,目前制约社会保障改革进程的重要问题之一是责任归属问题。分清责任是推进社会保障制度改革的重要举措。建议尽快分清社会保障的历史责任和现实责任,政府责任与民间责任,在明确界定政府责任并确定承担起这种责任的同时,调动非政府组织和市场分担相应的社会保障责任。同时,尽快分清中央政府和地方政府的责任,迅速扭转中央政府压力日益增加、地方政府多半缺位的状况。最后,建议加快社会保障立法工作,完善社会保障监管体系和社会化服务体系。

参 考 文 献

1. 陈永杰:"东北老工业基地基本情况调查报告",《经济研究参考》,2003年第77期。
2. 崔学贵:"建立完善老工业基地的社会保障体系",《宏观经济研究》,2003年第8期。
3. 傅志华、李传峰:"对辽宁省养老保险改革试点模式的初步分析",《经济研究参考》,2003年第60期。
4. 高书生:"中国社会保险制度架构的缺陷",《经济理论与经济管理》,2003年第5期。
5. 华迎放:"社会保障要适应就业格局变化",《宏观经济研究》,2003年第7期。
6. 何平等:《灵活就业群体社会保险问题研究》课题报告摘要,2004年。
7. 蒋明倬:"谁来买吉林老工业基地改造的账单",《21世纪经济报道》,2003年8月11日。
8. 劳动和社会保障部:《中国的社会保障状况和政策》白皮书,2004年。
9. 劳动与社会保障部、国家统计局:《2003中国劳动统计年鉴》,中国统计出版社,2004年。
10. 劳动和社会保障部、国家统计局:《2003年度劳动和社会保障事业发展统计公报》,2004年。
11. 辽宁省农林水工会:"辽宁农垦系统社会保障中存在的问题",《中国农垦》,2001.10。
12. 辽宁省社会保障工作领导小组办公室:"辽宁省完善城镇社会保障体系试点文件汇编",2000年。
13. 李晓燕:"对完善我国社会保障体系的几点思考",《宏观经济研究》,2003年第2期。
14. 乔榛、李玉芬:"东北老工业基地改造政府应在解决社会保障问题中起关键作用",《理论探讨》,2003年第6期。
15. 任淑玉、贾中海、王洪:"振兴东北老工业基地的难点与对策",《宏观经济研究》,2003年第10期。
16. 石宏伟:"我国社会保障制度改革:问题与对策",《宏观经济管理》,2004年第2期。
17. 宋晓梧等:《中国社会保障体制改革与发展报告》,中国人民大学出版社,2001年。
18. 王蕾:"我国社会保障有关问题综述",《经济研究参考》,2003年第66期。
19. 徐充:"完善东北老工业基地社会保障体系探讨",《理论探讨》,2004年第2期。
20. 于春林、刘德林:"森工林区社会保障问题与建议",《林业财务与会计》,2003年第4期。
21. 朱庆芳:《当前社会保障体系建设中亟待解决的难题,社会保障制度改革》,改革出版社,1999年。

第十五章 矿产资源基地建设与矿产资源可持续开发途径

矿产资源是人类社会发展的重要物质基础,是国家安全和经济发展的重要保证,是一个国家综合国力的重要组成部分。"得资源者得天下",资源争夺是国际冲突的根本动因之一。

在我国,92%以上的一次性能源、80%以上的工业原材料、70%以上的农业生产资料、全国1/3人口的饮用水均来自矿产资源。矿产资源的保障供应,对国民经济安全运行和我国现代化的实现具有极其重要的作用。建国以来探明的一大批矿产资源,为我国经济的持续快速协调健康发展提供了重要保障。

国家振兴东北老工业基地的重要目标之一是要把东北建成我国乃至世界的装备制造业和重要原材料工业基地,而这两个基地的建设必须以矿产资源的充足保障为前提。东北地区振兴过程将是国民经济对矿产资源持续保持旺盛需求的过程,可以预测矿产品需求量在未来10~15年将达到高峰,也是需求增长最快的时期。

本章立足于全球化背景和既有的资源与产业关系基础,全面分析东北地区的矿产资源特点和供需现状,结合国家振兴东北战略评价其矿产资源保障程度,在此基础上从东北三省自身、周边地区以及国内国外两种资源等三个层面探讨东北地区可持续发展的矿产资源战略,提出东北矿产资源可持续开发的途径和方略。

第一节 矿产资源现状与特点

一、东北地区矿产资源总体特点

1. 矿产种类齐全但部分重要矿产总量不足

目前东北三省发现的矿种有130多种,在我国石油、天然气、铀、煤、铁、铝、铜、铅、锌、金、水泥大理岩(灰岩)、玻璃硅质原料、硫、磷、钾盐等15种国民经济支柱性矿产中,东北三省具有储量并开发利用的矿种有11种(即除铀、硫、磷、钾盐外的其他矿种)。矿产资源配套齐全,为资源优化配置奠定了基础。辽宁省的铁矿、菱镁矿、硼、石油、金刚石、滑石是优势矿产,且黑色金属和冶金辅助原料矿产配套性好,资源丰富,能满足省内钢铁工业发展的需要。但铁矿属低品位矿石,需要进口部分富铁矿;能源矿产供求矛盾仍然存在;铬、镍、铜、铅、锌等矿产是省内短缺矿种,大部分属低品位难选矿;磷矿全部需要进口。吉林省的非金属和水气优势矿种较多,其中资源储量和质量较好的有硅灰石、硅藻土、浮石、膨润土、火山渣、矿泉水、二氧化碳气等,但是国民经济发展所需的大宗能源矿产和大部分金属矿产、化工矿产明显不足,需要外进。黑龙江省能源矿产地位显著。至1999年底,石油累计探明地质储量55.5亿吨,保有可采储量7.65亿吨,居全国第1位;煤炭累计探明地质储量250.7亿吨,保有地质储量229.1亿吨,居全国第10位,煤种齐全,多为低磷、低硫煤,尤其是七台河煤田的优质主焦煤,具有独特的优势。但黑龙江省的铁、铝土矿、磷矿、钾盐、硫铁矿等,探明储量不足或还未发现。

2. 矿产资源的分布既分散又集中

东北地区矿产资源的分布呈点多面广的状况,少数重要矿产的分布相对集中,多数矿产分散分布。辽宁省的铁矿资源储量119亿吨,居全国前列,主要集中在鞍山、本溪地区,菱镁矿、滑石资源储量分别居全国第1和第2位,主要集中在鞍山、本溪和辽阳。黑龙江省的石油、天然气全部集中在松辽盆地的大庆油田;煤炭有90%集中于东部的四大煤城(鹤岗、鸡西、双鸭山、七台河);94.7%的铜矿集中在嫩江县的多宝山;砂金矿沿黑龙江流域分布,开采历史悠久,曾有"金镶边"美称;石墨、矽线石集中分布于东部的鸡西和萝北。吉林省铁矿床、矿点475处,但3处大型矿床的资源储量就占了全省的80%以上,80%以上的硅藻土资源集中在长白县,资源分布相对集中,为规模化、集约化开发提供了条件。

3. 中小型矿多

从矿点看,东北地区的矿产中小型矿多、大矿少,贫矿多、富矿少,共伴生矿多、单一矿少。金属矿产矿石共生、伴生组分多,贫矿多。矿石的共生、伴生组分多,既给选冶造成困难,也为提高选冶技术、综合回收、综合利用矿产资源提出了课题,如嫩江县多宝山大型铜(钼)矿床共伴生有钼、金、银、铂、钯、锇、铱、铼、硒等,一直未能开发利用。

二、黑龙江省矿产资源开发利用现状

1. 矿产资源特点

至2002年底,黑龙江省已发现各类矿产131种(含亚种),划分九大类,其中能源矿产5种,黑色金属矿产2种,有色金属矿产11种,贵金属矿产6种,稀有、稀土、分散元素矿产8种,冶金辅助原料非金属矿产6种,化工原料非金属矿产7种,建材和其他非金属矿产30种,水气矿产2种。黑龙江省已探明资源储量的77种矿产中,保有储量居全国第1位的有10种,分别是石油、晶质石墨、颜料用黄黏土、长石、铸石用玄武岩、岩棉用玄武岩、火山灰、水泥用大理岩、矽线石、铼矿;居第2位的有2种,分别是玻璃用大理岩、浮石;居第3位的有6种,分别是硒矿、珍珠岩、玻璃用脉石英、陶粒用黏土、制灰用石灰岩、泥炭;居前10位的矿产有41种,但铁、锑、镍、钴、硼、萤石、石棉、磷矿、硫铁矿、钾等成矿地质条件较差,资源可利用程度低,自给率不足。

总体来看,黑龙江省矿产资源调查评价和勘查程度较低,找矿潜力较大。全省矿产资源总的特点是品种齐全、储量丰富,但开发程度低、市场化程度低。黑龙江是矿业大省,但矿业发展不平衡,主要以石油、天然气、煤炭、黄金及部分非金属建材矿产为开发重点,其他矿产的开发程度不高。

2. 矿产资源开发利用现状

黑龙江省现有各类矿山 4318 个,其中外资企业 5 个,内资企业 4313 个;国有企业 434 个,占 10%,集体企业 1895 个,占 44%,私营企业 1210 个,占 28%,其他矿山 779 个,占 18%。全省特大型矿业企业 7 家,如大庆油田有限责任公司和双鸭山矿务局等 6 个煤矿,都属能源矿产领域。全省开发利用矿种 58 个,年采掘固体矿石总量 10768 万吨,其中煤炭 6044 万吨,建筑用砂、石、土 3539 万吨,共占 89%。总体来看,黑龙江省矿产资源开发利用以石油、天然气、煤为主,其次为建筑材料(砖瓦黏土、大理岩、建筑石、建筑砂)以及黄金、石墨,金属矿山较少,企业规模偏小。2002 年各类矿山(不含石油)实现工业产值 104 亿元,其中煤炭 92 亿元,占 88%。

3. 主要矿产资源的开发利用

石油、天然气是黑龙江的优势矿产,也是最重要的支柱产业。现已开发 25 个油田,占探明油田的 89%;已开发天然气田(藏)14 个。自 1976 年达到每年 5000 万吨的生产规模以来,已连续稳产高产 26 年,累计生产原油 15.7 亿吨,占全国同期石油总产量的 40% 以上,在全国占有举足轻重的地位。依托大庆石油生产基地,黑龙江省石油化工产业发展迅速,已形成黑龙江中部石化产业带,分布有近十家大中型企业,年原油加工能力达 1600 万吨。大庆油田经过 40 余年的高速开发,目前面临着"三高一失衡"的严峻形势,即:全油田综合含水高,已达到 86%(其中喇嘛甸油田和萨北开发区含水均超过 90%);油田采出程度高,可采储量的采出程度达到 70%;油田剩余可采储量的采油速度高,主要是老区的二次加密井和高台子油层开发井高,分别达到了 12% 和 9.5%;油田储备资源严重不足的矛盾日益突出,储采严重失衡。

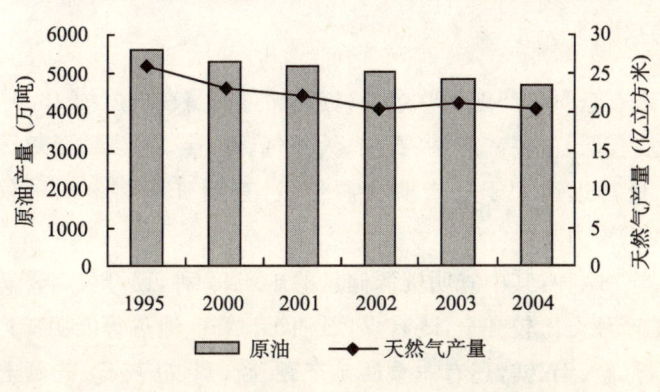

图 15—1 黑龙江省原油和天然气产量

煤炭是黑龙江省重要的优势资源,现有4个千万吨矿务局(鹤岗、鸡西、双鸭山、七台河)。2000年,全省生产原煤6230万吨(居全国第4位),洗精煤1005.1万吨。其中国有重点煤矿47处,生产原煤3833万吨,地方国有煤矿86处,生产原煤782万吨,乡镇集体煤矿2500余处,生产原煤1615万吨。外销煤炭2000万吨,主要销往吉林、辽宁等省。2000年全省煤炭工业总产值75.6亿元。全省煤炭行业生产集中度不高,小型矿井和小煤窑数量众多,开采和管理方式落后,安全隐患大,与煤炭储量规模不相符合,难以发挥规模效益。在32处大中型矿井中,国有四大矿务局拥有28个,其中服役30年以上的有13个,占该类型矿井总生产能力的43%。2000年洗精煤产量1367万吨,与原煤产量比为100∶25;型煤、煤炭气化、液化等洁净煤技术发展缓慢。煤炭出口少,多年来一直徘徊在60万吨左右,2000年出口仅50万吨,不到全国同期出口量的1%。全员劳动生产率偏低,2000年国有四大矿务局平均全员劳动生产率为1.359吨/工,列全国千万吨以上煤炭企业最末。

黑龙江省铁矿资源规模小,品位低,绝大部分为共生、伴生矿,目前只有双鸭山铁矿(北段)和伊春大西林铁矿二处小型铁矿山开采,2002年生产铁矿石原矿量19万吨,合计铁金属量6.5万吨。全省钢铁工业目前拥有炼钢能力155万吨,轧钢能力137.5万吨,炼铁能力68万吨,每年需外进大量铁矿石、生铁、废钢铁来满足生产需求。

铜是黑龙江省的潜在优势矿产,资源比较丰富,但贫矿多、富矿少。多宝山大型铜(钼)矿共伴生有钼、金、银、铂、钯、锇、铱、铼、硒等矿产,综合利用价值较高。至2000年底,开发利用铜矿区4处(黑河市付地营子铜锌矿、嫩江县铜山铜矿、嫩江县三矿沟铜矿、宾县弓棚子铜锌钨矿),年设计采矿能力80万吨、选矿能力80万吨,2000年生产铜金属量6700吨。由于黑龙江省没有铜冶炼厂,所产铜精矿全部销往辽宁和甘肃。

铅锌是黑龙江省较具开发潜力的矿产。2000年,全省铅开采量5954吨,锌开采量20503吨。铅锌矿主要集中在伊春地区,主要企业有黑龙江西林铅锌矿、伊春翠峦铅锌矿。全省设计开采能力44.2万吨、选矿能力40.6万吨,2000年生产铅金属量4000吨,锌金属量6500吨。

三、吉林省矿产资源开发利用现状

1. 矿产资源特点

全省矿产资源勘查查明矿产地400余处,资源储量的潜在价值约4000亿元。吉林省矿产调查评价和勘查程度较低,主要矿产煤、石油、天然气、铁、金、铜、镍、石灰石、泥炭、硅灰石、硅藻土等预测资源总量都远远大于已查明资源储量,查明资源储量矿种仅占已发现矿种的55%,尚有较大的找矿潜力。

全省已发现矿产137种,其中查明资源储量的矿产97种,已开发矿产77种。吉林省矿产资源的特点,一是矿产种类比较齐全,既有煤、石油、天然气、地热等能源矿产,又有重要的金属矿产铁、镍、铜、铅、锌、金、钼、镁,还有非金属矿产硼、硫、磷、硅灰石、硅藻土、石灰石、浮石、膨润土、浮石、火山渣、陶粒页岩,以及地下水、矿泉水、二氧化碳气等水气矿产。矿产资源配套较为齐全,为资源优化配置奠定了基础。二是主要矿产在区域分布上既有广泛性,又相对集中,全省固体矿产矿床、矿点共3000余处,分布于全省,但仅400余处查明有资源储量。其中铁矿床、矿点475处,但3处大型矿床资源储量就占了全省总量的80%以上。石油、天然气分布在西部、中部,其他矿产分布在东部和中部。松原市、延边州、吉林市、白山市、通化市矿产资源尤为丰富。资源分布相对集中为规模化、集约化开发提供了条件。三是非金属和水气矿产优势矿种较多,其中,无论是资源储量还是质量享誉中外的有硅灰石、硅藻土、浮石、膨润土、火山渣、矿泉水、二氧化碳气等。四是金属矿共生、伴生组分多,贫矿多。

2. 矿产资源开发利用现状

2002年全省矿业产值100亿元,占全省工业总产值的6%,在全国居第10位。大中型矿山企业产值占70%。全省矿业产值在1000万元以上的矿山企业共64个,在亿元以上的矿山企业5个。矿业产值居前10位的矿种依次为石油、天然气、煤、镍、铁、金、石灰石、矿泉水、硅藻土、硅灰石。与矿业相关的工业产值为727亿元,占全省工业总产值的43%。全省矿山企业实现利润12.39亿元,完成各类税费总额9.94亿元。

3. 主要矿产资源的开发利用

到2002年底,全省预测石油保有储量33亿吨,天然气保有储量3040亿立方米,其中石油剩余可采储量11399万吨,天然气剩余可采储量139亿立方米。其中,吉林油田被中国石油天然气总公司列为我国东部地区油气资源潜力最大、最有勘探前景的地区。2003年吉林油田公司生产原油475万吨,比2000年净增100万吨,在全国的排位由原来的第8位上升到第6位,在东部油田列第3位。

吉林省煤炭资源总量较少,累计探明储量仅27.5亿吨,保有储量24.6亿吨,只占东北地区煤炭总储量的3%左右,其中可采储量10.4亿吨,生产矿井可采储量仅3.77亿吨。开采品种主要有褐煤、长焰煤、焦煤、气煤、贫煤和少量无烟煤,优质煤较少。较大煤田主要有浑江、营城、辽源、蛟河、和龙、舒兰、梅河、珲春、万红、羊草沟等,均已进行开发。吉林省煤炭品种比较齐全。2002年全年产量1817万吨,实现产值15.8亿元。由于年消费量较高,生产能力低,吉林省属于能源短缺省份,煤炭自给率只有50%左右。

非金属矿产相对丰富,存在一定的优势矿种。硅藻土矿床全国第一,数量最多,保有储量也最多,达2.1亿吨,占全国的54%。硅藻土主要分布于长白县、临江市和敦化市三个地区,约占全省资源总量的97%,SiO_2含量可高达80%。硅灰石矿从规模和品质上看均居全国首位,保有储量0.53亿吨,约占全国的40%,主要分布于磐石市、梨树县、龙井市等三个地区,约占全省硅灰石资源总量的97%。矿石品质优,颜色洁白,杂质含量低,晶体呈针状、纤维状,属世界罕见的天然低铁优质硅灰石,其产品质量和品种在国际市场上享有盛誉。全省硅灰石矿山企业共41户,其中中型1户、小型40户,2002年年产矿石9万吨,实现产值2418万元。

四、辽宁省矿产资源开发利用现状

1. 矿产资源特点

至2002年底,辽宁省已发现各类矿产资源110多种,探明储量的矿产70多种,产地668处,其中大型矿床95处、中型矿床156处。已探明的主要矿产有能源矿产3种、黑色金属8种、有色金属8种、贵重金属2种、化工原料8种、建材矿产27种。

在已探明储量的70多种矿产中,保有储量在全国居首位的矿产有铁矿、红柱石、菱镁矿、熔剂灰岩、硼矿、金刚石、透闪石7种,居第2位的矿产有玉石、滑石、玻璃用石英岩,居第3位的矿产有油页岩、饰面用辉长岩、珍珠岩,居前5位的矿产还有石油、锰、冶金用石英岩、冶金用白云岩、冶金用砂岩、硅灰石、水泥配料页岩、水泥肥料页岩、水泥大力岩。此外,天然气居全国第7位,钼矿、耐火黏土、石煤居全国第8位。

辽宁省矿产资源总的特点是资源较丰富,品种齐全,分布广泛,但人均占有量不足;矿业开发历史悠久,利用程度较高,资源耗竭的速度比较快;中小型矿床多,大型和特大型矿床少,部分支柱性矿产(如铁矿)贫矿和难选矿多,富矿少。

2. 矿产资源开发利用现状

辽宁省是矿业经济大省。2002年底,全省共有各类矿山企业6847个,其中国有企业236个,集体企业3374个,私营企业2240个,股份有限公司6个,有限责任公司143个,中外合资企业17个,其他企业831个。大型、特大型企业少,小型企业较多。2002年辽宁省矿山企业开采的矿种92种,年采掘矿石总量(原矿量)2.35亿吨(不含天然气和煤成气)。年采掘固态原矿总量2.21万吨,液态量1425.35万吨,其中石油1351.15万吨,气态量11.32亿立方米。省内有辽河油田有限责任公司、抚顺矿业集团有限责任公司、阜新矿业(集团)有限责任公司、鞍山钢铁集团公司等特大型矿业企业。辽宁省矿产资源的开发利用以石油、天然气、煤炭、铁矿、金矿、硼矿、菱镁矿、滑石、建筑石料用岩和砖瓦用黏土等为主。

2002年全省各类矿山企业工业总产值318.29亿元,其中油气工业总产值164.75亿元,煤炭工业总产值76.8亿元,黑色金属工业总产值36.69亿元,有色金属工业总产值6.07亿元,贵金属工业总产值4.38亿元,冶金辅助原料矿产工业总产值6.04亿元,化工原料矿产工业总产值0.43亿元,特种黑金属矿产工业总产值1.31亿元,建材及其他非金属矿产工业总产值21.82亿元。全省各类矿山企业从业人员20.28万人。

3. 主要矿产资源的开发利用

石油、天然气是辽宁省的重要矿产。辽河油田是我国第三大油田,已探明储量并投入开发利用的油气田28处,油、气保有储量分别为18.3亿吨和669.7亿立方米。原油年产量目前稳定在1300万吨左右。经过30多年的开发,累计生产原油2.49亿吨,生产天然气401亿立方米,已采出可采储量的67%,自然递减率达到29%。2003年,辽宁省的石油产量是1322万吨,占全国产量的7.8%。辽河油田经历30多年的开发,油气田已进入中后期开发阶段,勘探上也无重大发现,开发的难度加大。目前的剩余可采储量1.9亿吨,但其中难开发的三类可采储量高达1.2亿吨,占60%多,开发成本直线上升。

煤炭曾经是辽宁省的优势矿种之一,煤炭产量约占全国第9位,以长焰煤为主,气煤与褐煤次之。辽宁省煤炭缺口一直很大。2002年全省生产原煤5150多万吨,供应缺口4500多万吨。预测到2010年全省每年需要煤炭1.3亿吨,省内自产(倘若无新井建设)2400万吨,缺口超过1亿吨,缺口越来越大。辽宁现有五个大型煤炭生产基地,位于阜新、本溪、抚顺、铁法和沈阳周边。经过多年的开采,全省大部分煤矿将要枯竭或已经枯竭,多数煤矿准备转产。

铁矿是辽宁重要的支柱性矿产,保有储量居全国首位,占全国的1/4。已探明的保有储量110亿余吨,集中分布于鞍山、辽阳及本溪地区,约占全省总储量的90%以上。2002年辽宁共有铁矿山309个,年产矿量4936万吨,铁矿工业储量56亿吨。但是,辽宁的铁矿主要是贫矿,部分富铁矿石仍需进口。尤其是经过80年来的高强度开采,易采掘的矿山资源逐渐萎缩,开发成本逐年加大。目前辽宁钢铁产量在全国居第2位,共有350多家钢铁企业,其中鞍钢、本钢、特钢等几家大型的钢铁企业集团的产量占了绝大部分。

辽宁已探明的菱镁矿储量约27亿吨,约占世界总量的20%、全国总量的86%。全省有菱镁矿区12个,采矿点248个,各类生产企业近500户,主要分布在大石桥、海城一带。矿石质地优良、品位高、氧化镁含量大于45%的占77%,而且资源分布集中、矿床大且厚、埋藏浅,适宜露天开采、大规模经营。全省年开采菱镁矿石近1200万吨,各种镁砂及制品近700万吨,其中出口200万吨,约占60%的国际市场和90%的国内市场。目前存在的主要问题是低档产品生产能力过大,供求关系失衡;大型企业少,小型企业多,生产集中度低、规模小,缺少规模效应和专业化协作分工;镁矿综合利用回收率低。

第二节 矿产资源保障程度评价

目前矿产资源保障程度的研究有两个重要方向,即宏观角度的保障战略研究与微观角度的保障程度模型研究。从资源的动态平衡角度来看,资源输出地区和输入地区研究内容不尽相同;从研究领域的空间尺度来看,全球性资源保障安全、区域性资源保障安全和地方性资源保障安全,研究方法也有区别。

矿产资源可供性是指在社会经济发展一定时期内,矿产资源对经济建设的可供性程度,它应该是动态的,从资源角度看应是与社会经济发展状况相适应并在合理的开采条件下可提供的矿产资源量和矿产品采出量,以及资源保有量和产出量与需求量之间的对比分析。

一、黑龙江省矿产资源需求保障分析

1. 国内生产总值和工业生产总值预测模型

根据1990年到2003年黑龙江省GDP的统计数据,其GDP增长态势良好,同时工业总产值GIP和矿业产值GOP(不变价)也呈逐步上升态势,与GDP增长保持一定的相关关系。随着国内生产总值的上升和工业总产值的增加,矿产品的消费需求不断扩大,矿产品消费量总体处于上升态势。

为了研究年份和GDP的增长关系,本研究使用不同拟合方法可以得到以年份为自变量、GDP为因变量的预测模型,通过不同的模型分析可以得到两种不同的结果,因此,最终根据拟合的匹配程度来选取线性模型来对GDP进行拟合。使用一次曲线拟合黑龙江省国内生产总值的预测模型如下:

$$GDP = 283.425t - 563488$$

t为年份,该模型确定的预测方程的相关系数平方$R^2 = 0.987$,作拟合优度检验,方差分析表明:F=885.73,P=0.000,由此可见拟合度很好。

根据公布的统计数据,1991~2003年黑龙江省国内生产总值实际平均增长率为15.36%,而预测模型得出的结果为17.96%,与实际情况基本相符。使用该模型预测2004~2007年黑龙江省GDP平均增长率为6.14%,2008~2010年平均增长率为5.04%。"黑龙江省国民经济和社会发展第十个五年计划纲要"确定的2001~2005年国民经济发展速度为10%,比预测模型得到的结果高,考虑到随着GDP基数的不断扩大,其增长率逐渐变缓,因此在没有较大的经济结构调整和经济环境变化的情况下,模型得到的结果可能更加能够反映黑龙江省未来5年内GDP的增长态势。

黑龙江省工业总产值的预测模型是以国内生产总值为自变量建立的。首先对GDP和GIP进行相关性检验,通过对1991~2003年14年的统计数据进行相关性分析,证明GDP和GIP是显著相关的。与GDP处理方法相同,选择指数拟合曲线建立GIP的预测模型为:

$$GIP = 770.402e^{0.0002GDP}$$

对GDP、GIP的预测结果分别如表15—1、15—2。

表15—1 黑龙江省GDP预测结果　　　　　　　单位:亿元、%

年份	1990	1991	1992	1993	1994	1995	1996	1997	1998	1999	2000
结果	527.8	811.2	1094.6	1378.0	1661.5	1944.9	2228.3	2511.7	2795.2	3078.6	3362
GDP增长率		53.7	34.9	25.9	20.6	17.1	14.6	12.7	11.3	10.1	9.2
年份	2001	2002	2003	2004	2005	2006	2007	2008	2009	2010	
结果	3645.4	3928.9	4212.3	4495.7	4779.1	5062.6	5346	5629.4	5912.8	6196.3	
GDP增长率	8.4	7.8	7.2	6.7	6.3	5.9	5.6	5.3	5	4.8	

表 15—2　黑龙江省 GIP 预测结果　　　　　　　　　　　　　　　　单位：亿元

年份	1990	1991	1992	1993	1994	1995	1996	1997	1998	1999	2000
GIP 实际值	875.4	919.6	976.8	1041.0	1111.9	1262.0	1451.2	1630.5	1091.1	1127.1	1267.4
GIP 预测值	856.2	906.1	958.9	1014.9	1074.1	1136.7	1203.0	1273.2	1347.4	1426.0	1509.2
年份	2001	2002	2003	2004	2005	2006	2007	2008	2009	2010	
GIP 实际值	1767.8	1935.4	2249.0								
GIP 预测值	1597.2	1690.3	1788.9	1893.3	2003.7	2120.5	2244.2	2375.1	2513.6	2660.2	

对矿产品需求预测考虑的主要因素是工业生产对矿产品的需求量以及国内生产总值对矿产品消耗的影响，由此得到矿产品的社会总需求量，根据每种矿产品资源特点和消费结构等特点，分别采用不同统计方法进行需求预测。

2. 能源矿产

（1）石油　1995～2002 年的 7 年中，黑龙江省石油消费量年均递增 3.34%，2002 年石油消费量达 1526 万吨，占当年能源消费总量的 35.1%（表 15—3）。随着能源结构的调整，石油需求量不会大幅度增加。根据石油消费量与 GDP 和 GIP 的相关关系，建立黑龙江省石油消费预测模型：

$$Oil = 926.115 + 0.235 \times GDP - 0.154 \times GIP$$

表 15—3　黑龙江省一次能源消费　　　　　　　　　　　　　　　　单位：万吨标准煤

年份	一次能源消费（绝对数）					年份	一次能源消费（绝对数）			
	总量	原煤	原油	天然气	水电		总量	原煤	原油	天然气	水电
1952	374.9	370.9			4	1990	5539.7	3803.5	1424.5	290.5	21.2
1957	641.6	631.2			10.4	1995	6261.3	4213.4	1706.3	314.6	27.0
1962	1050.8	979.6	28.9	31.9	10.4	1996	6270.5	4205.2	1729.7	313.4	22.2
1965	1354.4	1002.8	258.3	82.5	10.8	1997	6635.5	4402.9	1931.8	257	43.8
1970	2047.0	1102.6	732.8	203.5	8.1	1998	6695.4	4298.4	2062.2	287.9	46.9
1975	2611.6	1454.1	852.7	293.9	10.9	1999	6378	3967.1	2079.4	293.4	38.3
1978	3338.7	1843.1	1056.6	434.9	4.1	2000	5668	3276.1	2097.2	243.7	51.0
1980	3716.4	2005.8	1244.9	452.2	13.5	2001	5830.8	3294.1	2219.6	266.0	51.1
1985	4581.0	2936.6	1296.1	332.5	15.8	2002	6204.2	3715.8	2180	247.4	61.0

资料来源：《黑龙江省统计年鉴》，中国统计出版社，2003 年。

该模型的复相关系数平方 $R^2=0.924$,估计值的标准误差为 66.94,作拟合优度检验,F=60.962,P=0.000,说明自变量和应变量之间存在回归关系。根据预测模型计算,黑龙江省石油消费量如表 15—4。

表 15—4　黑龙江省石油消费预测　　　　　　　　　　　　　　　　　单位:万吨

年份	1990	1991	1992	1993	1994	1995	1996	1997	1998	1999	2000	2001	2002
实际消费	1024	1047	1023	989	988	1194	1210	1352	1443.5	1455	1468	1553	1526
预测消费	918	977	1035	1093	1151	1208	1264	1320	1375	1430	1483.8	1536	1589
年份	2003	2004	2005	2006	2007	2008	2009	2010	2011	2012	2013	2014	2015
实际消费	—	—	—	—	—	—	—	—	—	—	—	—	—
预测消费	1640	1691	1740	1789	1836	1883	1928	1972	2015	2056	2096	2134	2171

(2)天然气　油田溶解气是黑龙江省天然气资源的主要来源,受石油产量的严格制约,气层气目前尚未开发利用。1990~2002 年,天然气平均消费量为 20 亿立方米,1991~2002 年天然气消费量年均增长 0.76%,增长缓慢。根据 GDP 和 GIP 对天然气消费量进行线性拟合,得到的结果如下:

$$Gas = 21.472 + 9.785 \times 10^{-4} GDP - 3.21 \times 10^{-3} GIP$$

1990~2002 年天然气平均实际年消耗为 19.6 亿立方米,根据拟合模型预测得到的结果为 19.7 亿立方米,预测结果与实际情况基本一致。根据预测模型得到 2004~2015 年黑龙江省天然气年平均消耗量为 18.94 亿立方米,与 1990~2002 年相比较略呈下降趋势。

表 15—5　黑龙江省天然气消费预测　　　　　　　　　　　　　　　　单位:亿立方米

年份	2004	2005	2006	2007	2008	2009	2010	2011	2012	2013	2014	2015
预测量	19.79	19.72	19.62	19.50	19.36	19.19	19.00	18.78	18.53	18.24	17.93	17.58

(3)煤炭　黑龙江省煤炭消费量总体呈上升态势。1991 年,煤炭消费量为 4520 万吨,1997 年达到 6241 万吨。1991~2002 年,12 年间煤炭消费平均增长速度为 2.3%。煤炭消费量与 GDP 和 GIP 的线性拟合曲线如下:

$$Coal = 4004.625 - 0.139 \times GDP + 1.169 \times GIP$$

表 15—6　黑龙江省煤炭消费预测　　　　　　　　　　　　　　　　　单位:万吨

年份	2004	2005	2006	2007	2008	2009	2010	2011	2012	2013	2014	2015
预测量	5593	5683	5780	5885	5999	6121	6253	6395	6548	6711	6887	7075

3. 有色金属

（1）铜　黑龙江省铜消费量从1991年以来基本呈波动增长态势，1994年以后，铜消费量以年均6.57%的速度递增，到2000年达到3.29万吨的水平。根据GDP和GIP的关系确定黑龙江省铜消费预测模型为：

$$Copper = 9765.078 + 5.14 \times GDP + 5.248 \times GIP$$

1992～2000年，黑龙江省铜消耗年均增长14.2%，根据预测方程，得到2004～2015年消费量的平均增长率为4.1%，预计到2010年铜的消费量为5.6万吨。

表15—7　黑龙江省铜消费预测　　　　　　　　　　　单位：万吨

年份	2004	2005	2006	2007	2008	2009	2010	2011	2012	2013	2014	2015
预测量	4.28	4.48	4.69	4.90	5.12	5.33	5.56	5.78	6.02	6.25	6.50	6.74

（2）铝　1993～2000年，铝消费呈波浪式增长。2000年，铝消费量达到8.39万吨。根据铝消费量的总体发展趋势，采用线性曲线拟合，得到铝消费量的预测模型为：

$$Al = -3634.752 + 23.463 \times GDP + 7.819 \times GIP$$

预测铝消费量见表15—8。

表15—8　黑龙江省铝消费预测　　　　　　　　　　　单位：万吨

年份	2004	2005	2006	2007	2008	2009	2010	2011	2012	2013	2014	2015
预测量	11.7	12.4	13.2	13.9	14.7	15.5	16.3	17.0	17.8	18.6	19.4	20.3

（3）锌　1991～2000年，锌消费量总体处于上升态势。1991年锌消费量为1239吨，但1993年出现一个消费高峰，消费量达到10182吨，可能是由于统计口径不一致，到1994年后消费基本处于稳定发展的趋势，2000年锌消费量达1800吨。采用弹性系数法，求得锌在1991～2000年10年间锌消费弹性系数为0.26，预测锌消费量见表15—9。

表15—9　黑龙江省锌消费预测　　　　　　　　　　　单位：吨、%

年份	2005	2010	2015
锌需求增长率	2.60	2.08	1.82
预测需求量	2046	2268	2482

（4）铅　铅消费量在1991～2000年总体呈下降态势。1993年，铅消费量也出现一个较大的峰值，达到10801吨。到1996年，铅消费量达到1200吨，达到正常消费水平。由于铅对生态环境的负面影响较大，一些替代铅制品不断开发出来，导致了铅消费量逐渐下降。因此，采用固定值法，预测铅消费量到2005年、2010年、2015年消费量将控制在1500吨以内。

4. 黑色金属——钢铁

统计过程中把钢和钢材按 1.1 的系数折算成铁金属量来计算。1991~1997 年，钢铁消费总量在 300 万吨左右波动，虽然 1993 年出现一个消费小峰值，但对消费量总体趋势影响不大。1998 年铁消费量急剧上升，到 1998 年铁金属消费量达到 585 万吨的水平，并仍呈上升趋势发展。2000 年铁金属消费量达到 650 万吨。采用弹性系数法，求得 1991~2000 年铁金属消费弹性系数为 0.61，预测铁消费量 2010 年为 1108 万吨，2015 年为 1366 万吨。

5. 主要矿产资源供给分析

矿产资源的供给分析主要针对矿产资源的静态可供量。矿产资源静态可供量是指利用目前的采选冶技术，在保证开采经济合理性前提下可采出的资源储量。一般来讲，矿产资源静态可供量与新的资源储量划分标准中的储量一致，在矿产资源供给能力分析中需要结合当前的采选冶条件和矿山主要经济技术指标对矿产资源储量进行分析。

(1) 石油、天然气　至 2002 年底，黑龙江省石油可采储量 62873.2 万吨。2002 年大庆原油平均销售价格为 1482 元/吨，较同期 OPEC 平均价格 1486.04 元/吨少 4.04 元/吨，因此 62873.2 万吨的可采储量无论从技术支持还是经济条件的合理性来讲都是可行的。根据大庆油田实际生产技术经济指标确定黑龙江省目前天然气的剩余可采储量为 466.30 亿立方米。从目前各油气田的天然气销售价格来看，大庆天然气价格为 431 元/千立方米，同期吉林天然气价格高达 708.6 元/千立方米，因此目前 466.30 亿立方米的可采储量的估算是合理的。

(2) 煤炭　根据黑龙江省多年煤炭矿区开采的综合可采系数 40% 计算得出，至 2000 年底，黑龙江全省保有煤炭资源总量 226.56 亿吨，其中储量为 39.92 亿吨。2001 年和 2002 年煤炭消费量分别为 4612.3 万吨和 5202.7 万吨，因此 39.92 亿吨煤炭储量是开采技术上可行、经济上合理的煤炭资源量。

(3) 铁　目前黑龙江省铁保有储量仅 2739.6 万吨，且大多矿石品位低。五个有技术经济保障的可采矿区为逊克翠宏山锌钨铁多金属矿床、伊春大西林铁矿、阿城苏家围子铁锌矿、阿城石发铁锌矿和嫩江三矿沟铜矿等，其合计保有储量只有 941.3 万吨，此即黑龙江省现有铁资源可供储量。

(4) 铜　黑龙江省铜保有量较多，但是品位低，开采不经济，尤其是占资源总量 95% 以上的多宝山和铜山平均品位 0.47%，低于全省铜矿山地下开采平均出矿品位 0.98%，也低于露天开采的平均出矿品位 0.52%。因此全省具有经济合理品位的铜矿床少，其保有储量仅为 18102 吨。多宝山和铜山矿区的地表氧化矿正在采用堆浸—萃取电积法生产电解铜，效果很好，能划出一部分可采储量。合计全省目前保有可采铜储量仅为 65517 吨。

(5) 铝、铅、锌　铝矿在黑龙江省尚未发现，其矿产资源可供量为零。铅、锌具有经济可采的储量不多，全省铅、锌资源可供量分别为 3016 吨和 42425 吨。

(6) 石墨　黑龙江省石墨资源从规模和品质上看均居全国首位，已经过详查勘探的矿区均已达到合理开采的品位和规模,其中柳毛石墨矿保有储量955.7万吨,占全省石墨保有储量的70%。

通过对黑龙江省矿产资源静态可供性和自身动态需求的分析,可以得到在不依靠资源进口(国内和国外)的情况下,主要资源的自给年限如表15—10。石油、天然气、煤炭、石墨以及锌等矿产是黑龙江省自给保障程度好的矿种,均能在满足省内自身经济发展需要的情况下大量对外输出;而铁、铜、铝、铅等矿产则无法满足需求,需要依靠输入保证供给。

表15—10 黑龙江省矿产资源自给年限

矿种	可供量	需求量 2005年	2010年	2015年	2005~2010年总需求	2005~2015年总需求	自给年限
石油(万吨)	62873.2	1740.64	1972.56	2171.35	11151.05	21625.41	>15
天然气(亿立方米)	466.3	19.72	19.00	17.58	116.39	207.45	>15
煤炭(万吨)	389400	5682.621	6253.139	7075.142	35720.39	69336.73	>15
铁(矿石,万吨)	941.3	873	1108	1366	5920	12211	<2
铜(万吨)	6.55	4.48	5.56	6.74	30.08	61.37	<2
铝(万吨)	0	12.4	16.3	20.3	86	179	—
铅(吨)	3016	1500	1500	1500	9000	16500	<3
锌(吨)	42425	2046	2268	2482	12932	24906	>15
石墨(万吨)	1366.6	10	12	15	72	147	>15

6. 短缺矿产的供应渠道

此处涉及的9种矿产资源中,石油、天然气、煤炭、石墨以及锌等矿产是供大于求的矿种,铁、铅、铜等则是供不应求的矿种,而铝是全部需要调入才能满足省内消费的矿种。

(1) 铁 2000年全省铁矿石生产15.8万吨,而消费量约为650万吨,铁产量仅占消费量的2%。省内生产消费所需的铁矿石、生铁以及钢和钢材等均需从国外进口或国内市场购买。目前世界钢铁市场基本供大于求,我国铁、钢产量已超过亿吨,除了特种钢材需要进口之外,铁、粗钢、普通钢材均可满足国内需求。

随着国内外市场的统一,可以考虑下列渠道来满足钢铁的需求。第一,加大废钢铁的回收利用并从俄罗斯进口废钢铁。这不仅可以降低能源消耗、减少污染,还可弥补铁资源的不足。第二,从河北、辽宁等地购进铁精粉和球团矿。而从价格和质量角度考虑,应从澳大利亚进口铁矿石。例如,2001年,BHP-Billiton公司出口到中国的澳大利亚富铁矿(含铁63%以上),上海到岸价约为30美元/吨,进口关税为1%,低于国内开采成本。除此之外,也可考虑从朝鲜和印度进口铁精粉。第三,由于黑龙江省炼铁、炼钢能力不足,满足不了本省需求,因此每年约购进 400 万吨的钢、钢材,其主要供应渠道应考虑辽宁和俄罗斯。

(2) 铝 目前黑龙江省没有发现铝资源,而且也不具备铝土矿的成矿条件。目前冶金生产所需的氧化铝、电解铝和社会消费的铝制品全部需要外进。从全国看,我国铝土矿品质不佳,每年需大量进口氧化铝,另外还进口各种铝材和废铝。随着我国加入 WTO 过渡期的结束,关税进一步降低,国内铝的供应不会出现问题,所以价格会进一步下降。因此,黑龙江省的铝供应也会比较充足,为此,可考虑从俄罗斯进口废铝和电解铝,从广西、河南、山西购进电解铝、氧化铝和铝制品以满足省内消费需求。

(3) 铜 黑龙江省铜资源储量很大,但由于品位低、开发利用难度较大,生产量无法满足消费需求。2000 年黑龙江省产铜精矿含铜 6700 吨,而同年消费量为 3.29 万吨,二者比较缺口很大,而且黑龙江省没有铜冶炼厂,所产铜矿石需要远距离运送到沈阳和甘肃的有色金属冶炼厂进行加工,所以黑龙江省消费的铜材和铜制品均需外进。从铜的供应来看,应该扩大铜供给来源,重视与加强废铜资源的回收利用并从俄罗斯进口废铜,来满足冶金行业和社会的需求。不足部分从国内或国际市场来解决。至于铜材、铜制品的供应主要从辽宁购进。

总之,在铁、铝、铜等短缺矿产资源中,铁、铝矿产品的供应将会影响到冶金行业的发展,尤其是铁矿粉和氧化铝的供给应引起各方面的重视。除铁、铝外,其他矿产品的供应不会影响经济发展,因为省内与之相关的产业很少,消费产品均可从国内外市场解决。

二、吉林省矿产资源需求保障分析

1. 国内生产总值和工业生产总值预测模型

同样地,对吉林省 1990～2002 年 GDP、GIP 和 GOP 进行分析,其总体态势与黑龙江省类似。使用一次曲线拟合吉林省国内生产总值的预测模型如下:

$$GDP = 155.757t - 309628$$

t 为年份,该模型确定的预测方程判定系数 $R^2 = 0.992$,作拟合优度检验,方差分析表明:F=1330.71,P=0.000,由此可见拟合度很好。

1990～2002 年吉林省国内生产总值实际平均增长率为 15.20%,而预测模型得出的结果为 17.60%,基本上能够反映实际情况。使用该模型预测 2003～2015 年 GDP 增长情况如表 15—11;2003～2008 年国民生产总值的平均增长率为 6.33%,2009～2015 年平均增长率为 4.52%。

表 15—11 吉林省 GDP 预测结果　　　　　　　　　　　　单位:亿元

年份	预测结果	GDP增长率	年份	预测结果	GDP增长率
1990	328.4	—	2003	2235.2	7.1%
1991	484.1	47.4%	2004	2391.0	7.0%

续表

年份	预测结果	GDP 增长率	年份	预测结果	GDP 增长率
1992	639.9	32.2%	2005	2546.7	6.5%
1993	795.6	24.3%	2006	2702.5	6.1%
1994	951.4	19.6%	2007	2858.2	5.8%
1995	1107.1	16.4%	2008	3014.0	5.5%
1996	1262.9	14.1%	2009	3169.8	5.2%
1997	1418.7	12.3%	2010	3325.5	4.9%
1998	1574.4	11.0%	2011	3481.3	4.7%
1999	1730.2	10.0%	2012	3637.0	4.5%
2000	1885.9	9.0%	2013	3792.8	4.3%
2001	2041.7	8.3%	2014	3948.6	4.1%
2002	2197.4	7.6%	2015	4104.3	4.0%

吉林省工业总产值的预测模型是以GDP为自变量建立的,首先对二者进行相关性检验,通过对1990~2002年13年的统计数据进行Pearson相关性运算,证实GDP和GIP具有显著相关性。对各种曲线的拟合优度分析表明,一次曲线拟合的精度最高:$R^2 = 0.987$。

与GDP处理方法相同,选择拟合线性方程建立GIP的预测模型和结果如下:

$$GIP = 0.331 \times GDP + 32.979$$

假定在无重大社会经济和环境因素变化的情况下,以GDP和GIP为自变量,GOP(吉林省矿业生产总值)为因变量,预测吉林省近15年矿业生产总值变化情况如下(表15—13)。

表15—12 吉林省GIP预测结果　　　　　　　　　　　　　　　　　　单位:亿元

年份	1990	1991	1992	1993	1994	1995	1996	1997	1998	1999	2000	2001	2002
预测值	141.2	192.8	244.3	295.9	347.4	398.9	450.5	502.0	553.6	605.1	656.6	708.2	759.7
年份	2003	2004	2005	2006	2007	2008	2009	2010	2011	2012	2013	2014	2015
预测值	772.2	823.8	875.3	926.8	978.4	1029.9	1081.5	1133.0	1184.5	1236.1	1287.6	1339.2	1390.7

表15—13 吉林省矿业生产总值预测　　　　　　　　　　　　　　　　单位:亿元

年份	1993	1994	1995	1996	1997	1998	1999	2000	2001	2002	2003	2004
GOP 实际值	64.37	66.96	60.22	81.89	82.48	76.35	84.98	104.48	88.31	92.73		
GOP 预测值	63.17	66.96	70.76	74.56	78.35	82.13	85.93	89.74	93.51	97.31	98.23	102.02
年份	2005	2006	2007	2008	2009	2010	2011	2012	2013	2014	2015	
GOP 预测值	105.81	109.61	113.4	117.19	120.99	124.78	128.57	132.37	136.16	139.95	143.75	

对不同的矿产品,采用不同的方法进行需求预测。方法与对黑龙江省的预测相似。

表 15—14 为 1990～2002 年吉林省主要能源矿产消费数据。

表 15—14　吉林省主要能源消费　　　　单位:万吨、亿立方米

年份	煤	石油	天然气
1990	3718.35	469.72	0.98
1991	3804.34	453.50	1.26
1992	4117.51	490.00	1.68
1993	—	—	—
1994	—	—	—
1995	4910.45	512.62	1.83
1996	5087.21	551.99	2.1
1997	4948.71	685.55	2.95
1998	4129.11	693.05	3.22
1999	4142.99	732.37	3.04
2000	4130.93	726.37	2.98
2001	4421.79	736.20	3.02
2002	4629.27	759.43	3.02

资料来源:相关年份的《吉林省统计年鉴》。
注:"—"表示未知数据。

2. 能源矿产

(1) 石油　在 1995～2002 年的 7 年中,吉林省石油消费增长很快,2002 年石油消费量达 759.43 万吨,所占当年能源消费总量百分比也逐年增长。但是随着能源结构的调整,石油需求量不会大幅度增加。根据石油消费量与国内生产总值和工业生产总值的相关关系,建立吉林省石油消费预测模型:

$$Oil = 0.548 \times GDP - 0.963 \times GIP + 325.723$$

该模型的复相关系数 $R^2=0.939$,估计值的标准误差为 26.717,为方程配合适度检验结果,F=38.644,P=0.000,说明自变量和因变量之间存在回归关系。

1995～2001 年吉林省石油消费量实际平均增长率为 5.85%,预测模型得出的结果为 5.52%,2004～2014 年 11 年的平均增长率为 3.55%。根据预测模型得到的石油消费量如表 15—15。

表 15—15　吉林省石油消费预测　　　　　　　　　　　　　　　单位:万吨

年份	2004	2005	2006	2007	2008	2009	2010	2011	2012	2013	2014	2015
预测量	843	878	914	950	986	1021	1057	1093	1128	1164	1200	1236

（2）天然气　吉林省天然气资源比较丰富，1995~2002年，天然气平均消费量为2.77亿立方米，7年中平均增长6.1%，增长缓慢，甚至出现负增长。将GDP和GIP与天然气消费量进行线性拟合，得到如下预测模型：

$$GAS = 0.006 \times GDP - 0.015 \times GIP + 0.859$$

1995~2002年天然气年均消耗2.77亿立方米，根据模型预测得到的结果也为2.77亿立方米，与实际情况完全一致。进而，根据预测模型得到2004~2015年吉林省天然气年平均消耗量为4.33亿立方米，呈显著上升趋势。

表 15—16　吉林省天然气消费预测　　　　　　　　　　　　　　单位:亿立方米

年份	2004	2005	2006	2007	2008	2009	2010	2011	2012	2013	2014	2015
预测量	3.5	3.65	3.8	3.95	4.11	4.26	4.41	4.57	4.72	4.87	5.02	5.18

根据预测，吉林省天然气2004~2008年5年需求总量为19.01亿立方米，2009~2015年7年间总需求量为33.03亿立方米。

（3）煤炭　吉林省煤炭消费量自1995年以来总体呈下降态势。煤炭消费量1995年为4910.45万吨，1997年达到4948.71万吨；之后，由于天然气消费量增加，工业结构调整，关停并转高耗能、高污染的"五小"企业和工艺设备，导致煤炭消费量下降为1998年的4129.11万吨；到2002年煤炭消费量又缓慢回升到4629.27万吨。煤炭消费量与GDP、GIP的线性拟合曲线如下：

$$Coal = 2.482 \times GIP + 2661.17$$

将预测结果和实际需求数据进行比较，可以看到预测煤炭需求趋势呈逐渐增长，与实际情况相符，因此对未来十年左右的预测是可行的。

表 15—17　吉林省煤炭消费预测　　　　　　　　　　　　　　　单位:万吨

年份	2004	2005	2006	2007	2008	2009	2010	2011	2012	2013	2014	2015
预测量	4705.7	4833.6	4961.6	5089.5	5217.4	5345.3	5473.3	5601.2	5729.1	5857.0	5985.0	6112.9

根据拟合方程，可得2005~2015年吉林省煤炭需求增长逐年降低，预测煤炭消费量见表15—17。根据预测，吉林省煤炭2004~2008年5年需求总量为24807.8万吨，2009~2015年7年间总需求量为40103.8万吨。

3. 有色金属

（1）铜　截至2002年底，吉林省的铜矿资源保有储量964405吨，主要分布于永吉县、珲春市、通化县、八道江区、磐石市、和龙市、桦甸市等七个地区,占全省铜矿资源总量的93%。2002年吉林省铜矿资源消费矿石总量为4690吨,根据吉林省国内生产总值、工业生产总值、矿业生产总值、铜矿资源生产总量变化情况,按平均每年3%的消费增长率,估计吉林省铜矿资源消费2006～2010年累计28000吨,2011～2015年累计32500吨。

(2) 铅、锌 2002年吉林省铅矿资源消费总量为5300吨,锌矿资源消费总量为35000吨,根据吉林省国内生产总值、工业生产总值、矿业生产总值、铅锌矿资源生产总量变化情况,按平均每年3%的消费增长率,2006～2010年铅、锌矿资源消费量分别31670吨和20900吨(矿石);2011～2015年资源消费量分别36700吨和242500吨。

4. 黑色金属——钢铁

2002年吉林省铁矿石资源消费总量为363万吨,根据吉林省国内生产总值、工业生产总值、矿业生产总值、铁矿石资源生产总量变化情况,按平均每年4%的消费增长率,2006～2010年铁矿石资源消费总量为2300万吨,2011～2015年为2800万吨。

5. 主要矿产资源供给分析

(1) 石油、天然气 吉林省境内有丰富的石油和天然气资源,到2002年底,预测石油保有储量为33.46亿吨,天然气保有储量为3040亿立方米,其中石油剩余可采储量11399万吨,天然气剩余可采储量139亿立方米。吉林油田被中国石油天然气总公司列为我国东部地区油气资源潜力最大、最有勘探前景的地区,经过38年的发展,勘探开发建设已构成一定规模,已探明的石油地质储量还有近3亿吨等待开发,1998年吉林油田原油年产量已达到397万吨。2000年全省原油产量378万吨,居全国第8位;天然气产量3.77亿立方米,居全国第11位;产值66.32亿元,利润总额13.99亿元。从近几年预测石油消耗费量可以看出,33.46亿吨的石油可采储量和3040亿立方米的天然气可采储量不仅是技术可行的,而且也是经济可行的采储量。

(2) 煤炭 吉林省煤炭资源总量低,生产矿井可采储量仅3.77亿吨。从总量上看,吉林省煤炭能够满足10～15年的消费需要,但是由于年消费量较高,生产能力较差,吉林省仍属于能源短缺省份,其中煤炭自给率低于50%。

(3) 铁 全省铁矿石保有储量4.6亿吨,2002年铁矿石产量363万吨,矿山回采率85%左右。产品为铁精粉和富矿粗粉。随着吉林省工业的振兴和进一步发展,对钢铁的需求将不断扩大。

(4) 铜 吉林省铜保有储量约96.44万吨,但品位较低。2002年铜产量仅0.53万吨,但由于消费量不高,所以基本能够实现本省供给。从吉林省的资源需求—供给情况来看,96.44万吨铜的可采储量是技术与经济可行的可采储量。

(5) 铅、锌 吉林省铅锌资源较多,但经济可采的储量不多。全省保有铅储量135236吨,保有锌储量615393吨。全省铅矿山4户,都是小型矿山,2002年全年生产铅矿石量5300吨,金属量仅190吨,不能完全供给本省的铅资源需求,但从资源可供总量上看,135236吨铅可采储量是足够供给的;锌矿山2户,其中中型1户,小型1户,2002年锌矿石产量35000吨,生产能力较高,实现产值2872.6万元,生产能力得到巨大发挥。从今后几年的消费预测情况来看,615393吨的可采储量不仅是技术可行的,而且也是经济的可采储量。

(6)硅藻土 吉林省硅灰石资源从规模和品质上均居全国首位,保有储量与可供量210651万吨,从本省的资源需求—供给情况来看,210651万吨的可采储量不仅在技术上可行,而且也是经济的可采储量。

通过对吉林省矿产资源静态可供性和自身动态需求的分析,可以得到:在不依靠资源进口(国内和国外)的情况下,主要资源的自给年限见表15—18。从资源保有储量来看,石油、天然气、煤炭、铜、铅、锌、硅灰石、硅藻土是吉林省自给保障程度比较好的矿种,均能满足省内经济发展的需要,只有铁矿石的当前储量满足不了自身需求,需要依靠购进。但在结合生产能力方面,由于煤炭、铜、铅、锌矿的生产能力有限,依然部分需要购进,或者通过扩大生产能力来解决供需矛盾。

表 15—18 吉林省矿产资源自给年限

矿种	可供量	需求量					自给年限
		2005年	2010年	2015年	2005~2010年总需求	2005~2015年总需求	
石油(万吨)	334600	878.42	1057.04	1235.64	5677.84	11302.02	>15
天然气(亿立方米)	3040	3.65	4.41	5.18	24.18	48.54	>15
煤炭(万吨)	104000	4833.6	5473.3	6112.9	30920.7	60205.9	>15
铁(矿石,万吨)	46000	408.3	496.8	604.4	2798.4	6640.0	>15
铜(矿石,吨)	960544	5124.89	5941.15	6887.42	33149.89	65638.55	>15
铅(矿石,吨)	135236	5791.45	6713.88	7783.23	37461.49	74175.76	>15
锌(矿石,吨)	615393	38245.45	44336.95	52398.68	247387.22	489839.85	>15
硅藻土(矿石,千吨)	21065.1	143.80	166.71	193.26	1027.68	2155.76	>15
硅灰石(千吨)	5405.8						>15

6. 短缺矿产的供应渠道

吉林省保有铁矿资源较少,全省铁矿石保有储量4.6亿吨,全省铁矿山45户,其中中型2户,小型43户。2002年铁矿石产量277万吨,生产能力基本得到发挥,实现产值26276.95万元。矿山回采率85%左右,产品为铁精粉和富矿粗粉。在资源输入方面,其区位条件与黑龙江省有相似性,因此,满足吉林省钢铁需求所考虑的主要渠道与黑龙江省相似。一方面需要从澳大利亚、俄罗斯进口钢材或铁矿石;另一方面,需要从周边省份如河北、辽宁等购进铁精粉和球团矿。与黑龙江省相同,其主要供应渠道也应首先考虑辽宁和俄罗斯。

三、辽宁省矿产资源需求保障分析

1. 国内生产总值和工业生产总值预测模型

对辽宁省1990年到2002年GDP、GIP和GOP进行分析,其基本趋势与黑龙江和吉林省类似。使用一次曲线拟合吉林省国内生产总值的预测模型如下:

$$GDP = 376.011t - 747368$$

t为年份,该模型确定的预测方程相关系数$R^2=0.997$,作拟合优度检验,方差分析表明:$F=3300.04$,$P=0.000$,可见拟合度很好。

1991~2002年辽宁省国内生产总值年均增长14.88%,而预测模型得出的结果为16.58%,基本上能够反映实际情况。使用该模型预测2003~2007年国民生产总值的平均增长率为6.15%,2008~2010年平均增长率为4.92%,在经济发展和外部环境相对平稳的情况下,模型得到的结果能够反映实际情况。

与吉林省相似,辽宁省工业总产值与其国内生产总值也具有显著的线性相关关系,以1990~2002年13年的统计数据为基础,建立辽宁省GIP的预测模型为:

$$GIP = 0.4282 \times GDP + 33.7986$$

表15—19 辽宁省GDP预测结果　　　　　　单位:亿元

年份	预测结果	GDP增长率	年份	预测结果	GDP增长率
1990	894	—	2001	5030	8.1%
1991	1270	42.1%	2002	5406	7.5%
1992	1646	29.6%	2003	5782	7%
1993	2022	22.9%	2004	6158	6.5%
1994	2398	18.6%	2005	6534	6.1%
1995	2774	15.7%	2006	6910	5.8%
1996	3150	13.6%	2007	7286	5.4%
1997	3526	11.9%	2008	7662	5.2%
1998	3902	10.7%	2009	8038	4.9%
1999	4278	9.6%	2010	8414	4.7%
2000	4654	8.8%			

对GIP的预测结果如下表:

表 15—20 辽宁省 GIP 预测结果　　　　　　　　　　单位:亿元

年份	GIP 实际值	GIP 预测值	年份	GIP 实际值	GIP 预测值
1990	482.9	416.56	2001	2190.12	2187.64
1991	526.8	577.57	2002	2331.95	2348.65
1992	661.2	738.57	2003		2509.66
1993	920.6	899.58	2004		2670.67
1994	1109.8	1060.59	2005		2831.68
1995	1233.4	1221.6	2006		2992.68
1996	1379.1	1382.61	2007		3153.69
1997	1567.6	1543.61	2008		3314.7
1998	1664.1	1704.62	2009		3475.71
1999	1795.7	1865.63	2010		3636.72
2000	2114.9	2026.64			

表 15—21 为 1990～2002 年辽宁省主要能源矿产消费数据。

表 15—21 辽宁省一次能源消费　　　　　　　　　　单位:万吨标准煤

年份	原煤	原油	天热气	能源消费总量	年份	原煤	原油	天热气	能源消费总量
1990	5894.4	917.9	236.6	7170.8	1997	6765.0	2141.6	248.2	9191.6
1991	6041.45	916.7	238.2	7218.0	1998	6468.9	2147.4	230.8	8873.7
1992	6019.7	769.5	280.5	7191.6	1999	4585.7	4071.3	195.1	8869.9
1993	6295.5	1895.6	287.0	8695.5	2000	5086.8	4573.1	207.4	9877.2
1994	6995.5	1933.0	257.7	9204.6	2001	5230.2	4898.8	227.9	10356.9
1995	7195.8	2129.5	18.8	9381.7	2002	5166.8	4960.1	186.0	10333.5
1996	7091.5	2269.6	18.8	9417.6					

资料来源:《辽宁省统计年鉴》(2003)。

2. 能源矿产

(1) 石油 1995～2002 年的 7 年中,辽宁省石油消费量以年均 7.15% 的速度递增,其中 2000 年的增长率达到了 17.25%,而 2003 年原油消耗量达到了 4560.4 万吨,增长率也达到 8% 左右。建立辽宁省石油消费预测模型:

$$Oil = 0.0004 GIP^2 + 0.1263 GIP + 1812.44$$

该预测模型相关系数平方 R^2=0.967,方程配合适度检验结果 F=88.97,P=0.000,说明自变量和因变量之间存在回归关系。根据预测模型,1995~2002年原油消耗量的平均增长率为7.72%,而从2003~2010年的平均增长率为7.26%。

表15—22 辽宁省石油消费预测　　　　　　　　　　　　　　　　单位:万吨

年份	实际消费量	预测消耗量	年份	实际消费量	预测消耗量
1990	2349.81	1934.46	2001	4018.65	4003.06
1991	2409.31	2018.82	2002	4190.82	4315.55
1992	2518.36	2123.92	2003		4648.78
1993	2648.68	2249.76	2004		5002.74
1994	—	2396.34	2005		5377.45
1995	2620.7	2563.65	2006		5772.89
1996	2661.74	2751.71	2007		6189.07
1997	3022.16	2960.5	2008		6626
1998	2953.26	3190.03	2009		7083.66
1999	3334.39	3440.3	2010		7562.05
2000	3909.73	3711.31			

(2) 天然气　辽宁省天然气的来源主要是辽河油田,另外还有中海油的海上气田。位于辽东湾海域的锦州20-2凝析气田是中国海上的第一个天然气田,通过48公里的海底管道,每年向辽宁省供应优质天然气4亿立方米,可稳定供应20年。1990~2002年,天然气平均消费量为20.14亿立方米,1991~2002年天然气消费量年均增长率为0.92%,增长较为缓慢。用GIP对天然气消费量进行线性拟合,得到的结果如下:

$$Gas = -0.001 \times GIP + 22.257$$

从1990~2002年(不包括1994~1996年)天然气年平均实际消耗为20.143亿立方米,模型预测得到的结果为20.826亿立方米,与实际情况基本吻合。进而,根据预测模型可以得到2003~2015年辽宁省天然气年平均消耗量为18.78亿立方米,呈下降趋势(表15—23)。

表15—23 辽宁省天然气消费预测　　　　　　　　　　　　　　单位:亿立方米

年份	2004	2005	2006	2007	2008	2009	2010	2011	2012	2013	2014	2015
预测量	19.59	19.43	19.26	19.10	18.94	18.78	18.62	18.46	18.30	18.14	17.98	17.82

根据预测,辽宁省天然气2004~2008年5年需求总量为96.32亿立方米,2009~2015年7年总需求量为128.09亿立方米。

表 15—24　辽宁省煤炭消费预测　　　　　　　　　　　　　单位:万吨

年份	实际煤炭消费量	预测煤炭消费量	年份	预测煤炭消费量
1990	8251.65	7906.38	2003	11311.87
1991	8387.58	8168.34	2004	11573.83
1992	8434.86	8430.30	2005	11835.79
1993	6631.20	8692.26	2006	12097.75
1994	—	8954.22	2007	12359.71
1995	9537.45	9216.18	2008	12621.67
1996	10716.72	9478.14	2009	12883.63
1997	10445.85	9740.10	2010	13145.59
1998	10113.45	10002.07	2011	13407.55
1999	9732.42	10264.03	2012	13669.51
2000	10583.11	10525.99	2013	13931.47
2001	10563.10	10787.95	2014	14193.43
2002	10864.22	11049.91	2015	14455.39

(3) 煤炭　辽宁省煤炭消费量总体略呈上升趋势。1990年,煤炭消费量为8251.65万吨,1993年达到最低点6631.2万吨。从1995~2002年,煤炭消费平均增长速度为2.04%。煤炭消费与GIP的线性拟合曲线如下:

$$Coal = 1.627 \times GIP + 7228.642$$

预测结果和实际消费量相比较,趋势基本上是一致的,据此可对未来10年的煤炭消费量进行预测。

由预测数据,得到2005~2015年辽宁省煤炭需求总量及增长率(表15—25),可以看出煤炭消费增长率不断下降。

表 15—25　辽宁省煤炭消费总量及增长率预测　　　　　　单位:%、万吨

年　份	2005	2006~2010	2011~2015
GIP平均增长率	6.03	5.13	4.08
煤炭需求平均增长率	2.26	2.12	1.92
预测需求总量	11835.79	63108.34	69657.33

3. 有色金属

(1) 铜　1999年辽宁省铜的消费量为8.03万吨,之后的几年迅速上升。考虑到GIP的

平均增长率及经济发展等因素,采用弹性系数法,分别用10%、8%和5%的增长率来预测铜金属的消费量,结果为2010年辽宁省铜金属的消费量可达20.9万吨,到2015年可达26.68万吨。

(2) 铝　1999年辽宁省铝的消费量为11.3万吨,以后逐年增加,根据GIP的增长率,2005~2010年和2011~2015年,金属铝消费量的增长率分别用2.0%和1.7%来计算,则铝的消费量预计到2010年可达18.04万吨,到2015年将达19.63万吨。

(3) 铅　1999年辽宁省铅的消费量为5.98万吨。鉴于铅对环境有较大污染,人们对其潜在的危害有了一定的认识,目前出现了很多的替代品,所以增长率将保持在较低的水平,采用固定值法预测铅的消费量,2005年应控制在6万吨左右,到2010年消费量应在7万吨左右,到2015年消费量不会超过8万吨。

(4) 锌　1999年辽宁省锌消费量为31.6万吨,根据GIP的增长率,2005~2015年金属锌的消费量的增长率用1.0%来计算,锌的消费量预计到2010年可达36.02万吨,到2015年为37.86万吨。

4. 黑色金属——钢铁

辽宁省铁矿石1999年的消费量为5176.2万吨,之后缓慢上升,到2005年预计可达5400万吨左右,2010年预计达到6000万吨,2015年达到6700万吨左右。

5. 主要矿产资源供给分析

(1) 石油、天然气　辽宁省石油天然气主要来源为省内唯一的油田——辽河油田。经过30多年的开发,辽河油田已采出可采储量的67.02%,自然递减率达到28.92%。2003年辽河油田生产原油1322万吨,全省原油消费量为4560.4万吨,到"十五"期末其自给率为20%左右;2003年天然气产量为10.6亿立方米,而天然气消费量为20.71亿立方米,自供率很低。到目前为止,辽河油田石油剩余可采储量为1.92亿吨,但是其中三类难动用的储量高达1.16亿吨。每年新增可利用的储量不足500万吨。天然气近年来探明储量约在12亿立方米以内,没有发现整装区块,储采比严重失衡,后备资源不足。

(2) 煤炭　至2003年底,辽宁省已探明资源储量的煤炭矿区共172处,累计探明资源储量84.49亿吨,尚难利用的资源储量5.76亿吨,在已经建井开采的131处中,已闭坑37处,停采8处,动用资源储量57.28亿吨。至2003年底,消耗资源储量20.72亿吨,在采和停采的矿区尚存资源储量36.56亿吨,尚未建井开发的资源储量约27.21亿吨,保有储量达63.77亿吨。如果按回采率40%计算,尚有可采资源28.3亿吨,如果按年产4500万吨计算,可开采60年以上。但是,经过多年超强度的开采,浅部资源已经开采殆尽,大多数矿区的煤层厚度不大,煤质中等,开采成本较高。2001年、2002年和2003年辽宁省煤炭消费量分别为10562.22万吨、10864.22万吨和12715.71万吨,今后将进一步增加。"十五"期末自给率约为50%左右,随着消费量的增加和产量的下降,自给率将越来越低。

(3) 有色金属 辽宁省是有色金属矿产资源贫乏的地区。至 2003 年，辽宁省六个生产矿山的综合选冶能力近 500 万吨/年，但除红透山铜矿外，其余矿山由于资源枯竭等原因相继改制或破产。2002 年，辽宁铜的冶炼产量为 27 万吨，矿物原料金属量自供能力不足 1 万吨，自给率仅为 3.6%，铜产量所需原料的 80% 需要外购。辽宁拥有东北地区铝行业唯一的大型企业——抚顺铝厂，到 1997 年底，该厂累计生产 303.8 万吨铝锭，占全国累计总产量的 20%。抚顺铝厂年产铝量为 11 万吨，铝型材 5800 吨，铝卷板 7000 吨。辽宁省年生产金属铝及铝产品能够满足省内需求，但铝产量所需原料的自供能力为零，氧化铝全部需要外购。辽宁省目前铅和锌矿物原料自供能力很低，分别为 25% 和 12.5%。根据目前有色金属老矿山保有的地质储量、采矿造成的资源损失量、矿山资源储量可采率以及利用率等计算，辽宁省的有色金属矿产资源储量保证年限平均小于 10 年。按照现有的生产规模，红透山铜锌矿虽然有一定的储量，但开采深度及难度过大，按实际可采储量计算，可维持 10 年；桓仁铜锌矿、青城子铅矿、八家子铅矿可维持 6 年左右；新华铜钼矿的回采难度太大，按实际可采储量计算，开采年限最高也仅为 6~7 年。如果没有新的接替资源，5 年后辽宁省有色金属矿山生产能力将消失 50%，10 年后将消失 80%~90%。因此，省内有色金属原料缺口甚大。

(4) 黑色金属 黑色金属是辽宁省的优势矿产，铁、锰的储量丰富，但均为贫铁、贫锰矿石，品位低，开采技术落后，成本高，全省 6284 万吨的采矿产能只能完成 5000 万吨左右的总产能，而且每年都在下降，全省富铁、富锰矿几乎全部靠进口解决。至 2003 年底，辽宁省铁矿资源的保有储量为 110 亿吨，全省铁矿山 281 个，实采能力 4755.34 万吨，其中大型矿山 9 个，实采能力 3646.5 万吨，中型矿山 1 个，实采能力 176.47 万吨，大中型矿山的采能、产能和工业总产值分别占全省铁矿山采能、产能和工业总产值的 80.39%、90.38% 和 60.95%。按照目前的生产规模计算贫铁矿石和贫锰矿石可稳定供应 10 年以上。

表 15—26 辽宁省矿产资源自给年限

矿种	可供量（储量）	需求量 2005 年	需求量 2010 年	需求量 2015 年	2005~2010 年总需求	2005~2015 年总需求	自给年限
石油（万吨）	19558	5377.45	7562.05	10265.13	38611.12	84323.21	<3
天然气（亿立方米）	469.1	19.43	18.62	17.82	114.13	204.83	>15
煤炭（万吨）	282919.7	11835.79	13145.59	14455.39	74944.12	144601.45	>15
铁（矿石，万吨）	370894.8	5494.64	6066.53	6697.94	34660.86	66862.72	>15
铜（铜，万吨）	12.49	14.23	20.9	26.68	104.36	225.63	<1
铝（铝，万吨）	0	13.04	14.4	15.66	82.27	158	<1
铅（铅，万吨）	5.51	6	7	8.00	40.00	77.00	<1
锌（锌，万吨）	21.39	34.27	36.02	37.86	210.85	396.44	<1
菱镁矿（矿石，万吨）	76769.4	500	500	500	3000.00	5500	>15

(5) 非金属矿产　菱镁矿是辽宁省的优势矿产。辽宁省拥有丰富的菱镁矿资源,其储量约占世界总量的20%、约占全国总量的86%;全省年开采菱镁矿石近1200万吨,各种镁砂及制品近700万吨,其中出口200万吨。此外,辽宁省菱镁矿石质量高,分布集中,可采储量大,按照目前开采规模计算,供应年限大于10年。硼也是辽宁省的优势矿产,发展前景广阔,是辽宁省实行保护性开采的矿种,产地18处,保有储量B_2O_3为2611万吨,其中工业储量1569万吨,主要矿石类型为硼镁石及硼镁铁矿。2003年全省开采硼矿石110万吨,按照现有生产规模计算,稳定开采年限大于10年。

6. 短缺矿产的供应渠道

除贫铁矿、贫锰矿、菱镁矿、硼矿等优势矿产外,辽宁省其余各矿种均是供不应求,需要从国内其他省份调入或者从国外进口。

(1) 石油、天然气　2003年,辽宁省石油的自给率不到30%,天然气的自给率也仅为50%左右,今后随着辽河油田油气产量的下降以及消费量的增加,自给率将进一步下降。可以考虑如下的供应渠道:第一,就近从大庆油田调入。从大庆油田调入不仅节约运费,而且大庆油田的石油天然气的价格相对较低。从目前大庆油田的可采储量看,稳定开采15年是不成问题的。而大庆每年有5000万吨的产量,省内只能消费1500万吨左右,大部分用于外供。第二,从中东地区进口。目前中国进口的石油大部分来自中东地区,虽然受伊拉克战争等因素影响,石油价格不断走高,且不稳定性因素增加,但仍不失为较好的供应地区。第三,加快海上勘探开发。辽东湾西部地区一直是勘探开发的空白区,有一定的勘探前景。一旦证实有大量油气,将成为辽宁省油气的一个稳定的供应源。第四,作为非欧佩克产油国,俄罗斯已产生供应世界石油和天然气消费的生产势头,可以考虑从俄罗斯进口油气。

(2) 煤炭　随着高强度的开采,辽宁的煤炭资源逐渐枯竭,最近几年的自供率一直在50%左右徘徊,今后随省内消费量的增加和产量的下降,缺口将会越来越大。自2003年以来,在下游行业特别是电力行业需求快速增长的带动下,我国煤炭价格持续走高,同时运输瓶颈短期内难以解决,所以短期内煤炭价格不可能回落。综合考虑各种因素,可采取如下供应途径:第一,加快内蒙古自治区的元宝山、霍林河、伊敏河等煤炭基地建设。从长远看,开发三大露天煤矿是解决辽宁煤炭不足的重要途径。第二,争取煤炭外援。除依靠晋煤东运外,还要从黑龙江、吉林、河北、宁夏、河南等省区输入煤炭。

(3) 铁　辽宁省是钢铁大省,钢铁的冶炼能力很大,铁矿资源丰富,但皆为贫铁矿石,富铁矿石几乎全部靠进口解决。目前,世界钢铁市场过热,供大于求,应优先考虑从国外进口冶炼钢铁原料。进口钢铁废料是一个很好的途径,辽宁省进口的钢铁废碎料主要来自俄罗斯、美国和日本。而从去年开始,俄罗斯和日本开始限制本国的钢铁废碎料出口。另外可考虑从澳大利亚进口铁矿砂,以及从朝鲜、印度等进口铁精粉。

(4) 铜　2002年,辽宁省铜的冶炼能力为27万吨,铜产量所需原料的80%需要进口,而消费量又远远大于产量。解决矛盾的最好办法就是建立省外矿物原料基地。在国内建立基地的最佳选择是地矿工作程度较低的青海省和内蒙古自治区。应当充分利用国土资源大调查向西部倾斜的有利机遇,鼓励矿山企业及时跟进,开展商业性的矿产资源勘探与开发。其次考虑从黑龙江、吉林、山东、河北、内蒙古、陕西、山西等地调入精铜矿,从大冶等地调入粗铜。在周边国家和地区建立基地的最佳选择是俄罗斯东西伯利亚地区、远东地区南部、蒙古国和朝鲜等国家和地区。根据近两年来的考察成果,近期可以在俄罗斯赤塔州博尔晓沃奇内山区建立日处理矿石1.3万吨的大型铜矿基地,项目建成后,每年能向辽宁省提供相当于7万吨金属铜的精矿粉。

(5) 铝　辽宁铝矿资源很贫乏,目前辽宁铝的冶炼能力约11万吨左右,自供能力为零,氧化铝全部需要外购。省内最大的铝厂——抚顺铝厂所需要的电解铝原料铝氧,绝大部分从山东张店调入,每年达10～20万吨左右。此外,还可考虑从广西、河南、山西购进电解铝、氧化铝,进口方面则应优先考虑从俄罗斯进口废铝、电解铝等。

(6) 铅锌　辽宁省目前铅的冶炼能力为8万吨,矿物原料自供能力约2万吨,自给率仅为25%;锌冶炼产能32万吨,矿物原料自给率仅为12.5%,锌原料的一半需要进口。目前国际市场铅锌的价格较高,是影响进口的不利因素,因此,应优先考虑国内购进。据此,可选择工程难度较低的地区进行勘查、开发,作为长久的矿物原料基地,如就近选择内蒙古东部地区。此外,作为辽宁省的近邻,黑龙江省锌矿均以精矿粉为主,储量也较大,但尚没有有色金属加工厂,因此,辽宁省可以将其大部或全部引入。作为补充,在进口方面应优先选择周边国家和地区如俄罗斯东西伯利亚地区、远东地区南部以及蒙古和朝鲜等。有关考察表明,在俄罗斯滨海边疆区波博列纳乡可建立日处理矿石0.3万吨的大型铅锌矿基地,项目建成后,每年可向辽宁省提供相当于10～15万吨金属量的铅锌精矿粉,对缓解辽宁有色金属冶炼产业所面临的困难具有十分重要的战略意义。

第三节　矿产资源的保障供给和可持续开发

一、矿产资源开发的经济区划

1. 黑龙江省

北部矿业经济区(包括伊春市、黑河市和大兴安岭地区)应加大金、铜、铅、锌矿的勘查开发力度及新材料替代矿产的科研投入,使矿业及后续加工业成为这些地区除林业之外的重要经济支柱。南部矿业经济区(包括哈尔滨市、大庆市、齐齐哈尔市、牡丹江市、绥化市)依托油气、建材、煤炭(或邻区)、有色金属等丰富资源,带动东部和北部矿业经济区的发展。东部矿业经济区(包括佳木斯市、鹤岗市、双鸭山市、鸡西市、七台河市和牡丹江市的林口县)发展煤电、煤化工和深度开发替代产业是矿业经济发展的重点。

2. 吉林省

长春矿业经济区(包括长春市辖区、九台、德惠)主要包括长春煤炭生产基地,双阳水泥灰岩生产基地,双阳石油、天然气生产基地,德惠陶粒页岩生产基地等。吉林矿业经济区(包括吉林市辖区、永吉、蛟河、舒兰、桦甸、磐石等地)为重要的煤炭、金、钼、镍及石灰石、硅灰石矿业基地。延边矿业经济区(包括敦化、延吉、珲春、安图、和龙、汪清等地)是煤及黄金主要产地。通化—白山矿业经济区(包括通化市辖区、辉南、柳河、通化县等)是金、钴、铜、铁多金属成矿区及煤、硅藻土、石膏、火山渣等矿产集中区。四平—辽源矿业经济区(包括四平市辖区、梨树、双辽、公主岭等)是煤炭及非金属矿产生产基地。松原—白城矿业经济区有丰富的油气资源和建材非金属矿。

3. 辽宁省

辽宁中部城市群矿业经济发展中心(包括沈阳、抚顺、鞍山、本溪、辽阳的大部)的工业基础和科技力量雄厚,区内铁、煤、滑石、玉石及冶金辅助原料等优势矿产极其丰富且配套性强。辽宁沿海矿业经济发展带(包括丹东、大连、营口、锦州、盘锦、葫芦岛市的大部分地区)的矿产开发主要优势有辽西走廊的钼、铅锌等金属,辽河三角洲及辽东湾的石油、天然气,及其他非金属。辽东矿业经济发展区(包括宽甸、凤城、桓仁地区)工业相对落后,矿产加工能力较差,优势矿产主要有硼,另外有铜、铅锌、金、银、水镁石、红柱石等。辽西矿业经济发展区(包括阜新、朝阳二市)以金、锰、钼、铁、煤和非金属为优势矿产。辽北矿业经济发展区(包括铁岭及沈阳的康平、法库地区)优势矿产主要为煤、煤层气和非金属矿产,该区矿业经济发展的方向是煤炭工业,通过增加产能,发展电力工业,建成全省最大的现代化能源基地。

二、矿产资源勘查

1. 石油、天然气

东北油气主要分布于松辽盆地中的大庆油田和吉林油田、环渤海盆地下辽河坳陷的辽河油田以及海拉尔盆地的呼伦贝尔油田。应依靠勘探思路、地质理论、勘探技术和管理创新,向新盆地(凹陷)、新地区(区带)、新层系、新类型等"四新"目标开展预探,全面开创油气勘探新局面,为油田及外围加快油气上产提供储量保障和后备资源。主攻地区为松辽盆地周缘新区(南部吉林油田等)及海拉尔盆地(呼伦贝尔油田),兼顾下辽河滩海(辽河油田)等接替基地的投入,重点区段为新区大型断陷盆缘构造。

(1)大庆油田 松辽盆地北部三次资源评价石油资源量期望值86.26亿吨,占大庆探区总资源量期望值105.54亿吨的85.5%,开发潜力仍然巨大。目前三级储量合计63.7亿吨,资源转化率为70.6%,还有近30亿吨有待升级为各级储量。因此,松辽盆地北部中浅层仍是今后一个时期赖以生存和发展的基础。但是面临的对象已经变为低产量、低丰度、低效益的边际储量。

松辽盆地北部深层天然气资源量达11740亿立方米,开发潜力极大,目前累计提交三级储量1028亿立方米,资源转化率8.7%,勘探潜力较大。2004年按照"深化研究,注重技术,稳中求进,不断拓展"的勘探思路,立足徐家围子断陷,战略展开2个带,战略突破2个带。瞄准莺山、常家围子2个断陷,做好战略准备。2005年初传来喜讯,首次在松辽盆地北部4400米的深层地层中发现储量约1000亿立方米的大型天然气田。

另外大庆探区所辖外围盆地中,面积10000平方公里以上的盆地有6个。这些盆地都属于新盆地,勘探程度低,勘探潜力大。部分油井已获工业油气流。三江等6个外围盆地三次资源评价石油资源量期望值8.78亿吨,天然气资源量期望值2192亿立方米,汤原和方正断陷合计提交天然气地质储量65.07亿立方米,石油资源转化率为0,天然气资源转化率为3.0%,具有较大的油气勘探潜力。下一步战略突破2个断陷,战略准备4个盆地。

(2)辽河油田 2003年对辽河油田勘探开发的重要后备区——滩海地区的综合地质研究表明,东部凹陷太阳岛—葵花岛构造带发现了一系列有利圈闭。据初步计算,仅太阳9井区天然气储量就可达到50亿立方米以上。在葵花岛构造钻探葵花18井,在东一段见到油气显示,在东二段、东三段分别获得高产气流,预计葵花岛构造天然气储量规模将达到200~300亿立方米。

(3)海拉尔盆地 大庆石油公司呼伦贝尔分公司在海拉尔盆地找到了16个油气陷区,现已探明油气资源2706.5亿立方米,其中石油储量6.5亿吨,天然气储量2700多亿立方米。经过近两年的滚动勘探发现了苏德尔特潜山构造带5000万吨级目标,以贝16、德112-227井为代表的5个高产富集区块为主,新增石油预测地质储量5600万吨。海拉尔盆地三次资源评价石油资源量期望值6.5亿吨,天然气资源量期望值2497亿立方米。海拉尔盆地有望成为大庆油田的主要接替区。预计2005年,海拉尔盆地可能成为年产原油100万吨的大油田。

2. 煤炭

东北地区煤炭富集区主要由海拉尔、"三江"、内蒙古东部、辽西、辽东等含煤区组成,主要煤田有扎赉诺尔、伊敏、霍林河、胜利、鸡西、七台河、双鸭山、鹤岗、阜新、本溪、抚顺等,煤种有褐煤、气煤、焦煤、肥煤。目前,在东北三省中只有黑龙江省尚有较大找煤潜力。

东北地区煤田主要形成于晚侏罗世—早白垩世,其次为第三纪。晚侏罗世—早白垩世煤田主要分布于三江—穆棱坳陷区、赤峰—铁岭盆地群、海拉尔盆地群、巴音和硕盆地群及多伦盆地群。其中三江—穆棱坳陷区含煤岩系以盆地群形式分布,集中了丰富的炼焦煤资源,主要有鸡西、勃利、双鸭山、双桦和宝清等大中型煤田;赤峰—铁岭盆地群分布于辽宁西部和中部地区,重要的煤田自西向东有赤峰元宝山和平庄煤田、阜新煤田、康平煤田和铁法煤田等,下辽河坳陷区盖层下也有同类煤田存在;而大兴安岭西部的海拉尔盆地群、巴音和硕盆地群及多伦盆地群中煤盆地以断陷型为主,煤田特点与赤峰-铁岭盆地群相似,但含煤性更好,煤层累计厚度更大,富煤带面积也更大,代表性的煤田有胜利煤田,这三个盆地群煤质虽绝大部分属于褐煤,但资源丰富,有埋藏不深适于露天开采的巨厚煤层,因而具有重要的经济意义。

第三纪含煤岩系含煤性好的主要分布于中小型盆地,如辽宁的抚顺和沈北,吉林省的梅河、舒兰和珲春,黑龙江省的虎林等。聚煤盆地主要为与断裂有关的煤盆地。

根据区域成煤规律和找煤潜力,结合东北各省区经济发展状况,基本上将东北矿产区域划分为北部、南部及西部三个勘查区域。北部以晚侏罗世—早白垩世三江—穆棱坳陷区聚煤区和松嫩断陷聚煤带周缘主体(以黑龙江省境为主);南部西以赤峰—铁岭盆地群为主,东为第三纪断陷型小煤盆为主(以辽宁省境为主);西部以海拉尔等盆地群为主。

(1) 北部煤田勘查区　远景区8个,即三江—穆棱坳陷区聚煤区的通河县清河地区煤炭资源预查、佳木斯市顺发—集贤地区煤炭资源预查、鹤岗市鹤北林场煤炭资源预查、松嫩断陷聚煤带东缘的逊克县红绣沟盆地煤炭资源预查、松嫩断陷聚煤带西缘的大兴安岭地区松岭区大子杨山煤炭资源预查、齐齐哈尔市宝山—龙江—梅里斯地区煤炭资源预查、呼玛县椅子盆地煤炭资源预查以及塔河县欧浦—白银纳煤炭资源预查等项目,预获煤炭资源量(333+334)18.6亿吨。

(2) 南部煤田勘查区　辽宁省煤田主体属于晚侏罗世—早白垩世赤峰—铁岭盆地群、第三纪抚顺—密山断陷带和下辽河坳陷区的小煤盆。根据区域成矿规律及主要含煤区特征和以往地质工作成果,2004～2010年重点开展铁法、红阳、抚顺、阜新等4个煤层气规划区工作,预期提交煤层气资源量约300亿立方米;同时,重点考虑危机矿山接替资源勘查工作,主要部署区有:新市东梁沙海组煤矿、本溪市彩屯煤矿立井深部、葫芦岛市南票苇子沟煤矿深部和小凌河煤矿深部。

(3) 西部煤田勘查区　内蒙古东部四盟市煤田主要位于晚侏罗世—早白垩世海拉尔盆地群、巴音和硕盆地群及多伦盆地群,东南部赤峰一带为晚侏罗世—早白垩世赤峰—铁岭盆地群区域。煤炭远景资源丰富,应重点在呼伦贝尔市海拉尔含煤区、大杨树含煤区、通辽市霍林河含煤区、赤峰市平庄含煤区开展勘查工作,争取发现和评价具中大型远景的矿产地5～8处,到2010年可能新增煤资源储量200亿吨。

3. 黑色金属矿产

东北的铁矿集中分布在辽宁南部的鞍山—本溪地区以及辽西地区,占全国铁矿总储量的1/4以上。区内大面积出露花岗岩和含矿的太古界鞍山群变质岩,著名的磁铁石英岩就是其中的一个组成部分,目前仍然是我国铁矿的主要找矿对象。在这些老矿区的外围仍然有较大的找矿潜力,据目前的资料,在鞍山-本溪和辽西地区各有77处有找矿前景的磁异常地带。

4. 有色金属矿产

根据主要矿产地分布情况,并结合已有的成矿区划成果,东北地区(包括内蒙东部)有色金属矿产资源富集区及重点勘查区包括以下成矿带:额尔古纳(得尔布干)铜钼铅锌银金成矿带、东乌旗—阿尔山—鄂伦春铜金银多金属成矿带、乌兰浩特—巴林右旗铅锌铜银多金属成矿带、翁牛特旗—敖汉旗铅锌钼金铜铀成矿带、赤峰—辽西铅锌钼金成矿带、伊春—延寿铅锌钨铜钼锡金成矿带、佳木斯铁金钨铜铅锌钼锡铀成矿带、完达山贵金属、有色金属成矿带、辉南—桦甸—和龙金铜镍成矿带、山门—西丰银多金属成矿带、营口—宽甸—老岭贵金属有色金属成矿带。

5. 促进勘查资金来源多元化

目前,我国地勘工作投资主体主要有四类:一是国家投资主体,包括国家预算内的中央政府投资主体和地方财政拨款的地方政府投资主体。近年来,国家征收的矿产资源补偿费的一部分作为国家投资主体也用于矿产勘查。二是以行业自筹为主要方式的国有矿山企业投资主体,目前主要为石油和天然气行业的国有油田企业及其他行业的大型国有矿山企业。三是其他企业、事业勘查投资主体,以矿业市场的形式,由有关企、事业单位进行投资。四是外商矿业投资主体,以油气合资、合作勘查为主要形式。在矿产勘查多元投资主体构成中,我国1997年调查统计结果表明,在固体矿产勘查投资主体中,主要为中央政府,其次为利用社会资金投资的企业;在油气矿产勘查投资主体中,以自筹资金的油田企业为主,其次为中央政府和利用社会资金的企业。

矿业企业在长期的实践中,筹资方式逐渐完备,基本上利用了资本市场上所有的筹资方式,特别是公开上市与项目融资,而且考虑到矿业资本市场的特点,更创造性地利用了两种筹资方式,即以矿业权为纽带的联合风险经营协议和矿业权抵押、产品借贷、产品支付等形式的项目融资。

促进勘查资金来源多元化的措施包括:第一,转换地勘单位运行机制和管理体制。应提高认识,转变观念,改变地勘单位目前主要靠吃国拨地勘费的运行机制和管理体制。实行基础性、公益性地质工作与商业性地质工作分体运行,商业性地质工作由政府政策调节,企业自主按市场机制操作,建立地勘工作社会主义市场经济体系。改革国拨地勘费的使用办法,把国拨地勘费和矿产资源补偿费变成风险勘查基金用于地勘工作,待取得效益后偿还。第二,培育和完善矿业权市场。尽快建立和完善矿业权交易市场,制定矿业权市场交易规则,开设交易大厅,完善信息网络建设,有计划地组织探矿权和采矿权出让,完善矿业类企业进入证券市场的准入规则,促成地勘企业上市融资。结合我国国情和东北地区各省的具体情况,因地制宜,大胆地探索和借鉴外国矿业筹资方式,促进矿业发展。第三,启动财政政策,利用多种手段融资。一是给地勘企业减免税政策;二是允许地勘企业低息或贴息贷款,银行允许企业以矿业权作抵押,进行项目贷款;三是发行建设债券;四是政府要建立地勘基金;五是鼓励地勘企业进行项目融资。第四,改善矿业投资环境。采取积极有效措施,改善矿业投资环境,加强与西方商业勘查文化的沟通与了解,大胆地引进外资,推动矿业发展。

6. 加强矿产资源综合普查找矿力度,快速提供详查基地

矿产资源综合普查找矿工作,是地质勘查的重要基础,是地质详查工作的前提。因此,要

根据国民经济和社会发展对矿产资源的需要,坚持区域展开,点面结合,重点突破。利用新的找矿理论和综合信息,加强区域矿产调查,开展重要成矿带成矿条件、成矿规律的调查研究,加强成矿体系及区域找矿评价研究;采用地质、地球物理、地球化学、遥感等综合手段加强异常查证工作和矿点评价工作;加速查明矿产资源潜力评价工作,特别是新地区、新类型矿产资源潜力调查评价工作,加强战略性矿产资源潜力的评价,为制定矿产资源规划和宏观决策提供依据;要在综合普查找矿的基础上,以寻找大型、特大型矿床为目标,新发现一批具有大型以上规模的矿产地,查明一批矿产资源基地,实现能源矿产、金属矿产和其他重要非金属矿产资源找矿的重大突破,提供一批重要的矿产资源后备基地,缓解矿产资源短缺的矛盾,提高矿产资源保证程度,引导企业对矿业的投资。

主要措施包括:第一,加强地球物理和地球化学调查工作。在短期内完成东北地区的1:20万比例尺区域物化探工作;在重要成矿远景区和发现的异常集中区开展综合矿产资源调查工作,加强地质理论研究和综合物化探方面研究,对成矿潜力作出初步评价。在有一定找矿前景或发现矿点、矿化点的基础上加大找矿力度,充分运用地球物理测量方法寻找地下隐伏异常体,针对异常体开展评价。第二,在已有矿点、矿化点集中区,进行二次普查。加强深部找矿工作,重新评价,工作中要注意地表揭露和大比例尺物、化探工作的开展,针对好的异常体要进行适当的深部验证。第三,加强现有矿区外围和深部找矿工作。在已知矿体外围找矿,在已知矿体深部找矿。根据矿山勘查和开采资料综合整理与分析,运用新的成矿理论和找矿手段,以求发现新的矿体,尽量延长矿山寿命,世界上很多成功的例子都是如此。

三、大兴安岭有色金属和煤炭资源接替基地建设

大兴安岭包括了内蒙古东部5盟市(赤峰市、呼伦贝尔市、通辽市、兴安盟、锡林郭勒盟),面积近70万平方公里,与东北三省山水相接。在计划经济时代,由于种种原因,其基础地质、资源勘探和开发的投入都较少,因此矿产勘查和开发程度都很低,找矿潜力巨大。内蒙东部盟市曾一度划归东三省。当时东三省为了自身的发展曾经加大找矿力度,在大兴安岭发现了不少有色金属矿床,如当时在大兴安岭中南段发现的白音诺尔铅锌矿,这一个矿山目前的铅锌储量就大于辽宁全省现有的铅锌保有金属储量。然而,后来由于探矿经费锐减、找矿难度加大而长期停滞不前。

1. 大兴安岭丰富的有色金属资源

从成矿地质的角度看,大兴安岭地处古生代古亚洲构造—成矿域与中生代环太平洋构造—成矿域强烈叠加的地段,多期成矿的复合、叠加和转换使其成矿期次更多、成矿地质条件更优越、成矿强度更大,资源前景良好,尤其是有色金属资源十分丰富。近几年中国科学院地质与地球物理研究所与内蒙地勘局密切合作,引入新思路、新理论和新技术,在大兴安岭实现了令人振奋的找矿突破,对其良好的有色金属资源前景形成了新的认识。2003年刘光鼎等11位院士联名倡议建设国家级大兴安岭有色金属资源基地,得到国家领导人的高度重视,目前国

家发改委和国土资源部正对此进行紧张的论证工作。

大兴安岭地区有色金属矿产资源丰富,已发现有色及贵金属大型矿床11处,中型矿床25处,小型矿床57处,矿(化)点1000多处。截至2002年底,累计探明资源储量分别为:铜500万吨、锌554万吨、铅182万吨、银1万吨、锡70万吨、钨15万吨、钼37万吨、铁矿石1.6亿吨。这些矿床(点)主要集中于大兴安岭西坡北段德尔布干地区和大兴安岭中南段巴林右旗—乌兰浩特地区。

根据现有找矿信息和地质认识,在克什克腾旗拜仁达坝—西乌旗沙布楞、巴林右旗敖尔盖—阿旗好力宝—突泉县莲花山、黑龙江多宝山外围至逊克西(小兴安岭)、东乌旗奥由特—吉林宝力格—海拉斯、得尔布干南段满洲里到新旗甲乌拉—查干布拉根、克什克腾旗黄岗梁—巴林右旗白音诺尔—扎鲁特旗石长温都尔、翁牛特旗毛山东—敖汉旗草房沟等地区有很大的找矿潜力。

目前,大兴安岭地区分布着具有一定规模的国营有色金属矿山20余座、地方小矿山100余座。主要开采利用的矿种为:铜、铅、锌、钨、锡、钼、银、铁,均属小型开采规模。现已探明的10处大型矿床开采5处、25处中型矿床开采13处,目前的保有储量大都占累计探明储量的90%左右。可见,开发利用的程度和规模都有限,属于待开发的处女地。

2. 大兴安岭丰富的褐煤资源

大兴安岭地区还蕴藏有丰富的煤炭资源,主要产出在侏罗世—白垩世地层中,90%以上是低变质的褐煤,包含了我国探明褐煤储量的近85%,绝大部分属中灰、低硫、低磷的优质动力煤,最适合于建设大规模、低成本的坑口电站。其中,锡林郭勒盟探明煤储量722亿吨、预测煤炭资源量1883亿吨,呼伦贝尔市探明煤储量303亿吨、预测煤炭资源量630亿吨,通辽市探明煤储量132亿吨。仅上述三个盟市的探明煤炭储量就达到1157亿吨,占全国目前煤炭保有总储量(10032亿吨)的10%以上。其中胜利、白音华、伊敏河、陈旗、霍林河等煤田的探明储量都超过100亿吨,具有储量集中、煤层厚度大、结构稳定、品质优良、埋藏浅、易于露天开采等特点,适合于煤炭综合技术的应用和集约化生产,有条件形成若干个亿吨级煤炭骨干企业,构建大型煤炭基地和煤电基地。如胜利煤田位于锡林浩特市北郊,整个煤田总体呈北东—南西条带状分布,走向长45公里,倾向宽平均7.6公里,含煤面积342平方公里,煤炭地质储量达224亿吨,这些都是建设大型煤炭基地的有利条件。

实际上,大兴安岭地区目前煤炭的勘探和开发程度都较低,从而留下了巨大的找煤潜力。如锡林郭勒盟有40多个含煤盆地,大部分只开展了预测工作,并且,已经开展预查和普查工作的含煤盆地尚不到1/4。因此大部分储量级别偏低,而潜在的找煤能力仍然很大。如近年对锡林郭勒盟东乌旗额和宝力格煤田的初步工作就获得褐煤地质储量40亿吨、预测资源量376亿吨。而在赤峰市阿鲁科尔沁旗的绍根煤田,仅2004年1年的时间就查明地质储量16亿吨、详查储量近3亿吨。虽然大兴安岭地区煤炭探明储量很大,但目前其产量很低,如锡林郭勒盟现已探明煤储量722亿吨,然而2003年的原煤产量却只有180万吨,局部地区甚至还发生"电荒"和"煤荒"。

可见,在我国煤电战略布局中,大兴安岭地区是一块亟待开垦的宝地,完全有可能与目前的"三西"并列成为我国第四大煤电基地。显然,这对于已经开始闹煤荒和电荒的东三省具有极为重要的意义。

3. 开发重点

第一,重视并加快内蒙古东部地区资源开发,充分发挥其战略支撑作用和服务功能。统一规划东北经济区产业结构和生产力布局,从振兴东北老工业基地和东北经济区可持续发展的战略高度,将内蒙古东部资源的开发纳入东北振兴战略之中。第二,加大对内蒙古东部地区资源勘探和开发的投入力度,重点开发能源和有色金属、贵金属等资源,形成原材料基地。第三,加快内蒙古东部地区生态环境、基础设施和通商口岸建设步伐,为东北老工业基地振兴和整个东北经济区的可持续发展提供良好的环境。

四、东北亚资源合作

区域矿产资源供应体系应是全球矿产资源供应体系中经济、安全、稳定程度最高的。在经济全球化、资源全球化的今天,我们应该充分利用国内国外两个市场、两种资源,实行开放型的矿产资源保障战略。我国东北是东北亚的地理中枢,具有显著的地缘优势。东北亚目前资源供给能力强的地区和国家主要是蒙古国和俄罗斯远东地区,而日本、韩国则是主要的资源进口国。因此,应发挥东北地缘优势,与俄罗斯、蒙古积极合作,实施"走出去"战略,建立东北亚区域资源安全配置体系,构建以我为主的东北亚资源基地,这不仅可以构筑我国矿产资源供应的稳定基地,同时也为东北地区矿业经济拓展了新的空间。

1. 俄罗斯远东地区

俄罗斯远东地区包括赤塔州的大部分、阿穆尔州、哈巴罗夫斯克边区和滨海地区,总面积达620多万平方公里,但人口不足1千万。区内矿产资源丰富,已知具有工业意义的矿产有铁、锰、铜、铅、锌、锡、钨、钼、金、银、煤、萤石、菱镁矿、水镁石、石墨、硼矿、高岭土、耐火黏土、蛭石、硅石、磷灰石、珍珠岩、岩盐、石灰石、白云岩等,其中优势矿产为铁、铜、铅、锌、锡、金、煤、萤石和硼矿等。区内开发的主要矿产为金、银、铅、锌、萤石、硼矿及非金属矿产,黄金产量约占俄罗斯总产量的三分之一。阿穆尔州则是远东地区的主要产金区之一,砂金资源潜力居俄罗斯第一位。

煤矿开采在该区矿业开发中占有重要地位。赤塔州钦丹特褐煤矿探明A+B+C级储量10.8亿吨,是西伯利亚最大的露天开采煤矿之一,煤产量约占该州总量的80%左右;阿穆尔州主要开采的煤矿为赖奇欣、斯沃博德、穆辛和奥戈金4个煤矿,年计划产煤超过6000万吨。斯沃博德褐煤矿探明A+B+C+D级储量17.5亿吨;穆辛褐煤矿探明储量12.5亿吨;奥戈金煤矿探明储量37.6亿吨。该州目前正在扩大开采规模和建设叶列科茨克煤矿。滨海边区煤年产量约2000万吨,主要为褐煤。

有色金属锡、铅、锌和非金属萤石、硼矿、石灰岩及各种建材资源的开采,在俄罗斯远东地区占有重要地位。哈巴罗夫斯克边区是重要的锡产区,有索尔涅奇等著名的锡矿山;滨海边区的锡矿开采量居前苏联的第三位;硼产品产量占前苏联的90%;萤石产量占前苏联的80%以上。此外乌多坎铜矿床,铜储量2000万吨,铜品位1.4%左右,矿床的2/3可露天开采,为俄罗斯计划开发的铜矿;阿穆尔州的加里铁矿,矿床长达4000米,宽240米,平均厚达30~100米,主要为磁铁矿—赤铁矿矿石,富矿石含铁55.68%,带状矿石含铁39.68%,探明储量3.88亿吨,远景储量5.4亿吨。

俄罗斯于1991年9月公布《外国投资法》,明确规定对外国投资予以保护,在国民经济优先发展部门和部分地区兴办合资企业享有税收优惠,向国外投资者和外资企业提供土地租赁权、自然资源使用权等。1999年7月,俄罗斯政府又对《外国投资法》进行了部分修改:提出对外商实行国民待遇,保证外资不被国有化和没收,税后利润可以自由支配,对某些商品免征进出口关税等。此外,为吸引利用外资,促进国内矿产资源的开发,俄罗斯政府于1995年12月颁布了《产品分配协议法》,规定俄罗斯政府代表矿区所有者与投资人签订开采和分配矿产的合同,并根据合同按补偿原则向投资人提供在协议规定地段和一定时期内的勘探和开采矿产以及实施有关工程的特殊权利,双方根据协议分配所得产品。同时,各地方政府也通过立法的方式出台了一些吸引外资的法规。另一方面,近年来,俄罗斯对其西伯利亚及远东地区的经济发展极为关注,并将其对外发展战略的重心明显向亚太地区倾斜。2000年5月,中俄两国首脑会谈中指出双方在产品结构、技术、能源、原材料等方面具有互补性。2000年9月,俄罗斯通过了《21世纪俄罗斯在亚太地区发展战略》,提出与国外联合开发和利用西伯利亚与远东地区丰富的自然资源,首先开发的就是石油和天然气资源。2004年12月,中俄两国在海拉尔召开了"中国内蒙古—俄罗斯赤塔州矿产资源项目对接会",迈出了两国在能源领域合作的重要步伐。

2. 蒙古

蒙古矿产资源丰富,已发现有30多种矿产,主要有煤、铜、钼、金、铅、锌、钨、锡、铁、萤石和磷矿产。①铜。蒙古境内有3条近东西向的斑岩铜钼矿带,又称北、中、南蒙古带。其中,北带的额尔登特斑岩铜矿为世界级的铜钼矿床,储量1000万吨;南带有尚未开发的察苏布尔班铜矿,储量为118万吨。加拿大艾芬豪公司近年在中蒙边境附近探明的欧玉套勒盖铜金矿的铜金属量已达2100万吨,大于我国目前全国可采铜金属储量的总和。②金。蒙古已发现多处金矿产地,可划分为16条金成矿带。其中,北肯特带占全国金储量的94.6%,矿带内有扎马尔、依罗、博洛、柴达木、策伦等矿区,探明储量133吨,预测储量352吨。

矿业是蒙古的支柱产业之一,产值占国内生产总值的20%左右,矿产品出口占其出口总额的50%以上。蒙古经济转轨以来,历届政府都非常重视改善投资环境,大力吸引国外资金,采用国际通行的矿业政策,实行以矿业权管理为中心的勘查采矿许可证制度,国家出资形成的地质矿产资料公开化,只收取一定的资料管理费。目前,已有俄罗斯、美国、加拿大、澳大利亚等62个国家和地区对蒙古投资,兴办合资、合作和独资企业1500多家,注册资金为3.42亿美元。鉴于矿业经济对国民经济发展的重要作用,蒙古政府提出在铁路沿线的蒙中边境地区建立自由经济区,向外国投资者适度放开吸引能源等矿产资源的开发项目,并在相关方面进行支持。

3. 构建以我为主的东北亚资源基地

我国东北与资源丰富而开发程度极低的俄罗斯远东和蒙古国具有7000多公里的边境线,地缘优势非常显著。当前,在东北亚合作不断展开的情况下,实施积极的中俄蒙地缘战略,构建以我为主的东北亚资源基地,对东北地区乃至我国都具有重要的意义。

东北亚各国经济发展水平不同,经济结构梯次明显,资源条件也各具特色,具备了开展深层次区域经济合作的良好前提。日韩拥有巨额的资本储备、先进的技术和管理知识,但极缺资源;中国市场巨大、劳动力廉价充足、经济增长强劲;而俄蒙则拥有丰富的资源,但急需发展资金,且劳动力稀缺。这种极强的区域互补性蕴含了巨大的经济动态增长潜力。不难想象,来自西部俄蒙的资源与来自东部日韩的资金技术,与我国东北廉价充足、训练有素的劳动力相结合,一个世界制造业的中心势必迅速崛起。据预测,如果能够形成东北亚经济共同体,在15年之内其GDP可望超过25万亿美元,成为全球最大、最具影响力的经济区。一个与西欧、北美三足鼎立的亚洲将崛起在东北亚。而丰富的自然资源是东北亚经济圈迅速崛起的有力支撑。

我国东北地区是东北亚的地理中枢,具有显著的地缘优势。中国经济的快速增长和成功入世,改变了东北亚地区原有的经济格局。同时,我国正以世界大国的姿态越来越多地进入全球和区域性事务,尤其是朝核危机等东北亚区域事务。这些都为我国把握时机,在东北亚经济圈全面启动进程中发挥主导作用并谋求最大地缘利益奠定了基础。

当代地缘政治的一个鲜明特色就是资源中心和地缘中心的有机统一。资源丰富的俄罗斯远东和蒙古国与我国的边境线长达7000多公里,其资源和能源直接辐射我国东北老工业基地,乃是建立为我所用的境外资源基地的最佳选择。

因此,充分发挥我国东北的地缘优势,抓住机遇,实施积极的中俄蒙地缘资源战略,在即将崛起的东北亚经济圈中抢占制高点,构建以我为主的东北亚资源基地,在巩固我国东北地缘安全的同时形成地缘主导影响力。

第四节 结论与建议

1. 实施资源节约型的经济发展战略势在必行

东北老工业基地振兴的过程是国民经济对矿产资源保持旺盛需求的阶段,未来10年将是东北经济发展对矿产资源需求增长最快的时期。然而,作为老工业基地的东北,由于半个多世纪的强力开采，资源短缺形势十分严峻，"东北三省曾经引以为豪的资源生命线从未像今天这样脆弱"。

东北三省的矿产资源优势集中主要在石油、铁矿和部分非金属矿产（包括石墨、硼、石材、菱镁矿、硅藻土等）。而装备制造业和金属原材料工业发展不可或缺的有色金属资源则十分贫乏，哈大经济带8个大型有色金属矿山已有7个关坑停采，有色冶金工业面临断米之炊，机械、汽车、电信等装备制造业的发展面临危机。曾有"共和国有色冶金之父"美称的沈阳冶炼厂也于2000年破产关闭。

东北三省的煤炭资源也全面告急，东北原有的煤炭资源优势已经成为过去，30多万煤矿职工下岗，并留下了一系列资源枯竭城市。据最新统计，东北现有煤炭保有储量仅占全国的3%左右，而目前东北的能耗已经占全国的10%以上。随着东北产业的振兴能源消耗必将迅速增长，能源供给的瓶颈效应将逐渐凸显，钢铁冶金等高能耗产业的发展将首先受到制约。2004年夏全国范围的煤荒和电荒虽未波及东北，但2004年冬东北已出现大范围的煤荒和电荒。

应对东北资源短缺的措施包括：① 实行节约型的资源消耗战略，通过集约型与科技推动型降低单位GDP的资源消耗量；② 开发新型替代资源，尤其是开发可再生的替代资源，如开发太阳能和风能代替煤炭；③ 在东北三省内部寻找更多的潜在资源，如在大庆深部寻找深层油气、在大庆周边进一步寻找新的含油盆地；④ 就近在东北三省周边寻找资源接替基地，如创建大兴安岭资源基地；⑤ 从国内其他地区购进；⑥ 就近进口或合作开发俄蒙邻区的资源；⑦ 从全球其他国家和地区进口资源。

最后，对若干于国民经济建设意义重大的大宗矿产，在前文的基础上针对整个东北经济大区作如下分析总结。

2. 东北地区具有比较突出的优势资源

在较长一段时间内东北三省能自给有余的优势矿产主要有原油、铁矿、部分非金属矿（包括石墨、硼、石材、菱镁矿、硅藻土等）。

大庆油田以及辽河油田的产能在15～20年内能基本满足东北三省自身的需求，但其产量逐年下降的趋势已成定局，加上自身需求的快速上扬，其向我国其他地区输送原油和石化产品的能力将迅速下降，这不仅将制约东北石化产业的稳定和发展，还将极大地影响到我国的整体石油战略。因此不仅从东北三省，而且从全国的大局出发，建议从以下三方面采取应对措施：第一，积极从俄罗斯购进原油甚或积极参与开发俄罗斯远东地区的石油天然气；第二，积极开展内蒙东部褐煤的煤转油工作；第三，进一步加强东北地区现有油田深部和外围的勘探工作。

辽宁的铁矿储量大，但品位低，几轮富铁会战都未见成效，因此建议高度关注俄罗斯远东地区和蒙古国的富铁矿。

3. 需通过区域合作统筹解决资源短缺问题

主要指煤和有色金属（包括铜、铝、铅锌、银、钼、锡、钨等）。以内蒙古东部5盟市（锡林郭勒盟、通辽市、呼伦贝尔市、赤峰市和兴安盟）为主体的大兴安岭地区蕴藏有丰富的褐煤资源。其中，锡林郭勒盟探明地质储量722亿吨、预测煤炭资源量1883亿吨，呼伦贝尔市探明煤储量303亿吨、预测煤炭资源量630亿吨，通辽市探明煤储量132亿吨。仅上述三个盟市的探明煤炭储量就达到1157亿吨，占全国目前煤炭保有总储量的10%以上。其中的胜利、白音华、伊敏河、陈旗、霍林河等煤田的探明储量都超过了100亿吨，具有储量集中、煤层厚度大、品质优良（属优质电煤）、易于露天开采等特点，适合于煤炭综合技术的应用和集约化生产，有条件形成若干个亿吨级煤炭骨干企业，构建大型煤炭基地和煤电基地。因此，东北三省的电煤缺口的解决方案是构建大兴安岭煤电基地。但辽宁钢铁工业需要的炼焦煤则需从山西或内蒙古西部调入。

铜、铅锌、银、锡、钼等金属矿产可以从正在筹备建设的大兴安岭有色金属资源基地获得，或者开发蒙古国和俄罗斯远东地区丰富的有色金属资源。但铝、钨、镍等有色金属则需从我国其他地区或从国外购进。

4. 加大战略重点地区的勘查

石油、天然气勘查战略重点是主攻松辽盆地周缘新（南部吉林油田等）区及海拉尔盆地（呼伦贝尔油田），兼顾下辽河滩海（辽河油田）等接替基地的投入，重点区段为新区大型断陷盆缘构造，主攻石油与天然气，兼顾非烃类资源。

煤炭勘查的四大战略重点即北部煤田勘查区8个远景区、中部煤田勘查区6个重点勘探区、南部煤田勘查区4个煤层气规划区以及西部煤田勘查区3大含煤区。

积极构建大兴安岭金属矿产基地。大兴安岭地区具备良好的成矿地质条件，是东北主要的有色金属矿产资源接替基地。该区主攻矿床类型为斑岩型、陆相次火山热液型、岩浆热液型等，主攻矿种为铜、富铅锌、金、银等。大兴安岭地区4个有色贵金属成矿带划分为10个找矿远景区，35个重点勘查区。

参 考 文 献

1. 陈安宁：《资源可持续利用激励机制》，气象出版社，2000年。
2. 陈晓红、胡东滨等："中国金属资源保障程度与开发利用科技发展战略决策模型研究"，《系统工程》，2003年第4期。
3. "东三省经济社会发展简况"，《经济参考报》，2003年8月25日。
4. 樊相如："关注矿产资源保障国家安全与发展"，《有色金属工业》，2002年第2期。
5. 国土资源部：《中国国土资源年鉴》，2003年。
6. 国务院新闻办公室："中国的矿产资源政策"白皮书，2003年12月23日。
7. 黑龙江省国土资源厅：《黑龙江省矿产资源年报》，2001年。
8. 黑龙江省国土资源厅：《黑龙江省矿产资源总体规划（2000—2010）》，1999年。

9. 《黑龙江省统计年鉴》,中国统计出版社,2003年。

10. 胡小平:"实施全球资源战略保障资源供应安全",《中国地质矿产经济》,2001年第8期。

11. 吉林省地质矿产勘查开发局:"吉林省振兴东北老工业基地地质勘查工作建议",2004年2月。

12. 吉林省国土资源厅:《吉林省矿产资源年报》,2003年。

13. 吉林省国土资源厅:《吉林省矿产资源总体规划(2001—2010)》,2003年。

14. 姜爱林:"保障和促进国土资源立法的政策措施",《贵州环保科技》,2003年第2期。

15. 辽宁省国土资源厅:"振兴东北老工业基地地质勘查工作建议(辽宁部分)",2004年2月。

16. 刘文周、温春齐:"立足全球保障资源需求",《国土资源科技管理》,2002年第3期。

17. 毛志峰:《区域可持续发展的理论与对策》,湖北科学技术出版社,2000年。

18. 内蒙古自治区国土资源厅:"内蒙古自治区东部四盟市地质勘查工作建议",2004年2月。

19. 牛文元:《持续发展导论》,科学出版社,1997年。

20. 潘家华:《持续发展途径的经济学分析》,中国人民大学出版社,1997年。

21. 沈镭、成升魁:"论国家资源安全及其保障战略",《自然资源学报》,2002年第4期。

22. 汤万金、胡乃联:"矿区可持续发展的评价",《北京科技大学学报》,1999年第2期。

23. 王黎明:《区域可持续发展——基于人地关系地域系统的视觉》,中国经济出版社,1998年。

24. 项目研究组:"黑龙江省矿产资源可供性与矿业经济发展战略",2002年。

25. 许晓峰等:《资源资产化管理与可持续发展》,社会科学文献出版社,1998年。

26. 晏磊:《可持续发展基础》,华夏出版社,1998年。

27. 袁志文、徐汉平:"加强海洋资源综合管理保障资源永续利用",《中国农业资源与区划》,2002年第2期。

28. 张敦富、孙久文:"论资源资本化、价格化是构建中国资源保障体系的基础工作",《资源·产业》,2002年第1期。

29. 张文驹:"矿产品消费及其资源保障",《中国地质矿产经济》,2003年第7期。

30. 张兴波:"城市群:东北振兴的平台",《中国经济导报》,第1090期。

31. 赵国浩、裴卫东、张冬明:《中国煤炭工业与可持续发展》,中国物价出版社,2000年。

32. 《中国统计年鉴》(2000年、2001年、2002年、2003年),中国统计出版社。

33. 周家寰:"加强矿产资源勘查保障经济可持续发展",《资源·产业》,2002年第6期。

第十六章　森林资源可持续利用与生态环境建设

　　东北地区的森林资源主要分布在黑龙江省、吉林省东部、辽宁省北部和内蒙古自治区境内的大兴安岭林区,北部以黑龙江与俄罗斯的远东为界,东部从北段的乌苏里江到南段的图们江、鸭绿江,南部至辽东半岛,西部以大兴安岭向南顺辽西山地与华北为界。森林植被类型主要是寒温带针叶林和温带针阔混交林。

　　东北林区作为我国的重要林区,森林资源居全国之首,建国以来一直是我国主要的木材生产基地,商品木材产量占全国的2/3。直到天然林保护工程实施之前的1996年,东北国有林区生产木材仍达1899.8万立方米,占我国国有林区总生产量3626万立方米的52.4%,占全国木材总生产量6710万立方米的28.3%。天然林保护工程实施后,东北林区的木材产量有了一定程度的缩减,但依然承担着较大比例的木材生产任务,直到2003年,东北地区木材生产仍达1094.1万立方米,约占全国木材产量的1/4。

　　东北林区具有重要的生态作用,是松辽平原和呼伦贝尔草原农牧业发展的天然屏障。对松花江、黑龙江、乌苏里江、牡丹江、鸭绿江及辽河等流域的水源涵养和调节有着重要作用,对维持区域生态平衡和国家生态安全有着不可估量的作用。由于半个多世纪以来过度的采伐使得成熟林蓄积量大幅度下降,林龄结构趋于低龄化,可采森林资源几近枯竭,森林生态功能严重下降,东北林区的生态环境正在发生明显变化,如土地沙化速度加快、水土流失日趋严重、生物多样性锐减、湿地面积萎缩、大量珍贵树种及遗传基因丧失等。这一系列潜在的生态危机,给东北地区的可持续发展构成严重制约。

　　本章重点阐述东北地区森林资源的变迁以及对生态环境的影响,探讨老工业基地振兴与生态环境的关系,推进林业重点工程建设的措施与途径。

第一节　森林资源现状及变迁

　　根据第五次全国森林资源清查结果,东北地区现有林业用地面积6710.4万公顷,占全国林业用地面积的25.49%;森林面积4393.2万公顷,占全国森林面积的27.64%;活立木总蓄积量37.4亿立方米,占全国活立木总蓄积量的28.58%;森林蓄积量33.4亿立方米,占全国森林蓄积量的33.12%;森林覆盖率29.95%,是全国森林覆盖率16.55%的1.8倍。

一、林业用地资源现状及变迁

1. 林地面积规模较大

东北地区现有林业用地中,有林地面积4393.2万公顷,占总量的65.42%;疏林地面积113.5万公顷,占1.68%;灌木林地面积297.3万公顷,占4.43%;未成林地面积102.7万公顷,占1.52%;苗圃地面积2.2万公顷,占0.04%;无林地面积1801.5万公顷,占26.83%(图16—1)。

2. 林业用地面积不断减少

20世纪70年代以来,东北地区林业用地面积不断减少,从1970年代末的8111.1万公顷,减少到上世纪末的6710.4万公顷,20年减少1400.7万公顷,平均每年减少70万公顷(图16—2)。林业用地面积减少的原因,一是征占用林地,即征用集体或占用国有林地直接用于各种工程建设。如常见的修建公路、铁路

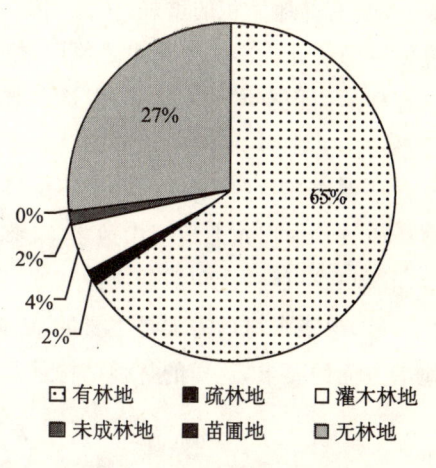

图16—1 东北林区林业用地结构

等征占用林地就属于这种情况。二是毁林开垦,主要指非法侵占林地(包括有林地和无林地)以开垦种植农作物等。三是林区人口的增多。随着林区的开发建设,一些非林业生产单位日渐进入林区,开荒、种地、放牧、开矿、建筑、搞副业,导致非林业用地面积不断扩大,林业用地面积不断缩小。值得重视的是农业用地,据统计,黑龙江省林区耕地面积1949年仅有144.0万公顷,到80年代末已达327.9万公顷;森工林区人口已由50年代的15万人,增加到现在的180万人;此外,社会上每年流入林区的外来人口达十几万人,林区腹部村屯增加到4000多个,达200多万人口。长白山区1949年全区人口约190万人,目前已超过600万人。今后若不采取措施,这种情况将日益加剧。

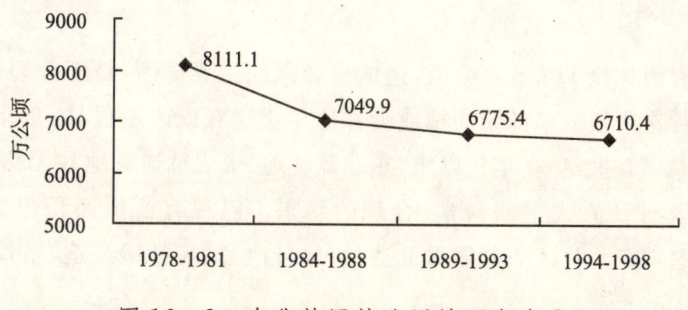

图16—2 东北林区林业用地面积变化

3. 有林地面积呈增长态势,但林分结构不合理

近20年来,东北地区的有林地面积呈明显的增长态势,由20世纪70年代末的3876.6万公顷增长到了上世纪末的4393.2万公顷,增长516.6万公顷。经济林面积从217.8万公顷增长到现在的233.1万公顷,林分面积从3658.9万公顷增长到现在的4160.1万公顷(图16—3)。有林地面积的增加,其原因除上世纪80年代以来重视造林及加强森林植被恢复之外,森林资源统计标准的变化也是原因之一(有林地统计标准从林分郁闭度0.3降低至0.2)。虽然有林地面积有增加的趋势,但从各林种的比例来看,却很不合理,各次调查中,用材林面积都几乎占了九成多,居绝对优势,其他三个林种所占比例之和还不到一成。这样的林种结构既不能充分发挥森林的多种效益,也不能满足国民经济发展对森林的不同需求。较为合理的林种结构应该是根据东北地区山地多,又多为江河的源头,水源涵养林比例大的特点,用材林占七成,其他三个林种之和最低应占三成,即防护林二成,薪炭林、特用林共占一成。因为我国是缺林国家,保障木材的需求是主要的,因此上述结构不但可保证用材林为主的优势,又可兼顾其他诸方面的要求,这样的林种结构才趋于合理。

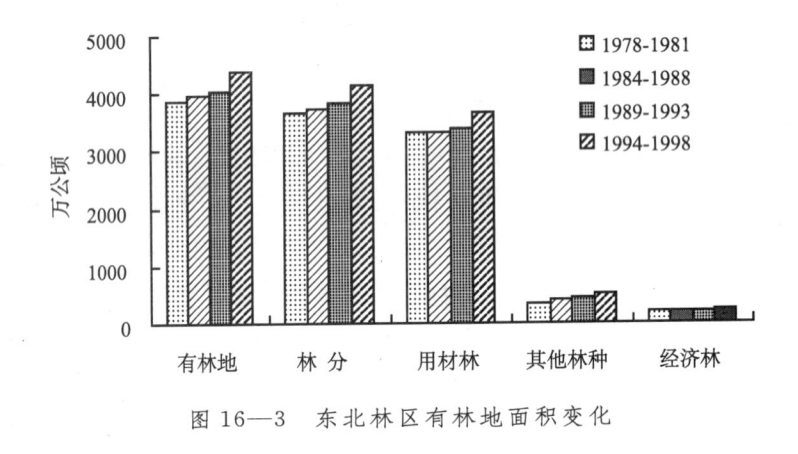

图16—3 东北林区有林地面积变化

4. 育苗能力不足

东北地区现有疏林地113.5万公顷,造成疏林地的主要原因,是不合理的采伐、抚育和乱砍滥伐所致。若将这些新造未郁闭幼林或疏林地尽快培育或改造成林,东北林区森林覆盖率将会再提高近2%。20世纪80年代以来,东北疏林地、未成林造林地和无林地急剧下降,这是人民大量造林以及采伐方式不断科学、合理的结果。但现有苗圃面积仅2.2万公顷,不及1988年的40%,这与东北林区如此繁重的造林、林分改良、疏林地改造、采伐基地更新任务极不适应(表16—1)。

表 16—1　东北林区林业用地面积变化　　　　　　　　　　　　　　　　单位：万公顷

调查时间	林业用地面积	有林地合计	林分合计	用材林	防护林	薪炭林	特用林	经济林	疏林地	灌木林	未成林造林地	苗圃地	无林地
1978~1981	8111.1	3876.6	3658.9	3307.6	187.0	76.1	88.2	217.8	445.1	307.3	206.6	—	3275.4
1984~1988	7049.9	3962.2	3745.3	3332.6	190.2	49.6	172.9	216.9	353.2	278.8	289.5	5.6	2160.6
1989~1993	6775.4	4049.3	3832.6	3384.3	216.2	73.1	159.0	216.8	301.0	238.5	152.7	3.3	2030.4
1994~1998	6710.4	4393.2	4160.1	3658.7	246.0	81.9	173.5	233.1	113.5	297.3	102.7	2.2	1801.5

二、森林蓄积资源现状及变迁

1. 用材林蓄积量占绝对优势

东北地区现有活立木总蓄积量 37.4 亿立方米，其中，林分蓄积量 33.4 亿立方米，占 89.30%；疏林地蓄积量 2119.0 万立方米，占 0.57%；散生林蓄积量 3.47 亿立方米，占 9.28%；"四旁树"蓄积量 2731.5 立方米，占 0.73%。林分蓄积量中，用材林蓄积量 29.4 亿立方米，占 88.02%；防护林蓄积量 1.64 亿立方米，占 4.91%；薪炭林蓄积量 1495.9 万立方米，占 0.45%；特用林蓄积量 2.2 亿立方米，占6.59%；枯倒木蓄积量 1.3 亿立方米。从上述数据可以看出，用材林蓄积量占绝对优势。

2. 森林质量下降，可采资源枯竭

从上世纪 70 年代末至今 20 多年来，东北林区活立木蓄积量、林分蓄积量呈增长态势。从 1978 年到 1998 年分别增加 4.28 亿立方米、2.95 亿立方米，平均每年增加 2091.2 万立方米、1492.5 万立方米，年均增长率为 0.6%、0.5%。结合表 16—1，有林地面积从 1978 年的 3876.6 万公顷增长到 1998 年 4393.2 万公顷，年均增长率为 0.6%，但单位面积蓄积量却从 83.1 立方米/公顷减少到 80.3 立方米/公顷，年均变化为 －0.14 立方米/公顷。由此可见，虽然蓄积量和有林地面积呈增长态势，但单位面积蓄积量却在不断减少，森林质量不断下降（图16—4）。

森林质量的下降主要表现在成过熟林的急剧减少。从整个国有林区来看，用材林成过熟林面积由 20 世纪 70 年代末的 1196.51 万公顷下降到现在的 612.29 万公顷，下降 48.8%。蓄积由 16.61 亿立方米下降到 8.47 亿立方米，下降 49%（图 16—5）。

东北林区的森林资源枯竭（资源危机）与质量下降（质量危机）的"两危"问题早在 80 年代

图 16—4　东北林区单位面积蓄积量变化

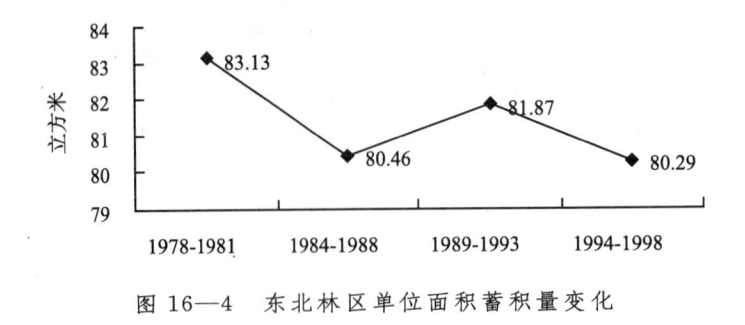

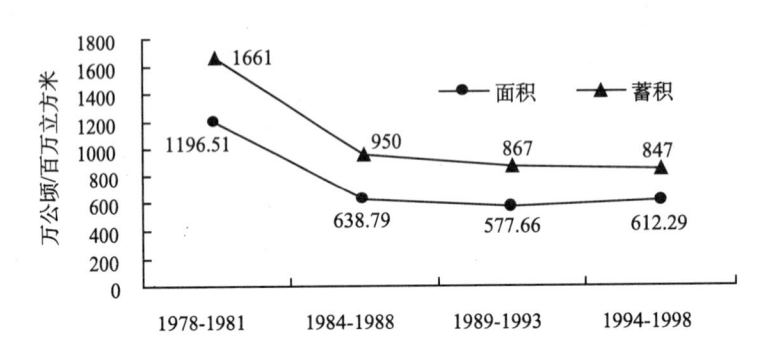

图 16—5　东北林区国有林区成过熟林面积和蓄积变化

中期就已十分严重。从1998年实施天然林保护工程以来,东北林区木材产量已由1997年的1824万立方米调减到2003年的1094.1万立方米,约占全国木材产量的1/4。历经近百年的过度砍伐,调减后的产量仍然超过了东北林区可以承受的采伐极限。目前,许多国有林区已出现了"只见森林,不见蓄积"的现象。伊春林业局全林区蓄积量和可采资源蓄积量由建国初期的4.28亿立方米和3.2亿立方米下降到目前的2.1亿立方米和1027.1万立方米,分别下降51%和96.8%;成过熟林占林分面积和蓄积的比重由建国初期的41%和74.6%下降到目前的2.6%和5.2%,分别下降38.4%和69.4%。全管局的16个林业局中有12个无林可采,其余4个林业局也已处于严重过伐状态。黑龙江省林木平均蓄积量为62.8立方米/公顷,仅相当于全国平均水平的71.4%。可见,天然林保护工程实施近几年来,国有林区森林还未得到真正的休养生息,如果继续维持目前的木材生产任务,2010年以后的结果不容乐观。

表 16—2　东北国有林区用材林资源变化　　　　　　　　　单位:万公顷、亿立方米

调查时间	面积	成过熟林面积	蓄积	成过熟林蓄积
1978～1981	3110.87	1196.51	27.09	16.61
1984～1988	3096.20	638.79	25.81	9.50
1989～1993	3210.17	577.66	26.84	8.67
1994～1998	3459.40	612.29	28.28	8.47

3. 林种龄组不合理

林龄结构是否合理,决定着林木资源的配置是否合理,能否实现森林永续利用的大问题。如果林龄结构不合理,在林业生产经营中将会出现可采资源匮乏,森林主采利用中断,后继无林的现象;反之,则会有利于林业生产发展,采育协调,达到越采越多,越采越好,青山常在,永续利用之目的。

进入 20 世纪 80 年代后,东北地区的幼龄林面积呈缓慢下降趋势,中龄林面积呈上升趋势,近成过熟林面积呈下降趋势,90 年代后有所上升(图 16—6)。

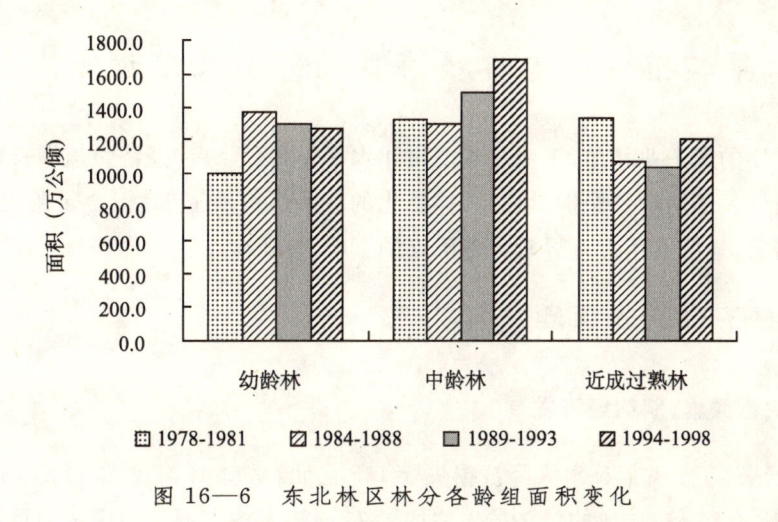

图 16—6 东北林区林分各龄组面积变化

从表 16—3 可以看出,幼、中、近成过熟林的面积比 1981 年分别为 3∶3.5∶3.5,1988 年 3∶3.5∶3.5,1993 年 3.5∶4∶2.5,1998 年 3∶4.5∶2.5,近成过熟林面积所占比例呈下降趋势,幼中龄林面积呈上升趋势。从森林永续利用的观点看,各龄组的面积最好是各占 1/3,按照这个标准,1981、1988 年的龄组面积比例较为合理,而现阶段的比例不是很合理,成熟林所占比例过低,中龄林比例过高。

表 16—3 东北林区林分各林种龄组变化　　　　　　　　　　　单位:万公顷、万立方米

调查时间	合计 面积	合计 蓄积	幼龄林 面积	幼龄林 蓄积	中龄林 面积	中龄林 蓄积	近成过熟林 面积	近成过熟林 蓄积
1978~1981	3658.9	304177.3	996.7	23024.2	1326.7	100477.9	1335.5	180675.2
1984~1988	3745.3	301340.2	1365.5	45686.9	1304.4	104510.0	1075.4	151143.2
1989~1993	3832.6	313787.0	1299.5	41166.8	1491.9	123941.9	1041.1	148678.4
1994~1998	4160.1	334026.5	1277.1	36185.7	1682.2	136797.0	1200.7	161043.8

从蓄积方面看,幼龄林蓄积呈下降趋势,中龄林蓄积呈上升趋势,近成过熟林蓄积急剧下降,1981年的成熟林蓄积为18.1亿立方米,到1998年只剩16.1亿立方米,仅占1981年的89.1%。从中我们还可以看出,近成过熟林的面积、蓄积呈急剧下降趋势,到80年代末期下降到最低点,90年代中期后有所上升。幼、中、近成过熟林分蓄积比,1981年为0.8∶3.2∶6,1988年为1.5∶3.5∶5,1993年为1.5∶4∶4.5,1998年为1∶4∶5,近成过熟林蓄积所占比例呈下降趋势,幼中龄林蓄积呈上升趋势。结合东北的自然地理条件,要实现森林永续利用合理的龄组结构,较为合理的蓄积比例为2∶3∶5。按照此标准,只有1976年和1988年的龄组面积年比例较为合理。

第二节 生态环境存在的问题及建设重点

东北是重要的老工业基地,工业化和城市化水平较高,人口和经济快速增长对生态环境的压力较大。虽经多年治理和保护,生态总体恶化的势头虽有所遏制,但由于历史欠账较多、治理措施相对滞后、地区间生态差异较大等因素的影响,林业生态建设形势依然十分严峻。

一、生态环境存在的主要问题

1. 旱涝灾害频繁,制约经济发展

90年代以来,辽宁省累计水灾经济损失511.5亿元,是前40年总和的3.3倍。旱灾面积比50年代增长了20倍,造成的经济损失增加了7.3倍,其中辽西北地区呈加重趋势。水资源出现严重短缺,主要河流约有70%出现过断流,大型水库蓄水量剧减。在大兴安岭林区,由于过度采伐造成生态恶化,使林区气候变暖,降水减少,极端天气事件增多,自然灾害越来越频繁。大兴安岭年平均气温10年间增高达0.509℃,这将导致森林病虫害加剧,极易引发森林火灾,并引起冻土层变化和水状况恶化等一系列问题。近年来,大风天气增多,风力逐渐加大,沙尘暴几乎年年出现。

2. 水土流失和土地沙化加重

由于森林资源的减少,特别是森林质量的下降,东北林区的生态环境正在发生明显变化:土地沙化速度加快、水土流失日趋严重、湿地面积萎缩等等,这一系列潜在的生态危机,给东北地区的可持续发展构成严重制约。据有关资料统计,东北地区的土地沙化面积已达到15.3万公顷,且以年均近2万公顷的速度扩展,水土流失面积已经达到1800万公顷。湿地面积萎缩,大兴安岭湿地已从20世纪60年代的80多万公顷减少到41万公顷。三江平原的湿地面积比例已由50年代的40.71%下降到现在的18.1%,而且还在以每年5万公顷的速度锐减,自然灾害呈现加剧的趋势。据估算,东北黑土层正以每年0.7~1厘米的速度流失,照此下去再过50年,东北黑土层就要流失殆尽,而形成1厘米厚的黑土则需要300~500年的时间。由于长期过量采伐,盲目的毁草开垦使吉林省西部的天然草场面积由 50 年代初的近 2 万公顷锐减到目前的不足 1 万公顷,而且草场的 90% 以上已经退化,其中 40% 已沙化。同时,毁草开垦、过度放牧因降低了植被覆盖,加剧了土壤水分的蒸发和盐分上升的过程,造成了土壤的盐碱化。荒漠化土地已达 66.7 万公顷,并且沙化土地还以年均 1.4% 的速度向中东部扩展,与科尔沁沙地东侧沙漠带和北面连成一片,成为东北地区主要的风沙源。辽宁省的水土流失面积已占全省土地面积的 43%,沙漠化土地面积占 13.6%。阜新沙漠化土地面积已达 37.1 万公顷,与内蒙古科尔沁沙地接壤的边界有 17 处流动风沙口,占地近 2666.7 万公顷,15 处较为严重的流动沙丘每年以 20~30 米的速度向前推进,其中风沙最为严重的彰武县每年每平方米降沙量达 1000 吨以上。

3. 栖息地遭到严重破坏,生物多样性锐减

森林资源锐减和森林质量下降引起的另一个严重的问题是生物多样性锐减、栖息地遭到严重破坏和大量珍贵树种及遗传基因的丧失。以长白山为例,近 200 年来,随着人类对长白山区森林资源的不合理开发,已使该区的大部分地区失去了它原始的自然风貌。

阔叶红松林作为长白山地区地带性森林生态系统,具有丰富的生物多样性和复杂的结构。由于这一类型森林主要分布于 1000 米以下的低海拔地区,加之拥有许多珍贵的用材树种,因此一直是人类采伐利用的主要对象。目前维持原始林相的除长白山自然保护区内外,其余仅集中在少数地域范围内,尚有小面积的经本世纪初采伐后恢复形成的阔叶红松林,大面积的原始林已被各演替阶段的次生林和人工林所替代。1962 年吉林省森工企业区内的有林地为 280 万公顷,覆盖率为 84%,到 1975 年,有林地减为 255 万公顷,覆盖率下降为 74.6%。建国初期的森林蓄积量约为 6 亿立方米,1980 年锐减为 3 亿多立方米。1986 年吉林森工区一类清查结果表明,天然针叶林面积由 60 年代初的 59.1 万公顷减少到 30.1 万公顷,其中,红松林面积由 19.6 万公顷减少到 5.8 万公顷,蓄积量由 6734.3 万立方米减少到 1291.2 万立方米,林木单位面积蓄积由 50 年代的每公顷 171.4 立方米下降到 137.2 立方米。虽近 15 年的调查资料尚未获得,但上述趋势并未减弱,而且还在延续。据中科院长白山站应用卫星数据对长白山地区森林植被变化情况的分析,1972~1988 年间,长白山自然保护区外围的阔叶红松林区有 8.6 万公顷的森林因人类采伐而消失,即森林以每年 1.12% 的速率递减。长白山国有林区的原始天然林,建国后每年平均以 1000 万立方米以上的速度被采伐。伊春林区的很多优势树种和珍贵树种也正濒于消亡。目前小兴安岭林平均每公顷蓄积量仅 63 立方米,比 50 年前下降了 68%。特别是优势树种——红松的蓄积量仅有 428.3 万立方米,与当年的 6600 万立方米蓄积量相比下降了 93.5%;水曲柳、黄菠萝、胡桃楸、榆树等贵重阔叶树蓄积量由 2100 万立方米减少到 224 万立方米,减少了近 90%。

原始阔叶红松林的减少,导致这一地区生物多样性的主要栖息地被破坏,加之人类的滥捕乱猎,结果使许多珍稀动植物濒临灭绝。以众所关心的东北虎为例,长白山区近 50 年内仅有据可查的东北虎被捕杀的就达 38 只,80 年代已难找到东北虎的足迹,连黑熊、野猪也都成为罕见之物。小型兽类因生境发生变化和过量捕杀,数量亦大为减少。据对 1971~1980 年猎获物的统计,在 20 多万只猎物中,东北兔、松鼠、香鼬、黄鼬分别减少 65%、25.2%、25.8%、21.7%。据《长白山志》记载,汪清县 1973 年收购田鸡油 2 万多千克,到 1982 年仅收购 1500 千克;又如敦化市 1978 年收购灰鼠皮 14000 张,貂皮 577 张,以后逐年下降,到 1982 年仅收购灰鼠皮 300 张,貂皮 30 张。鸟类种群数量的减少趋势更为明显,其中,水禽减少 88.9%,游禽减少 80%,涉禽减少 91.8%,食肉性与杂食性水禽分别减少 71.4%和 82.8%。水生生物种群组成与数量变化尤为明显。据记载,50 年前珲春一带,每年可捕获大马哈鱼 1.5 万余尾,胖头鱼、细鳞鱼数量也很可观。年鱼获量:青蒙约 10~15 万千克,大马哈约 35~44 万千克。近年来由于水量、水质的变化,松花江、图们江中下游江段及其各支流的有些河段鱼虾已濒临绝迹地步。往昔东北林区的"棒打狍子瓢舀鱼,野鸡飞到饭锅里"的风貌已不复存在。

植物的命运也是如此,以阔叶红松林下的"东北三宝"之一人参为例,20 世纪 20~30 年代,长白山野生人参年产量可达 750 千克,1951 年降为 365 千克,1982 年降到 290 千克,近几年每年仅 15~20 千克。野生的"东北三宝"已逐渐被人工栽培饲养品所代替。其他许多直接依赖于阔叶红松林而生存的动植物种也有相同的命运。

二、生态环境建设的重点

全面启动和实施六大林业重点工程,是党中央、国务院高度重视生态建设的重大战略举措,是中华儿女再造秀美山川的伟大壮举,它将引领中国林业实现由以木材生产为主向以生态建设为主的历史性转变。六大林业重点工程的实施给面临资源危机和陷入经济困境的东北、内蒙古林区注入活力,也为促进该地区调整森林经营方向、实现林业可持续发展带来希望。

1. 抓好重点工程建设

加快林业生态发展,抓好重点工程建设是最好的途径。一是全面加强天然林资源保护,现有天保工程要向纵深推进,并努力争取扩大工程范围,把生态区位重要的天然林全部保护起来。二是继续推进以防沙治沙为主的三北防护林建设工程,布局一批治沙示范区,加快治理步伐。三是积极实施以治理水土流失为重点的退耕还林工程,改善生态环境,推动农村产业结构调整,促进农民增收。四是认真搞好沿海、沿边、沿江防护林建设,建设"三沿"防护屏障。五是重点建设一批森林生态、野生动物和内陆湿地类型的自然保护区,进一步加强生物多样性保护。要把矿山生态环境恢复治理纳入林业生态建设规划统筹安排。要进一步抓好四旁植树绿化。

六大林业工程,特别是天然林资源保护工程实施几年来,工程区出现了一系列可喜的变化,呈现出良好的发展态势,具体表现在以下五个方面。

第一,工程区森林资源有所回升,整个工程区森林蓄积、森林面积双增长进程大大加快。目前,木材产量已按计划调减到位,东北国有林区年木材产量由 1997 年的 1853 万立方米调减到 2003 年的 1102 万立方米。据统计,东北、内蒙古重点国有林区的森林覆盖率已比第五次森林资源清查提高5.58个百分点,达到77.61%,森林面积和蓄积分别增加112.7万公顷、4000万立方米,实现了森林资源面积和蓄积的同步增长。

第二,局部地区生态环境明显改善,生物多样性增加,水土流失减轻,野生动物栖息地得到有效保护,森林生态系统得到有效恢复。通过减少采伐、加强保护、造管并举,工程区部分地方生态恶化的状况得到有效遏制,并呈现明显的好转趋势。

第三,林区经济结构调整加快。随着木材的停伐减产,许多地方充分发挥区域优势,大力发展特色经济,积极培育新的经济增长点,林区经济逐步走出"独木支撑"的困境,新的经济结构正在形成。黑龙江省清河林业局一、二、三产业比例由工程前的62:20:18发展到现在的25:25:50,木材由主业变成"副业",多种经营则由"副业"上升到主业。吉林延边林业集团公司在木材减产37万立方米的情况下,大搞产品深加工、精加工,开发林地产业,发展绿色产品加工业、森林旅游业等,工业总产值增加2.91亿元,年增长速度7.7%,实现了"减产增速,减产增效"的目标,林区的二次创业取得了明显实效。

第四,职工分流安置稳步推进。大批富余职工随着企业转产转向,由木材采伐、运输和加工岗位走向了管护、造林,开发多种经营,服务第三产业,职工就业结构发生了历史性变化。大兴安岭林区采取主辅业分离,发展木材替代产业,拓宽林区就业渠道,发展外向型经济等途径,有效分流安置了富余职工;同时,结合企业减产转制,让4350名国有职工身份发生了变化,个体、私营经济和自营经济从业人员达7万多人,一次性安置2.54万人。

第五,企业创新机制取得新突破。天保工程的实施大大激活了企业的改革,为企业的发展注入了新的活力。吉林省对森工企业内部机构进行了整合撤并,全省森工企业内设机构平均减少了20%。三岔子林业局基层单位由原来的36个减少到24个,管理人员由1258人减少到753人,精干实效的企业管理体制正在形成。该省还通过产权制度改革,激活生产要素,采取人随资产走的方式,盘活资产,搞活企业,将闲置设备向社会、职工出售;用承包、租赁、股份合作、拍卖等形式,把死资产变成活资本;对商业、餐饮、维修等服务业实行转制,退出国有体制;探索林地承包经营,发展林地经济。全省天保工程区共盘活资产1.8亿元,国有林区的市场化进程取得了重大进展。

2. 合理确定天然林保护工程的目标和规划期

经国务院批准的东北、内蒙古等重点国有林区天然林资源保护工程实施方案明确了工程分期实施的主要目标。工程期确定为2000~2010年,其中,2001~2003年为第一期,2004~2010年为第二期。到2003年,工程区内木材产量调减到位,共计调减木材量751.5万立方米,实现森工企业战略性转移,使3300万公顷森林得到有效保护,48.4万富余职工得到妥善分流和安置。到2010年,工程区天然林资源切得到保护,森林植被得到有效恢复。同时,随着森林资源保护和管理工作的进一步推进,林下资源的恢复利用和相应产业结构调整,林区生态环境与林区经济得到快速恢复与发展,使工程区人口、经济、资源和环境之间的矛盾基本缓解,为建立起比较完善的林业生态体系和比较发达的林业产业体系打好基础,为促进经济和社会的可持续发展发挥应有的作用。

林业自身规律是周期长,因此森林资源的恢复也要有一个相当长的时间。例如,德国长达50年对森林的破坏,用了150年才恢复过来,且森林质量和结构也不可能达到破坏前的水平。所以,根据东北地区的实际情况,特例保护工程规划期限应放长远一些,工程目标也应分近期、中期目标和远景目标。因此,目前实施的天保工程应称为第一期工程,目标是使工程区天然林资源切实得到保护,森林植被得到恢复。还应通过进一步努力,逐步使工程区内人口、经济和资源环境矛盾基本缓解。天保工程的远景目标,应当是建成两大体系,即完备的生态体系和发达的产业体系,真正步入良性循环,实现森林资源可持续发展,既能满足社会对生态环境的需要,又能满足社会日益增长的对林产品的需求,还可为国家提供资金积累。因此,延长保护期是必须的,也是科学合理的。

3. 确定合理的森林采伐

首先,相对于其他资源而言,森林资源有其特殊性,一是可再生,二是无污染。木材作为原材料在形成过程中,不但不污染环境,而且有保护和改善生态环境的作用。

其次,当前禁伐是必要的,但必须认识到合理的森林利用是森林经营的重要措施。森林生长周期长,如果完全排除合理的人为干扰,森林世代更替和生长周期将更长。根据林分状况,采用不同的采伐方式,可以优化林分树种结构和年龄结构。林分生长过程中,采取透光伐、疏伐、除伐、生长伐等不同的抚育采伐措施,可以促进林分生长,提高林分质量和数量。

4. 增加林业科技投入,提高工程的科技含量

森工企业大多地处偏僻,交通不便,运输成本高,再加上职工素质低,产业基础差,市场竞争力非常弱。在实施六大林业工程过程中,必须重视林业新技术革命,依靠科技进步,发展高新技术产业。在最近召开的林业科技工作座谈会上,国家林业局提出了"林业六大科技工程"的设想:第一,生态建设与生态安全科技工程;第二,林业生物技术与良种战略科技工程;第三,森林生物种子资源保护与利用科技工程;第四,林业生物产业发展科技工程;第五,数字林业科技工程;第六,林业创新能力建设科技工程。东北林区一定要以六大科技工程为载体,组织实施一批重大的、紧迫的、关键性的、突破性的、标志性的、具有带动性的科技项目,促使天保工程建设中一些"技术瓶颈"问题尽快得到解决,更好地为工程建设服务。

5. 加快林业建设与城镇发展

天保工程的科学有效实施,主要压力来源于农村经济的落后,来源于不发达地区森林保护与利用的矛盾。森林分布区县域经济的发展及城镇建设是解决这一问题的根本途径。林区城镇化水平的提高,除了城镇人口的自然增长外,主要是周边农村和林场人口向城镇转移,其中最根本的是剩余劳动力向城镇第二、三产业转移,以减少对森林恢复保护的压力;同时,森林的保护会提供更多的林副产品,从而促进城镇经济的发展,一些地区的山野菜、制药、林副产品加工已具规模,有很好的发展前景。

第三节 东北老工业基地振兴与生态环境建设

一、重点推进北部—东部区域的生态环境建设与保护

"坚持人与自然协调发展"是振兴东北老工业基地的基本原则,核心内涵是依据区域生态基础合理安排经济社会活动。北部—东部区域行政范围包括大兴安岭、黑河、伊春、佳木斯、鹤岗、鸡西、七台河、牡丹江、延边、通化市以及海拉尔、丹东、大连、吉林市的山区。要持续对大小兴安岭森林生态系统、长白山森林生态系统、三江平原湿地生态系统进行保育,对呼伦贝尔草原、科尔沁沙地、浑善达克沙地进行治理,扶持资源型城市发展接续产业和可持续发展能力的培育。

1. 持续实施天保工程,进行森林生态建设

东部地区生态建设应围绕林业和森林生态系统进行。大兴安岭区北段和小兴安岭地区防治水土流失、保护物种资源、抚育森林资源是今后生态系统资源开发和利用工作的重点;长白山地、老爷岭、张广才岭、吉林哈达岭及牡丹岭地区,须把低山、丘陵、平地当作一个整体自然系统来考虑,采取互相促进和利用的措施,防治水土流失,保护森林生态环境,解决林区社会可持续发展和农村的能源问题。上述区域是我国重要的森林分布地区,应在已经实施的天然林保护工程的基础上,延长保护期至20~30年。天保工程的最初规划期为10年,到目前已经实施6年,取得了一定成效。根据东北林区林龄段的具体情况,20~30年是这一工程发挥资源、生态、经济和社会三方面效果的最佳时期。同时应采取有效措施,促使天保工程建设中一些"技术瓶颈"问题尽快得到解决。

另一方面,天保工程的科学有效实施,其主要压力来源于农村经济的落后,来源于不发达地区保护与利用的矛盾。森林分布区县域经济的发展及城镇建设是解决这一问题的根本途径。鼓励剩余劳动力向城镇第二、三产业转移,以减少对森林恢复保护的压力。结合保护工程的实施,发展山野菜、制药、林副产品加工等产业,形成林下产业体系。

2. 加强三江平原的保护

三江平原属于沼泽类湿地,在持续提供食物、原料和水资源,蓄洪防洪、抗旱、调节局地气候、控制土壤侵蚀、保护生物多样性,发展农牧业等方面都有重要作用。该地区的生态建设,应首先考虑湿地的保护,建议国家调整区域开发政策,扩大保护区范围,加大保护力度,切实改善湿地环境。其次,低山丘陵和岗坡地,应以森林抚育更新为主,加强天然植被的保护,禁止农垦;岗坡平缓地和平地可以农垦并相应发展畜牧业,营造农田防护林,实现绿色农业与生态环境良性发展的态势。

3. 加强资源型城市的生态治理,提高可持续发展能力

东北地区30多个资源型城市中,分布在东部—北部区域的就有20多个,其中多数城市的生态与环境问题突出,对可持续发展形成了严重影响。未来的重点应是加强矿区土地的复垦与综合治理,本着因地制宜、分类利用的原则,实施相应的治理措施。加大对矿山废渣、煤矸石等固体废弃物的综合处理与利用,发展循环经济,对城市环境进行综合治理。借鉴国内外资源型城市生态建设的成功案例,在有条件的矿区进行农业生态园、生态养殖业、旅游基地等工程的建设,发挥生态环境治理与发展经济的功效,完善城市的生态与经济社会功能。

另一方面,应通过经济发展和转型促进生态环境的改善和可持续发展能力的增强。将稳定"一个体系"、营造"一个环境"、拓展"两个方向"作为资源型城市可持续发展的基本战略。即稳定资源为核心的产业体系,营造城市的创新环境并提升产业转换能力和城市的凝聚能力,将拓展培育新兴产业集群和加快开放为主攻方向。首先,从东北资源型城市具备的基础和条件看,建立稳定的资源产业体系应是未来一段时间坚持的重点,也是东北振兴之所需。重点应集中在:一是依据资源储量,按照可持续发展的原则,确定合理的资源开发量;二是提高资源的利用效率,发展相关产业,提高资源的加工深度,延长产业链,利用资源开发的副产品,发展建材等产业;三是发展完善配套产业。其次,创新环境的营造对资源型城市的发展至关重要。在加强基础设施等硬环境建设的同时,应重点加强软环境的营造,尤为重要的是吸引人才环境的营造和产业政策环境的构建,均应以促进非资源型产业的快速发展为目标。第三,新兴产业集群的培育,应遵循凝聚区域优势、外引内联的原则,利用产业集群的理论,择优发展。对于资源枯竭型城市,应实施"再开发"战略,既改造传统产业,又开辟新产业,减轻对区域环境的压力。对于资源未枯竭的城市,应以资源产业链的延长为重点,同时培育其他产业,促进多元化发展。

二、东北三省的生态建设重点

东北三省从本省实际出发,分别编制了《吉林省生态省建设总体规划纲要》、《黑龙江省生态省建设规划纲要》和《辽宁省林业生态建设发展规划纲要》。

1. 吉林省生态省建设重点

《吉林省生态省建设总体规划纲要》根据吉林省经济、社会、生态环境的现状和特点,省委、省政府提出"发挥后发优势、推进和实现跨越式发展"的总体战略目标,坚持高效益、广就业、可持续的方针,合理利用自然资源,不断改善生态环境,积极调整经济结构,大力发展绿色产业,努力创建生态文明,逐步形成具有吉林特色的生态环保型经济发展模式,实现经济效益、社会效益和生态效益的统一,走出一条符合省情的可持续发展道路。《纲要》规划了**4个生态经济区**(东部长白山资源保护与旅游、健康产业生态经济区、东中部水资源保护与特色产业生态经济区、中部松辽平原黑土地资源保护与高新技术产业生态经济区、西部草原湿地保护与绿色产业生态经济区),**4个生态经济城镇体系**(特大型、大型、中型生态经济城市和重点生态经济城镇)、**11个重点产业**(清洁能源产业、高新技术产业、生态旅游产业、环保产业、健康产业、绿色化工产业、绿色车辆工业、有机和绿色食品产业、生态资源水利、生态林草产业、可持续效益农业)、**7个优先项目工程**(清洁能源和资源综合利用工程、生态文化建设工程、环境污染综合防治工程、水资源调配和节水开发利用工程、高新技术产业建设工程、生态产业建设工程、区域生态系统保护与建设工程)、**12项对策措施**(加强生态文明建设,提高全民生态文化素质;控制人口数量,提高人口素质;发挥专家作用,建立科学决策机制;建立预警制度,完善生态监测系统;完善认证制度,制定绿色标准体系;探索新的国民经济核算体系,逐步实现资源有偿使用;落实责任制,加强重大工程建设和管理;拓宽对外开放领域,扩大国际合作与交流;多元化筹集资金,完善投入保障机制;依靠科技进步,提高生态省建设能力;强化法制建设,依法实施规划;强化组织领导,直辖市实施行动),力争通过30年时间,分三个阶段,建设"三个大省",即绿色品牌大省、绿色产业大省、绿色经济强省,建立一个体系,即生态环保型效益经济体系。

2. 黑龙江省生态省建设重点

《黑龙江省生态省建设规划纲要》以实施可持续发展和"搞好二次创业,实现富民强省"的发展为战略目标,依据生态学、生态经济学和系统工程学原理,本着以人为本的宗旨,立足于本省独特的资源优势和生态环境优势,依靠科技创新和体制创新,强化生态保护和环境建设,以发展绿色产业和生态经济为主线,科学合理确定主导产业,优化产业结构和经济结构,大力发展绿色经济,全面提高综合经济实力,促进人与自然的和谐,实现生态与经济的双赢和人口、资源、环境与经济社会的协调发展。《纲要》以优先保护、积极恢复、强化治理、重在调整为工作重点,规划了**6个生态区**(大兴安岭寒温带森林生态区、松嫩平原西部温带半干旱草原生态区、三江平原温带湿润湿地生态区、小兴安岭温带湿润森林生态区、张广才岭老爷岭温带湿润森林生态区、松嫩平原东部温带半湿润草甸与农田生态区)、**5个生态经济区**(松嫩平原西部生态经济区、松嫩平原东部生态经济区、三江平原生态经济区、大小兴安岭及东南部山地生态经济区、城市生态经济区)、**13个重点产业**(生态农业,有机、绿色、无公害食品产业,生态林、特产业,生态草、牧产业,生态渔业,生态资源水利产业,生态旅游业,清洁能源产业,环保产业,高新技术产业,生物医药产业,绿色石化产业,数字龙江)、**10个优先项目工程**(区域生态系统保护与建设工程、天然林资源保护工程、水资源综合开发利用工程、大气圈气候资源合理开发利用工程、环境污染综合防治工程、生态产业建设工程、清洁能源和资源综合利用工程、数字龙江工程、生态文化与环境社会工程、生态省管理能力建设工程)、**6项保障措施**(加强组织领导,建立目标责任制;依靠科技进步和创新,提高生态省建设能力;建立新型的投融资体制,提高生态省建设投入水平;完善政策法规,依法搞好生态省建设;加强生态文明建设,努力提高全民生态意识;扩大国际合作,使生态省建设与国际全面接轨),力争通过20年时间,分三个阶段,把黑龙江省建成以绿色产业为主体的生态经济强省,进而达到自然和谐、地绿天蓝、物质丰富、生态文明,逐步实现可持续发展。

3. 辽宁省林业生态建设重点

《辽宁省林业生态建设发展规划纲要》根据辽宁老工业基地振兴的总体要求,在实施可持续发展战略中坚持"生态立省",按照"以生态建设为主的可持续发展道路,以森林植被为主体的生态安全体系,以山川秀美为特色的生态文明社会"的"三生态"战略,规划了全省林业生态建设的发展目标和建设任务。《纲要》将辽宁省林业生态建设划分为 **3 个区域**(辽东地区,以发展生态保护效益型林业为主攻方向;辽中南地区,以发展林农复合效益型林业为主攻方向;辽西北地区,以发展生态经济型林业为主攻方向),规划了 **6 大工程**(天然林资源保护培育工程、退耕还林工程、防护林体系建设工程、野生动植物保护及自然保护区建设工程、绿色通道工程、速生丰产林基地工程),制定了 **7 项措施**(坚持以生态效益为主,按照严格保护、积极发展、科学经营、持续利用的原则,把重点放在保护和节约森林资源上来,天然林保护工程要争取纳入国家重点生态工程;调整和完善林业政策,建设起全社会共同参与林业建设的有效机制;坚持以改革促发展,构筑新型林业生态建设体制和经营体制;努力增加资金扶持力度,全方位扩大林业对外开放;坚持科教兴林;采取有力措施,加强森林资源保护管理;坚持依法保护森林和治理生态环境)。

第四节 结论与建议

1. 东北林业面临着严峻形势

一是生态恶化趋势尚未得到遏制。目前,东北三省土地沙化面积逐年扩大,水土流失日趋严重,湿地大面积缩小,自然灾害呈加剧趋势。二是可采森林资源枯竭,林分质量下降,森林生态功能严重衰退。由于长期过量采伐,导致林分质量日趋下降,国有林区 60% 以上为幼中龄林,20% 为低质低效林。目前每年采伐的木材有 70% 是中龄林,现行采伐量仍远远超过资源承载力。森林物种多样性下降,一些特有物种濒临灭绝。三是计划经济和以木材生产为主的管理体制尚未改变。林区所有制单一,国有比重大,体制僵化,机制不活;政企不分,政事不分,企业承担着林区文教卫生、城镇建设等社会职能,包袱沉重,难以参与市场竞争。四是林区经济结构调整滞后,后续产业发展缓慢。独木支撑的经济格局尚未彻底改观,企业富余人员多,林区就业压力大,职工收入水平低。

经济要发展,生态是基础;东北要振兴,林草需先行。东北地区的林业要为东北老工业基地的振兴与东北地区全面、协调和可持续发展提供生态保障。

2. 树立东北林业建设新的科学发展观

东北地区的林业不能只看到东部山区的林业,还应包括东部山区的平原林网、河流和道路两侧以及城市里的绿化,构成一个整体,从整体性和系统性来看林业建设,才能发挥林业在振兴老工业基地中的屏障作用,实现发展林业生产的目标,树立全面系统的发展观。在纠正过去以木材和采伐为主的指导思想,强调森林的生态功能的时候,不应忽视东部森林的生产功能,切实处理好生态建设与产业发展的关系,做到协调发展、良性互动,要在禁伐森林、休养生息的同时,尽快创造条件,转向森林保育并向森林可持续发展的目标前进,树立协调的发展观。林区的补助强度需要加强,年限也应放宽,但更重要的是要把国家的补助从"输血型"转向"造血型",树立可持续的发展观。

3. 努力提高东北地区整体生态功能

以提高生态功能为突破口,改善生态环境质量,美化人们的生活与生产环境,促进国民经济的发展。以小流域为治理单元,林田山水路综合治理,治山、治水与治穷、发展经济有机地结合起来,恢复森林植被,建立良性循环的生态系统。要统筹规划,分步实施,重点治理、整体推进。争取早日建成从山区到平原、从边疆到内地、从农村到城镇,具有涵养水源、防风固沙、水土保持、保护生物多样性、绿化美化等功能健全的东北大生态屏障。

4. 实行森林经营战略调整

东北地区有大量幼中龄木(60%以上)亟待抚育,低产林需改造,应高度重视科学经营森林,强化营林措施。从东北国有林区作为全国木材资源战略储备基地的角度出发,必须调整东北国有林区的营林战略和相关营林措施,把禁伐、限伐转化为科学经营;为了抚育中幼林的成长,应该进行合理的抚育性间伐,实行计划单列,不应该把抚育间伐列入采伐限额;加快天然林区低产林的改造。

5. 逐步建立生态效益补偿机制

首先是统一认识,即森林除了提供木材、林下非木质产品等生产功能以外,还具有强大的生态安全保障功能,这种功能应当给予相应的补偿。其次是通过研究,对森林与湿地的效益进行科学的核算,在条件成熟的地方,尝试进行生态补偿的改革。三是要建立生态效益补偿基金,基金来源应当是国家与地方政府(承担社会公益和区域生态安全部分的补偿)、企业(作为受益单位,应从其经济收益中对因生态保护而使经济发展受到制约的单位进行补偿)。企业应当逐渐成为基金的主要来源,特别是旅游业和房地产业等直接受益企业、水利水电受益者、森林下游受益的地区。因此,在生态保护与建设地区,应制定相关政策,鼓励发展与生态建设的相关产业。

中央和国务院关于加快林业发展的决定中指出"必须把林业建设放在更加突出的位置,在贯彻可持续发展战略中,要赋予林业以重要地位;在生态建设中,要赋予林业以首要地位;在西部大开发中,要赋予林业以基础地位"。那么,在振兴东北老工业基地的过程中应该赋予林业以什么地位呢?应该赋予林业在资源和生态方面的战略保障地位。实施以生态建设为主的林业发展战略,是一条充满希望的光明之路,也是一条需要长期奋斗的艰辛之路。这意味着东北地区要用30~50年时间完成常规状态下需要上百年才能完成的艰巨任务,可谓前程锦绣,任重道远!

参 考 文 献

1. 郝占庆、陶大力、赵士洞:"长白山北坡阔叶红松林及其次生白桦林高等植物物种多样性比较",《应用生态学报》,1994年第1期。
2. 雷加富:"中国的森林资源经营",《中国林业企业》,2002年第4期。
3. 李德滨:《黑龙江移民概要》,黑龙江人民出版社,1987年。
4. 李景文:《黑龙江森林》,中国林业出版社,1993年。
5. 李育才:《面向21世纪的林业发展战略》,中国林业出版社,1996年。
6. 马忠良、宋朝枢、张清华:《中国林业的变迁》,中国林业出版社,1997年。
7. 满秀玲、张庆伟:"黑龙江森林资源利用特点与结构调整",《森林工程》,2004年第4期。
8. 沈国舫:《中国森林与可持续发展》,广西科学技术出版社,2000年。
9. 王长富:"从'清朝双绝'看东北林区主战场",《林业经济问题》,2000年第6期。
10. 王春梅、王金达、刘景双等:"东北地区森林资源生态风险评价研究",《应用生态学报》,2003年第6期。
11. 闫海冰、郝占庆、杨秀清等:"黑龙江省红松林资源动态变化研究",《生态学杂志》,2005年第9期。
12. 姚润丰:"东北不能失去森林屏障",《瞭望新闻周刊》,2004第12期。
13. 于淑萍、宋国利、马春燕:"黑龙江省生态环境保护存在的问题及生态措施",《北方环境》,2003年第3期。
14. 张佩倡:《专家论天然林保护工程》,中国林业出版社,2000年。
15. 张煜星:"试论可持续林业经营",《北京林业大学学报》,1996年第17期。
16. 赵惠勋、周晓峰、王义弘等:"东北林区现有林分类经营的类型划分",《东北林业大学学报》,2000年第5期。
17. 郑小贤:《森林资源经营管理》,中国林业出版社,1999年。
18. 周生贤:《充满希望的十年——新时期中国林业跨越式发展规划》,中国林业出版社,2001年。
19. 周以良:《小兴安岭植被》,科学出版社,1994年。
20. 周以良:《中国东北植被地理》,科学出版社,1997年。

第十七章　城市化地区环境治理与生态保护

东北城市化地区环境污染问题非常突出,尤其是城市河段水质污染程度最重,辽河水系流经的城市群地区河段水质均为劣Ⅴ类。影响城市空气质量的主要污染物是颗粒物,其次是二氧化硫和氮氧化物,属于典型的煤烟型和产业结构型污染。垃圾围城及噪声污染现象普遍存在。水资源时空分布不平衡及污染造成的区域性缺水形势严峻。城市环境地质灾害表现最突出的是地面沉陷。在城市化地区应该首先进行环境综合治理,从全局出发,综合进行松、辽流域污染治理,重点加强城市内河水污染治理力度。实行清洁生产与循环经济,控制煤烟型及结构型污染,恢复城市功能区。加大城市固体废物处理与资源化力度。以辽宁省创建循环经济试点省,吉林、黑龙江省建设生态省为契机,建设生态城市。尤其是在辽宁中部城市群地区,在合理控制城市化的规模与建设的同时,更要搞好生态城市规划与建设。以阜新作为资源枯竭型城市的生态建设典型,将矿山建设为生态环境重建旅游基地或生态园区。

第一节　城市化地区生态环境现状与发展趋势

一、城市环境污染问题突出

1. 城市河段水质污染

作为新中国"工业摇篮"的东北地区,80年代以前重开发轻治理,污染历史较长。上游城市段的污水未及时得到净化,就进入下游城市段,使各主要河流水系污染持续加重(表17—1)。尤其是辽河水系流经的铁岭、沈阳、鞍山、本溪、抚顺、辽阳和盘锦等城市段河流水质污染更重,全河段均为劣Ⅴ类水质,属重度污染,失去利用价值。受污染的河水注入辽东湾后,又使海洋渔业经济和资源遭到破坏。近几年来,工业废水的排放量和污染负荷呈现逐年下降的趋势,城市生活污水的排放量和负荷逐渐上升成为主要矛盾(图17—1)。如太子河本溪段挥发酚是辽宁省污染最重的地段,1995年挥发酚超过国家Ⅴ类水质标准的15.3倍,2001年仅超过Ⅴ类水质标准0.4倍,2003年达到Ⅴ类水质标准;浑河沈阳段在1996年以前污染物以化学需氧量、石油类和挥发酚为主,自2000年以来,污染物主要以化学需氧量、生化需氧量和氨氮为主,呈现明显的生活污水污染特征。从污染发展速度来看,东北城市化地区没有东南沿海地区快,而且近年来有些城市河段的污染程度还略有减轻。

表 17—1　东北三省主要河流水质与主要污染物

	主要河流、水系	水质类别	主要污染物质
辽宁	辽河、大辽河、浑河、太子河、大凌河、鸭绿江	Ⅴ类和劣Ⅴ类水质占77.8%，Ⅳ类水质占5.5%，Ⅱ类和Ⅲ类水质占16.7%	氨氮、高锰酸盐指数和挥发酚
吉林	松花江水系、图们江水系、鸭绿江水系、辽河水系	Ⅱ类和Ⅲ类水质占41.3%，Ⅳ类和Ⅴ类水质占23.8%，劣Ⅴ类水质占34.9%	高锰酸盐指数、氨氮、挥发酚、生化需氧量等
黑龙江	松花江干流、嫩江、牡丹江、黑龙江干流、乌苏里江、穆棱河	枯水期Ⅴ类或劣Ⅴ类水质分别占42.8%、25.1%；平水期Ⅴ类或劣Ⅴ类分别占44.0%、20.2%	高锰酸盐指数、生化需氧量和氨氮

资料来源：2003年东北三省环境状况公报。

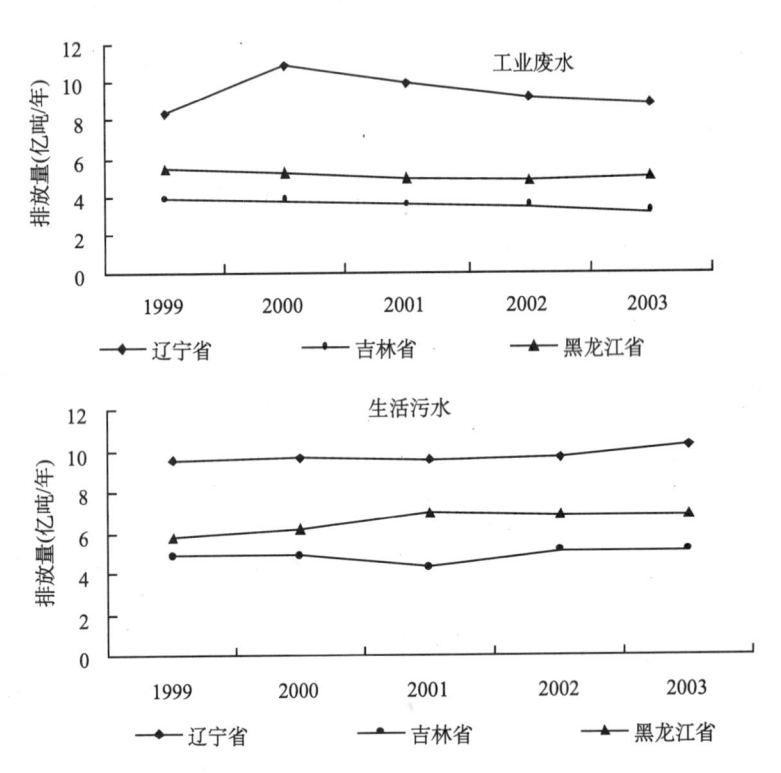

图 17—1　1999～2003年东北三省工业废水及生活污水排放
资料来源：1999～2003年东北三省环境状况公报。

2. 城市空气污染严重

东北城市化地区空气质量明显劣于东南沿海地区城市。空气中主要污染物是颗粒物，其次是二氧化硫和氮氧化物。各城市采暖期颗粒物浓度和二氧化硫浓度均高于非采暖期，属于典型的煤烟型与产业结构型污染。在辽宁省的各行业中，黑色金属冶炼及压延加工业废气排放量居首位，占全省总量的32.9%，电力、蒸汽、热水的生产和供应业次之，占总量的28.4%。

尤其是中部城市群的鞍山、本溪和抚顺等城市工业废气排放量大,空气中污染物浓度较高,空气质量仅达到三级国家空气质量标准(表17—2)。

表17—2　辽宁省城市群地区空气主要污染物浓度　　　　单位:毫克/立方米

	沈阳	大连	鞍山	抚顺	本溪	营口	辽阳	铁岭
可吸入颗粒物（超标倍数）	0.137 (0.4)	0.081	0.122 (0.2)					
总悬浮物（超标倍数）				0.240 (0.2)	0.282 (0.4)	0.190	0.199	0.202 (0.1)
二氧化硫（超标倍数）	0.053	0.039	0.078 (0.3)	0.029	0.06	0.015	0.041	0.028
二氧化氮	0.037	0.03	0.039	0.033	0.039	0.023	0.042	0.041
降尘*	17.98	13.23	22.38	23.63	26.02	13.42	13.19	11.48
综合级别	三	二	三	三	三	二	二	三

资料来源:2003年辽宁省环境状况公报。
*降尘单位为吨/平方公里·月。

近年来,东北城市化地区随着工业结构的优化、产业结构的调整及采取有效的治理措施,工业污染物排放逐年下降(图17—2),城市空气污染物浓度也逐渐降低,空气环境质量得到改善。

3. 固体废物污染突出

东北三省工业固体废物产生量大,且呈逐年增长态势(图17—3)。尤其是辽宁省工业固体废物产生量最大,历年来均为吉林和黑龙江两省工业固体废物产生量之和的1.6倍以上。辽宁省工业固体废物产生量中尾矿占到46.5%,其他依次是冶炼废渣、粉煤灰、煤矸石、炉渣;吉林省工业固体废物以粉煤灰为主,约占总量的1/3,其次是尾矿、炉渣、冶炼废渣;黑龙江省主要以煤矸石和粉煤灰为主,这两种废物约占总工业固体废物产生量的70%。

近年来,东北三省固体废物综合利用量逐年上升(图17—3),但与发达国家相比,综合利用率仍较低。辽宁省的固体废物综合利用以冶炼废渣为主,占31.3%,其次是粉煤灰、炉渣和煤矸石。吉林省以粉煤灰、炉渣和冶炼废渣为主,占总利用量的67%以上。黑龙江省以煤矸石和粉煤灰为主,占利用量的90%以上。

城市化地区各城市普遍存在着垃圾处理能力不适应城市发展的现象,垃圾围城现象严重。而且垃圾产生的高浓度渗出液,还严重威胁着土壤和地下水安全。目前辽宁省的沈阳、大连、鞍山、辽阳建有4座城市垃圾处理厂,日处理能力5000吨,全省垃圾无害化处理率仅为37.5%。

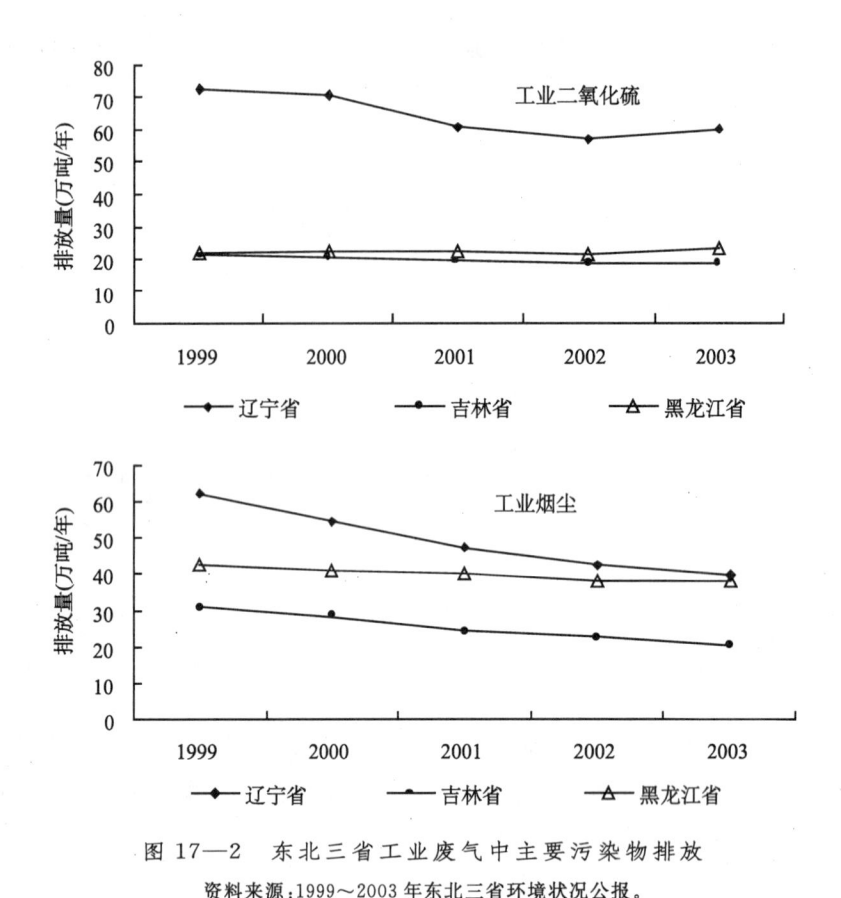

图 17—2 东北三省工业废气中主要污染物排放

资料来源：1999~2003 年东北三省环境状况公报。

4. 噪声污染突出

随着社会经济发展，餐饮、娱乐等服务业的兴起，加之交通运输车辆的迅猛增加，以及建筑施工等，造成城市噪声污染普遍，声环境质量较差。辽宁省城市环境噪声总达标率为 76.3%，昼间达标率为 93.3%，夜间达标率为 63.3%。鞍山、抚顺噪声达标率低于 60%。全省道路交通噪声平均等效声级均值为 69.3 dB(A)，抚顺、阜新、盘锦、朝阳 4 个城市道路交通噪声超标。城市区域噪声平均等效声级均值为 56.1 dB(A)，铁岭、阜新、朝阳、鞍山、盘锦、葫芦岛超过标准。吉林省区域环境噪声平均等效声级范围介于 61.8~52.1 dB(A)。白山属中度污染，辽源、长春、吉林和四平属轻度污染。城市道路交通噪声平均等效声级均值为 69.1 dB(A)，松原属中度污染，长春、通化、延吉和白山道路交通声环境质量较好。黑龙江省道路交通噪声各城市均有不同程度的分布，鹤岗最重，牡丹江相对较轻。哈尔滨、鸡西和大庆城市区域环境噪声等效声级均值超过 55 dB(A)，超标范围在 0.6~1.4 dB(A)，其他 7 个城市等效声级均值低于 55 dB(A)。

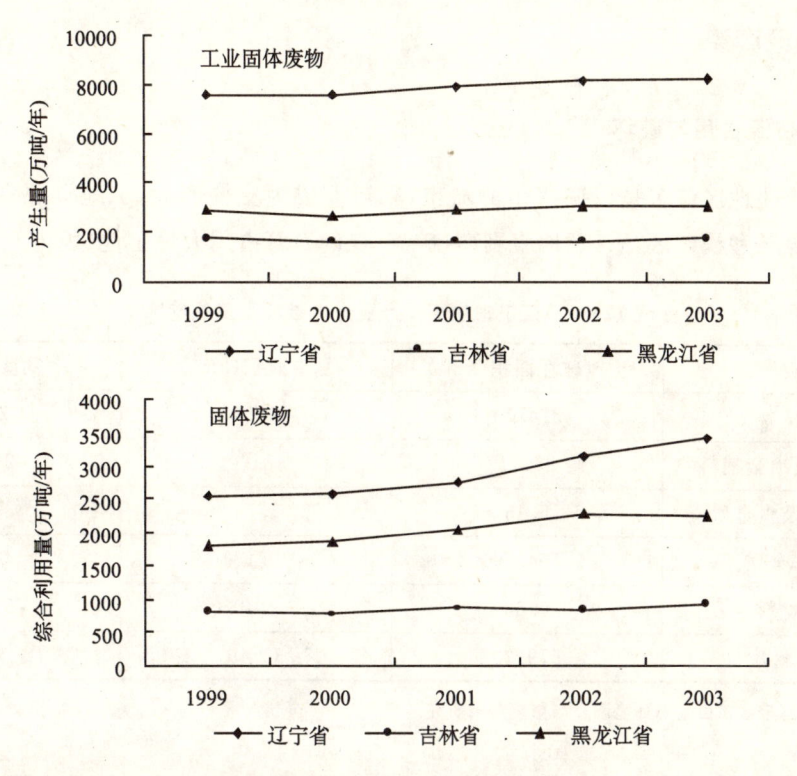

图 17—3 1999～2003 年东北三省工业固体废物产生量及综合利用量
资料来源:1999～2003 年东北三省环境状况公报。

5. 土壤污染越来越突出

由于污水灌溉及大量固体废弃物向农田转移,过量的化肥、农药在土壤及水体中残留等,使部分灌区土壤污染物超标,已影响了农产品的质量安全。

2003 年辽宁省对全省"菜篮子"种植基地、主要污灌区、有机食品生产基地的土壤质量进行了监测。结果表明,全省 5 个城市 7 个有机食品生产基地土壤各项污染因子全部达标,土壤清洁;全省 13 个城市 24 个"菜篮子"生产基地的 8 项污染指标浓度平均值符合国家土壤环境质量二级标准,但其中有 3 个基地镉出现超标现象,1 个出现砷超标。全省菜篮子生产基地土壤中污染物分担率排序为:镉(24.9%)＞砷(19.8%)＞汞(17.8%)＞铜(15.7%)＞铬(11.4%)＞铅(4.3%)＞DDT(3.3%)＞六六六(2.9%)。全省 6 个城市 7 个污灌区土壤环境质量监测结果表明,有 3 个污灌区超标,为沈抚灌区、沈阳浑浦和鞍山宋三灌区,首要污染物均为镉。其中沈抚灌区土壤综合污染指数为 13.53,表明土壤、作物受污染已相当严重;浑浦灌区属中度污染;鞍山宋三灌区处于警戒线。

二、资源环境态势

1. 土地资源占用与破坏

东北城市化地区许多是以矿兴市的城市,采矿业成为支柱产业,土地资源占用与破坏严重。尤其是煤矿和铁矿区,采矿、地表剥离、矿渣、煤矸石等占用大量土地(表17—3)。

表17—3 辽宁省主要矿产业土地破坏及复垦情况

分类	土地破坏面积(km²)	复垦面积(km²)	复垦率(%)
煤矿	374.70	8.26	2.20
黑色金属及冶金辅料	88.11	18.90	21.45
有色金属及贵金属	5.16	1.75	33.91
化工非金属	104.80	0.18	0.17
建筑材料	6.62	3.40	51.36
合计	579.39	32.49	5.60

资料来源:"辽宁省矿山生态环境调查与修复对策研究"。

2. 水资源污染与缺乏

首先,东北地区水资源总量不足。主要原因是东北地区属大陆性季风气候,降水量少且时空分布不均,水资源时空分布呈现不平衡,区域性缺水严重。辽宁省东部地区降水量最大,中部平原较少,全省水资源量少,人均水资源量约为全国平均水平的1/3,水资源形势非常严峻(表17—4)。吉林省中西部的长春、四平和松原等重要经济带,面临的缺水形势也较严峻。

表17—4 东北三省水资源量

	降水量(亿 m³)	水资源总量(亿 m³)	地表水资源量(亿 m³)	地下水资源量(m³)	地表水与地下水重复量(亿 m³)	人均水资源量(m³)
辽宁	756.80	148.26	123.38	70.18	24.88	353
吉林	1114.33	368.69	315.76	109.23	52.93	1366
黑龙江	2284.69	632.62	467.26	269.86	165.36	1659

资料来源:《2002年中国水资源公报》。

其次,由于对地下水开采强度不平衡、开采技术落后等原因,造成了一些地区出现地下水位下降形成漏斗。如沈阳城区漏斗枯水期面积49.7平方公里,辽阳首山漏斗枯水期面积317.6平方公里。长春、四平和松原地区形成漏斗面积293平方公里,其中严重超采区面积182平方公里。沿海城市发生海水入侵,海侵总面积已达到603.3平方公里,主要分布在葫芦岛、锦州、营口、大连地区。

第三,大部分废水未经处理直接排入江河,大、中城市和工业重镇的河流水质达到Ⅴ类甚至劣Ⅴ类,造成污染型缺水。一些地区居民的饮用水源受到威胁,辽宁省的昌图等地居民常年喝污染水。此外,个别地区的地下水属于微咸水、高氟水和高砷水的不良水质。

近年来由于采取调整用水结构、加大污水处理力度和再生水回用、加强管理等措施,水资源总量有所上升,辽宁省水资源总量由2000年的137.4亿立方米上升到2003年的220.0亿立方米。

3. 城市生物多样性减少、生态绿地不足

城市的生境是多种多样的,包括不同的功能区,如金融商业区、工业区、文教区、居民区、农业区、文化游览区、公园、不同性质的绿地、湿地和水域等。城市化的发展对生物多样性最严重的威胁就是原有的生境消失,代之以混凝土地面和楼群,使大量物种消失。吉林安图县二道白河原来是一片繁茂的温带森林,现在已成为长白山地区的一个繁华重镇,原生性森林荡然无存。利用1986年和2000年遥感资料分析,辽东湾自然湿地面积由1986年的2370.9平方公里减少到2000年的1644.5平方公里。该湿地是最大的候鸟栖息地,1985年以前,在鸟类迁徙季节常见到3000～5000只雁鸭类种群,到1990年见到的最大雁鸭类种群只有300～500只,并且种类减少。再者,城市化地区水域污染严重,径流大多带有大量悬浮的固体物质,含有大量氮、磷、杀虫剂、氯化物和重金属元素污染物,城市污水也含有大量的氮、磷等物质,它们和城市径流的营养物和污染物混杂一起流入水域,造成富营养化,破坏整个湿地及其物种,给生物带来间接的影响。

城市化地区人均公共绿地面积相对较少,且分布不均,辽宁省大连、鞍山、本溪市人均公共绿地面积相对较多,而抚顺、营口和铁岭市却很少(表17—5)。

表17—5　辽宁省城市人均公共绿地面积　　　　　　　　　　单位:平方米

沈阳	大连	鞍山	抚顺	本溪	营口	辽阳	铁岭	全省平均
6.86	9.5	7.63	5.79	7.31	5.52	6.84	5.92	6.97

资料来源:《2003年辽宁省统计年鉴》。

4. 地质灾害严重

城市发展造成的环境负效应主要通过大规模工程建设、地下资源开发、废物排放等方式实现的。东北三省是矿业开发历史悠久,环境地质灾害问题也越来越突出,主要是地面沉陷。辽宁省抚顺、阜新、本溪、铁法、北票、南票、沈北等城市的煤田开采地区,地面沉陷90余处,总面积258.95平方公里(表17—6)。此外,丹东、阜新等地发生崩塌、滑坡、泥石流,沿海的葫芦岛、锦州、营口、大连还发生海水入侵等地质灾害。

表 17—6　辽宁省主要地面沉陷灾害情况

地点	沉陷处数	沉陷面积（km²）	沉陷深度（m）
阜新煤矿	13	101.38	1.31~10.2
抚顺煤矿	2	15.00	7~20
本溪煤矿	1	43.50	2~3.7
铁法煤矿	38	10.38	1.4~12.5
红阳煤矿	5	11.30	1.4~2.84
西马矿	12	2.90	2.68
北票煤矿	35	33.21	3~10
南票煤矿	1	38.36	7.93
弓长岭铁矿	1	2.97	10~20
合计	108	259.00	

资料来源："2003 年辽宁省矿山生态环境调查与修复对策研究"。

5. 生态环境问题制约老工业基地的振兴

生态灾害、环境污染等生态环境问题限制了经济可持续发展。辽宁省在 1970~1998 年的 28 年间，涝年 10 年，受灾面积在 20 世纪 90 年代达到 426.5 万公顷，比 50 年代增加 36%，90 年代累计因水灾经济损失达 511.5 亿元。旱灾面积 90 年代比 50 年代增长了 20 倍。特别是辽宁西部地区旱灾十分严重，1980~1982 年连续 3 年干旱，1999~2000 年连续 2 年干旱，使生态环境遭到严重破坏。据不完全统计，近年来，辽宁省因生态灾害、土地退化、环境污染以及外来有害物种入侵等危害，造成年均经济损失 140~200 亿元，大体相当于同期全省国内生产总值的 3.5%~5%。

农用化学品不合理使用，使农业生态环境污染加重，农产品质量降低，有害物质残留。据 2000 年辽宁省农业监测站对某市一些菜市、农贸市场抽样检查：白菜中甲基对硫磷、甲胺磷检出率分别达到 88.9%、100%，黄瓜、芸豆中氧化乐果检出率分别达到 100%、88.9%。农产品中残留累积的有毒有害物质，通过食物链会危及人类生命安全，严重的生态环境问题甚至会影响到社会稳定，制约了东北老工业基地的振兴。

随着经济发展，城市化进程也将加快，能源消耗也将提高，城市环境仍不容乐观。辽宁省预计在 2010 年能源消耗将达到 12750 万吨标煤，比 2000 年增加 30%，机动车将达到 400 万辆，尾气中 NO_x 和 CO 排放量将达到 14.8 万吨和 69.2 万吨，如不采取有效措施，向空气中排放污染物总量将增加 40%，2020 年将增加 110% 以上。除沿海城市外，其他城市尤其是大中型城市环境改善面临着巨大的压力。

第二节　城市化地区污染控制与生态建设途径

一、环境污染控制途径

1. 加大河道污染治理力度

辽河水系污染程度位居我国七大水系的前列。水污染治理应从全局出发,打破各省、市单独治理的形式,统一管理,综合进行松、辽流域污染治理。严格实行流域内工业废水达标排放,尽快增建城市生活污水处理厂,加强城市河道水污染治理力度,建设人工湿地,加强环境工程措施研究。推行城市节水、污水处理及其资源化,创建节水型城市。同时严格控制地下水开采量,控制流域内农田的面源污染。

2. 控制城市空气污染

东北城市化地区的空气污染属于典型的煤烟型污染,应逐步提高城市清洁能源的比例,改善能源结构,控制燃煤型空气污染。在城市的近郊区内禁止新建燃煤电厂和其他严重污染大气环境的企业,建立高污染燃料禁燃区,增加废气治理设施。在人口稠密的市区逐步取消直接燃用原煤,加快城市供热、供气能力建设。逐步提高并严格执行机动车污染物排放标准,鼓励开发和使用清洁燃料车辆。随着近年来采取的一系列治理措施,城市化地区的大气环境质量已得到一定程度的改善,其中,辽宁省在 2003 年取缔燃煤锅炉 2910 台,砍掉烟囱 1401 根,从城市中心区搬迁污染企业 131 家。此外,在城市群地区还要考虑建设大型的绿化带,增加城市生态绿地面积,有效控制城市扬尘。

3. 加大城市固体废物处理与资源化利用力度

应加快城市环保基础设施的建设,建立垃圾分类收集、储运和处理系统。在现有固体废物减量无害化处理的同时,应进一步加强高炉渣、钢渣、粉煤灰等在建材方面的利用。可考虑建设大型的垃圾电站,在处理固体废物的同时,还可以缓解局部电力紧张问题。

4. 保护城郊环境

实施农业清洁生产是保障农产品安全的首要基础,要逐步建立绿色食品原料生产基地、绿色食品加工基地、绿色食品综合生产基地,形成产、供、销一体化,种、养、加一条龙的生产格局。在不影响人们的身体健康和正常的生活的前提下,鼓励生态养殖,减少末端污染物处理量。尤其是在国家环境保护重点城市、重点流域和污染严重河网地区的集约化畜禽养殖场和养殖区,要严格执行《畜禽养殖业污染物排放标准》,以减缓农业面源污染加重的趋势。

二、生态建设途径

1. 综合治理城市环境,建设生态城市

综合整治城市生态环境的重点是大气污染、水污染、固体废弃物污染、土壤污染及城市噪声污染。建设生态城市是东北老工业基地实现可持续发展的必由之路。生态城市已成为国际第四代城市的发展目标,其主要特点是自然、社会、经济的和谐及持续性,能流、物流、信息流及价值流的高效性,区域发展的平衡性及协调性。应该以辽宁创建循环经济试点省、吉林和黑龙江建设生态省为有利契机,在合理控制城市化的规模与建设的同时,搞好生态城市的规划与建设,兼顾社会、经济和环境的整体效益,并与自然资源和自然环境的承载力相协调,为生态城市的发展留有自然空间,同时实行城市规划的综合评估与社会参与。

2. 城市群地区生态建设途径

首先要搞好城市功能区规划,合理布局工业,使城市发展和生态承受力相适应。在城市化进程中,应遵循生态规律,从城市环境容量和资源保证能力出发,制定和实施城市群总体规划,合理确定城市规模和发展方向,调整城市产业结构和空间布局,逐步解决城市功能区混杂问题,加快城市环境基础设施建设,改善城市生态环境,注重城市质量与城市安全,保证城市的可持续发展。城市群尤其要制定改善水质的计划,重点保护城市饮用水源,实施生活饮用水源水环境质量报告制度。推行城市节水、污水处理及其资源化,创建节水型城市。严格控制地下水开采,严禁超采地下水。城市群地区更应控制燃煤型空气污染,增加废气治理设施。改善能源结构,提高城市清洁能源比例,增加城市生态绿地面积,综合控制城市大气污染物的相互影响。特别是在辽宁中部城市群地区,在加强城市生态环境综合治理的同时,更要注重建设大型绿地、环城绿地、交通绿地和居住区绿地,增加水域面积,建设人工类型湿地,维护生物多样性。

3. 资源枯竭型城市生态建设重点

资源型城市的生态环境破坏严重,已威胁居民的安全与生活。尤其是采煤沉陷区,东北三省采煤沉陷区总面积达 954 平方公里,影响居民 25.2 万户、70 多万人。辽宁省 7 个城市的煤田开采区,地面沉陷 90 余处,总面积 258.95 平方公里,地表最大下沉约 20 米,最大水平移动约 10 米,区内很多房屋和公共设施被破坏,给人民生命财产带来严重威胁。吉林采煤沉陷区面积达 262 平方公里,黑龙江省四个煤炭城市总沉陷面积达 423 平方公里。另外,矿山废渣堆放量不断增加,矿山废水不断排放,一些流经城市河流的水质远远超过 V 类标准。目前,阜新、北票、抚顺、本溪、南票五大采煤沉陷区治理获得国务院批准,已完成投资 7.7 亿元,施工建筑面积 61 万平方米,竣工面积 32 万平方米。其中,阜新安置居民 7180 户,北票安置居民 600 户,抚顺、本溪、南票沉陷区治理已经启动。沈阳和铁法沉陷区治理方案也已上报国家。

对于资源枯竭型城市要以城市的生态建设作为重点,搞好沉陷区及矿山排土场的综合治理。在市场机制下，以生态学理论为指导，采取多种手段有效配置土地资源，利用当地人文条件和自然条件，利用沉陷地或排土场发展以煤炭为主题的旅游业、观光农业、休闲旅游业、房地产业等第三产业，构筑城市的"大生态"和"大旅游"系统，改善城市的经济发展模式，提升原有的经济结构，为生态城市的建设打下根基。

鞍山和抚顺市矿山排土场的恢复治理工程，已成为矿山环境治理的示范区。阜新市作为国家列入的重点资源枯竭型城市，在实现农业生态园化及发展生态养殖业经济转型的同时，更重视城市的生态建设，借鉴德国鲁尔矿区生态建设的成功案例，在海州露天矿建设矿山生态环境重建旅游基地，在新邱露天矿建设生态园区。这些城市的成功经验，可以用来指导东北老工业基地乃至全国其他资源枯竭型城市的生态环境建设。

第三节　重点地区污染控制与生态建设

一、辽中南地区

1. 主要生态环境问题

辽中南地区包括沈阳、大连、鞍山、抚顺、本溪、营口、辽阳、盘锦和铁岭等9个城市，拥有全省城市人口的65%，已形成城市群。是我国的钢铁、冶金、矿山、化工、机械等重要工业基地。该地区的工业废气、工业废水排放量大，固体废物产生量大，分别占全省工业废气、工业废水排放量和固体废物产生量的80.4%、82.3%和79.2%（表17—7），加之生活源的烟尘、二氧化硫、生活污水、生活垃圾等排放量也很大，成为辽宁省环境污染最重的区域。除大连、营口、辽阳、盘锦市符合国家空气环境质量二级标准外，其余5个城市都只达到三级标准。

表17—7　辽中南地区污染物城市排放情况

	沈阳	大连	鞍山	抚顺	本溪	营口	辽阳	盘锦	铁岭	全省
工业废气排放量（亿立方米）	486.5	1213.8	2679.0	1206.9	2054.0	865.7	317.9	273.7	829.6	12347.2
工业废水排放量（万吨）	6718.7	31888.9	6942.0	7462.0	6905.6	2460.0	6049.9	1299.4	3095.4	88535.9
固体废物产生量（万吨）	328.5	219.0	2232.2	774.2	1668.5	78.0	547.5	58.7	596.1	8212.0

资料来源：《2003年辽宁省环境质量报告书》。

流经铁岭、沈阳和盘锦市的辽河全河段为劣Ⅴ类水质，属重度污染。各断面化学需氧量、氨氮均超标，污染最重的三合台断面分别超标4.6倍、2.7倍（图17—4）。大辽河水系以Ⅴ类和劣Ⅴ类水质为主，占83.3%，多为氨氮超标，其中浑河流经抚顺和沈阳，太子河流经本溪、辽阳、鞍山,大辽河流经盘锦、营口,污染最重的七台子断面氨氮超标10.5倍(图17—5~7)。

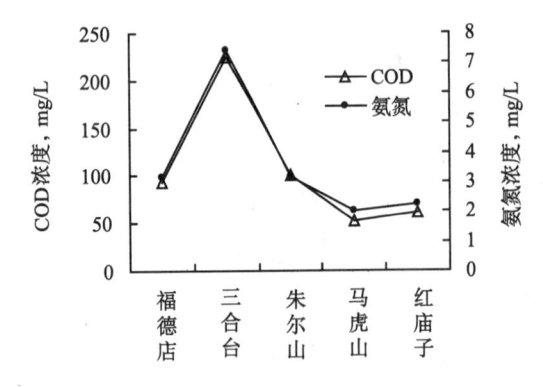

图17—4 辽河沿程COD、氨氮浓度变化

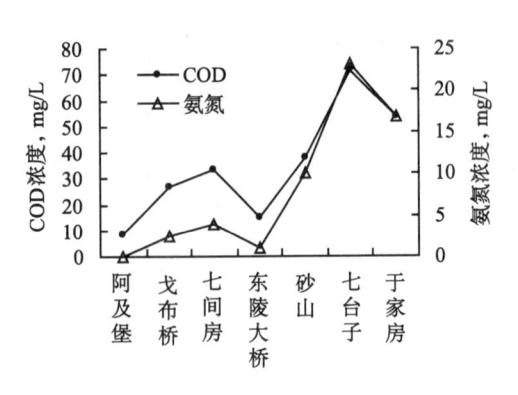

图17—5 浑河沿程COD、氨氮浓度变化

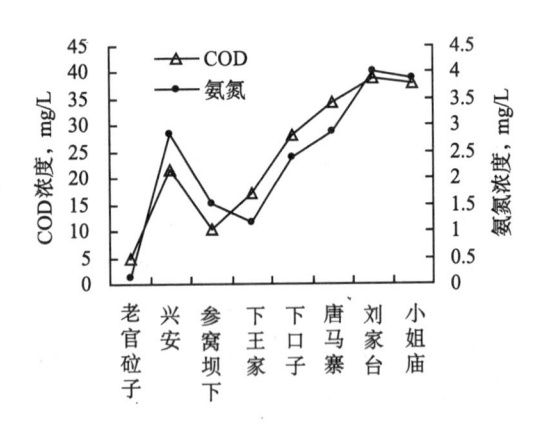

图17—6 太子河沿程COD、氨氮浓度变化

图17—7 大辽河沿程COD、氨氮浓度变化

辽中南地区城市群的十个大中型铁矿区,总占地面积约119平方公里,破坏土地面积81.67平方公里,采场面积22.84平方公里,排土场、尾矿库占地面积58.83平方公里(表17—8)。

表17—8 辽中南矿区土地破坏情况　　　　　　　　　　　单位:平方公里

矿山企业名称	土地破坏面积	采场面积	废渣占地面积	
			排土场	尾矿库
鞍山市东鞍山铁矿	8.71	1.75	4.50	2.46
鞍山市齐大山铁矿	11.61	4.81	4.41	2.39
鞍山市大孤山铁矿	12.37	2.38	7.54	2.45
鞍山市西鞍山铁矿	0.22	0.21	0.01	
鞍山市眼前山铁矿	8.50	2.66	5.84	
辽阳市弓长岭露天铁矿	11.39	6.62	4.77	

续表

矿山企业名称	土地破坏面积	采场面积	废渣占地面积	
			排土场	尾矿库
辽阳市弓长岭井下铁矿	0.01	0	0.01	
本溪市南芬露天矿	19.60	4	15.60	
本溪市南芬选矿厂	8.01	0		8.01
本溪市歪头山铁矿	1.24	0.41		0.84
总　　计	81.67	18.88	58.82	

资料来源：辽宁省地矿部门资料。

辽中南地区城市之间，直线距离不超过 100 公里，其中抚顺的新抚钢厂、洗涤化有限公司距沈阳棋盘山风景区直线距离仅 6 公里，本溪市开发区距沈阳绿岛公园不超过 10 公里，城市间交互污染严重。比如，本溪的北台钢铁公司对辽阳市构成污染威胁，抚顺市的浑河和本溪市的太子河对其下游的沈阳和辽阳地表水造成污染等。可见，区域环境问题与面临的压力日益突出。

2. 治理途径与措施

严格控制燃烧污染是改善城市空气环境质量的重要途径。沈阳市自 2002 年以来，已连续两年平均每年砍掉烟囱 1000 根以上，鞍山市取缔建成区集中供热网内 4 吨以下锅炉。沈阳市城区内推行灰堆、料堆、裸地软硬覆盖，有效地控制二次扬尘，加大机动车尾气年检和抽检力度，使尾气达标率提高到 75%。结合城市功能区改造，从城市中心区搬迁污染企业。新建垃圾处理厂 2 座，垃圾无害化处理率达 45%。关闭张纱布渡槽，使污水不再直排浑河，实现污水排放量减半，治理沈抚灌渠。关停并治理了大伙房和汤河水库周边 26 家污水直排库区的"三产"企业，开展废水、畜禽养殖业粪便处理及"小造纸"等专项整治。启动实施城市中水回用项目，鞍山西部第一污水处理厂实现日回用中水 35 万多吨。加强生态示范区的建设，沈阳市东陵区、大连市旅顺口区、海城市、清原县等生态示范区试点，通过了国家环保总局的考核验收。启动了沈阳卧龙湖湿地恢复工程，鞍山市完成矿山生态恢复 0.75 万亩，累计恢复了 1.55 万亩，抚顺市完成矸石山绿化 1.5 万亩，采煤沉陷区植树 1.9 万亩。

通过对城市环境的综合整治，使得辽中南地区城市环境质量得到改善。沈阳、大连、鞍山、抚顺、盘锦五市积极创建国家环保模范城，出现了城市群体创模态势。

二、长春—吉林地区

1. 主要生态环境问题

长春市与其周边的吉林市、四平市和辽源市等已初步形成了都市圈，是吉林省重要的工业及资源基地。随着城镇规模和数量的扩大,环境基础设施建设相对滞后,使环境与发展的矛盾更为突出。区域内工业结构性污染十分显著,化工、冶金、机械、造纸、食品加工和电力等行业是工业排污的主要行业,其废水、废气排污负荷分别占总污染负荷的70%和80%以上。城市空气质量未从根本上好转,除长春市的空气质量达到国家二级标准外,四平市空气质量达到国家三级标准,吉林市和辽源市的空气质量劣于三级。大气污染类型正从煤烟型污染向煤烟、机动车废气和扬尘污染混合类型转变。

地表水达标率低于60%。吉林市松花湖水质主要为Ⅲ-Ⅳ类,超过规定的Ⅱ类水质标准。辽河干流监测断面中劣Ⅴ类水质占64.3%,出省境的四双大桥断面水质为劣Ⅴ类,超过规定的Ⅲ类水质标准。四平市二龙山水库水质为劣Ⅴ类,超过规定的Ⅲ类水质标准(表17—9)。河流的主要污染物是高锰酸盐指数、氨氮、挥发酚和石油类,湖库的主要污染物是总磷和总氮,这些污染物主要来源于城镇的生活污水、农业面源污染和工业污染。

表17—9　长春—吉林地区主要地表水水质类别　　　　　　　　　　单位:%

	Ⅱ-Ⅲ	Ⅳ-Ⅴ	劣Ⅴ
松花江水系	45.8	16.7	37.5
辽河水系	14.3	21.4	64.3
松花湖		80.0	20.0
长春南湖		66.7	33.3
二龙山水库			100

资料来源:"2003年吉林省环境质量公报"。

2. 治理途径与措施

吉林省以改善环境质量和保护群众健康为根本出发点,突出重点,强化措施,加速推进生态省建设,积极推动循环经济的发展,严格环境管理,主要城市环境质量稳步改善。

以解决城市大气煤烟型污染为突破口,着重开展了城市环境综合整治。各重点城市相继开展热化、气化等建设工程,治理、改造、搬迁了市区工业废气污染源和生活锅炉,全省2004年共拆除或治理不合格锅炉1000余台(套),合并和新建集中供热单位150余个,有效缓解了大气煤烟型污染问题。工业企业实施并竣工了148个重点废气污染治理项目,工业二氧化硫年排放达标率为62.9%,工业烟尘年排放达标率为73.9%,工业粉尘年排放达标率为52.7%。

为确保城镇居民生活饮用水安全,对城镇集中式生活饮用水源地进行保护区划,强化对水源地保护。以松花江、辽河流域为重点,加大了污染治理力度。对公主岭黄龙公司、金士百啤酒集团公司、双辽发电厂、辽源热电厂、四平热电厂、四平联化等企业开展清洁生产审核,实施整改,发展循环经济。2004年对松花湖周边排污口进行了专项整治,22家排污单位新建了污水处理设施,36家排污单位新建了防渗池,流动生活污水深度处理站投入使用,有效遏制了近湖区污染加剧的势头。对辽河流域内袜业印染企业进行了集中整治，并以二龙山水库为突破口，有效削减了流域的水污染负荷。同时也加大了对造纸、糠醛企业等重点水污染源的防治力度，加快了排污大户污水处理设施建设步伐，对不符合产业政策的小造纸实施取缔或关停。全省工业企业实施了90个重点废水治理项目，全省工业废水年排放达标率为79.44%。但吉林市等污水处理厂建设进程亟待加快。

三、哈尔滨—大庆—齐齐哈尔地区

1. 主要生态环境问题

哈尔滨—大庆—齐齐哈尔地区与吉林省接壤，是黑龙江省的工业中心。城市生态环境问题突出。地表水的使用功能多数不能保证，水质超过Ⅴ类，大庆和哈尔滨尤为突出（表17—10），主要是生化需氧量、高锰酸盐指数和氨氮超标。哈尔滨和齐齐哈尔市以河流为水源的水源地均受到不同程度的有机污染，哈尔滨市的枯、平水期和齐齐哈尔市的枯、丰水期的水源地水质达不到Ⅲ类水体的要求。

表17—10 哈尔滨、齐齐哈尔、大庆城市附近地表水水质类别

城市	水体	枯水期	平水期	丰水期
哈尔滨	松花江干流	劣Ⅴ	Ⅴ	Ⅴ
齐齐哈尔	嫩江	Ⅴ	Ⅲ	Ⅳ
大庆	安肇新河		劣Ⅴ	Ⅴ

资料来源："2003年黑龙江省环境质量公报"。

城市空气污染为典型的煤烟型污染，采暖期的城市大气环境质量明显劣于非采暖期，主要污染物是总悬浮颗粒物和可吸入颗粒物。哈尔滨市二氧化硫浓度年均值最高，但未超过国家二级标准（0.06mg/立方米）。齐齐哈尔市总悬浮颗粒物日均值超过国家环境空气质量日均值二级标准（0.30mg/立方米）的天数占监测天数百分比为2.0%。哈尔滨市和大庆市可吸入颗粒物日均值超过国家环境空气质量日均值二级标准（0.15mg/立方米）的天数占监测天数百分比分别为18.6%、4.9%（图17—8）。所有城市的二氧化氮浓度年均值均未超过国家环境空气质量年均值二级标准（0.08mg/立方米），其中大庆市的年均值最低，哈尔滨市最高，其二氧化氮日均值超过国家环境空气质量日均值二级标准（0.12mg/立方米）的天数占监测天数百分比为3.8%。

2. 治理途径与措施

总结和宣传推广成功的环境综合治理经验，进一步加大城市环境综合整治力度。哈尔滨市生态园林城市建设步伐在加快，齐齐哈尔市环保基础设施建设也明显加快。到目前为止，哈尔滨城市用水普及率、燃气普及率、污水集中处理率和垃圾无害化处理率分别达到80.47%、

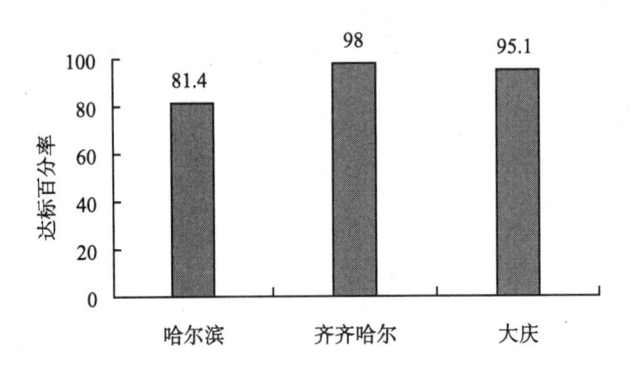

图17—8　哈尔滨、大庆、齐齐哈尔城市大气达标率

66.66％、14％和26％。

哈尔滨文昌二级污水处理工程、齐齐哈尔市城市污水处理厂已投入运行或试运行,哈尔滨市总投资11亿元的松花江污水截流及处理工程全线开工。通过实施工业污染源全面达标工程,实施清洁生产方案,开展污染物排放总量核定,主要污染物排放量得到有效控制。2003年黑龙江省实施污水治理项目82个,工业废水污染治理得到加强,全省工业废水排放达标率为94.17％。齐齐哈尔市关闭了嫩江上游沿江排污口,确保了哈、齐两市饮用水安全。集中清理地表水饮用水源的污染源,城市地表水饮用水源水质达标率达到96.3％。

开展全省锅炉及除尘器生产及应用情况检查,实现小区连片供热,减少排放源。开展低空面源治理,对街头烧烤进行规范和取缔。积极采用型煤等低污染燃料,将一大批小吨位锅炉更换为型煤锅炉。实行排污许可证,稳定工业污染源达标,对违反有关规定的锅(窑)炉予以拆除。2003年全省废气治理项目136个,拆除大烟囱839根,治理和改造锅炉、窑炉1336台。二氧化硫排放达标率、烟尘排放达标率和工业粉尘排放达标率分别为89.89％、90.45％和88.59％。

第四节　结论与建议

布局在东北老工业基地的钢铁、能源、化工、重型机械、汽车、造船、飞机、军工等重大工业项目,奠定了中国工业化的初步基础,为国家的改革开放和现代化建设作出了历史性的重大贡献。改革开放以来,由于体制性和结构性矛盾日趋显现,东北老工业基地企业设备和技术老化,竞争力下降,就业矛盾突出,资源型城市主导产业衰退,经济发展步伐相对比较缓慢。按照党的十六大精神,把加快东北地区等老工业基地调整、改造和振兴列入重要议程,振兴东北等老工业基地被称为中国区域经济协调发展的"第三步棋"。

老工业基地城市化地区存在着以下主要生态环境问题:城市河段水质污染严重,辽宁、黑龙江省以Ⅴ类和劣Ⅴ类水质为主,吉林省地表水水质相对较好。地表水中主要污染物是化学需氧量、生物化学需氧量、氨氮,湖库的主要污染物质为总氮和总磷。城市空气环境质量与东南沿海地区相比较差,属于典型的煤烟型污染,主要污染物是颗粒物,其次是二氧化硫。工业固体废物产生量大,但综合利用率很低,主要是对炉渣、冶炼废渣、粉煤灰和煤矸石的利用。城市噪声污染日益严重,资源型城市土地占用与破坏问题突出,水资源缺乏,生物多样性减少,城市地质灾害频发等,这些生态环境问题在近期形势依然很严峻。

因此,要加强城市环境的综合治理。调整工业布局,控制燃煤型污染。在工业企业中推行清洁生产,发展循环经济,加快城市环保基础设施建设,增加污水、废气的治理设施,提高污水、废气的达标排放率和垃圾无害化处理率,以改善城市河段的水质和城市空气质量。特别是辽中南地区(包括沈阳、大连、鞍山、抚顺、本溪、辽阳、营口、盘锦和铁岭等城市)、长春—吉林地区(包括长春、吉林、四平和辽源等城市)、哈尔滨—大庆地区(包括哈尔滨、大庆和齐齐哈尔等城市)等城市区域,是东北老工业基地的核心,生态环境问题最为突出,更要加快城市环境的综合整治,以生态学理论为基础,向建设生态城市方向发展。对于资源枯竭型城市要搞好沉陷区及矿山排土场的综合治理,采用多种手段,因地制宜,构筑生态城市。以阜新市作为资源枯竭型城市生态建设的典型,积累经验,来指导东北老工业基地以及全国其他资源枯竭型城市的生态环境建设。

城市化地区的生态建设应兼顾社会、经济和环境的整体效益,为生态城市的发展留有自然空间。在生态城市建设中,应遵循和谐、高效、环保的原则,保证城市总体规划应以可持续发展的需求为目标,立足城市市域范围,综合考虑城市周边地区及所在区域生态环境的影响因素。以辽宁省创建循环经济试点省,吉林、黑龙江省建设生态省为有利契机,建设生态城市,从而实现城市的可持续发展。

参 考 文 献

1. 程世迎:"辽宁省中部城市群水环境保护与治理对策",《东北水利水电》,2001年第12期。
2. 丁恒康、邹长武:"城市化进程与城市可持续发展",《成都信息工程学院学报》,2002年2期。
3. 董庆士、党国锋:"固体废物资源化研究与探讨",《城市管理》,2003年第6期。
4. 杜秋根:《辽宁省可持续发展环境保护战略研究》,科学出版社,2004年。
5. 黑龙江省环保局:《1999~2003年黑龙江省环境状况公报》。
6. 黑龙江省水利厅:《1999~2003年黑龙江省水资源公报》。
7. 吉林省环保局:《1999~2003年吉林省环境状况公报》。
8. 吉林省水利厅:《1999~2003年吉林省水资源公报》。
9. 辽宁省环保局:《1999~2003年辽宁省环境状况公报》。
10. 辽宁省水利厅:《1999~2003年辽宁省水资源公报》。
11. 辽宁省统计局:《2003辽宁省统计年鉴》,中国统计出版社,2004年。
12. 刘佛翔、张伟东:"辽宁省带水可持续发展",《国土与自然资源研究》,1997年第2期。
13. 马雁军、杨洪斌、方志刚等:"辽宁中部城市群大气污染现状及发展趋势分析",《城市环境与城市生态》,2003年第5期。
14. 赵其国:"城市生态环境保护与可持续发展",《土壤》,2003年第6期。

第十八章 草地资源的可持续利用与保护

东北地区草地面积约25.1万平方公里,是中国东北绿色生态屏障的重要组成部分,对保证东北平原产粮区和工业城市群的生态安全、防止风沙侵袭起到重要作用。近些年,草地退化、沙化、盐渍化加重,对生态环境影响深刻。退化草地面积占草地总面积的40%~80%,其中辽宁的退化面积占80%以上,内蒙古东北和吉林的退化面积占40%以上。全区草地现在仍以每年1%~2%的速率退化。草地退化主要原因是传统草地价值观不利于草地保护,草地畜牧业发展和草地资源有限性的矛盾突出,草地面积减少和牲畜数量增加的矛盾激化等。实施草地可持续管理已成为当务之急。需要进行科学规划,制定保护、建设、利用的有效办法,加快观念转变和机制改革,严格实施《草原法》,综合运用林草协调、生态移民和劳务输出、矿产开发支援草原建设、进行分区草地管理规划等办法,实现草地资源的可持续管理和保护。

第一节 草地资源与作用

一、草地分布特征

从行政区域上看,草地主要分布在东北西部,主要包括内蒙古东北地区的赤峰市、通辽市、兴安盟、呼伦贝尔市,辽宁的阜新市,吉林的白城市、松原市、四平市部分地区,黑龙江的大庆市、齐齐哈尔市,大致呈东北-西南向条带状分布,西南端为科尔沁草原,东北端为呼伦贝尔草原,跨半干旱和半湿润地区,年降水量在330~650毫米(表18—1)。科尔沁地区的赤峰和通辽市干燥度为1.2~1.7,年降水量在320~460毫米。松嫩草地的干燥度在1.5到2以上,年降水量为400~450毫米。呼伦贝尔草原的干燥度为1.1~1.7,年降水量为250~350毫米。草地与沙地、林地镶嵌分布,区内分布了呼伦贝尔沙地、嫩江下游沙地、吉林西部沙地、兴安岭东侧(兴安盟)沙地、科尔沁通辽区沙地、辽宁西北沙地、西拉木伦河上游(赤峰市)沙地。

二、草地资源状况

东北西部草地面积约25.1万平方公里(表18—2),包括科尔沁草原、呼伦贝尔草原,草地类型包括温性草甸草原、温性干草原、山地草甸、低地草甸和沼泽。按高耀山等(1994)编著的《中国科尔沁草地》一书,科尔沁地区位于N41°41′40″至N47°39′20″, E 116°21′30″至E 126°14′46″,东至黑龙江省的肇东市,南到赤峰市敖汉旗和辽宁省的新民市,西与锡林郭勒盟接壤,北和呼伦贝尔市与蒙古毗邻。南北跨纬度6°,最长696公里,东西跨经度近10°,宽约768公

表 18—1　东北西部主要草地区的降水特点

地区	地点	年均降水量(mm)	4～9月降水量(mm)
呼伦贝尔	海拉尔	348	—
	陈巴尔虎	347	315
	鄂温克族自治旗	335	—
	新巴尔虎左旗	276	253
	新巴尔虎右旗	254	239
兴安盟	阿尔山	448	389
	扎赉特旗	404	376
	科右前旗	410	381
	突泉县	388	362
	科右中旗	372	343
通辽市	扎鲁特旗	369	321
	科左中旗	414	356
	开鲁县	335	285
	通辽市	390	333
	科左后旗	459	395
	奈曼旗	382	324
	库伦旗	440	378
赤峰市	阿鲁科尔沁旗	326	296
	巴林左旗	381	253
	巴林右旗	353	326
	林西县	383	356
	翁牛特旗	369	339
	敖汉旗	408	370
	克什克腾旗	389	352
黑龙江省	大庆市	427	380
	齐齐哈尔市	520	—
	安达市	433	381
吉林省	双辽县	467	406
	白城地区	458	403
辽宁省	昌图县	647	478
	法库县	611	398
	阜新蒙古族自治县	502	421

里,总土地面积22.7万平方公里。包括内蒙古的突泉、扎赉特、科右前旗、乌兰浩特市区、科右中旗、科左中旗、扎鲁特、开鲁、库伦、科左后旗、通辽市区、奈曼旗、巴林左旗、巴林右旗、林西、克什克腾、翁牛特、敖汉、阿鲁科尔沁,黑龙江的大庆市、肇东、安达、杜尔伯特,吉林的双辽、白城,辽宁的康平、彰武、阜新蒙古族自治县、法库、昌图、阜新市区,其中草地总面积15.6万平方

表 18—2 东北西部及内蒙古东部草地面积

地区	草地总面积(km²)	资料来源	备注
辽宁西部	4260	高耀山等(1994)	包括康平县、彰武县、阜新蒙古族自治县、新民县、法库县、昌图县、阜新市区
吉林西部	13500	高耀山等(1994),刘志明等(2001),双辽市的草地面积由双辽市畜牧局提供	包括白城地区和松原地区的白城、洮南、镇赉、通榆、大安、扶余、松原市区、长岭、前郭、乾安以及双辽市
黑龙江西部	7990	胡品谐等(1997),齐齐哈尔市的面积根据齐齐哈尔市政府提供的"齐齐哈尔市农业信息化统计表"(2002)确定	包括齐齐哈尔市的讷河、龙江、甘南、泰来、拜泉、富裕、克山、克东、依安、齐齐哈尔市区,大庆地区的肇源县、肇州县、林甸县、杜尔伯特蒙古族自治县和大庆市区
内蒙古东部	225520	高耀山等(1994),刘云芬等(2003),阿拉坦巴根等(2003),杨殿林等(2003)	包括赤峰的巴林左旗、巴林右旗、林西、克什克腾、翁牛特、敖汉、阿鲁科尔沁、通辽的科左中旗、扎鲁特、开鲁、库伦、科左后旗、通辽市区、奈曼旗、兴安盟的突泉、扎赉特、科右前旗、乌兰浩特市、科右中旗、呼伦贝尔地区主要包括陈巴尔虎、新巴尔虎右旗、新巴尔虎左旗、鄂温克旗、海拉尔市、满洲里市
合计	251270		

公里。呼伦贝尔草原总面积 9.97 万平方公里,包括了山地草甸、低地草甸、温性草甸草原、温性干草原、沼泽等类型,共有天然草地 6.93 万平方公里,以温性干草原面积最大,沼泽面积最小。

三、草地对东北老工业基地和主要产粮区的作用

东北西部农牧交错区内分布了呼伦贝尔沙地、嫩江下游沙地、吉林西部沙地、兴安岭东侧(兴安盟)沙地、科尔沁沙地等集中连片的沙漠化土地。固定沙地活化和草地沙化严重影响着东北的生态环境。科尔沁左翼后旗的科尔沁沙地边缘离沈阳的最近直线距离大约 100 公里。在大庆,油田开采区草原荒漠化面积比例已达 95%;由于上风向植被破坏,沙漠化土地每年向大庆主城区扩延的速率达到 500 米。近 10 年来,东北沙尘暴频繁发生,对沈阳—长春—哈尔滨一线的城市群造成严重污染,也造成停电、停水和停产,妨碍交通,损害建筑物。2002 年 4 月 7 日,沙尘天气导致长春机场所有航班延误;大庆市每年也大约观测到 5 次沙尘暴;吉林市 2003 年的沙尘暴次数也为 5 次。如果不对东北西部草地加以保护,放任草地沙化继续发展,则流沙侵移、沙尘暴肆虐将给老工业基地和东北商品粮基地带来更加深重的风沙灾难。

草地与东北老工业基地的振兴和可持续发展互为依托、互为影响。比如,草地畜牧业是草原牧区经济收入的主要来源,人们在草原上开矿、建设城镇,表明草原为人们的生产和生活提供了空间和基本保障;同时,经济活动如放牧、采掘煤矿和石油等也破坏了原有的草地景观,并有可能使草地面积变小、质量变差。

第二节 草地退化现状和原因

草地退化指草地生态系统发生逆行演替。草地在退化过程中,生态系统的组成、结构与功能发生明显变化。草地退化限制草地的畜牧业发展,造成重大生态环境问题。由于受各种因素的影响,东北西部草地退化严重,并且表现出继续退化的趋势。

一、草地退化现状和趋势

1. 草地退化现状

物质与能量流程及收支平衡失调,打破了系统自我调控的相对稳态,下降到低一级能量效率的系统状态,是草原退化的生态学实质(刘钟龄等,2002)。草地退化与草地群落的逆行演替并不等同,前者有对利用价值评价的意思,后者单指群落演替的方向。有些草地类型(如杂类草草甸、杂类草、禾草草原)在顶极状态下利用价值不高,但在适度利用时,价值提高,亦即群落虽发生了逆行演替,但并不能称之为退化(李博,1997)。草地退化分级及其划分标准大体以植物种类组成、地上生物量与盖度、地被物与地表状况、土壤状况、系统结构和可恢复程度等界定,但实际划分时各持己见。长期以来,人们习惯以"三化"即草地退化、草地沙化和草地盐渍化来描述草地退化。

东北西部草地退化面积占 40%~80%,程度较重。其中辽宁草地退化面积在 80%以上,内蒙古和吉林草地退化面积在 40%以上(李博等,1997)。总体看来,东北三省及内蒙古东部地区退化草地占草地总面积的 33.58%,占全国退化草地总面积的 7.57%(刘黎明等,2003)。内蒙古赤峰地区、吉林西部地区退化草地面积已达 80%以上(表 18—3),呼伦贝尔四个主要牧业旗县草地退化面积为 53.6%(表 18—4)。

表 18—3 东北西部及内蒙古东部草地退化

地区	草地总面积(km²)	"三化"草地面积(km²)	"三化"草地面积占草地面积比例(%)	资料来源	备注
呼伦贝尔	99730	39930	40.0	杨殿林等(2004)	
赤峰	57300	46000	80.3	刘云芬等(2003)	
吉林西部	12751	10335	81.1	刘志明等(2001)	包括白城、洮南、镇赉、通榆、大安、扶余、松原市区、长岭、前郭、乾安

狭义的草地退化一般指草地植被(包括草地生物组成、生物量和植被盖度等)的退化。自 20 世纪 70 年代以来,呼伦贝尔草原植被盖度降低 10%~20%,草层高度下降 7~14 厘米,草

地初级生产力下降28.8%～48.2%,优良禾草比例下降10%～40%,低劣杂草比例上升10%～45%。呼伦贝尔四个主要牧业旗县草地退化比例普遍较高,退化草地占草地一半以上的为新巴尔虎左旗和新巴尔虎右旗,陈巴尔虎旗和鄂温克旗约占1/3。就全部四个牧业旗而言,轻度退化草地占退化草地面积的41.7%,中度占49.8%,重度占8.5%(表18—5)。吉林省西部白城、松原两市所属的10个县市区(包括白城、洮南、镇赉、通榆、大安、扶余、松原市区、长岭、前郭、乾安),1996年共有退化草地103.35万公顷,其中轻度退化草地占8.4%,中度退化草地占44.1%,重度退化草地占47.5%。

表18—4 2002年呼伦贝尔市牧业四旗天然草地"三化"情况

地区	未退化草地 面积(km²)	占草地总面积(%)	"三化"草地 面积(km²)	占草地总面积(%)	占可利用草地面积(%)
新左	5992	32.9	12202	67.1	71.0
新右	8692	38.1	14135	61.9	64.4
陈旗	9878	65.6	5171	34.4	36.5
鄂旗	6846	58.9	4772	41.1	43.9
合计	31408		36280		

表18—5 2002年呼伦贝尔市牧业四旗天然草地退化情况   单位:%

地区	轻度退化 面积(km²)	占草地总面积	占可利用草地面积	中度退化 面积(km²)	占草地总面积	占可利用草地面积	重度退化 面积(km²)	占草地总面积	占可利用草地面积	合计 面积(km²)	占草地总面积	占可利用草地面积
新左	2465	13.6	14.3	6500	35.7	37.8	141	0.8	0.8	9106	50.1	53.0
新右	5801	25.4	26.5	6347	27.8	28.9	1212	5.3	5.5	13360	58.5	60.9
陈旗	2683	17.8	18.9	994	6.6	7.0	533	3.5	3.8	4210	28.0	29.7
鄂旗	1969	16.9	18.1	1582	13.6	14.6	752	6.5	6.9	4302	37.0	39.6
合计	12918			15423			2638			30978		

草地盐渍化主要指草地基质含盐量提高而引起草地植被变化的过程。盐渍化有原生盐渍化和次生盐渍化两种,其中次生盐渍化主要由不合理的人为活动如割草、搂草、放牧等使地面植被变稀疏、土壤表层结构遭破坏、土壤蒸发加大所造成(周道玮等,1999)。东北西部草地的盐渍化很突出:①上世纪90年代初,东北西部盐渍化面积达8.8%(周道玮等,1999);②1985年末,科尔沁草地盐渍化面积在内蒙古境内为5706平方公里(高耀山等,1994);③松嫩平原草地次生盐渍化面积达180万平方公里,占草地总面积的48.5%。

草地沙化主要指草地基质的粗化,既包括风蚀造成的细粒物质吹失,也包括沙丘移动对原有优良草场的覆盖。草地沙化伴随植物种类组成和生物量的变化。草地沙化在东北西部非常突出。上世纪80年代末,东北西部土地沙漠化面积为43314平方公里(朱震达等,1989)。2002年,齐齐哈尔市沙化草地面积为185平方公里,呼伦贝尔市四个主要牧业旗县沙化草地面积为3208平方公里。在呼伦贝尔市四个主要牧业旗县,轻度沙化面积1755平方公里,中度沙化面积686平方公里,重度沙化面积766平方公里(表18—6)。

表18—6 呼伦贝尔市牧业四旗2002年天然草地沙化情况　　　　　　　　单位:%

地区	轻度沙化 面积(km²)	占草地总面积	占可利用草地面积	中度沙化 面积(km²)	占草地总面积	占可利用草地面积	重度沙化 面积(km²)	占草地总面积	占可利用草地面积	合计 面积(km²)	占草地总面积	占可利用草地面积
新左	1089	6.0	6.3	599	3.3	3.5	522	2.9	3.0	2210	12.2	12.9
新右	4			21	0.1	0.1	83	0.4	0.4	108	0.5	0.5
陈旗	576	3.8	4.1	25	0.2	0.2	103	0.7	0.7	705	4.7	5.0
鄂旗	86	0.7	0.8	41	0.4	0.4	58	0.5	0.5	185	1.6	1.7
合计	1755			686			766			3208		

2. 草地退化趋势

根据近些年对东北西部草地退化的评估结果,目前草地退化形势非常严峻。李博等(1997)的研究表明,中国北方草地在上世纪70年代末到1995年的15年间退化面积增加173619平方公里,平均每年扩大11574平方公里,即每年以可利用草地面积的1.9%的速率扩大。

松嫩平原土地次生盐渍化在上世纪80年代比上世纪50年代末增加了59.7万公顷,每年增加近1%,而且轻度盐碱化比例由48.9%下降至37.3%,中度盐碱化由24.2%下降至20.3%,重度盐碱化由26.9%增加至42.4%;上世纪90年代比上世纪80年代增加了40.8万公顷,每年增加1.3%(李取生等,1998)。

在上世纪80年代,呼伦贝尔市四个主要牧业旗退化草地面积为20.9%,到2002年,退化草地面积超过一半,每年退化1090平方公里,退化速率为每年1.6%(表18—7)。

表18—7 呼伦贝尔市牧业四旗2002年草地"三化"趋势　　　　　　　　单位:km²

地区	草地面积对比 上世纪80年代	2002年	"三化"草地面积对比 上世纪80年代	2002年	"三化"草地年均增加面积	"三化"草地年均增加面积占上世纪80年代总草地面积比例比例(%)
新左	18514	16194	4710	12202	375	2.0
新右	22591	22827	5824	14135	416	1.8
陈旗	16188	15049	1330	5171	192	1.2
鄂旗	12061	11618	2623	4772	107	0.9
合计	69354	68688	14487	36280	1090	1.6

二、草地退化及其得不到遏制的原因

1. 草地退化原因

(1) 传统草地价值观不利于草地生态系统的健康发展。传统草地价值观将草地畜牧业作为草地生态系统的主体价值,即认为草地就是用来放牧的,对草地的防护、生物进化及文化意义重视不够。仅仅注重草地畜牧业价值而忽视其他价值易造成草地资源的掠夺式利用。

(2) 草地畜牧业迅速发展与草地资源有限性之间的矛盾日益突出。草地畜牧业迅速发展的根本诱因是人口及其所引发的对资源需求量日益增加。在技术不发达、传统产业占主导、城镇化水平低下时,畜牧业是农牧民维持生计的基本途径,易造成资源的超强度使用,引发草地退化、沙化、盐渍化(图18—1)。

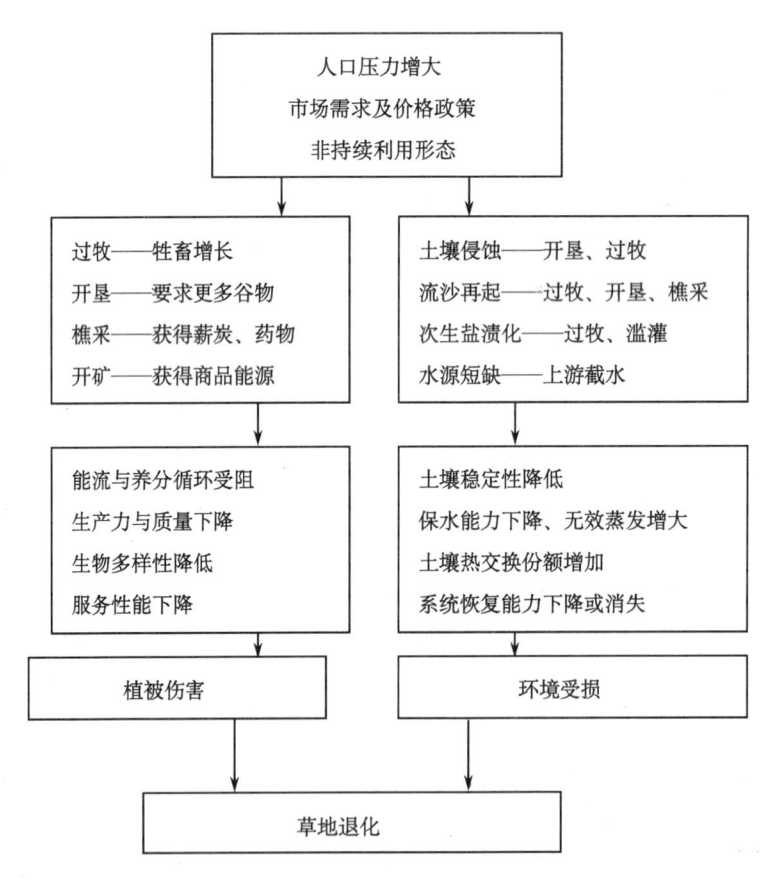

图 18—1　草地退化原因(李博,1999)

中国北方草地退化比例高的省区多数人口密度大,高于160人/平方公里,它们也多数处于农牧交错区,受农业活动影响大(李博,1997)。人口剧烈增加和牲畜无节制发展给草地带来巨大压力。从1947年到2001年,位于科尔沁草原核心区域的通辽市人口由77.8万增加到

305.44万,是原来的3.9倍(图18—2)。科尔沁草地总的草畜关系是:一般年景下暖季有75%的旗县超载,冷季有90.6%的旗县超载(乌力吉,1996)。呼伦贝尔市牧业四旗1985年12月底拥有人口22.2万人,牲畜总量为103万头只,到2002年12月底,人口已经增加到27.2万人,牲畜数量超过了435.7万头。从1941年到2001年,新巴尔虎右旗的牲畜数量由305311头增加到了1426163头,是原牲畜数量的4.7倍。该旗载畜量从1992年开始全面超载,其后超载幅度逐年加大(图18—3)。

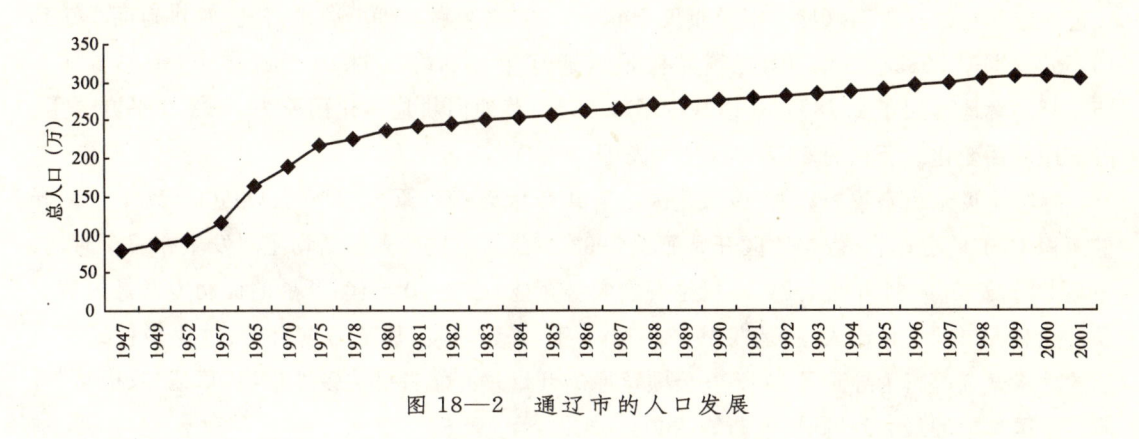

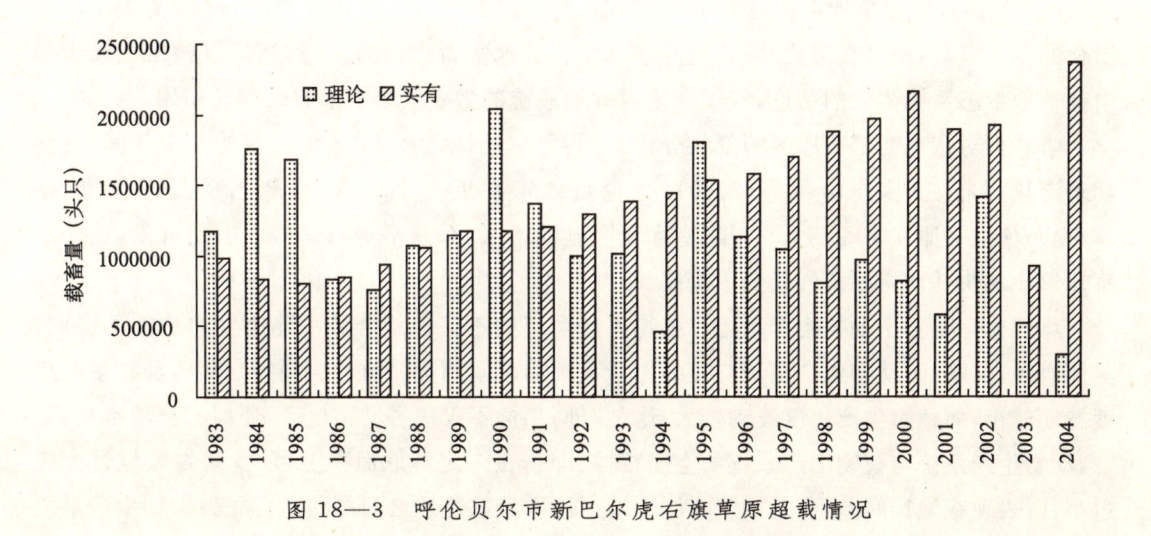

图18—2 通辽市的人口发展

图18—3 呼伦贝尔市新巴尔虎右旗草原超载情况

(3) 草地面积日趋减少和牲畜数量日趋增加之间的矛盾激化。草地面积减少的原因大体有两个方面:一是草地被开垦为农田和林地;二是草地被用于工程建设,如开矿、建设城镇等。自然草地作为一种景观或一种陆地生态系统是由自然界长期选择所形成的,能体现自然和谐。中国几千年来的传统是"以农立国",把草地视为"荒",并把"开荒种地"作为滋养人口的主要途径。将草地开辟为农田或林地是草地面积减小、草畜矛盾激化进而引起草地退化的重要原因。在科尔沁地区有过4次较大的农垦时期:新石器时期、辽金时期、19世纪中叶至新中国成立时期、20世纪60～70年代。新石器时期对生态环境破坏很小。辽代晚期至金代的大面积开垦造成了科尔沁草原生态环境的急剧恶化。清朝至建国前,科尔沁草地开始第三次大规模的连续垦荒。据《奈曼旗志》记载,乾隆13年(公元1748年),清廷推行"借地养民"的局部放垦政策,允许关内移民开垦,但当时开垦规模有限;清朝后期光绪年间,奈曼旗境内从部分放垦发展到全面开垦;民国4年(1915年)又从全面放垦发展到奖励开垦,使全旗耕地面积发展到9000公顷;至民国18年(1929年),奈曼旗已开垦耕地40000公顷。在20世纪60～70年代,又进入建国后的开荒高峰期。奈曼旗仅1960年1年就垦荒21300公顷,使全旗耕地面积达到139500公顷。1985～2000年,在科尔沁地区通辽市和赤峰市的20个旗县中,耕地增加了15.34%,林地增加了2.48%,草地减少了6.28%;草地向耕地转化面积为4932.0平方公里,占土地利用变化总面积的63.85%(张永民等,2003)。

据呼伦贝尔市畜牧局数据,该市建国以来共开垦天然草原879900公顷左右,其中牧区开垦面积186600公顷,半农半牧区开垦面积693300公顷。这些开垦活动主要发生在三个时期:一是20世纪50～60年代,开垦动机是发展农垦企业;二是70年代,开垦的促动力量是国营农场扩建和人口的大量流入;三是在1988～1995年,兴建农场、保证粮食自给、林业多种经营引发的林缘开荒等行为导致了271300公顷草原的开垦。有学者已尖锐地指出,草地"农田化"可能是中国草地的最大问题(周道玮等,2004)。

(4)气候变化对草地退化的作用往往不很突出。李博(1997)认为"提出气候变干是草原退化的主要因素,至少在近代是不符合事实的"。其他学者也认为,目前尚难以做出气候干旱引起草地生态系统劣变的结论,气候变化对草地系统的劣变仅起了推波助澜的作用。

学者们对东北西部草原区的气候分析表明:科尔沁地区在1998年以前的几十年间,气候朝暖湿化方向发展(赵哈林等,2000);呼伦贝尔市在近几十年内,年降水量基本稳定(图18—4);松嫩平原在1953～1995年,降水无明显的增减(邓慧平等,1999)。由此可见,近些年草地退化加快并非主要由气候变干造成。

草地退化植根于动物生产系统和植物生产系统的不完善结合和由此引发的功能不协调。具体表现在:第一,动物生产系统与植物生产系统的时间相悖,即指在自然状态下,动物生产年度波动较小,而植物生产年度波动较大,这种时间相悖不仅危害动物生产,还损害草地本身;第二,动物生产系统与植物生产系统的空间相悖,即指在一定草地面积上,草食动物数量过大或过小,既表现在地区间差别,又表现在同一地区内季节放牧地之间的差别;第三,动物生产系统与植物生产系统之间的种间相悖,即指动物和植物的组合不合理,使用错误的组合,造成草地和畜群两败俱伤(任继周等,1995)。如图18—3所示,呼伦贝尔市新巴尔虎右旗的理论载畜量随年度波动较大,而实有载畜量则相对稳定,这就不易衡量超载放牧与放牧不足。1992年超载主要由当年气候干旱、理论载畜量大幅度下降所致。居民点、水井周围、河流沿岸、边界等处的草地退化更为明显,因为在这些地方的放牧强度高出其他地方数倍或数十倍。在水井和居民点周围草地退化的分布规律是:以饮水点或居民点为圆心,由里向外呈辐射状分布,距圆心越近退化越重。

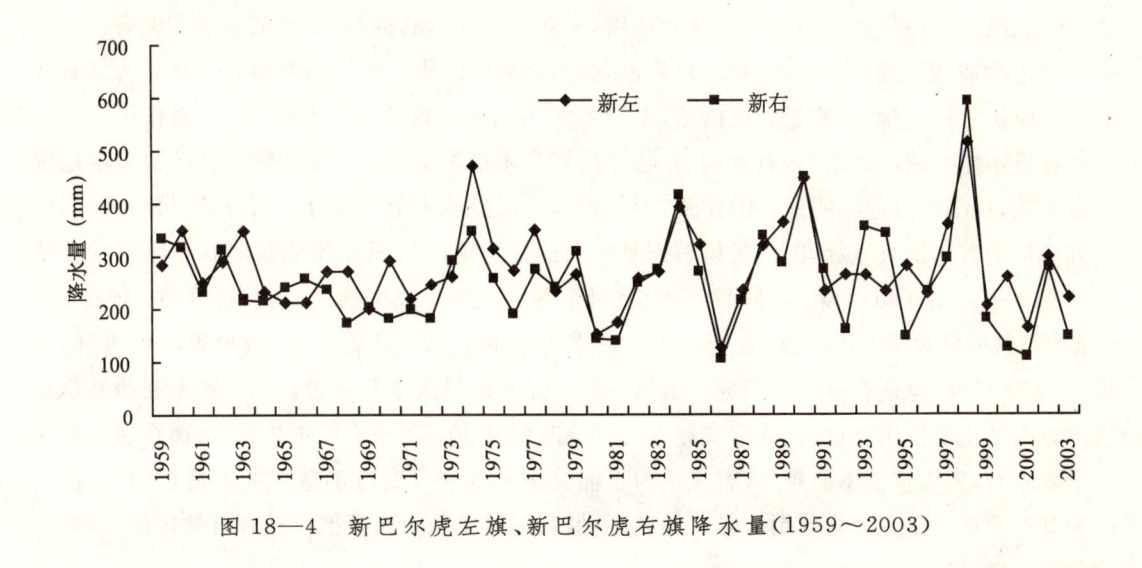

图 18—4　新巴尔虎左旗、新巴尔虎右旗降水量(1959~2003)

2. 草地退化不能遏制的原因

草地退化很早就引起人们的重视。1977 年国际荒漠化大会以后,中国加强了草地退化的研究和防治。但是,草地退化和草地资源减少并未得到有效遏制,原因是多方面的。

(1) 畜牧业生产仍是广大牧区和农牧交错区的主要生计来源。在广大的草原区,农牧民人口仍是人口构成的主体,种地和养畜仍是农牧民收入的主要来源。例如,呼伦贝尔市陈巴尔虎旗 2003 年牧民全年畜牧业收入占户均收入的 96.9%。此外,一些地区(尤其草原区)还以发展牲畜数量的多少作为考核官员政绩的主要指标。在这样的形势下,"以草定畜"不能实现。

(2) 保证粮食安全、提高粮食价格等有可能进一步激发粮食生产和垦荒。呼伦贝尔草原 1988~1995 年由内蒙古自治区下达指标的草地开荒面积为 151800 公顷,其目的是使呼伦贝尔市在"九五"期间在实现粮食自给的基础上,每年上交 50 万吨粮食。

(3) 政策变更给草地资源利用带来意想不到的后果。有关人员反映,草畜双承包制给草地利用带来了负面影响:首先,打乱了草地统一管理和计划使用的格局,丢弃了草地分级管理、季节性禁牧的调节机制,使很多地方不再有冬季牧场和夏季牧场的区分,牲畜对同一片牧场全年使用,草场失去休歇恢复的机会;其二,一些地方不再有优良牧场和低劣牧场的区分,不宜使用的沙丘草地及缺水草地也被分给牧户作为固定草地使用;其三,经济条件差的牧户无能力围封草地,而未围封草地由于可自由放牧承受了总牲畜头数增加(既包括自己的牲畜又包括他人的牲畜)所带来的更大压力,使草地退化更加剧烈;其四,草地租赁期短,租赁者对草地的利用过强,超强利用的惩罚措施所取得的效果不明显。

(4) "重治轻管"是草地退化无法得到遏制的又一个原因。国内外目前大体有两种途径恢复或遏制草地退化,一是通过农业技术措施改良退化草地,二是对草地生态系统实施可持续管理,实现草畜界面耦合。但从目前实际情况看,整体上更注重前者而忽视后者,即注重围栏封育、松土、灌溉、施肥、补播等改良措施的使用,轻视政策、法规、机制、途径的建设和储备。其结果是这边治理、那边退化,此处治理、彼处退化,退化持续发生。围栏封育是近些年认为最有效的草地保护方式,但如果缺乏其他措施,不仅不能达到预期效果,反而还产生负面作用。如果牲畜数量不能裁减反而增加,而舍饲、轮牧等措施又不能配套,每一牧户都在自己的草场范围自由放牧,则围栏只起标明地界的作用,不能给草地保护带来更多益处。对呼伦贝尔草原围栏内外植被的对比调查显示,围栏对植被恢复效果最好的情况出现在流动沙地和半固定沙丘草地(表18—8);对于以冰草、羊草、隐子草、大针茅等为主要组成植物的典型退化草原,围封3~5年的植被恢复效果并不明显(表18—9)。围栏封育也造成"此处围封,彼处破坏更重"的后果。"人工种草"也是有争议的问题。虽然一些草原生态界人士并不否认人工种草在缓解草地压力方面的重要作用,但却认为在实施人工种草时要谨慎。在呼伦贝尔草原,大面积引种紫花苜蓿就不行,因为苜蓿不能越冬(有人认为不能克服早春的温度波动造成的不良影响)。仅仅因为某种牧草产量高而将其引入某一地区,不做前期试验就大面积推广违背自然规律。然而,这种不合理做法目前还时有发生。

表 18—8　围栏封育对流动沙地的恢复效果

植物种	流动沙丘			围封 5 年		
	多度(plant/m^2)	高度(cm)	盖度(%)	多度(plant/m^2)	高度(cm)	盖度(%)
沙蓬	15	4	1	53	20	32
冰草	8	6	—	—	—	—
小叶锦鸡儿	5	12	—	—	—	—
蒺藜	—	—	—	2	1	—
虫实	—	—	—	3	9	—
狗尾草	—	—	—	7	9	—
山竹子	—	—	—	11	21	—
差巴嘎蒿	—	—	—	1	21	—

表 18—9　围栏封育对典型退化草原的恢复效果

植物种	过度放牧				围封 3 年			
	多度(plant/m^2)	高度(cm)	盖度(%)	生物量(g/m^2)	多度(plant/m^2)	高度(cm)	盖度(%)	生物量(g/m^2)
糙隐子草	32	6	30	108	36	6	46	150
冰草	11	22			88	29		
贝加尔针茅	3	12			4	29		
猪毛菜	103	5			22	5		
寸草苔	177	7			75	9		

续表

植物种	过度放牧				围封3年			
	多度 (plant/m²)	高度 (cm)	盖度 (%)	生物量 (g/m²)	多度 (plant/m²)	高度 (cm)	盖度 (%)	生物量 (g/m²)
冷蒿	2	4			2	13		
线棘豆	2	3			2	5		
羊草	6	8			24	18		
密花独荇菜	1	5			2	10		
扁蓿蓼	3	4			2	3		
灰绿藜	4	5			49	2		
星毛委陵菜	5	3			8	3		
光叉叶委陵菜	2	4			4	5		
黄蒿	1	4			2	25		
鸡眼草	1	2			3	8		
防风	1	3			—	—		
牻牛儿苗	3	3			—	—		
鹤虱	—	—			1	24		
细叶鸢尾	—	—			2	20		

(5) 缺乏科学恢复草地植被的模式。控制草地沙化不能仅仅通过造林，在固沙效果上，"草"比"林"更重要。确定人工植被是否稳定需要相对漫长的过程。流沙治理的早期成果随着时间的推移暴露了越来越多的新问题，比如，辽宁彰武县章古台的樟子松严重衰退。在科尔沁沙地，造林密度大及造林树种不合理是现有人工植被存在的最严峻问题。有关专家已开始致力于疏林草原景观的沙地植被恢复模式的探讨。但在实践中，草原区"林"的地位被过度提高了，甚至有些优良的草甸草场也被开辟为人工林地。

(6) 气候波动对草地退化仍起着推波助澜的作用。虽然整体气候变干的趋势并不明显，但气候（尤其是降水）的波动还是引发了草地产草量的波动。草场干旱是指在一定放牧条件下天然草场因水分不足在生长期内生长不良造成牧草的减产。春旱可使牧草返青推迟，夏旱造成牧草枯萎、品质低劣。图18—4已经很清楚地反映了呼伦贝尔草原区的降水波动情况。在科尔沁草原的通辽市，在1947～1995年，虽然不同草原站受灾频率和受灾程度不同，但都有受灾现象（表18—10）。1980年和1982年是通辽市最旱的两年。1980年全区降水平均280毫米，但中、西、南平原不足200毫米，形成春夏连续大旱，干旱草场面积达1733000公顷，致使许多打草场变成放牧场，当年死亡牲畜32万头（只），死亡率达9.7%。1982年全区降水230毫米，有200万公顷草场上的牲畜无以为食。

表 18—10　通辽市典型站草场旱灾情况(1947～1995)

站名	旱灾频率(%)	其中重旱灾年	中旱灾年数	轻旱灾年数
开鲁	71.4	1951、1980、1982、1988	19	12
舍伯吐	65.3	1967、1980、1981、1982、1989	12	15
奈曼	57.1	1980、1982、1988	11	14
通辽	55.1	1980、1982	8	17
鲁北	57.1	1980、1982、1989、1995	9	15
库伦	34.7	1980、1982、1989、1995	2	11
甘旗卡	26.5	1982、1980	4	7

注：轻旱灾年减产10%～30%，中旱灾年减产30%～50%，重旱灾年减产50%以上。
资料来源：哲里木盟水利局。

第三节　退化草地改良的技术措施

一、退化草地改良

近几十年来，人们探讨了各种各样的对已退化草地植被的重建技术，包括围栏封育、松土、灌溉、施肥、补播、刈割、鼠害防治、毒草防治等。

围栏封育对半固定沙丘植被恢复的效果明显。赤峰市乌兰敖都地区草地遭到极度破坏之后，采用封育复壮措施效果良好。原来的草地植物群落为隐子草－冶草群落，退化后则成为以一年生禾草为主并散生多年生禾草的群落。对这种退化草地进行封育，15年后其盖度由25%增加到80%，生物量由450千克/公顷增加到1875千克/公顷(蒋德明等，2003)。

补播是一种很好的沙化草地改良方式。在科尔沁退化草地上补播适宜的禾本科牧草和豆科牧草，能够大幅度提高草地产量、改善草地质量。

在科尔沁草原采用翻耙措施进行的草地改良实验表明，不论草地植被类型如何，在1平方米草地中只要有10株以上的根茎性禾草如羊草、拂子茅和白草等，翻耙后经2～3年，可以成为优质高产的禾草草地，其生物量可达原来的1.5倍。羊草＋杂类草草甸草原在翻耙后增产幅度较大，为174.8%，而典型草原和荒漠草原在翻耙后增产幅度小，仅为37.2%。

施肥和灌溉在草地改良中也常采用。在科尔沁沙地草场每公顷施用硫酸铵150～300千克，可增产干草1500～4200千克，提高产量40%～60%，平均1千克氮肥可增产13.1千克干草。在科尔沁沙地乌兰敖都地区的试验证明，灌溉对牧草产量增加的效果非常明显。

人工草地建设是退化草地改良的一个辅助措施，但不同地区适合的物种有差异。在科尔沁沙地，适合的草本牧草包括沙打旺、羊草、披碱草、紫花苜蓿、草木樨等，灌木牧草包括山竹子、小叶锦鸡儿、油蒿、差巴嘎蒿等。在科尔沁沙地建立高产人工草地时，采用禾本科牧草和豆科牧草混合效果最佳。在呼伦贝尔，1958年开始草地引种，并筛选出了适合在当地生长的野生优良牧草如羊草、冰草、披碱草等。

二、沙化草地改良

科尔沁沙地乌兰敖都地区因过度放牧而沙化的草地,历经20年封育之后,成为以半灌木差巴嘎蒿为优势种并混有多种植物的草地,其株高由30厘米增加为65厘米,植被盖度由5%增加为65%,生物量由210千克/公顷增加为1125千克/公顷。围封显著地提高了多年生禾本科和多年生豆科牧草的产量,降低了杂草(主要是一年生杂草)的比例。一般说来,植被盖度达25%以上的半流动沙丘,若能在一定时期内禁止放牧(封栏封育)就可以使植被得到恢复(表18—11)。

表18—11　围封5年后科尔沁草原乌兰敖都地区半流动沙丘植被恢复状况

项目	围栏封育前	围栏封育5年后
主要植物种数量	3	5
主要植物平均高(cm)	70～100	160～210
生物量(kg/hm²)	590～670	1960～2210
沙丘下部植被盖度(%)(0～5m)	25～40	60～70
沙丘中部植被盖度(%)(5～10m)	<8	10～15
沙丘上部植被盖度(%)(10～15m)	<5	8～10

资料来源:川锅佑夫等,2001年。

在科尔沁沙化草场,人工或采用飞机播种方式补播差巴嘎蒿、小叶锦鸡儿、沙打旺等能很好地恢复沙化草场植被。

草原区流沙固定是沙化草地改良的重要组成部分。比较经济有效的固定模式主要为沙障＋固沙植物模式,沙障可包括死沙障(沙障材料为芦苇、麦草、干枯树枝、砾石、黏土等)和活沙障(沙障材料为有活力的树枝,可在建障后继续生长)两部分。固沙植物以乡土植物为主,在科尔沁沙地可选择差巴嘎蒿、乌丹蒿、黄柳、小叶锦鸡儿、山竹子、樟子松、杨树等都可用于固沙,黄柳、樟子松、杨树等用于阻沙为宜,其他植物用于固沙为宜。

科尔沁地区在改良退化、沙化草地时,引进了几种重要模式:①舍饲——为草地植被的恢复和繁衍提供了机会;②再生沙障促进植被自然恢复——在流动沙丘上用黄柳扎设再生(活的)沙障,促进天然植被的自然恢复(即使在流沙区,丘间低地中也零星分布植物,沙障截流自然传播的植物种子,固定了沙面使植物得以繁衍);③建立"榆树稀树草原天然植被保护区"——将榆树疏林草原设为地方天然保护区,促进天然植被的保护和恢复;④合理配置乔灌木比例和结构的人工草地建设——人工"疏林草原"模式,在此模式中,乔木的比例非常小,每公顷不超过600～750株,灌木和草本植物的比例相对较大。

三、盐碱化草地改良

在科尔沁沙地的乌兰敖都地区,有关专家试验了引洪淤灌、农业措施、轮牧封育等对盐碱化草地的改良效果。引洪淤灌对土壤和植被带来的影响利弊兼有。在适宜引洪淤灌的条件下，天然牧草（芦苇、羊草纯群落或芦苇-羊草群落）鲜草产量可增加1.6~3.7倍（蒋德明等，2003）。在翻耙及补播的情况下，盐碱化草地的牧草产量能成倍增加。在乌兰敖都地区碱化度高的浅位柱状碱土上，在采取翻地、精细翻耙和补播牧草的基础上，土壤改良剂——石膏的增产效果明显（表18—12）。划区轮牧与封育，也可防止草地盐碱化。在松嫩平原，有关部门探讨了围封→栽植灌木柽柳→补播牧草的盐碱地改良模式。

表18—12 科尔沁沙地乌兰敖都地区强度碱化草场采取翻耙、补播及施用石膏时的牧草生长状况

试验处理	鲜草产量(kg/hm²) 第一年	第二年	第三年	优势高度(cm) 第一年	第二年	第三年
翻耙补播及施石膏 6000kg/hm²	16950	24525	24750	870	1440	1500
翻耙补播及施石膏 4500 kg/hm²	15000	23100	22500	705	1320	1440
翻耙补播及施石膏 3000 kg/hm²	10500	18675	22900	660	1215	1380
翻耙补播及施石膏 1500 kg/hm²	9450	16800	17850	645	1035	1245
翻耙补播	7050	13950	14250	600	1020	1125
对照（荒地）	5400	6390	6450	555	870	852

资料来源：蒋德明等，2003年。

第四节 草地可持续管理对策与措施

一、基本原则

1. 严格实施《草原法》

2003年3月1日我国公布了新《草原法》，并制定了配套的法规，从而为改善草原生态环境、发展现代化畜牧业提供了法律保证。《草原法》指出："各级人民政府应当加强对草原保护、建设和利用的管理，将草原的保护、建设和利用纳入国民经济和社会发展计划"，"使用草原的单位，应当履行保护、建设和合理利用草原的义务"。"国家对草原实行以草定畜、草畜平衡制度"，"禁止开垦草原"，"对严重退化、沙化、盐碱化、石漠化的草原和生态脆弱区的草原，实行禁牧、休牧制度"等。

2. 实施草地可持续管理

依据《草原法》"对草原实行科学规划、全面保护、重点建设、合理利用的方针，促进草原的可持续利用和生态、经济、社会的协调发展"的方针要求，东北西部草原要实施可持续管理措施。

草原的科学规划是实现草原可持续利用的前提。传统的单一追求生态系统持续最大产量的观点必须改变为寻求生态系统可持续性的观点,资源管理也应从传统的单一资源管理转向系统资源管理。在实施草地生态系统管理时融合生态学知识和科学技术,并把人类、社会价值整合进生态系统,用生物多样性和生产潜力来衡量生态系统功能,通过科学家与管理者的协作定义生态系统退化的阈值。就东北西部的草地管理而言,首要的仍是根据现状进行科学规划并划定保护、建设、利用的区域,制定保护、建设、利用的办法。

保护应该作为草地生态系统管理的重中之重,未雨绸缪、防患于未然是草地管理最应把握的方向。如果不能从"边治理,边破坏"或"局部治理,整体恶化"的恶性循环中走出来,草原退化就永远难于遏制。呼伦贝尔市新巴尔虎左旗每年草原建设总规模在 26600 公顷左右,但每年新增退化、沙化草场面积达 34600 公顷,建设速度赶不上退化速度。其他地方也在发生着类似的情况。

草地建设应视具体情况实施。从目前看,在人口稠密的半农半牧区,如果条件适宜,可适当加大人工草地建设的比重,强化牧草加工环节,提倡舍饲。在人口稀疏、自然条件比较恶劣(或气候条件不很适宜)的地区,不应提倡大规模的人工草地建设。冬季牧草加工利用也是节约资源的一种方法。合理利用是草原保护的关键,但合理利用必须建立在科学的基础上,不能以牺牲环境为代价而获得暂时的经济利益。

二、草地可持续管理的工程措施

1. 呼伦贝尔草原

呼伦贝尔草原是欧亚大陆草原的重要组成部分,是世界上著名的温带半湿润典型草原,也是我国保持相对完好、纬度最高、位置最北的一块天然草地。

呼伦贝尔草原的问题是近些年草地退化、沙化、盐渍化加剧。虽然目前退化程度较其他草地轻,但近些年加剧退化的趋势警示人们,如不采用必要的管理和治理措施,前景极其堪忧。呼伦贝尔草原管理的方向应以保护为重点,遵循保护为主、治理为辅的原则,重点开展如下几个工程。

(1) 未退化草地的生态管理工程。未退化草地管理符合保护未退化草地、治理已退化草地的基本思路,符合植被建设和草原生态系统管理的基本要求,符合呼伦贝尔草原区人民的当前和长远利益。在实施这一工程时,要把持续的经济、社会体制与保持生物多样性和自然资源的持续性结合起来。要通过规划、土地调查、环境教育、经济或社会鼓励等机制,杜绝破坏。

(2) 退化天然草地植被恢复工程。要强化对产量下降、质量变劣的草地进行植被恢复,避免进一步退化,使轻度退化草地最大限度地恢复,使中度退化草地恢复到轻度退化草地的水平,逐渐恢复到草地的"健康状态"是目前应该追求的目标之一。

(3) 退耕还草工程。当初在林草过渡带和典型草原地带的大量开荒既减少了草原面积,又造成了沙化、水土流失等生态环境问题。现在需要退耕的坡耕地及呈沙化趋势的耕地有

266600公顷,其中有水土流失现象的约占一半。在粮食产量低且不稳定、农场亏损经营的情况下,退耕还草是草原建设的一项重要任务。

①沙带区草地退牧工程。呼伦贝尔地区有3条沙带,由于管理和气候的原因,近些年其中的固定沙丘开始活化,这种活化若不能得到遏制,后果不堪设想。将3条沙带予以封育保护、减轻放牧压力、使天然植被得以恢复,对呼伦贝尔草原的可持续利用具有重要意义。

②已沙化草地阻沙固沙工程。位于海拉尔河流域的陈巴尔虎旗的完工镇、新巴尔虎左旗的甘珠庙目前都已出现非常明显的流沙斑片和流动沙丘。流沙斑片和流动沙丘的形成和蔓延对周边草场构成重大威胁,也形成了局地沙尘源。如不对这些流沙斑块和流动沙丘予以阻截和固定,将对草原和周边环境产生不良影响。因此,利用国内已成熟的技术,依循"因地制宜、因害设防"的原则,就近收集沙障材料,采用沙生植物,建立阻沙、固沙体系,实现流沙的逆转很有必要。

2. 松嫩草地

松嫩平原的植被是典型的碱化草甸类型,控制草地盐渍化、沙化,维持草地质量和生产力是草地畜牧业持续发展的前提。

(1) 未碱化草地保护工程。由于次生盐渍化主要由植被破坏、土壤蒸发加大所造成,可以通过强化现有植被保护遏制草地盐渍化的进一步发生。

(2) 碱化草地改造工程。对已经碱化草地,可借用前述各种措施予以改良。

(3) 沙化草地改良工程。对已经沙化的草地,应采用各种措施恢复植被、进行改良。

3. 科尔沁草原

科尔沁沙地原生植被已被破坏殆尽,现存植被表现出强烈的次生性,大部分已演变为半隐域性的沙生植被和隐域性的草甸植被。

鉴于科尔沁草原强度沙化的现状,草原管理的方向应保护和治理并重,保护残存的草甸植被,治理流沙,进而恢复干草原植被。

(1) 现存的榆树疏林草原保护工程。榆树疏林草原是科尔沁地区的原始植被,是长期自然选择的结果,最适应当地环境,应重点保护。

(2) 现有大块甸子地保护工程。科尔沁的地理景观表现为坨甸交错,甸子地中保留了丰富的物种,如果不妥加保护,草原在大面积沙化的条件下将面临种源匮乏。

(3) 丘间甸子地保护工程。丘间甸子地面积较小,多为沙丘埋压大块甸子地后所残留,在密集沙丘群中保留的物种丰富的植被孤岛对沙丘和甸子地植被的保存和恢复有积极意义。

(4) 座落在沙地内及沙地周围的山地植被保护工程。在沙化草地中,多年生耐旱优质禾草濒于灭绝,但在座落于沙地和沙地周围的山地上尚保留较多,如果不妥加保护,将来草地恢复到原始干草原植被的可能性将非常小。

三、草地可持续管理的配套措施

1. 加快观念转变

观念转变是《草原法》得以实施的保证条件之一。转变观念就是以科学发展观为指导,不以牺牲生态环境为代价获得暂时的经济利益。转变过去以发展牲畜多少作为考核政绩的首要指标的做法,把提高草地生态系统可持续能力作为行政要务;党委、政府主要领导干部上岗要首先进行草地生态系统管理培训;在草地生态系统管理上强化领导。

探索并实施草场承包管理新方式。比如,第一,将牲畜承包到户,但草地不承包到户。草地不承包到户有利于草地的集中管理,有利于调节冬季牧场和夏季牧场的规模和放牧强度,有利于调节优质牧场和劣质牧场的放牧强度。第二,实施草地联户承包而非分户承包。联户承包与分户承包对比,草地面积更大,集中管理、合理协调的可能性更大。第三,控制牲畜头数,提高牲畜质量,节约草地资源。

2. 草原区的林草协调

在过去,人们总是将沙化草地治理寄托在大面积植树造林上。但大面积植树造林的结果恰恰是草地的破坏和"小老树"的形成,因此草原区的林草协调尤为重要。从根本上说,草原区的"林"应为"草"服务,但现在常出现倒置现象,认为"草"的功能弱,"林"的功能强,经常"毁草造林"以实现高效益,但往往事与愿违。因此建议:在草原区,将林业部门和草原畜牧业部门整合,以实现"林草协调",保证草地生态环境的建设科学、合理。

3. 生态移民和劳务输出

生态移民是解决燃眉之急的做法,仅在地位重要、破坏严重的地区实施。呼伦贝尔市陈巴尔虎旗已针对完工镇西部草地过度沙化问题提出了实施生态移民的想法。由于移民问题众多,实施起来难度较大,而劳务输出是减轻草地压力、提高农牧民收入的一个较好的做法,现在农牧区扶贫已经开始注意到这一问题。据报道,通辽市的奈曼旗劳务输出总收入年均达5000万元,仅劳务输出一项,全旗农牧民人均增收139元。

4. 矿产资源开发要支援和促进草原建设

占用草原进行矿产开发、城镇发展等活动不可能完全制止,只能是适度控制,因此,草原面积的减小就成为必然现象。在矿产开发等活动中以某种方式投资草原建设,对保护草原生态环境、实现草地生态系统的可持续性具有积极意义。

不同地区的草地所处的自然条件不同、社会背景不同、所面临的主要问题也不同,不可能采用同一个模式、同一种措施。分析不同地区的草地特征,因地制宜地提出管理方案,是实现东北西部草地生态环境有效管理的前提。

参 考 文 献

1. 阿拉坦巴根、哈斯、郭桂芳等:"兴安盟草畜平衡现状的分析",《内蒙古草业》,2003年第4期。
2. 邓慧平、刘厚风、祝廷成:"松嫩草地40余年气温、降水变化及其若干影响研究",《地理科学》,1999年第3期。
3. 高耀山、魏绍成:《中国科尔沁草地》,吉林科学技术出版社,1994年。
4. 胡品谐、龙志远、王建民等:"大庆市草原状况及改良利用对策",《国土与自然资源研究》,1997年第1期。
5. 蒋德明、刘志民、曹成有等:《科尔沁沙地荒漠化过程与生态恢复》,中国环境科学出版社,2003年。
6. 李博:"中国北方草地退化及其防治对策",《李博文集》,科学出版社,1999年。
7. 李取生、裘善文、邓伟:"松嫩平原土地次生盐渍化研究",《地理科学》,1998年第3期。
8. 刘云芬、包宗武、苏娜梅:"赤峰市草原生态保护建设措施与效果分析",《草业科学》,2003年第9期。
9. 刘志明、晏明、王贵卿等:"基于卫星遥感信息的吉林省西部草地退化分析",《地理科学》,2001年第5期。
10. 任继周:《草地农业生态学》,中国农业出版社,1995年。
11. 杨殿林、贾树杰、张延荣等:"内蒙古呼伦贝尔市草业发展对策",《中国草地》,2003年第4期。
12. 张永、赵士洞:"近15年科尔沁沙地及其周围地区土地利用变化研究",《自然资源学报》,2003年第2期。
13. 赵哈林、赵学勇、张铜会等:《科尔沁沙地沙漠化过程及其恢复机理》,海洋出版社,2003年。
14. 哲里木盟水利局:《哲里木盟水旱灾害》,内蒙古人民出版社,1999年。
15. 钟龄、王炜、郝敦元等:"内蒙古草原退化与恢复演替机理的探讨",《干旱区资源与环境》,2002年第1期。
16. 周道玮、姜世成、王平:"中国北方草地生态系统管理问题与对策",《中国草地》,2004年第1期。
17. 周道玮、卢文喜、夏丽华等:"北方农牧交错带东段草地退化与水土流失",《资源科学》,1999年第5期。
18. 朱震达、刘恕、邸醒民:《中国的沙漠化及其治理》,科学出版社,1989年。

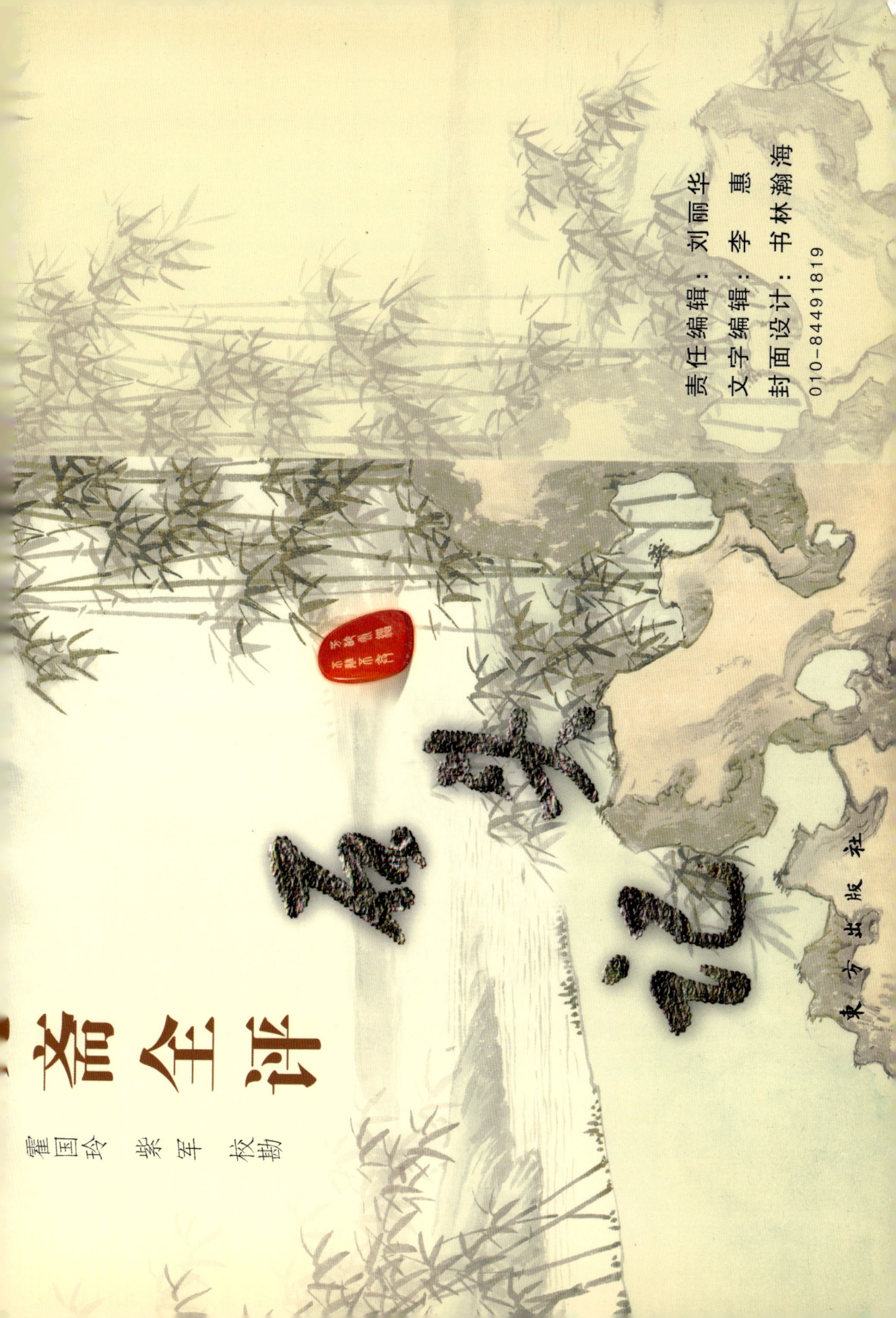

责任编辑：刘丽华
文字编辑：李 惠
封面设计：书林瀚海
010-84491819

斋全评

霍国玲 紫军 校勘

东方出版社